权威·前沿·原创

皮书系列为

“十二五”“十三五”国家重点图书出版规划项目

智库成果出版与传播平台

中国人权事业发展报告 No.11（2021）

ANNUAL REPORT ON CHINA'S HUMAN RIGHTS No.11 (2021)

中国人权研究会 / 编
主　编 / 李君如
副主编 / 常　健

社会科学文献出版社
SOCIAL SCIENCES ACADEMIC PRESS (CHINA)

图书在版编目(CIP)数据

中国人权事业发展报告. NO. 11，2021/李君如主编；中国人权研究会编. -- 北京：社会科学文献出版社，2021. 12

（人权蓝皮书）

ISBN 978 - 7 - 5201 - 9429 - 7

Ⅰ. ①中… Ⅱ. ①李… ②中… Ⅲ. ①人权 - 研究报告 - 中国 - 2021 Ⅳ. ①D621. 5

中国版本图书馆 CIP 数据核字（2021）第 249306 号

人权蓝皮书

中国人权事业发展报告 No. 11（2021）

编　　者 / 中国人权研究会
主　　编 / 李君如
副 主 编 / 常　健

出 版 人 / 王利民
组稿编辑 / 刘骁军
责任编辑 / 易　卉
文稿编辑 / 郭锡超
责任印制 / 王京美

出　　版 / 社会科学文献出版社 · 集刊分社（010）59367161
地址：北京市北三环中路甲 29 号院华龙大厦　邮编：100029
网址：www. ssap. com. cn
发　　行 / 社会科学文献出版社（010）59367028
印　　装 / 三河市东方印刷有限公司

规　　格 / 开　本：787mm × 1092mm　1/16
印　张：39. 5　字　数：597 千字
版　　次 / 2021 年 12 月第 1 版　2021 年 12 月第 1 次印刷
书　　号 / ISBN 978 - 7 - 5201 - 9429 - 7
定　　价 / 268. 00 元

读者服务电话：4008918866

编　委　会

主要编撰者简介

李君如 男，研究员，博士生导师，中国人权研究会副会长，原中共中央党校副校长，第十届全国政协委员、第十一届全国政协常委，国务院政府特殊津贴享受者。曾发表《中国在人权事业上的历史性进步》《人权实现及其评估方法研究》《社会建设与人权事业》《"十二五"规划与中国人权事业发展》《中国的文化变革与人权事业的进步》《中国梦，中国人民的人权梦》《在全面推进法治中全面保障人权》等学术论文，曾获联合国艾滋病规划署颁发的"艾滋病防治特殊贡献奖"。

常　健 男，博士，教授，博士生导师，中国人权研究会常务理事，南开大学人权研究中心（国家人权教育与培训基地）主任，国务院政府特殊津贴享受者。曾出版《人权的理想·悖论·现实》《当代中国权利规范的转型》《效率、公平、稳定与政府责任》《中国公共冲突化解的机制、策略和方法》《社会治理创新与诚信社会建设》《中国人权保障政策研究》《公共领域冲突管理体制研究》等学术专著，主编或参与主编《中国共产党怎样解决人权问题》、《中国人权建设70年》、《中国特色人权发展道路研究》、《当代中国人权保障》、《公务员人权培训教师用书》、《公务员人权培训学员用书》、《人权知识公民读本》、《中国人权建设60年》、《中国人权在行动》（2003～2004、2005、2006～2007、2008～2009、2010、2011、2012、2013年）、《公共冲突管理评论》（2014、2015、2016、2017、2018年）、《公共冲突管理》、《领导学教程》、《欧美哲学通史（现代哲学卷）》，参与翻译《人权百科全书》，主译《领导学》《公共部门管理》《公用事业管理》，在专业学术期刊发表学术论文140余篇。

人权蓝皮书工作室：南开大学人权研究中心

摘　要

这是有关中国人权事业发展的第11本蓝皮书，重点分析研究2020年中国人权事业的最新进展。

全书包括总报告、特稿、专题报告、调研报告和个案研究以及附录。

两篇总报告分别涉及中国抗击新冠肺炎疫情中的人权保障和2020年统筹疫情防控与脱贫攻坚。一篇特稿概述了中国人权研究会举办的“人权蓝皮书10周年暨中国人权理念、话语和理论”研讨会的情况。

20篇专题报告聚焦于2020年中国人权事业各领域的发展状况。“新冠肺炎疫情防控与人权保障”栏目包括5篇报告，分别涉及新冠肺炎疫情防控中的生命权和健康权保障、政府信息公开、医务工作者、志愿服务和残疾人权利保障。在“生存权与发展权”栏目中，2篇文章分别涉及生态保护补偿机制和纯农业农民的发展权。在“经济、社会和文化权利”栏目中，2篇报告分别涉及新冠肺炎疫情下的公民就业权利保障和公民环境权保护的新发展。在“公民权利和政治权利”栏目中，2篇报告分别涉及社区矫正对象合法权利保障和乡村居民权利保障。“特定群体权利”栏目包括3篇报告，分别涉及女性权益保障、老年人权利保障和无障碍权利保障。在“大数据与人权”栏目中，2篇报告分别涉及大数据防控疫情与公民个人隐私保护，以及近十年关于数据权利的研究述评。“人权立法与国际合作”栏目包括3篇报告，分别涉及2020年中国的人权立法、国际人权合作与交流以及“疫情防控中的人权保障”系列国际视频研讨会综述。“人权研究”栏目的1篇报告的主题是中国学界关于新冠肺炎疫情中的人权保障研究述评。

在调研报告和个案研究部分，共有3篇报告，分别涉及西藏经济社会权利保障、凉山州深度贫困地区易地扶贫搬迁、青海省海西蒙古族藏族自治州的环境权保障。

2篇附录分别是2020年中国人权大事记以及2020年制定、修订、修正或废止的与人权直接相关的法律和行政法规。

所有作者本着严肃认真的科学态度撰写了上述报告，对2020年中国人权事业的发展进行了如实的描述，既概括了取得的进步，也分析了存在的问题。同时，在充分研究的基础上，展望了各人权领域未来发展的前景，并提出了进一步促进人权保障的对策建议，体现了蓝皮书关于权威性、前沿性、原创性、实证性、前瞻性、时效性的要求。

目 录

Ⅰ 总报告

B.1 中国抗击新冠肺炎疫情中的人权保障………… 李君如 常 健 / 001

B.2 2020年：统筹疫情防控与脱贫攻坚 ……………………… 李云龙 / 022

Ⅱ 特 稿

B.3 中国人权研究会举办“人权蓝皮书10周年暨中国人权理念、话语和理论”研讨会……………………………………… 常 健 / 039

Ⅲ 专题报告

（一）新冠肺炎疫情防控与人权保障

B.4 新冠肺炎疫情防控与生命权、健康权保障…… 杨恩泰 陈一飞 / 064

B.5 新冠肺炎疫情防控中政府信息公开对生命权、健康权保障的意义 ……………………………………………… 周 伟 安茂峰 / 094

B.6 保障人民生命健康权的防控疫情斗争中“最美逆行者”的贡献
…………………………………………………… 满洪杰　郭露露 / 107

B.7 新冠肺炎疫情防控中保障生命权、健康权的志愿服务
…………………………………………………… 张立哲　马妍慧 / 128

B.8 新冠肺炎疫情防控中的残疾人权利保障……… 张万洪　丁　鹏 / 145

（二）生存权与发展权

B.9 生态保护补偿机制促进人权保障……………………… 张　晏 / 161

B.10 纯农业农民的发展权实现研究 ……………………… 郭　亮 / 176

（三）经济、社会和文化权利

B.11 新冠肺炎疫情下的就业优先政策与公民就业权利保障
…………………………………………………………… 刘锐一 / 188

B.12 我国公民环境权保护的新发展 ……………… 赵明霞　张晓玲 / 207

（四）公民权利和政治权利

B.13 社区矫正对象合法权利保障的新进展 ………………… 贡太雷 / 224

B.14 村规民约的规范建设与乡村居民权利保障 …………… 卞　辉 / 256

（五）特定群体权利

B.15 从《民法典》看女性权益保障的新进展 …… 赵树坤　李　勇 / 284

B.16 我国老年人权利保障的新进展 …… 张晓玲　赵明霞　张惠敏 / 298

B.17 无障碍权利保障的新进展 ……………………… 刘　明　张　晓 / 318

（六）大数据与人权

B.18 大数据防控疫情与公民个人隐私保护 ………………… 潘　俊 / 335

B.19 近十年关于数据权利的研究述评（2011~2020）
…………………………………………………… 化国宇　杨晨书 / 350

（七）人权立法与国际合作

B.20 2020年国家人权立法分析报告 ………………………… 班文战 / 369

B.21 2020年中国的国际人权合作与交流 …………………… 罗艳华 / 390
B.22 “疫情防控中的人权保障”系列国际视频研讨会综述
…………………………………………………… 齐明杰 / 422

（八）人权研究

B.23 中国学界关于新冠肺炎疫情中的人权保障研究述评
…………………………………………… 唐颖侠 王天相 / 450

Ⅳ 调研报告和个案研究

B.24 西藏经济社会权利保障调研报告
…………………………… 谭堉塝 牟 倩 袁浩然 伍科霖 / 471
B.25 凉山州深度贫困地区易地扶贫搬迁调研报告
…………………………………………… 杨 艳 阿加阿依木 / 541
B.26 关于青海省海西蒙古族藏族自治州环境权保障状况的调研报告
…………………………………………… 张兴年 娜克娅 / 555

Ⅴ 附录

B.27 中国人权大事记 · 2020 …………………………… 许 尧 / 570
B.28 2020年制定、修订、修正或废止的与人权直接相关的法律
和行政法规（数据库） …………………………… 班文战 / 590

Abstract …………………………………………………… / 591
Contents …………………………………………………… / 593

皮书数据库阅读**使用指南**

总报告

General Reports

B.1
中国抗击新冠肺炎疫情中的人权保障

李君如　常健*

摘　要：2020年新冠病毒的全球流行，对人类的生命安全和身体健康构成了普遍的威胁。中国在抗击新冠肺炎疫情的过程中，坚持把保障人民的生命权、健康权置于首位，充分发挥社会主义的制度优势，平等保护每一个社会成员的生命权、健康权，合理协调生命权、健康权保障与其他各项人权保障的关系，平衡人权保障与其他公共利益之间的关系，成功阻断病毒在中国的传播，率先恢复了正常的经济和社会生活，保持了社会和谐安定，并努力为共建人类卫生健康共同体作出中国贡献。中国抗击疫情的成功实践，再一次验证了中国所提出的一系列人权理念和原则的正确性。

* 李君如，研究员，博士生导师，中国人权研究会副会长；常健，南开大学周恩来政府管理学院教授、博士生导师，南开大学人权研究中心（国家人权教育与培训基地）主任。

关键词： 新冠肺炎疫情 人权保障 生命权 健康权

新冠肺炎疫情是新中国成立以来发生的传播速度最快、感染范围最广、防控难度最大的一次重大突发公共卫生事件。① 重大疫情直接威胁所有人的生命和健康，同时也会对国家经济、社会和政治产生难以预估的负面影响。为了保障人民的生命权、健康权，政府必须采取一系列紧急措施控制疫情的蔓延，挽救患者的生命。但抗击疫情的措施会在一定程度上限制其他人权和公共利益的实现。因此，如何在抗击重大疫情的过程中对各项人权的保障作出合理排序，协调各项人权保障之间的关系，平等保障各类人权主体特别是特定群体的权利，平衡人民生命权、健康权保障与维持经济发展和维护政治稳定的关系，兼顾国内人民生命权、健康权保障与实施国际人道主义救援的关系，是各国政府必须面对的人权问题。

中国在此次抗击新冠肺炎疫情的过程中，坚持把保障人民的生命权、健康权置于首位，充分发挥社会主义的制度优势，合理协调生命权、健康权保障与其他各项人权保障的关系，平等保障各类人权主体特别是疫情中特定群体的生命权、健康权，平衡人权保障与其他公共利益之间的关系，成功阻断了病毒在中国的传播，率先恢复了正常的经济和社会生活，保持了社会和谐安定，为共建人类卫生健康共同体作出了中国贡献，也验证了中国所提出的一系列人权理念和原则的正确性。

一　将保障人民生命权、健康权作为抗击疫情的首要目标

面对突袭而至的新冠肺炎疫情，中国政府从一开始就坚持将人民生命

① 国务院新闻办公室：《抗击新冠肺炎疫情的中国行动》，国务院新闻办网站，http：//www.scio.gov.cn/zfbps/ndhf/42312/Document/1682143/1682143.htm。

权、健康权置于首位，采取全面严格彻底的防控措施，实施大规模隔离和全面医疗救治，不遗漏一个感染者，不放弃一个病患，扭转了疫情局势，维护了人民生命安全和身体健康。

（一）竭尽全力保障人民生命权、健康权

面对突如其来的新冠肺炎疫情，中国采取五大举措阻击疫情传播，全力救治每一位患者。

第一，确立把人民群众的生命安全和身体健康放在第一位的疫情防控方针，建立应对疫情的中央领导小组和国务院应对疫情联防联控机制，并向湖北派出了中央指导组。

第二，及时切断病毒传播链。对湖北省尤其是武汉市对外通道实施最严格的封闭和交通管控，对湖北以外地区实施差异化交通管控，对全国其他地区实施分区分级精准防控，实施严格的出入境卫生检疫和边境管控。与此同时，推迟学校开学，限制聚集性活动，关闭娱乐场所，出入社区测体温和佩戴口罩，鼓励民众居家和企业远程办公。

第三，全面开展排查，控制传染源。对武汉居民集中开展两轮拉网式排查，在全国范围内排查确诊患者、疑似患者、发热患者、确诊患者的密切接触者，持续提升核酸检测能力，全力进行流行病学追踪调查，精准切断病毒传播途径。

第四，紧急补充医疗资源，全力救治患者。为了解决重症患者大规模收治难题，在短时间内建成了火神山、雷神山两座各可容纳 1000 多张床位的传染病专科医院，改扩建一批定点医院，改造一批综合医院，使重症床位从 1000 张左右迅速增加至 9100 多张。为了尽量减少轻症患者转为重症，武汉市集中力量将一批体育场馆、会展中心等改造成 16 家方舱医院，全国共指定 1 万余家定点医院对新冠肺炎患者实行定点集中治疗，使轻症患者应收尽收、应治尽治。为了弥补武汉和湖北医疗资源的不足，1 月 24 日至 3 月 8 日，中央共调集全国 346 支医疗队、4.26 万名医务人员、900 多名公共卫生人员驰援湖北，19 个省份以对口支援、以省包市的方式支援湖北省除武汉

市以外的16个地市。[①]

第五，实施科研应急攻关，研制针对新冠病毒的疫苗。中央政府部署启动83个应急攻关项目，组织全国优势力量开展科技攻关，沿5条技术路线开展疫苗研发。

上述措施有效保障了人民的生命权、健康权。仅仅两周时间，中国新增确诊病例就下降了80%。3月11日至17日，全国新增确诊病例降至个位数。[②] 英国《自然》杂志网站2020年5月4日发表的《中国非药物干预措施（NPI）对新冠肺炎疫情的影响》一文指出，中国实施的城际旅行限制、病例的早期识别和隔离以及人员接触限制和社交疏远措施等三类非药物干预措施，有效控制了疫情在中国的发展，同时也为全球赢得了宝贵的“窗口”。如果中国采取的非药物干预措施比实际实施时间晚1周，病例可能较目前增加3倍；如果晚3周，则病例可能较目前增加18倍。[③]《科学》杂志网站2020年5月8日发表了《中国在新冠肺炎疫情发生最初50天的控制传播措施研究》的报告，对2019年12月31日至2020年2月19日武汉控制措施的影响进行了定量分析，结论是“关闭全市公共交通和娱乐场所、禁止公众集会等措施综合起来，避免了数十万例感染病例”[④]。

（二）平等保障各类人权主体的生命权、健康权

新冠肺炎疫情之下，一些特定群体的生命和健康面临更严重的威胁。一类是在突发重大疫情时由于自身身体状况而受到疫情更大威胁的人群，如病毒感染者、易感染病毒的老年人和患有相关基础病的人，以及缺乏自我防护

---

① 国务院新闻办公室：《抗击新冠肺炎疫情的中国行动》，国务院新闻办网站，http://www.scio.gov.cn/zfbps/ndhf/42312/Document/1682143/1682143.htm。

② 国务院新闻办公室：《抗击新冠肺炎疫情的中国行动》，国务院新闻办网站，http://www.scio.gov.cn/zfbps/ndhf/42312/Document/1682143/1682143.htm。

③ S. Lai et al., “Effect of Non-pharmaceutical Interventions to Contain COVID-19 in China”, *Nature*, 04 May 2020, Vol. 585, pp. 410-413. https://www.nature.com/articles/s41586-020-2293-x.

④ H. Tian et al., “An Investigation of Transmission Control Measures during the First 50 Days of the COVID-19 Epidemic in China”, *Science*, 08 May 2020, Vol. 368, Issue 6491, pp. 638-642. DOI: 10.1126/science.abb6105. https://science.sciencemag.org/content/368/6491/638.full.

能力的残疾人、未成年人、孕妇、精神障碍者等。另一类是在突发重大疫情时由于所处的特殊情境而更容易遭受疫情危害的人群，包括在疫情发生区域的居民，与感染者发生各类密切接触的人员，如疫情救治一线的医护人员、感染者家属、快递员、商店店员等，还有处于特殊管制状态的监狱服刑人员、精神病院的住院患者，以及处于集中生活状态的孤儿院、养老院、残疾人福利院的住院人员等。

为了保障疫情下这两类特定群体的生命权、健康权，中国政府采取了一系列特殊保护措施。

第一，要求医疗机构全力救治伴有基础性疾病的老年患者，政府在人员、药品、设备、经费上予以全力保障。湖北省成功治愈3000余位80岁以上、7位百岁以上新冠肺炎患者。①

第二，针对养老机构中的老年人，民政部印发了《养老机构新型冠状病毒感染的肺炎疫情防控指南》（第二版）和《新冠肺炎疫情高风险地区及被感染养老机构防控指南》。国务院应对新型冠状病毒感染肺炎疫情联防联控机制发布了《关于进一步做好民政服务机构疫情防控工作的通知》，要求“进一步做好养老机构、儿童福利机构、未成年人救助保护机构、精神卫生福利机构、流浪乞讨人员救助管理机构和殡葬服务机构等民政服务机构新冠肺炎疫情防控和服务保障工作”②。国家卫生健康委员会发布了《新型冠状病毒肺炎疫情防控期间养老机构老年人就医指南》。

第三，针对孤寡老人、留守儿童、孕产妇、精神病患者等疫情中的特定群体，国务院联防联控机制发布了《关于进一步做好民政服务机构疫情防控工作的通知》，要求“各地对于受疫情影响在家隔离的孤寡老人、因家人被隔离收治而无人照料的老年人和未成年人，以及社会散居孤儿、留守儿童、留守老年人等特殊群体，要组织开展走访探视，及时

① 国务院新闻办公室：《抗击新冠肺炎疫情的中国行动》，国务院新闻办网站，http：//www. scio. gov. cn/zfbps/ndhf/42312/Document/1682143/1682143. htm。

② 国务院联防联控机制：《关于进一步做好民政服务机构疫情防控工作的通知》，2020年2月28日，民政部网站，http：//www. mca. gov. cn/article/xw/mzyw/202002/20200200025124. shtml。

提供帮助”①。民政部先后印发了《关于做好新型冠状病毒感染肺炎疫情防控期间有关社会救助工作的通知》《关于做好因新冠肺炎疫情影响造成监护缺失的儿童救助保护工作的通知》《生活无着的流浪乞讨人员救助管理机构新冠肺炎疫情防控工作指南》。国家卫生健康委发布了《关于加强新型冠状病毒肺炎疫情防控期间孕产妇疾病救治与安全助产工作的通知》《关于加强新冠肺炎疫情期间严重精神障碍患者治疗管理工作的通知》《基层医疗卫生机构在新冠肺炎疫情防控期间为老年人慢性病患者提供医疗卫生服务指南（试行)》。

第四，针对一线医护人员，中央应对新型冠状病毒感染肺炎疫情工作领导小组发布了《关于全面落实进一步保护关心爱护医务人员若干措施的通知》。国家卫生健康委发布了《关于全力做好一线医务人员及其家属保障工作的通知》《关于贯彻落实改善一线医务人员工作条件切实关心医务人员身心健康若干措施的通知》《关于做好新冠肺炎疫情防控一线医务人员老年亲属关爱服务工作的通知》。

第五，为了使所有患者不会因付不起医疗费用而无法获得及时的医疗，政府承担了医治新冠肺炎患者的全部费用。在医疗费用方面，政府及时调整医保政策，明确对确诊和疑似患者实行“先救治，后结算”，对发生的医疗费用，在基本医保、大病保险、医疗救助等按规定支付后，个人负担部分由财政给予补助。在核酸检测费用方面，根据国务院联防联控机制 2020 年 6 月 8 日发布的《关于加快推进新冠病毒核酸检测的实施意见》（联防联控机制综发〔2020〕181 号），对密切接触者、境外入境人员、发热门诊患者、新住院患者及陪护人员、医疗机构工作人员、口岸检疫和边防检查人员、监所工作人员、社会福利养老机构工作人员等重点人群实施“应检尽检”，“应检尽检”所需费用由各地政府承担。②

① 《国务院应对新型冠状病毒感染肺炎疫情联防联控机制关于进一步做好民政服务机构疫情防控工作的通知》，2020 年 2 月 28 日，中国政府网，http：//www. gov. cn/zhengce/content/2020 –02/28/content_ 5484533. htm。

② 《关于加快推进新冠病毒核酸检测的实施意见》，国家卫健委网站，http：//www. nhc. gov. cn/jkj/s5898bm/202006/6c97dc68c7b24fcb997599a8e6afb931. shtml。

（三）保障健康权包括积极保障所有人的基本生活必需品供给

在采取全面严格彻底的疫情防控措施时，当地居民的基本生活会受到严重影响。为了充分保障公民基本生活水准权利，政府采取了积极的措施全力保障居民基本生活必需品的供给。

在武汉实施封城措施后，为了保障武汉市近千万居家隔离者的基本生活必需品的供给，中国建立了央地协同、政企联动的 9 省联保联供协作，以及 500 家应急保障供应企业调运机制，实施了社区物资配送，保障了隔离期间居民生活需要和防疫安全。

二　抗击疫情中对各项人权的协调保障

在抗击疫情的过程中，不仅需要全力保障人民的生命权、健康权，而且需要协调保障其他各项人权。在此次抗击新冠肺炎疫情过程中，中国政府特别关注合理保障个人隐私权和个人信息安全，平衡保障经济社会权利，充分保障公民的知情权、表达权、参与权和监督权。

（一）合理保障个人隐私权和个人信息安全

在此次抗击新冠肺炎疫情的过程中，中国政府在公开疫情信息的同时，特别强调对个人隐私和个人信息安全的保护。2020 年 1 月 30 日，交通运输部发出紧急通知，要求“依法严格保护个人隐私和个人信息安全，除因疫情防控需要，向卫生健康等部门提供乘客信息外，不得向其他机构、组织或者个人泄露有关信息、不得擅自在互联网散播”①。2020 年 2 月 4 日，中央网络安全和信息化委员会办公室发出了《关于做好个人信息保护利用大数据支撑联防联控工作的通知》，要求各地方各部门要高度重视个人信

① 《交通运输部关于统筹做好疫情防控和交通运输保障工作的紧急通知》，2020 年 1 月 30 日，交通运输部网站，http：//xxgk. mot. gov. cn/jigou/ysfws/202001/t20200130_ 3328400. html。

息保护工作，除国务院卫生健康部门依据《中华人民共和国网络安全法》《中华人民共和国传染病防治法》《突发公共卫生事件应急条例》授权的机构外，其他任何单位和个人不得以疫情防控、疾病防治为由，未经被收集者同意收集使用个人信息。收集联防联控所必需的个人信息应参照国家标准《个人信息安全规范》，坚持最小范围原则，收集对象原则上限于确诊者、疑似者、密切接触者等重点人群，一般不针对特定地区的所有人群，防止形成对特定地域人群事实上的歧视。为疫情防控、疾病防治收集的个人信息，不得用于其他用途。任何单位和个人未经被收集者同意，不得公开姓名、年龄、身份证号码、电话号码、家庭住址等个人信息，因联防联控工作需要，且经过脱敏处理的除外。收集或掌握个人信息的机构要对个人信息的安全保护负责，采取严格的管理和技术防护措施，防止个人信息被窃取、被泄露。[①] 各地政府工作人员自觉注意对相关人员信息的保护。在新闻报道中，感染者的名字都被虚化，电视采访播出时，感染者的镜头打上了马赛克。

针对出现的侵犯感染者隐私权的问题，政府迅速采取了追究和惩治措施，对益阳市赫山区卫生健康局党组成员、副局长等人将属于内部工作文件且涉及多人隐私的调查报告转发给无关人员进而传播至微信群的行为[②]，以及文山州人民医院工作人员私自用手机拍摄医院电脑记录的新型冠状病毒感染肺炎患者的隐私信息并公开散布的行为予以严肃处理。[③] 据成都警方通报，2020 年 12 月 7 日，王某将一张内容涉及“成都疫情及赵某某身份信息、活动轨迹”的图片在自己的微博转发，严重侵犯他人隐私。经公安机关调查，王某对散布泄露赵某某个人隐私的行为供认不讳。王某因违反

① 中央网络安全和信息化委员会办公室：《关于做好个人信息保护利用大数据支撑联防联控工作的通知》，2020 年 2 月 9 日，中央网信办网站，http://www.cac.gov.cn/2020-02/09/c_1582791585580220.htm。

② 《湖南益阳一区卫生局副局长泄露患者隐私被查处》，2020 年 1 月 30 日，新浪网，http://news.sina.com.cn/2020-01-30/doc-iimxxste7675435.shtml。

③ 《云南警方暂缓拘留泄露确诊患者信息的医务人员》，2020 年 2 月 8 日，人民网，http://society.people.com.cn/n1/2020/0208/c1008-31576842.html。

《中华人民共和国治安管理处罚法》的相关规定，已被成都公安机关依法予以行政处罚。①

（二）平衡保障经济和社会权利

新冠肺炎疫情防控是为了保障人民的生命权和健康权，但这种保障需要经济发展为其提供物质基础。同时，如果经济发展长期停滞，不仅会对其他各项人权的保障带来负面影响，而且会使更多的人缺乏相应条件而失去生命。英国《柳叶刀》社论认为，“中国的成功也伴随着巨大的社会和经济代价，中国必须做出艰难的决定，从而在国民健康与经济保护之间获得最佳平衡”②。因此，在疫情防控的过程中，应当根据疫情发展的实际情况，精准施策，平衡疫情防控与经济发展之间的关系。

中国政府统筹推进疫情防控和经济社会发展，最大限度保障民生和人民正常生产生活。2020 年 2 月 17 日，国务院联防联控机制印发《关于科学防治精准施策分区分级做好新冠肺炎疫情防控工作的指导意见》，部署各地区各部门做好分区分级精准防控，有序恢复生产生活秩序。4 月 7 日，中央应对疫情工作领导小组印发《关于在有效防控疫情的同时积极有序推进复工复产的指导意见》，国务院联防联控机制印发《全国不同风险地区企事业单位复工复产疫情防控措施指南》。

为了在防控疫情的同时合理恢复经济社会生活，全国推行分区分级精准施策防控策略。低风险区严防输入，全面恢复生产生活秩序；中风险区外防输入、内防扩散，尽快全面恢复生产生活秩序；高风险区内防扩散、外防输出、严格管控，集中精力抓疫情防控。③

为了消除疫情对经济的负面影响，中央和各地方政府采取了一系列保障经济

---

① 《成都警方：泄露成都确诊女孩信息男子被行政处罚》，2020 年 12 月 9 日，光明网，https：//m. gmw. cn/2020 – 12/09/content_ 1301921239. htm。

② “Sustaining Containment of COVID – 19 in China”, *The Lancet*, 18 April 2020, DOI：https：//doi. org/10. 1016/S0140 – 6736（20）30864 – 3.

③ 国务院新闻办公室：《抗击新冠肺炎疫情的中国行动》，国务院新闻办网站，http：//www. scio. gov. cn/zfbps/ndhf/42312/Document/1682143/1682143. htm。

运行的举措。2020 年各级财政新增减税降费超过 1 万亿元人民币。截至 2020 年 3 月 27 日，“已向市场注入超过 1.3 万亿元人民币的流动性和再贷款再贴现等定向工具”。[①] 发行抗疫特别国债，大幅增加地方政府专项债券；通过降准、降息、再贷款等多种方式，保持流动性合理充裕，引导贷款市场利率下行。适当增加公共消费，加大创业担保贷款贴息支持力度，帮助企业保订单、保市场、保份额。[②]

为了帮助企业特别是中小企业和个体工商户减负纾困，政府实施减费降税和增加财政补贴的政策，对中小微企业贷款实施临时性延期还本付息，新增优惠利率贷款。

为了兼顾防疫和恢复经济所需要的人员流动，各地政府将“健康码”作为个人在当地出入通行的电子凭证。“健康码”分为三种不同颜色，持绿码的人可以直接进入一个地区，持红码的人需要集中隔离 14 天，持黄码的人需要隔离 7 天。中央政府积极推动各地“健康码”互通互认。[③]

根据国家统计局发布的 2020 年中国经济年报的初步核算，2020 年我国国内生产总值为 1015986 亿元，按可比价格计算，比 2019 年增长 2.3%。分季度看，第一季度同比下降 6.8%，第二季度同比增长 3.2%，第三季度同比增长 4.9%，第四季度同比增长 6.5%。[④] 中国成为全球唯一实现经济正增长的主要经济体。2020 年中国货物贸易进出口总值为 32.16 万亿元，同比增长 1.9%，在新冠肺炎疫情和单边主义保护主义等多重压力之下创历史新高，成为全球唯一实现货物贸易正增长的主要经济体。[⑤]

---

① 《外交部：中方全力抗疫出台系列举措稳经济》，2020 年 3 月 27 日，第一财经，https：//www. yicai. com/news/100568732. html。

② 《国家发改委：一揽子政策落地　保持经济平稳运行》，2020 年 4 月 21 日，中青在线，http：//news. cyol. com/app/2020 -04/21/content_ 18579129. htm。

③ 《依托全国一体化政务服务平台共享信息全国绝大部分地区“健康码”已可实现“一码通行”》，2020 年 3 月 22 日，国家网信办网站，http：//www. cac. gov. cn/2020 -03/22/c_1586425970924963. htm。

④ 李金磊：《中国 2020 年 GDP 突破 100 万亿元同比增长 2.3%》，2021 年 1 月 18 日，中国新闻网，http：//www. chinanews. com/cj/2021/01 -18/9389849. shtml。

⑤ 《我国 2020 年成为全球唯一实现货物贸易正增长的主要经济体》，2021 年 1 月 19 日，中国江苏网，http：//news. jschina. com. cn/zt2021/gk2021/202101/t20210119_ 2712858. shtml。

（三）充分保障知情权、表达权、参与权和监督权

疫情及其防控属于重大公共卫生事项，直接影响公众的生命健康和日常生活。公众对疫情及政府采取的疫情防控措施享有知情权、表达权、参与权和监督权。在此次抗击新冠肺炎疫情的过程中，中国政府在积极抗击疫情的同时，对公民在疫情防控中的知情权、表达权、参与权和监督权也予以充分的保障。

1. 及时发布疫情信息，回应公众关切

在疫情发生后，中国政府以对人民负责的态度，及时发布所掌握的疫情信息，并建立起严格的疫情发布机制。2019 年 12 月 27 日，湖北省中西医结合医院向武汉市江汉区疾控中心报告不明原因肺炎病例。武汉市组织专家从病情、治疗转归、流行病学调查、实验室初步检测等方面进行分析，认为上述病例系病毒性肺炎。12 月 30 日，武汉市卫生健康委向辖区医疗机构发布《关于做好不明原因肺炎救治工作的紧急通知》。12 月 31 日，武汉市卫生健康委在官方网站发布《关于当前我市肺炎疫情的情况通报》，发现 27 例病例，提示公众尽量避免到封闭、空气不流通的公众场合和人员集中地方，外出需要佩戴口罩。当日起，武汉市卫生健康委依法发布疫情信息。2020 年 1 月 3 日，武汉市卫生健康委在官方网站发布《关于不明原因的病毒性肺炎情况通报》。1 月 5 日，武汉市卫生健康委在官方网站发布《关于不明原因的病毒性肺炎情况通报》。1 月 20 日，国家卫生健康委组织召开记者会，高级别专家组通报新冠病毒已出现人传人现象。自 2020 年 1 月 21 日起，国家卫生健康委每日在官方网站、政务新媒体平台发布前一天全国疫情信息。各省级卫生健康部门每日统一发布前一天本省份疫情信息，并在政务新媒体平台及时发布本地防控举措。1 月 22 日，国务院新闻办公室就疫情举行第一场新闻发布会，介绍疫情有关情况。①

---

① 国务院新闻办公室：《抗击新冠肺炎疫情的中国行动》，国务院新闻办网站，http：//www. scio. gov. cn/zfbps/ndhf/42312/Document/1682143/1682143. htm。

2. 鼓励志愿者参与志愿服务

防控重大疫情需要公众的积极参与。在此次抗击新冠肺炎疫情的过程中，急需大量的志愿者参与抗疫工作和社区服务。2020 年 1 月 28 日，中央文明办、中国志愿服务联合会发出《关于号召广大志愿者、志愿服务组织积极有序参与疫情防控的倡议书》，号召志愿者“依法有序参与关心疫情防控的态势和信息，关注各地志愿服务信息系统，根据抗疫斗争的实际需求，在各地应对疫情工作领导小组的统一指挥调度下，时刻做好思想准备、工作准备、组织准备，立足本地，结合所长，主动报名，等候召唤”，帮助宣传普及，助力排查治理，做好医疗保障，提供专业服务。[①] 与此同时，各地志愿者协会也向志愿者发出倡议。例如，2020 年 1 月 28 日，上海市志愿者协会发出《关于号召积极参与疫情防控志愿服务的倡议书》，号召志愿者立足社区发挥作用，就近就便提供服务，为社区基层组织提供支持和帮助，帮助困难家庭、空巢老人、残障人士等特定群体；协助社区摸清居民需求，特别是对居家隔离观察的居民，做好基本生活的保障服务；宣传防疫知识，分发防疫物品，收集居民信息。[②] 武汉“志愿服务关爱行动”相关招募信息发布后，7 万余人先后报名。经过审核并根据实际需要，2 万余名志愿者上岗从事关爱行动，由各社区具体组织和动态管理。他们承担了信息员、采购员、分拣员、快递员、测温员、调解员等诸多工作职责，解决了居民在家抗疫而产生的诸多生活难题。[③] 据不完全统计，截至 2020 年 5 月 31 日，全国参与疫情防控的注册志愿者达到 881 万人，志愿服务项目超过 46 万个，记录志愿服务时间超过 2.9 亿小时。[④] 与此同时，社区工作者在城乡社区中认真监

---

① 中央文明办、中国志愿服务联合会：《关于号召广大志愿者、志愿服务组织积极有序参与疫情防控的倡议书》，2020 年 1 月 28 日，中国文明网，http://www.wenming.cn/zyfw/rd/202001/t20200128_5402262.shtml。

② 《上海市志愿者协会关于号召积极参与疫情防控志愿服务的倡议书》，2020 年 1 月 28 日，上海志愿者网，http://www.volunteer.sh.cn/Website/News/NewsItem.aspx?id=12579。

③ 陈城：《志愿服务筑起抗击疫情的“万里长城”》，《光明日报》2020 年 4 月 7 日，第 2 版。

④ 国务院新闻办公室：《抗击新冠肺炎疫情的中国行动》，国务院新闻办网站，http://www.scio.gov.cn/zfbps/ndhf/42312/Document/1682143/1682143.htm。

测疫情、测量体温、排查人员、站岗值守、宣传政策、防疫消杀，尽职尽责。

3. 回应民众呼声，严肃查处公职人员的不当行为

疫情防控是重大公共事务，关系到每一个人的生命和健康。每个公民都有权利对疫情防控表达自己的观点，对公共部门疫情防控执行情况予以监督。

由中央政治局委员、国务院副总理孙春兰任组长，11 位部级领导干部和多位院士及专家组成的中央指导组 2020 年 1 月 27 日赴武汉，针对初期底数不清、收治缓慢、管控不力等问题多次明察暗访，35 次就医疗救治进行专题研究，23 次到医院实地考察，批转社会反映的 2 万多条问题线索至省市核实解决，就医疗救治和疫情防控措施落实情况进行检查督导。① 2020 年 1 月 30 日，湖北省红十字会官网公布了 17 项捐赠物资的使用情况。其中显示，主要进行不孕不育诊疗的武汉仁爱医院，收到了 1.6 万个 N95 捐赠口罩。而武汉市 61 家发热门诊之一的协和医院仅收到 3000 个口罩。有网友质疑，湖北省红十字会对捐赠物资分配不合理。② 2020 年 2 月 4 日，湖北省纪委监委发布消息，针对反映湖北省红十字会在捐赠款物接收分配中的有关问题，湖北省纪委监委迅速开展调查核实工作。经调查，省红十字会有关领导和干部在疫情防控期间接收和分配捐赠款物工作中存在不担当不作为、违反“三重一大”规定、信息公开错误等失职失责问题，依据《中国共产党问责条例》《中国共产党纪律处分条例》《行政机关公务员处分条例》等规定，经湖北省纪委监委研究并报省委批准，决定免去张钦省红十字会党组成员、专职副会长职务，并给予其党内严重警告、政务记大过处分；给予省红十字会党组成员陈波党内严重警告、政务记大过处分；给予省红十字会党组书记、常务副会长高勤党内警告处分。省红十字会其他责任人员按照干部管理

① 《抗击新冠肺炎疫情的中国实践》，2020 年 4 月 21 日，中国日报网，http://cn.chinadaily.com.cn/a/202004/21/WS5e9e45afa310c00b73c786ed.html? ivk_ sa = 1023197a。

② 《湖北红十字会再道歉》，2020 年 2 月 1 日，政事儿百家号，https://baijiahao.baidu.com/s?id = 1657343326057287218&wfr = spider&for = pc。

权限由有关党组织依纪依规处理。[①] 据人民网报道，截至 2020 年 2 月 5 日，全国至少已有 100 名党员干部因应对疫情工作防控不力等被问责。[②]

三　抗击新冠肺炎疫情实践对中国人权观的检验

新冠肺炎疫情是近百年来人类遭遇的影响范围最广的全球性大流行病，不仅考验各国政府的应对智慧，也检验了各种人权观念。

中国在此次抗击新冠肺炎疫情的过程中所体现出的将人民的生命权、健康权置于首位的人权观，与西方以个人自由为核心的人权观形成鲜明对比。抗击疫情的实践结果是对两种人权观的有效检验。中国抗击疫情的实践不仅有效保障了人民的生命健康，而且保持了经济的增长和社会的安定。而以美国为代表的许多西方国家抗击疫情的实践却受到其人权观的限制，未能有效地阻断疫情的蔓延，付出了沉重的生命代价，不仅无法实现经济的恢复，还导致了社会的剧烈动荡。

（一）生存权在人权体系中的基础性地位

在人权体系中，生存权保障是主体享有其他各项人权的前提条件和客观基础，中国政府始终将生存权作为首要人权。生存权中最重要的内容就是生命权和健康权。在面对突发重大疫情时，对生命权、健康权的保障必须置于最优先的地位。联合国人权事务委员会 1982 年第 16 届会议通过的第 6 号一般性意见第 1 条指出，生命权“是甚至当威胁到国家存亡的社会紧急状态存在时，也绝不允许克减的最重要权利”[③]。联合国人权事务委员会 1984 年第 23 届会议通过的第 14 号一般性意见第 1 条进一步指出：“生命权是所有

① 《湖北省红十字会 3 名领导被问责，副会长被免！违规发放口罩，武汉市统计局副局长被免》，2020 年 2 月 4 日，搜狐网，https：//www. sohu. com/a/370573542_ 115362。

② 贾茹：《应对疫情工作不力，全国超 100 名干部被问责》，2020 年 2 月 6 日，人民网，http：//unn. people. com. cn/n1/2020/0206/c14717 －31574317. html。

③ 联合国人权事务委员会：《第 6 号一般性意见：第六条（生命权）》，1982 年第 16 届会议通过。

人权的基础。”[①] 联合国人权事务委员会2018年第124届会议通过的第36号一般性意见第2条再次强调：“生命权是不允许克减的最高权利，即使在武装冲突和危及国家生存的其他公共紧急状况下也是如此。生命权对个人和整个社会都至关重要。它作为每个人固有的一项权利，因其本身的重要性而极为宝贵，但生命权也是一项这样的基本权利：它得到有效保护是享受所有其他人权的先决条件，它的内容可受到其他人权的影响。”[②]

在面临突发重大疫情时，将生命权和健康权置于最优先的地位，意味着当生命权、健康权保障与其他人权的实现方式出现冲突时，可以对其他人权的实现方式予以相应的限制或克减。联合国《公民权利和政治权利国际公约》第18条、第19条、第21条、第22条均规定，为了保护公共卫生，可以对各项自由权利的行使依法予以必要的限制。该公约第4条第1款规定，“在社会紧急状态威胁到国家的生命并经正式宣布时，本公约缔约国得采取措施克减其在本公约下所承担的义务”[③]。

新冠肺炎疫情发生后，中国政府提出了“将人民的生命和健康放在第一位”的疫情防控战略。正如国家主席习近平指出的：“在这一次疫病流行的时候，我们毅然地，为了防控疫情，对经济社会发展按下了暂停键，不惜付出很高的代价，把人民的生命和健康放在第一位。人的生命只有一次，必须把它保住，我们办事情一切都从这个原则出发。”[④]

在抗击新冠肺炎疫情的过程中，中国将保障人民的生命权、健康权置于优先地位，实施严格的防控措施阻断病毒传播，将感染率和病死率降到最低限度。为阻断疫情蔓延，全国普遍实施应急一级响应，对武汉采取暂时关闭

① 联合国人权事务委员会：《第14号一般性意见：第六条（生命权）》，1984年第23届会议通过。

② 联合国人权事务委员会：《第36号一般性意见：第六条（生命权）》，2018年第124届会议通过。

③ 《公民权利和政治权利国际公约》，载董云虎、刘武萍编著《世界人权约法总览》，四川人民出版社，1990，第273页。

④ 《习近平：把人民的生命和健康放在第一位》，2020年6月2日，央广网，http://news.cnr.cn/native/gd/20200602/t20200602_525114395.shtml。

离汉通道措施，在全国范围内实施一系列防疫举措，学校停课，企业停产，商店关门，停止所有聚集性活动，社区实行封闭管理。在所有出入场所进行体温检测，对所有疑似病人迅速进行复查与确认，对疑似病人和所有类型感染者迅速实施隔离收治，对确诊患者密切接触者进行排查，并参照发热患者对他们进行集中观察后居家隔离。居民出门必须戴口罩，来自不同地区的人必须居家隔离 14 天。上述措施有效地遏制了新冠病毒在中国的传播，也为阻止新冠病毒的全球传播作出了中国贡献。

（二）对各类权利主体的生命权和健康权能否平等保障是人权观的重要试金石

疫情突然发生导致感染者数量激增，医院、床位、医疗设施、药品和医护人员在短期内出现严重短缺，无法及时满足所有感染者的就医需求。在这种特殊情境下，如果选择优先救治危重感染者，其所耗费的资源会使更多重症和轻症患者得不到及时救治；如果优先选择救治轻症和重症感染者，就意味着放弃对危重感染者生命权、健康权的充分保障，由此形成了生命权、健康权保障的主体间冲突。

中国政府坚持平等保障每个人的生命权、健康权，反对一切形式的歧视。为了解决由资源稀缺所导致的生命权、健康权平等保障的困境，中国政府迅速调集全国资源，在短时间内转变了资源短缺的局面，实现了应检尽检、应收尽收、应治尽治。中国在疫情防控中对妇女、儿童、老年人、残疾人、贫困人口等群体给予特别关注，不让任何人落下。武汉病愈出院的高龄患者中，有 7 位百岁老人，其中最高龄老人已 108 岁。为了保护疫情中处于弱势地位的各类群体，中央应对新型冠状病毒感染肺炎疫情工作领导小组发布了一系列相关文件，要求保护、关心、爱护处于疫情防控一线的医务人员及其老年亲属；对受疫情影响在家隔离的孤寡老人、因家人被隔离收治而无人照料的老年人和未成年人，以及社会散居孤儿、留守儿童、留守老年人等特殊群体，要组织开展走访探视，及时提供帮助；做好养老机构、儿童福利机构、未成年人救助保护机构、精神卫生福利机构、流浪乞讨人员救助管理

机构和殡葬服务机构等民政服务机构的新冠肺炎疫情防控和服务保障工作；加强疫情防控期间孕产妇疾病救治与安全助产；在疫情防控期间为老年人慢性病患者提供医疗卫生服务指南。[①] 这体现了对每一个生命平等的尊重和保护。

（三）审时度势协调生命权、健康权与个人自由等各项人权保障

尽管所有人权是一个相互联系的整体，应当得到同等的尊重和保障，但在突发重大疫情之下，人民生命权、健康权受到最严重的威胁。在这种现实条件下，如果不能竭尽全力充分保障人民的生命权、健康权，其他各项人权的保障也会受到严重的损害。因此，只有将保障人民生命权、健康权置于首位，才能为其他各项人权的保障提供现实的基础。

面对新冠肺炎疫情的重大危机，中国政府将人民的生命权、健康权置于抗击疫情的第一位，在全力消除疫情对人民生命和健康的威胁的前提下，协调保障个人自由权利、政治权利、经济社会权利。中国抗击疫情的实践结果显示，不仅人民的生命权、健康权得到了充分保障，其他各项权利也得到了较好的保障。中国是采取最全面最严格最彻底的疫情防控措施的国家，也是最先控制住疫情的国家，这使人民的正常生活和自由活动最先获得全面恢复，也使中国成为新冠肺炎疫情下唯一实现经济正增长的主要经济体。与此同时，中国在抗击疫情中坚持“科学防控、精准施策”，通过分级分类防控、推广使用健康码等手段，协调保障人民的经济社会权利；通过必要的规制约束保障个人隐私权和个人信息权。

（四）政府在保障人权中的积极作用

政府的作为，在人权理论中始终是一个重要的话题。在面对威胁人民生命健康的突发重大公共卫生事件时，政府应当承担保障人民生命权、健康权

① 常健：《突发重大疫情下四类弱势群体人权的特殊保护》，载《人权研究》2020 年第 1 期（总第 23 卷），社会科学文献出版社，2020。

的重要责任，采取积极措施，消除疫情对人民生命健康的威胁。

面对突袭而至的新冠肺炎疫情，在以习近平同志为核心的中共中央坚强领导下，中国建立了中央统一指挥、统一协调、统一调度，各地方各方面各负其责、协调配合，集中统一、上下协同、运行高效的指挥体系，制定了“坚定信心、同舟共济、科学防治、精准施策”的总方针，建立了中央应对疫情工作领导小组和国务院联防联控机制。全国各省、市、县构建了统一指挥、一线指导、统筹协调的应急决策指挥体系。世界卫生组织总干事谭德塞对此评论道：“中方行动速度之快、规模之大，世所罕见，展现出中国速度、中国规模、中国效率。”①

四　倡议共建人类卫生健康共同体以推动构建人类命运共同体

值得注意的是，面对这次新冠病毒全球大流行，中国不仅在本国为保障14 亿人民的生命权、健康权做了卓有成效的工作，而且创造性地提出了国际社会要共建人类卫生健康共同体，以推动人类命运共同体的建设。

新冠肺炎疫情在全球 215 个国家和地区蔓延，对各国人民的生命健康都构成了严重的威胁，以血淋淋的事实提醒各国人民，人类是休戚与共的命运共同体。根据世界卫生组织的统计数据，全球累计新冠肺炎确诊病例超过8077 万例，累计死亡病例超过 178 万例。② 冷酷的事实告诫世人，在全球化时代，各个国家深度相互依赖，在公共卫生、金融、经济、安全、环境等各个领域相互影响、休戚与共。面对这种威胁人类整体生存的全球突发重大公共卫生事件，只有团结协作，构筑全球防疫共同体，共同抵御疫情的蔓延和危害，才能成功战胜疫情，实现各个国家的合作共赢。

---

① 《习近平会见世界卫生组织总干事谭德塞》，2020 年 1 月 28 日，新华网，http：//www. xinhuanet. com/politics/leaders/2020 -01/28/c_ 1125508831. htm。

② 《全球新冠肺炎确诊病例超 8077 万》，2020 年 12 月 31 日，新闻联播网，http：//www. xwlb. net. cn/17279. html。

中国对其他国家人民遭受的疫情苦难感同身受，本着面对灾难同舟共济的人道主义精神，秉持人类命运共同体理念，肩负大国担当，同其他国家并肩作战、共克时艰。疫情发生以来，中国始终同国际社会开展交流合作，加强高层沟通，分享疫情信息，开展科研合作。中国还呼吁各方以人类安全健康为重，秉持人类命运共同体理念，携手加强国际抗疫合作，共建人类卫生健康共同体。

首先，中国政府本着依法、公开、透明、负责任的态度，在发现“不明原因肺炎”后，立即组织专家攻关，并在查明是新冠病毒肆虐后，第一时间主动向世界卫生组织、有关国家和地区组织通报疫情信息。2019 年 12 月 31 日，中国第一时间向世卫组织驻华办事处通报了新冠病毒信息。从 2020 年 1 月 3 日起，中国开始定期向世界卫生组织、有关国家和地区组织及时、主动通报疫情信息。1 月 11 日起，中国每日向世界卫生组织等通报疫情信息。1 月 12 日，中国疾控中心、中国医学科学院、中国科学院武汉病毒研究所向世界卫生组织提交新型冠状病毒基因组序列信息，在全球流感共享数据库（GISAID）发布。国家生物信息中心开发的 2019 新型冠状病毒信息库正式上线，发布全球新冠病毒基因组和变异分析信息。2 月 16 日开始，由 25 名专家组成的中国—世界卫生组织联合专家考察组对北京、成都、广州、深圳和武汉等地进行了 9 天实地考察调研。2020 年 1 月 20 日至 21 日，中国政府接受了世界卫生组织派团对中国武汉的现场考察。[①] 中国发布了 7 版新冠肺炎诊疗方案、6 版防控方案，被翻译成多国语言。

其次，中国政府以抑制疫情的全球传播为己任，采取积极严格和超规格的应对措施，不惜以经济社会停摆为代价，全力阻击疫情的蔓延，为世界争取了两个月的机会窗口。湖北省武汉市监测发现不明原因肺炎病例后，中国第一时间报告疫情，迅速采取行动，开展病因学和流行病学调查，阻断疫情

① 国务院新闻办公室：《抗击新冠肺炎疫情的中国行动》，国务院新闻办网站，http：//www.scio.gov.cn/zfbps/ndhf/42312/Document/1682143/1682143.htm。

蔓延。

再次，中国还在自身疫情防控面临巨大压力的情况下，仍然向国际社会提供力所能及的抗疫援助。中国向150多个国家、地区和国际组织捐赠抗疫物资，向27个国家派出29支医疗专家组，向世界卫生组织提供5000万美元现汇援助。据中国海关统计，2020年3月1日至5月5日，中国共向美国提供了超过66亿只口罩，3.44亿双外科手套，4409万套防护服，675万副护目镜，近7500台呼吸机。①

又次，为支援发展中国家抗击疫情，中国积极减免贫困国家债务。国家主席习近平在第73届世界卫生大会视频会议开幕式上致辞时宣布：中国将在两年内提供20亿美元国际援助，用于支持受疫情影响的国家特别是发展中国家的抗疫斗争以及经济社会恢复发展；将同二十国集团成员一道落实"暂缓最贫困国家债务偿付倡议"。② 截至2020年6月，中国已宣布77个有关发展中国家暂停债务偿还，向50多个非洲国家和非盟交付医疗援助物资。③ 联合国秘书长古特雷斯表示，"联合国感谢中方为当前处境困难的国家抗击疫情提供援助，赞赏中国同发展中国家分享疫情防控经验，并提供医疗物资和疫苗医药等宝贵援助"④。

最后，为了支持全球抗击新冠肺炎疫情，中国宣布将中国研发的疫苗作为全球公共产品。习近平主席在第73届世界卫生大会视频会议开幕式上提出，中国新冠病毒疫苗研发完成并投入使用后，将作为全球公共产品，为实现疫苗在发展中国家的可及性和可担负性作出中国贡献。⑤ 2020年10月初，

① 于潇清、张无为：《外交部：3月1日到5月5日，中国向美国提供超66亿只口罩》，2020年5月7日，澎湃新闻网站，https://www.thepaper.cn/newsDetail_forward_7289585。

② 《习近平在第73届世界卫生大会视频会议开幕式上的致辞》，2020年5月18日，中国政府网，http://www.gov.cn/xinwen/2020-05/18/content_5512708.htm。

③ 国务院新闻办公室：《抗击新冠肺炎疫情的中国行动》，国务院新闻办网站，http://www.scio.gov.cn/zfbps/ndhf/42312/Document/1682143/1682143.htm。

④ 《习主席同联合国秘书长通电话　传递三个重要信息》，2020年3月14日，新华网，http://www.xinhuanet.com/politics/2020-03/14/c_1125710856.htm。

⑤ 《中国新冠疫苗将成全球公共产品》，2020年5月19日，人民健康网，http://health.people.cn/n1/2020/0519/c14739-31714282.html。

中国同全球疫苗免疫联盟（GAVI）签署协议，正式加入旨在确保所有国家都能同时获得疫苗的“新冠肺炎疫苗实施计划”。全球疫苗免疫联盟执行董事奥蕾莉亚·阮表示，中国加入“新冠肺炎疫苗实施计划”非常重要，为确保公平获得疫苗提供了动力。① 中国认真履行自己的承诺，不仅紧急投入研发疫苗工作，而且在疫苗通过安全性和有效性测试后迅速向多个国家输送。

总之，中国自疫情发生以来，始终秉持人类命运共同体理念，积极主动地和国际社会开展交流合作，携手抗击疫情。尤其是中国提出的“共建人类卫生健康共同体”的倡议和理念，为丰富和发展人类的生命权、健康权作出了创造性的贡献。历史将证明，这一倡议和理念对世界人权事业具有不可估量的意义。

参考文献

1. 李君如：《一场生命权和健康权的保卫战及其提出的人权思想——抗疫人权笔记六则》，《人权》2020 年第 3 期。
2. 常健：《疫情防控中的人权保障》，《学术界》2020 年第 2 期。
3. 常健、王雪：《疫情下人权保障的冲突及其解决路径》，《南开学报》2020 年第 4 期。
4. 常健：《中国抗击疫情中的人权保障》，《红旗文稿》2020 年第 12 期。
5. 常健：《突发重大疫情下四类弱势群体人权的特殊保护》，载《人权研究》2020 年第 1 期（总第 23 卷），社会科学文献出版社，2020。
6. 张永和：《中国疫情防控彰显人权保障》，《学习时报》2020 年 3 月 20 日，第 1 版。
7. 汪习根：《疫情防控中生命健康权保障的中国经验》，《当代兵团》2020 年第 13 期。

---

① 《全球疫苗免疫联盟执行董事：欢迎中国加入“新冠肺炎疫苗实施计划”》，2020 年 10 月 26 日，央广网，http://news.cnr.cn/native/gd/20201026/t20201026_525310215.shtml。

B.2

2020年：统筹疫情防控与脱贫攻坚

李云龙*

摘　要：　2020年，中国政府有效克服疫情影响，全力推进脱贫攻坚，如期实现全面脱贫目标。农村贫困人口不愁吃、不愁穿，义务教育、基本医疗、基本养老、住房和饮水安全得到保障。贫困地区具备条件的乡镇和建制村通硬化路，贫困村全部实现通动力电，最低生活保障实现应保尽保。农村贫困人口实现脱贫，贫困县全部摘帽。

关键词：　疫情防控　脱贫攻坚　精准扶贫

2020年是脱贫攻坚的收官之年。在以习近平同志为核心的党中央坚强领导下，全国人民团结一心，克服新冠肺炎疫情影响，取得了脱贫攻坚战的全面胜利，在中华大地上消除了绝对贫困，建立了彪炳千秋的历史伟业。

一　克服疫情影响，推进脱贫攻坚

岁末年初，一场罕见的新型冠状病毒肺炎疫情侵袭中华大地。疫情给脱贫攻坚带来新的困难和挑战。疫情阻碍了农村劳动力外出务工，干扰了贫困户生产经营，影响了驻村帮扶工作，延迟了扶贫项目开工，给

* 李云龙，中共中央党校（国家行政学院）教授，博士生导师，主要研究方向为人权和国际关系。

扶贫龙头企业和扶贫车间的复工复产增加了困难。克服疫情影响成为2020年脱贫攻坚的首要任务。以习近平同志为核心的党中央在领导和指挥全国人民妥善应对新冠肺炎疫情的同时，对如期完成脱贫攻坚任务给予了特别的关注。2月23日，习近平明确指出，要克服疫情影响，坚决完成脱贫攻坚任务。

有关部门及时出台疫情条件下推动脱贫攻坚的政策文件。国务院扶贫开发领导小组要求继续如期完成脱贫攻坚任务，不能改变工作总体安排部署。[①] 国务院扶贫办和中国银保监会要求适当延长疫情期间还款困难贫困户的扶贫小额信贷还款期限。[②] 人社部和国务院扶贫办要求推动贫困人口就地和就近转移就业，具体方法是：为企业招用贫困劳动力提供补贴、加大劳务输出力度、定向投放就业岗位、扩大乡村公益性岗位规模。[③] 农业农村部和国务院扶贫办要求研究疫情对贫困地区农业产业的影响，制定农产品应急销售方案，重点解决农产品“卖难”问题，帮助扶贫企业复工复产，推动贫困人口返岗就业。[④] 国务院扶贫办和财政部发出通知，要求积极应对疫情影响，进一步加强财政扶贫资金项目管理，确保如期完成脱贫任务；对疫情影响较重的贫困市县给予特别支持，保障这些地区脱贫的资金需要，减少疫情影响，重点支持涉及脱贫产业项目，支持贫困人口就业，保障贫困群众的基本生活。[⑤] 国务院扶贫办要求统筹疫情防控和驻村帮扶工作，在高风险地

---

① 《国务院扶贫开发领导小组发出关于做好新冠肺炎疫情防控期间脱贫攻坚工作的通知》，2020年2月13日，国务院扶贫办网站，http：//www. cpad. gov. cn/art/2020/2/13/art_ 624_ 111581. html。

② 《关于积极应对新冠肺炎疫情影响，切实做好扶贫小额信贷工作的通知》，2020年2月12日，国务院扶贫办网站，http：//www. cpad. gov. cn/art/2020/2/12/art_ 624_ 111481. html。

③ 《人力资源社会保障部、国务院扶贫办关于应对新冠肺炎疫情进一步做好就业扶贫工作的通知》，2020年2月24日，中国政府网，http：//www. gov. cn/zhengce/zhengceku/2020 - 02/24/content_ 5482770. htm。

④ 《农业农村部办公厅、国务院扶贫办综合司关于做好2020年产业扶贫工作的意见》，2020年2月28日，国家乡村振兴局网站，http：//www. cpad. gov. cn/art/2020/2/28/art_ 46_ 113261. html。

⑤ 《国务院扶贫办、财政部关于积极应对新冠肺炎疫情影响、加强财政专项扶贫资金项目管理工作、确保全面如期完成脱贫攻坚目标任务的通知》，2020年2月18日，国务院扶贫办网站，http：//www. cpad. gov. cn/art/2020/2/18/art_ 46_ 185442. html。

区，首要任务是疫情防控；在中风险地区和低风险地区，要抓紧组织贫困群众落实脱贫攻坚各项政策举措。除湖北省以外，各地驻村干部应在2月底前后返岗，开展工作。①

在各方面共同努力下，新冠肺炎疫情影响得到控制，脱贫攻坚取得积极进展。到4月底，驻村帮扶人员已全部到位，贫困劳动力外出务工人数已达2019年的95.4%，中西部地区扶贫公益岗位已安置343万贫困劳动力，扶贫车间复工率达到97%，扶贫龙头企业复工率达到97.5%，消费扶贫销售额达到323亿元，扶贫项目开工率达到82%，东西部扶贫协作的资金和干部人才已超额到位。②

二　打好脱贫攻坚收官之战

2020年是脱贫攻坚最后一年。这一年的中心任务是全面实现脱贫攻坚目标，不留死角，不漏一人一户。

（一）进一步扩大消费扶贫

消费扶贫是通过消费来自贫困地区和贫困人口的产品与服务，支持贫困人口脱贫的扶贫方式。实施消费扶贫，有利于促进贫困人口的稳定脱贫，促进贫困地区的产业发展。2019年，国务院办公厅印发文件，动员社会各界扩大对贫困地区产品和服务的消费，支持贫困人口增收脱贫。③ 为了进一步推动消费扶贫，2020年3月，国家发展改革委制定消费扶贫行动方案，联合27个部门和单位开展30项具体行动，释放消费扶贫政策红利，促进脱贫

① 《国务院扶贫办关于积极应对新冠肺炎疫情影响切实做好驻村帮扶工作的通知》，2020年2月26日，国务院扶贫办网站，http：//www.cpad.gov.cn/art/2020/2/26/art_50_113041.html。

② 《国新办举行确保如期完成脱贫攻坚目标任务新闻发布会》，2020年5月18日，国务院新闻办公室网站，http：//www.scio.gov.cn/xwfbh/xwbfbh/wqfbh/42311/43035/wz43037/Document/1680464/1680464.htm。

③ 《国务院办公厅关于深入开展消费扶贫助力打赢脱贫攻坚战的指导意见》，2019年1月14日，中国政府网，http：//www.gov.cn/zhengce/content/2019-01/14/content_5357723.htm。

攻坚。[①] 各地区、各部门结合各自实际，印发100个配套文件，构建了消费扶贫"1+N"政策体系。国家发展改革委会同有关部门举办了"全国消费扶贫论坛"，总结交流消费扶贫经验，探讨消费扶贫新模式，并在论坛期间发布《巩固拓展消费扶贫成果延安共识》。[②] 2020年9月，国务院扶贫办、国家发展改革委联合有关部门，共同主办全国消费扶贫月活动，动员社会各界大力购买贫困地区农产品，有效推动扶贫产品消费，进一步巩固脱贫攻坚成果。[③] 国务院扶贫办多次召开全国消费扶贫行动推进会，推动扶贫产品认定，搭建服务平台，挖掘市场消费潜力。截至2020年11月底，中西部22个省份已认定164543个扶贫产品，涵盖1857个县和46426个供应商，实现销售3069.4亿元。[④]

（二）开展挂牌督战

经过多年努力，脱贫攻坚取得重大成就，绝大多数贫困地区和贫困人口摆脱贫困。但是，到2019年底，全国没有摘帽的贫困县仍有52个，贫困人口超过1000人的贫困村有88个，贫困发生率超过10%的村有1025个。彻底解决最后的贫困问题，不让一个人掉队，需要有超常措施和超常作为。为了啃下这些脱贫攻坚的"硬骨头"，中央决定对未摘帽贫困县和贫困村实行挂牌督战。挂牌督战采取明确责任、分级负责的工作机制，具体说来就是中央统筹，省负总责，最后由市县抓落实。国务院扶贫开发领导小组负责统筹协调，国务院扶贫办通过实地了解、视频调度会议、暗访等方式，及时发现问题，及时推动解决。各相关省区负责本区域挂牌督战工作，每月初向中央报告工作进展情况。各相关县按照省区统一部署组织对挂牌村进行督战。[⑤]

---

① 《消费扶贫助力决战决胜脱贫攻坚2020年行动方案》，2020年3月19日，国务院扶贫办网站，http：//www.cpad.gov.cn/art/2020/3/19/art_46_116261.html。

② 《2020年全国消费扶贫论坛在延安举行》，2020年9月17日，中国新闻网，https：//www.chinanews.com/cj/2020/09-17/9293480.shtml。

③ 《2020年全国消费扶贫月活动启动》，2020年9月1日，新华网，http：//www.xinhuanet.com/2020-09/01/c_1126440180.htm。

④ 孙伶伶：《持续推进消费扶贫行动》，《经济日报》2021年1月2日。

⑤ 《国务院扶贫开发领导小组印发关于开展挂牌督战工作的指导意见的通知》，2020年2月18日，国务院扶贫办网站，http：//www.cpad.gov.cn/art/2020/2/18/art_50_111823.html。

根据中央挂牌督战指示精神，有挂牌督战对象的7个省级行政区都制定了挂牌督战实施方案，所有的县和村都制定了作战方案，提出一系列具体措施。同时，政府加大对52个挂牌督战县的投入。2020年中央财政专门安排417亿元资金支持挂牌督战县完成脱贫攻坚任务。各省还给予1113个挂牌督战村扶贫资金倾斜。同时，财政部建立了定期调度分析机制，督促加快资金支出进度，以便及时拨付到挂牌督战县。[①] 国务院扶贫办组织社会力量，在资金、产业、就业、培训、消费扶贫等方面加大对挂牌督战对象的帮扶力度，已实现对口帮扶全覆盖。截至9月底，东中部11省市2133家社会力量已结对帮扶1113个挂牌督战贫困村，实际帮扶资金5.01亿元，支持贫困劳动力就业4336人，帮助销售2738.93万元的扶贫产品。[②]

挂牌督战工作进展顺利。国务院扶贫办跟踪各地挂牌督战工作，逐月调度挂牌督战地区脱贫攻坚工作的进展情况，及时帮助基层解决实际困难和问题。到2020年8月，52个挂牌督战县的“两不愁三保障”问题及饮水安全问题已全部解决，易地扶贫搬迁剩余任务已全部完成，2020年贫困劳动力的外出务工规模已经超过了2019年。[③]

（三）建立防止返贫监测与帮扶机制

随着脱贫攻坚任务的全面完成，绝大多数贫困人口都实现了脱贫。但是，由于各种原因，一些脱贫人口存在返贫风险，一些边缘人口存在致贫风险。为了防止产生新的贫困，2020年3月，国务院扶贫开发领导小组印发文件，要求提前发现和识别可能存在返贫致贫风险的人员，采取有针对性的帮扶措施，防止脱贫人口返贫和边缘人口致贫。一旦出现返贫和新致贫现

① 《国新办举行财税支持脱贫攻坚新闻发布会》，2020年12月2日，国务院新闻办公室网站，http：//www.scio.gov.cn/xwfbh/xwbfbh/wqfbh/42311/44402/wz44404/Document/1693788/1693788.htm。

② 《国务院扶贫办：社会力量助力挂牌督战取得显著成效》，2020年10月20日，新华网，http：//www.xinhuanet.com/gongyi/2020-10/20/c_1210849769.htm。

③ 《国新办举行挂牌督战工作成果新闻发布会》，2020年8月10日，国务院新闻办公室网站，http：//www.scio.gov.cn/xwfbh/xwbfbh/wqfbh/42311/43434/index.htm。

象，要及时纳入建档立卡范围，让相关人口享受脱贫攻坚相关政策，实现精准帮扶。监测对象是那些不稳定的脱贫户和收入略高于贫困户的边缘户，具体来说是人均可支配收入低于扶贫标准1.5倍的家庭，以及因病、因残、因灾等造成支出明显超过上年收入与收入大幅缩减的家庭。监测对象一般占建档立卡人口的5%，深度贫困地区不超过10%。监测对象由县级扶贫部门确定，并录入全国扶贫开发信息系统，实行动态管理。对具备发展产业条件的监测对象，实行产业帮扶，帮助他们发展生产；对有劳动能力的监测对象，实行就业帮扶，帮助他们找到工作岗位；对无劳动能力的监测对象提供社会保障，如低保、医疗、养老保险及特困人员救助供养等，确保应保尽保。[①]2020年，各地普遍建立并全面实施了防止返贫监测和帮扶的机制。

河北省是较早开展防止致贫返贫探索的省份。2018年以来，河北省先后制定了一系列政策文件，建立了省市县互通和多部门参与的防贫监测及帮扶机制，构建了覆盖筛查监测、帮扶救助与动态管理的防贫体系，取得显著成效。根据这个机制，河北把国家扶贫标准的1.5倍作为防贫预警线，通过农户自行申报、乡村干部排查和部门筛查预警三种渠道，全面排查，并在完成村干部评议、村内公示、乡级审核、县级审定等防贫监测程序之后，精准锁定防贫监测对象。2020年底，河北省共有4万户，9.3万人纳入防贫监测对象。对这些脱贫不稳定户与边缘易致贫户，有关部门进一步落实后续帮扶与巩固提升政策，通过稳岗就业、产业扶持、教育救助、医疗救助、兜底保障等方式，因户因人实行帮扶救助。所有防贫监测对象都由政府指定帮扶责任人。帮扶责任人定期入户走访，跟踪监测帮扶成效。

为了解决脱贫不稳定户和边缘易致贫户的返贫问题，河北省通过政保联办和引入商业保险的方式，建立“未贫先防”机制，同太平洋保险公司合作，设立“防贫保”。“防贫保”由政府出资为返贫监测对象投保，保险公司则根据政府要求制定保险方案，提供理赔。“防贫保”针对因病、因灾、

---

① 《国务院扶贫开发领导小组关于建立防止返贫监测和帮扶机制的指导意见》，2020年3月26日，国务院扶贫办网站，http：//www. cpad. gov. cn/art/2020/3/26/art_ 46_ 185453. html。

因学三种因素分类设立防贫保障线和救助标准。当受助群体由于以上三种情况收入低于防贫保障线时，保险公司就会启动核查程序，实施救助。到2020年底，防贫保险覆盖河北省有建档立卡贫困人口的所有县（市、区），累计救助3.4万户。此外，“防贫保”还推广到了其他省级行政区。截至2020年9月，河北、甘肃、湖北、云南、青海、内蒙古、四川等省级行政区140个县5000万以上临贫、易贫人群加入了“防贫保”，保险金额累计2.35万亿元，赔付金额近6000万元。①

（四）做好贫困退出工作

随着脱贫攻坚成效显现，贫困退出逐渐提上议事日程。贫困退出是脱贫攻坚的最后一项工作。中央很早就对这项工作进行了部署。2016年，中共中央办公厅、国务院办公厅印发文件，明确规定了贫困退出标准和退出程序。贫困人口退出标准是“两不愁三保障”及住房安全。贫困人口退出程序是：村“两委”组织民主评议后提出，村“两委”和驻村工作队核实，拟退出贫困户认可，村内公示，公告退出，在建档立卡贫困人口中销号。贫困县和贫困村退出标准都是贫困发生率降至2%以下，这一标准在西部地区放宽至3%以下。贫困县和贫困村退出程序如下：县级扶贫开发领导小组提出，市级扶贫开发领导小组初审，省级扶贫开发领导小组核查，向社会公示征求意见，省级扶贫开发领导小组审定后提交国务院扶贫开发领导小组，经国务院扶贫开发领导小组评估检查后，省级政府正式批准退出。②

在中央统一部署下，贫困退出工作有序推进。2016年，全国共有28个贫困县提出退出申请。江西省井冈山市、河南省兰考县最早通过国家专项评估检查，并分别于2017年2月25日、27日经省级政府批准退出。此后，其他提

① 《“防贫保”筑起“防贫堤”》，《人民日报》2020年11月14日；《国新办举行防止返贫监测和帮扶工作情况新闻发布会》，2020年12月2日，国务院新闻办公室网站，http://www.scio.gov.cn/xwfbh/xwbfbh/wqfbh/42311/44322/wz44324/Document/1693692/1693692.htm。

② 《关于建立贫困退出机制的意见》，2016年4月28日，中国政府网，http://www.gov.cn/zhengce/2016-04/28/content_5068878.htm。

出退出申请的贫困县也陆续通过国家专项评估检查，经省级政府正式批准后退出。2016 年退出的贫困县，纳入评估检查的有 4 项指标，分别为贫困发生率低于 2%（西部地区低于 3%）、贫困人口漏评率低于 2%、脱贫人口错退率低于 2% 和群众认可度高于 90%。任何一项指标不合格，都不予退出。①

按照中央确定的贫困县摘帽程序，2017 年、2018 年和 2019 年分别有 125 个、283 个和 344 个贫困县摘掉贫困帽子。2020 年，国务院扶贫开发领导小组抽查 2019 年退出的贫困县，重点检查退出质量，尤其是"两不愁三保障"实现情况。督查巡查主要通过暗访抽查、实地督查、受理举报等方式进行，有关情况向党中央、国务院报告。② 2020 年，在脱贫退出标准上，各地严格按照贫困人口脱贫、贫困村退出、贫困县摘帽考核评估要求和贫困退出标准，逐一考核、对账销号。11 月 23 日，随着贵州省最后 9 个贫困县摘帽，全国 22 个省区市的 832 个贫困县全部退出。③

表 1　832 个国家贫困县历年摘帽情况

单位：个

省区市	2016 年	2017 年	2018 年	2019 年	2020 年	合计
河　北	3	11	18	13	—	45
山　西	—	3	17	16	—	36
内蒙古	—	1	10	20	—	31
吉　林	—	—	3	5	—	8
黑龙江	—	5	10	5	—	20
安　徽	—	1	10	9	—	20
江　西	2	6	10	6	—	24
河　南	2	3	19	14	—	38

① 《2016 年申请退出的 28 个贫困县已全部摘帽》，《中国经济导报》2017 年 11 月 3 日。

② 《国务院扶贫开发领导小组开展 2020 年脱贫攻坚督查》，2020 年 7 月 17 日，国务院扶贫办网站，http：//www. cpad. gov. cn/art/2020/7/17/art_ 624_ 182296. html。

③ 《贵州所有贫困县全部脱贫摘帽》，2020 年 11 月 23 日，央视网，https：//tv. cctv. com/2020/11/23/VIDEa9HQ3HHF41Fw0s5gL3Sa201123. shtml? spm = C31267. PFsKSaKh6QQC. S71105. 13。

续表

省区市	2016 年	2017 年	2018 年	2019 年	2020 年	合计
湖　北	—	2	10	16	—	28
湖　南	—	5	15	20	—	40
广　西	—	1	9	15	8	33
海　南	—	—	2	3	—	5
重　庆	5	3	2	4	—	14
四　川	2	10	17	30	7	66
贵　州	1	14	18	24	9	66
云　南	—	15	33	31	9	88
西　藏	5	25	25	19	—	74
陕　西	—	4	23	29	—	56
甘　肃	—	6	14	30	8	58
青　海	3	7	12	20	—	42
宁　夏	—	1	3	3	1	8
新　疆	5	2	3	12	10	32
合计	28	125	283	344	52	832

资料来源：《832 个贫困县历年摘帽退出名单》，2020 年 10 月 16 日，国务院扶贫办网站，http：//www. cpad. gov. cn/art/2020/10/16/art_ 343_ 1140. html。

三　脱贫攻坚目标全面实现

国家提供巨额资金支持脱贫攻坚目标的实现。中国政府为脱贫攻坚提供了充足的财政支持。2016 ~2020 年，中央财政专项扶贫资金每年增加 200 亿元，从 2015 年的 460 亿元增加到 2020 年的 1461 亿元，5 年累计超过 5300 亿元。2020 年，中央专门安排综合性财力补助资金 300 亿元，用于支持挂牌督战地区脱贫攻坚。国家实施城乡建设用地调剂政策，为脱贫攻坚和乡村振兴筹措 1896 亿元资金；通过贷款贴息和风险补偿，推动金融机构发放扶贫小额信贷6000 多亿元。2018 ~2020 年，中央财政安排2800 多亿元增量资金，支持“三区三州”等深度贫困地区脱贫攻坚。2016 年到 2020 年前三季度，832 个贫困县统筹整合财政涉农资金 1. 5 万亿元以上，每个贫困县

可以支配的财政扶贫资金大幅增加，由整合前的年均几千万元，增加到整合后的年均超3.6亿元。[①] 中央财政对贫困地区加大转移支付力度，引导农业、医疗、教育、生态、交通等转移支付向贫困地区和贫困人口倾斜。中国政府建立起立体的脱贫攻坚投入体系，财政资金、金融资金和土地政策的支持力度非常大，每年有超过1万亿元的各类资金投向贫困县乡村，用来帮助贫困人口脱贫。[②]

贫困人口义务教育得到保障，因贫失学辍学问题得到解决。在全面普及义务教育的背景下，失学辍学问题成为影响贫困人口实现教育权的主要障碍。控辍保学是教育脱贫攻坚的主要任务之一。2020年6月，教育部等十部门印发文件，要求确保义务教育阶段贫困家庭儿童少年不失学辍学，常态化开展控辍保学工作，建立保障义务教育的长效机制。对学有困难的学生，要建立帮扶制度，有针对性地制订教学计划；对辍学外出打工的学生，要建立各部门协作劝返机制，打击使用童工的犯罪行为。要以52个未摘帽的贫困县为主战场，全面排查辍学学生情况，制定一人一案的工作方案，加大劝返力度，确保贫困家庭辍学学生应返尽返。[③] 2016年以来，教育部与10多个省份签订合作备忘录，以解决贫困地区学生辍学问题为中心，促进各类教育资金向贫困地区倾斜，确保实现教育脱贫目标。全国95%的县出台了"一县一案"的控辍保学工作方案。2019年5月底，全国义务教育阶段的辍学学生还有60万人，其中20万人是贫困家庭辍学学生。到2020年9月15日，全国义务教育阶段的辍学学生减少到2419人，建档立卡的贫困家庭辍学学生数实现动态清零。[④]

---

① 《国新办举行财税支持脱贫攻坚新闻发布会》，2020年12月2日，国务院新闻办公室网站，http：//www. scio. gov. cn/xwfbh/xwbfbh/wqfbh/42311/44402/wz44404/Document/1693788/1693788. htm。

② 刘永富：《在改革开放与中国扶贫国际论坛上的演讲》，2018年11月6日，国务院扶贫办公室网站，http：//www. cpad. gov. cn/art/2018/11/6/art_ 624_ 90881. html。

③ 教育部等十部门印发《关于进一步加强控辍保学工作　健全义务教育有保障长效机制的若干意见》，2020年6月29日，教育部网站，http：//www. moe. gov. cn/jyb_ xwfb/gzdt_ gzdt/s5987/202006/t20200629_ 468952. html。

④ 《确保实现义务教育有保障》，《人民日报》2020年11月22日。

基本医疗保险和大病保险实现对所有贫困人口的全覆盖，贫困人口的基本医疗得到保障。中国建成了全世界规模最大的基本医疗保障网络，发挥了重要的防贫减贫作用。中国政府增加对贫困地区的医疗保障投入。2020 年，居民医保人均财政补助达到 550 元以上，比 2012 年增加了 310 元。中央财政下达 275 亿元医疗救助补助资金，90% 投向了中西部地区。从 2018 年起，中央财政连续三年累计投入 120 亿元，帮助深度贫困地区解决贫困人口医疗保障问题。中国政府通过定额资助和全额资助的方法，尽可能把所有贫困人口都纳入医疗保障体系之中。在全面补助城乡居民参加基本医保的基础上，国家对农村贫困人口实行医疗救助，帮助他们支付个人应缴费用。2018 ~ 2020 年，国家以医疗救助的方式资助了 2.3 亿贫困人口加入医保，支付医疗救助资金 367 亿元。贫困人口医保的参保率稳定在 99.9% 以上。居民基本医保的报销比例达到 60%。贫困人口的医保报销比例要比居民基本医保报销比例高 10 个百分点左右，住院费用报销比例则达到了 80%。农村贫困人口的医疗负担有了明显的减轻。2018 年以来，医保扶贫政策累计帮助了 4.8 亿人次贫困人口，减轻贫困人口医疗负担近 3300 亿元，支持近千万户因病致贫家庭脱贫。[①] 对贫困人口实行大病保险优惠政策。贫困人口的大病保险起付线比其他人低 50%，支付比例则高 5 个百分点，且报销数额没有封顶线。从实际执行结果看，大病保险的报销比例达到了 65%。[②]

贫困地区医疗条件改善，医疗服务能力提高。党的十八大以来，中央财政累计投入 1.4 万亿元资金，帮助有脱贫攻坚任务的 25 个省区市发展卫生健康事业，共投入 1700 多亿元资金，帮助贫困地区建设 15 万多个基础设施项目。实施全科医生特岗计划，帮助贫困地区聘用 3000 名全科医生。实施农村订单定向医学生培养项目，共为贫困地区免费定向培养 5.6 万余名本科

① 《推进健康扶贫和医保扶贫确保贫困人口基本医疗有保障发布会》，2020 年 11 月 20 日，国务院新闻办公室网站，http://www.scio.gov.cn/xwfbh/xwbfbh/wqfbh/42311/44282/wz44284/Document/1692738/1692738.htm。

② 《国家医疗保障局、财政部、国家卫生健康委、国务院扶贫办关于坚决完成医疗保障脱贫攻坚硬任务的指导意见》，2019 年 10 月 17 日，国家医疗保障局网站，http://www.nhsa.gov.cn/art/2019/10/17/art_37_1860.html。

医学生。全国1007家城市三级医院共选派近10万人，蹲点帮扶832个贫困县的县医院。贫困地区市县级医疗机构派遣医生支持乡镇卫生院和村卫生室，累计选派近10万人。[①]

贫困人口的住房和饮水安全得到有效保障。住房城乡建设部在全国推行农村危房改造，重点解决建档立卡贫困户的住房安全问题，对所有贫困家庭的住房进行安全性评定。存在安全隐患的房屋全都被纳入改造范围。有关部门逐户建立改造台账，逐步提高改造危房的补助标准，并把深度贫困地区作为危房改造的重点，给予倾斜支持。建档立卡贫困户的危房改造任务已经完成，贫困户住房安全问题基本解决。截至2020年6月，全国2340多万贫困户全部实现住房安全有保障，其中1157万户通过易地扶贫搬迁、农村危房改造、农村集体公租房等形式实现了住房安全。[②] 水利部制定了20多个水利扶贫政策性文件，召开了20多次全国性的水利扶贫工作部署推进会，选派了200多名水利专家和干部到一线挂职，推动贫困人口的饮水安全有保障工作。贫困人口饮水安全问题现已得到全面解决，八成以上农村人口用上自来水，水质明显改善。[③] "十三五"以来，累计有2.27亿农村人口供水保障水平得到提升，其中1707万贫困人口的饮水安全问题得到解决。[④]

贫困地区电力和交通条件全面改善。国家能源局开展贫困村通动力电工程，解决贫困村的生产用电问题。工程实施以来，全国有3.3万个自然村接通动力电，涉及23个省区市的839个县，惠及800万农村居民。目前全国

① 《推进健康扶贫和医保扶贫确保贫困人口基本医疗有保障发布会》，2020年11月20日，国务院新闻办公室网站，http：//www.scio.gov.cn/xwfbh/xwbfbh/wqfbh/42311/44282/wz44284/Document/1692738/1692738.htm。

② 《国新办举行脱贫攻坚住房安全有保障新闻发布会》，2020年9月23日，国务院新闻办公室网站，http：//www.scio.gov.cn/xwfbh/xwbfbh/wqfbh/42311/43790/wz43792/Document/1688273/1688273.htm。

③ 《国新办举行农村饮水安全脱贫攻坚新闻发布会》，2020年8月21日，国务院新闻办公室网站，http：//www.scio.gov.cn/xwfbh/xwbfbh/wqfbh/42311/43491/wz43493/Document/1685748/1685748.htm。

④ 鄂竟平：《坚决打赢水利扶贫攻坚战》，2020年6月8日，人民网，http：//theory.people.com.cn/n1/2020/0608/c40531-31738694.html。

大电网覆盖范围内的农村地区都通上了动力电。[①] 2016 年以来，交通部加快了贫困地区的交通建设，累计投入车购税资金 9500 亿元以上，支持贫困地区改造建设国家高速公路 1.69 万公里、普通国道 5.25 万公里、硬化路 9.6 万公里，完成农村公路安全生命防护工程约 45.8 万公里，加宽改造窄路基路面 14.3 万公里，改建危桥约 1.5 万座，具备条件的建制村和乡镇全部通上硬化路，具备条件的建制村和乡镇 100% 通客车，交通脱贫攻坚任务已经基本完成。[②]

贫困人口全部加入基本养老保险。2017 年 8 月，为解决贫困人员的参保问题，人社部、财政部、国务院扶贫办印发文件，要求各级财政为建档立卡贫困人口等困难群体代缴养老保险保费。2017 年至 2020 年 9 月底，全国共为 11774 万人次代缴养老保险费 126.7 亿元；截至 2020 年 11 月底，全国参加基本养老保险的贫困人口达到 5966 万，参保率保持在 99.99%。[③] 2020 年上半年共为 3372.26 万人代缴养老保险费 37.48 亿元；全国贫困人口参保人数为 5917.71 万，参保率为 99.99%，基本实现贫困人口应保尽保。全国 2935 万以上贫困老年人领取基本养老保险金。[④] 贫困人口最低生活保障实现全覆盖。全国共有 2004 万农村贫困人口获得最低生活保障待遇，其中纳入低保的有 1852 万人，纳入特困人员救助供养的有 152 万人。2017 年底以来，全国所有县（市、区）的农村低保标准都达到或超过了国家扶贫标准。接受困难残疾人生活补贴的有 1153 万人，接受重度残疾人护理补贴的有

---

① 《国新办举行能源行业决战决胜脱贫攻坚有关情况发布会》，2020 年 10 月 19 日，国务院新闻办公室网站，http://www.scio.gov.cn/xwfbh/xwbfbh/wqfbh/42311/43981/wz43983/Document/1689870/1689870.htm。

② 《国新办举行决战决胜脱贫攻坚为全面建成小康社会提供坚实交通保障发布会》，2020 年 9 月 28 日，国务院新闻办公室网站，http://www.scio.gov.cn/xwfbh/xwbfbh/wqfbh/42311/43838/wz43840/Document/1688687/1688687.htm。

③ 《人社部扶贫办有关负责同志介绍人社部门扶贫工作进展成效》，2020 年 12 月 31 日，人力资源和社会保障部网站，http://www.mohrss.gov.cn/SYrlzyhshbzb/dongtaixinwen/buneiyaowen/rsxw/202012/t20201231_406971.html。

④ 《踏遍千山万水只为寻你而来——社会保险脱贫攻坚“动态清零”工作侧记》，2020 年 10 月 9 日，人力资源和社会保障部网站，http://www.mohrss.gov.cn/SYrlzyhshbzb/ztzl/rsfp/xw/202010/t20201009_392495.html。

1433 万人。[①]

贫困地区农民人均纯收入的增长幅度超过全国平均水平。2016～2019 年，全国农村贫困人口人均纯收入从 4124 元增加到 9057 元，年均增幅约为 30%。[②] 这个增长幅度大大超过了同一时期全国农民人均纯收入增长幅度。2016～2019 年，全国年度农民人均可支配收入增长率分别为 6.2%、7.3%、6.6% 和 6.2%。[③]

四　巩固拓展脱贫攻坚成果

脱贫攻坚目标全面实现，并不意味着农村扶贫工作的结束。为了巩固拓展脱贫攻坚成果，必须为脱贫人口提供后续支持。

第一，保持帮扶政策总体稳定。在国家扶贫政策支持下，全部贫困人口已经实现脱贫。但是，一些贫困人口收入刚刚超过贫困线，随时有返贫可能。另外，由于灾害、疾病、伤残、事故等原因，也有可能产生新的贫困。因此，脱贫攻坚结束后，国家对脱贫人口不能撒手不管。为了阻止返贫和新的贫困现象的产生，国家对摘帽贫困县和脱贫人口应继续提供政策帮扶和资金支持。脱贫任务完成后，对摆脱贫困的县，从脱贫之日开始设立 5 年过渡期。在这个过渡期内，主要的帮扶政策将保持总体稳定。[④] 帮扶队伍不撤、投入力度不减，各级财政投入要适应巩固拓展脱贫攻坚成果的需要。继续实施产业扶贫政策，进一步壮大扶贫产业。继续实施就业扶贫政策，进一步加强对脱贫人口的职业技能培训。继续提供管理公益岗位，促进弱劳力、半劳

---

① 《国新办举行脱贫攻坚兜底保障情况新闻发布会》，2020 年 11 月 23 日，国务院新闻办公室网站，http://www.scio.gov.cn/xwfbh/xwbfbh/wqfbh/42311/44298/wz44300/Document/1692909/1692909.htm。

② 《"十三五"我国脱贫攻坚力度规模空前》，2020 年 10 月 29 日，央广网，http://news.cnr.cn/native/gd/20201029/t20201029_525313668.shtml。

③ 《全国年度统计公报》（2016、2017、2018、2019 年），2020 年 11 月 22 日，国家统计局网站，http://www.stats.gov.cn/tjsj/tjgb/ndtjgb/。

④ 《坚持把解决好"三农"问题作为全党工作重中之重　促进农业高质高效乡村宜居宜业农民富裕富足》，《人民日报》2020 年 12 月 30 日。

力等家庭就近就地解决就业。

第二，健全防止返贫监测和帮扶机制。继续对脱贫县、脱贫村和脱贫人口进行监测，跟踪收入变化及“两不愁三保障”的巩固情况，定期核查，及时发现脱贫不稳定户与边缘易致贫户，对他们及时进行帮扶，杜绝出现新的贫困现象。[①]

第三，强化易地搬迁后续扶持工作。“十三五”期间，全国累计投入各类资金约6000亿元，建成集中安置区约3.5万个，安置住房266万余套，帮助960多万建档立卡贫困群众乔迁新居。搬迁群众收入水平得到显著提升。据统计，全国易地扶贫搬迁贫困户人均纯收入从2016年的4221元提高到2019年的9313元，年均增幅30.2%。[②] 易地扶贫搬迁任务完成后，需要持续进行后续扶持，最关键的是提供就业帮扶。2019年7月，国家发展改革委等十部门联合印发文件，要求在农村搬迁安置区大力发展后续产业，解决搬迁群众就业问题。[③] 人力资源和社会保障部等部门要求大规模开展职业技能培训，促进安置区发展吸纳就业，落实配套产业扩大就业，组织劳务输出就业，预留场地扶持创业就业，落实政策兜底安置就业。[④] 2020年，国家发展改革委联合12个部门提出完善易地扶贫搬迁安置区配套公共服务设施和基础设施等25条具体措施，进一步细化了国家层面的后续扶持政策。[⑤] 2021年中央财政专项扶贫资金专门安排47.83亿元，用于易地扶贫搬迁后续产业的发展。“十四五”时期，国家将继续加大对搬迁

---

① 《中共中央政治局常务委员会召开会议　听取脱贫攻坚总结评估汇报》，2020年12月3日，新华网，http://www.xinhuanet.com/2020-12/03/c_1126818856.htm。

② 《国新办举行易地扶贫搬迁工作新闻发布会》，2020年12月3日，国务院新闻办公室网站，http://www.scio.gov.cn/xwfbh/xwbfbh/wqfbh/42311/44410/wz44412/Document/1693839/1693839.htm。

③ 《十部门印发指导意见对易地扶贫搬迁贫困人口　后续扶持力度将加大》，《经济日报》2019年7月12日。

④ 《人力资源社会保障部　国家发展改革委　财政部　国务院扶贫办关于做好易地扶贫搬迁就业帮扶工作的通知》，2019年6月2日，中国政府网，http://www.gov.cn/guowuyuan/2019-06/02/content_5396800.htm。

⑤ 《发改委：易地扶贫搬迁后续扶持政策体系已初步建立》，2020年10月15日，人民网，http://finance.people.com.cn/n1/2020/1015/c1004-31893211.html。

群众的产业就业帮扶力度，完善安置区的配套公共服务设施，加强社区管理，促进社会融入，巩固易地搬迁的脱贫成果。①

第四，做好社会保障兜底脱贫。社会保障兜底是脱贫攻坚重要的制度安排，也是脱贫攻坚的最后一道防线。那些失去劳动能力的贫困人口，无法借助就业帮扶等政策实现自主脱贫，只能靠社会保障摆脱贫困。正因为有社会保障制度，中国才有可能实现全部脱贫、不落一人的目标。脱贫攻坚以来，农村低保标准大幅提高，从2015年的3177.6元提高到2020年第三季度的5841.7元。从2017年底开始，全国各县（市、区）农村低保标准都达到或超过了国家脱贫收入标准。各地民政部门努力将符合条件的贫困人口都纳入低保或特困救助的政策范围。2020年，为了防止出现盲区和死角，民政部在正常按季度比对之外，又对2019年底未脱贫人口、脱贫不稳定户、边缘户和无劳动能力但未纳入低保或特困的贫困家庭进行了一次更加精细的比对，共摸排361万人，新纳入兜底保障人口超过100万。② 2020年，全国1936万建档立卡贫困人口纳入救助保障范围。③

第五，有效衔接好脱贫攻坚与乡村振兴。中央明确，脱贫攻坚取得胜利后，要全面推进乡村振兴，用乡村振兴巩固拓展脱贫成果。为此，要做好脱贫攻坚与乡村振兴的衔接，实现政策衔接、规划衔接、产业帮扶衔接、就业帮扶衔接、基础设施建设衔接、公共服务提升衔接、重点县衔接、考核衔接。④

---

① 《国新办举行易地扶贫搬迁工作新闻发布会》，2020年12月3日，国务院新闻办公室网站，http：//www.scio.gov.cn/xwfbh/xwbfbh/wqfbh/42311/44410/wz44412/Document/1693839/1693839.htm。

② 《国新办举行脱贫攻坚兜底保障情况新闻发布会》，2020年11月13日，国务院新闻办公室网站，http：//www.scio.gov.cn/xwfbh/xwbfbh/wqfbh/42311/44298/wz44300/Document/1692909/1692909.htm。

③ 《今年我国困难群体保障水平稳步提升》，2020年12月26日，央视网，https：//tv.cctv.com/2020/12/26/VIDE0U2XFNNCwucpLi1hYdMI201226.shtml?spm=C31267.PFsKSaKh6QQC.S71105.10。

④ 《巩固拓展脱贫攻坚成果》，《人民日报》2021年1月5日。

参考文献

1. 习近平：《在全国脱贫攻坚总结表彰大会上的讲话》，2021 年 2 月 25 日。
2. 习近平：《在打好精准脱贫攻坚战座谈会上的讲话》，《求是》2020 年第 9 期。
3. 习近平：《在决战决胜脱贫攻坚座谈会上的讲话》，2020 年 3 月 6 日，新华网。
4. 习近平：《在统筹推进新冠肺炎疫情防控和经济社会发展工作部署会议上的讲话》，2020 年 2 月 23 日，新华网。
5. 中共国家乡村振兴局党组：《人类减贫史上的伟大奇迹》，《求是》2021 年第 4 期。

特　稿

Feature

B.3
中国人权研究会举办“人权蓝皮书10周年暨中国人权理念、话语和理论”研讨会

常　健*

摘　要： 2020年12月19日，中国人权研究会和南开大学人权研究中心共同主办了“人权蓝皮书10周年暨中国人权理念、话语和理论”研讨会。与会专家围绕人权蓝皮书的组织、风格和体系，中国人权话语的概念、表达和传播，中国人权理论的范式、原理和结构，以及中国人权道路的目标、路径和过程等四个主题发表了自己的观点，并展开了热烈的讨论。

关键词： 人权蓝皮书　人权理念　人权话语　人权理论

* 常健，南开大学周恩来政府管理学院教授、博士生导师，南开大学人权研究中心（国家人权教育与培训基地）主任。

《人权蓝皮书：中国人权事业发展报告》由中国人权研究会组织编写，中国人权研究会副会长李君如担任主编，工作室设在南开大学人权研究中心，由社会科学文献出版社出版。自 2011 年至 2020 年已出版 10 卷，共计 231 篇报告，每卷还包括“人权大事记”和“人权立法”两个附录。自 2017 年开始出版英译本。人权蓝皮书从学术角度深入解读我国人权事业发展中的年度亮点和成绩，提出促进各项人权保障的政策建议，并对中国人权事业发展的前景作出展望。

一　举办研讨会共话人权蓝皮书历史贡献

2020 年 12 月 19 日，由中国人权研究会和南开大学人权研究中心共同主办的“人权蓝皮书 10 周年暨中国人权理念、话语和理论”研讨会在线上举行。中国人权研究会及全国各人权研究机构 50 余名专家学者参加了会议。此次研讨会在学习党的十九届五中全会精神的基础上，将总结人权蓝皮书 10 年来的经验与探索中国人权话语体系相结合，旨在推进中国人权的话语创新和理论发展。

中共中央政治局委员、中央书记处书记、中央宣传部部长黄坤明对会议的举办作出专门批示。批示指出：“党的十八大以来，在以习近平同志为核心的党中央坚强领导下，我国人权事业取得了长足进步，广大人权理论工作者作出了重要贡献。《人权蓝皮书：中国人权事业发展报告》出版 10 年来，在推动人权学术研究、理论创新、话语构建等方面取得了积极成果，为讲好中国人权故事、增进国际社会理解发挥了重要作用。谨向参与蓝皮书编撰的专家学者和同志们表示衷心感谢。当前，我国人权事业发展经历了一个新的阶段，希望广大人权理论工作者坚持以习近平新时代中国特色社会主义思想为指导，深入学习贯彻习近平总书记关于人权的重要论述，发扬优良传统，树立高度自信，坚持守正创新，把以人民为中心的研究导向贯穿始终，立足中国特色社会主义的伟大实践进行理论创造，加快构建体现中国特色、反映时代特点的人权理论体系和话语体系，为推动新时代中国人权事业发展、深化国际人权领域交流合作作出重大贡献。”

中宣部副部长蒋建国出席会议并传达了黄坤明部长的批示。蒋建国副部长在讲话中指出，举办“人权蓝皮书 10 周年暨中国人权理念、话语和理论”研讨会，回顾和总结中国人权理论和话语建设取得的成绩，探讨并展望今后一个时期，构建中国人权话语体系的努力方向，对进一步做好人权宣传、争取国际人权话语权具有重要意义。黄坤明同志的重要批示，肯定了中国人权事业发展报告出版 10 年来，在推动人权理论研究和话语创新，讲好中国人权故事和增进国际社会理解上发挥的重要作用，并且对广大人权工作者提出了殷切期望。黄坤明同志的重要批示，是对我们人权宣传和研究战线的各位专家和同志的极大鼓励，是我们做好人权理论研究工作的重要遵循。当前，我国决胜全面建成小康社会取得决定性成效，即将开启全面建设社会主义现代化国家新征程。中国特色社会主义的伟大实践，呼唤并推动人权理论研究的创新发展，人权理论工作者应不辜负这个伟大的时代，要坚持以习近平新时代中国特色社会主义思想为指导，以习近平总书记关于人权的重要论述为遵循，坚定文化自信、坚持守正创新，为努力夺取国际人权话语权作出新的更大贡献。中宣部人权事务局局长、中国人权研究会秘书长鲁广锦主持开幕式。

中国人权研究会副会长、中共中央党校原副校长、人权蓝皮书主编李君如在致辞中指出，人权蓝皮书是在中国特色社会主义进入新时代之际问世的，反映了新时代中国人权事业发展的历史进程和历史经验。《人权蓝皮书：中国人权事业发展报告》讲的是人权事业，而不只是思想理论。但它又和人权白皮书不同，它是由专家学者作出的关于中国人权事业发展状况的报告。“由专家学者出面”和“由政府出面”的区别，就在于它是不同于政府权威性的一种非政府的、具有公众影响力的特殊权威性。因此，我们在编辑蓝皮书的时候，既讲我国人权事业的进步和成就，也讲存在的不足和专家学者的建议。打造这样全面正确展示中国人权事业发展的阵地，不仅可以为中国人权事业的发展服务，而且可以突破国际社会一些政治势力在人权领域对我们的围堵，增强我们在人权领域的软实力。我们力图在组织人权蓝皮书

报告撰写的过程中，培育一支具有正确思想理念的研究中国人权理论和实践的专家学者队伍。我们现在的队伍相当有战斗力，既有人权理论素养和用外语进行国际对话的能力，又重视调查研究，特别是能够把握正确的政治方向，自觉为党和国家的大局服务，而不受国外各种人权思潮的影响。

中宣部人权事务局局长、中国人权研究会秘书长鲁广锦在开幕式结束时指出，党的十八大以来，在习近平新时代中国特色社会主义思想的指引下，我国人权理论工作者致力于探索中国特色社会主义人权理论的内在逻辑，努力构建符合中国国情和时代发展要求的中国人权话语，为我国人权事业的发展提供了有力的理论支撑和话语保障。构建新时代人权话语体系，争取人权话语权，需要汇集各方面智慧和力量，需要全方位、多层次、多角度考虑，需要从中国特色社会主义伟大实践中总结经验、深化认识、获取动力。希望大家凝心聚力，集思广益，努力推动中国特色人权理论和话语体系不断创新发展，为提升我国文化软实力再作更大贡献。

二　人权话语、理论、道路和制度的创新

与会专家围绕人权蓝皮书的组织、风格和体系，中国人权话语的概念、表达和传播，中国人权理论的范式、原理和结构，以及中国人权道路的目标、路径和过程等四个主题发表了自己的观点，介绍了各自的研究成果，并展开了热烈的讨论。

（一）人权蓝皮书十年历程

与会专家认为，10 卷人权蓝皮书 231 篇研究报告呈现出一些鲜明的特点。一是与时俱进。紧跟中国人权事业发展的步伐，对中国在人权保障方面推出的各项重要举措及时跟进，开展分析。二是选题广泛。报告选题涉及各类人权，对中国各个领域的人权保障状况作了全面的考察。三是扎根现实。作者们以现场调研和实证分析为基础，不仅有严格的数据统计，而且运用一手的访谈资料和大量鲜活的案例，讨论言之有据。四是专业分析。专家们结

合自己的研究方向，从专业角度展开分析，鞭辟入里。五是实事求是。既总结取得的成绩，也分析存在的问题，还提出改进的建议，真诚可信。六是优质精致。总报告政治站位高，各篇专题报告导向正面、表述精准、深入浅出、文字流畅，全书设计用心、装帧精美。这些特点使人权蓝皮书成为系统记录和分析中国人权事业发展的极为珍贵的学术资料。

南开大学王新生副校长在致辞中指出，中宣部和中国人权研究会对南开大学高度信任，将人权蓝皮书工作室设在南开大学人权研究中心。承担人权蓝皮书的撰写组织工作，为南开大学人权研究中心的发展提供了一个重要的平台和机遇，锻炼了队伍，凝聚了共识，提升了团队合作水平，南开大学的人权研究、教育、培训、资政和国际交流等方面的能力得到了大幅度的提升。

负责出版人权蓝皮书的社会科学文献出版社总编辑杨群回忆道，2010年，社会科学文献出版社根据多年出版智库研究报告蓝皮书的经验，向当时罗豪才主席任会长、董云虎同志任秘书长的中国人权研究会发出了编撰出版中国人权蓝皮书的建议函，希望以蓝皮书为抓手，深入分析总结中国人权事业的发展状况，宣传中国人权保护的成就，搭建一个海内外就中国人权问题深入研讨、交流的平台。这一建议得到了中国人权研究会的肯定。研究会迅速组织起编撰团队，建立了支持机制，组织全国优秀人权研究专家编写人权蓝皮书。2011 年 8 月首卷人权蓝皮书出版，中国人权研究会和社会科学文献出版社于 8 月 15 日联合主办了人权蓝皮书发布会，得到了社会各界的高度关注。人权蓝皮书的成功仰赖人权研究会领导的大力支持，南开大学蓝皮书工作室与研创团队深厚的政治和理论素养，以及来自全国各人权研究机构作者的齐心协力。每卷蓝皮书从选题的确定、初稿形成到最后定稿，都需要人权研究会的专家以及来自全国各高校、研究机构的专家学者的好几轮审稿、审核与修改，层层严格把关。这种严谨认真的协作态度，我们很是感佩，也很推崇。在社会科学文献出版社的历届优秀皮书评选中，人权蓝皮书表现突出，获得了各种奖项。十年来，人权蓝皮书成为我国人权领域最权威的智库报告，向海内外客观展示了中国人权的状况，成为向世界宣讲中国人权进步、展示中国社会发展进程的窗口。回看 10 卷人权蓝皮书的目录，可以说，党和国家年度人权重要举措和事件、人权领域的热点、难点问题在我们每年度的蓝皮书中都得到了及时、深入的体现。人权蓝皮书还极大地拓展了人权理论研究的广度和深度，涌聚了一批很好的人权研究者，培育了一大批青年人权人才。

南开大学人权研究中心副主任唐颖侠在分析人权蓝皮书的组织过程时指出，人权蓝皮书十年的出版是一个合力的结果。第一，人权蓝皮书的完成离不开中国人权研究会的悉心指导。人权蓝皮书是在中国人权研究会全程参与之下完成的，中国人权研究会的领导和工作人员深度参与了蓝皮书的各个过程，从选题的申报到评审，再到初稿和报告的评审、定稿、修改意见，全程参与其中。鉴于人权主题的特殊性，中国人权研究会的意见具有重要的指导意义。第二，人权蓝皮书建立了严格的选题和审稿流程。每年举行两次高规格的选题会和审稿会，这个程序比较严谨，也比较规范和高效，每次选题会和审稿会都由中国人权研究会的副会长、人权蓝皮书主编李君如教授牵头，南开大学人权研究中心主任、人权蓝皮书副主编常健教授主持，中国的十余位权威人权学者组成编委会，会议的进程是由每位专家首先发表意见，然后全体专家进行评议，最后由李君如教授总结并确定修改意见。第三，人权蓝皮书是八家国家人权教育与培训基地协力合作的结果。过去的十年里，人权蓝皮书的选题采取推荐的方式，八家基地的负责人和老师都深入参与了这个过程，推荐选题作者承担写作的任务，甚至担当审稿人，对人权蓝皮书的编写贡献了重要的力量。第四，人权蓝皮书十年来的顺利出版离不开社会科学文献出版社的严格把关。社会科学文献出版社多年来致力于皮书系列的研创和推广，每一部人权蓝皮书都倾入了刘骁军编审及其团队的大量心血，从内容的准确性到形式的规范性，可以说事无巨细，严格把关。第五，人权蓝皮书的顺利出版离不开蓝皮书工作室的周到服务。南开大学人权研究中心承担了许多具体的工作，每年发布选题的申报和写作的要求，组织选题会和审稿会，组建和维护专家群和作者群，记录选题会、审稿会中的修改意见，并且逐一地回复作者。

吉林大学法学院院长、人权研究中心执行主任何志鹏教授认为，人权蓝

皮书每年都会对中国人权事业发展作全景式考察，在总结和归纳中国人权事业发展方面作出了重要的贡献，每年的总报告都高屋建瓴地系统总结中国人权发展取得的成就。各篇专题报告对各领域人权保护水平进行了细致的观察和总结，有助于人们了解各项人权保障所取得的具体进步。对人权的定量研究提供了非常明确的数字，更有说服力地展现了中国人权所取得的成就。这使得人权蓝皮书成为中国人权事业的编年史，成为中国人权事业的年度路标和里程碑，为研究、理解和讨论中国人权状况提供了丰富的资料基础。

武汉大学人权研究院执行院长张万洪教授指出，人权蓝皮书以“权威、前沿、原创”为宗旨，对中国人权制度建设、实践热点、理论前沿和国际合作等各个方面的议题给予分析研究，不仅全景式地总结了相关年份人权事业的总体发展“路线图”，还生动而鲜活地体现了多个具体领域的人权新发展和新成果，反映了我国在人权理念、制度、实践与国际合作方面的进步。

四川大学人权研究中心主任周伟教授指出，人权蓝皮书的写作方法与一般的学术论文、教材、调研报告、课题申请书和决策咨询报告等不同。人权蓝皮书的写作需要进行一定的训练，因此特别需要有经验的老师通过具体的方法指导硕士、博士研究生和年轻的老师，培养后进参与人权蓝皮书写作。周教授指出，自 2010 年参加蓝皮书撰写，自己就指导博士研究生参加人权蓝皮书写作，把人权蓝皮书选题、审稿、写作的情况告诉学生，指导学生如何查找资料、筛选文献、采集数据、分析论证等，使他们通过具体的实践训练，熟悉人权蓝皮书的写作风格和要求，逐步掌握人权蓝皮书的写作方法。

西南政法大学人权研究院赵树坤教授认为，人权蓝皮书的作者都是来自高校和研究机构的专家学者，这使得人权蓝皮书具有与人权白皮书的政府视角不同的“第三方”视角。可以考虑继续扩大第三方视角，吸纳更多的社团、民间组织、智库和研究人员加入人权蓝皮书的写作队伍，倡导在研究中更多使用非官方统计数据、非官方权威文献，重视对地方数据和具体案例的精细化研究，注重对各种新兴权利和新的人权议题进行开放性研究和前瞻性研究，加强对底层人权状况和经济落后地区人权状况的研究。

南开大学人权研究中心主任、人权蓝皮书副主编常健认为，人权蓝皮书

的撰写和出版，不只是产出了10卷高质量的《人权蓝皮书：中国人权事业发展报告》，更重要的是促进了中国人权理念和话语的不断完善与广泛传播，为中国人权理论的发展提供了宝贵资料，为中国人权事业的发展提供了有益的启发。人权蓝皮书的主要贡献可以概括为五个方面。第一，系统全面地总结了中国人权十年来的发展历程和经验。人权蓝皮书紧密追踪中国人权保障十年来的发展变化，总结取得的成效，提出改进的建议，成为中国人权事业十年发展的历史见证。蓝皮书针对中国的扶贫、教育、医疗、社会保障、环境保护、少数民族及妇女儿童老年人残疾人权利保障、人权法治建设与教育培训、人权国际交往与合作等发表了系列性的专题报告，使国内外读者可以清楚地看到中国人权保障的措施是如何一步步实施的，面临哪些问题，采取了哪些措施，遇到哪些困难，这些困难是如何克服的。这样就为世人展示出一幅中国人权事业发展的生动画卷，为后人研究中国人权发展历史留存了宝贵的资料。第二，促进了中国人权话语的形成和不断完善。人权蓝皮书的编写过程，也是中国人权理念的提炼过程和中国人权话语的系统化过程。从人权蓝皮书总报告和各专题报告的编排中，都可以看出主创人员对人权蓝皮书编写的缜密思考和反复推敲。在不断的斟酌打磨中，中国的人权话语表达日渐成熟和精准。第三，培养了一支老中青相结合的人权研究队伍。蓝皮书报告的研究和写作过程，也是人权研究人才的培养和锻炼过程。参与人权蓝皮书写作的专家达100多人，其中既有在人权领域一线领军的资深专家，也有一大批年富力强的中青年学者。在专题写作、研讨和修改的过程中，人权研究队伍不断发展壮大，人权研究后继有人。第四，搭建了一个跨界的人权交流平台。人权蓝皮书报告的写作，促进了政学两界在人权事项上的交流，也促进了不同学科、不同领域之间在人权研究方面的交流。人权蓝皮书的作者既有来自高校的学者，也有来自党校和社会科学院的智库专家，还有来自政府政策研究机构的政策研究人员；不仅有法学专家，还有政治学、社会学、国际关系、公共管理等各个领域的专家。这有助于各界各领域之间相互学习、取长补短，凝聚共识、形成合力，共同促进中国人权事业持续健康发展。第五，打开了人权对外传播的一个民间窗口。人权蓝皮书不仅

被国内各大图书馆收藏，也被翻译成英文，成为继中国政府发表的人权白皮书之外，国外了解中国人权状况的一个重要的民间窗口。人权白皮书与人权蓝皮书相互映衬，为国外了解中国人权事业发展提供了更加多元化的观察视角，有助于他们从多方位、多领域对中国人权形成更加全面和综合的理解。

（二）中国人权话语体系建设

与会专家认为，要将构建中国特色人权话语体系作为崇高的政治使命，努力研究中国的基本国情特别是中国共产党领导人民在人权实践中积累的丰富经验，创新人权话语，构建人权话语体系。

人权研究会副会长李君如在发言中指出，这次会议要讨论中国特色人权话语体系问题，这是落实习近平总书记提出的建设和中国特色学科体系、学术体系相联系、相匹配、相适应的话语体系这一指示的重要举措。建设中国特色话语体系是高扬党的理想信念旗帜这一根本对我们提出的要求，是要解决国际舆论斗争中的“失语挨骂”问题，也是要推进中国哲学社会科学的发展。要将构建中国特色人权话语体系作为崇高的政治使命，坚持历史唯物主义的基本原理，努力研究中国的基本国情特别是中国共产党领导人民在人权实践中积累的丰富经验，在历史唯物主义和中国实际相结合中构建中国特色人权理论和话语体系。

中国社会科学院人权研究中心执行主任、国际法研究所副所长、联合国禁止酷刑委员会委员柳华文研究员指出，西方在有着大量人权伤疤的情况下，搞出了一套有利于扬长避短的人权标准，并且傲慢地向世界推行，给发展中国家造成了无数的困扰，已成为国际政治中的严重公害。联合国大会第三委员会会议上的人权交锋，在本质上是人权政治化的问题，是将人权作为外交斗争、政治施压的工具，搞政治对抗的问题。中国由于敢于表达自己不同于西方自由现代主义立场的人权观，而常常被西方评论者视为国际人权体制的反对者，他们认为中国在联合国提出的人权概念和主张，是要冲淡现有的国际人权标准，这样的质疑有一定的代表性。但中国并不是国际人权体制的反对者，中国的人权观点能够从国际人权体制中找到支持，中国的人权政策能够毫无困难地立足于现行的国际人权体制之内。中国政府对于国际体系的改革和发展有着自己的明确立场。中国积极参与和推动在联合国框架下进行的国际体系改革和发展，而不是推翻重来另起炉灶，在人权领域也是如此。人权作为意识形态色彩浓厚的国际话语，要有破有立，提高科学性、说服力、影响力，使用好、发展好我们的人权话语，需要我们具有创新能力和前瞻性。我们既有的人权话语不能简单化使用，要与时俱进，赋予其新的内涵，发挥其新的生命力、影响力。

西北政法大学人权研究中心常务副主任钱锦宇教授认为，构建人权话语体系，一方面要寻找自身的特色和特点，另一方面还要寻找共识。中国国内人权话语与国际人权话语的共通理念，就是幸福生活。中国国内人权话语讲的是中国人民的幸福生活，中国国际人权话语讲的是全人类的幸福生活。不管是哪一个文明区域，没有人会反对对幸福生活的追求和渴望。

中共中央党校李云龙教授指出，从逻辑上看，人权就是将某些权利普遍化，使这些权利涵盖到社会全体成员。人权话语在推动欧洲国家从传统社会向现代社会的转型过程中发挥了重要作用。人权帮助最早进入现代社会的一批西方国家取得成功，使这些国家成为最发达、最有效率和最稳定的国家。由此，人权也成为西方国家的典型特征。第二次世界大战以后，人权话语开始进入联合国系统，成为国际性的话语。在西方国家看来，绝大多数非西方国家都有这样那样的人权问题，事实上非西方国家很少能够达到西方规定的人权标准，因为这个标准是为西方量身定制的，西方人权是欧美社会特定结构和特定历史文化的产物，在非西方国家很难实现。正因为如此，我们才看到联合国人权理事会等多边舞台一再成为西方发动人权攻势的战场，西方国家凭借人权话语发明者的优势，自命为人权法官，对非西方国家逐一审判。非西方国家面对西方人权话语优势，几乎没有还手之力，只能被动防守。西方的人权话语之所以会演变成为国际人权话语，一方面是由于近代西方国家建成了空前富裕和繁荣的现代化社会，遥遥领先于其他国家。随西方国家物质上强势地位而来的是话语上的强势地位，西方国家把自己的价值观念和意识形态当作普遍真理加以推广。另一方面，非西方国家愿意吸收西方的人权

话语，是因为它们向往发达进步和文明的现代社会，把西方国家作为学习的榜样。人权作为一种现代化要素，作为更加理想的社会的组成部分，被西方国家广泛认可。非西方国家接纳西方人权话语，在很大程度上关注的不是它的具体表现形式或者权利形式，而是人权话语背后体现出的有实质性的具体内容，即更加文明、更加自由、更加平等、更加富裕和更加安全的社会。因此，国际人权话语虽然在很大程度上采纳了西方人权话语的表现形式，但其关注的是人权的实质，也就是对一个更加美好的生活和更加美好的社会的追求。国际人权除了保障西方特别强调的公民权利和政治权利之外，还要求保障更广泛的经济、社会、文化权利。而且，国际人权不光保障个人权利，还保障集体权利，如发展权、环境权等。在国际人权实践中，联合国没有局限于西方划定的人权概念，而是侧重于防治和反对大规模侵犯自由、种族歧视、种族灭绝、侵略、贫困等问题。实际上，国际人权话语已经远远超越了西方人权话语的狭隘内容。

中南大学法学院党委书记、人权研究中心执行主任毛俊响教授提出，西方人权话语拓展，除了依赖在政治、经济、军事等方面的综合实力优势之外，特别强调规范路径，它大致有四个步骤，即形成话语体系、对外区域传播、形成国际规则、建立和运用国际机制。通过这种规范管理路径，将本区域的人权观念变为国际规范和其他国家国内法的内容。提升中国在国际社会中的人权话语权，不能走西方军事威胁和经济强制的路径，但可以借鉴规范路径，形成中国人权话语体系，提升将这些话语变成宣言、规则、条约的能力，改革国际人权机制，促进体现中国人权理念的规则能够获得更广泛的接受。

广东财经大学人权研究院执行院长陈佑武教授提出，人权话语是对人权理念、人权理论和人权话语自身的综合表达，是一种更为复杂的意识形态。人权话语本质上以实有权利为定位，人权话语源自实有权利及其保障实践，是实有权利及其保障实践在人们头脑中的映像。并非所有应有权利、法定权利都能成为实有权利，这也从根本上决定了并非所有人权理念、人权理论都能转化为人权话语。人权话语与一个国家或地区的综合实力关系密切。综合实力强则人权话语强，综合实力弱则人权话语弱，现实社会的人权保障往往存在这样或那样的问题，这是人权话语产生的社会基础。比如，国际上贫穷、疾病、战争、地区动荡、恐怖主义等因素的存在，造成目前全球人权治理存在不少问题。要促进全球人权治理改革，不同国家、不同个人都可以自由、平等地就全球人权治理发表自己的看法，以便更为有效地促进人权保障，使得人权从应有权利或法定权利状态变为人们实际享有的权利，这也是人权话语的基本出发点。人权话语的产生往往与一个国家或者一个地区人权理念、人权理论的发展存在密切联系，尤其是与人权理论的联系更为密切，因此法学学者、政治学学者更愿意在人权话语上表达自己的立场与观点。但人权话语也可能直接源于这些国家或地区的意识形态、文化传统、经济发展要求或者人权保障现实要求等因素，因此一个国家的社会各领域、各阶层都可以从自身感受出发表达自己的人权话语。

广州大学人权研究院刘志强教授分析了中国人权概念与话语的互构，指出中国人权话语的言说格局表现为官方主导、学界论证的二元主体模式。官方人权话语较多地通过不同人权概念“组合”的方式进行人权表达；而学界则用逻辑思辨提炼的概念来解释人权现象，以同类“聚合”的方式塑造人权的观念与文本。尽管在二元格局模式下，官方与学界合力大大提高了中国人权言说能力，但同时应看到此种格局的构造局限，其中最主要的局限是组合与聚合两种方式的不平衡。官方人权话语是学界人权概念的命题来源，而学界人权研究对于社会变迁中的新兴人权概念阐释力度不足，学界人权概念没有形成规范性意义制约。此种局限性带来了人权话语异化、功能弱化、规范性基础消退三种困境。要构建一种相辅相成、互动平衡的人权概念与人权话语的关联机制，一方面需要在官方层面将全球人权话语竞争场域中的利益和要素转化为话语体系内部的信息要素，为人权研究提供更丰富的人权话语命题；另一方面需要在学界层面不断更新人权学术研究范式，重视人权法学研究与人权社会科学研究，运用价值批评性研究实现事实描述性研究的意义规约，人权国内研究与人权全球化研究形成知识互补，从而提升人权概念体系的学理深度来支撑中国人权话语体系。

中国社会科学院荣誉学部委员、人权研究中心前副主任刘楠来教授回顾了20世纪90年代关于人权普遍性和特殊性的国际论争。一些西方国家强调人权的普遍性而否定人权的特殊性，认为人权是普遍的，每个人，不分地域、历史、文化、观念、政治经济制度或社会发展阶段，都平等地享有人权。国际人权标准适用于所有国家，各国都应遵行，不能借口特殊情况而有所违背。如果有国家违反标准，国际社会就有权加以干预。争论的另一方是广大发展中国家，它们承认人权的普遍性，但同时认为必须承认人权具有特殊性，因为世界各国在历史文化、民族宗教、社会制度和发展程度等各方面都存在差异，它们对于人权的理解和解释有许多不同。执行国际人权标准不能不考虑到世界的多样性和各国的特殊性。人权本质上属于一国内部事务，国际人权标准的执行应由各国负主要责任，其他国家不得任意进行干涉。随着联合国于1993年6月在维也纳召开第二次世界人权大会，这场论证变得更加激烈。中国方面主张，人权既有普遍性也有特殊性，不应只肯定人权的普遍性而否定由于历史文化、社会制度和发展水平不同形成的人权保障制度的特殊性。第二次世界人权大会协商一致通过的《维也纳宣言和行动纲领》以肯定人权特殊性的方式对这一争论做了总结。该文件在重申人权普遍性的同时明确宣告，在国际人权活动中，民族特性和地域特征的意义，以及不同的历史、文化和宗教背景都必须考虑，中国人权学者积极地参与了这场论争，并始终站在真理的一边，在世界上赢得了尊重。

（三）中国人权理论创新

与会专家表示，当前，我国人权事业发展进入新阶段，复杂多变的国际环境和更高水平的国内人权保障需求对人权理论研究提出了更高要求。应当立足中国特色社会主义伟大实践进行理论创造，加快构建体现中国特色、反映时代特点的人权理论体系，为推动新时代中国人权事业发展、深化国际人权领域交流合作作出更大贡献。

西南政法大学人权研究院执行主任张永和教授认为，人权是一个开放的概念，只有在这个意义上才能更深刻地认识人权。中国学者要努力增加其内容，归纳出新的权利项，对一些重大权利作出扩充解释。2006 年徐显明教授提出“和谐权”，2019 年马长山教授和张文显教授提出“数字人权”，最近中国法学界又提出“身体信息权”，莫纪宏教授提出要通过生物安全法来保障第四代人权意义上的一系列生态权。他本人在 2018 年提出了“享有美好生活的权利”，它不仅涉及经济、社会和文化权利，也涉及公民权利；既包括硬性需求，也包括软性需求；不仅针对中国人民，也针对世界人民。构建人类命运共同体就是要让全世界人权共享美好生活。

中共中央党校人权研究中心原主任张晓玲教授指出，人权理念是中国特色社会主义人权理论体系的原概念，党的十八大以来，形成了一系列新时代中国特色社会主义人权理念，特别是“人民权益”“中国梦”“人类命运共同体”等理念。中国特色社会主义人权理念具有先进性、引领性、发展性、包容性和原初性，反映了我们党所坚持的马克思主义基本立场观点方法，反映了中国特色社会主义进入新时代我国社会主要矛盾发生根本转化之后中国人民对美好生活新的追求，顺应了当今世界人类文明进一步发展的潮流，体现了国际人权公约所包含的人权普遍性原则的要求。

中国政法大学人权研究院副院长班文战教授认为，人权的理论和实践应当以和谐思想和精神为指引，在尊重差异的基础上实现良性互动和协调发展，他将其称为“和谐人权观”。对和谐人权观的研究不仅要坚持中国人的世界观和方法论，还要融通古今中外各种资源，包括中国传统文化中丰富的和谐思想和精神、马克思主义的资源以及其他国外哲学社会科学的资源，要充分挖掘西方乃至整个国际社会以及现行国际人权实践当中本有的和谐思想、精神和规则，使和谐人权观能够为国际社会所理解和接受。在全面准确地总结和谐人权观的基础上，要通过法律、政策和各个方面的计划来落实和谐人权观，同时还要开展和谐人权观的教育、培训和宣传。

南开大学人权研究中心主任常健教授指出，在人权研究方面，我们面临三个方面的挑战。一是体系化挑战。中国已经提出了一些人权理念，有了一些人权话语表达，还制定了很多人权规范。但现在缺乏的是将人权话语体系

化，即将其构造成逻辑一贯的理论；缺乏的是将规范体系化，消除规范间的冲突和矛盾。二是精细化挑战。中国提出的人权理念及其话语表达，还缺乏精打细磨，使其含义精准清晰。例如，我们提出了“生存权和发展权是首要人权”，但什么是“首要”，是理论上的首要还是战略上的首要，生存权和发展权哪个更首要，以及生存权和发展权的具体内涵是什么，对这些问题如果不能作出精细的区分和明确的界定，便很难被准确理解并转化为具体的法律、政策和行动。三是国际化挑战。一方面，人权话语的发展不可能完全摆脱西方和国际社会已经创立的话语体系另起炉灶；另一方面，现行的人权话语体系的确需要创新和发展。如何在原有话语体系基础上实现超越和创新，同时又能被国际社会所理解和认同，这是我们面临的更为艰巨的挑战。应当看到，人权理论是发展的，人权理论研究的范式也呈现出多层次的转换趋势，从神学范式转变为人权学范式，从主体性范式和客观性范式转变为主体间范式，从基础主义和本质主义范式转换为建构主义范式，从绝对义务论范式向目的论范式扩展。人权理论研究不仅要关注理论之间的竞争，还必须关注理论研究范式的竞争和转换。他所主张的发展主义人权理论，采取的就是主体间建构主义范式，将人权视为市场经济全球化这一特定历史条件下的产物，具体来说，人权是市场经济体制和全球化背景下所需要的意识形态和社会规范。该理论将所有人的自由、全面、和谐发展作为终极目的性权利，为实现人的发展权，需要将生存权作为基础性权利，将参与权作为手段性权利，将自主原则和自由权作为主体性条件，将平等原则和平等权作为约束性条件。

南开大学人权研究中心刘明副教授分析了正义在保障弱势群体权利方面的重要意义。在相当长的时间内，国内和国际社会针对弱势群体的社会政策是基于恩惠的同情、怜悯和恩赐式的道义救助。从权利保障的视角看，这种慈善模式存在诸多的缺陷。其一，慈善模式下的救助者被视为施惠者，被救助者被视为被恩赐者，天然存在一种不对等的关系，对弱势者的尊严造成极大的伤害。其二，由于慈善模式下不存在固定的义务主体和义务内容，弱势群体的权利无法获得有效和持续的落实。其三，慈善模式仅仅关注弱势群体

的福利层面，难以发掘弱势群体成员的主观能动性，在具体的公共政策执行中，易出现持续力度不足、效率较低的问题。其四，慈善模式没有追究弱势群体弱势地位的社会原因等外在因素，易导致对弱势群体的歧视和偏见。正因为如此，对弱势群体的保护出现了由慈善模式向权利模式的转变，其实质是由慈善模式向正义模式的转变。从所属领域来说，正义主要涉及法律和制度层面的问题，是国家公共权力的领域，属于公德领域；而慈善则主要是私人领域的问题，属于私德领域。从内容来说，从慈善中并不能追溯出权利，而正义则可以引申出权利。从对应的义务类型和特征来说，慈善模式主要对应人道义务或非完美义务，这类义务具有极大的不确定性和模糊性，义务主体、义务的强度和时间等都缺乏刚性；而正义模式则对应着正义义务或完美义务，是义务主体无论如何都应该践行的义务，具有强制性。保障弱势群体的正义论视角也分为多种类型，既包括分配正义、矫正正义等传统正义理念的保障要求，也包括发展型正义、包容型正义等新型正义理念的保障要求，需要综合加以考虑。

中国人民大学人权研究中心朱力宇教授分析了马克思主义对人权的研究方式。正如习近平同志在纪念马克思 200 周年诞辰大会上的讲话中所概括的，马克思主义是科学的理论、人民的理论、实践的理论、不断发展和开放的理论。马克思和恩格斯虽然没有刻意建立自己的人权理论体系，但他们以所创立的辩证唯物主义和历史唯物主义的世界观和方法论观察和研究人权问题，在批判资本主义人权思想及其局限性的过程中建立、丰富和发展自己的人权理论。中国共产党进一步继承、发展、创新、完善马克思主义人权理论，特别是提出人民的幸福生活是最大的人权，将人的自由全面发展作为人权的最高价值追求。

西南政法大学人权研究院副院长孟庆涛副教授对“潮汕新儒家”杜钢建教授提出的“仁学”人权理论进行了深入分析，认为该理论已形成了完整的体系，内容上几乎涵盖了当今关于人权的主要理论问题和基本内容；从对“仁”的解说这一原点出发建立理论体系，逻辑紧密；其对传统儒家思想资源的利用，不是历史性的，而是资料性的；不是从历史的“儒家”出发的，而是从“自己”的理念出发的；其理论体系中存在一些未明确论证的理论预设、逻辑跳跃、语言与理念的跨越或融汇问题。儒家人权话语处于中西古今之间的纵横交错点上。中西古今之间的交点，是中西文化的重叠部分，也是共识所在，正是在这里产生了人权的“公度性”。当前，中西文化交叠的过程，不但仍然存在，而且还在深化，这是中国传统儒家思想理念向现代转化的文化背景，也是构建中国特色人权话语的隐性背景。以儒家思想为主流的中国传统文化是接引与体认西方人权理论的文化支点，更是西方人权理论在中国获得本土诠释与理解的哲学基石。

南开大学人权研究中心吕怡维博士探讨中国传统文化中“以民为本”理念的人权属性。她认为，深入挖掘和阐释中华文化中传承久远的“以民为本”思想的鲜明人权属性及其在保障生存权、发展权中发挥的历史作用，系统研究中国古代的权利观与保障基本人权的思想和理念，有利于建构起贯古通今的具有历史厚重感、感召力和中华文化特色的人权话语体系，提升中国人权思想的国际话语权，讲好中国自己的人权故事。

浙江理工大学法政学院副教授李子瑾分析了中国平等和禁止歧视理念的历史发展。在诸子百家的时代，就提出了很多平等方面的思想，如孔子的“不患寡而患不均”，老子的“天之道损有余而补不足”，墨子的“天下兼相爱”，以及法家韩非提出的“法不阿贵，绳不挠曲，刑过不避大臣”，等等。另外，还有陈胜吴广起义中所说的“王侯将相，宁有种乎”，王小波、李顺起义时讲的“吾疾贫富不均，今为汝辈均之”，李自成起义中李岩提出的“均田免赋”政策，以及洪秀全主张的“有田同耕，有饭同食，有衣同穿，有钱同使，无处不均匀，无人不饱暖”理想社会。近代以来，康有为阐述了“大同社会”的理想，孙中山提出了“三民主义”。新中国成立 70 多年来，在权利平等、机会平等、规则平等、分配平等、国际秩序平等五个方面作出了全新的更加系统的探索。

中南大学人权研究中心王进文副教授对人的尊严与人权的关系进行了分析。他认为，中国现行宪法是以“人格尊严不受侵犯”的形式将其确定为一种私法属性的人格权，在规范的根本依据和价值基础上，还未抽象并上升到一般的哲学和政治原则的高度，思想基础也未集中于“人是目的”，这造成了三个方面的问题。第一是语境隔阂，即对人的尊严的研究，语境与历史经验的不同，无形中限制了我们采取比较法研究的可能性，尤其无法对其背景性、前提性的知识进行全面把握。第二是经验缺位，即国内典型宪法案例的缺失，导致规范建构缺乏实践的检验，即使我们有强烈的本土化建构的冲动，也往往会被认为是纸上谈兵。第三是视角局限，即与现有的集中于规范视角的研究相比，学科分布高度集中于宪法领域，从而我们很难对它进行一种动态的把握。在我国的宪法实践，尤其是对人的尊严的保障过程当中，需要厘清人的尊严的思想渊源，界定人的尊严的法律属性，构想合理的人的尊严的本土化设计方案。

北京理工大学法学院教授肖君拥教授对公民安全权利进行了探讨。他将公民安全权利定义为公民有在经济、食品、人身、政治、健康等方面安全利益受到保障的权利。确立公民安全权利的实质精神是将安全议题由国家层次扩展至个人或较小群体的层次，体现了安全维度的人文转向以及人本主义思想。

北京理工大学科技与人权研究中心主任齐延平教授指出，人权研究不仅要关注“形而下”的内容，还要有“形而上”的思辨。西方的人权话语体系之所以能够从观念到思想体系、到制度、到条约、到实践，整个过程背后“形而上”的思辨性逻辑体系是它的根本，否则就只能是零散的片段，无法走入世界舞台。中国人权研究一方面缺乏世界观照，另一方面缺乏思辨提升。对一个国家来讲，经济的实力、军事的实力可能是一个方面，但是更重要的、更有长远性的可能是文化的实力。中国发展到今天，经济、军事等力量都比较强大了，但是我们的文化实力，尤其是人权的文化实力，还需要进一步提升。

（四）中国人权发展道路和制度建设

中国根据自身的国情，以马克思主义基本原则为指导，走出了一条符合中国国情的人权发展道路，建立并不断完善人民所需要的人权保障制度。与

会专家围绕中国人权发展道路的形成和特点以及中国人权保障的制度建设进行了多角度的分析和概括。

中国社会科学院学部委员、人权研究中心主任刘海年教授指出，一方面，要加强人权的协调机制，使我们的政策制定、理论研究、人权宣传等各项措施能够落到实处。另一方面，需要加强人权的对外交流合作。20 世纪 90 年代，国际社会对中国的各个方面进行封锁，我们在人权领域面临许多困难。但越是那些攻击我们最为厉害的国家，我们越与其进行对话和交流，一起讨论，增进了解，也增加了谅解。在当前的情况下，形势比较复杂，我们应该加强同欧盟的交流，加强与周边国家的交流，加强与共建“一带一路”国家的交流，这样才能够团结更多的人。即便是对我们攻击最厉害的国家，也应该同它们加强交流，学者之间是可以对话的。我们出版的人权蓝皮书、白皮书以及人权刊物除了投放市场之外，还应当赠送给有关国家的机构和图书馆。我们国家现在的人权状况强于许多发展中国家，加强交流就能够使我们的人权话语权落到实处，产生更大影响。

复旦大学人权研究中心执行主任陆志安分析了中国人权事业发展面临的现实挑战。从国内来说，随着人民权利意识的不断提高，人权保障需求也在不断增长，但人权保障的制度供给相对不足。在国际社会，虽然中国人权事业取得了伟大的成就，但中国的人权国际话语权相对不足，国际社会认可度不高。一方面，西方国家对中国人权事业发展污名化，不断指责或挑衅；另一方面，人权适用领域正在不断扩大，不仅在政治领域，而且扩大到经济领域。不仅纵向压力在增加，横向压力也在明显增加。西方国家不断地将人权用作制裁其他国家的工具，这给全球化发展带来了很多新的挑战。要应对这种挑战，一方面需要在理念上符合人权之道，另一方面需要建立具有标识性的人权保障制度，包括建立人权的尽责制度、影响评估制度，进一步完善人权的监督机制，进一步建立人权的救济机制和协调机制。

武汉大学人权研究院执行院长张万洪教授分析了中国特定群体权利法律体系的不断完善。首先，法律规范体系所保障的权利内容日益扩展，权

利保障范围全面覆盖政治、经济、文化等各方面社会生活的需求，反映残障人在少年、成年及老年不同阶段的生活体验和需求，彰显“全生命周期”的人权理念。“融合”理念指导下的特定群体权利事业，将特定群体内的每一个人真正作为发展的主体，尊重、保障其各个方面的权利。其次，法律规范体系建设贴合经济社会发展和法治体系建设进程，充分反映最为紧迫和现实的实践需要。最后，法律规范体系在建设过程中，既重视发展将各项权利具体化、明确化的实体规范，也重视发展确保权利实现的程序性规范。

北京大学国际关系学院罗艳华教授回顾和分析了中国开展国际人权合作与交流的情况及其四个特点。第一个特点是，中国与联合国多边人权机构的合作是中国开展国际人权合作与交流的重头戏。多边人权合作包括与联合国人权理事会的合作、与联合国人权高专的合作、与联合国人权特别机制的合作、与国际人权条约机制的合作，中国还积极推荐专家参与国际人权机构的工作。第二个特点是，中国开展双边人权合作与交流以双边人权对话为主。中国双边人权对话的对象不断扩大，对话的类型也多种多样。除了与西方发达国家的人权对话之外，中国也积极开展与发展中国家的人权磋商。除了面对面的对话交流，每次对话前后通常都会安排参观走访活动。第三个特点是，除了开展官方层面的多边和双边人权合作与交流，中国政府还鼓励人权社会组织积极参与国际人权交流，使得人权社会组织在国际人权交流中发挥的作用越来越大。新冠肺炎疫情发生以来，中国人权研究会组织了八次人权视频国际研讨会。

复旦大学人权研究中心副主任唐贤兴教授认为，人权是一种最高的道德权利，对这种权利的法律保障固然很重要，但并不是必须全部转化为法律才能够得到保障，在很多方面它需要通过政府积极的公共政策或公共行动来加以保障。对这一问题的研究可以从四个维度展开，一是国家的积极义务，二是人民权利本位，三是消除实现障碍，四是社会协同治理。

东南大学人权研究院常务副院长龚向和教授认为，中国在促进人权事业发展的过程中非常重视人权与经济发展的相互作用，实现了人权与经济

发展的和谐共进。其实现路径主要有三个维度。第一个维度是人权与经济发展相互促进，一方面把经济发展作为第一要务和根本手段，为人权保障提供坚实的物质基础；另一方面重视人权保障作为上层建筑对经济发展的引领作用，确保人权保障作为经济发展的最终目的和手段。第二个维度是使人权和经济发展同步适应，使经济在发展的同时带动人权保障的进步。第三个维度是人权对经济发展的主动引领，通过人权的积极主张和保护，主动引领经济发展。

中国政法大学人权研究院王理万副教授分析了国家人权行动计划对中国人权事业发展的作用方式。他认为，国家人权行动计划涉及双重承认：第一重承认是通过接纳和转化人权话语，把中国人权发展的现状成就和道路展示给外部世界，争取国际社会的认可，可以称为外部的承认；第二重承认是内部的承认，即通过吸收调适人权理论，把人权的观念和中国的实际发展尽量结合在一起，促进人权的实质性进步。为了获得外部承认，国家人权行动计划的撰写体例要按照国家人权文件的要求，表达方式受国际人权公约的约束和影响。为了获得内部承认，需要将人权话语与国内主流话语相契合，以避免被边缘化的命运。在中国，主流的强势话语是发展的话语，因此中国一方面强调以发展促人权，另一方面强调基于人权的发展观，二者相互呼应，形成了人权的内在承认转化。

云南大学人权研究中心执行主任刘红春副教授分析认为，中国的人权发展道路统合了国家治理和社会发展，以中国国情为基础、以中国问题为导向，逐步完善大环境下的权利保障。三期国家人权行动计划及其人权评估报告中的言与道、行与思，是中国人权道路请求权建构路径的可视化感知，从中可以发现中国特色社会主义人权道路的机制表征。“言”将人权话语回归于国情，着眼于中国的人权秩序建构和保护。“道”主要是指中国的人权道路与国家生存和发展镶嵌在一起，与国家的发展规划、政策发布以及制度建设相一致。“行”指的是将人权保护举措规范化，并与法治国家建设相结合，使人权保护的行为规范逐渐法治化，并拥有国家强制力作为人权保障的强有力后盾。“思”指的是人权行动计划经验的反思、总结，国家人权行动计划评估报告作为人权行动计划反思的官方形式，是经验积累总结的来源，是人权道路持续发展和反思的常态化。在促进人权发展的过程中，要继续遵循人权实体化过程中的一些内隐规律，继续保障物质设施建设，提供一个相对比较好的物质保障基础，为人权保障的实现建构一个满足基本需求的前置性条件；继续优化和丰富物理环境，持续为人权保障提供良好的物质条件，并构建和强化人权保障的请求权基础，切实保障中国特色社会主义人权事业的阶段性、演进式发展。

三　未来中国人权研究的发展方向

与会专家一致认为，此次研讨会是在中国人权事业发展的重要时间节点上举行的一次重要的会议，为未来人权蓝皮书的不断完善和创新指明了方向。在未来人权理念、话语和理论的研究和创新中，需要继承和坚持人权蓝皮书的良好学风，并展现出新时代的学术风貌。

一要勇立时代潮头，回应时代之问。人权理论研究不可崇尚空谈，言之无物，而需要立足中国和世界人权发展的现实，高瞻远瞩，把握世界人权发展的趋势和脉动。人类正面临百年未有之大变局，人权保障面临着大量需要解释和解决的新问题。大数据时代科技的快速发展和应用，新冠肺炎疫情带来的突发紧急公共卫生危机，气候变化和环境污染带来的生态环境问题，恐怖主义、极端主义的肆虐，新冷战和热战的威胁，都使人权保障面临前所未有的挑战。人权研究必须坚持问题导向，从现实中存在的真正问题出发，回应时代的需求，把准时代的脉搏，解决时代的问题，这样的研究才具有现实意义，这样的研究成果才具有现实的生命力。

二要广征博采，贯通中西。人权理论发展不是无源之水、无本之木，而是在以往一切文明基础之上的自然生长。要超越众人，就要站在巨人的肩头，广泛吸取古今中外人权思想的精华，博采众家之长。要认真研究西方已经提出的各种人权理论学说，不仅要研究主流的人权理论，也要研究西方各种非主流的人权理论；不仅要研究这些人权理论的基本原则，还要研究这些理论的争论、发展和更新，这样才能对西方各种人权理论和学说形成比较全面的整体认识。与此同时，要重视对非西方国家的人权思想的研究，各种不同的文化中都孕育着许多有待发掘的人权思想渊源。中国传统文化是一个大富矿，蕴藏着丰富的与人权有关的思想资源。温故而知新，我们应当将这些宝贵的思想资源作为发展人权理论的源头活水，返本开新，为我们提供不竭的动力和丰富的灵感。

三要勇于超越，守正创新。学习的目的不只是兼收并蓄，学习的更高境界应当是突破、超越和创新。以往，在我们对世界上的各种人权理论和规范缺乏了解和研究的情况下，强调的是将人权的普遍性原则与中国的具体国情相结合。在对已有的各种人权理论和国际人权规范有了比较充分的研究之后，我们就需要进一步考虑如何从中国特殊的人权实践出发，提炼出具有一定普遍意义的人权理念、话语和理论，这是时代对我们的新要求。习近平总书记在致“纪念《世界人权宣言》70 周年研讨会”的贺信中要求我国人权研究工作者要“与时俱进、守正创新，为丰富人类文明多样性、推进世界人权事业发展作出更大贡献”。要运用马克思主义的立场观点方法，批判性地审视以往的人权话语和理论，勇于超越，善于创新。要坚持以人民为中心的发展理念，将促进人的自由全面发展作为人权的最高价值追求，将人民对于人权保障的获得感、幸福感和安全感作为检验人权实现的重要标准，将公正、合理、包容作为国际人权治理的基本原则，以对话促合作，以合作促发展，以发展促人权，以和平保人权，构建人类命运共同体，为世界人权发展作出中国的理论贡献。

四要实事求是，经受实践检验。真理不是一次获得的，人权话语和理论的发展是一个过程，需要不断经受众人的质疑和实践的检验。在人权话语和理论的研究中，同样要坚持中国共产党历来倡导的理论联系实际、密切联系群众和批评与自我批评三大作风。一方面，真理越辩越明。要鼓励商榷，开放争论，通过质疑发现不足和软肋，通过争论完善话语表达和理论建构。另一方面，理论要经受实践检验。不仅要用理论来解释过去的实践，而且要依据理论来预见未来的趋势。要直面实践的检验结果，勇于修正被实践证明为不正确的理论假说和论断。这样才能产生真正有解释力、预见力和指导力的人权理论与话语表达。

五要精准表达，系统建构。话语精准才能避免误解，话语体系严谨才能具备理性的解释力和说服力。人权话语和理论的表达对象，不仅包括普通百姓，还包括国家公职人员和专家学者，不仅包括国内的受众，还包括各个国家和国际社会的受众。应当充分考虑不同受众多元化的文化背景和理解能力，在语词的选择与理论的解释和论证上，在国内外人权领域获得尽可能广泛的理解和认同。

中国人权研究会副会长、中共中央党校原副校长李君如在会议总结中指出，此次研讨会层次高、水平高、共识度高，研讨了人权意识、理念、话语、理论、规范等一系列基本范畴，阐述了马克思主义人权理论，回溯了中国优秀传统文化中与人权相关的理念，讨论了国际人权话语与西方人权话语之间的关系，探讨了中国特色的人权话语体系，总结了中国在人权领域的国际交流与合作，概括了中国人权发展道路，意义重大，收获很大。百年未有之大变局和中华民族伟大复兴为我们的人权研究、人权话语体系建构提供了机遇，也带来了挑战。要抓住机遇，理性应对挑战。要坚持历史唯物主义的基本原理，努力研究中国的基本国情，包括中国的优秀文化传统，特别是中国共产党领导人民在人权实践中积累的丰富经验，结合中国实践来构建中国特色人权话语体系。

参考文献

1. 鲁广锦：《当代中国人权话语的构建维度与价值取向》，《人权》2020 年第 4 期。
2. 刘志强：《论中国特色人权话语体系逻辑构成》，《现代法学》2019 年第 3 期。
3. 汪习根、陈亦琳：《中国特色社会主义人权话语体系的三个维度》，《中南民族大学学报（人文社会科学版）》2019 年第 3 期。
4. 吕怡维：《人权概念和人权思想的中国话语阐释》，《烟台大学学报（哲学社会科学版）》2020 年第 1 期。

5. 毛俊响、王欣怡：《新中国成立以来中国共产党人权话语的变迁逻辑》，《人权》2020 年第 1 期。
6. 王理万：《以中国为方法的人权话语体系》，《人权研究》2021 年第 1 期。
7. 何志鹏：《“以人民为中心”：人权理论的中国化解码》，《人权》2020 年第 1 期。
8. 刘海年：《自然法则与中国传统文化中的人权理念及其影响》，《人权研究》2020 年第 2 期。

专 题 报 告

Special Reports

·（一）新冠肺炎疫情防控与人权保障·

B.4

新冠肺炎疫情防控与生命权、健康权保障

杨恩泰 陈一飞*

摘 要: 面对新中国成立以来发生的传播速度最快、感染范围最广、防控难度最大的突发公共卫生事件，中国通过构建严密的阻断病毒传播体系，完善诊疗机制和优化医疗资源生产调配，公开防疫信息及加强防疫宣传等重要举措，实现了“应收尽收、应治尽治、应检尽检、应隔尽隔”的疫情防控成效，切实维护了广大人民群众的生命权和健康权。中国疫情防控中对生命权和健康权的保障体现了独特的中国经验：始终坚持“生命安全和身体健康第一位”的疫情防控原则，联防联控和群防群控为生命权和健康权高效保障提供动力，全面筑牢疫情防控中生命权和健康权保障的法治支撑，积极推动构建人类卫

* 杨恩泰，四川大学法学院博士研究生，人权法律研究中心研究人员，主要研究方向为宪法行政法、人权法；陈一飞，四川大学法学院宪法与行政法学硕士研究生，人权法律研究中心研究人员，主要研究方向为宪法行政法、人权法。

生健康共同体，重视对各类群体生命权和健康权的平等切实保障等。应进一步完善疫情防控保障生命权和健康权的具体举措，优化疫情防控治理体系，增强疫情治理法治能力。

关键词：　疫情防控　生命权　健康权　中国经验　法治保障

新型冠状病毒肺炎（COVID－19，简称新冠肺炎）疫情是新中国成立以来发生的传播速度最快、感染范围最广、防控难度最大的一次重大突发公共卫生事件。[①] 新冠病毒具有传播性强和致死率高的特点，直接对人的生命和健康构成现实威胁。截至2020年5月31日，我国31个省、自治区、直辖市和新疆生产建设兵团累计报告确诊病例83017例，累计治愈出院病例78307例，累计死亡病例4634例，治愈率94.3%，病亡率5.6%。[②] 在新冠肺炎引发的突发公共卫生事件中，人民群众的生命权和健康权保障面临诸多困难和挑战，且国内外疫情防控情况的差异、新冠病毒在全球范围的进一步传播，以及国外病毒变异及病毒毒性变强等情况，[③] 都加大了疫情防控治理难度。生命权和健康权是国际人权公约和多国宪法与法律所确定的基本人权。生命权作为一项最基本的人权，《世界人权宣言》第3条规定，"人人有权享有生命"[④]，《公民权利和政治权利国际公约》第6条第1款规定，"人人有固有的生命权。这个权利应受法律保护"[⑤]。而关于健康权，《世界卫生组织法》（1946年）指出，"享受最高而能获致之健康标准，为人人基

① 习近平：《在全国抗击新冠肺炎疫情表彰大会上的讲话》，新华网，http：//www.xinhuanet.com/politics/2020－09/08/c_ 1126467958.htm。

② 中华人民共和国国务院新闻办公室：《抗击新冠肺炎疫情的中国行动》，人民出版社，2020。

③ 《美专家：受新冠病毒变异株影响　春季美国病例或再次增长》，央视网，http：//m.news.cctv.com/2021/02/24/ARTIbcvOL5gpSsIVFYKnP46o210224.shtml。

④ 《世界人权宣言》，载董云虎、刘武萍编著《世界人权约法总览》，四川人民出版社，1990，第961页。

⑤ 《公民权利和政治权利国际公约》，载董云虎、刘武萍编著《世界人权约法总览》，四川人民出版社，1990，第973页。

本权利之一。不因种族、宗教、政治信仰、经济或社会情境各异，而分轩轾”[①]。1966 年通过的《经济、社会及文化权利国际公约》第 12 条将健康权首次写入国际条约中，并对缔约国具有法律约束力。[②] 我国现已形成一系列应对疫情防控、保障生命权和健康权的宪法法律规范。[③] 在新冠肺炎疫情突发公共卫生事件中，生命权和健康权保障集中表现为公民享有获得健康安全的生活、工作、学习环境的权利，预防、治疗和控制病毒的权利，平等享受医疗卫生设施、物资或服务的权利以及获取防疫信息、防疫知识保障生命安全和健康的权利等。国家有义务防止和限制可能会影响公民生命、健康安全的风险和活动，有义务提供保障生命权和健康权的基本医疗卫生资源，进行防控疫情与维护生命健康的教育和宣传，尊重任何个体或群体平等地获得、享受生命健康安全医疗资源和服务并不得歧视等。阻断病毒扩散传播，预防、控制和治疗病患，统筹医疗卫生物资设施及服务，优化获取防疫信息和防疫知识，都与生命权、健康权保障密切相关。

一　新冠肺炎疫情防控中保障生命权、健康权的主要举措

新冠肺炎疫情发生以来，我国始终把人民群众的生命健康安全放在第一位，[④] 紧紧围绕维护人民群众的生命安全和身体健康开展工作，积极履行国

① 《世界卫生组织法》序言：“享受最高而能获致之健康标准，为人人基本权利之一。不因种族、宗教、政治信仰、经济或社会情境各异，而分轩轾。”世界卫生组织网站，https：//www. who. int/zh/about/who－we－are/constitution。

② 王晨光、饶浩：《国际法中健康权的产生、内涵及实施机制》，《比较法研究》2019 年第 3 期，第 22 页。

③ 主要包含《中华人民共和国宪法》《中华人民共和国传染病防治法》《中华人民共和国突发事件应对法》《中华人民共和国国境卫生检疫法》《中华人民共和国动物防疫法》《中华人民共和国野生动物保护法》《中华人民共和国治安管理处罚法》《中华人民共和国刑法》《中华人民共和国传染病防治法实施办法》《突发公共卫生事件应急条例》《国家突发公共事件总体应急预案》《国家突发公共事件医疗卫生救援应急预案》等。

④ 习近平：《全面提高依法防控依法治理能力，健全国家公共卫生应急管理体系》，《求是》2020 年第 5 期。

家义务和承担国家责任，通过构建严密防控体系阻断病毒传播、优化医疗诊治体系全力救治患者、生产调配资源提供人力物力保障以及公开防疫信息与宣传防疫知识等措施，有力地遏制了新冠肺炎疫情的蔓延，切实维护了最广大人民群众的生命安全和身体健康。

（一）构建严密防控体系阻断病毒传播

采取严格措施控制病毒传播扩散。通过降低正常人群感染风险，维护人民群众的生命权和健康权。一方面，对新冠肺炎疫情最严重的武汉地区实施“封城”和限制交通等严格控制措施，封闭离汉离鄂通道，暂停武汉及湖北多地客运站、机场、火车站等交通枢纽运营，尽可能切断新冠病毒传播途径，阻断新冠病毒向其他地区传播，降低新冠病毒扩散风险。[①] 对其他新冠肺炎疫情发生地区实行出入限制，减少病毒感染者传播他人和健康人群被感染的风险，尽可能将疫情传播控制在一定范围之内。另一方面，重点关注“四类人员”（确诊患者、疑似患者、发热患者、密切接触者），实行“四早”（早发现、早报告、早隔离、早治疗）和“四应四尽”（应收尽收、应治尽治、应检尽检、应隔尽隔）防治方针，最大限度地降低传染率。[②]

实施必要的隔离和交通管制措施。在疫情初发时期，对武汉实行社区硬性隔离，采取全天候24小时封闭管理，禁止除就医及防疫活动外的社区出入行为，由社区承担居民生活保障工作。[③] 在全国范围内对村组和社区实行一定程度的封闭管理，进出人员必须测量体温或者出示健康码进行风险识别。要求全民尽可能居家办公和学习，进行自我隔离。另外，全国各省区市

---

① 中国日报社中国观察智库、清华大学国情研究院、北京协和医学院卫生健康管理政策学院：《抗击新冠肺炎疫情的中国实践》，2020年4月21日，中国日报网站，https：//cn. chinadaily. com. cn/a/202004/21/WS5e9e45afa310c00b73c786ed. html。

② 中华人民共和国国务院新闻办公室：《抗击新冠肺炎疫情的中国行动》，人民出版社，2020。

③ 中国日报社中国观察智库、清华大学国情研究院、北京协和医学院卫生健康管理政策学院：《抗击新冠肺炎疫情的中国实践》，2020年4月21日，中国日报网站，https：//cn. chinadaily. com. cn/a/202004/21/WS5e9e45afa310c00b73c786ed. html。

都制定了关于外来人员（外省人员、境外人员）的隔离政策，普遍要求具有跨地域旅行史的人员进行14天的居家隔离或到指定地点隔离（见表1），待确定不存在新冠病毒感染风险后再解除隔离，降低疫情扩散风险，保障正常人员的身体健康和生命安全。

表1　全国各省区市隔离情况汇总（截至2020年3月27日）

省区市	外省人员隔离	境外人员隔离	省区市	外省人员隔离	境外人员隔离
北　京	居家或集中观察14天	就地集中隔离观察14天，做核酸检测	湖　南	高风险地区或者健康码为红码集中隔离14天	疫情严重地区集中隔离14天，其他国家健康者居家隔离，短暂来湘商务活动可不隔离
天　津	湖北及高、中风险地区集中隔离14天	集中隔离14天	广　东	除持湖北红码或黄码人员外均无须隔离	集中隔离14天
河　北	各地不一，多地实行外来返工人员集中隔离14～16天制度	有固定居所14天居家隔离观察；无固定居所集中医学观察	广　西	居家隔离医学观察14天	来自或14天内去过疫情严重国家和地区居家隔离医学观察14天
山　西	居家隔离医学观察14天	集中隔离点实施集中隔离14天	海　南	持绿码者无须隔离观察	14天内有疫情发生国家地区旅居史集中隔离14天
内蒙古	居家隔离观察14天，湖北省等重点疫区往来人员医学隔离观察14天	集中隔离医学观察14天	重　庆	居家或自我隔离14天	集中隔离医学观察14天，入境的外交人员和从事重要经贸、科研、技术合作人员另有规定的按规定执行
辽　宁	居家隔离14天	14天隔离，隔离方式由各地区结合实际自行确定	四　川	有合格健康证明的不纳入居家隔离医学观察范围；无健康证明的居家隔离医学观察14天	集中或居家隔离14天

续表

省区市	外省人员隔离	境外人员隔离	省区市	外省人员隔离	境外人员隔离
吉　林	湖北省及高风险地区集中隔离14天,中风险地区居家隔离14天,无风险地区无须隔离	集中隔离14天	贵　州	湖北人员集中隔离观察14天,湖北以外地区全面掌握其来黔前14天内活动轨迹	隔离医学观察14天,来自14天内无疫情的国家或地区,自我观察14天
黑龙江	湖北省及高风险地区集中隔离14天,中风险地区居家隔离14天,无风险地区无须隔离	集中隔离14天	云　南	绿码无须隔离,黄码集中或居家隔离14天	集中隔离14天
上　海	低风险地区无须隔离,疫情高风险地区需要隔离14天	一律实施为期14天的隔离健康观察(对入境的外交人员和从事重要经贸、科研、技术合作的人员,另有规定的按规定执行)	西　藏	有固定居住场所,居家隔离14天;无固定场所可到隔离服务定点酒店或自行选择酒店隔离14天	所有入籍人员均应提供健康证明(或健康码),通过扫描拉萨健康二维码如实申报个人信息
江　苏	各市不一。南京市规定疫情重点地区人员、有疫情重点地区行程史人员居家隔离或集中隔离14天,14天内与疫情重点地区人员有密切接触的居家隔离	集中隔离14天	陕　西	有合格健康证明的,不纳入居家隔离医学观察范围;无健康证明的,集中隔离14天	集中隔离14天
浙　江	绿码无须隔离	集中隔离14天	甘　肃	健康人员无须隔离	健康、无症状人员就地留观14天
安　徽	居家医学观察7天并向社区(村)报备行程信息	14天集中隔离医学观察,并进行核酸检测初筛	青　海	重点疫区14天隔离医学观察,非重点疫区7天隔离医学观察	居家隔离或集中隔离14天
福　建	低风险地区有健康码(健康证明)无须隔离;高风险地区需要隔离14天	集中隔离14天	宁　夏	隔离医学观察14天	集中隔离点隔离观察14天,并立即进行核酸检测

续表

省区市	外省人员隔离	境外人员隔离	省区市	外省人员隔离	境外人员隔离
江　西	除湖北以外地区，无须隔离	集中隔离 14 天，3 月 26 日起暂停所有国际航班 14 天	新　疆	低风险地区体温正常无须隔离；高风险地区需隔离 14 天	配合有关单位做好核酸检测、集中隔离 14 天
山　东	无法出示健康通行码或纸质健康证明需隔离 14 天，绿码无须隔离	集中隔离 14 天	香　港	所有非香港居民到港，将强制隔离 14 天	对所有于抵港前 14 天曾到外国的人士实施强制检疫
河　南	疫情高风险地区集中或居家隔离 14 天，疫情风险一般地区无健康申报证明居家隔离 7 天，持健康证明无须隔离	集中隔离 14 天	澳　门	内地居民到临时医学观察站医学观察约 6~8 小时；入境前 14 天内到 38 个高风险国家的人员需到指定酒店隔离 14 天	澳门已禁止除中国内地、香港特别行政区和台湾地区居民及外地雇员身份识别证以外的所有非本地居民进入
湖　北	绿码无须隔离观察	集中隔离 14 天	台　湾	居家隔离 14 天。居住地在中国各省区市的大陆居民，暂缓入境	所有入境者一律需要居家检疫 14 天

资料来源：根据人民日报健康客户端信息整理。

开展日常疫情排查、检测及监测工作，降低人民生命、健康风险隐患。对新冠肺炎疫情最为严重的武汉地区展开两轮集中拉网式排查，出动 8 万余名干部和群众，对全市 400 多万户居民进行排查。各省区市以社区为基础进行网格化管理，实行“上门排查 + 自查自报”结合的方式展开排查。① 人员进入公共场所必须进行体温检测，甚至需进行核酸检测；跨区域流动人员从一地进入另一地也必须进行体温检测或核酸检测。借助大数据平台推出个人

① 中国日报社中国观察智库、清华大学国情研究院、北京协和医学院卫生健康管理政策学院：《抗击新冠肺炎疫情的中国实践》，2020 年 4 月 21 日，中国日报网站，https://cn.chinadaily.com.cn/a/202004/21/WS5e9e45afa310c00b73c786ed.html。

健康信息码（简称“健康码”）。“健康码”利用采集到的公民健康信息，分析公民感染新冠病毒的风险，达到防控和阻断新冠肺炎疫情传播的效果。①

实施分区分级精准防控措施。全国范围内推行分区分级的精准防控策略（见表2），以县一级行政区划为单位，根据人口、病患实情综合研判，划分高、中、低疫情风险等级，实施差异化防控策略，及时动态调整名单，采取对应防控措施。低风险地区严防外地输入，全面恢复生产生活秩序；中风险地区外防输入、内防扩散，尽快全面恢复生产生活秩序；高风险地区在内防扩散、外防输出、严格管控的基础上，集中力量抓疫情防控。在本土疫情稳定后，以省域为单元，基于疫情防控常态化机制，加快落实恢复生产生活秩序，健全及时发现、精准管控、快速处置、有效救治的常态化防控工作机制。②

表2　分区分级精准防控疫情

风险等级	划分标准	应对策略
高风险区	累计病例超过50例,14天内有聚集性疫情发生	实施“内防扩散,外防输出,严格管控”策略,根据疫情动态逐步恢复生产生活秩序
中风险区	14天内有新增确诊病例,累计确诊病例不超过50例,或累计确诊病例超过50例,14天内未发生聚集性疫情	实施“外防输入、内防扩散”策略,尽快恢复正常生产生活秩序
低风险区	无确诊病例或连续14天无新增确诊病例	实施“严防输入、统筹兼顾”策略,全面恢复正常生产生活秩序

资料来源：根据国务院联防联控机制印发的《关于科学防治精准施策分区分级做好新冠肺炎疫情防控工作的指导意见》整理。

（二）优化医疗诊治体系全力救治患者

实施分类救治和分级管理精准保障生命安全和健康安全。医疗救治始终

① 《全省各地“健康码”陆续上线》，《浙江日报》2020年2月16日。

② 参见《关于科学防治精准施策分区分级做好新冠肺炎疫情防控工作的指导意见》。

以提高收治率和治愈率、降低感染率和病亡率的“两提高”“两降低”为目标，实施分类救治、分级管理。[①] 根据病例临床分型，区分为疑似病例、轻型普通型、重型、危重型患者，设置“方舱医院”和“定点医院”，构建分级分类分流救治体系（见表 3）。[②] 面对不同临床分型的患者，不加区分地进行治疗不仅效率甚低，还可能造成大范围的交叉感染，因此在救治时医疗机构首先区分不同的临床分型，将不同程度、不同类型的新冠肺炎患者安置在不同的治疗和隔离场所，对症下药，尽可能采取最适合各类型新冠肺炎患者的诊疗救治方法，精细化、科学化救治每一位新冠肺炎患者，提高医疗救治的效率和医疗救治的有效性。在长时间的抗击新冠肺炎疫情过程中，全力救治每一位新冠肺炎患者、拯救人民生命，维护人民群众的生命安全和身体健康。

表 3　分级分类分流救治新冠肺炎患者

临床分型	治疗和隔离场所	诊疗方法
疑似病例	所有疑似病例在具备有效隔离和防护条件的定点医院的隔离病区进行治疗。将酒店、招待所等场所改造成为备用隔离场所,配备必要的生活、医疗设施	及时采集标本进行病毒检测,连续两次且采样时间至少间隔 24 小时的呼吸道病原核酸检测呈阴性,且发病 7 天后新型冠状病毒特异性抗体 IgM 和 IgG 仍为阴性方可排除疑似病例
轻型普通型	方舱医院或具备有效隔离条件和防护条件的定点医院隔离治疗,确诊病例可多人收治在同一病室	一般治疗 1. 卧床休息,加强支持治疗 2. 根据病情监测生命体征和氧饱和度 3. 及时给予有效氧疗措施 4. 抗病毒治疗 5. 抗菌药物治疗 6. 中医治疗

① 中华人民共和国国务院新闻办公室：《抗击新冠肺炎疫情的中国行动》，人民出版社，2020。

② 中国日报社中国观察智库、清华大学国情研究院、北京协和医学院卫生健康管理政策学院：《抗击新冠肺炎疫情的中国实践》，2020 年 4 月 21 日，中国日报网站，https://cn.chinadaily.com.cn/a/202004/21/WS5e9e45afa310c00b73c786ed.html。

续表

临床分型	治疗和隔离场所	诊疗方法
重型	指定定点医院和临时建设的专科医院	重型、危重型病例的治疗 1. 呼吸支持 2. 循环支持 3. 肾功能衰竭和肾替代治疗 4. 康复者血浆治疗 5. 血液净化治疗 6. 免疫治疗 7. 其他治疗措施 8. 中医治疗
危重型	指定定点医院和专科医院，尽早收入ICU治疗	

资料来源：根据中国日报社中国观察智库《抗击新冠肺炎疫情的中国实践》整理。

坚持中西医结合、身心健康并重救治新冠肺炎患者。以维护人民群众生命健康安全为导向，针对不同患者的不同情况，兼采中西医各自优势，探索可靠有效的治疗救治方案。国家卫生健康委发布《新型冠状病毒肺炎诊疗方案（试行第七版）》，强调加强中西医结合。[①] 中医院和中医团队参与新冠肺炎患者医疗救治，中医医疗队整建制接管定点医院若干重症病区和方舱医院。[②] 利用中医药救治新冠肺炎患者，发挥中医药的治本作用，对症下药，中医药参与救治确诊病例的比例达到92%。[③] 另外，不仅重视对新冠肺炎患者身体的救治，也重视新冠肺炎患者的心理健康，在疫情防控中始终坚持患者生命健康与心理健康并重。国务院联防联控机制于1月26日发布《新型冠状病毒感染的肺炎疫情紧急心理危机干预指导原则》[④]，2月2日，又印发

① 《关于印发新型冠状病毒肺炎诊疗方案（试行第七版）的通知》，2020年3月4日，医政医管局网站，http：//www. nhc. gov. cn/yzygj/s7653p/202003/46c9294a7dfe4cef80dc7f5912eb1989. shtml。

② 中国日报社中国观察智库、清华大学国情研究院、北京协和医学院卫生健康管理政策学院：《抗击新冠肺炎疫情的中国实践》，2020年4月21日，中国日报网站，https：//cn. chinadaily. com. cn/a/202004/21/WS5e9e45afa310c00b73c786ed. html。

③ 中华人民共和国国务院新闻办公室：《抗击新冠肺炎疫情的中国行动》，人民出版社，2020。

④ 《关于印发新型冠状病毒感染的肺炎疫情紧急心理危机干预指导原则的通知》，2020年1月26日，中国政府网，http：//www. gov. cn/xinwen/2020 -01/27/content_ 5472433. htm。

《关于设立应对疫情心理援助热线的通知》[①]，4 月 18 日，印发《新冠肺炎患者、隔离人员及家属心理疏导和社会工作服务方案的通知》，9 月 11 日，印发《新冠肺炎疫情防控常态化下治愈患者心理疏导工作方案的通知》，在治疗身体疾病的同时加强新冠肺炎患者心理健康干预治疗，减轻患者心理压力，减少因新冠肺炎患者心理原因产生的极端事件。

及时总结优化新冠肺炎患者诊疗方案。在全力救治患者的同时，不断分析研判总结前期医疗救治工作的经验教训，制定了两版轻症管理规范、三版重型危重型病例诊疗方案，推出第五、六、七版全国新冠肺炎诊疗方案。[②]在治疗新冠肺炎患者的过程中不断总结，对临床表现、诊断标准、治疗方法和出院标准等进行修正和完善，精细化、科学化救治每一位新冠肺炎患者，并把无症状感染者可能具有感染性、康复者血浆治疗等新发现补充写入诊疗方案之中，有的诊疗方案已被多个国家借鉴和采用。[③] 抱着精益求精的态度尽可能改进治疗方法，尽可能减少治疗产生的副作用和可能发生的安全风险，真正为新冠肺炎患者提供最好的、最有效的医疗救治方案。

大力推进新冠病毒疫苗研发、临床试验及推广。精准有效预防病毒并且不再被感染，注射疫苗是最有效的方法。目前感染病毒治愈后产生抗体的人数有限，绝大多数人没有被感染，更多需要等待疫苗预防病毒。国家积极投入大量的人力物力资源支持新冠病毒疫苗研发、临床试验工作，同有关国家在疫苗领域开展合作，始终将新冠病毒疫苗安全可靠性放在第一位。经过医疗科研人员的不懈努力，12 月 31 日，国药集团中国生物新冠病毒灭活疫苗获得国家药监局批准附条件上市，保护率为 79.34%，达到世界卫生组织及国家药监局相关标准要求。[④] 国家卫健委相关负责人表示，新冠病毒疫苗将为全

① 《关于设立应对疫情心理援助热线的通知》，2020 年 2 月 2 日，疾病预防控制局网站，http://www.nhc.gov.cn/jkj/s3577/202002/8f832e99f446461a87fbdceece1fdb02.shtml。

② 中华人民共和国国务院新闻办公室：《抗击新冠肺炎疫情的中国行动》，人民出版社，2020。

③ 中华人民共和国国务院新闻办公室：《抗击新冠肺炎疫情的中国行动》，人民出版社，2020。

④ 《国务院联防联控机制 12 月 31 日新闻发布会文字实录》，2020 年 12 月 31 日，中国政府网，http://www.gov.cn/xinwen/gwylflkjz143/index.htm。

民免费提供。[①] 新冠病毒疫苗的研发推广将为疫情防控带来极大助力，以更加彻底地保障人民群众的生命安全和身体健康。

（三）生产调配资源提供人力物力保障

为新冠肺炎患者提供免费救治。截至6月底，全国各级财政共安排疫情防控资金1756亿元[②]，对疑似和确诊患者实行“先救治，后结算”。对于新冠肺炎患者（包括疑似和确诊患者）产生的医疗费用，在基本医保、大病保险、医疗救助等按规定支付后，个人负担部分由财政给予补助。截至5月31日，全国确诊住院患者结算人数5.8万人次，总医疗费用13.5亿元，确诊患者人均医疗费用约2.3万元。其中，危重症患者人均治疗费用超过15万元，部分危重症患者治疗费用达几十万元甚至上百万元，均由国家承担。[③] 这体现了国家为人民服务、切实保障人民群众生命和健康安全的初衷。

投入大量人力物力资源支援湖北。1月24日至3月8日，全国共调集346支国家医疗队、4.26万名医务人员、900多名公共卫生人员驰援湖北。19个省份以对口支援、以省包市的方式支援湖北省除武汉市以外的16个地市，各省份在发生疫情、防控救治任务十分繁重的情况下，集中优质医疗资源支援湖北省，并在全国紧急调配呼吸机、负压救护车、全自动测温仪、心电监护仪等重点疫情防控物资进行支援（见表4）。[④] 2月17日，商务部办公厅发布《关于新冠肺炎疫情防控期间进一步完善九省联保联供协作机制的通知》[⑤]，第一时间部署建立了九省联保联供协作机制，为湖北武汉及周边地市食品药

---

① 《国务院联防联控机制12月31日新闻发布会文字实录》，2020年12月31日，中国政府网，http：//www.gov.cn/xinwen/gwylflkjz143/index.htm。

② 《2020年上半年中国财政政策执行情况报告》，2020年8月6日，财政部网站，http：//www.gov.cn/xinwen/2020－08/06/content_5532865.htm。

③ 中华人民共和国国务院新闻办公室：《抗击新冠肺炎疫情的中国行动》，人民出版社，2020。

④ 中华人民共和国国务院新闻办公室：《抗击新冠肺炎疫情的中国行动》，人民出版社，2020。

⑤ 《商务部办公厅关于新冠肺炎疫情防控期间进一步完善九省联保联供协作机制的通知》，2020年2月17日，中国政府网，http：//www.gov.cn/zhengce/zhengceku/2020－02/18/content_5480622.htm。

品等必需品供应进行省际保障。[①] 2 月 10 日，国家卫生健康委建立省际对口支援湖北省除武汉市以外地市新冠肺炎医疗救治工作机制，统筹安排 19 个省份对口支援湖北省除武汉市以外 16 个市州及县级市。[②] 截至 2 月 16 日，湖北省慈善总会接收疫情防控捐赠资金合计 455869.47 万元，其中定向捐赠资金 76424.49 万元，非定向捐赠资金 379444.98 万元。[③] 这些举措有力缓解了湖北省的防控和救治工作，保障疫情防治重点地区人民群众的生命健康安全。

表 4　疫情发生以来对湖北省的人力物力支援情况

类型	人力物力支援	
省市对口支援	各省份在发生疫情、防控救治任务十分繁重的情况下，集中优质医疗资源支援湖北省	
	19 个省份以对口支援、以省包市的方式支援湖北省除武汉市以外 16 个地市	
医疗人员支援（1 月 24 日至 3 月 8 日）	国家医疗队	346 支
	医务人员	4.26 万名
	公共卫生人员	900 多名
医疗物资支援（截至 4 月 30 日）	全自动测温仪	20033 台
	负压救护车	1065 辆
	呼吸机	17655 台
	心电监护仪	15746 台
	84 消毒液	1874 吨
	免洗洗手液	71.4 万瓶
	医用手套	198.7 万副
	防护服	773 万套
	医用 N95 口罩	498 万只
	医用非 N95 口罩	2720 万只
	磷酸氯喹	40 万片（粒）
	阿比多尔	360 万片（粒）

资料来源：根据国务院新闻办公室《抗击新冠肺炎疫情的中国行动》整理。

① 《商务部办公厅关于新冠肺炎疫情防控期间进一步完善九省联保联供协作机制的通知》，2020 年 2 月 17 日，中国政府网，http：//www.gov.cn/zhengce/zhengceku/2020－02/18/content_ 5480622.htm。

② 《集结湖北！国家卫生健康委建立省际对口支援湖北省除武汉以外地市新型冠状病毒肺炎防治工作机制》，2020 年 2 月 10 日，新华网，http：//www.xinhuanet.com/health/2020－02/11/c_ 1125557153.htm。

③ 《省慈善总会接收捐赠资金达 45.58 亿元》，《湖北日报》2020 年 2 月 17 日。

率先推进医疗领域复工复产提供抗击疫情所需的医疗物资。依托国家的工业生产体系，医疗企业积极克服工人返岗不足等障碍，以最快速度恢复医疗用品生产，扩大产能。企业通过积极创造条件迅速调整转产，生产口罩、防护服、测温仪、消毒液等物资，有效扩增防控物资的生产供应。[①] 短期内，医用防护服日产量达到80 万套，免洗洗手液日产量达到308 吨，84 消毒液日产量达到11.7 万箱，全自动红外测温仪日产量达到0.34 万台，病毒检测试剂日产量达到760 万人份。[②] 截至4 月30 日，医疗物资日产量较疫情初期（1 月底）实现了成倍增长，有力地支持了全国的抗疫工作。

（四）公开防疫信息与宣传防疫知识

依法及时公开防疫信息，引导人民群众有针对性地防控疫情和获得救治。1 月 21 日起，国家卫生健康委通过官网、新媒体平台发布全国每日疫情信息，各省级卫生健康部门每日统一发布前一日省内疫情信息。[③] 自 2 月 3 日起，国家卫生健康委的英文网站也同步发布相关数据。国家卫生健康委在其中文、英文官方网站、政务新媒体平台均开设疫情防控专题界面，发布每日疫情信息，解读抗疫政策，介绍中国抗疫进展，普及防控知识，澄清谣言传言。各省（自治区、直辖市）政府网站及政务新媒体平台及时发布本地疫情信息和防控举措。[④]

宣传防疫知识和卫生健康知识，引导人民群众自觉维护自身身体健康和生命安全。国家卫健委发布关于通用、家庭、旅行、公共交通工具、公共场所、居家医学观察等 6 份公众预防指南，发布《农村居民防控新冠肺炎问答手册》和《新型冠状病毒感染的肺炎公众防护指南》，引导人民群众在日常生活中自觉防范新冠肺炎疫情，提升普通民众防范新冠肺炎疫情的能力和

① 中华人民共和国国务院新闻办公室：《抗击新冠肺炎疫情的中国行动》，人民出版社，2020。

② 中华人民共和国国务院新闻办公室：《抗击新冠肺炎疫情的中国行动》，人民出版社，2020。

③ 中华人民共和国国务院新闻办公室：《抗击新冠肺炎疫情的中国行动》，人民出版社，2020。

④ 中华人民共和国国务院新闻办公室：《抗击新冠肺炎疫情的中国行动》，人民出版社，2020。

水平。① 国家卫健委发布由中国健康教育中心组织编写的《新冠肺炎疫情常态化防控健康教育手册》。通过发布新冠肺炎疫情防治指南、宣传手册等，有针对性地对公众进行具体指导。通过宣传防疫知识和卫生健康知识，增强人民群众防控疫情的自觉性、针对性和有效性，切实实现对人民群众生命安全和身体健康的保障。

二　新冠肺炎疫情防控中保障生命权、健康权的中国经验

（一）始终坚持“生命安全和身体健康第一位”的疫情防控原则

2020 年 1 月 20 日，习近平总书记对新型冠状病毒感染的肺炎疫情作出重要指示，要把人民生命安全和身体健康放在第一位，坚决遏制疫情蔓延势头。②

在中央层面，作出“把人民生命安全和身体健康放在第一位”的一系列疫情工作部署。其一，习近平总书记多次强调“以民为本、生命至上”③，“人民至上、生命至上”④，“生命重于泰山”⑤，要求“把疫情防控工作作为当前最重要的工作来抓”，在新冠肺炎疫情发生后的六次重要会议上均强调坚持“生命至上”的原则。在中央全面依法治国委员会第三次会议、中央政治局常委会会议、赴湖北省考察新冠肺炎疫情防控工作、统筹推进新冠

① 中国日报社中国观察智库，清华大学国情研究院，北京协和医学院卫生健康管理政策学院：《抗击新冠肺炎疫情的中国实践》，2020 年 4 月 21 日，中国日报网站，https：//cn. chinadaily. com. cn/a/202004/21/WS5e9e45afa310c00b73c786ed. html。

② 《要把人民群众生命安全和身体健康放在第一位　坚决遏制疫情蔓延势头》，《人民日报》2020 年 1 月 21 日，第 1 版。

③ 《团结合作战胜疫情　共同构建人类卫生健康共同体——在第 73 届世界卫生大会视频会议开幕式上的致辞》，《人民日报》2020 年 5 月 18 日，第 2 版。

④ 《团结抗疫　共克时艰——在中非团结抗疫特别峰会上的主旨讲话》，《人民日报》2020 年 6 月 17 日，第 2 版。

⑤ 《生命重于泰山　责任担当在肩——习近平在中共中央政治局常务委员会会议上的讲话引发强烈反响》，2020 年 2 月 5 日，人民网，http：//tv. people. com. cn/n1/2020/0205/c141029 - 31573049. html。

肺炎疫情防控和经济社会发展工作部署会议、中共中央党外人士座谈会、全国抗击新冠肺炎疫情表彰大会、中央基层代表座谈会的讲话中强调“把人民生命安全和身体健康放在第一位”。其二，将疫情防控上升到“战争”层面，高度重视疫情防控工作，明确坚决打赢疫情防控的“人民战争、总体战、阻击战”，采取“最全面、最严格、最彻底”的防控举措。《中国—世界卫生组织新型冠状病毒肺炎（COVID－19）联合考察报告》认为，“面对这种前所未知的病毒，中国采取了历史上最勇敢、最灵活、最积极的防控措施”。[①] 其三，国家兜底，不计成本，免除患者生命健康权保障的后顾之忧。通过采取患者免费救治、预拨防控资金等措施，保证患者就医不受经济条件影响，确保各地不因为资金问题耽误医疗救治和疫情防控，6 月 1 日前，全国各级财政已安排疫情防控资金达 1624 亿元。同时，及时调整医保政策，明确疑似和确诊患者医疗保障政策，对疑似和确诊患者实行“先救治，后结算”，异地就医医保费用由就医地医保部门先行垫付。截至 5 月 31 日，全国确诊患者结算 5.8 万人次，医疗费用总数达 13.5 亿元，患者人均医疗费用约 2.3 万元[②]，武汉市新冠肺炎患者总体治愈率达 94%[③]。

在地方层面，坚持生命安全和身体健康首位的疫情防控思路方针得到社会普遍响应和广泛支持。例如，湖北真奥金银花药业无偿向医疗机构捐赠药品，每日 125 万元的产值都用于捐赠，向全省 40 家公立医疗机构，孝感、随州等地（市）防控指挥部等共捐赠价值 900 余万元的药品和医用物资[④]；南京市国资国企系统不计成本、不讲条件、不留死角，南京际华 3503 服装

① 《〈中国－世界卫生组织新型冠状病毒肺炎（COVID－19）联合考察报告〉发布》，2020 年 2 月 29 日，国家卫健委官网，http：//www.nhc.gov.cn/jkj/s3578/202002/87fd92510d094e4b9bad597608f5cc2c.shtml。

② 中华人民共和国国务院新闻办公室：《抗击新冠肺炎疫情的中国行动》，人民出版社，2020。

③ 《人民日报评论员：挽救生命，中国不计成本》，《人民日报》2020 年 5 月 10 日，第 1 版。

④ 《日产值 125 万，全部用于捐赠！咸宁这家公司不计成本同疫情战斗！》，2020 年 2 月 16 日，咸宁市招商和投资促进局网站，http：//zsj.xianning.gov.cn/zwxx/gzdt/zsdt/202002/t20200217_1931160.shtml。

有限公司共配发 12 批次防寒大衣 1763 件、栽绒帽 610 顶、棉被 1300 床、枕头 500 个、床单 640 件等。①

（二）联防联控和群防群控为生命权和健康权高效保障提供动力

1. 中央统一领导构建联防联控机制

中央集中统一领导下的联防联控机制的制度优势有效转化为疫情防控中生命健康安全保障的治理效能。在中共中央政治局常委会的领导下，设立了“中央应对新型冠状病毒感染肺炎疫情工作领导小组”作为决策指挥机构，加强对全国疫情防控的统一领导、统一指挥。2 月 14 日，习近平指出，针对疫情，要抓紧补短板、堵漏洞、强弱项，完善重大疫情防控体制机制，健全国家公共卫生应急管理体系。② 在国务院层面设立了“国务院应对新型冠状病毒感染肺炎疫情联防联控机制”作为多部委协调工作机制平台，由国家卫生健康委牵头，成员单位一共涵盖 32 个具体中央部门，下设医疗救治、疫情防控、科研攻关、后勤保障、宣传、外事、前方工作等不同职能工作组，由各相关部委负责人任组长，分工协作，职责明晰，铸牢防控疫情合力。党中央统一领导疫情防控工作的集中体制，是实现“早发现、早报告、早隔离、早治疗”，“集中患者、集中专家、集中资源、集中救治”，“应收尽收、应治尽治、应检尽检、应隔尽隔”，“不落一户、不漏一人”，③ “提高收治率和治愈率”“降低感染率和病亡率”的根本保证。

2. 全国各地响应部署积极开展群防群控工作

第一，人民群众积极响应党和国家的防控部署与号召，较快形成“全民参与、群防群控”的有利局面，推动通过省级联动、部门联动、基层动

① 《不计成本　不讲条件　不留死角　疫情阻击战　国资国企勇担当》，《南京日报》2020 年 2 月 7 日。

② 《习近平主持召开中央全面深化改革委员会第十二次会议强调完善重大疫情防控体制机制健全国家公共卫生应急管理体系》，2020 年 2 月 7 日，新华网，http：//www.xinhuanet.com/politics/2020－02/14/c_ 1125575922.htm。

③ 《中共中央政治局常务委员会召开会议研究加强新型冠状病毒感染的肺炎疫情防控工作》，《人民日报》2020 年 2 月 4 日，第 1 版。

员、对口支援等方式发挥对生命健康权的保障作用。2 月 12 日，习近平强调，人口流入大省大市要坚持联防联控、群防群控的要求，做好防控工作。[①] 2 月 10 日，民政部发布《社区“三社联动”线上抗疫模式工作导引》，指导各地充分发挥社会组织、社会工作者、志愿者的积极作用，构建线上抗疫工作支持平台，协助社区工作者开展工作。新冠肺炎疫情发生以来，全国约 400 万名奋战在 65 万个城乡社区防控一线的社区工作人员，平均每 6 个社区工作人员坚守一个社区，每名社区工作人员服务 350 名人民群众。[②] 社区工作人员监测疫情、排查人员、宣传政策、防疫消杀、站岗值守，确保排查救治“一户不漏、一人不落”，让对人民群众的支持保障服务直接进入数亿家庭。[③]

第二，全国各地注重发挥不同层级、不同地区、不同群体、不同方式在疫情防控中的积极作用。山西省各级政法委通过动员、倡议、督导等形式，组织网格员、“两会一队”、平安志愿者等 47.6 万余人迅速投入疫情防控工作中，以网格为单位，展开地毯式、滚动式排查，群防群治队伍做到底数清、情况明、跟踪紧。截至 2 月 6 日，各类群防群治队伍累计报送疫情防控相关信息 289564 条，其中属于入户排查摸底的信息有 143529 条，属于发现疫情线索的信息有 9239 条，属于政策宣传的信息有 135316 条。[④] 河南省南阳市民政局于 1 月 30 日发布《关于全市城乡社区居（村）民做好疫情群防群控的倡议书》。[⑤] 2 月 17 日，陕西省四部门联合印发《陕西省新冠肺炎疫

① 《中共中央政治局常务委员会召开会议　分析新冠肺炎疫情形势研究加强防控工作》，《人民日报》2020 年 2 月 13 日，第 1 版。

② 《民政部：近 400 万名城乡社区工作者奋战在 65 万个社区防控一线》，2020 年 2 月 10 日，中国网，http://news.china.com.cn/txt/2020-02/10/content_75690915.htm。

③ 中华人民共和国国务院新闻办公室：《抗击新冠肺炎疫情的中国行动》，人民出版社，2020。

④ 陈俊琦：《抗击疫情　我省全力推进群防群控　组织网格员、“两会一队”、平安志愿者等 47.6 万余人迅速投入防控工作》，《山西日报》2020 年 2 月 6 日。

⑤ 《关于全市城乡社区居（村）民做好疫情群防群控的倡议书》，2020 年 1 月 30 日，南阳市民政局网站，http://mz.nanyang.gov.cn/gzdt/358294.htm。

情城乡社区群防群控工作指南》，推进城乡社区疫情防控工作科学化、规范化。①

第三，妇女、少数民族、残障人士等各类社会群体在群防群控保障生命健康安全活动中发挥显著作用。2 月 28 日，福建省民族宗教厅响应全国、省妇联、省直妇工委的号召，组织动员全体妇女同志，积极发挥妇女作用，做好疫情群防群控工作。② 河南省洛阳市洛宁县王范回族镇回族群众积极参与疫情防控，向王范回族镇 70 个卡点一线工作人员分别捐赠 7400 元物资，该镇 89 名少数民族群众自发组建了志愿者工作队。③ 多地基层残联组织和残疾人工作者充分发挥密切联系广大残疾人群众的优势，成为一线疫情防控的重要力量。石家庄燕赵残疾人艺术团 159 位演职人员共进行爱心捐款 17460 元，紧急排练残疾人特色节目，为一线抗击疫情的医护工作者加油鼓劲。④

（三）全面筑牢疫情防控中生命权和健康权保障的法治支撑

2 月 5 日，习近平总书记强调，要从立法、执法、司法、守法各环节发力，全面提高依法防控、依法治理能力，为疫情防控工作提供有力法治保障，⑤ 指明依法防控、保障生命权、健康权的法治方向。疫情一发生，国务院及时批准将新冠肺炎纳入《中华人民共和国传染病防治法》规定的乙类传染病，采取甲类传染病的预防、控制措施。⑥ 此后，疫情治理相关的立

① 《我省印发城乡社区疫情群防群控工作指南》，2020 年 2 月 18 日，中国人民政治协商会议陕西省委员会网站，http：//mz. nanyang. gov. cn/gzdt/358294. htm。

② 《省民族宗教厅积极发挥妇女作用做好疫情群防群控工作》，2020 年 3 月 5 日，福建省民族与宗教事务厅网站，http：//mzzjt. fujian. gov. cn/xxgk/gzdt/bmdt/202002/t20200228_5205659. htm。

③ 《洛宁县少数民族群众助力防疫攻坚》，2020 年 2 月 15 日，中共洛宁市委网站，http：//www. lytzb. gov. cn/about. php? cid = 47。

④ 《群防群治　共抗疫情——基层残联组织和残疾人工作者奋战疫情防控一线（十）》，《华夏时报》2020 年 2 月 19 日。

⑤ 《全面提高依法防控依法治理能力　为疫情防控提供有力法治保障》，《光明日报》2020 年 2 月 6 日，第 1 版。

⑥ 中华人民共和国国务院新闻办公室：《抗击新冠肺炎疫情的中国行动》，人民出版社，2020。

法、执法、司法等方面的法治保障均得到进一步加强和完善。

一是立法工作方面。在中央层面，全国人大常委会强化公共卫生法治保障立法修法工作计划，于2月24日审议通过有关“保障人民群众生命健康安全”的决定，[①] 于10月17日通过并实施《中华人民共和国生物安全法》，《传染病防治法》《野生动物保护法》《动物防疫法》等相关法律也均列入全国人大常委会拟在2020~2021年制定修改的法律中。[②]《国务院2020年立法工作计划》中拟提请全国人大常委会审议的法律案包含《国境卫生检疫法修订草案》（海关总署起草）、《传染病防治法修订草案》（国家卫生健康委起草）、《突发事件应对法修订草案》（司法部组织起草）。[③] 在地方层面，各地立法机关也相继制定和发布相关决定加强对人民生命权、健康权的立法保障。[④]

二是执法工作方面。在全国层面，截至2月24日，全国公安机关先后查处涉及疫情的各类违法犯罪案件2.2万起，刑事拘留4260人，加强了对人民群众生命健康权的执法保障。[⑤] 在规范地方执法工作方面，浙江出台《新冠肺炎疫情防控期间行政执法工作11条指引》；滨州市印发《关于规范新型冠状病毒疫情防控期间行政执法工作的通知》；江西市场监管部门办理各类市场环境执法案件936件，查扣、下架、封存、处置涉嫌违法食品、畜禽等121.75吨，监督抽检食用农产品5.19万批次，紧盯口罩、消毒水等防

---

① 2020年2月24日第十三届全国人民代表大会常务委员会第十六次会议通过《关于全面禁止非法野生动物交易、革除滥食野生动物陋习、切实保障人民群众生命健康安全的决定》。

② 《十三届全国人大常委会强化公共卫生法治保障立法修法工作计划》，2020年4月29日，中国人大网，http://www.npc.gov.cn/npc/c30834/202004/eacce363c350473f9c28723f7687c61c.shtml。

③ 《国务院2020年立法工作计划公布　印花税法草案等拟提请审议》，2020年7月8日，中国网，http://news.china.com.cn/txt/2020-07/09/content_76254778.htm。

④ 例如，2月11日，广东省人民代表大会常务委员会通过《关于依法防控新型冠状病毒肺炎疫情切实保障人民群众生命健康安全的决定》；3月5日，湖北省人民代表大会常务委员会通过《关于严厉打击非法野生动物交易、全面禁止食用野生动物、切实保障人民群众生命健康安全的决定》。

⑤ 《公安部：查处涉疫情违法犯罪案件2.2万起刑拘4260人》，2020年2月26日，中国网，http://news.china.com.cn/txt/2020-02/26/content_75746317.htm。

护用品，蔬菜、米、面等民众生活必需品，从快处理、从重处罚哄抬价格行为，[①] 为生命权和健康权的物质保障提供良好环境。

三是司法工作方面。全国检察机关对暴力伤医、危害防疫的制假售假、借机诈骗等主观恶性大、影响恶劣的案件依法从严追诉、从重惩治，警示犯罪、教育社会。对于轻微刑事犯罪，教育、鼓励犯罪嫌疑人如实供述、认罪悔罪，涉疫案件认罪认罚从宽制度适用率为86.6%。[②] 2月10日，公安部、司法部、最高人民法院、最高人民检察院联合发布《关于依法惩治妨害新型冠状病毒感染肺炎疫情防控违法犯罪的意见》。[③] 为切实保障人民群众生命安全和身体健康，最高人民法院通过推行在线诉讼为疫情防控提供有力司法保障，确保在线诉讼活动规范有序。[④] 最高人民检察院带领各级检察机关主动服务疫情防控大局，2月至4月，共批准逮捕涉疫刑事犯罪3751人、起诉2521人，办理涉口罩等防疫物资监管、医疗废弃物处置、野生动物保护等领域公益诉讼案件2829件；对伤医扰医犯罪一律依法从严追诉；与海关总署等共同规范惩治妨害国境卫生检疫犯罪，严防疫情境外输入性风险；分专题发布10批55个典型案例，突出维护医疗秩序、防疫秩序、市场秩序、社会秩序；犯罪嫌疑人是确诊或疑似患者的，首先保障救治，体现司法人文关怀。[⑤]

---

① 《疫情期间江西办理各类市场环境执法案件936件》，2020年8月5日，中国新闻网，https：//www. chinanews. com/cj/2020/08 -05/9256927. shtml。

② 《最高人民检察院关于人民检察院适用认罪认罚从宽制度情况的报告——2020年10月15日在第十三届全国人民代表大会常务委员会第二十二次会议上》，2020年10月15日，中国人大网，http：//www. npc. gov. cn/npc/c30834/202010/ca9ab36773f24f64917f75933b49296b. shtml。

③ 《最高人民法院　最高人民检察院　公安部　司法部印发〈关于依法惩治妨害新型冠状病毒感染肺炎疫情防控违法犯罪的意见〉的通知》，2020年2月11日，中华人民共和国最高人民法院网站，http：//www. court. gov. cn/fabu - xiangqing - 219321. html。

④ 《最高人民法院关于新冠肺炎疫情防控期间加强和规范在线诉讼工作的通知》，2020年2月18日，中华人民共和国最高人民法院网站，http：//www. court. gov. cn/fabu - xiangqing - 220071. html。

⑤ 《最高人民检察院工作报告——2020年5月25日在第十三届全国人民代表大会第三次会议上》，2020年5月25日，中华人民共和国最高人民检察院网站，https：//www. spp. gov. cn/spp/gzbg/202006/t20200601_ 463798. shtml。

四是监督守法工作方面。中央针对群众反映强烈的“李文亮事件”，批准国家监察委员会派出调查组赴湖北武汉作全面调查，武汉市人社局认定李文亮为工伤，给予李文亮一次性工亡补助金 78.502 万元、丧葬补助金 3.6834 万元。[①] 地方严格落实执法监督工作，例如，2 月 6 日，云南省疫情工作领导小组通报批评大理市政府和卫生健康局违法征用疫情物资，指责并追责大理市卫生健康局实施“紧急征用”的做法严重影响兄弟省人民感情和疫情防控工作进程，责令其立即返还被征用物资。[②]

（四）积极开展国际援助推动构建人类卫生健康共同体

习近平总书记在 3 月 26 日的二十国集团领导人特别峰会上发表重要讲话，在 5 月 18 日的第 73 届世界卫生大会视频会议上提出“共同构建人类卫生健康共同体”。[③] 此后，在国内和国际诸多重要会议上，习近平多次强调各国要共同构建人类卫生健康共同体，并提出重要建议和举措（见表 5）。

中国同世界各国共享疫情防控信息和经验，广泛开展国际人道主义援助，以中国经验和中国方案促进国际社会疫情防控保障生命权、健康权工作的推进。中国明确宣布两年内提供国际援助资金 20 亿美元，在华设立全球人道主义应急仓库和枢纽，建立中非对口医院合作机制 30 个，中国疫苗在研发完成并投入使用后，将作为全球公共产品。[④] 中国始终坚持第一时间向世界卫生组织和有关国家通报疫情、第一时间发布新冠病毒基因序列信息、第一时间公布诊疗方案和防控方案等多个“第一”，同其他国家、国际和地区组织开展疫情防控交流活动 70 多次，毫无保留地同各方分享防控和救治

---

① 《国家监委派调查组赴武汉就涉及李文亮医生有关问题作全面调查》，《新华日报》2020 年 2 月 8 日。

② 柴春元：《“紧急征用”被通报批评后，我们想到什么?》，《检察日报》2020 年 2 月 7 日，第 4 版。

③ 《习近平在第 73 届世界卫生大会视频会议开幕式上致辞》，《人民日报》2020 年 5 月 19 日，第 1 版。

④ 《习近平在第 73 届世界卫生大会视频会议开幕式上致辞》，《人民日报》2020 年 5 月 19 日，第 1 版。

经验。截至5月31日，中国向27个国家共派出29支医疗专家组，指导56个国家的援外医疗队开展疫情防控工作。[①] 宣布向世界卫生组织提供5000万美元现汇援助，向32个国家派出34支医疗专家组，向150个国家、4个国际组织提供283批抗疫援助，向200多个国家和地区提供和出口防疫物资。从3月15日至9月6日，总计出口口罩1515亿只、防护服14亿件、呼吸机20.9万台、检测试剂盒4.7亿人份，在疫苗使用方面提出一系列主张，以实际行动协助挽救全球生命。[②]

表5　习近平在相关重要会议中关于“构建人类卫生健康共同体”的重要论述

时间	会议	相关论述
2020年5月18日	第73届世界卫生大会视频会议	共同佑护人类共同的地球家园，共同构建人类卫生健康共同体
2020年6月17日	中非团结抗疫特别峰会	共同打造中非卫生健康共同体
2020年9月08日	全国抗击新冠肺炎疫情表彰大会	倡导共同构建人类卫生健康共同体
2020年9月22日	教育文化卫生体育领域专家代表座谈会	发挥全球抗疫物资最大供应国作用，推动构建人类卫生健康共同体
2020年11月10日	上海合作组织成员国元首理事会第二十次会议	加强抗疫合作，构建卫生健康共同体
2020年11月13日	第三届巴黎和平论坛	提高应对突发公共卫生事件能力，推动构建人类卫生健康共同体
2020年11月20日	亚太经合组织第二十七次领导人非正式会议	以实际行动推动构建人类卫生健康共同体
2020年11月22日	二十国集团领导人第十五次峰会第一阶段会议	扎牢维护人类健康安全的篱笆，构建人类卫生健康共同体
2020年11月27日	第十七届中国—东盟博览会和中国—东盟商务与投资峰会	支持世界卫生组织发挥领导作用，共同构建人类卫生健康共同体

资料来源：根据中国共产党新闻网“习近平系列重要讲话数据库”整理。

① 中华人民共和国国务院新闻办公室：《抗击新冠肺炎疫情的中国行动》，人民出版社，2020。

② 《习近平在全国抗击新冠肺炎疫情表彰大会上的讲话》，2020年9月8日，新华网，http://www.xinhuanet.com/politics/2020-09/08/c_1126467958.htm。

（五）重视对各类群体生命权和健康权的平等切实保障

1. 积极采取措施保障境外中国公民生命权和健康权

高度重视境外中国公民的生命安全和身体健康。习近平强调，要加强对境外中国公民疫情防控的指导和支持，保护他们的生命安全和身体健康。① 从1月31日起，根据外交部收集到的海外中国公民求助信息，民航局积极协调国内航空公司安排包机，陆续从泰国、马来西亚、日本、越南、菲律宾、新加坡和印度尼西亚等国接回滞留当地的中国公民。截至2月9日，民航局已协调9架次包机接回滞留海外中国公民共1107名，为切实保障乘机人员的健康和安全，民航局根据国家卫健委的安排，在有关航班上配备了医护人员，在登机前和整个飞行过程中均采取了相关防疫措施。② 3月全球疫情扩散后，中国继续派出9个架次的临时航班从伊朗、意大利等疫情严重的国家接回包括留学人员在内的中国公民1457名。此外，中国外交部向我国留学人员较为集中的国家调配“健康包”50万份，其中含口罩1100多万只、消毒用品50多万份和防疫指南等。③ 外交部和驻外使领馆积极协助海外受困的中国公民返回祖国，截至11月10日，中国通过开通临时航班等方式，一共从92个国家接回7万多名中国公民，驻92个国家157个使领馆一共发放了120多万份防护物资的“健康包”，向100多个国家的500多万华人华侨发送了各类防疫物资。④

2. 保障高风险群体及特殊群体的生命权和健康权

在中央层面，国家相关部门通过制定一系列政策措施，对面临高风

---

① 《中共中央政治局常务委员会召开会议　分析国内外新冠肺炎疫情防控和经济形势　研究部署统筹抓好疫情防控和经济社会发展重点工作》，《人民日报》2020年3月19日。

② 《民航局：协调包机接回1107名滞留海外中国公民》，2020年2月12日，中国新闻网，https：//www. chinanews. com/sh/shipin/cns－d/2020/02－12/news847670. shtml。

③ 《国务院新闻办就疫情期间中国海外留学人员安全问题举行发布会》，2020年4月2日，中国政府网，http：//www. gov. cn/xinwen/2020－04/02/content_ 5498179. htm。

④ 《外交部：截至11月10日已从92个国家接回7万多名中国公民》，2020年11月12日，中国新闻网，https：//www. chinanews. com/gn/2020/11－12/9336941. shtml。

险的医护人员、社会困难群众和特殊群体（孤寡老人、社会散居孤儿、留守儿童、留守老年人）①、监护缺失儿童、孕产妇、老年人、严重精神障碍患者、外卖及快递配送人员等高接触群体的生命健康权进行有计划、有针对、有重点地保护，解决上述群体生命健康安全面临的隐患（见表6）。例如，7月11日，国务院联防联控机制召开新闻发布会，邀请各方面专家就常态化疫情防控下保障妇幼健康、做好产前检查、加强自我防护、防止意外伤害等介绍巩固防控成果、保障妇幼健康有关工作的情况，表示“儿童是最柔软的群体，妇女儿童健康是全民健康的基石，也是衡量社会文明进步的标尺”。② 在进入疫情防控常态化阶段后，12月22日，国务院联防联控机制发布《关于进一步做好常态化疫情防控下医疗机构感染防控工作的通知》，突出在常态化疫情防控中对不同群体生命健康权的平等保障，比如，要求对不会操作和使用智能手机的老年人群体，医疗机构应当在入口处增设无健康码绿色通道，配备人员帮助查询健康码，不得拒收来自中高风险地区的患者。③

在地方层面，各地出台相关政策促进养老健康服务平稳发展，促进儿童福利领域疫情防控工作。3月17日，甘肃省印发《关于积极应对新冠肺炎疫情支持养老服务健康发展的措施》，提出对符合条件的中小微养老服务企业免征5个月的养老、失业、工伤三项社保单位缴费部分，引导社会力量支持养老服务机构疫情防控。④ 在展开救治老年群体患者的具体过程

---

① 《关于进一步做好民政服务机构疫情防控工作的通知》规定：“对于受疫情影响在家隔离的孤寡老人、因家人被隔离收治而无人照料的老年人和未成年人，以及社会散居孤儿、留守儿童、留守老年人等特殊群体，组织开展走访探视，及时提供帮助。”

② 《国务院联防联控机制7月11日在国家卫生健康委召开新闻发布会，介绍巩固防控成果、保障妇幼健康有关工作情况》，2020年7月11日，中国政府网，http://www.gov.cn/xinwen/gwylflkjz133/index.htm。

③ 《关于进一步做好常态化疫情防控下医疗机构感染防控工作的通知》，2020年12月28日，国家卫生健康委员会网站，http://www.nhc.gov.cn/yzygj/s7659/202012/ec6dd39670c94f55ace6ac9b3c4fe3ec.shtml。

④ 《甘肃省民政厅 甘肃省财政厅印发〈关于积极应对新冠肺炎疫情支持养老服务健康发展的措施〉的通知》，2020年3月13日，甘肃省民政厅网站，http://mzt.gansu.gov.cn/station/gssmzt/mzfw/8afe80e67080905e0170d2bbc3f1009a/info_content.html。

中，始终坚持“应检尽检、应收尽收、应治尽治”原则。在广大当地医疗工作者和援助医疗队的一致努力下，截至4月14日，湖北省已有逾3600位年龄在80岁以上的新冠肺炎患者被治愈，其中还包括7位百岁老人。[①] 12月29日，浙江省民政厅印发《关于做好儿童福利领域新冠肺炎疫情防控工作的通知》，要求做好今冬明春儿童福利领域疫情防控工作。[②] 眉山市儿童福利院制定《眉山市儿童福利院疫情防控工作手册》，成立疫情防控工作领导小组，制定7大类30项102条工作规范，做到疫情防控消盲点、扫死角。[③]

表6　加强对高风险群体及特殊群体生命权、健康权平等保障的文件

针对群体	发布日期（2020年）	发布主体	规范性文件
医务人员	2月22日	中央应对新冠肺炎疫情工作领导小组	《关于全面落实进一步保护关心爱护医务人员若干措施的通知》
医务人员	2月15日	国家卫生健康委员会	《关于改善一线医务人员工作条件切实关心医务人员身心健康的若干措施》
	2月19日		《关于进一步加强疫情防控期间医务人员防护工作的通知》
医务人员	2月5日	国家卫生健康委员会	《关于全力做好一线医务人员及其家属保障工作的通知》
	3月12日		《关于聚焦一线贯彻落实保护关心爱护医务人员措施的通知》
困难群众	3月6日	中央应对新冠肺炎疫情工作领导小组	《关于进一步做好疫情防控期间困难群众兜底保障工作的通知》

① 《湖北治愈3600多位80岁以上新冠肺炎患者——敬佑生命　用心用情》，《人民日报》2020年4月14日。

② 《省民政厅印发〈关于做好儿童福利领域新冠肺炎疫情防控工作的通知〉》，2020年12月29日，浙江新闻网，https://zj.zjol.com.cn/red_boat.html?id=101079485。

③ 林茂春：《持续抓好特殊场所疫情防控　巩固疫情防控良好态势》，《眉山日报》2020年3月23日，第1版。

续表

针对群体	发布日期(2020年)	发布主体	规范性文件
特殊群体	2月28日	国务院联防联控机制	《关于进一步做好民政服务机构疫情防控工作的通知》
儿童(监护缺失)	3月15日		《因新冠肺炎疫情影响造成监护缺失儿童救助保护工作方案》
儿童、孕产妇	2月2日		《关于做好儿童和孕产妇新型冠状病毒感染的肺炎疫情防控工作的通知》
孕产妇	2月8日		《关于加强新型冠状病毒肺炎疫情防控期间孕产妇疾病救治与安全助产工作的通知》
重点人群	4月9日	国务院联防联控机制	《关于印发重点场所重点单位重点人群新冠肺炎疫情防控相关防控技术指南的通知》
	4月8日		《关于进一步做好重点场所重点单位重点人群新冠肺炎疫情防控相关工作的通知》
	6月18日		《关于印发低风险地区夏季重点场所重点单位重点人群新冠肺炎疫情常态化防控相关防护指南(修订版)的通知》
老年人	1月28日	国务院联防联控机制	《关于做好老年人新型冠状病毒感染肺炎疫情防控工作的通知》
	2月21日		《关于做好新冠肺炎疫情防控一线医务人员老年亲属关爱服务工作的通知》
	2月15日		《关于印发新型冠状病毒肺炎疫情防控期间养老机构老年人就医指南的通知》
老年人	11月13日	民政部办公厅	《关于加强养老机构新冠肺炎疫情常态化精准防控及应急处置工作的通知》
严重精神障碍患者	2月17日	国务院联防联控机制	《关于加强新冠肺炎疫情期间严重精神障碍患者治疗管理工作的通知》
外卖配送和快递从业人员	7月10日		《关于印发外卖配送和快递从业人员新冠肺炎疫情健康防护指南的通知》

资料来源：国务院相关部门官方网站。

三　思考与展望

新冠肺炎疫情防控进入常态化阶段，要处理好全面加速恢复国家生产生活正常秩序与精准识别病患并及时隔离治疗的双重问题，应在始终坚持“把生命安全和身体健康放在第一位”的疫情防控原则下，不断完善疫情防控的具体措施，总结提炼疫情防控中生命权、健康权保障的经验教训，通过“强弱项、补短板”切实提升当下及未来突发公共卫生事件中对人民群众生命权、健康权保障的综合能力。

（一）完善疫情防控中生命权、健康权保障的具体举措

第一，以智慧化、科学化手段为主的“持久战”应对疫情防控常态化发展要求。从新冠病毒全面阻击战到精准抗击战，当下及未来应对新冠肺炎疫情，应加强科学措施运用，建立疫情防控常态性机制，发挥智慧城市等智能系统在防控疫情中的积极作用，利用人工智能、大数据等信息科技，精准识别病毒感染患者和潜在风险并有效隔离，将城市公共卫生系统和服务打通、集成，通过提升医疗防控资源运用效率，优化城市医疗管理和疫情监控服务保障人民的生命权与健康权。

第二，加大抗新冠病毒药物及疫苗的普及推广力度。有效预防病毒的两种途径，一是感染病毒后产生抗体，二是提前注射疫苗。我国疫情防控成效显著，目前感染病毒治愈后产生抗体的人数有限，绝大多数人因未被感染，更多地需要等待注射疫苗来预防病毒。开发疫苗和病毒防治药品牵涉诸多跨国跨地区的临床实验及授权协议，要通过构建全球对话和协作平台来推动各国的医疗试验方案和研究重点达成共识。要拓展公共外交渠道，搭建科研交流平台，探讨抗病毒药物和疫苗使用情况和使用进展，及时有效规避可能发生的不利情况。

第三，疫情防控措施要“实事求是”，避免“一刀切”。各级政府、各类主体在疫情防控中要正确贯彻落实中央精神，避免“层层加码”“擅自加

码”等“一刀切”行为。随着疫情防控形势持续向好、生产生活秩序加快恢复，各地要采取人性化防控管理措施，避免因粗暴应急管理手段引发的纠纷，做到防控措施不阻碍生产生活和学习活动，尽可能减少对人民群众生产生活带来的不便影响。避免采取“一律劝返”“锁死家门”等“硬隔离”措施，要及时做好舆论宣传引导工作，提高疫情治理精细化、人性化和科学化水平。

（二）优化疫情防控中生命权、健康权保障的治理体系

强化疫情防控以生命权和健康权保障为核心的治理体系。要凝聚生命权、健康权保障的社会共识，充分解读、完善和发展党中央提出的“人民至上，生命至上”“人民生命安全和身体健康放在第一位”思想内涵、法律内涵、权利内涵和责任内涵。进一步优化完善我国传染病预防控制治理体系，改革现行疾控系统体制机制，精简地方疾控中心机构负责的业务，使地方疾控中心集中做好重大传染病、突发公共卫生事件相关工作。同时，让流行病专家、公共卫生专家参与突发公共卫生安全事件，逐步形成公共卫生重大风险研判、评估、决策、防控协同机制，增强决策的科学性和高效性。国家和地方层面要转变“重医轻防”的固有思维，加大公共卫生财政预算投入比重，由中央财政根据地区经济发展水平对部分地区进行专项补助，在保障疾病预防控制机构运行经费的基础上，逐步减少甚至取消疾控机构的收费项目，使其回归公共卫生职能本位。

（三）提升疫情防控中生命权、健康权保障的法治能力

第一，将公共卫生安全纳入国家安全和卫生法治体系，以完善“公共卫生安全”法律体系从整体层面为疫情防控中生命权、健康权保障提供法治指引。公共卫生安全强调群体的生命安全、健康安全，针对的保障对象为不特定多数群体，与个人卫生安全在法律内涵、性质、法益、保护方式上均有不同。目前我国已将生物安全纳入国家安全体系，在总体国家安全观的指导下，建议使用“公共卫生安全”的法律概念，以“公共卫生安全”法律

理念完善卫生法治体系、党内法规和政策文件，并明确规定公共卫生安全的法律内涵及其适用范围。

第二，通过全面、科学评估总结我国疫情防控的经验教训，修改、完善《中华人民共和国传染病防治法》等保障生命权、健康权的重要法律，修改和完善应该体现出我国预防与控制流行病的新经验与新标杆，贯彻人类卫生健康共同体理念，为周边国家及共建“一带一路”国家提供可借鉴、参考、移植的中国立法模式、立法例和立法技术。法律修改应注重健全国家信息发布、专业预警、社会提示相联合的分级分类的预警机制，强化国家机关、企事业单位、社会组织及公民个人对流行病的健康风险、公共卫生风险和国家安全风险意识，体现流行病预防与控制中的国家责任、社会责任和个人责任。

参考文献

1. 中华人民共和国国务院新闻办公室：《抗击新冠肺炎疫情的中国行动》，人民出版社，2020。
2. 习近平：《全面提高依法防控依法治理能力，健全国家公共卫生应急管理体系》，《求是》2020 年第 5 期。
3. 习近平：《在统筹推进新冠肺炎疫情防控和经济社会发展工作部署会议上的讲话》，《人民日报》2020 年 2 月 24 日。
4. 张永和：《中国疫情防控彰显人权保障》，《学习时报》2020 年 3 月 20 日。
5. 王晨光、饶浩：《国际法中健康权的产生、内涵及实施机制》，《比较法研究》2019 年第 3 期。
6. 李君如：《一场生命权和健康权的保卫战及其提出的人权思想》，《人权》2020 年第 3 期。
7. 张晗：《疫情防控中的生命权保障——“全球疫情防控与人权保障”系列国际研讨会第一场会议学术综述》，《人权》2020 年第 4 期。
8. 常健、王雪：《疫情下生命权保障的冲突及其解决路径》，《南开学报》（哲学社会科学版）2020 年第 4 期。

B.5

新冠肺炎疫情防控中政府信息公开对生命权、健康权保障的意义

周 伟　安茂峰*

摘　要： 政府信息公开是保障生命权、健康权的要求。在2020年新冠肺炎疫情防控中，中国始终高度重视涉疫信息公开，采取完善信息公开程序机制、加强涉疫信息公开及时全面、拓展公开渠道等举措，对及时保障人民群众的生命权、健康权发挥了重要作用。健全公共卫生信息公开，还需进一步均衡部分地方对疫情信息的发布，完善涉疫信息公开法律制度建设、有效平衡公民知情权与隐私权。

关键词： 疫情防控　政府信息公开　生命权　健康权

2020年新年来临之际，突袭而至的新型冠状病毒肺炎疫情（以下简称"疫情"）在全国范围内拉响警报。疫情发生后，中国政府始终把人民群众生命安全和身体健康放在第一位，把保障公众知情权作为促使公民正确认识疫情、推动公民自觉行动的关键，建立最严格且专业高效的信息发布制度，第一时间发布权威信息，速度、密度、力度前所未有。

---

* 周伟，四川大学人权法律研究中心主任，四川大学法学院教授，博士生导师，主要研究方向为宪法、人权法；安茂峰，四川大学法学院硕士研究生，主要研究方向为宪法、人权法。

一 政府信息公开是保障生命权、健康权的重要措施

政府信息公开与否、公开范围、公开程度、公开效率等事关民生、社会、经济。2019 年修订施行的《中华人民共和国政府信息公开条例》对行政机关及时、准确公开政府信息的职责以及何种情况下应当发布准确的政府信息予以澄清进行了明确规定。在传染病防治的信息公开制度方面，我国当前已经建立起以《传染病防治法》为核心，以《政府信息公开条例》《突发公共卫生事件应急条例》等行政法规为基础的突发公共卫生事件应对与传染病防治的较完整信息公开制度（见表 1）。

表 1　涉疫情政府信息公开的规定条款一览

名称	条款
传染病防治法	第 19、20、38、42、43 条
突发事件应对法	第 10、37、39、43、44、45、53 条
政府信息公开条例	第 6、19、20 条
基本医疗卫生与健康促进法	第 19 条
突发公共卫生事件应急条例	第 10、11、14、15 条
突发公共卫生事件与传染病疫情监测信息报告管理办法	第 32 条
全国突发公共卫生事件应急预案	6. 1. 1

资料来源：笔者自行整理。

面对突发公共卫生事件，坚持依法防控，确保措施有效、科学有序至关重要。[①] 政府信息公开为生命权、健康权保障提供法治基础，人民群众能否及时、准确地了解疫情、做好防控、稳定心理，在一定程度上取决于信息是否公开透明，人民群众的信心与支持是防疫工作有序进行的重要推动力。疫情防控中的政府信息公开保障生命权、健康权，通过信息透明来抑制疫情扩散，保护公民生存和发展的基本环境。

① 李介：《新华网评：越是到最吃劲的时候，越要坚持依法防控》，2020 年 2 月 5 日，新华网，http://www.xinhuanet.com/comments/2020-02/05/c_1125535612.htm。

新冠肺炎疫情发生后，中国政府在应对疫情过程中，将信息公开透明作为重要途径，全力保障公民的生命权、健康权。2020 年 1 月 20 日，习近平总书记作出重要指示，要求及时发布疫情信息，深化国际合作。国务院总理李克强作出批示，要求各相关部门和地方及时客观发布疫情和防控工作信息。[①] 国务院常务会议要求坚持公开透明，及时客观向社会通报疫情态势和防控工作进展，统一发布权威信息。[②] 1 月 25 日，中央政治局常务委员会会议指出各级党委和政府要把人民群众生命安全和身体健康放在第一位，把疫情防控工作作为当前最重要的工作来抓，要及时准确、公开透明发布疫情信息，决定成立中央应对新型冠状病毒感染肺炎疫情工作领导小组（以下简称“小组”）。[③] 1 月 26 日李克强总理在小组会议上强调要及时公开透明发布疫情防控信息，主动回应社会关切，对缓报、瞒报、漏报的要严肃追责。[④] 6 月 21 日国务院办公厅印发的《2020 年政务公开工作要点》（国办发〔2020〕17 号）提出，围绕突发事件应对加强公共卫生信息公开。[⑤]

二　涉疫情信息公开的相关举措

疫情发生以后，中央应对疫情工作领导小组迅速成立，国务院联防联控机制研究制定防控策略，习近平总书记亲自指挥、亲自部署防控工作，政府信息发布成为疫情防控工作的重要一环。1 月 20 日提出将人民群众的生命

① 《习近平对新型冠状病毒感染的肺炎疫情作出重要指示》，2020 年 1 月 20 日，新华网，http://www.xinhuanet.com/politics/leaders/2020-01/20/c_1125486561.htm。

② 《李克强主持召开国务院常务会议》，2020 年 1 月 20 日，新华网，http://www.xinhuanet.com/politics/leaders/2020-01/20/c_1125486910.htm。

③ 《中共中央政治局常务委员会召开会议》，2020 年 1 月 25 日，新华网，http://www.xinhuanet.com/politics/leaders/2020-01/25/c_1125502052.htm。

④ 《李克强主持召开中央应对新型冠状病毒感染肺炎疫情工作领导小组会议》，2020 年 1 月 26 日，新华网，http://www.xinhuanet.com/politics/leaders/2020-01/25/c_1125502052.htm。

⑤ 《国务院办公厅关于印发 2020 年政务公开工作要点的通知》（国办发〔2020〕17 号），2020 年 6 月 21 日，中国政府网，http://www.gov.cn/zhengce/content/2020-07/03/content_5523911.htm。

权、健康权摆在首位，开始采取最全面、最严格、最彻底的防控举措，以全政府、全社会共同参与的方式，打响疫情防控人民战争，在强化政府信息公开，保障生命权、健康权方面主要包括如下内容。

（一）完善涉疫信息公开的程序机制

在决策程序上，信息公开和舆论引导成为国家重点强调的议题。习近平在中共中央政治局常务委员会会议、中央依法治国委员会会议、疫情防控和经济社会发展部署会等8次会议活动中提及涉疫信息公开（见表2），李克强在国务院常务会议、小组会议等26次会议上提及涉疫信息公开，其中在1月20日主持召开的国务院常务会议上要求各相关部门和地方政府坚持公开透明，及时客观向社会通报疫情态势和防控工作进展，统一发布权威信息。

表2　习近平涉疫情信息公开的讲话节选

日期(2020年)	会议	内容
1月25日	中共中央政治局常务委员会会议	要及时准确、公开透明发布疫情信息，回应境内外关切
2月3日	中共中央政治局常务委员会会议	要正视存在的问题，及时发布权威信息，回应群众的关切，增强及时性、针对性和专业性，引导群众增强信心、坚定信心
2月5日	中央全面依法治国委员会第三次会议	要依法做好疫情报告和发布工作，按照法定内容、程序、方式、时限及时准确报告疫情信息
2月10日	北京市调研指导新冠肺炎疫情防控工作	要及时发布权威信息，公开透明回应群众关切，增强舆情引导的针对性和有效性
2月23日	统筹推进新冠肺炎疫情防控和经济社会发展工作部署会议	要完善疫情信息发布，依法做到公开、透明、及时、准确
3月18日	中共中央政治局常务委员会会议	要落实外防输入重点任务，完善数据共享、信息通报和入境人员核查机制，航空运输、口岸检疫、目的地送达、社区防控要形成闭环
4月8日	中共中央政治局常务委员会会议	各地特别是环鄂省份要加强信息沟通共享和防控措施协调，在人员管控、健康码互认等方面要做到政策统一、标准一致
9月8日	全国抗击新冠肺炎疫情表彰大会	迅速建立全国疫情信息发布机制，实事求是、公开透明发布疫情信息

资料来源：根据新华网习近平报道专集——会议活动整理。

在法律实施上，加强信息公开的制度安排。根据《国务院办公厅关于印发2020年政务公开工作要点的通知》（国办发〔2020〕17号）的要求，在疫情防控常态化背景下，疫情信息发布工作不仅要依法依规，还要满足及时、准确、公开、透明四大标准，实现公众实时了解最新疫情动态和应对处置工作进展的目标。在信息公开渠道的制度安排上，强调融合各类信息发布渠道，以新闻发布会、政府网站、政务新媒体为主体，同时充分发挥各类新闻媒体的重要角色。同时，重视疫情舆情动态与信息公开的密切联系，针对相关舆情热点问题，不能回避、拖延或踌躇不决，应当快速反应、正面回应，尤其强调有关地方和部门主要负责人应当带头主动发声，以权威信息引导社会舆论的正确走向，消除人民群众的疑虑与不安。[①]《法治社会建设实施纲要（2020—2025年）》也要求推进政府信息公开。

在地方落实上，依需制定相应工作要点。各省（区、市）根据本省（区、市）实际情况对中央要求进行细化明确，按现实需要分别制定各省（区、市）2020年政务公开工作要点，其中下述节选省（区、市）将疫情防控中的信息公开单列（见表3）。

表3　2020年各地涉疫情政府信息公开工作要点

省(区、市)	相关文件	内容及牵头工作单位
北京	北京市政务服务管理局关于印发北京市2020年政务公开工作要点的通知	推进疫情防控和复工复产信息公开。严格履行《政府信息公开条例》法定义务，加强公共突发事件信息公开，特别是及时准确公开疫情防控相关政策、措施、数据等信息。建立健全政府信息公开协调机制，公开信息涉及其他行政机关的，应当与有关机关协商、确认，保证公开信息的准确一致。各行各业要及时发布复工复产疫情防控工作指引，多形式解读、多渠道发布有关复工复产工作举措。（各区政府、市政府各部门）

① 《国务院办公厅关于印发2020年政务公开工作要点的通知》（国办发〔2020〕17号），2020年6月21日，中国政府网，http://www.gov.cn/zhengce/content/2020-07/03/content_5523911.htm。

续表

省(区、市)	相关文件	内容及牵头工作单位
天津	2020年天津市政务公开工作要点	1. 及时准确发布疫情信息。(各区人民政府、市政府各部门)2. 加强各级各类突发公共事件应急预案公开和公共卫生知识普及。(各区人民政府、市政府各部门)3. 严格依法保护各项法定权利,细化个人信息保护措施。(各区人民政府、市网信办、市政府各部门)
重庆	重庆市人民政府办公厅关于印发贯彻落实国务院办公厅2020年政务公开工作要点任务分工的通知	围绕突发事件应对加强公共卫生信息公开。(多由重庆市卫生健康委牵头,其中各级各类突发公共事件应急预案公开由市应急局牵头)
河北	河北省人民政府办公厅关于印发河北省2020年政务公开工作要点的通知	围绕突发公共卫生事件应对做好公开。(省卫健委)
辽宁	辽宁省政务公开领导小组关于印发辽宁省2020年政务公开工作要点的通知	1. 及时准确发布疫情信息。(省政府办公厅、省卫健委)2. 加强各级各类应急预案公开。(省应急厅)3. 加强公共卫生知识日常普及。(省卫健委)4. 妥善办理涉及疫情信息公开申请。(省政府办公厅)
新疆	关于印发2020年自治区政务公开工作要点的通知	围绕应对突发事件,加强公共卫生信息公开。(自治区卫健委)
湖北	省人民政府办公厅关于印发2020年湖北省政务公开工作要点的通知	基层政府要做好疫情防控信息公开向村(社区)延伸,让公众实时了解最新疫情动态和应对处置工作进展。(较中央文件新增点)
安徽	安徽省人民政府办公厅关于印发2020年政务公开重点工作任务分工的通知	围绕突发公共卫生事件应对做好公开。(多由省卫健委牵头,其中各级各类突发公共事件应急预案公开由卫健委与应急管理局牵头)
浙江	浙江省人民政府办公厅关于印发2020年政务公开工作要点重点任务分工方案的通知	1. 坚持做好疫情防控常态化下疫情信息发布工作。(省新闻办)2. 公开突发公共事件应急预案。(省应急管理厅)3. 公共卫生知识日常普及。(省卫健委)4. 涉及公共卫生事件的政府信息公开申请。(省级各有关部门)
吉林	吉林省政务公开(政府信息公开)领导小组关于印发吉林省2020年政务公开工作要点及重点任务分工的通知	1. 及时准确做好突发公共事件信息公开。(省应急管理厅、省卫健委、省公安厅、省生态环境厅、省自然资源厅)2. 推进突发公共卫生事件信息公开。(省卫健委)3. 切实做好各级各类应急预案公开和宣传培训。(省应急管理厅、省卫健委)

续表

省(区、市)	相关文件	内容及牵头工作单位
广西	广西壮族自治区大数据发展局关于印发2020年全区政务公开工作要点的通知	拓宽主动公开范围,加强公共卫生信息公开
湖南	湖南省人民政府办公厅关于印发湖南省2020年政务管理服务工作要点和湖南省2020年政务公开工作要点的通知	加大公共卫生等突发事件信息公开力度。(省卫健委、省应急厅、省生态环境厅牵头,各级人民政府负责)

资料来源:《北京市2020年政务公开工作要点》,2020年3月13日,北京市人民政府网站,http://www.beijing.gov.cn/zhengce/zhengcefagui/202003/t20200313_1706064.html;《2020年天津市政务公开工作要点》,2020年8月28日,天津市人民政府网站,http://www.tj.gov.cn/zwgk/zfxxgkzl/fdzdgknr/qtfdgkxx/202008/t20200828_3572361.html;《重庆市人民政府办公厅关于印发贯彻落实国务院办公厅2020年政务公开工作要点任务分工的通知》,2020年7月13日,重庆市人民政府网站,http://www.cq.gov.cn/zwgk/fdzdgknr/lzyj/qtgw/202007/t20200717_7692285.html;《河北省人民政府办公厅关于印发河北省2020年政务公开工作要点的通知》,2020年7月23日,河北省人民政府网站,http://info.hebei.gov.cn//eportal/ui?pageId=6806152&articleKey=6930596&columnId=6806589;《辽宁省政务公开领导小组关于印发辽宁省2020年政务公开工作要点的通知》,2020年8月13日,辽宁省人民政府网站,http://www.ln.gov.cn/zwgkx/zfxxgk1/xgfgwj/qtfgwj/202008/t20200813_3924685.html;《关于印发2020年自治区政务公开工作要点的通知》,2020年8月7日,新疆维吾尔自治区人民政府网站,http://www.xinjiang.gov.cn/xinjiang/gfxwj/202009/d14fce1bce9f4b6cba13dea36bb6f793.shtml;《省人民政府办公厅关于印发2020年湖北省政务公开工作要点的通知》,2020年8月6日,湖北省人民政府网站,http://www.hubei.gov.cn/zfwj/ezbf/202008/t20200813_2787203.shtml;《安徽省人民政府办公厅关于印发2020年政务公开重点工作任务分工的通知》,2020年7月22日,安徽省人民政府网站,http://wjw.ah.gov.cn/public/7001/55059571.html;《浙江省人民政府办公厅关于印发2020年政务公开工作要点重点任务分工方案的通知》,2020年7月28日,浙江省人民政府网站,http://www.zj.gov.cn/art/2020/7/28/art_1628814_54435278.html;《吉林省政务公开(政府信息公开)领导小组关于印发吉林省2020年政务公开工作要点及重点任务分工的通知》,2020年8月12日,吉林省人民政府网站,http://xxgk.jl.gov.cn/zsjg/fgw_136504/gkml/202009/t20200903_7449367.html;《广西壮族自治区大数据发展局关于印发2020年全区政务公开工作要点的通知》,2020年7月23日,广西壮族自治区人民政府网站,http://www.gxzf.gov.cn/zfgb/2020nzfgb/d16q/zzqgbmwj20201030/t6845247.shtml;《湖南省人民政府办公厅关于印发湖南省2020年政务管理服务工作要点和湖南省2020年政务公开工作要点的通知》,2020年3月20日,湖南省人民政府网站,http://www.hunan.gov.cn/hnszf/xxgk/wjk/szfbgt/202003/t20200324_11819873.html。

(二)及时全面公开涉疫情信息

疫情发生后,各地政府疫情信息公开基于需求导向,不断提升信息公开的透明度和精细度。2019 年 12 月 31 日起武汉市依法发布疫情信息，并逐步增加信息发布频次。2020 年 1 月 20 日经国务院批准国家卫健委公告，将新冠肺炎纳入我国传染病防治法规定的乙类传染病，并采取甲类传染病的预防、控制措施，[①] 全国 31 个省（区、市）相继启动重大突发公共卫生事件一级响应。1 月 20 日起，启动疫情数据日发布制度，[②] 及时全面提供精准分类信息。通过传染病疫情和突发公共卫生事件网络直报系统，要求全国医疗机构或疾控系统按照相关要求，填写传染病病例报告卡，每天通过系统报告确诊病例、疑似病例和密切接触者的数据。市级、省级疾控中心需要在 2 小时内完成系统中病例数据审核，国家疾控中心在 4 小时内可获得核准的病例数据。在此基础上，国家卫健委在其官方网站等政务平台设置专栏每日通报前一日各省份疫情信息；各省级卫生健康部门每日统一发布前一日本省份疫情信息，日发布制度将持续到疫情结束。2 月 3 日起，国家卫生健康委英文网站亦同步发布相关数据。

深圳市试行公布确诊病例风险的警示。深圳市 1 月 24 日通过卫生健康委官方微博、微信公众平台公布了首批 15 个确诊病例警示，1 月 30 日公布第一批共 31 个新冠肺炎确诊病例发病期间的风险区域，并于 2 月 1 日起每日按时发布。[③] 这些措施避免了不实信息的传播，保障信息及时准确。针对疫情初期社会恐慌心理出现的互联网疫情虚假信息，各地加大信息公开力度，利用大数据平台，通过迁徙地图、附近疫情等功能实现线上交互，同时发布全国疫情实时动态，通报疫情情况。

（三）拓展涉疫情信息公开渠道

1. 及时发布信息，通报疫情进展

国务院新闻办公室于 1 月 22 日首次就疫情防控召开新闻发布会，邀请

---

① 《中华人民共和国国家卫生健康委员会公告 2020 年第 1 号》，2020 年 1 月 20 日，中国政府网，http：//www. gov. cn/xinwen/2020 –01/21/content_ 5471158. htm。

② 《国务院新闻办公室 2020 年 1 月 22 日新闻发布会文字实录》，2020 年 1 月 22 日，国家卫生健康委员会网站，http：//www. nhc. gov. cn/xwzb/webcontroller. do? titleSeq =11208&gecstype =1。

③ 严圣禾、党文婷：《超大城市应急治理的“深圳探索”》，《光明日报》2020 年 2 月 12 日，第 1 版。

4 名卫生健康系统人员就疫情防控相关情况答记者问，国家卫健委发布疫情和医疗救治信息，2 月 5 日开始国务院联防联控机制召开新闻发布会，联防联控机制成员单位也集中发布与抗疫有关工作情况。截至 12 月 31 日，国务院联防联控机制、国务院新闻办公室、国家卫健委共举行新闻发布会 155 场，其中国务院联防联控机制新闻发布会 143 场，按月分布如图 1 所示。我们可以看出，在疫情防控关键的 1 ~5 月，自 1 月 26 日起新闻发布会变为每日必开，一直持续到 5 月 19 日，其中 2 月 5 日后国务院联防联控机制发布会，2、3、4、5 月中每日两场以上天数分别为 12、8、2、1 天，2 月 15 日罕见地召开了 3 场新闻发布会。

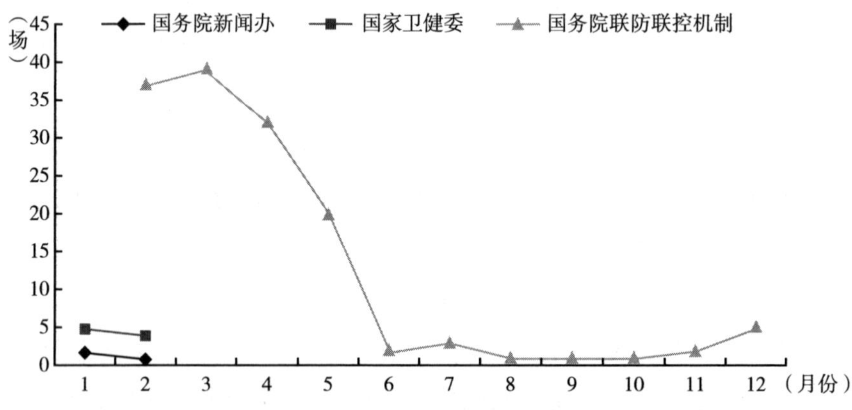

图 1　2020 年中央层面涉疫情新闻发布会月度统计

资料来源：国务院、国家卫健委网站信息汇总。

新闻发布会围绕疫情防控、复工复产等回答公众问题上千个，全面通报疫情及抗疫工作最新进展，充分回应国内外舆论关切。此外，各省（区、市）也举办多场新闻发布会，及时公布权威信息、积极回应社会关切。①

各省（区、市）将及时公布疫情信息作为应对疫情的重要措施。北京市 1 月 29 日起共召开 196 场北京市新型冠状病毒肺炎疫情防控工作新闻发

① 《信息公开彰显自信》，《中国纪检监察报》2020 年 5 月 20 日，第 3 版。

布会，其中2月4日起增加手语翻译①，使听障人士获得更多权威信息，新闻发布会增设手语翻译的举措于2月10日被国务院联防联控机制新闻发布会直播采用。②

2. 多样方式公开信息

国家卫健委中、英文官方网站和政务新媒体平台设置疫情防控专题页面，发布每日疫情信息，解读政策措施，介绍抗疫进展，普及科学防控知识，澄清谣言传言。各省（区、市）政府网站和政务服务网等互联网站、基于手机运行的App和应用小程序、政务微博和政务微信公众号等新媒体在线平台成为政府部门发布重要信息、开展政民互动的重要阵地。政府网站及政务新媒体平台推进政务微博、政务微信、微信公众号等新媒体的广泛应用，利用其传播快、影响力大的特点，定向发布、精准推送当地疫情情况、政府采取的防控措施、相关政策的解读、普及防疫知识等信息。在获取信息的方式上，各类手机软件成为人们了解疫情、获取信息的主要渠道。开展应急科普，通过科普专业平台、媒体和互联网面向公众普及科学认知、科学防治知识，组织权威专家介绍日常防控常识，引导公众理性认识新冠肺炎疫情，做好个人防护，消除恐慌恐惧。如钟南山院士、李兰娟院士等权威专家利用微博等软件，及时向公众发布最新的信息和相关建议。而微信和QQ等软件具有较强的群组织能力，往往是社区、单位等集体发布内部相关信息的渠道，包括最新的管理规定等，让公众及时了解疫情进展、避开高风险场所、做好个人防护，提高政府信息的透明度与贴近度。此外，今日头条等一些资讯类自媒体软件，不仅实时更新全国各地的各类防疫信息，还专门设立了疫情辟谣板块，联合有关政府部门发布权威的辟谣信息。这些方式符合中国网民规模达9.4亿、网民中使用手机上网的比例为99.2%的实际。③

---

① 《发布会首配手语翻译　全程佩戴“透明”口罩》，《北京日报》2020年2月4日，第1版。

② 《国务院联防联控机制发布会直播画面首次出现“手语”翻译》，2020年2月10日，央广网，http://news.cnr.cn/dj/20200210/t20200210_524968912.shtml。

③ 《中国网民规模达9.4亿》，《人民日报》（海外版）2020年9月30日，第2版。

3. 打破各部门的信息“孤岛”

国家卫健委通过传染病疫情和突发公共卫生事件网络直报系统，要求全国医疗机构或疾控系统按照相关要求，填写传染病病例报告卡，每天通过系统报告确诊病例、疑似病例和密切接触者的数据。市级、省级疾控中心需要在2小时内完成系统中病例数据审核，国家疾控中心在4小时内可获得核准的病例数据。在此基础上，各级政府通过政府网站、新闻媒体、社交平台等途径，每天及时、准确地向公众通报疫情的最新情况。国务院还要求基层政府公布每个新发病例的住所位置和旅行记录，保障公众知情权。各地利用大数据技术公布的“疫情地图”，并视情况动态调整应急响应和防控警报机制。

三　进一步健全公共卫生信息公开的建议

中国应对疫情推进政府信息公开，针对公开透明建立了一套完整的制度，有效防疫，切实保障了公民知情权。但随着疫情防控常态化，健全涉疫公共卫生信息公开是一个长期的程序机制。

（一）加强地方发布疫情信息的均衡性

国家卫健委和各省（区、市）卫生主管部门每天都会发布关于疫情的统计数据，但是经对各省（区、市）卫健委网站检索后发现，各地对于疫情信息公开的具体内容存在差异。大部分省（区、市）公布的疫情信息主要包括新增病例所在区域和确诊人数、累计确诊病例人数和治愈人数，以及性别比例、年龄跨度和来源区域等基本的疫情信息。而从广州市卫健委公开的信息来看，其内容则更为详细，信息公开透明度也更高，在基本疫情信息基础上还包括了病例的年龄分布、新增病例涉及小区或场所以及患者所在医疗机构等。建议在总结和分析北京市、广州市等城市疫情信息公开经验的基础上，各地完善对于突发事件的信息公开方案和工作规范，以提高信息公开的精准度和精细度。

（二）完善涉疫情信息公开的法律制度建设

对于2020年政务公开工作要点的落实，各省（区、市）均有差异，要逐步完善当前各省（区、市）的信息公开法律制度，严格落实未依法依规执行政府信息公开的责任，明确区分直接与间接负责人，分别追究机关、负责人、具体执行职务的公职人员的责任。要完善《传染病防治法》《突发事件应对法》等法律法规对传染病疫情信息发布的权限、程序和机制等规定，以适应预防和控制公共卫生流行病的传播。建议完善对违反政府信息公开的法律规定的监督追责机制，将流行病流行的信息公开质量和水平等纳入工作考核中，针对隐瞒、缓报、谎报等情形进行内部行政问责；对外强化媒体、公众参与，畅通信息公开反馈渠道，及时满足公众信息需求。

（三）有效平衡公民知情权与隐私权保障

基于防控疫情的需要，要依法采集相关个人信息，并将信息收集的目的严格限制在防控疫情、维护公共安全的范围。要遵循“必要性原则”，对疫情分析、排查隔离的必要程度进行风险等级划分，按照等级要求合理确定个人信息的收集范围，将隐私风险降到相应场景中的最低程度，遵循“最少够用”原则，加强对涉疫信息工作人员的安全保密教育，增强风险意识和安全意识，明确责任追究。确保个人数据不被意外或非法泄露，并及时将数据信息进行销毁处理。

参考文献

1. 赵正群：《从政府信息公开条例实施情况看人权保障》，《人权》2013年第6期。
2. 朱芒：《传染病疫情信息公布的义务主体分析——以〈传染病防治法〉第38条为对象》，《行政法学研究》2020年第3期。
3. 胡明：《疫情信息公开的法治反思》，《政治与法律》2020年第4期。
4. 王锡锌：《传染病疫情信息公开的障碍及克服》，《法学》2020年第3期。

5. 黄爱教：《中国共产党与疫情防控中的人权保障》，《南开学报》（哲学社会科学版）2020 年第 4 期。
6. 白雅丽：《政府信息公开案件隐私权问题的实质分析与完善思路》，《法律适用》2020 年第 5 期。
7. 孔繁华：《政府信息公开中的个人隐私保护》，《行政法学研究》2020 年第 1 期。
8. 张文祥、仲少华：《新冠肺炎疫情信息发布的亮点、不足与改进》，《中国记者》2020 年第 4 期。

B.6

保障人民生命健康权的防控疫情斗争中“最美逆行者”的贡献

满洪杰 郭露露*

摘 要： 中国以生命至上的精神形成了抗疫中人权保障的中国经验。被称为“最美逆行者”的广大医务工作者，在疫情防控中作出了突出的贡献，是湖北抗疫的中坚力量，成为居民健康“守望者”、疫情防控“侦察兵”，在疫苗研发中取得重大成果，守护和捍卫了人民生命安全和身体健康，并积极开展国际援助，推动构建人类卫生健康共同体。政府通过完善医务工作者职业防护标准，落实对医务工作者的工伤救济，不断完善我国医疗卫生体系，保障医务工作者的合法权益。

关键词： 新冠肺炎疫情 医务工作者 生命权 健康权

新冠病毒的肆虐严重危害人类的生命安全和身体健康。生命权是最基本的人权，是一切人权最为重要的基础和前提。在疫情面前，中国政府坚持“人民至上，生命至上”，“在保护人民生命安全面前，不惜一切代价”，形成了抗疫中人权保障的中国经验。而在疫情防控中，被称为“最美逆行者”的广大医务工作者，在保障人民生命健康权的疫情防控中作出了突出贡献。

* 满洪杰，山东大学法学院教授、副院长，山东大学人权研究中心副主任；郭露露，山东大学法学院博士研究生。

在严重疫情面前，全国数百万名医务人员积极响应，白衣为甲、逆行出征，不惧风险奋战在抗疫一线，打响疫情防控阻击战，迅速遏制了湖北的疫情蔓延。基层医务人员和流调人员、医学科研人员和疫苗研发人员、人民军队医务人员在全国疫情防控中不负重托、不辱使命，为保障人民群众生命健康构筑起一道牢固防线。广大医务人员用实际行动展现了中国医生的医者仁心和大爱无疆，是新时代最可爱最可敬的人。

一 疫情防控阻击战主战场上的医务工作者

2020 年冬春之际，湖北尤其是武汉是疫情防控阻击战的主战场，武汉胜则湖北胜，湖北胜则全国胜。在武汉保卫战、湖北保卫战中，54 万名湖北省医务工作者率先投入疫情防控，从 1 月 24 日至 3 月 8 日，各地和军队派出 346 支国家医疗队、4.26 万名医务人员、900 多名公共卫生人员驰援湖北。根据中央“坚定信心、同舟共济、科学防治、精准施策”的总要求，围绕“两提高”“两降低”即提高收治率和治愈率、降低感染率和病亡率的目标，采取了一系列疫情防控举措。

（一）紧抓重症病人救治

对于重症患者，贯彻落实集中患者、集中专家、集中资源、集中救治的“四集中”原则，将全部重症危重症患者集中到满足呼吸道传染性疾病收治条件的综合实力最强的医院进行救治。国家医疗队整建制地接管病房，采取“以院包科”“以省包科”等模式，累计收治重症、危重症患者 7000 多人。武汉市重症定点医院累计收治重症病例 9600 多例。对超过 80% 的重症患者合并严重基础性疾病情况，实行“一人一策”，建立感染、呼吸、重症、心脏、肾脏等多学科会诊制度，并制定重症、危重症护理规范，推出高流量吸氧、无创和有创机械通气、俯卧位通气等措施，重视死亡病例讨论制度，确保科学救治，有效降低致死率，提

高治愈率。[①] 实施专家巡查制度，推行疑难危重症患者会诊制度、死亡病例讨论制度等医疗质量安全核心制度，确保重症患者救治质量。[②] 对伴有基础性疾病的老年重症患者精准施策，实行最突出疾病专科医生的首席专家负责制度，24 小时全程管理；医疗队、院区、后方医院本部立体会诊，每日多学科讨论更新方案；利用团队优势，营养支持、心理干预和康复训练及早全程介入，提高老年重症患者的救治率。[③] 武汉市重症病例收治效果显著，转归为治愈的占比从 14% 提高到 89%，超过一般病毒性肺炎救治平均水平。[④]

（二）守住轻症患者救治关口

对于轻症患者，严格落实“早发现、早报告、早隔离、早救治”的“四早”措施，在全国医疗资源汇聚的重要窗口期，建立“隔离点—非定点医院—定点医院”梯次转运工作机制。在疫情防控攻坚阶段，合理配置重症危重症患者和轻症患者之间的医疗资源，兼顾重点，由方舱医院对轻症患者实施集中救治，在医务人员的指导和标准治疗下，绝大多数轻症患者病情明显好转，达到康复出院标准，减少了患者从轻症向重症的转化。同时，医务人员通过严格的筛查和监测，对有重症风险的患者及时干预，与定点医院直接对接，形成了畅通的重症转诊机制。[⑤] 在疫情防控决胜阶段，进一步关口前移，医务人员加强对轻症病人的医疗干预。逐步将轻症患者向优于其现

---

① 《抗击新冠肺炎疫情的中国实践》，2020 年 4 月 21 日，中国日报中文网，https://cn.chinadaily.com.cn/a/202004/21/WS5e9e45afa310c00b73c786ed.html。

② 国务院新闻办公室：《抗击新冠肺炎疫情的中国行动》，2020 年 6 月 7 日，国务院新闻办网站，http://www.scio.gov.cn/zfbps/ndhf/42312/Document/1682143/1682143.htm。

③ 《湖北举行新型冠状病毒感染的肺炎疫情防控工作新闻发布会第五十二场》，2020 年 3 月 21 日，国务院新闻办网站，http://www.scio.gov.cn/ztk/dtzt/42313/42976/42989/43051/Document/1679482/1679482.htm。

④ 国务院新闻办公室：《抗击新冠肺炎疫情的中国行动》，2020 年 6 月 7 日，国务院新闻办网站，http://www.scio.gov.cn/zfbps/ndhf/42312/Document/1682143/1682143.htm。

⑤ 《湖北举行新型冠状病毒感染的肺炎疫情防控工作新闻发布会第四十七场》，2020 年 3 月 15 日，国务院新闻办网站，http://www.scio.gov.cn/ztk/dtzt/42313/42976/42989/43051/Document/1679477/1679477.htm。

有救治条件的医院集中。方舱医院的患者集中到定点医院，小型定点医院的患者向大型定点医院集中，提高轻症患者的救治效果。①

（三）重视出院患者的康复

医务人员统筹做好新冠肺炎患者出院后的隔离康复、康复医疗、健康监测、随访复诊等工作，依托区域卫生信息平台，实现新冠肺炎患者临床诊治与健康管理的无缝衔接，形成“筛查甄别—转运救治—康复出院—健康管理”的工作闭环。患者所在地的基层医疗卫生机构和部分已恢复正常医疗秩序的医疗机构医务人员具体承担康复任务，与基本公共卫生服务、家庭医生签约服务等工作有效衔接，分级、分层开展出院患者健康管理工作。一方面，精准锁定康复对象。新冠肺炎出院患者 14 天隔离期满后，按照属地化管理原则，新冠肺炎定点医院将出院患者个人信息、治疗情况、出院医嘱等资料“点对点”移交给基层医疗机构做好跟踪服务管理，全部纳入家庭医生签约服务范畴，作为基本公共卫生服务重点人群进行管理，做到“应签尽签、应管尽管”。另一方面，精准做好康复服务。医务人员为出院患者在集中隔离期间提供充分的医学观察、康复、照护等一系列服务，重点加强老年人和有基础疾病出院患者健康状况监测，将出现发热、咳嗽等症状的出院患者及时转至定点医院治疗。隔离期满后 2 周内，医务人员开展“预约式”康复复查，对核酸检测阳性人员立即进行隔离收治。隔离期满后 1 个月，医务人员每日跟踪了解患者健康状况，提供健康咨询、康复指导和心理疏导等；后期转为常态化跟踪随访。②

广大医务人员以对人民的赤诚和对生命的敬佑，争分夺秒、舍生忘死、连续作战，挽救了一个又一个垂危生命，他们承受着身体和心理的极限压

① 《湖北举行新型冠状病毒感染的肺炎疫情防控工作新闻发布会第五十场》，2020 年 3 月 19 日，国务院新闻办网站，http：//www.scio.gov.cn/ztk/dtzt/42313/42976/42989/43051/Document/1679480/1679480.htm。

② 《湖北举行新型冠状病毒感染的肺炎疫情防控工作新闻发布会第五十场》，2020 年 3 月 19 日，国务院新闻办网站，http：//www.scio.gov.cn/ztk/dtzt/42313/42976/42989/43051/Document/1679480/1679480.htm。

力。在湖北抗疫期间，很多人的脸颊被口罩勒出血痕甚至溃烂，很多人的双手因汗水长时间浸泡发白，有的同志甚至以身殉职。[①] 有把生的希望留给他人而自己错过救治时机的医院院长刘智明，有永远无法向妻子兑现婚礼承诺的丈夫彭银华，还有牺牲在救治岗位留下幼小孩子的妈妈夏思思，[②] 广大医务人员用血肉之躯筑起阻击病毒的钢铁长城，用血汗和生命展示了中国医者的精神风貌。在广大医务人员的奋勇拼搏和全国人民的共同努力下，中国用1个多月的时间初步遏制疫情蔓延势头，用2个月左右的时间将本土每日新增病例控制在个位数以内，用3个月左右的时间取得武汉保卫战、湖北保卫战的决定性成果。[③]

二　基层医务工作者和流调人员是社区防控的主力军

在常态化疫情防控中，社区防控是应对新冠肺炎疫情的第一道防线，也是最后一道防线，能否把社区防住、守牢，事关人民群众生命安全，事关疫情防控大局。基层医务工作者和流调人员是社区防控的主力军，随着各地疫情防控阶段性成效进一步巩固，基层医务人员和流调人员坚持底线思维和“外防输入、内防反弹”的工作策略，进一步强化工作责任，继续维持和做实做细防控措施，避免疫情死灰复燃或者反弹。

（一）基层医务工作者

我国有近400万的基层医务人员，他们是离居民最近的“健康守门人”，也是“大家之医”，在疫情期间统筹做好常态化疫情防控和日常诊疗等工作，勇担先锋，逆向前行，佑护了“后浪”和“前浪”。

① 《习近平：在全国抗击新冠肺炎疫情表彰大会上的讲话》，2020年9月8日，新华网，http://www.xinhuanet.com/politics/leaders/2020-10/15/c_1126614978.htm。

② 《习近平：在全国抗击新冠肺炎疫情表彰大会上的讲话》，2020年9月8日，新华网，http://www.xinhuanet.com/politics/leaders/2020-10/15/c_1126614978.htm。

③ 《习近平：在全国抗击新冠肺炎疫情表彰大会上的讲话》，2020年9月8日，新华网，http://www.xinhuanet.com/politics/leaders/2020-10/15/c_1126614978.htm。

规范聚集性疫情的处置工作，全国疫情总体风险可控。面对疫情零星散发和局部地区聚集性疫情交织叠加态势，深入贯彻“四集中”原则。第一，聚集强有力的医疗资源。仅向河北、黑龙江、吉林三个疫情发生地派出的国家级专家就达60多位，与省级专家和当地医务人员协力救治患者。为重症患者提供更好的救治方案，实现一人一策，分别调集3万毫升血浆支持辽宁、河北两地重症患者的救治工作。[①] 第二，坚持关口前移。北京新发地疫情发生以来，方庄社区卫生服务中心等基层医疗机构的医务人员日夜不休投入大规模的核酸检测之中，负责集中采样、入户采样的工作，参加集中采样20余次，咽拭子采样4万多人次，同时基层医疗机构还承担了集中医学观察点的职责，为全市及时发现、快速处置、精准管控疫情发挥重要作用。[②] 第三，重视特殊人群救治。在河北和辽宁发生的聚集性疫情中，老年人和患有心脑血管基础性疾病的人员比重较大，河北确诊病例平均年龄达50岁，其中60岁以上人群占30%；辽宁确诊病例平均年龄达53岁，60岁以上人群占37%。对于老龄人群以及基础病患者，一方面组成重症团队、基础性疾病专家团队、感染和呼吸团队展开专门救治，另一方面派出中医团队全程参与患者治疗，形成多学科的诊疗团队模式。

提升各地的核酸检测能力，实现应检尽检和愿检尽检。第一，优化检测机构查询服务，公开核酸检测机构的名称、地点以及工作时间，利用百度、高德等科技公司的地理导航技术，进行核酸检测机构地理位置和核酸检测工作信息标记，形成全国核酸检测地图，方便居民查询和就近就便选择核酸检测机构。第二，不断优化核酸检测的服务，全面推行分时段、预约采样。核酸检测机构设置专门的窗口和区域，为单纯进行核酸检测提供采样服务，群众无须挂号和免收门诊诊查费，让信息多跑

---

① 《国务院联防联控机制新闻发布会》（介绍近期新冠肺炎疫情防控和医疗救治有关情况），2021年1月13日，中国政府网，http：//www. gov. cn/xinwen/gwylflkjz145/index. htm。

② 《国务院联防联控机制新闻发布会》（介绍秋冬季疫情防控，以及医疗卫生工作者在抗击新冠肺炎疫情中发挥的作用情况），2020年8月19日，中国政府网，http：//www. gov. cn/xinwen/gwylflkjz134/index. htm。

路、让群众少跑腿。[①] 充分利用信息化的手段，开通日常预约服务，各地在充分保留现有的114、电话、网络、App、小程序、公众号等非现场预约方式，以及自助机、挂号窗口等现场预约方式基础上，在健康宝等健康码开放日常核酸检测服务模块，增加预约功能，检测结果可及时显示。第三，优化农村地区核酸检测服务，充分考虑农村地区医疗服务能力的短板和弱项，按照“乡采样、县检测”的要求在乡镇卫生院提供检测服务。同时有条件的基层医疗机构建设核酸检测实验室，或配备移动核酸检测车辆，开展下乡巡回检测，为农村居民提供便捷服务。[②] 我国核酸检测能力大幅度提升，截至2021年1月，全国已经有8437个医疗卫生机构可以开展核酸检测，比2020年3月底（2081个医疗卫生机构）增加了3倍。[③] 截至2021年2月1日，单管核酸检测能力已经提高到1600万份/天，比2020年3月的126万份/天提高了11倍多。[④]

保障人民群众日常医疗服务需求，强化医疗服务的组织和管理。在日常就医尤其是春节期间，第一，保障人民群众的看病就医需求。医疗机构实行发热门诊和急诊24小时值守制，在安排高年资医务人员值班的同时，医疗机构院领导展开在岗带班，及时发现急诊、发热门诊、住院患者的紧急情况并及时调动医疗资源。第二，加强重点科室医疗力量。对于急诊、发热门诊等重点科室，以及与常见病、多发病相关的科室，包括儿科、呼吸科、感染科这类科室配足配齐医疗力量，保障群众在节日期间的就医需求。第三，保障特殊患者就医需求。针对特殊患者例如血液透析患者、肿瘤需要连续化疗的患者、孕产妇等人群的医疗需求，全方位配置相关科室

① 《全国单管核酸日检测能力一千六百万份》，2021年2月5日，人民健康网，http://health.people.com.cn/n1/2021/0205/c14739-32023424.html。

② 《全国单管核酸日检测能力一千六百万份》，2021年2月5日，人民健康网，http://health.people.com.cn/n1/2021/0205/c14739-32023424.html。

③ 《国务院联防联控机制新闻发布会》（介绍近期新冠肺炎疫情防控和医疗救治有关情况），2021年1月13日，中国政府网，http://www.gov.cn/xinwen/gwylflkjz145/index.htm。

④ 国家卫健委：《每天单管核酸检测能力达1600万份》，2021年2月4日，光明网，https://economy.gmw.cn/2021-02/04/content_34599312.htm。

门和急诊医疗力量。[①] 北京市朝阳区劲松社区卫生服务中心为方便辖区内重点人群获得医疗服务，面向慢性病和老人提供全面的预约就诊服务，开通老年热线服务电话，专门为80岁以上老人提供健康咨询服务，包括寻医问药、健康指导和慢性病的管理等，切实把卫生健康服务的网底兜实、兜牢，确保城乡居民能够及时就近获得基本医疗卫生服务。[②]

（二）流调人员

流调人员是抗击疫情的一线部队，在疫情期间负责到现场开展调查，追踪每一个确诊病例或无症状感染者，通过描绘病毒传播链为判定密切接触者、采取隔离措施以及划定消毒范围提供依据。

流行病学调查是疫情防控的基础，全国不断加强流行病学调查队伍建设。上海市组建了人数超过3100人的三级流调队伍，开展多轮次培训和演练，满足不同规模的疫情流调处置需求。广东省建立了“市县驻点布网、省队包干下沉、专家巡回指导”三级流调工作机制，加强流行病学调查能力。山西省印发《关于严格规范流行病学调查及密切接触者管控工作的通知》，强调“平战结合”组建流调队伍，规范开展流调溯源。重庆市为做好冬春季疫情防控工作，成立核酸检测、流调溯源两个专项工作组，组建3支市级常备工作组，在原有包括流调人员在内的25万人组成的6支队伍基础上扩容下沉，充实应急处置力量。[③] 福建省落实“平战结合”，科学配置专业结构，综合运用大数据等现代化技术手段，抓紧开展流调人员专业培训，拓宽流调溯源思路，针对“人传人、人传物、物传人”开展多链条追溯分析，“人物”同查，加强病原学分析（尤其是对传染来源不明确和传播链不

① 《国务院联防联控机制新闻发布会》（介绍人民群众就地过年服务保障有关情况），2021年2月4日，中国政府网，http://www.gov.cn/xinwen/gwylflkjz149/index.htm。

② 《国务院联防联控机制新闻发布会》（介绍优化社区防控筑牢安全屏障工作情况），2020年4月11日，中国政府网，http://www.gov.cn/xinwen/gwylflkjz89/index.htm。

③ 《重庆举行新冠肺炎疫情防控工作新闻发布会（第81场）》，2021年1月27日，国务院新闻办网站，http://www.scio.gov.cn/ztk/dtzt/42313/42976/42989/43056/Document/1698110/1698110.htm。

清晰的病例)，开展病毒基因测序，摸清疫情传播脉络，做到及时找到、规范管理、有效控制。[①] 天津市针对重点人员、区域、环节防控提出“三个一律”，要求流调队伍切实落实“对来村卫生室看病的村民，要仔细询问，一律流调管控；在家发热的村民，要及早发现，一律流调管控；在药店购买退烧感冒药的村民，要注重监测，一律流调管控”。[②]

流调人员作为疫情防控期间的参谋员，加强科学分析研判。一方面，提出根据疫情形势变化和评估结果，先后制修订6版新冠肺炎防控方案，科学规范开展病例监测、流行病学调查、可疑暴露者和密切接触者管理以及实验室检测等工作。针对重点人群、重点场所、重点单位发布15项防控技术方案、6项心理疏导工作方案，并细化形成50项防控技术指南，进一步提高疫情防控的科学性精准性。[③] 另一方面，依托大数据和信息化系统，提高流调精准度和效率。充分利用大数据、人工智能等新兴技术，开展疫情趋势研判，进行流行病学调查，不错漏一个感染者，全面追踪密切接触者并开展隔离工作。建立数据库，依法开展疫情防控风险数据服务，对不同风险人群进行精准识别，预判不同地区疫情风险，为促进人员有序流动和复工复产提供服务。[④] 在公民个人授权的基础上，根据健康码等的查询结果实施分类处置，实现分区分级的精准识别、精准施策和精准防控。利用大数据技术绘制“疫情地图”，通过社区名称、地址和位置，标明疫情传播具体地点、距离、人数等，为公众防范传染提供方便。[⑤]

---

① 《福建举行新冠肺炎疫情联防联控工作第二十九场发布会》，2021年1月21日，国务院新闻办网站，http：//www. scio. gov. cn/ztk/dtzt/42313/42976/42989/43057/Document/1697671/1697671. htm。

② 《天津举行第156场新型冠状病毒肺炎疫情防控工作系列新闻发布会》，2021年1月12日，国务院新闻办网站，http：//www. scio. gov. cn/xwfbh/gssxwfbh/xwfbh/tianjin/Document/1696861/1696861. htm。

③ 国务院新闻办公室：《抗击新冠肺炎疫情的中国行动》，2020年6月7日，国务院新闻办网站，http：//www. scio. gov. cn/zfbps/ndhf/42312/Document/1682143/1682143. htm。

④ 国务院新闻办公室：《抗击新冠肺炎疫情的中国行动》，2020年6月7日，国务院新闻办网站，http：//www. scio. gov. cn/zfbps/ndhf/42312/Document/1682143/1682143. htm。

⑤ 国务院新闻办公室：《抗击新冠肺炎疫情的中国行动》，2020年6月7日，国务院新闻办网站，http：//www. scio. gov. cn/zfbps/ndhf/42312/Document/1682143/1682143. htm。

流调人员也是疫情防控期间的侦察员，在武汉、北京、大连、青岛、通化、河北等地局部疫情发生期间，流调人员第一时间赶赴现场进行流行病学调查。在湖北累计检测了近 44 万份标本，完成了 1.3 万余名病例流调，4 万多名密切接触者的追踪调查，对 5000 多个单位开展了环境消杀工作指导，截至 5 月 31 日，全国累计追踪管理密切接触者 74 万余人。在通化发生疫情期间，国家级、省级 113 名流调专家驰援通化，组成 7 个工作组和 20 个流调小队，及时迅速投入流行病学调查工作，截至 1 月 25 日，全省累计排查管控密切接触者 4500 人、次密切接触者 9996 人、一般接触者 308206 人，均已严格落实隔离医学观察措施。① 在石家庄发生疫情期间，国家、省级支援河北省流调专家 113 名，对石家庄展开三轮核酸检测，第一轮核酸检测 1000 余万份，筛查出 354 例阳性感染者，掌握流调对象 323 人，流调密接人员 8739 人，流调次密接人员 5779 人。第二轮和第三轮全员检测分别筛查出 247 例、32 例阳性感染者，并完成流行病学调查。② 长春疫情发生后，截至 2 月 1 日 24 时，累计排查 237391 人，其中密接 2375 人，次密接 5514 人，其他重点人群 229502 人。累计集中隔离 5241 人，居家隔离 105612 人，累计解除隔离 18178 人。③ 在各地防控现场，流调人员还积极督导指导重点场所和工作人员做好环境的卫生消杀和个人的防护，积极开展科普宣传，在安定人心方面发挥了重要的作用，为全社会群防群控筑牢了隐形的防火墙。

三　医学科研人员是科技战“疫”中的坚守者

科学技术是人类战胜大灾大疫的锐利武器。面对未知的新冠病毒，

① 《吉林举行疫情防控新闻发布会（第四场）》，2021 年 1 月 25 日，国务院新闻办网站，http://www.scio.gov.cn/ztk/dtzt/42313/42976/42989/43057/Document/1698066/1698066.htm。

② 《河北举行新冠肺炎疫情防控工作新闻发布会（第二场）》，2021 年 1 月 9 日，国务院新闻办网站，http://www.scio.gov.cn/xwfbh/gssxwfbh/xwfbh/hebei/Document/1696707/1696707.htm。

③ 《吉林举行疫情防控新闻发布会（第四场）》，2021 年 1 月 25 日，国务院新闻办网站，http://www.scio.gov.cn/ztk/dtzt/42313/42976/42989/43057/Document/1698066/1698066.htm。

中国政府坚持以科学为先导，遵循安全、有效、可供的原则，加快推进药物、疫苗、新型检测试剂等研发和应用。适应疫情防控一线的紧迫需求，围绕“可溯、可诊、可治、可防、可控”，坚持产学研用相结合，聚焦临床救治和药物、疫苗研发、检测技术和产品、病毒病原学和流行病学、动物模型构建五大主攻方向，组织全国优势力量开展疫情防控科技攻关，加速推进科技研发和应用，部署启动 83 个应急攻关项目,[①] 为疫情防控提供了有力科技支撑。

（一）临床、基础科研人员

在临床救治和药物方面，充分发挥中医药特色优势。坚持中西医结合、中西药并用，发挥中医药治未病、辨证施治、多靶点干预的独特优势，全程参与深度介入疫情防控，从中医角度研究确定病因病基、治则治法，形成了覆盖医学观察期、轻型、普通型、重型、危重型、恢复期发病全过程的中医诊疗规范和技术方案，在全国范围内全面推广使用。[②] 中医药早期介入、全程参与、分类救治，对轻症患者实施中医药早介入早使用；对重症和危重症患者实行中西医结合；对医学观察发热病人和密切接触者服用中药提高免疫力；对出院患者实施中医康复方案，建立全国新冠肺炎康复协作网络，提供康复指导。筛选以金花清感颗粒、连花清瘟胶囊/颗粒、血必净注射液和清肺排毒汤、化湿败毒方、宣肺败毒方等“三药三方”为代表的针对不同类型新冠肺炎的治疗中成药和方药，临床疗效确切，有效降低了发病率、转重率、病亡率，促进了核酸转阴，提高了治愈率，加快了恢复期康复。据统计，中医药参与救治确诊病例的比例达到 92% 。湖北省确诊病例中医药使用率和总有效率超过 90% 。[③] 德国病毒学家奇纳特尔指出：“中医药在防止

① 国务院新闻办公室：《抗击新冠肺炎疫情的中国行动》，2020 年 6 月 7 日，国务院新闻办网站，http：//www. scio. gov. cn/zfbps/ndhf/42312/Document/1682143/1682143. htm。

② 国务院新闻办公室：《抗击新冠肺炎疫情的中国行动》，2020 年 6 月 7 日，国务院新闻办网站，http：//www. scio. gov. cn/zfbps/ndhf/42312/Document/1682143/1682143. htm。

③ 国务院新闻办公室：《抗击新冠肺炎疫情的中国行动》，2020 年 6 月 7 日，国务院新闻办网站，http：//www. scio. gov. cn/zfbps/ndhf/42312/Document/1682143/1682143. htm。

病毒吸附细胞、病毒复制等方面有明显效果。”①

在检测技术和产品方面，实施科研应急攻关。第一时间研发出核酸检测试剂盒，推出一批灵敏度高、操作便捷的检测设备和试剂，检测试剂研发布局涵盖核酸检测、基因测序、免疫法检测等多个技术路径。② 2020 年 1 月 26 日，国家药监局应急审批通过 4 家企业 4 个新型冠状病毒检测产品，进一步提高新型冠状病毒核酸检测试剂供给能力。③ 2020 年 2 月 15 日，已有 7 个诊断检测试剂获批上市，截至 2021 年 2 月 19 日，已应急批准新冠病毒检测试剂 54 个，日产能达到 2401.8 万人份。④ 在人工智能等技术应用方面，研发出适应疫情的高性能医学影像设备，具备人工智能技术的天眼 CT 和搭载“可视化曝光”技术的 X 光设备，有效避免了医患感染。联影第一时间启动并迅速完成了“方舱 CT”和“uAI 新冠肺炎智能辅助分析系统”的研发与应用，辅助医生决策。上海微技术工业研究院加快生产自主研发的高性能红外温度传感器，以支撑国内有关厂商生产；依图医疗开发出新冠肺炎智能影像评价系统，已在上海、武汉、北京等多地运用，全面提高了筛查效率。⑤

在病原学和流行病学方面，持续深化新冠病毒研究。2020 年 1 月 7 日，中国疾控中心成功分离新型冠状病毒毒株。⑥ 1 月 12 日，武汉市卫健委在情况通报中首次将“不明原因的病毒性肺炎”更名为“新型冠状病毒感染的肺炎”。中国疾控中心、中国医学科学院、中国科学院武汉病毒研究所作为

① 《新华国际时评：海外抗疫，中医药贡献独特力量》，2020 年 4 月 20 日，新华网，http://www.xinhuanet.com/world/2020-04/20/c_1125879935.htm。

② 国务院新闻办公室：《抗击新冠肺炎疫情的中国行动》，2020 年 6 月 7 日，国务院新闻办网站，http://www.scio.gov.cn/zfbps/ndhf/42312/Document/1682143/1682143.htm。

③ 《国家药监局应急审批新型冠状病毒核酸检测试剂》，2020 年 1 月 27 日，中国政府网，http://www.gov.cn/xinwen/2020-01/27/content_5472368.htm。

④ 《药监局：应急批准 16 个新冠疫苗品种开展临床试验》，2021 年 2 月 19 日，中新网，http://www.chinanews.com/gn/2021/02-19/9414403.shtml。

⑤ 《上海举行新型冠状病毒感染肺炎防控工作发布会（第二十一场）》，2020 年 2 月 13 日，国务院新闻办网站，http://www.scio.gov.cn/ztk/dtzt/42313/42976/42989/43054/Document/1679252/1679252.htm。

⑥ 《官宣：已启动新型冠状病毒的疫苗研发　已成功分离病毒》，2020 年 1 月 29 日，中新网，http://www.chinanews.com/gn/2020/01-29/9073031.shtml。

国家卫生健康委指定机构，向世界卫生组织提交新型冠状病毒基因组序列信息，在全球流感共享数据库（GISAID）发布，全球共享。① 1 月 22 日，国家生物信息中心开发的 2019 新型冠状病毒信息库正式上线，发布全球新冠病毒基因组和变异分析信息。1 月 23 日，中国科学院武汉病毒研究所、武汉市金银潭医院、湖北省疾病预防控制中心研究团队发现新冠病毒的全基因组序列与 SARS－CoV 序列的一致性有 79.5%。国家微生物科学数据中心和国家病原微生物资源库共同建成“新型冠状病毒国家科技资源服务系统”，发布新冠病毒第一张电子显微镜照片和毒株信息。②

在动物模型方面，完成了小鼠、猴感染新冠病毒的动物模型构建，为药物筛选、疫苗研发以及病毒传播机制的研究提供了支撑。③

（二）疫苗研发人员

同时开展疫苗研发的多条技术路线。中国坚持遵循科学规律，灭活疫苗、重组蛋白疫苗、腺病毒载体疫苗、减毒流感病毒载体疫苗和核酸疫苗 5 条技术路线同步推进，最大限度提升疫苗研发的成功率，截至 2021 年 2 月 19 日，国家药品监督管理局应急批准 5 条技术路线共 16 个疫苗品种开展临床试验，其中 6 个疫苗品种已开展Ⅲ期临床试验，2 个新冠病毒疫苗获批附条件上市，国药集团中国生物新冠病毒疫苗和北京科兴中维公司新冠病毒疫苗陆续上市，为全球提供多条技术路线的疫苗产品。④ 中国始终把疫苗的安全性、有效性放在第一位，自 2020 年 6 月起，国药集团中国生物新冠病毒灭活疫苗分别在阿联酋、巴林、埃及、约旦、秘鲁、阿根廷、摩洛哥等国家

---

① 《与国际社会分享新冠病毒信息　中国当时这样做》，2020 年 1 月 24 日，新华网，http：//www.xinhuanet.com/politics/2021－01/24/c_ 1127018591.htm。

② 国务院新闻办公室：《抗击新冠肺炎疫情的中国行动》，2020 年 6 月 7 日，国务院新闻办网站，http：//www.scio.gov.cn/zfbps/ndhf/42312/Document/1682143/1682143.htm。

③ 《科技部：新冠肺炎疫苗最快 4 月下旬申报临床试验》，2020 年 2 月 21 日，中新网，http：//www.chinanews.com/gn/2020/02－21/9099411.shtml。

④ 《药监局：应急批准 16 个新冠疫苗品种开展临床试验》，2021 年 2 月 19 日，中新网，http：//www.chinanews.com/gn/2021/02－19/9414403.shtml。

开展Ⅲ期临床研究，是全球投入最大、进展最快的新冠病毒疫苗临床研究，接种人数超过6万人，覆盖125个国籍，安全性和有效性指标超过了世界卫生组织规定的上市标准，符合国家批准的附条件上市工作方案的要求。加速疫苗产业化建设，科兴中维疫苗生产线目前已经完成年产5亿支的疫苗一期建设，并投入正式生产，同时，完成了中国、巴西、土耳其、新加坡和智利的GMP检查，随着二期生产线5亿支疫苗的投入，疫苗产能能够保障供应。[①] 中国始终处于全球疫苗研发第一方阵，是全球首个获批开展新冠病毒疫苗Ⅰ、Ⅱ期临床试验、启动Ⅲ期临床试验的国家，是首个依法依规审批开展紧急使用的国家，是第一个疫苗附条件上市的国家。[②]

做好疑似预防接种异常反应的监测工作。充分考虑我国疫情防控形势，疫苗接种落实“三步走”策略。以“外防输入，内防反弹”为指导，第一步是组织重点人群接种工作，通过对航班、边境口岸、物流单位的工作人员进行接种，严防境外输入的风险。第二步是将接种人群逐步扩大到高危人群，主要包括老年人和有基础疾病的人群。第三步是开展全人群接种。根据中央的指示，各地细致周密部署接种工作，结合接种需求和疫情防控需要，以及当地医疗卫生资源的情况，统筹设置接种单位、组建接种队伍，进行接种前的专业化培训。国家从2020年6月就开始新冠病毒疫苗的紧急使用，从2020年12月15日起组织重点人群新冠病毒疫苗接种工作。[③] 截至2021年1月30日，各地累计报告接种数量已经超过2400万剂次。[④] 有关不良反应，初步监测分析显示，新冠病毒疫苗的一般反应发生率与2019年我国上市后疫苗报告发生率基本一致，严重异常反应报告发生率略低于2019年上

① 《国务院联防联控机制新闻发布会》（介绍近期疫情防控和疫苗接种有关情况），2021年1月13日，中国政府网，http：//www. gov. cn/xinwen/gwylflkjz145/index. htm。

② 《国务院联防联控机制新闻发布会》（介绍新冠病毒疫苗有关情况），2020年12月31日，中国政府网，http：//www. gov. cn/xinwen/gwylflkjz143/index. htm。

③ 《国务院联防联控机制新闻发布会》（介绍近期新冠肺炎疫情防控和医疗救治有关情况），2021年1月13日，中国政府网，http：//www. gov. cn/xinwen/gwylflkjz145/index. htm。

④ 《全国各地新冠病毒疫苗接种量累计超2400万剂次》，2021年2月1日，东方网，https：//n. eastday. com/palbum/1612140380022695。

市已应用疫苗的发生率。新冠病毒疫苗严重异常反应报告发生率不高于流感疫苗。疫苗不良反应监测是一项动态工作，各地也在陆续对新冠病毒疫苗接种后出现的疑似不良反应报告病例开展相关调查、诊断和复核，不良反应报告发生率会处于动态变化中。①

四　军队医务人员是人民生命健康权的捍卫者

新冠肺炎疫情发生以来，习近平专门就军队做好疫情防控工作作出重要指示，强调全军要在党中央和中央军委统一指挥下，牢记人民军队宗旨，闻令而动，勇挑重担，敢打硬仗，积极支援地方疫情防控。② 疫情就是命令，防控就是责任。全军部队坚决贯彻习主席重要指示，迅速投入疫情防控行动，勇当人民生命安全和身体健康的保护神和捍卫者，与全国人民风雨同舟、共克时艰，积极发挥先锋队、突击队作用，坚决打赢疫情防控的人民战争、总体战、阻击战。③

（一）加强领导指挥

中央军委迅速启动应急机制，成立应对新型冠状病毒感染肺炎疫情工作领导小组，建立军队应对突发公共卫生事件联防联控工作机制，对疫情防控和支援地方工作多次进行研究部署。积极参加国务院应对疫情联防联控机制工作，派人参加中央赴湖北指导组，并组成军队前方指挥协调组，加强军地协同和军队医疗力量一线指导。④

① 《中疾控：新冠病毒疫苗严重异常反应报告发生率不高于流感疫苗》，2021 年 1 月 31 日，人民网，http：//health. people. com. cn/n1/2021/0131/c14739 – 32018053. html。

② 《习近平对军队做好疫情防控工作作出重要指示》，2020 年 1 月 30 日，央广网，http：//china. cnr. cn/news/20200130/t20200130_ 524953271. shtml。

③ 《全军 1 万余名医疗人员投入一线救治》，2020 年 3 月 2 日，央广网，http：//military. cnr. cn/ycdj/20200302/t20200302_ 524999546. html。

④ 《全军 1 万余名医疗人员投入一线救治》，2020 年 3 月 2 日，央广网，http：//military. cnr. cn/ycdj/20200302/t20200302_ 524999546. html。

（二）火速驰援武汉

人民军队通过航空、铁路、公路投送方式，组织军队医务人员迅速驰援武汉。先后共派出 3 批 4000 多名医务人员抵汉，形成了前方指导组、联勤保障部队、一线医护人员的支援力量体系。2020 年 1 月 24 日晚，抽组 450 名陆、海、空军医大学医护人员奔赴武汉。2 月 2 日，抽组 950 名联勤保障部队医疗机构医护人员，并与前期抽调的 450 名医护人员统一编组，承担火神山医院病患救治工作。2 月 13 日，陆军、海军、空军、火箭军战略支援部队、联勤保障部队和武警部队所属医疗机构再次增派 2600 名医护人员支援武汉。此外，驻鄂部队抽组 260 多人、130 多台车执行物资运输保障任务，湖北省军区、武警湖北省总队积极协助地方执行物资运输、消杀防疫、疫情防控等工作，充分发挥了先锋队、突击队作用，以实际行动赢得人民群众的高度信任。[①] 在派出 4000 多名医护人员驰援武汉的同时，人民军队共计 63 所定点收治医院、1 万余名医护人员投入前线病患救治。[②]

（三）做好综合保障

2 月 13 日，国产运 -20 等 3 个型号 11 架军用运输机，满载着人员和物资抵达，这是空军首次成体系大规模出动现役大中型运输机执行紧急大空运任务。3 月 1 日，中部战区派出 130 台运输车、260 人，担负支援武汉市生活物资运输任务，累计出动 5667 人次、车辆 2500 多台次，运送群众生活必需品 8500 多吨，防护物资器材 23600 多件（套）。28 个省（区、市）军区（警备区）每天出动民兵约 20 万人，配合地方完成外来人员管理、场所消毒、物资运输、防疫宣传等任务。[③]

---

① 《全军 1 万余名医疗人员投入一线救治》，2020 年 3 月 2 日，央广网，http：//military. cnr. cn/ycdj/20200302/t20200302_ 524999546. html。

② 《抗击新冠肺炎疫情的中国实践》，2020 年 4 月 21 日，中国日报中文网，https：//cn. chinadaily. com. cn/a/202004/21/WS5e9e45afa310c00b73c786ed. html。

③ 《全军 1 万余名医疗人员投入一线救治》，2020 年 3 月 2 日，央广网，http：//military. cnr. cn/ycdj/20200302/t20200302_ 524999546. html。

（四）组织应急科研攻关

坚持以有效应对重大公共卫生事件为目标，以人民生命健康为根本，以检测溯源、防控救治、药物研发为主要内容，集中力量、迅即行动，加强产、学、研、用一体推进，展开疫情防控应急科研工作。军队科研单位牵头承担国家科技部发布的多项应急科研项目，承担药物研发、抗体制备、疫苗研究、病毒溯源等多项任务。[①]

五　中国医务工作者在国际疫情防控中的贡献

此次国际援助是新中国成立以来援助时间最集中、涉及范围最广的紧急人道主义行动，为全球疫情防控注入了源源不断的动力。在全球疫情防控中，中国以实际行动帮助挽救了全球成千上万人的生命，以实际行动彰显了中国推动构建人类命运共同体的真诚愿望，[②] 充分展示了讲信义、重情义、扬正义、守道义的大国形象，展现了中国精神、中国力量、中国担当。

（一）积极开展对外医疗援助

中国秉承“天下一家”的理念，不仅对中国人民生命安全和身体健康负责，也对全球公共卫生事业尽责。以公开、透明、负责任的姿态，积极履行国际义务，在国内疫情防控压力巨大的情况下，尽己所能帮助国际社会抗击疫情，截至2020年4月12日，同153个国家举行83场卫生专家视频会议，毫无保留地同各方分享防控和救治经验。[③] 开设疫情防控网上知识中心

① 《全军部队牢记宗旨勇当人民保护神　坚决打赢疫情防控战》，2020年3月2日，国务院新闻办网站，http://www.scio.gov.cn/XWFBH/xwbfbh/wqfbh/42311/42634/zy42638/Document/1674464/1674464.htm。

② 《习近平：在全国抗击新冠肺炎疫情表彰大会上的讲话》，2020年9月8日，新华网，http://www.xinhuanet.com/politics/leaders/2020-10/15/c_1126614978.htm。

③ 《同舟共济　携手战“疫”——中国抗疫命运与共的生动实践》，2020年4月29日，新华网，http://www.xinhuanet.com/2020-04/29/c_1125924827.htm。

并向所有国家开放，充分利用上海合作组织、中日韩、中国－阿拉伯联盟、中国－东盟、中国－中东欧国家等卫生合作机制，加强卫生应急网络建设，实现国际信息共享和政策协调。累计向32个国家派出34支医疗专家组，向150个国家和4个国际组织提供283批抗疫援助，向200多个国家和地区提供和出口防疫物资。[①] 截至2020年5月31日，向驻在国民众和华侨华人提供技术咨询和健康教育，举办线上线下培训400余场；中国政府关心关切在华外国人士的生命健康权，为感染新冠肺炎的外国人士提供及时充分的医疗救治。伊拉克巴士拉省卫生局局长阿巴斯·塔米米向中国专家表达了高度信任，“你们是伊拉克患难见真情的朋友，你们提出什么建议，我们就按你们说的做”。在塞尔维亚，中国专家组受到了总统和总理的迎接和接见，两次受邀参加塞尔维亚国家防控指挥部的会议，商讨防控策略。在柬埔寨，洪森首相在其社交媒体账号上直播了专家组的相关工作。在意大利，中国专家组提出的防控建议得到了意方的高度重视。派往巴基斯坦和委内瑞拉的专家组也积极与当地卫生部门和医疗机构配合，开展工作。[②]

（二）全力保障中国疫苗供应

中国疫苗成为众多国家抗击新冠肺炎疫情最可靠的依赖。中国疫苗上市后，多个国家向科兴中维发出新冠病毒灭活疫苗订单，印度尼西亚、土耳其、马来西亚、新加坡、菲律宾等国已经与科兴中维签署了疫苗供应协议。[③] 2021年1月13日，印尼总统佐科正式接种克尔来福新冠病毒灭活疫苗。1月14日，约旦首相接种国药集团中国生物新冠病毒疫苗，同样接种了中国生物新冠病毒疫苗的外国领导人还有塞舌尔总统拉姆卡拉旺。2月8日，首批1200剂中国疫苗运抵智利复活节岛并开始大规模接种。2月19日

---

① 《习近平：在全国抗击新冠肺炎疫情表彰大会上的讲话》，2020年9月8日，新华网，http：//www. xinhuanet. com/politics/leaders/2020－10/15/c_ 1126614978. htm。

② 《国务院联防联控机制新闻发布会》（介绍新冠肺炎疫情防控与医疗国际合作工作情况），2020年4月2日，中国政府网，http：//www. gov. cn/xinwen/gwylflkjz78/index. htm。

③ 《国务院联防联控机制新闻发布会》（介绍近期新冠肺炎疫情防控和医疗救治有关情况），2021年1月13日，中国政府网，http：//www. gov. cn/xinwen/gwylflkjz145/index. htm。

至 20 日，柬埔寨为陆地军警、海岛驻军及周边部队约 1200 名官兵接种中国军队援助的疫苗。2 月 20 日，第一批中国科兴疫苗运抵墨西哥。春节期间，中国向津巴布韦、土耳其、秘鲁、摩洛哥等七国交付疫苗。疫苗供应以来，中国以实际行动促进了疫苗的公平分配。

结语：关爱和助力“最美逆行者”

在新冠肺炎疫情战斗中，我国医务人员为保护人民的生命安全和身体健康作出了巨大贡献，付出了巨大牺牲，有 2000 多人确诊感染，几十人以身殉职。祖国和人民不会忘记医务人员在抗击疫情中的突出贡献。2020 年 9 月 8 日，全国抗击新冠肺炎疫情表彰大会在京召开，在疫情防控工作中作出突出贡献的医务工作者获得隆重表彰。

医务工作者在疫情防控中作出了巨大的牺牲和贡献，习近平总书记多次强调，“医务人员是战胜疫情的中坚力量，要务必高度重视对他们的保护、关心、爱护”。[①] 应当完善我国医疗卫生法律体系在疫情防控过程中暴露出的缺陷和不足，保障医务工作者的合法权益。2020 年 1 月 23 日，人力资源和社会保障部、财政部、国家卫健委在《关于因履行工作职责感染新型冠状病毒肺炎的医护及相关工作人员有关保障问题的通知》中指出，“在新型冠状病毒肺炎预防和救治工作中，医护及相关工作人员因履行工作职责，感染新型冠状病毒肺炎或因感染新型冠状病毒肺炎死亡的，应认定为工伤，依法享受工伤保险待遇”[②]。

针对新冠肺炎疫情发生以来，部分地区陆续出现医务工作者感染新冠病

---

① 《习近平：务必高度重视对医务人员的保护关心爱护　确保医务人员持续健康投入战胜疫情斗争》，2020 年 2 月 19 日，中国政府网，http：//www. gov. cn/xinwen/2020 - 02/19/content_ 5480929. htm。

② 《人力资源社会保障部　财政部　国家卫生健康委关于因履行工作职责感染新型冠状病毒肺炎的医护及相关工作人员有关保障问题的通知》（人社部函〔2020〕11 号），2020 年 1 月 23 日，中国政府网，http：//www. gov. cn/zhengce/zhengceku/2020 - 01/23/content _ 5471922. htm。

毒的情形，中国政府着手完善医务工作者职业防护标准，采取最严格的职业保护措施，加快构建完备的职业防护长效机制，制定更加完善的医疗安全规范。可以在《执业医师法》第 21 条增加职业防护权利条款；完善《护士条例》第 29 条职业防护不力责任条款，尊重、保护和救济医护人员获得与其所从事的医护工作相适应的卫生防护、医疗保健服务的权利；在《职业病防治法》规定直接接触有毒有害物质、有感染传染病危险工作的医护人员的职业健康监护权以及职业病赔偿权；将《传染病防治法》第 64 条的传染病疫情防控一线人员的福利待遇落细落小落实，尽全力保障医疗救治人员的职业安全和健康。①

当前，疫情仍在全球蔓延，广大医务工作者作为常态化防控的重要力量，仍然坚守抗疫一线，严防疫情反弹。在充分保障医务工作者合法权益的同时，尊重医务工作者应成为社会共识。社会各界应当为医务工作者开展防疫工作创造良好环境，提供便利条件，和衷共济，风雨同舟，奋力夺取抗疫斗争全面胜利。

参考文献

1. 国务院新闻办公室：《抗击新冠肺炎疫情的中国行动》，2020 年 6 月 7 日，国务院新闻办网站，http：//www. scio. gov. cn/zfbps/ndhf/42312/Document/1682143/1682143. htm。
2. 《习近平：在全国抗击新冠肺炎疫情表彰大会上的讲话》，2020 年 9 月 8 日，新华网，http：//www. xinhuanet. com/politics/leaders/2020 – 10/15/c_ 1126614978. htm。
3. 《国务院联防联控机制新闻发布会》，中国政府网，http：//www. gov. cn/xinwen/gwylflkjz145/index. htm。
4. 《新华国际时评：海外抗疫，中医药贡献独特力量》，2020 年 4 月 20 日，新华网，http：//www. xinhuanet. com/world/2020 – 04/20/c_ 1125879935. htm。
5. 《药监局：应急批准 16 个新冠疫苗品种开展临床试验》，2021 年 2 月 19 日，中

① 杨芳、刘群英、张蔚：《制度伦理视域下重大公共卫生事件医疗救治人员人文关怀措施制度化研究》，《中国医学伦理学》2021 年第 1 期。

新网，http：//www. chinanews. com/gn/2021/02－19/9414403. shtml。
6. 《同舟共济　携手战“疫”——中国抗疫命运与共的生动实践》，2020 年 4 月 29 日，新华网，http：//www. xinhuanet. com/2020－04/29/c_ 1125924827. htm。
7. 《抗击新冠肺炎疫情的中国实践》，2020 年 4 月 21 日，中国日报中文网，https：//cn. chinadaily. com. cn/a/202004/21/WS5e9e45afa310c00b73c786ed. html。
8. 杨芳、刘群英、张蔚：《制度伦理视域下重大公共卫生事件医疗救治人员人文关怀措施制度化研究》，《中国医学伦理学》2021 年第 1 期。

B.7

新冠肺炎疫情防控中保障生命权、健康权的志愿服务

张立哲　马妍慧*

摘　要： 在新冠肺炎疫情防控中，志愿者和志愿服务组织提供的志愿服务工作为保障公民生命权和健康权提供了有力支援，志愿服务主体多元、内容具体、对象广泛、形式多样，对弘扬公共服务精神、促进社会公平正义发挥了重要作用。志愿服务是中国特色社会主义国家治理体系和治理能力现代化的重要资源，是国家、政府、社会多方参与贡献的结果。未来应当继续加强志愿服务工作建设，进一步规范制度实施、健全工作机制、统一配套机制、加强宣传引导，动员更多力量参与志愿服务工作，促进志愿服务事业健康发展。

关键词： 志愿服务　疫情防控　生命权　健康权

新冠肺炎疫情发生以来，广大志愿者与460万基层党组织、400万名社区工作者、180万名环卫工人，在65万个城乡社区积极应对，[①] 对阻断疫情蔓延发挥了重要作用。中国志愿服务以强大的组织动员能力、广泛的服务领

* 张立哲，法学博士，中共四川省委党校副教授、硕士生导师；马妍慧，四川大学国际关系学院博士研究生。

① 《习近平在全国抗击新冠肺炎疫情表彰大会上的讲话》，《人民日报》2020年9月9日，第2版。

域和良好的社会感召力，在新冠肺炎疫情防控中发挥了积极作用。中国疫情防控坚持以保障公民生命权、健康权为中心，以宏观制度体系为保障，以社区联防联控为实践载体，围绕疫情防控实际需求切实保障人民群众根本利益。疫情防控期间的志愿服务在参与人数、服务范围和时长等方面都创造了新的历史纪录。截至2020年5月31日，全国参与疫情防控的注册志愿者人数达到881万人，志愿服务项目超过46万个，志愿服务时间超过2.9亿小时。① 习近平总书记在武汉考察疫情防控工作时向各位在新冠肺炎疫情防控中不惧风险、奉献坚守的广大志愿者、医务工作者、基层干部等一线工作者致敬。② 联合国志愿人员组织全球执行协调员奥利维尔·亚当致敬参加抗击新冠肺炎疫情的中国志愿者和志愿服务组织，称赞其在防控宣传、紧急救助和心理辅助等领域发挥了重要作用，体现了奉献、责任和主体意识。③

一　新冠肺炎疫情防控中保障生命权、健康权志愿服务的中国经验

新冠肺炎疫情作为突发公共卫生事件传播范围波及全球，由于医疗技术和认知局限，无数家庭和个体遭受创伤。在政府、人民群众、专业医护人员和志愿服务工作者等的不懈努力下，中国疫情在短期内得到有效控制，广大志愿者在联防联控、群防群治中保障了人民生命安全和身体健康。世界卫生组织官方动态数据显示，截至2020年12月30日16：32，全球新冠肺炎疫情感染确诊病例共计80773033人，其中死亡人数1783619人；中国累计报告确诊病例96673例，累计治愈90484例，治愈

① 俞思念：《让志愿服务更好助力社会治理（思想纵横）》，《人民日报》2020年7月9日，第9版。

② 《在湖北省考察新冠肺炎疫情防控工作时的讲话》，《人民日报》2020年4月1日，第1版。

③ 金卓：《联合国志愿人员组织致敬中国战“疫”志愿者》，《中国青年报》2020年2月17日，第1版。

率达93.6%。[1] 中国用1个月的时间初步遏制疫情蔓延势头，用2个月的时间将本土每日新增病例控制在个位数以内，用3个月的时间取得武汉、湖北疫情防控重要成果。[2] 及时有效的防控措施使新冠肺炎疫情在中国的传播在短时间内得到迅速有效的控制，最大限度地避免了群体生命健康遭受威胁，这一成效无不依赖于全国人民的共同努力和志愿服务的重要贡献。中国志愿服务网的全国志愿服务数据显示，截至2021年1月3日16时，全国实名志愿者总数达到1.92亿人（见图1），服务时间总数达到26.86亿小时。

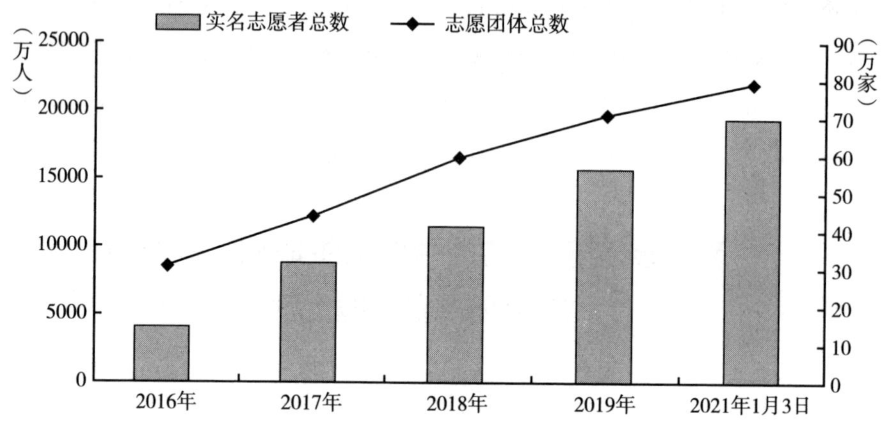

图1　全国志愿服务数据统计

资料来源：2016~2019年数据摘自各年度《慈善蓝皮书：中国慈善发展报告》；2021年数据来自中国志愿服务网，https：//www.chinavolunteer.cn/，最后访问日期：2021年1月3日。

（一）坚持以人民为中心的发展理念，保障个体生命权和健康权

"坚持以人民为中心"是新时代中国特色社会主义不断发展的根本立场。[3]"以人民为中心"体现了中国共产党的宗旨以及中国特色社会主义制

① 数据来源于WHO Coronavirus Disease（COVID－19）Dashboard，https：//covid19.who.int/，最后访问日期：2020年12月31日。

② 秦永芳：《生动诠释伟大抗疫精神　用最鲜活的事例讲好思政课（有的放矢）》，《人民日报》2020年12月17日，第9版。

③《把人民群众生命安全和身体健康放在第一位》，《人民日报》2020年1月28日，第1版。

度的核心价值追求，具体表现为“国家尊重和保障人权”的宪法原则。[①] 中国政府始终秉持生命高于一切的理念，要求把保障人民群众的生命安全和身体健康放在第一位，对所有病人采取平等的保护，不论是刚出生的婴儿还是100多岁的老人，所有生命一视同仁，充分展现了国家对生命的尊重和关怀，使每个个体得到了应有的尊严。[②] 2020年1月27日，习近平总书记作出重要指示，强调“各级党组织和广大党员干部必须牢记人民利益高于一切”“紧紧依靠人民群众坚决打赢疫情防控阻击战”。服务人民、依靠人民是中国抗击疫情的制胜法宝；坚持“人民至上、生命至上”是中国举全国之力抗击疫情的最大社会共识。[③] 以人民为中心的中国特色社会主义制度，使国家在遇到重大挑战和困难时，可以有效凝聚资源、迅速调动各方力量，集中力量办大事。2020年1月24日至3月8日，全国已经有346支医疗队、4.26万人驰援武汉和湖北[④]；约4万名建设者在10天左右建成火神山和雷神山医院，“两山速度”彰显中国力量[⑤]；16家方舱医院抽调8000多名医护人员共收治1.2万余名患者[⑥]。“应收尽收、应治尽治”，平衡和协调了武汉紧缺的医疗资源，确保每一位患者得到救治，每个个体的生命权和健康权得到保障。截至2020年5月31日，全国确诊住院患者结算人数达到5.8万人次，医疗费用总计13.5亿元，确诊患者人均医疗费用大约2.3万元。其中，重症患者人均治疗费用超过15万元并全部由国家承担。[⑦]

---

① 韩大元：《进一步尊重和保障人权》，《检察日报》2020年11月11日，第2版。

② 韩大元：《生命权与其他权利的冲突及其平衡》，《人权》2020年第3期。

③ 常盛：《中国抗疫树立人权典范》，《人民日报》2020年7月30日，第4版。

④ 熊健：《346支医疗队4.2万人抵达湖北抗疫　女性医务人员有2.8万人，占2/3》，《人民日报》（海外版）2020年3月9日，第2版。

⑤ 贺广华、汪晓东、侯琳良、程远州、鲜敢：《约4万名建设者10天左右建成火神山和雷神山医院——“两山速度”彰显中国力量》，《人民日报》2020年4月21日，第1版。

⑥ 申少铁：《建造方舱医院是创举（国务院联防联控机制发布会）》，《人民日报》2020年5月15日，第2版。

⑦ 中华人民共和国国务院新闻办公室：《抗击新冠肺炎疫情的中国行动》，《人民日报》2020年6月8日，第10版。

（二）社会主义核心价值观示范引领，弘扬中华传统美德

志愿服务是自我本性的要求，也是对他人尊严的认可与尊重。中华民族自古就有先公后私、扶贫济困、助人为乐的传统美德，新时代弘扬志愿精神，参与志愿服务是展现社会主义核心价值观的重要实践，[①] 是中国特色社会主义法治建设坚持依法治国和以德治国相结合的必然要求。中国新冠肺炎疫情防控为何能取得显著成效？这主要归功于中国传统文化对生命健康的尊重；归功于国家制度的优势、医务人员专业操守和高尚的职业精神。[②] 无论是社会各界团结一致攻坚克难，还是领导部门统筹协调、医务界的爱岗敬业，都体现了中华民族尊重生命和维护生命健康的优良传统，也是举国上下凝聚人心、应对重大事件的精神指引。“武汉抗疫公益志愿者联盟”就是由最初几个人逐步扩大融合为500多人参与的志愿服务团队，这些志同道合者自发组建“医护人员接送志愿群”，在武汉物资最为紧缺时捐赠一次性医用防护服和口罩共1000箱；在各地医疗援助队伍抵达武汉后专门为援汉人员提供后勤保障服务；从武汉暂时关闭离汉通道到解除管控的76天里，该志愿服务团队共为20余家医疗机构、10余家爱心公益组织提供服务，帮助2000余名医护人员以及许许多多社会群众。[③]

（三）制度规范及管理体系提供保障，维护社会和谐稳定

中国的志愿服务工作主要采取自上而下的组织模式、由中央统筹和地方负责的指导监督机制，并结合有关人民团体和群众团体进行实践。2017年，《志愿服务条例》的出台，标志着中国志愿服务逐渐步入制度化时期，形成了党委政府统一领导、国家和地方精神文明建设指导机构统一协调、民政部

① 丁元竹：《把志愿精神融入社会生活》，《光明日报》2014年12月18日，第11版。

② 张璁、郑海鸥、陈斌：《5月21日下午，全国政协十三届三次会议首场“委员通道”开启，采访以网络视频方式举行，6位委员走上通道畅谈——战疫情　强科技　护民生（连线·委员通道）》，《人民日报》2020年5月22日，第12版。

③ 郑海鸥：《国网电力科学研究院武汉南瑞有限责任公司王兆晖——哪里有需要就到哪里去（学雷锋志愿服务进行时）》，《人民日报》2020年8月19日，第6版。

门统一管理、各有关部门密切配合、社会广泛参与的志愿服务工作格局。志愿服务作为社会文明实践的重要载体，逐步形成包括县、镇、村在内的多层级格局。① 2020年新冠肺炎疫情防控期间，中央层面先后发布《志愿服务组织和志愿者参与疫情防控指引》、《志愿服务基本术语》（民政行业标准MZ/T 148－2020）等文件，同时通过以《志愿服务条例》为核心的制度规范，以全国志愿服务信息系统为平台的制度化、数字化的志愿服务管理体系，为各项志愿服务工作提供科学指引。各地政府也灵活依托现有资源，发布系列文件不断细化工作内容，为科学开展志愿服务提供具体参考（见表1）。新冠肺炎疫情期间各地指导文件主要包括志愿服务队临时党组安排、人事安排和志愿动员等内容，为及时有效号召志愿者，稳定有序、有针对性地开展工作提供指引。广大志愿者和相关志愿服务组织积极响应中央号召，踊跃参与各地疫情防控工作，成为抗击疫情的重要组成部分。志愿服务被誉为“温暖人间的最美风景”，正是因为它是社会文明进步的重要标志。② 新冠肺炎疫情期间多元立体的志愿服务工作在细微之处凝聚人心，有效维护社会和谐稳定，为保障个体生命健康权益、促进社会公平正义提供了团结稳定的社会氛围。

表1　2020年地方在新冠肺炎疫情防控中有关志愿服务的相关指导文件

施发时间	施发机关	文件名称	相关内容
2020年4月7日	汕头市民政局	汕头市民政局关于发挥社会组织和志愿者宣传服务作用，推进“公筷公勺行动”的通知	根据省文明办《关于在全省开展“公筷公勺行动”的通知》要求，就发挥社会组织和志愿者宣传服务作用，推进“公筷公勺行动”发布相关通知

① 翟雁、辛华、张杨：《2019年中国志愿服务发展指数报告》，《慈善蓝皮书：中国慈善发展报告（2020）》，社会科学文献出版社，2020。

② 桂从路：《以志愿精神服务社会》，《人民日报》2019年12月24日，第5版。

续表

施发时间	施发机关	文件名称	相关内容
2020 年 3 月 12 日	福建省市场监督管理局	福建省市场监督管理局关于疫情期间组织特种设备安全服务"小分队"开展志愿服务工作的通知	省市场监管局决定组织特种设备安全服务小分队,开展特种设备安全志愿服务工作,为坚决打赢疫情防控阻击战和实现经济社会发展目标任务营造良好的特种设备安全环境
2020 年 3 月 4 日	山西省民政厅	山西省民政厅关于进一步规范全省志愿服务力量参与疫情防控工作的通告	根据《志愿服务条例》《山西省志愿服务条例》等法律法规,就进一步规范全省志愿服务力量参与疫情防控有关事项进行通告
2020 年 3 月 3 日	广东省民政厅	广东省民政厅关于进一步发挥慈善力量社会工作志愿服务在统筹疫情防控和民政事业协调发展中积极作用的通知	进一步发挥省慈善力量、社会工作和志愿服务在统筹疫情防控和民政事业协调发展中的积极作用
2020 年 2 月 23 日	武汉市新冠肺炎疫情防控指挥部	关于在全市专项招募"志愿服务关爱行动"志愿者的通告	以社区居民为主专项招募志愿者,主要为所在小区居民提供食品药品代购代送等服务
2020 年 2 月 13 日	中共枣庄市科学技术局党组	中共枣庄市科学技术局党组关于鼓励党员干部到社区开展抗击疫情志愿服务的通知	为进一步加强社区共建工作,筑牢社区战"疫"铜墙铁壁,经党组研究决定,鼓励在职党员、干部参与所在社区疫情防控工作
2020 年 2 月 13 日	中共北海市卫生健康委员会机关委员会	中共北海市卫生健康委员会机关委员会关于同意成立北海市红十字抗疫志愿服务队临时党支部的批复	同意成立北海市红十字抗疫志愿服务队临时党支部
2020 年 2 月 7 日	河北省民政厅	河北省民政厅关于依法有序开展疫情防控应急志愿服务的通告	根据《志愿服务条例》《河北省志愿服务条例》等法律法规,就全省行政区域内各机关、企事业单位、志愿服务组织等依法有序开展疫情防控应急志愿服务有关事项进行通告

续表

施发时间	施发机关	文件名称	相关内容
2020 年 2 月 6 日	上海市民政局	上海市民政局关于本市依法有序开展疫情防控应急志愿服务的通告	根据《志愿服务条例》《上海市志愿服务条例》等有关法律法规规定，就依法有序开展疫情防控应急志愿服务有关事项进行通告
2020 年 1 月 30 日	中共商洛市委员会文明办	中共商洛市委员会文明办关于号召全市志愿者、志愿服务组织安全有序参与疫情防控的倡议书	市委文明办号召全市志愿组织和志愿者朋友们，服务防控疫情大局，科学有序参与，为疫情防控工作作出应有贡献
2020 年 1 月 25 日	武汉市社会工作联合会	关于招募专业社工提供肺炎防治支持性志愿服务的公告	招募专业社工开展医护人员心理疏导和减压服务、社区工作者心理社会支持、居家隔离者后援支持

二　新冠肺炎疫情防控中的志愿服务内容、形式和社会效果

新冠肺炎疫情防控期间，中国政府、企业工作人员、社会爱心人士乃至在华留学生都积极自发参与到疫情防控志愿服务当中。多元的参与主体、丰富的服务形式和具体的服务内容为广大群众提供了接地气、细致有效的志愿服务，避免疫情大规模蔓延造成群众恐慌和生活不便，最大限度地保障了人的尊严和社会公平，使整个国家和社会在较短时间内得以尽快恢复正常秩序。

（一）志愿服务主体多元

哪里有需要，哪里就有志愿者。新冠肺炎疫情防控期间，广大志愿者积极行动、勇于担当，青年志愿者、巾帼志愿者、社区工作人员、专业医护人员、党员、团代表、社会企业乃至外国留学生，来自医疗卫生、教育、科

技、文化文艺、红十字会等各行各业的人士纷纷加入志愿服务队伍，共同筑起联防联控、群防群治的铜墙铁壁，为抗击疫情提供了强大的群众支持。中宣部、中央文明办在武汉组织实施“志愿服务关爱行动”，共计2万多名志愿者帮助800万居家市民打通疫情防控民生保障“最后一公里”。2020年1月，中国青年志愿者协会、中央文明办、中国志愿服务联合会先后发布《关于青年志愿者组织和志愿者开展疫情防控应急志愿服务的工作指引》《关于号召广大志愿者、志愿服务组织积极有序参与疫情防控的倡议书》等文件，呼吁广大青年志愿者组织和志愿者积极投身于疫情防控；2020年2月5日，全国妇联发出倡议，号召广大巾帼志愿者着重邻里关爱、守护小家健康，发挥妇女在疫情防控过程中的积极作用。[①] 截至2020年2月12日，共青团共组织发动8.5万名青年志愿者参与防疫宣传热线接听、社区人员登记排查、安检消毒、心理咨询等工作。常青街道党工委向全体党员发出“召集令”，辖区内10个社区的党组织、24个两新组织共计166名党员，自发组建34支党员“红色突击队”，承担困难帮扶、宣传教育等任务，组织人员到每个单元楼进行消毒杀菌，并公布发热送诊信息。[②] 成千上万名志愿者下沉到社区一线岗位，共同担负疫情防控责任，守护人民群众的身体健康和生命安全。

（二）志愿服务内容具体

疫情防控中的志愿服务紧密结合实际需求，密切关注群众生产生活中迫切需要解决的实际问题，在具体工作中兼顾疫情防控与人文关怀。江西省抚州市黎川县的德胜镇共有200余名志愿者参与防控一线，走村入户给村民宣传防疫知识和政策法规。湖北省宜都市王家畈镇共有400多名志愿者参与疫情防控宣传引导、交通值勤、社区防控、隔离点送餐、

① 《中共全国妇联党组关于十九届中央第四轮巡视整改进展情况的通报》，《中国妇女报》2020年11月6日，第1版。

② 范昊天：《武汉常青街道建应急队——服务精心居民安心（来自疫情防控一线的报道）》，《人民日报》2020年2月8日，第2版。

物资代购等工作。[①] 福建武平县、江苏苏州工业园区、山东沂南县、四川成都市、甘肃平凉市、辽宁沈阳市等地分别开展社区值守、疫情防控知识宣传、协助交警测量体温、参与口罩制作解决工人不足问题、帮助菜农抢收蔬菜、对车辆进行消毒作业、为进出小区的居民测量体温。[②] 为实现海外捐赠物资的精准发放和有效利用，数百位小语种志愿者自发参与海外联络，确保海外物资采购、捐助和海关通关运输等工作顺利推进。[③] 2020 年 2 月 29 日，国际儿童读物联盟主席张明舟发出“募请函”，收到 50 余家出版社和作者绘者的版权捐赠，数十个语种的 300 多位译者积极报名，为全球抗疫童书作品进行免费的公益翻译和上线推广。推出《写给孩子的病毒简史》中国原创抗疫童书等 11 种图书，以各种语言形式通过全球抗疫童书互译共读项目陪伴儿童共同战胜新冠肺炎疫情。[④] 2020 年 3 月 17 日，民政部发布《志愿服务组织和志愿者参与疫情防控指引》，根据疫情防控新要求，分别从做好个人防护、有序参与服务、坚持需求导向、协助医疗救治、参与社区防控、提供便民服务、关爱特殊群体、参与慈善捐赠、做好防疫宣传、加强协作配合等十个方面对继续做好志愿服务组织和志愿者参与疫情防控有关工作提出指引。

（三）志愿服务对象广泛

1. 对特殊困难人群的关心

疫情防控期间的志愿服务对象涵盖社区一般居民、老弱病残等特殊困难人群、一线医护人员及其后方家属、受疫情影响的复工复产企业等，注重关

---

① 郑海鸥：《凡人善举汇暖流（一线抗疫群英谱）——记抗疫中的志愿者》，《人民日报》2020 年 9 月 6 日，第 4 版。

② 张武军等：《志愿服务　温暖的力量（来自疫情防控一线的报道）》，《人民日报》2020 年 2 月 14 日，第 10 版。

③ 方寅：《提高防控效率　普及防疫知识　加强舆情引导　为疫情防控提供语言服务》，《人民日报》2020 年 3 月 5 日，第 9 版。

④ 路艳霞：《300 位志愿者将中国童书翻译成十余种语言陪伴各国儿童战胜疫情》，《北京日报》2020 年 4 月 14 日，第 6、7 版。

心一线医务人员、社区工作者、病亡者家属、特殊困难人员、流动人口等重点群体，有针对性地保障不同群体需求。民政部《志愿服务组织和志愿者参与疫情防控指引》规定，应当将因疫情防控在家隔离的孤寡老人、因家人被隔离或者收治而无人照料的老年人和未成年人、困难儿童、特困人员、残疾人等特殊群体作为重点服务对象。采取多种方式掌握特殊困难群体的生活状况和服务需求，协调多方面社会资源为困难群体提供必要救助或相关服务，保障困难群众生活。广州市委对广州市驰援湖北抗疫及广州地区一线医护人员家属赠送总价值117.6万元的礼包；为广州驰援湖北抗疫一线的153名医务人员及奋战在市属新冠肺炎患者定点接收医院抗疫一线的1500名医务人员家庭，提供每周两次的果蔬生鲜配送服务以及母婴关爱、儿童教育、心理疏导服务。①

2. 对边远地区的帮助

新冠肺炎疫情防控中的志愿服务区域不仅局限于国内重点疫区，也注重为本地基层非疫区、边远贫困地区提供帮助，让每个地区的人民群众公平合理地享受到社会资源。志愿者不仅在湖北武汉等疫情重点区域集中资源进行救助，还组织人员下基层确保防守每个关卡。来自广东东莞的虎哥爱心志愿者车队先后驰援湖北武汉、黑龙江绥芬河、吉林舒兰等地，为当地提供运输、消毒等服务；湖北公安县蓝丝带志愿者协会自发组织车辆转运抗疫物资②；新疆喀什疏附县铁日木乡尤勒滚布格拉村的志愿者为村民提供了鸡蛋、牛奶、盐、苹果等日常用品，帮助村民灌溉农田、配送生活物资、买药送医、环境消杀等③。

3. 对其他国家的支持

疫情期间中国政府仍坚持向伊朗等国家提供帮助，以实际行动为全球公

---

① 方晴、邓潇丽、黎慧莹：《前线战疫有你　托举小家有我》，《广州日报》2020年3月2日，第A06版。

② 郑海鸥：《凡人善举汇暖流（一线抗疫群英谱）——记抗疫中的志愿者》，《人民日报》2020年9月6日，第4版。

③ 李春霞：《志愿服务为抗疫添暖色》，《新疆日报》2020年11月9日，第A02版。

共卫生事业尽责，为全球命运共同体和国际人权保障事业提供支持。2020年3月，中国政府决定向世卫组织捐款2000万美元，支持世卫组织开展抗击疫情的国际行动①；向伊朗政府和人民表示慰问并提供了抗疫物资，派出志愿卫生专家团队。2020年4月2日，中国共产党同100多个国家的230多个政党就加强抗击新冠肺炎疫情国际合作发出共同呼吁，呼吁各国各地民众增强社会责任意识，积极配合疫情防控工作，并鼓励各国充分发挥民间组织和志愿者的作用，汇聚全社会力量共同抗击新冠肺炎疫情。② 2020年9月22日，习近平主席在第七十五届联合国大会一般性辩论上的讲话中指出："大国更应该有大的样子，要提供更多全球公共产品，承担大国责任，展现大国担当。"在人类遭遇危机的特殊时刻，中国以"天下一家"的情怀、道义为先的行动，进一步彰显了大国担当、大国风范。③

（四）志愿服务形式多样

1. 官方注册与自发组织相结合

疫情期间志愿服务形式多元，不仅包括政府、企业等官方注册的志愿组织活动，还包括社会各界爱心人士自发参与的志愿活动。截至2020年3月初，全国有将近2400万人注册巾帼志愿者，她们在社区联防联控、邻里守护相助、守住社区门和家门中发挥了自己的特殊作用。武汉某社区有一位名叫史雪荣的女民警，在疫情发生后自发组织了16人的巾帼志愿服务队，专为其所在社区的174户困难群众提供服务，为社区困难群众配送急需的药品、蔬菜水果等生活物资，同时协助社区先后转运了67名确诊和疑似患者。④

---

① 《中国政府决定向世卫组织捐款2000万美元》，《人民日报》2020年3月8日，第3版。

② 《世界政党关于加强抗击新冠肺炎疫情国际合作的共同呼吁》，《人民日报》2020年4月3日，第3版。

③ 刁大明：《中国抗疫彰显大国担当（思想纵横）》，《人民日报》2020年11月3日，第9版。

④ 《国务院联防联控机制举行关心关爱疫情防控一线人员发布会》，国务院新闻办公室网站，http：//www. scio. gov. cn/xwfbh/gbwxwfbh/xwfbh/wsb/document/1674961/1674961. html，最后访问日期：2020年12月31日。

2. 线上服务与线下服务相结合

立体化的防疫志愿服务使得本次新冠肺炎疫情防控应对更加科学有效。疫情防控期间的线上志愿服务具有人身安全风险低、信息传播速度快等优势，有助于有效分享资源链接、开展心理咨询、在线培训指导、防疫知识宣传等活动。线下志愿服务主要围绕医疗救治、社区防控、生活帮扶、重点区域等开展，能够有效弥补线上服务无法实现的针对性服务，在基层为疫情防控最大限度地争取了群众理解和社会支持。专业外科医生以视频直播形式开讲社区防疫课程，普及物品消毒和病毒风险知识，为社区抗疫助力。① 由志愿者组成的特殊时期特别家教队伍，运用各自专业所长指导“宅”在家的父母带领孩子学习各项知识，让大众“宅”在家里不枯燥，同时养成文明健康的生活习惯。广州市开展“五进行动”（进医院、进企业、进社区、进站场、进网络），先后组织 3751 人次青年志愿者协助多家防疫用品生产企业复工复产，累计服务时长达到 1.8 万小时；发起“向白衣战士致敬”的义剪行动，为 49 家医院的 6975 名医务人员提供义务剪发服务，协助医院整理捐赠物资约 30 万件。在网上提供疫情信息、防护事项等热线服务，累计服务 4432 人次；组织 600 余名学生，先后为 575 户一线民警家庭的子女开展线上课业辅导活动。②

3. 慈善协助与心理疏导相结合

根据《志愿服务组织和志愿者参与疫情防控指引》的安排，疫情防控期间志愿服务包括参与慈善捐赠。截至 2020 年 6 月 18 日 17 时，中国红十字会总会机关和中国红十字基金会共接受用于新型冠状病毒肺炎疫情防控社会捐赠款物 249307 万元。其中，接受资金 174736.7 万元，物资价值 74570.3 万元。③ 大批量的慈善物资捐赠急需相应志愿服务协助参与，确保

---

① 郑海鸥：《凡人善举汇暖流（一线抗疫群英谱）——记抗疫中的志愿者》，《人民日报》2020 年 9 月 6 日，第 4 版。

② 黄磊刚：《广州市新闻办举行第 125 场疫情防控复工复产新闻发布会》，中宏网，http://gd.zhonghongwang.com/show-155-2978-1.html，最后访问日期：2020 年 12 月 31 日。

③ 《中国红十字会总会接受使用新型冠状病毒肺炎疫情防控社会捐赠款物动态》，中国红十字会官网，https://www.redcross.org.cn/html/2020-05/71246.html，最后访问日期：2020 年 12 月 31 日。

物资分配及时有效。志愿服务组织和志愿者协助慈善组织、红十字会做好慈善捐赠政策解读、捐赠引导等工作，协助捐赠物资的接收、清点、整理、分发、转运等工作，确保所接受的庞大捐赠物资按照疫情防控需要及捐赠方意愿安排使用。此外，志愿服务还包括心理咨询、心理疏导、心理援助等一系列心理服务，减轻群众恐慌等负面心理情绪，倡导广大社会工作者发挥专业优势，积极参与社区居家隔离者与医务人员心理疏导服务。2020 年 1 月 25 日，武汉市社会工作联合会发布《关于武汉社工参与冠状病毒性肺炎防治工作的倡议书》，同时发布《关于招募专业社工提供肺炎防治支持性志愿服务的公告》，招募具备专业知识的社工开展医护人员心理疏导和减压服务、提供社区工作者心理社会支持服务、居家隔离者后援支持服务。武汉大学开发了武汉“2 +3”（社会工作者、社区工作者、医务服务志愿者、心理服务志愿者、助理志愿者）线上社区下沉抗疫模式工作指南，协同居委会和相关医疗机构，通过移动互联网工具建立以社区为本的三级防御机制。①

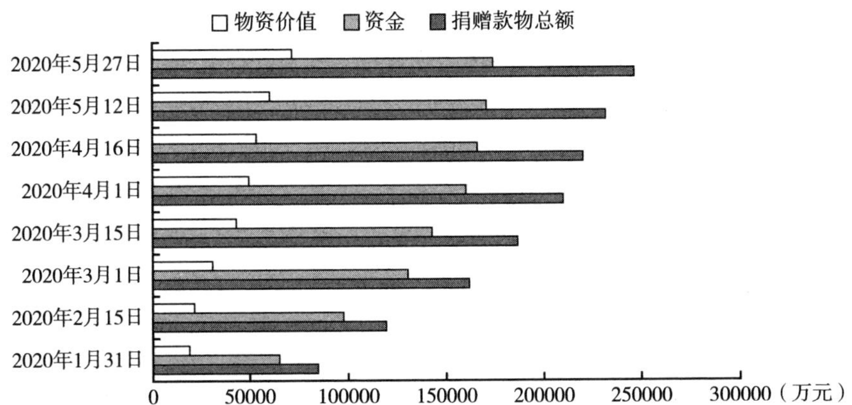

图 2　中国红十字会总会接受使用新型冠状病毒肺炎疫情防控社会捐赠款物动态

资料来源：中国红十字会官网。

① 王勇：《防控疫情，全国社工在行动》，《公益时报》2020 年 2 月 4 日，第 6 版。

三　后疫情时代志愿服务制度建设的完善建议

完善各类公共卫生事件中的志愿服务工作有助于健全基层群众自治制度，推进城乡社区综合治理，实现群众自我参与、自我管理、自我服务和自我监督；有助于优化政府治理体系，协调政府、市场和社会三者关系；巩固社会核心价值共识，促进社会公平正义，弘扬良好道德风尚。志愿服务在推进国家治理体系和治理能力现代化中大有可为。① 完善中国特色志愿服务活动，应当继续坚持中国特色社会主义的制度创新和理论创新，坚持依法治国，用法治推进人权保障和志愿服务等各项事业健康发展。巩固和发展志愿服务在具体实践层面应当重点做好以下工作。

（一）规范制度实施，全面提高志愿服务水平

加强志愿服务顶层设计，通过志愿服务的统筹、运行、管理、保障和规范制度建设，积极推进中国特色志愿服务体系的法治建设，促进志愿服务的规范化、制度化和常态化建设。② 提高志愿服务管理和各项工作的科学性，应当充分利用信息技术手段，及时有效匹配各地区志愿服务的供给与需求。加强引导青少年和儿童参与志愿服务，构建青少年志愿服务社会支持体系。③ 当下志愿服务仍面临社会潜力有待激发、志愿服务工作的管理制度和质量监督有待完善等问题。其一，应当继续发挥群众、各类团体和社会组织在社会治理中的积极作用，规范社会工作者和志愿者等参与社会治理的途径，拓展社会文明实践。其二，逐步建立有效的志愿服务供需对接机制、培训机制、考核评价机制、反馈机制和长效服务机制，全面提高志愿服务水平。其三，仍应坚持总结新冠肺炎疫情防控期间志愿服务工作存在的问题和经验教训，细化志愿服务工作内容，创新防控举措，使志愿服务提供更大能量。

---

① 张翼：《志愿服务在推进国家治理体系和治理能力现代化中大有作为》，《雷锋》2019 年 12 期。

② 徐成华：《疫情防控常态化下的志愿机制研究——以苏州为例》，《江南论坛》2020 年第 9 期。

③ 余闯：《如何引导更多青少年投身志愿服务》，《中国教育报》2020 年 12 月 7 日，第 3 版。

（二）健全工作机制，注重专业领域人才培养

对于医疗卫生、心理咨询服务等专业领域的志愿服务人员供给仍有较大缺口等现状，未来应当加强常态化的机制建立，注重应急防控领域专业志愿人员培养，加强公共卫生领域应急救援人才培养、志愿者培训和专业队伍建设，逐步形成针对专业志愿者和普通志愿者的多层次的专业培训、加强理论研究以及人才队伍建设等环节的联动机制和可持续的培育发展模式建设。① 应当加强协会或社团型枢纽型组织的指导协同作用，加强各类组织间的合作交流与资源信息共享，细化工作流程，完善沟通机制，确保志愿服务各项工作有效运转。其一，建立专业化志愿服务培训机制，开展有针对性的专业知识、技能培训与实践演练，加强专业志愿者的选拔培训以及人身安全保障，加强志愿服务各项工作的经验总结和推广交流。其二，建立健全志愿者日常培训管理制度，加强课程研发和实训基地建设，不断提高志愿者自身能力素质，以专业化志愿服务机构孵化和培养各领域专业人才。引导志愿服务组织规范招募流程、提升科学管理、创新服务质量，培养和吸引“留得住、用得好”的优秀志愿者。

（三）统一配套机制，加大志愿服务保障力度

充分发挥政府引导、市场和社会等多方联动配合机制作用，为志愿者和志愿组织发展和志愿服务质量提升提供全方位的社会化保障，加强防疫物资储备以及志愿者的休息权、人身安全和生命健康等方面的权益保障。通过行政监管、行业自律、社会监督和自我监督等有机结合的监督管理机制，确保志愿者、志愿服务组织活动规范有序开展。其一，加大对公共卫生等各领域志愿服务工作的政策重视和资源投入，加大经费保障支持、保险保障的支持规模和保障范围。加强志愿服务基金建设，在各领域基金会和志愿服务项目

---

① 邵振刚：《新冠肺炎疫情事件对我国公共卫生志愿服务发展的影响》，《公益时报》2020 年 2 月 11 日，第 15 版。

中，增加对公共卫生类项目的关注和资助设置。其二，加强资金流通与监管，积极搭建爱心人士、爱心企业与志愿服务组织之间的沟通桥梁，引导社会资金积极参与支持志愿服务事业发展。鼓励多种方式和多渠道的资金筹措为志愿者购买保险，鼓励保险公司与志愿服务组织开展项目合作，设计开发符合志愿服务特点、适应志愿服务发展需要的特色险种，为志愿服务活动承保，为志愿服务组织健康持续发展提供保障。

（四）加强宣传引导，扩大志愿服务社会参与

志愿服务作为广大人民群众参与社会治理、履行公民责任的重要方式，是凝聚社会共识、加强公民自我认同的重要途径，有效推进志愿服务建设对提升公民道德建设、提高社会文明程度和弘扬中华民族传统美德具有重要意义。针对疫情防控期间存在的不尊重、不理解、不配合志愿者防疫工作的行为，应当继续加强社会引导，宣传普及志愿服务在提高国民素质、推动社会治理创新和推进民生保障中的重要作用，提升公众对志愿者和志愿服务的认可度，为发展志愿服务营造良好的社会支持氛围，挖掘潜在的志愿服务资源，提高群众主动参与积极性。引导民生和公共领域服务机构与志愿服务的接纳配合，形成志愿服务工作合力，扩大志愿服务覆盖范围，促进社会文明进步。

参考文献

1. 韩大元：《进一步尊重和保障人权》，《检察日报》2020 年 11 月 11 日。
2. 韩大元：《生命权与其他权利的冲突及其平衡》，《人权》2020 年第 3 期。
3. 丁元竹：《把志愿精神融入社会生活》，《光明日报》2014 年 12 月 18 日。
4. 张翼：《志愿服务在推进国家治理体系和治理能力现代化中大有作为》，《雷锋》2019 年 12 期。
5. 徐成华：《疫情防控常态化下的志愿机制研究——以苏州为例》，《江南论坛》2020 年第 9 期。

B.8

新冠肺炎疫情防控中的残疾人权利保障*

张万洪　丁 鹏**

摘　要： 新冠肺炎疫情凸显出人的脆弱性，也加剧了残疾人面临的多重不利处境。疫情防控和经济社会复苏措施需要平衡公共卫生利益和个体权利，并注意到残疾人群体的高风险，确保其实质平等保护。中国在这方面的经验包括重视和确保残疾人的生命权和健康权，提供无障碍信息和服务，加强教育就业等领域的公共服务等。在后疫情时代应该继续贯彻对残疾人的平等保护和基于权利的可持续发展原则，完善残疾人全面参与社会生活所必需的无障碍与合理便利制度，重视和加强各类群团组织和社会组织的作用。

关键词： 残疾人　权利　疫情　平等　无障碍

一　引言

新冠肺炎疫情突袭而至，在全世界揭示出人类个体乃至社会制度的脆

* 本文是中国人权研究会“疫情防控中的特定群体权利保障”（CSHRS2020－11YB）项目、“中央高校基本科研业务费专项资金”武汉大学自主科研项目（人文社会科学 2020YJ043）的阶段性成果。

** 张万洪，法学博士，武汉大学法学院教授、博士生导师，武汉大学人权研究院执行院长，主要研究方向为法理学、人权法、残障法；丁鹏，武汉大学法学院博士研究生，主要研究方向为人权法。

弱，以及这种脆弱的动态和情境属性。[①] 残疾人等群体面临身心健康、社会资源等多重脆弱性叠加的处境，在疫情防控的制度设计和权利保护实践中尤为值得重视。另外，《残疾人权利公约》强调残疾的动态属性，以及个人与外部环境相互作用的情境属性。这一人权基本原则的最新阐发，为人们在疫情之下和之后反思脆弱性的深层含义，并重申人之为人固有的尊严和权利提供了重要参照。

在防控疫情过程中，面对现代社会前所未有的挑战，各地采取了史无前例的严厉措施。这些措施给残疾人等特定群体造成了不同影响。其中有些涉及特别保护措施、积极行动和实质平等保护，有些则可能构成不成比例的影响乃至歧视。

《残疾人权利公约》本身没有直接提及公共卫生紧急状态下的残疾人权利保障，只是在第 11 条关于“危难情况和人道主义紧急情况”的规定中，要求缔约国采取一切必要措施，确保在危难情况包括自然灾害中残疾人获得保护和安全。《经济、社会及文化权利国际公约》关于健康权和禁止歧视的条款更适用于这一情况。经济、社会及文化权利委员会在其关于健康权的第 14 号一般性意见明确指出，国家有比较优先的义务“采取措施预防、治疗和控制流行病和地方病”（第 44 段）；而且“卫生设施、物资和服务必须在法律和实际上面向所有人，特别是人口中最脆弱的部分和边缘群体，不得以任何禁止的理由加以歧视”（第 12 段）。

在疫情防控中注意到所有人的脆弱性，平衡公共卫生利益和个体权利，同时注意到残疾人等特定群体的高风险，确保其实质平等对待而不是遭受政策和服务的“倒退”，成为 2020 年世界各国人权保障面临的普遍难题。国际残障联盟等多家国际组织在 2020 年 4 月到 8 月调研了 134 个国家的 2152 名残疾人，其共同发布的报告指出，不论是发展中国家还是发达国家，残疾人都可能在疫情下受到不平等对待和人权侵害。各级决策者又

① 李英桃：《新冠肺炎疫情全球大流行中的“脆弱性”与“脆弱群体”问题探析》，《国际政治研究》2020 年第 3 期。

倒退到将残疾人当作控制和养护对象的阶段，残疾人多年来争取的社会成员身份、平等权利和融合政策都受到严重侵蚀。[①] 相关国内研究指出，依法采取疫情防控措施限制公民权利和保护脆弱人群，必须符合比例原则和最小损害原则。[②]

在疫情防控中，残疾人群体由于多重脆弱性，其平等保护面临的最大挑战体现在以下几个方面。第一，在生命权和健康权方面，残疾人可能受新冠肺炎疫情影响而处于更不利地位。比如他们更容易患上心肺疾病、糖尿病等，造成预防感染的困难以及加重病毒感染的后果。残疾人获取医疗服务的障碍进一步凸显，难以得到及时、适当的照护，更加缺乏维系健康生活所需要的社会支持。在福利康养等封闭机构中的残疾人很难保持社交距离，感染风险更高，获得外界亲友支持的机会更少。[③] 此外，精神障碍者包括经历自闭症、抑郁症等处境的人士，因为疫情阻隔、服务中断而遭受更不利的健康影响。第二，由于无障碍环境不完善，许多残疾人（以及有类似需求的老年人、孕妇、病人等）不能及时了解疫情防控的基本状况，在获得生活防疫物资、就医就学就业乃至参与在线庭审等方面都面临困难。在疫情初期，一项针对 178 名湖北残疾人的需求评估调研表明，有 14% 的人在了解疫情信息上存在障碍，主要是盲人和聋人群体；此外有 37% 的人存在购买生活必需品方面的困难，还有 40% 的人希望获得在线学习资源，尤其是求职就业方面的课程。[④] 第三，残疾女性、老年人、儿童受到多重身份的不利影响，面对疫情防控措施更加脆弱。特别是长期的居家隔离导致了更多的家庭暴力，而残疾女性、老年人、儿童更难以获得外部的及时有效救济。

---

① Ciara Siobhan Brennan et al. , "Disability Rights During the Pandemic: A Global Report on Findings of the COVID - 19 Disability Rights Monitor," *COVID - 19 Disability Rights Monitor* (2020), https: //www. internationaldisabilityalliance. org/sites/default/files/disability_ rights_ during_ the_ pandemic_ report_ web_ pdf_ 1. pdf, p. 7.

② 王晨光：《疫情防控法律体系优化的逻辑及展开》，《中外法学》2020 年第 3 期。

③ 付药：《新冠肺炎疫情下残疾人群体的困境与支持》，《残疾人研究》2020 年第 2 期。

④ 资料来自笔者对残障抗疫义工网络发起人韩青的访谈。

二 在疫情防控中保护残疾人权利的经验

中国特色社会主义法治体系及其防控公共卫生危机的机制，在兼顾个体生命权、健康权与共同体秩序方面体现出独特优势。就残疾人权利保障而言，这一机制的影响体现在确保生命、健康的平等保护，提供全面的无障碍信息和服务，以及加强教育就业等领域的公共服务。由此参照，可以反思西方自由主义、个人主义权利观，探索和发扬社会主义法治体系的权利逻辑平衡个体与共同体权益、平等保护残疾人等特定群体权利的有效策略。

（一）对残疾人生命权和健康权的保障

习总书记要求在各项防疫工作中“把人民群众生命安全和身体健康放在第一位”，也就是要把人的生命权和健康权放在第一位。[①] 生命至上，是所有人的生命权平等至上。生命权的主体，落脚于个体，而个体由于身心特质、社会身份的差异又属于不同群体，比如残疾人、妇女、儿童、老年人等。生命权的客体是生命，每个人都平等享有生命的价值。个体的生命权同时具有社会共同体价值秩序（宪法秩序）的性质。[②] 生命权优先，为此可以限制其他基本权利。政府为保障公众的生命健康采取了严格疫情防控措施，包括限制公民的人身、言论、隐私及其他领域的自由。这些限制公民权利的措施，实际上给不同社会成员造成了非常不同的影响；这又会反过来影响不同人群（尤其是残疾人等特定脆弱人群）实现其生命权和健康权的平等保护。经济、社会及文化权利委员会在其关于健康权的第 14 号一般性意见中指出，国家可以用公共卫生作为限制行使其他基本权利的理由，“这类限制必须符合法律，包括国际人权标准，符合公约保护的权利的性质，符合追求的合法目标，且必须是促进民主社会总体福祉所必须的”（第 28 段）；“这

① 李君如：《一场生命权和健康权的保卫战及其提出的人权思想》，《人权》2020 年第 3 期。

② 韩大元：《生命权与其他权利的冲突及其平衡》，《人权》2020 年第 3 期。

类限制必须是适当的，即在有几种限制可作选择的情况下，必须选择限制性最小的办法”（第29段）。

有域外研究指出，不少地方存在歧视性和能力主义的医疗保健配给政策，反映出长期以来社会对残疾人生命、生活价值的贬损，① 人们往往错误地认为残疾人的生命质量较低。② 一些国家关于救治残疾人的医疗政策，涉嫌剥夺残疾人的医疗自主权或降低为残疾人提供医疗服务的优先级。社群和研究者呼吁，不应根据残疾与否来衡量患者的救治价值，③ 而要平等保护残疾人的生命权和健康权。

平等对待是人权保障的黄金规则。中国政府在抗击疫情的过程中，坚持同等标准、优待弱势的平等保护原则。各级政府及其职能部门出台相应措施，确保疫情期间对特定群体生命健康的平等保护。④ 2020 年 2 月底 3 月初，国家卫健委先后印发《新型冠状病毒肺炎防控方案》第 5、6 版，明确要求将残疾人福利机构和失能人群列为防控重点。2 月 6 日中国残联发布《关于进一步做好残疾人托养、就业等机构新型冠状病毒感染的肺炎疫情防控工作的通知》，2 月 11 日又印发《关于做好隔离的残疾人和亲属隔离的残疾人照护服务工作的通知》，明确对残疾人生命健康的主要照护方式是社区服务和邻里照护，照护内容包括临时生活救助、送药上门、辅具配送、心理慰藉等。2 月 27 日，中国残联部署疫情防控期间残疾人就业和基本生活保障工作，要求地方残联协调乡镇（街道）、村（居）委会落实临时照护责任。3 月 6 日，中央应对新冠肺炎疫情工作领导小组印发《关于进一步将做好疫情防控期间困难群众兜底保障工作的通知》。3 月 9 日，民政部发布民

① Emily M. Lund, Kara B. Ayers, “Raising Awareness of Disabled Lives and Health Care Rationing During the COVID – 19 Pandemic”, *Psychological Trauma: Theory, Research, Practice, and Policy* 12 (S1), 2020.

② Coleen A. Boyle, Michael H. Fox, Susan M. Havercamp, Jennifer Zubler, “The public Health Response to the COVID – 19 Pandemic for People with Disabilities”, *Disability and Health Journal* 13, 2020.

③ Satendra Singh, “Disability Ethics in the Coronavirus Crisis”, *Journal of Family Medicine and Primary Care* 9, 2020.

④ 张永和：《中国疫情防控彰显人权保障》，《学习时报》2020 年 3 月 20 日，第 3 版。

政领域基本民生保障5项措施，要求各地了解被隔离收治对象家里有无需要监护或照料的残疾人、老年人、儿童等，及时通知社区或当地民政部门，及时安排人员提供照料帮扶。3月14日，国务院联防联控机制印发《因新冠肺炎疫情影响造成监护缺失儿童救助保护工作方案》，明确残疾儿童在紧急状况下的临时照料方案。

这些中央和地方的专门政策有力保障了残疾人在疫情防控中的生命权和健康权。据统计，截至2020年3月31日，湖北省残疾人累计确诊病例608例，占持证残疾人总数的3.8‰，死亡66例，死亡率为10.9%。其中，武汉市累计确诊残疾人病例398例，占武汉市持证残疾人总数的18.4‱，死亡50例，死亡率为12.6%。湖北省残疾人感染病例占残疾人总数的比例远低于全部被感染者占总人口的比例（11.6‱），这说明残疾人获得的社会保障和支持对他们的生命健康起到了保障作用。[①] 也应该注意到，残疾人感染后死亡率比普通人群感染后死亡率（4.7%）较高，可能和残疾人身体抵抗力较弱及患有基础性疾病有关。

此外，各类助残社会组织在补强正式保障体系、实现残疾人健康权方面发挥了重要作用。2020年2月8日，武汉市精神卫生中心通报院内感染，有50名患者和30名医务人员确诊感染新冠肺炎。至2月17日，全国已有323名精神障碍患者确诊新冠肺炎。对此，国务院联防联控机制专门印发通知，要求加强对住院和居家精神障碍患者的管理治疗和社区照护，将远程诊疗和送药上门纳入对居家隔离精神障碍者的服务范围。[②] 但是疫情期间社区防控任务繁重，一线人员工作量极大，其对精神障碍群体需求的响应度降低，“阳光驿站—社区—医疗机构”这一康复平台提供的支持不足。为此，武汉某长期关注精神障碍者社区康复的机构开辟了线上康复服务平台，自2020年2月到4月共开展线上康复活动257场，服务精神障碍患者及家属3457人次，保证了疫情期间精神障碍患者社区康复的持续性，包括舒缓情

---

① 江传曾、朱文轩、许严晓：《新冠肺炎疫情下构建有中国特色的残疾人社会支持体系》，会议发言稿，待发表。

② 厉才茂：《疫情之下对残疾人保护的实践与思考》，《残疾人研究》2020年第1期。

绪状态、降低发病率、满足人际交往需求、恢复社会功能等。该机构同时对接社区、医院，代为购买、发放药物，解决精神障碍群体药品储备不足、购买药物的困难；链接基金会、公益募捐平台、社会爱心企业，为420名精神障碍患者提供了生活、防疫物资需求，解决生活困难。[①]

（二）对服务和信息无障碍的保障

充分获得无障碍与合理便利支持，是残疾人及时了解疫情防控信息、平等参与全民抗疫行动和获得相关法律政策保护的基础。本次疫情防控中，各级政府和各类群团组织、社会组织提供信息及服务无障碍支持的经验值得重视和推广。

2020年1月26日，中国残联办公厅印发通知，要求各级残联加强疫情防治知识的宣传和教育工作，特别是做好面向残疾人的宣传。武汉市各区残联干部以街道社区为单位，通过上门、电话、短信、微信、QQ等方式宣传疫情防控知识，通过残联微信公众号推送无障碍版的疫情防控宣传知识。2月初，中国盲协、中国聋协开展针对视力、听力残疾人的疫情防控宣传。包括录制国家卫健委《新冠肺炎预防指南》和中国疾控中心《新型冠状病毒感染的肺炎公众防护指南》的有声书，在全国近400个盲人微信群广泛转发，多个官方微信公众号发布。[②] 为了让无法上网、不用智能手机的盲人及时获得相关信息，盲协将有声书内嵌到中国盲文图书馆呼叫中心的语音服务中，拨打4006107868就能通过电话收听。

在紧急状况下，确保手语信息和专业手语翻译是聋人群体平等享有各项权利的关键。[③] 2020年2月1日，武汉市残联微信号推送《跟我一起学——预防新型肺炎小知识》手语视频。2月4日起，北京市政府、国务院联防联

---

① 相关资料来自笔者2020年9月对机构负责人的访谈。

② 中国残联：《信息无障碍助盲人聋人抗击疫情》，2020年2月12日，华夏时报网，https://www.chinatimes.net.cn/article/94336.html。

③ 郑璇：《加快推进中国手语翻译的职业化——基于新型冠状病毒肺炎疫情的思考》，《残疾人研究》2020年第1期。

控机制、上海市政府举办的疫情防控新闻发布会中均配备手语翻译，且有翻译员戴透明口罩，以提升翻译效果。2 月初，河北、辽宁、黑龙江、江西等地残联先后联合地方特教学校、融媒体中心发布了相关防疫指南的手语版，并获得广泛转发。此外，湖北省残联和助残社会组织积极整合线上线下的手语翻译资源，为感染入院的聋人及医护人员提供了交流无障碍支持。[①] 相关部门还与交通部门合作，在地铁公交站台等公共交通区域播放手语版防疫宣传片。

在无障碍交通出行和物资运输领域，交通运输部等 7 部门 2 月 3 日印发《关于统筹做好春节后错峰返程疫情防控和交通运输保障工作的通知》，交通运输部 3 月 2 日印发《关于分区分级科学做好客运场站和交通运输工具新冠肺炎疫情防控工作的通知》（第一版），通过制定专项疫情防护指南，协调联动，保障包括残疾人在内的居民的基本出行和物资配送。交通枢纽加强对无障碍通道、扶手、无障碍厕所、盲文按钮以及交通工具上的轮椅停靠区、爱心座椅等无障碍服务设施做好全方位消毒工作。[②]

各地图书馆在推动信息无障碍方面发挥了积极作用。据统计，疫情期间，湖北省图书馆微信公众号在全国图书馆的服务频次最高，平均每天发布 4 篇文章。除了官网、微信公众号、微博账号，31 所省级公共图书馆中有 14 所开通了官方短视频号，发布与疫情防控相关的视频。[③] 疫情期间公共图书馆收集和提供的文献资源（特别是数字版），为向公众更新疫情防控动态、科普卫生常识、辨别信息真伪[④]、向残障读者免费送书或邮寄资料[⑤]、居民心理辅导、线上教学参考乃至疫情决策参考等提供了重要的无障碍支

① 来自笔者 2020 年 5 月对湖北省残工委及武汉公益机构工作人员的访谈。

② 陈朝：《新冠肺炎疫情下对无障碍交通服务体系构建的思考》，《交通建设与管理》2020 年第 1 期。

③ 王丽艳：《公共图书馆突发公共事件应急信息服务研究》，《图书馆理论与实践》2020 年第 6 期。

④ 王玮：《图书馆应急信息服务对策研究》，《图书馆学刊》2020 年第 11 期。

⑤ 吴兆文：《新冠肺炎疫情期间面向特殊人群的公共图书馆服务——以劳务工和残障人群为例》，《江苏科技信息》2020 年第 25 期。

持。总体来看，疫情期间为残疾人提供无障碍信息和个性化服务的图书馆还不多。在未来，图书馆需要与专门社会组织、特殊教育学校、残疾人职业培训机构、专业手语翻译、法律和社工等领域的专业人士合作，利用新技术，开发更多无障碍的信息资料和线上线下服务，包括将语音资料转化为文本、为视频添加字幕或手语视频等。

除政府职能部门和群团组织提供的服务之外，诸多社会组织和自发的志愿者网络也积极行动，为不同类型的残疾人提供疫情相关的信息交流无障碍服务。例如2020年2月4日，深圳市信息无障碍研究会联合多家研究机构、企业、媒体发布《疫情期间不忽略障碍群体刚需、仍坚持做无障碍的倡议书》，2月9日该研究会发布无障碍疫情微信小程序，设置疫情数据、同行查询、疫情科普、较真辟谣、心理咨询和发热门诊模块，促进疫情防控信息的无障碍传播。其他社会组织针对听障、视障、智障、肢体障碍等不同群体需求，及时提供了众多手语视频版、易读版、读屏版的防疫科普资讯或服务，详见表1。

表1　疫情期间部分社会组织提供的信息交流无障碍服务

启动时间（2020年）	服务内容	发布平台或发起机构	无障碍形式
1月23日	听障防疫科普与援助	微信公众号（你看起来好动听）	手语视频30多个
1月26日	肺炎防疫科普手语版（带字幕）视频	微信公众号（EISA、守语者）	手语视频、字幕
1月26日	新型冠状病毒肺炎个人防控指南手语版	微信公众号（杜银铃）	手语视频
2月2日	残障人药品、生活用品代购代送方案	微信公众号（残障支持、抗疫残障义工网络）	手语视频、网页无障碍
2月7日	从小孩到老人，从居家到外出，疫情防护看这就够了	微信公众号（丁香医生、金盲杖自立生活）	可读屏版
2月9日	新冠防护无障碍通道小程序	微信小程序（深圳信息无障碍研究会）	网络无障碍
2月10日	心智障碍防疫手册	微信公众号（残障支持、抗疫残障义工网络）	易读版
2月11日	残障者新冠肺炎自我防控手册	微信公众号（残障之声、残障知音等）	图文版

续表

启动时间（2020年）	服务内容	发布平台或发起机构	无障碍形式
2月12日	“AI无障碍教学”计划	音书科技、乐往科技	智能字幕、速记
2月14日	延迟开学：给特殊孩子老师和家长的30条建议	天津体育学院“残障者疫情防护支持平台”	手语视频
2月23日	写给轮椅族、听障者、精神障碍者的防疫指南	知乎平台（少数派说）	图文版
3月10日	残障伙伴遇到困难，如何拨打市长热线？	微信公众号（残障支持、抗疫残障义工网络）	可读屏版、录音版
3月21日	疫情期间，聋人伙伴如何融入社区？（手语版）	微信公众号（守语者、残障支持）	手语及字幕

资料来源：表中资料来自笔者收集的微信公众号、网页等平台公开发表的信息，部分信息收集整理可见少数派《有这样一批残障民间组织，支持着疫情下的中国》，2020年4月11日，知乎网站，https：//zhuanlan. zhihu. com/p/128997173。

（三）对残疾人教育就业权利的保障

2020年1月27日，教育部发布《关于2020年春季学期延期开学的通知》，1月29日教育部号召“利用网络平台停课不停学”，远程线上教育在我国迅速发展起来。残疾人在疫情中平等接受教育（包括普通融合教育和特殊教育），在教育内容和方法上，需要满足居家隔离期间身心障碍导致的独特需求；在教学媒介与技术上，需要跨越数字技术鸿沟。

疫情期间，特教学校和社会组织在心智障碍儿童的居家教育、在线教学的内容及方法方面，深入了解社群需求，探索积累了有益经验。例如，孤独症儿童早期干预机构发布的需求报告显示，超过六成孤独症儿童的带养人为母亲，近七成孤独症儿童家庭采取居家干预的方式参与在线学习，非常需要专业人员指导。[①] 另外，有研究指出，培智学校的学生在认知、语言、情

① 大米和小米：《疫情期间中国孤独症儿童家庭现状及需求报告》，2020年7月14日，中国日报中文网，http：//ex. chinadaily. com. cn/exchange/partners/82/rss/channel/cn/columns/j3u3t6/stories/WS5f0ea82ba310a859d09d811a. html。

感、动作以及社交等领域面临障碍，居家学习和参与在线教育面临更大困难。为此，一些培智学校的老师联合家长制定了专门的居家教学方案，以耐心生动的方式向特殊需求儿童解释居家学习的处境，调整情绪；以生活适应和技能锻炼为主，结合居家语文数学中的趣味教学法，考虑到个案差异实现停课不停学。①

在教学媒介与技术方面，视力、听力障碍学生参与网课平台面临很大挑战。2020 年 4 月，中国信息无障碍联盟对网易云课堂、哔哩哔哩、中国大学 MOOC、腾讯课堂、CCtalk 等主流远程教学软件的无障碍情况加以评测，结果均存在一些问题，包括大量控件无卷标、图片无替代文本、装饰图片未被读屏忽略、选中无提示等。② 此外一项对 16 名视障大学生的访谈发现，不少视障大学生更喜欢疫情期间的线上教学。对于全盲学生来说，线上教学可弥补高校物理环境无障碍的不足，减轻独立出行、寻找教室的压力。对于低视力学生来说，线上教学中大量的电子资料弥补了日常学习环境无障碍的缺乏，便于浏览教学内容。但是，许多线上教学软件的无障碍设计不足，导致部分功能无法操作。在现有的教学模式下，读屏软件的朗读声音会和老师、同学的讲话声冲突；视障学生回答问题、发送消息，也会受到同样的干扰。③

在听障学生的线上教育方面，音书科技从 2020 年 2 月 12 日开始向国内所有特教学校和普校的听障学生推出“AI 无障碍教学”计划，通过智能字幕速记系统自动在线生成字幕，以便听障学生获取全面的授课信息。在 3 个月时间里，总计为 40 多家聋校、特校免费提供智能字幕速记系统，帮助了 600 多名老师。④ 此外，乐往科技与百度合作研发“慧译视频字幕系统”

---

① 衣文玉、王淑荣：《新冠肺炎疫情下培智学校教学对策探析》，《中国特殊教育》2020 年第 3 期。

② 信息无障碍产品联盟：《可及评测 | 在线教育类平台在风口上》，2020 年 6 月，信息无障碍产品联盟官网，http://www.capa.ac/ - -1。

③ 黄莺：《后疫情时代视障高等融合教育的机遇与挑战》，《残障权利研究》（集刊），待出版。

④ 音书团队：《“AI 无障碍教学”行动将于 4 月 30 日结束》，2020 年 4 月 26 日，中国语情动态资源库，http://ling.whu.edu.cn/cnAnalysis/index.php/homeAn/ReadPost/pid/25250。

（百度抗疫特别版），惠及多所高校及特殊学校的2100多名听障学生，以及30多所特殊学校的老师，用户达2万多人。①

疫情期间各地积极探索在线无障碍教学的经验，进一步凸显出基于融合教育理念建立区域的特殊教育信息化服务平台的重要性，② 以及运用人工智能、高速网络实现无障碍支持的广阔前景，以此在后疫情时代紧跟线上教育发展趋势，为特殊需求学生、教育管理部门、特教学校及普通学校的教师提供综合支持。

为缓解残疾人就业受到疫情的冲击，保障和促进残疾人在复工复产中的就业权利，2020年5月25日，中国残联、民政部、财政部等5部门下发《关于扎实做好疫情防控常态化背景下残疾人基本民生保障工作的指导意见》，意见指出，对因疫情影响无法经营、就业，收入下降导致基本生活困难，同时又不符合社会救助条件的困难残疾人，要甄别不同情况，做到一户一策、一事一议，给予及时帮扶。各地采取了一系列对残疾人就业的相关补助和保障措施，包括：加强残疾人就业资金保障；落实国家和地方失业保险返还、税收减免、担保贷款贴息、就业补贴、社会保险费减免或缓缴等政策；抓好线上线下残疾人就业服务，充分发挥全国和省级残疾人就业网络服务平台作用，为用人单位招用残疾人和残疾人求职牵线搭桥；对符合条件的经营确有困难的盲人按摩机构、残疾人集中就业单位、残疾人个体工商户等，给予阶段性房租补贴；对疫情期间超比例安排残疾人就业的用人单位，加大奖励力度。

各级残联和社会组织、企业也积极开展联合行动，通过线上技能培训、一对一辅导、安排实习等形式，为残疾人就业提供支持。2020年3月一项针对疫情期间全国盲人按摩行业的调查表明，在712份反馈中，有77%的按摩店经营受到严重打击，有5%的按摩店已经倒闭；82%的按摩店资金严

① 百度大脑：《百度大脑技术支持慧译视频字幕系统，为听障学生带来“看得见的声音”》，2020年5月8日，知乎网站，https：//zhuanlan. zhihu. com/p/138994493。

② 刘洪沛、肖玉贤：《特殊教育信息化平台研发：融合教育理念的创新实践》，《中国远程教育》2020年第2期。

重紧张，58%的按摩店按摩技师无法上班。① 3 月下旬另外一项在线调研显示，在 1024 名已就业的残疾人中，31%表示受疫情影响无法开工，另外有 15%失去工作。超过六成残疾人家庭表示收入降低，且疫情对家庭收入的影响具有残疾类别上的差异，视障者中有 88%表示收入下降，在不同障别中比例最高。这与我国视力障碍者从事按摩工作的比例高有关。② 为此，2～3 月，15 家社会组织和残联机构发起了"疫情下残障者职业发展联合行动"，协助残疾人应对就业压力和失业风险，包括线上开展盲人按摩师提高技能培训；2 个月时间发布了 11 节公开课，参与视障者人数达到 11000 人。③

疫情隔离之下，残疾人在线就业的意义和面临的问题都更加突出。2020 年 10 月一项对 130 名残疾人（肢体障碍占六成，其他主要是视力障碍者）居家就业的调研显示，基于电商企业的运营需求，"云客服"等新兴众包服务平台为残疾人在疫情期间提供了可贵的灵活就业机会。但是，这些岗位的收入比较低，大部分在每月 3000 元以下。④ 再加上用工形式多样，计酬标准不一，劳动保障和岗位培训参差不齐，居家在线就业的残疾人劳动权益保障还有待完善。

三　在后疫情时代保护残疾人权利的对策建议

在后疫情时代完善公共卫生危机防控机制，依法保护残疾人权利，除了延续前述在生命健康、社会保障、教育就业、无障碍等领域积累的经验策略，还需要探索完善残疾人在自立生活、婚姻家庭、文化体育娱乐等领域享有平等权利并实现社会融合的政策制度。为此，有必要贯彻对残疾人的平等保护

---

① 心智互动：《新冠疫情对盲人按摩业的影响及复工前景的调查报告》，2020 年 3 月 14 日，央广网，http://www.cnr.cn/rdjj/20200314/t20200314_525016393.shtml。

② 李学会、蔡聪：《疫情对残障群体的影响：一个实证研究》，张万洪主编《突发公共卫生紧急状态下的残障权利保障》，武汉大学出版社，2021（待出版）。

③ 周海滨：《企业和残障组织应对疫情的联合行动》，《残疾人研究》2020 年第 2 期。

④ 纪寻等：《后疫情时代的残障就业新机会：客户服务是一个好工作吗?》，《残障权利研究》（集刊），待出版。

和基于权利的可持续发展原则，改进残疾人全面参与社会生活所必需的无障碍与合理便利制度，充分重视和加强各类群团组织和社会组织的作用。

（一）完善无障碍与合理便利制度

习总书记2020年9月20日在湖南考察时指出，“无障碍设施建设问题，是一个国家和社会文明的标志，我们要高度重视。”为确保残疾人在公共卫生危机中获得平等保护，相关无障碍与合理便利制度涉及社会救助、医疗、教育、就业、文体、司法保护等领域，进而包括民政、卫健、医保、教育、人社、文化、司法行政等政府职能部门以及科技部门的共同责任，体现为信息交流、物理设施、建筑设计、小区环境、教育就业场所和其他公共空间的无障碍等诸多层面。

在公共参与层面确保无障碍，有助于及时了解残疾人需求，反思相关防控措施是否造成了不合比例的负面影响或社会排斥。这方面一个值得借鉴的重大进展在于，截至2020年12月，全国已有421名女性残疾人、154名女性残疾人亲友被选举为县级以上人大代表和政协委员，与五年前相比分别增长了30.3%和58.8%，覆盖了几乎所有类别的残疾人。① 在新技术层面推动无障碍，应当参照中国残联《重大传染病疫情残疾人防护社会支持服务指南（试行）》以及工信部《互联网应用适老化及无障碍改造专项行动方案》开发和普及在线手语翻译、手语新闻节目，完善读屏、网课软件，以及丰富出行信息无障碍相关软件的功能，考虑出行各个环节的影响因素和重大灾害发生时的应用场景。在司法保护层面实现无障碍，要创新技术方案、完善诉讼服务规则，解决视障人在线开庭无法通过面部识别、难以阅读笔录或证据这类实际困难。

（二）重视和加强群团组织和社会组织的作用

在防控新冠肺炎疫情的人民战争中，从交通管制到小区管控，从环境卫

① 《中国政府向联合国消除对妇女歧视委员会提交的第9次定期报告》，CEDAW/C/CHN/9，2020年12月15日，联合国人权高专办网站，https://tbinternet.ohchr.org/_layouts/15/treatybodyexternal/Download.aspx?symbolno=CEDAW%2fC%2fCHN%2f9&Lang=en。

生到社区服务，大量群团组织和社会组织，包括各级残联和各类助残社会组织，作为政府与市场的重要补充，及时广泛募集资源、精细提供服务，解决了许多迫在眉睫的实际问题，促进残疾人权利的平等保护，也在相关政策倡导领域发挥了不可替代的作用。① 这方面已有的相关政策包括：2020 年 1 月 29 日，民政部社会组织管理局制定下发《关于印发〈社会组织登记管理机关疫情防控工作实施方案〉的通知》；1 月 30 日，民政部、国家卫生健康委发布《关于进一步动员城乡社区组织开展新型冠状病毒感染的肺炎疫情防控工作的紧急通知》；2 月 12 日，发布《致全国社会服务机构和社区社会组织的新冠肺炎疫情防控倡议书》。这些政策引导社会组织在筹集善款物资、带动行业企业、动员社会力量、提供定点专业支持等方面发挥积极作用。②

武汉一些助残社会组织在 2020 年抗疫后期，为了周转资金、留住员工，积极开展生产经营自救，还一度涉足工商领域，比如将康复训练、职业治疗场所临时转为当季餐饮（小龙虾）外卖店面。这样的经营自救既团结了员工、凝聚了士气，又适当增加营收，克服了实际困难，为复工复学奠定了良好基础。③ 也应该注意到，还有一些助残社会组织由于疫情影响，难以开展预期的服务活动，比如聋人咖啡馆、上门康养等活动，再加上经济低迷、筹款不易，导致项目资金拨付中断，机构运营陷入困境。在此背景下，一些基金会提供了小额赠款，政府及时拨付相关补贴、临时增加专项购买，为其提供救济。④

在疫情防控常态化阶段，应该继续加强残联等群团组织和各类社会组织在促进残疾人权利平等保障中的作用。政府主导、党建引领、残联支持的社会助残服务发展，应当通过政策鼓励、专业培训、政府购买、政社协同等机

① 《党的十九届五中全会〈建议〉学习辅导百问》，学习出版社，2020，第 198 页。

② 季云岗等：《战“疫”中见证社会组织力量》，《中国社会组织》2020 年第 4 期。

③ 2020 年 9 月初笔者对武汉几家残障儿童康复机构、精神障碍服务机构和盲人按摩机构的访谈。

④ 皮磊：《疫情影响下的小型公益机构：无法正常执行的项目和日渐凸出的财务压力》，《公益时报》2020 年 2 月 11 日，http：//www. gongyishibao. com/html/yaowen/18257. html；以及《回访疫情下的武汉公益机构：我们期待活下来，然后被看见》，《公益时报》2020 年 4 月 21 日，http：//www. gongyishibao. com/html/yaowen/18571. html。

制给助残社会组织提供发挥作用的空间。[①] 以政党全面领导为特色的举国模式需要各级政府的积极动员，也离不开普通民众的配合、基层社区的应对和社会组织的参与。构建有韧性的社会治理共同体，激发和培育脆弱人群的力量，残疾人同样能为大国抗疫和经济社会复苏作出重要贡献。[②]

全社会团结协作渡过疫情危机的历程，让法治、善治和人权平等保护的理念更加深入人心。在全面建成小康社会之际，继续全面建设社会主义现代化，依然离不开残疾人的平等参与和基于权利的发展。在各种社会情境下探索和实现对残疾人权利的平等保护，是我国以人民为中心的人权事业的重要内容，也是对人类命运共同体理念的生动阐释。坚持完善和推进中国残疾人权利保障事业，有助于在后疫情时代批判个人主义权利话语和能力主义决策路径的局限，倡导对特定群体的平等保护策略，重塑关于权利话语的全球共识。这是我国实现经济社会中长期发展目标的制度基石，也是全球法治国家达成共识、建立互信与合作的理念基础。

参考文献

1. 曲相霏：《人权离我们有多远：人权的概念及其在近代中国的发展演变》，清华大学出版社，2015。
2. 〔南非〕桑德拉·弗里德曼：《反歧视法》，杨雅云译，中国法制出版社，2019。
3. 〔澳〕本·索尔、〔澳〕戴维·金利、〔澳〕杰奎琳·莫布雷：《〈经济社会文化权利国际公约〉评注、案例与资料》，孙世彦译，法律出版社，2019。
4. 郑功成、杨立雄主编《中国残疾人事业研究报告（2019）》，社会科学文献出版社，2019。
5. 张万洪主编《残障权利研究》（第5卷第1期），社会科学文献出版社，2019。
6. 黄晓勇主编《中国社会组织报告（2020）》，社会科学文献出版社，2020。

① 孔卫拿、黄晓媛：《社会组织在新型冠状病毒肺炎疫情防控中的作用——逻辑、体系与提升路径》，《学会》2020年第7期。

② 朱健刚：《疫情催生韧性的社会治理共同体》，《探索与争鸣》2020年第4期。

·（二）生存权与发展权·

B.9
生态保护补偿机制促进人权保障

张　晏*

摘　要： 建立和完善生态保护补偿制度是生态文明建设的重要内容，也是践行“绿水青山就是金山银山”理念的重要手段。生态保护补偿机制的核心在于生态保护者在保护生态环境的同时享有获得补偿的权利，这能够缓解生存权、发展权和环境权之间的内在张力，促进人权保障。我国生态保护补偿制度建设已取得显著成效，制度框架体系已基本建成，相关实践也日益广泛深入。针对生态保护补偿存在制度定位不清、资金来源单一、补偿标准偏低、补偿精度不足、激励作用不强等问题，应当进一步推进生态保护补偿的制度化和法制化建设，积极探索市场化、多元化机制，规范补偿标准，丰富补偿方式，切实提高补偿的精准度和公平性，形成生态保护的动力和有效激励，从而更好地保障人权。

关键词： 生态保护补偿　人权保障　生态利益　经济利益

2020 年，全面建成小康社会取得伟大历史性成就，决战脱贫攻坚取得

* 张晏，博士，北京理工大学法学院讲师，主要研究方向为环境与资源保护法。

决定性胜利。[①] 贫困和生态环境保护向来被认为是全面建成小康社会道路上存在的两个短板，二者之间又存在一定的耦合关系。据统计，95%的贫困人口和大多数贫困地区分布在生态环境脆弱、敏感和重点保护的地区，这些地区发挥着“生态保障”、“资源储备”和“风景建设”的功能。[②] 如何既保护公民环境权，又保护特定地区公民的生存权和发展权，改变“富饶的贫困”这一状况，关键在于如何处理“绿水青山”和“金山银山”之间的关系。绿水青山就是金山银山理念是习近平生态文明思想与实践的核心内容，2020 年是习近平总书记提出该理念 15 周年，十九届五中全会也提出要坚持绿水青山就是金山银山理念。“两山”之间的矛盾如何化解，如何实现“两山”的辩证统一，核心集中体现在“就是”两个字上，这是在兼顾和取舍基础上的更深层次的境界，强调的是“转化”。[③] 生态保护补偿正是实现这种转化的重要方式。生态保护补偿对生态环境保护成本予以补偿，能够成为平衡经济利益和生态利益、沟通扶贫和环境保护的卓有成效的利益协调机制，[④] 从而实现生态环境保护和经济发展的双赢。

一　生态保护补偿的人权保障功能

2020 年 11 月 27 日发布的《生态保护补偿条例（公开征求意见稿）》首次明确规定了生态保护补偿的概念，该意见稿第 2 条规定：“生态保护补偿是指采取财政转移支付或市场交易等方式，对生态保护者因履行生态保护责任所增加的支出和付出的成本，予以适当补偿的激励性制度安排。”这一制度安排

---

① 《国家主席习近平发表 2021 年新年致辞》，2021 年 1 月 1 日，人民网，http：//politics.people. com. cn/n1/2021/0101/c1024 －31986250. html。

② 《发改委解读：生态保护补偿助力精准脱贫》，2016 年 5 月 25 日，中国政府网，http：//www. gov. cn/zhengce/2016 －05/25/content_ 5076622. htm。

③ 董战锋、张哲予、杜艳春、何理、葛察忠：《“绿水青山就是金山银山”理念时间模式与路径探析》，《中国环境管理》2020 年第 5 期。

④ 黄锡生、何江：《论生态文明建设与西部扶贫开发的制度对接——以生态补偿为“接口”的考察》，《学术论坛》2017 年第 1 期。

背后的原理是，特定区域的生态环境保护行为能够创造环境生态效益，这一公共物品具有外部溢出效应，同时又很难被转化为市场价值，生态保护补偿通过让生态受益者付费、让生态保护者获偿，将生态环境保护外部性内部化。

表面看来，生态保护补偿机制是一种经济激励机制，却具有促进人权保障的重要功能。生态环境保护过程必然会占用当地的经济资源。基于我国国土空间规划，不同区域的自然状况、环境承载能力和现有开发强度不同，虽然在全国经济社会发展中具有同等重要的地位，但是由于主体功能不同，其开发方式、保护内容、发展的首要任务并不相同。对于限制开发区域和禁止开发区域来说，保护和修复生态环境是首要任务，这导致传统意义上的发展权客观上受到限制。例如，我国生态保护区、水源涵养区、粮食主产区和资源富集区等功能区域为了全社会整体福利必须作出区域利益的特别牺牲或让渡，其利益形态并不局限于资源利益，还包括生态保护和发展机会的成本等。[①] 重点生态功能区往往和贫困地区在地理位置上高度重叠，又加剧了区域发展之间的利益不平衡。如果既要保护公民环境权，要求生态保护者履行生态环境保护的义务，又要保护生态保护者的生存权和发展权，实现人类公平发展、平等发展的价值理想，对于这种牺牲或让渡，应当赋予该区域内相应社会主体以利益受偿之权利。[②] 通过生态补偿机制对生态保护者付出的成本予以科学计算和合理补偿，能够缓解生存权、发展权和环境权之间的内在张力，切实保障人权。

二　生态保护补偿的制度概况和最新进展

目前，我国生态保护补偿制度建设已取得显著成效，生态保护补偿制度的框架体系已基本建成，生态保护补偿实践也日益广泛深入，为人权保障提供了有力支撑。

---

① 陈婉玲：《区际利益补偿权利生成与基本构造》，《中国法学》2020 年第 6 期。

② 杜群、车东晟：《新时代生态补偿权利的生成及其实现——以环境资源开发利用限制为分析进路》，《法制与社会发展》2019 年第 2 期。

（一）生态保护补偿制度框架基本建立

自20世纪90年代以来，我国颁布的法律法规政策中开始提出建立生态补偿制度。2005年党的十六届五中全会通过《中共中央关于制定国民经济和社会发展第十一个五年规划的建议》，首次提出应当按照谁开发谁保护、谁受益谁补偿的原则加快建立生态补偿机制。但是，由于相关法律法规政策并未明确生态补偿的含义，将污染者、开发利用者、生态损害者也作为生态补偿的利益相关方，实践中也并未将生态补偿与解决环境负外部性内部化的传统规制方法相区别，其与税费制度、命令控制型手段、损害赔偿制度等出现了较大重叠。近年来，尤其在十八大报告将生态文明建设独立成篇，提出建立资源有偿使用制度和生态补偿制度后，生态（保护）补偿的字眼开始频繁出现在我国法律法规政策和政府工作报告当中。例如，2013年《中共中央关于全面深化改革若干重大问题的决定》明确提出，“坚持谁受益、谁补偿原则，完善对重点生态功能区的生态补偿机制，推动地区间建立横向生态补偿制度”。2014年《环境保护法》第31条第1款指出“国家建立、健全生态保护补偿制度”，第2、3款从法律层面确立通过中央向地方财政转移支付建立的纵向补偿机制和受益地区、生态保护地区之间通过协商或者按照市场规则建立的横向补偿机制。2016年5月，国务院办公厅印发《关于健全生态保护补偿机制的意见》（国办发〔2016〕31号），明确了健全生态保护补偿的指导思想、基本原则和总体目标，搭建了我国生态保护补偿制度的框架体系。生态保护补偿逐步被限定为以环境正外部性矫正为目标的全新制度。

目前，我国相关政策文件既包括针对重点流域、领域、区域生态保护补偿的工作部署，例如《关于加快建立流域上下游横向生态补偿机制的指导意见》（财建〔2016〕928号）、《支持引导黄河全流域建立横向生态补偿机制试点实施方案》（财资环〔2020〕20号），也包括对市场化、多元化生态补偿的推进计划，例如《建立市场化、多元化生态保护补偿机制行动计划》（发改西部〔2018〕1960号），还包括生态综合补偿试点的工作安排，例如

《生态综合补偿试点方案》，以及对生态保护补偿的激励政策和相关制度支持，例如《中央财政促进长江经济带生态保护修复奖励政策实施方案》（财建〔2018〕6号），中共中央办公厅、国务院办公厅《关于统筹推进自然资源资产产权制度改革的指导意见》。仅2020年一年出台的涉及生态（保护）补偿的法律政策文件就有近30项，如表1所示。

表1　2020年涉及生态（保护）补偿的法律政策文件

发布日期（2020年）	发布部门	文件名称
12月26日	全国人民代表大会常务委员会	《中华人民共和国长江保护法》
5月28日	第十三届全国人民代表大会第三次会议	《关于2019年中央和地方预算执行情况与2020年中央和地方预算的决议》
5月28日	第十三届全国人民代表大会第三次会议	《关于2019年国民经济和社会发展计划执行情况与2020年国民经济和社会发展计划的决议》
8月30日	国务院	《关于印发北京、湖南、安徽自由贸易试验区总体方案及浙江自由贸易试验区扩展区域方案的通知》
8月8日	国务院	《关于今年以来预算执行情况的报告(2020)》
6月30日	国务院办公厅	《关于印发自然资源领域中央与地方财政事权和支出责任划分改革方案的通知》
4月26日	国务院	《关于2019年度环境状况和环境保护目标完成情况与研究处理水污染防治法执法检查报告及审议意见情况的报告》
7月10日	最高人民法院	《关于为长江三角洲区域一体化发展提供司法服务和保障的意见》
6月1日	最高人民法院	《关于为黄河流域生态保护和高质量发展提供司法服务与保障的意见》
10月29日	中共中央	《关于制定国民经济和社会发展第十四个五年规划和二〇三五年远景目标的建议》
6月1日	中共中央、国务院	《海南自由贸易港建设总体方案》
5月17日	中共中央、国务院	《关于新时代推进西部大开发形成新格局的指导意见》
3月3日	中共中央办公厅、国务院办公厅	《关于构建现代环境治理体系的指导意见》
11月25日	国家发展改革委	《关于印发〈国家生态文明试验区改革举措和经验做法推广清单〉的通知》

续表

发布日期(2020年)	发布部门	文件名称
9月24日	自然资源部	《关于政协十三届全国委员会第三次会议第40号(资源环境类7号)提案答复的函》
9月7日	水利部办公厅、国家开发银行办公厅	《关于印发〈水利部、国家开发银行关于支持湖北水利加快发展的若干意见〉的通知》
6月4日	生态环境部办公厅、农业农村部办公厅、国务院扶贫办综合司	《关于以生态振兴巩固脱贫攻坚成果进一步推进乡村振兴的指导意见(2020－2022年)》
6月3日	国家发展改革委、自然资源部	《关于印发〈全国重要生态系统保护和修复重大工程总体规划(2021－2035年)〉的通知》
6月2日	财政部、国家林业和草原局	《关于印发〈林业改革发展资金管理办法〉的通知》
4月26日	财政部	《关于印发〈海洋生态保护修复资金管理办法〉的通知》
4月20日	财政部、生态环境部、水利部、国家林业和草原局	《关于印发〈支持引导黄河全流域建立横向生态补偿机制试点实施方案〉的通知》
3月18日	财政部	《关于预拨2020年中央对地方重点生态功能区转移支付预算的通知》
3月5日	农业农村部长江流域渔政监督管理办公室	《关于印发〈农业农村部长江流域渔政监督管理办公室2020年工作要点〉的通知》
3月5日	农业农村部	《关于印发〈“中国渔政亮剑2020”系列专项执法行动方案〉的通知》
2月12日	国家发展改革委	《关于印发生态综合补偿试点县名单的通知》

资料来源：根据北大法宝数据库搜索结果整理。

2020年，以《生态保护补偿条例》公开征求意见为标志，生态保护补偿制度的建立取得重大突破。我国生态保护补偿制度框架已经基本建立，对于生态保护补偿制度的构建开始向纵深方向发展。

（二）生态保护补偿财政投入持续加大

从我国已经开展的各领域生态补偿实践的范围及其历史发展看，以生态环境和自然资源的公有制为基础，通过财政转移支付手段进行实际补助和奖励是主要的补偿方式之一。[①] 中央自2008年起对国家重点生态功能区实施

① 汪劲：《论生态补偿的概念——以〈生态补偿条例〉草案的立法解释为背景》，《中国地质大学学报》（社会科学版）2014年第1期。

生态补偿财政转移支付制度，随后中央对地方重点生态功能区转移支付力度不断加大。[①] 2019 年，中央对地方重点生态功能区转移支付补助总额高达 811.00 亿元。2020 年，面对疫情防控和经济下行压力，中央对地方重点生态功能区转移支付补助总额仍然高达 794.50 亿元，其中重点补助、禁止开发补助、考核奖励均超越 2019 年数额，如图 1 所示。跨省流域上下游生态补偿机制建设继续推进，2018 ~2020 年中央财政安排 180 亿元生态补偿资金推动长江经济带建立生态补偿机制，2020 年安排 10 亿元引导资金推动黄河流域生态补偿。[②]

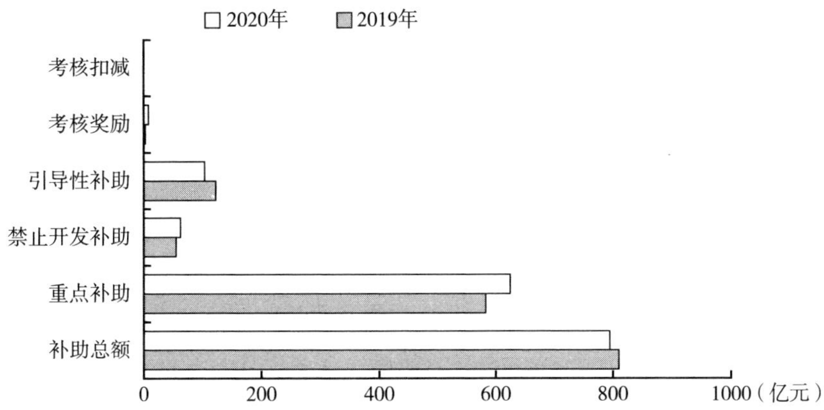

图 1　2020 年和 2019 年中央对地方重点生态功能区转移支付补助数额比较

资料来源：财政部《关于下达 2019 年中央对地方重点生态功能区转移支付预算的通知》（财预〔2019〕68 号）、《关于下达 2019 年中央对地方第二批重点生态功能区转移支付预算的通知》（财预〔2019〕95 号）、《关于下达 2020 年中央对地方重点生态功能区转移支付预算的通知》（财预〔2020〕68 号）。

地方政府的财政投入也在不断加大。例如，广东省 2018 年划拨生态保护区财政补偿转移支付资金 55.8 亿元，较上年实现翻番；2019 年 67 亿元，较上年增长 20%；2020 年 73.7 亿元，较上年再增长 10%，补偿规模实现

① 宋文飞：《国家重点生态功能区生态补偿减贫的产权制度残缺、租金利益失衡与优化机制分析》，《中国地质大学学报》（社会科学版）2020 年第 1 期。

② 《生态环境部 12 月例行新闻发布会实录》，2020 年 12 月 29 日，生态环境部网站，http://www.mee.gov.cn/xxgk2018/xxgk/xxgk15/202012/t20201229_815398.html。

2017~2020年年均增长40%。[①] 又如，福建省2018年划拨重点流域生态保护补偿资金13.36亿元，比上年增加2.32亿元；2019年划拨补偿资金14.75亿元；2020年划拨16.6亿元。[②]

（三）生态保护补偿地方实践不断创新

我国生态补偿实践的领域相当广泛。目前，我国已经在森林（1999年以后）、湿地（2000年以后）、自然保护区（2005年以后）、矿产资源开发（2006年以后）、流域（2007年以后）、海洋（2009年以后）、草原（2010年以后）、重点生态功能区（2011年以后）等领域开展生态补偿实践。[③] 重点流域、领域、区域生态保护补偿实践全面展开并逐步制度化，各地在流域生态补偿、森林生态效益补偿、生态优势特色产业、生态保护修复补偿等方面进行了实践创新。例如，新安江流域水环境生态补偿是全国首个跨省流域水环境补偿试点，由安徽、浙江两省共同设立补偿资金，根据跨省断面水质情况确定补偿责任主体。2020年是新安江流域生态补偿机制第三轮试点收官之年。自试点8年来，安徽省新安江流域治理累计完成投资150多亿元，黄山市优化升级项目510多个，实施农村面源污染、城镇污水和垃圾处理、工业点源污染整治、生态修复工程、环保能力建设等5类366个重点项目，新安江街口断面水质连续8年达到补偿考核要求，满足地表水环境质量Ⅱ类标准。同时，千岛湖湖体水质与上游来水同步改善，营养状态指数逐步下降。绿色产业长足发展，城镇、农村居民人均可支配收入年均分别增长8.7%和9.3%，实现了生态效益、经济效益、社会效益三赢的局面，形成了生态文明体制改革的“新安江模式”。[④]

---

① 《广东：转移支付73.7亿筑牢绿色生态屏障》，2020年9月4日，中国政府网，http://www.gov.cn/xinwen/2020-09/04/content_5540320.htm。

② 《福建省生态保护补偿实现保护者与受益者双赢》，2020年8月12日，国家发展和改革委员会网站，https://www.ndrc.gov.cn/fggz/202008/t20200812_1236044.html。

③ 王社坤：《〈生态补偿条例〉立法构想》，《环境保护》2014年第13期。

④ 《生态综合补偿试点典型经验之二　安徽省认真践行“两山”理念　生态保护补偿成效不断显现》，2020年8月12日，国家发展和改革委员会网站，https://www.ndrc.gov.cn/fggz/202008/t20200812_1236042.html。

地方政府及其相关部门也根据自身实际制定了大量制度性文件推进制度构建和创新。仅2020年，就有多部专门规定生态（保护）补偿的地方性法律政策文件出台（见表2），涉及生态（保护）补偿的文件更是不胜枚举。其中，2020年12月2日，海南省第六届人民代表大会常务委员会第二十四次会议通过的《海南省生态保护补偿条例》是我国第一部专门规定生态保护补偿的地方性法规，对现有实践成果予以确认和固化。

表2　2020年专门规定生态（保护）补偿的地方性法律政策文件

发布日期（2020年）	发布部门	文件名称
12月2日	海南省人民代表大会常务委员会	《海南省生态保护补偿条例》
8月20日	福建省人民政府	《建立武夷山国家公园生态补偿机制实施办法（试行）》
6月19日	河北省生态环境厅、河北省自然资源厅、河北省农业农村厅	《河北省海洋生态补偿管理办法》
11月4日	天津市财政局	《关于下达蓟州区2020年于桥水库库区生态补偿资金预算的通知》（津财农指〔2020〕32号）
10月15日	广东省生态环境厅	《关于下达2020年省内流域横向生态补偿项目计划的通知》（粤环函〔2020〕410号）
8月17日	西安市人民政府	《关于印发健全生态保护补偿机制实施方案的通知》（市政办发〔2020〕22号）
6月4日	上海市绿化和市容管理局	《关于开展2019年度林地生态补偿考核工作的通知》（沪绿容〔2020〕222号）
4月16日	青海省发展和改革委员会、青海省财政厅、青海省自然资源厅	《关于开展〈生态保护补偿条例〉立法研究工作的函》（青发改生态函〔2020〕296号）
4月13日	泰安市人民政府	《关于印发建立健全生态文明建设财政奖补机制实施方案的通知》（泰政办字〔2020〕24号）
3月11日	河北省财政厅	《关于下达2020年度省级水污染防治专项资金（引滦入津上下游横向生态补偿省级资金）的通知》（冀财资环〔2020〕33号）

资料来源：根据北大法宝数据库搜索结果整理。

（四）生态综合补偿试点工作有序推进

为进一步健全生态保护补偿机制，2019年11月15日，国家发展和改革委员会制定《生态综合补偿试点方案》，开展生态综合补偿试点。该方案的目的是创新生态补偿资金使用方式，拓宽资金筹集渠道，调动各方参与生态保护的积极性，转变生态保护地区的发展方式，增强自我发展能力，提升优质生态产品的供给能力，实现生态保护地区和受益地区的良性互动。目标是到2022年，生态综合补偿试点工作取得阶段性进展，资金使用效益有效提升，生态保护地区造血能力得到增强，生态保护者的主动参与度明显提升，与地方经济发展水平相适应的生态保护补偿机制基本建立。试点任务结合地方实践主要包括创新森林生态效益补偿制度、推进建立流域上下游生态补偿制度、发展生态优势特色产业、推动生态保护补偿工作制度化。

2020年2月12日，国家发展和改革委员会《关于印发生态综合补偿试点县名单的通知》发布生态综合补偿试点县名单（见表3），要求通知印发3个月内试点县将实施方案上报，并定期报送试点情况以确保试点工作质量和效果。2020年5月20日，国家发展和改革委员会组织召开生态综合补偿试点工作推进会，要求试点地区认真对照《生态综合补偿试点方案》要求，系统总结生态保护补偿机制建设情况，明确创新生态补偿方式的重点领域和关键环节，研究提出支撑地方经济转型发展的具体措施，提高生态综合补偿试点工作的效果。① 国家发展和改革委员会还将福建省、安徽省、江西省、甘肃省有关生态综合补偿试点典型经验予以介绍和推广，不断推进生态综合补偿试点工作。

表3　生态综合补偿试点县一览

省区	试点县	省区	试点县
安徽省	六安市金寨县	贵州省	遵义市赤水市
	池州市石台县		铜仁市江口县
	安庆市岳西县		黔南州荔波县
	黄山市歙县		毕节市威宁县
	黄山市休宁县		黔东南州雷山县

① 《振兴司组织召开生态综合补偿试点工作推进会》，2020年5月22日，国家发展和改革委员会网站，https：//www. ndrc. gov. cn/fggz/dqzx/stthdqzl/202005/t20200522_ 1228690. html。

续表

省区	试点县	省区	试点县
福建省	三明市泰宁县	云南省	迪庆州香格里拉市
	南平市武夷山市		迪庆州维西县
	宁德市寿宁县		怒江州贡山县
	福州市永泰县		大理州剑川县
	漳州市华安县		丽江市玉龙县
江西省	赣州市石城县	西藏自治区	日喀则市定日县
	吉安市井冈山市		山南市隆子县
	抚州市资溪县		昌都市类乌齐县
	宜春市铜鼓县		那曲市嘉黎县
	上饶市婺源县		阿里地区札达县
海南省	五指山市	甘肃省	甘南州玛曲县
	昌江县		甘南州迭部县
	琼中县		甘南州卓尼县
	保亭县		张掖市肃南县
	白沙县		武威市天祝县
四川省	阿坝州汶川县	青海省	果洛州玛沁县
	阿坝州若尔盖县		玉树州玉树市
	阿坝州红原		黄南州泽库县
	县甘孜州白玉县		海北州祁连县
	甘孜州色达县		海西州天峻县

资料来源：国家发展和改革委员会《关于印发生态综合补偿试点县名单的通知》。

三　生态保护补偿中人权保障的完善

我国生态保护补偿制度建设已取得巨大成效，为人权的保障提供了坚实基础，但生态保护补偿制度仍在不断探索和深化当中，为更好地促进人权保障，生态保护补偿制度还需要从以下几个方面予以完善。

（一）推进补偿工作的制度化和法制化

实践中，生态补偿已经发展成为一项跨越多个生态保护领域（森林、草原、湿地、海洋等）、涵括多种破坏自然生态行为（开发利用资源、污染损害、生态破坏等)、具有多重目标(生态保护、扶贫救济等)、包含多层次实施手段(独立基金、国家财政补助或补贴等)的机制。[①] 生态补偿和生态保护补偿的概念不清、适用范围不明、目标多元、手段多样,极大地影响了生态保护补偿人权保障效能的发挥以及和其他相关制度的衔接。为明确生态保护补偿的概念、适用范围,强化生态环境保护这一目标,规范补偿标准和方式,明确生态保护补偿的本质和功能,巩固现有生态保护补偿机制建设成果,解决实践面临的诸多问题,应当尽快出台《生态保护补偿条例》,统领目前分散在多部法律法规政策文件中的相关规定,进一步推进生态保护补偿工作的制度化和法制化,特别是为生态保护者发展权的实现提供明确的制度保障。

(二)探索补偿机制的市场化和多元化

我国生态补偿的资金来源主要是中央政府或者地方政府的财政,例如,地方政府间协议、中央纵向财政支出、地方横向财政支出等。[②] 其中,中央对地方的纵向转移支付占绝对主导地位。目前的中央转移支付体制流程为:由中央财政层层转移至乡财政所,再由乡财政所直接把钱打到村民在乡镇或者县的开户一卡通上。[③] 资金来源过度依赖中央政府,这种方式与“受益者付费”原则并不协调。为贯彻“受益者付费”原则,建立健全能够充分反映市场供求和资源稀缺程度、体现生态价值和环境损害的生态保护补偿机制,应当积极探索市场化、多元化的补偿机制,改变过度依赖政府财政的“输血”模式,改变欠发达地区“等、靠、要”的消极心态,实现由“输血式”补偿向“造血式”补偿的转变,更好地优化生态资源配置。

---

① 袁巍:《生态服务付费的利益平衡研究》,博士学位论文,北京大学,2013,第3页。

② 杜群、车东晟:《新时代生态补偿权利的生成及其实现——以环境资源开发利用限制为分析进路》,《法制与社会发展》2019年第2期。

③ 潘佳:《政府作为补偿义务主体的现实与理想——从生态保护补偿第一案谈起》,《东方法学》2017年第3期,第147页。

（三）进一步规范补偿标准和补偿方式

我国生态补偿标准的计算依据尚缺乏科学的补偿标准，补偿标准普遍偏低，例如，在进行中央财政森林生态效益补偿基金管理时，仍有地方将标准设定为每年每亩 5 元，不能为承担重点公益林的营造、抚育、保护和管理的单位、集体和个人提供适当补偿。生态保护者无法得到充分的补偿，其生存权发展权就难以得到充分保障，不仅将导致“生态贫民”现象的出现，也会大大降低生态保护者的积极性。针对补偿标准不明和偏低的问题，应当加快研究建立生态服务价值评估体系，科学确定生态补偿标准，以弥补生态保护者所付出的经济成本和发展机会成本。为改变资金补偿所固有的量化困难，还应该采取多样化的补偿方式，不仅限于经济给付，还可以通过技术或政策扶持、人才培养、异地开发、产业转移等方式。因为发展机会和发展权内容本身就是开放性、动态性的，具体的补偿标准和补偿形式可以由主体在充分参与、沟通中约定并适时调整。①

（四）切实提高补偿的精准度和公平性

区域间社会经济发展水平和自然环境禀赋存在巨大差异，不同功能区及当地居民也面临不同的资源开发利用限制。目前不考虑特定区域的实际情况而不加区别地确定生态保护补偿标准的做法，忽略了不同地区生态保护的不同成本，以及不同的发展机会损失。即使提高补偿标准，也难以满足不同生态保护者的特定补偿需求，不能切实保障不同生态保护者发展权的充分实现。一刀切的生态补偿标准，虽然有利于统一适用，却可能由于不同区域自然环境和发展状况本身的不同而有失公平。我国生态保护补偿制度不仅应当立足于宏观制度设计，也应当注重不同地区、不同利益群体的需求，设计出

① 肖爱、李峻：《流域生态补偿关系的法律调整：深层困境与突围》，《政治与法律》2013 年第 7 期。

符合各地实际的具体利益调节机制，动态、精准地调整生态保护者和生态受益者之间的关系，更好地发挥生态保护补偿的功能。

（五）形成生态保护的动力与有效激励

目前的生态保护补偿多停留在区域政府这一宏观主体层级，而没有把生态补偿的利益反哺和资金回流追溯到因环境资源开发利用而受限制的微观层级和私人主体上。① 现有生态保护补偿立法和实践没有突出对组织和个人受偿权的保护，没有反映他们的利益诉求，也没有为具体的利益相关者参与生态补偿协议的形成过程提供充分透明的程序保障，生态保护者很难真正分享生态增益行为带来的惠益。② 对于生态环境直接保护者的有效激励不足，不仅不利于生态环境保护自觉的形成，也不利于生态环境保护与经济发展之间矛盾的调和。为更好地激励生态环境保护行为，不仅应当明确相关部门的职权和职责，还应当为具体实施生态环境保护行为的个人提供确定的行为模式，反映具体生态保护者的利益，加强信息公开和公众参与，确保生态保护者能够因其正外部性行为获得合理补偿，使生态保护补偿真正成为促进人权保障的全新方式。同时也应当加强教育宣传和政策激励，进一步强化补偿动机，更好地实现经济效益、社会效益和生态效益的统一。

参考文献

1. 陈婉玲：《区际利益补偿权利生成与基本构造》，《中国法学》2020 年第 6 期。
2. 董战锋、张哲予、杜艳春、何理、葛察忠：《“绿水青山就是金山银山”理念时间模式与路径探析》，《中国环境管理》2020 年第 5 期。
3. 宋文飞：《国家重点生态功能区生态补偿减贫的产权制度残缺、租金利益失衡与

① 杜群、车东晟：《新时代生态补偿权利的生成及其实现——以环境资源开发利用限制为分析进路》，《法制与社会发展》2019 年第 2 期。

② 谢玲、李爱年：《责任分配抑或权利确认：流域生态补偿适用条件之辨析》，《中国人口·资源与环境》2016 年第 10 期。

优化机制分析》,《中国地质大学学报》(社会科学版)2020年第1期。
4. 杜群、车东晟:《新时代生态补偿权利的生成及其实现——以环境资源开发利用限制为分析进路》,《法制与社会发展》2019年第2期。
5. 潘佳:《政府作为补偿义务主体的现实与理想——从生态保护补偿第一案谈起》,《东方法学》2017年第3期。
6. 黄锡生、何江:《论生态文明建设与西部扶贫开发的制度对接——以生态补偿为"接口"的考察》,《学术论坛》2017年第1期。
7. 谢玲、李爱年:《责任分配抑或权利确认:流域生态补偿适用条件之辨析》,《中国人口·资源与环境》2016年第10期。
8. 王社坤:《〈生态补偿条例〉立法构想》,《环境保护》2014年第13期。
9. 汪劲:《论生态补偿的概念——以〈生态补偿条例〉草案的立法解释为背景》,《中国地质大学学报》(社会科学版)2014年第1期。
10. 袁巍:《生态服务付费的利益平衡研究》,博士学位论文,北京大学,2013。
11. 肖爱、李峻:《流域生态补偿关系的法律调整:深层困境与突围》,《政治与法律》2013年第7期。

B.10
纯农业农民的发展权实现研究

郭　亮*

摘　要：从当前农村现实来看，农民群体已经分化为外出经商农民、举家务工农民、“半工半耕”农民和纯农业农民等四个农民群体。纯农业农民是收入较低的农民群体，也是产生困难农民的主要群体。在纯农业农民发展权保护方面，中国共产党和中国政府一直扮演着积极的角色，其在对困难农民进行帮扶的同时，还通过相应的制度变革和政策出台让更多的纯农业农民获益。在下一步的改革中，在土地流转的经济效益和社会效益之间寻找平衡、解决土地耕种的细碎化问题、持续改善农村的软环境将是纯农业农民发展权得到进一步提升和保障的关键。

关键词：纯农业农民　发展权　土地制度

在1986年联合国大会通过的《发展权利宣言》中，发展权作为一项基本人权被确立。从内容上来看，发展权是指人民参与和促进政治、经济、社会、文化发展，并公平享有发展所带来的利益的一项重要权利。与政治性的权利相比，发展权是生存权的延伸，其更侧重于实现人的全面自由发展。从

* 郭亮，博士，华中科技大学法学院教授、博士生导师，主要研究方向为法律社会学和基层治理，在《政治学研究》《管理世界》等杂志发表学术论文50余篇，曾获得第十四届湖北省社会科学优秀成果奖（2018）、中国农村发展奖（2011）等奖项。

发展权的视角来看，伴随着中国城镇化的快速推进，中国农民的发展权不断得到实现，尤其是处在相对弱势地位的纯农业农民更是分享了近年来城镇化所带来的收益和成果。在决胜全面建成小康社会同时也是“十三五”规划收官之年的2020年，中国共产党和中国政府推动的制度改革和法律政策出台进一步提升了纯农业农民的发展权。在中国城镇化的进程中，纯农业农民到底是如何产生的？中国共产党和中国政府究竟采取何种措施保障他们的发展权？纯农业农民发展权的实现在实践中还面临哪些问题和风险？本文将对这三个问题予以回答。

一　纯农业农民的产生背景及其原因

改革开放以来，中国农民的经济收入和生活水平得到了大幅度提升。然而，由于社会经济发展的不平衡以及农民个体能力的差异，农民群体也出现了较明显的社会分化。纯农业农民正是在这种背景下产生，从经济收入上来看，其一般处在农民群体的中下层。

（一）分化的农民社会

依据农民的收入结构和收入来源，本文将当前中西部农村的农民家庭划分为以下四个主要阶层。

1. 外出经商农民

外出经商农民是指已经不再从事农业生产，而主要依靠在城市经商获取家庭收入的农民群体。但与其他通过升学、参军、就业等方式进入城市的农民不同，该部分农民由于没有正式的体制性单位，往往仍然保留了农村户籍。因此，从制度上来看，该部分常年不在村农民仍然属于农村户籍人口。由于该部分农民已经脱离了农村生活和农业生产，并拥有远高于一般农民的收入，其处在农民群体的上层，人口所占比例较小。

2. 举家务工农民

举家务工农民是指家庭成员全部参与外出打工活动，家庭收入主要甚至

全部来自外出务工收入的农民群体。与外出经商家庭类似，举家务工农民常年脱离村庄和农业生产，但由于收入主要依靠务工收入，其无法获得与外出经商农民相当的较高收入。但由于所有的家庭成员外出务工，他们的收入又要高于其他留守在村庄的农民。以湖北省孝感市孝南区农村为例，当地有大量农民在武汉、北京等大中城市的建筑工地上从事墙面粉刷、油漆等工作。一般是丈夫从事具有一定技术含量的粉刷工作，妻子则配合丈夫在工地上做些小工，夫妻二人一年的总收入便能达到20万到30万元。由于常年在外务工，他们的土地一般流转给本村村民或者由自己留守在家的父母耕种。该部分农民的家庭收入主要来自外出务工收入，他们处于农民群体的中上层。

3. 半耕半工农民

半耕半工农民是指收入一部分来自外出务工收入，一部分来自农业生产的农民群体。虽然也外出打工，但与其他外出农民工不同，这部分农民主要在本地的乡镇、县城和市区打工，主要从事一些临时性的工作，如建筑行业的小工、城市街区的绿化和栽种工作等。正是由于工作较为灵活，这部分农民能够协调农业生产和外出务工的关系，他们一般是在农忙时节在家务农，农闲时节则短暂外出务工。从务农和务工收入的比重来看，半耕半工农民又可分为以务工为主的兼业农民和以务农为主的兼业农民两种类型。但无论哪一类型，由于能够获得两部分收入，该部分农民总体能获得比纯粹依靠土地的农民更多的收入。从中西部农村的现实来看，举家务工农民和半耕半工农民占据农民群体的绝大多数，他们是典型的“中间农民”。

4. 纯农业农民

纯农业农民则是指没有任何务工收入或者只有很少量的务工收入，家庭收入主要来自农业收入的农民群体。在“人均不到1亩、户均不到10亩”的人地关系条件下，纯粹依靠自家承包土地获取收入的农民收入水平较低。以“水稻—小麦”作物轮作的地区为例，按照水稻亩产1000斤、小麦亩产800斤计算，参照2020年粮食作物的市场价格，一亩土地的总收入在2000元左右。在扣除化肥、农药、种子、人工等必要的开支后，一亩土地的纯收入只能保障在500~1000元，家庭总收入只能维持在5000~10000元。显然，这部分农民收入处在农民群体的中下位置。

从全国来看，大部分农村地区的农民群体都可以粗略分为以上四个农民阶层。以笔者在安徽省芜湖市繁昌县三个自然村（村民小组）调查的数据为例，以上四个农民阶层所占的比例如表1所示。

表1　各阶层农民所占比例

组别	总耕地面积（亩）	户数（户）	外出经商农民		举家务工农民		半工半耕农民				纯农业农民（贫弱农民）	
							以务工为主的兼业农民		以务农为主的兼业农民			
			户数（户）	总比例（%）	户数（户）	总比例（%）	户数（户）	总比例（%）	户数（户）	总比例（%）	户数（户）	总比例（%）
A村民小组	273	43	8	18.6	13	30.3	4	9.3	8	18.6	10	23.3
B村民小组	102	17	5	29.4	5	29.4	2	11.8	6	35.3	0	0
C村民小组	160	19	3	15.8	5	26.3	5	26.3	3	15.8	3	15.8
总数/均值	535	79	16	21.3	23	28.7	11	15.8	17	23.2	13	13

尽管每一个阶层的农民都可能因病、因伤或者其他突然事件而沦为困难农民，但从概率上看，原本就面临巨大生活压力的纯农业农民更可能成为困难农民，各种天灾人祸成为压倒纯农业农民的“最后一根稻草”。因此，与其解决困难农民眼前所面临的困难，不如从根本上提升纯农业农民在农民阶层中的地位，提升其分享城镇化和工业化收益的能力。也是在这个意义上，纯农业农民发展权的实现是农民发展权实现的最重要内容和指标。

（二）纯农业农民的产生原因

那么，当前的纯农业农民究竟是如何产生的呢？

第一，家庭缺少足够的劳动力。从年龄结构上来看，纯农业农民家庭一般是农村的中老年家庭。由于缺少技能和健壮的劳动力，他们往往不能外出务工。甚至由于身体原因或者家庭原因，他们也往往无法在本地打工，只能依靠土地收入获取家庭收入。在土地农业产值有限和土地面积有限的双重条件限制下，这部分农民自然无法达到其他农民群体的一般收入水平。反之，只要家庭中有人能够长时间外出务工或者有足够的土地耕种，他们摆脱目前的困难局面也就成为可能。

第二，缺少本地的非农就业机会。在无法外出务工的条件下，如果当地拥有大量的非农就业机会，这部分农民在农闲之余参与本地的劳动力市场也能有效增加家庭收入。在广大的中西部地区，由于工商业经济活动不发达，非农就业机会主要是由城镇化发展中的基础设施建设、房地产开发等经济活动带来。因此，一旦当地的城镇化水平较低或者发展速度较慢，农民参与非农就业的机会就相应偏少。一方面缺少外出工作收入，另一方面又缺少本地务工的收入，非农就业机会的减少导致农民无法获取农业之外的收入来源。

第三，缺少土地流转的机会。即使没有非农就业机会，如果能够经营一定面积的土地，农民也能实现家庭收入的有效增加。以当前湖北江汉平原农村现实来看，一个能够经营 30 ~ 50 亩土地的农民家庭，其收入就大致等于外出务工收入。更为重要的是，由于农业机械化的普及，即使家庭劳动力不足，耕种土地的农民仍然可以利用农业机械来完成农业生产的全部过程。因此，一旦能够经营足够面积的土地，纯农业农民同样可以增加收入。但从现实来看，村庄内大量劳动力的外出务工虽然为土地流转的发生提供了可能，但是由于地块的细碎化、地方政府的土地流转导向以及农民自身能力不足等原因，欲流转的土地并没有向该部分农民手中集中。

总之，如果要实现全体农民的共同富裕，就必须瞄准最需要国家和社会帮扶的农民群体。只有弄清楚农民分化的现实及其相对弱势农民的形成原因，国家的制度干预和社会保障措施才有着力点和明确的方向。

二　保障纯农业农民发展权实现的积极行政和制度举措

纯农业农民的形成既有社会、经济的结构性原因，也有农民个体能力和机遇的原因。作为社会主义国家，中国共产党和中国政府历来注重帮扶底层社会群体、关心弱势农民。而且，与发达国家政府更多地通过社会保障体系对弱势群体进行救济不同，中国政府在对弱势群体的帮扶中扮演着更加积极有力的干预者角色——不仅要帮助他们摆脱困境，还要促使其走上自我发展的道路，以实现全体人民共同富裕的目标。得益于中国政府的积极行政，纯农业农民的发展权在当前快速的城镇化进程中得到了保护和实现。

（一）治理贫困：针对困难农民的积极行政

中国共产党和中国政府对纯农业农民发展权的保障主要由两部分工作组成：一是对纯农业农民中的困难农民进行直接扶贫，二是通过制度变革和惠民政策的出台让更多的纯农业农民在城镇化和农业现代化中获益。

困难农民大多是纯农业农民，绝大多数时间生活在农村并主要以农业为生构成了该部分群体的主要特征。面对这一数量仍然庞大的农民群体，中央必须动员和调动起各级行政力量脱贫攻坚的工作积极性，以改变制约农民发展的整体制度环境。为此，党的十八大以来，以习近平同志为核心的党中央高度重视贫困治理工作，力图通过精准扶贫战略的实施消灭绝对贫困。由于新冠肺炎疫情的冲击，2020 年是中国经济发展面临挑战和风险的一年，即使在这种背景下，中国共产党和中国政府仍然坚定不移地推动扶贫战略的实施，确保广大的贫困农民能够如期脱贫。2020 年 1 月 2 日，中央 1 号文件出台，强调必须坚决打赢脱贫攻坚战；在疫情得到初步控制后，3 月 6 日，习近平在决战决胜脱贫攻坚座谈会上继续强调要坚决克服新冠肺炎疫情影响、坚决夺取脱贫攻坚战全面胜利。作为脱贫攻坚的收官之年，中共中央坚定的胜利决心成为该年度困难农民发展权继续得以提升的最重要政治保障。

在中央的高度重视下，贫困地区的地方各级政府在 2020 年始终将帮扶困难群众作为社会治理和社会发展的最重要内容。在自上而下的行政压力传导中，各省（自治区、直辖市）的党委和政府会根据本省（自治区、直辖市）情况分别制定脱贫发展规划。之后，按照同样的原则，各个地级市、县以及乡镇政府都会制定自身的脱贫攻坚规划。与此同时，为了保障下级政府如期完成任务和目标，上级政府会对下级政府工作进行定期或不定期的督查，对其施加进一步的压力。由于体制性压力的层层传导，为了最大可能地提升政策执行效率，一些县乡政府甚至模仿军事体制来进行各项工作的安排，以确保所有干部都能以高度紧张的状态投入脱贫攻坚的战斗中。以湖北省恩施土家族苗族自治州下属的恩施市为例，该市所有乡镇都成立了“脱贫攻坚前线指挥部”，由市下派干部任指挥长，乡党委书记任常务副指挥长，统筹推进各项工作；在村一级，由镇政府在全镇抽调干部与村两委干部共同组建“尖刀班”，坚持“吃住在村、工作在村、岗位在村”的原则，全面帮扶农民脱贫。

得益于党政体制所蕴含的强大动员能力，中央和地方政府的各种脱贫攻坚政策得到了有效执行。事实上，为了帮助困难农民脱贫，国家和地方政府实施了转移就业脱贫、易地搬迁脱贫、教育扶贫、健康扶贫等一揽子政策。但由于脱贫攻坚工作牵扯面广、任务繁重、压力巨大，是否具有坚定执行政策的主体一直是各种扶贫政策能否发挥作用的关键。然而，在中央的有效动员和各级地方政府的积极行政下，制约政策执行的因素被克服，困难农民得以享受前所未有的政策红利和优惠。2020 年，我国原有的 832 个国家级贫困县全部摘帽，近 1 亿农村贫困人口脱贫。在这个意义上，由于现行政治体制的保障和行政力量的积极干预，困难农民的整体生存状态和发展能力已经得到了彻底改变。

（二）利益普惠：保障纯农业农民发展权实现的制度举措

纯农业农民不仅包括困难农民，还包括更广大的生活在农村并主要以农业收入为生的农民群体。党的十八大以来，国家所推动的诸多制度变革和政策调整事实上都起到了保障纯农业农民发展权的作用，纯农业农民生存的制度环境日益趋好。

第一，推动土地的权利体系更新，保障纯农业农民的土地利益。由于土地是纯农业农民最重要的生产资料和生活依靠，对农民土地权利的保护就是保护该部分农民的最大利益。2017 年，党的十九大报告提出要深化农村土地制度改革，完善承包地“三权”分置制度。2019 年，修订后的《土地承包法》规定承包方承包土地后享有土地承包经营权，可以自己经营，也可以保留土地承包权，流转其承包地的土地经营权，由他人经营。在所有权、承包权和经营权三权分置的制度条件下，纯农业农民享有了更加充分的土地权利和多元的土地收益。

另外，由于纯农业农民主要靠土地耕种为生，如果土地被征收而又无法获得足够的补偿，其生活的困难程度将进一步加剧。为此，2020 年修改后的《中华人民共和国土地管理法》全面提高失地农民的土地补偿标准。该法第 48 条规定：对于征收土地应当给予公平、合理的补偿，保障被征地农民原有生活水平不降低、长远生计有保障。此项规定改变了之前的《土地管理法》对于被征收土地农民所获得土地补偿不得超过土地农业年产值的 30 倍的规定，为农民获得更多的土地补偿收益提供了法律依据。

最后，土地权利的更新还表现在国家对农村集体建设用地入市渠道的开放。相比于之前对集体土地入市限制的规定，新的《土地管理法》规定：土地利用总体规划、城乡规划确定为工业、商业等经营性用途，并经依法登记的集体经营性建设用地，土地所有权人可以通过出让、出租等方式交由单位或者个人使用。按照该规定，农村集体经济组织可以将符合规定的建设用地直接投入市场，从而获得土地转变为建设用地后出现的巨大增值收益。由于集体建设土地的增值收益将在集体经济组织成员之间进行分配，村社成员都可以依据这一身份分享土地的增值收益。这意味着，除了劳动收入外，广大的纯农业农民也能获得相应的财产性收入。在一系列新的法律体系规定下，纯农业农民的生存权和发展权得到了进一步保障。

第二，坚持土地整治，不断改善纯农业农民的生产条件。在土地为主要收入来源的条件下，土地的产出能力和耕种方便与否直接关系到纯农业农民的切身利益。然而，在土地长期由小农分散经营的耕种条件下，由于缺少统一的利益协调机制和一致行动，土地难以进行大面积的整治，由此导致土壤的质量、水利的条件等不断下降。党的十八大以来，国家投入大量专项资金在全国范围内推动土地的大面积整治，彻底改善农田的基本生产条件。2016 年，国家相关部门制定的《全国土地整治规划（2016 - 2020 年）》正式颁布实施，该规划确定的建成 4 亿 ~ 6 亿亩高标准农田整治的目标到 2020 年底时已经超额完成。

依靠中央政府的强力推动及其提供的大量专项资金，地方政府积极实施土地整治计划，农业生产条件和农村生态面貌日益向好。一方面，土地整治提升了农业生产的基本条件，在经过3年左右的地力恢复后，土地的产出能力将得到大幅度提高；另一方面，由于土地整治后“田成方、路成网、树成行、渠相连”，农业的机械化能够得到更好的推广和实现，由此进一步降低了农业生产成本，提高了生产效率。此外，土地整治对于减少污染、控制风沙、改良气候、美化环境都具有直接的作用。

由于土地整治的良好社会效果，国家不断加大土地整治的力度。2020年中央财政转移支付和中央预算内投资的土地整治资金共计867亿元，而“十三五”期间全国土地整治资金总投入预计高达1.7万亿左右。随着大量的资金投入土地质量的提升之中，作为生活在农村并主要依靠土地为生的农民群体，纯农业农民是国家土地整治计划的直接受益者。

第三，改善农村人居环境，确保纯农业农民的基本生产生活条件。在城镇化大规模推进过程中，由于缺少进城的能力和条件，纯农业农民未来很长一段时间内将仍然在农村生活。但由于青壮年劳动力转移和资源的外流，农村事实上存在进一步衰败的风险。在这种背景下，国家不断地通过资源输入和积极作为的方式维系农村社会基本的秩序，为纯农业农民提供一个良好的生产和生活环境。

2018年中共中央、国务院印发了《农村人居环境整治三年行动方案》，大力改善农村人居环境，建设美丽宜居乡村，推动实施乡村振兴战略。到2020年底，农村人居环境整治三年行动已经基本完成任务。其中，全国农村卫生厕所普及率超过65%，累计新改造农村户厕超过3500万户，农村生活垃圾收运处置体系已覆盖90%以上的行政村。而中西部有较好基础、基本具备条件的地区，90%左右的村庄生活垃圾得到治理，卫生厕所普及率达到85%。

此外，为了从根本上改善农村的人居环境，一些省份积极推动农村居住环境的彻底改观，推动城乡一体化进程。2018年，江苏省出台《关于加快改善苏北地区农民群众住房条件推进城乡融合发展的意见》，大力推动苏北农村地区人居环境的改善。到 2020 年底，该省共完成 30 万农户的住房改造，新建成近千个新型农村社区，确保苏北农民享受城镇化所带来的各项生活的便利。

持续向好的农村制度和物质环境为那些无力进入城镇生活的农民提供了生产和生活基本保障。而且，得益于农村良好的生产生活条件，那些进城务工失败的农民也可以回到农村继续生活，维系基本的、有尊严的生活，国家的乡村建设和乡村振兴战略再次起到兜底作用。在这个意义上，由于拥有一个可以回得去的农村，中国不会出现类似印度、拉美等国家和地区因大量农民聚集在城市而产生的贫民窟现象。由于农民的发展权得到了有效保障，农村真正成为中国现代化的“稳定器”和“蓄水池”。

三　提升纯农业农民发展权的下一步举措

在城镇化进程中，中国共产党和中国政府始终坚持保护纯农业农民的发展权，确保农民中的底层群体不掉队，最终实现全体农民的共同富裕。然而，在当前的经济、政治和社会条件下，农民发展权的实现仍然面临一定的风险和障碍，需要在未来的决策和实际工作中予以避免和克服。

第一，推动土地的村社内部流转，助推“纯农业农民”向“中间农民”的转变。以三权分置为内容的土地权利体系更新为土地经营权的流转创造了条件，然而，在实践中，一些地方政府更偏好推动土地向工商资本、种粮大户等新型农业经营主体手中集中。对于地方政府而言，由于工商资本的下乡能够提升地方的经济总量，更加具有经济发展的标志性意义和带动作用，土地流转成为向外来工商资本的流转。一方面，由于土地的外流，留守村庄的农民丧失了增加耕种土地面积的机会；另一方面，在土地市场化流转发生的条件下，土地的流转价格逐渐形成，原本发生在外出务工农民和留守的纯农业农民之间价格低廉甚至免费的土地代耕、代种行为已经很难出现，留守农民无法再享有之前的隐性土地福利。土地的大规模和市场化流转事实上增加了外出务工农民的土地收益，纯农业农民的利益则受到影响，农村阶层的分化进一步突出。因此，在推动土地市场化流转的同时，要考虑到纯农业农民和土地的现实关系，在土地流转的经济效益和社会效益双重考量下寻找一条可行的土地流转模式。

第二，着力化解土地的细碎化弊病，解决农民耕种不便的问题。土地整治只是在土地外观上实现了土地的连片，但土地权属的分散以及由此导致的土地细碎化问题却无法改变。在农村尤其是在山区和丘陵地形的农村地区，由于耕地的道路、水源、地力等因素不同，不同地块的质量存在明显差别。在土地承包之初，为了分配的公平，集体一般是以地块为单位进行土地分配，由此导致一个农户的土地可能分布在若干个地块中。在湖北沙洋农村，户均土地在 20 亩左右，但一般分布在 20 块以上的地块中，这给耕种土地的农民带来极大的不便。正是基于这种现实，近年来不少地方都在摸索土地承包制度的创新，力图在不改变土地承包权的前提下解决农民耕种不便的问题。如湖北沙洋县采取了划片承包的措施，农民通过互换、协商、流转等方式对片区内的小田块经营权进行调整，确保每家的承包田集中连片；江苏射阳县则由村组统一组织，破除原有的田埂，将碎片化的农地集中起来，实现农业生产上的“联耕联种”“联管联营”；更多的地方则在土地平整后推行“确权不确地”的制度，即在保护农民土地承包权和土地收益的前提下却不为其划定特定位置的地块，以方便土地的统一经营。

土地承包权的稳定关系到亿万农民的利益，而在这一前提下能否实现土地耕种的方便则更与纯农业农民的利益息息相关。因此，在土地承包权稳定并长久不变的大前提下，赋予地方适度的制度探索空间，以此推动土地承包制度实现形式的多样性，将有助于保护纯农业农民的权益。

第三，注重农民软环境的建设，为纯农业农民发展权的实现提供坚实的社会制度保障。农村物质条件的改善通过大量的资金投入即可完成，但农村软环境的改善却需要更长久的制度建设。从发展的角度来看，农村不仅是困难农民和进城失败农民生活保底的基本场所，也应该是其走出困境或再次走向城市的孵化场所。在下一步的改革中，尤其在国家乡村振兴战略的实施中，国家要更加注重农村社会的软环境建设，为农民提供包括技能培训、文化素质提升、社会知识教育等在内的一整套培训，并从政府部门设置、资金保障、人才培养等方面入手，为农民发展权的实现提供全方位的保障。归根到底，纯农业农民发展权的实现不能仅仅依靠某个领域的单方面制度变革，而是一个系统性和协调性工程。因此，创设一个有利于农民发展权实现的整体制度环境和社会土壤，将是农民发展权实现的长久保障。

参考文献

1. 习近平：《在深度贫困地区脱贫攻坚座谈会上的讲话》，《党建》2017 年第 9 期。
2. 汪习根：《论中国对“发展权”的创新发展及其世界意义》，《社会主义研究》2019 年第 5 期。
3. 陈柏峰：《土地流转对农民阶层分化的影响——基于湖北省京山县调研的分析》，《中国农村观察》2009 年第 4 期。
4. 贺雪峰：《大国之基：乡村振兴诸问题》，东方出版社，2020。
5. 郭亮：《土地流转与乡村秩序的再造》，社会科学文献出版社，2019。
6. 国家统计局：《2020 年国家统计年鉴》，中国统计出版社，2020。
7. 周诚君等：《加快推进新型城镇化：对若干重大体制改革问题的认识与政策建议》，《中国社会科学》2013 年第 7 期。

· （三）经济、社会和文化权利 ·

B.11

新冠肺炎疫情下的就业优先政策与公民就业权利保障

刘锐一*

摘　要： 新冠肺炎疫情导致我国就业市场供需失衡、就业结构性矛盾凸显、服务业及特殊群体就业受到较大影响。在新冠肺炎疫情特殊背景下，进一步实施就业优先政策，对于保障民生、实现双循环发展格局、调整就业结构具有重大现实意义。党和国家将稳就业置于“六稳”“六保”之首，采取积极措施推动全面复工复产、优化创业就业环境、加大对特殊群体的就业支持力度、完善职业培训和就业服务等。得益于有效的稳就业措施，2020年我国实现了有序复工复产、行业企业就业吸纳能力增强、重点群体就业压力得到缓解、财政经济等综合政策措施促进就业效果显著、职业教育培训进一步助推高质量就业。未来应围绕高质量就业进一步完善就业优先政策，持续构建促进重点群体就业、全民就业创业和灵活就业可持续发展的政策支持体系，进一步促进就业政策资源的整合，以充分发挥就业优先政策在保障公民就业权利和高质量发展中的基础性作用。

关键词： 新冠肺炎疫情　就业优先政策　就业权

---

* 刘锐一，中共广西区委党校讲师，主要研究方向为宪法学、人权法学。

就业是民生之本，实现充分就业，关系人民群众的基本生计与国家和社会的和谐稳定及可持续发展。新冠肺炎疫情对我国居民就业是一次突如其来的外部冲击，一方面，疫情发生初期的隔离、限制出行、保持社交距离等防疫措施客观上限制了居民外出就业；另一方面，疫情对经济环境的持续影响也导致企业用工需求减少、就业市场萎缩、劳务供需结构性矛盾加剧。面对疫情所造成的复杂局面，党中央及时作出决策，进一步强化落实就业优先政策，在延续“六稳”政策的同时，增加“六保”①，并将稳就业置于“六稳”“六保”之首，加大对稳定经济、扩大内需、增加就业等方面的政策支持。国务院和各省市积极落实党中央决策，采取果断措施，在促进企业复工复产吸纳就业的同时，综合运用财政、货币与就业政策，应对结构性失业矛盾，鼓励新业态和灵活就业。在党和政府的坚强领导和各方共同努力下，企业有序复工复产，就业形势逐步好转，稳就业政策落地见效，重点群体就业压力缓解，就业大局总体平稳。面对新冠肺炎疫情对就业的冲击，党和政府将稳就业、保就业置于各项工作的首位，体现了对基本民生的重视。稳就业的政策和措施，为实现充分就业提供了坚实保障。就业稳中向好，体现了社会主义制度保障公民基本就业权利的巨大优势。

一　新冠肺炎疫情影响下充分保障公民就业权的重大意义

（一）疫情对我国就业的影响

新冠肺炎疫情具有发生突然、波及面广、对经济和社会破坏力大等特

① 为应对挑战日益加大的国内外经济形势，2018 年 7 月中央经济工作会议首次提出“六稳”方针，即稳就业、稳金融、稳外贸、稳外资、稳投资、稳预期。2020 年 4 月，中央在“六稳”的基础上又提出“六保”，即保居民就业、保基本民生、保市场主体、保粮食能源安全、保产业链供应链稳定、保基层运转。“六稳”和“六保”之间彼此关联，“六稳”是大局，“六保”是前提，当前形势下，只有全面落实好“六保”，才能实现“六稳”，也才能稳住中国经济大局，实现稳中求进。“六稳”“六保”均将保障就业置于首位，体现了就业稳定对于国民经济发展和基本民生的决定性作用。

点，对我国就业市场造成了较大冲击。一方面，疫情对第一季度经济造成沉重打击。由于疫情发生突然，并迅速波及全国，加上恰逢春节黄金周，大量企业主动或被迫停业。受恐慌情绪影响，居民外出意愿大幅降低，导致国内需求不振。例如，疫情的发生，使餐饮娱乐行业基本处于停滞状态，美团2020年2月针对餐饮用户的问卷调查显示，69.3%的商户损失非常严重，25.8%的商户遭受较大损失，仅有4.9%的商户损失较小或没有受到影响。[①] 此外，为抗击疫情，大量中小企业处于关停状态，基本没有营业收入和现金流。资金匮乏使许多企业面临关门局面，就业空间受到压缩。另一方面，疫情的蔓延也对就业产生了持续影响。首先，受疫情影响，世界经济和国际贸易陷入低迷状态，中国作为世界经济的一部分，不可避免受其影响；其次，疫情限制了人员、物资的流动，导致许多国内国际企业面临生存危机；最后，疫情导致贸易保护主义情绪高涨，限制了我国的外贸和对外投资。经济和贸易环境的变化，使我国居民就业空间在很大程度上受到挤压。

受新冠肺炎疫情影响，我国的就业形势呈现如下特点。首先，就业市场供需矛盾凸显。2020年，我国新增劳动力达1500万人以上，劳动力供给总量处于高位。与此同时，疫情造成企业开工复工普遍延迟。随着疫情持续，中小微企业为节约运营成本，普遍出现压缩用工现象，用工需求总量下降明显。其结果导致新增就业人数减少，第一季度全国城镇新增就业229万人，同比减少95万人[②]；城镇失业率上升，第一季度末全国城镇失业率为5.9%，整体处于高位。其次，就业结构性矛盾突出。疫情暴发后，我国行业用工不匹配等结构性矛盾显著。一方面，涉及疫情防控物资和生活必需品供给的重点企业用工阶段性激增，关键企业出现用工荒。另一方面，大量受疫情影响企业溢出劳动力受劳动力转移条件限制，难以进入这些行业，出现就业类型不匹配的问题。劳动力地域匹配问题也相当突出，东部地区出现招

---

① 美团研究院：《从3.2万份调查问卷看新冠肺炎疫情对中国餐饮行业的影响》，2020年2月14日，网易网，https://dy.163.com/article/F5CPBFFR05198DT6.html。

② 《人社部：1-3月全国城镇新增就业229万人　同比减少95万人》，2020年4月21日，人民网，http://finance.people.com.cn/n1/2020/0421/c1004-31681989.html。

工难用工贵等现象，西部地区则出现外出难就业难等现象。疫情期间的隔离和限制出行措施导致劳动力滞留问题突出。从长期来看，由疫情所导致的产业重新布局，将带来劳动力市场的重新匹配问题，摩擦性失业和劳动力市场的结构性矛盾将长期存在。再次，服务业受冲击明显。服务业等劳动密集型产业是受疫情影响最为严重的行业，餐饮、旅游、批发零售受冲击较大，用工需求不足。相关数据显示，2020 年 2 月，制造业和服务业用工需求大幅下滑，中小微企业经营困难所导致的用工萎缩现象尤其突出。最后，特殊群体就业难问题突出。其一，高校毕业生就业难度加大。2020 年高校毕业生预计达 874 万人，为近年之最。[①] 疫情导致大部分企业线下招聘暂停，毕业生求职受到较大影响。同时，疫情导致部分行业需求调整，毕业生人岗匹配难度加大。其二，农民工外出务工受到限制。我国农民工总数已达 2.9 亿人，其中外出务工人员达 1.7 亿人，7500 万人属跨省流动人员。[②] 由于农民工多处于灵活就业状态，与单位之间缺乏稳定劳动关系，疫情直接导致相当比例的农民工和原来所从事的行业脱离联系，无业可就。春节返乡农民工外出务工人数较往年同期大幅度减少。

（二）疫情下充分保障公民就业权具有重大现实意义

在当前新冠肺炎疫情影响与复杂的经济和贸易环境情况下，稳就业对于保障和改善民生、实现高质量发展战略具有重大现实意义，也为我国发展新兴就业产业、优化就业结构、解决结构性就业矛盾、实现充分就业提供了契机。

首先，从民生角度看，就业是大多数人的基本谋生手段，新冠肺炎疫情的冲击，使很多人陷入生计困难。同时，新冠肺炎疫情所带来的行业结构调整，也给传统行业带来了新的挑战，使这些行业的劳动者面临不确定性的风

① 《特殊就业季，这 874 万人的就业解决了吗？——2020 届高校毕业生就业形势观察》，2020 年 9 月 28 日，新华网，http://www.xinhuanet.com/2020-09/28/c_1126553832.htm。

② 《全力以赴做好应对疫情稳就业工作》，2020 年 4 月 1 日，人力资源和社会保障部网站，http://www.mohrss.gov.cn/SYrlzyhshbzb/dongtaixinwen/buneiyaowen/202004/t20200401_364212.html。

险和更大的就业压力。在我国居民社会保障相对不足、失业承受力相对较低的情况下，倘若出现高失业率，将会严重影响社会预期，甚至引起社会动荡。在这一背景下，我国通过稳定市场主体、扩大就业渠道、重点扶持就业弱势群体等措施，实现了居民充分就业。

其次，从国家发展战略看，党的十五届四中全会明确提出“加快构建以国内大循环为主、国内国际双循环相互促进的新发展格局”。双循环新发展格局的形成，离不开高质量充分就业。一方面，就业决定内需的拉动。就业决定收入，收入决定需求，国内需求的拉动有赖于人均可支配收入的提高。另一方面，就业也是供给的重要组成部分，企业供给的质量也取决于劳动者素质和技能。因此，就业连接着需求和供给两端，对我国国内国际双循环战略的实现有着决定性的意义。

最后，疫情下的就业结构调整也为我国实现高质量充分就业提供了新的契机。疫情催生了诸多新的就业形态，例如共享经济、互联网灵活就业等。疫情的压力也促使传统行业主动和互联网经济结合，产生更加灵活、更加高效的就业匹配模式。例如，许多企业更多地采用线上招聘的模式，既节约了企业开支，也使人岗匹配更为高效。同时，疫情也改变了政府、公共服务平台在就业服务中的角色。在促进就业的过程中，政府及公共服务平台管理者的角色更加淡化，服务者的角色更加突出，服务模式更加以服务对象为本。总之，新冠肺炎疫情背景下所进行的新一轮就业结构调整为我国实现高质量充分就业提供了契机，有利于我国发展与国家中远期目标更为匹配、服务更加灵活和公平高效的就业服务市场。

二　新冠肺炎疫情下的就业优先政策和稳就业措施

（一）疫情下的就业优先政策

我国的就业优先政策发端于20世纪90年代末亚洲金融危机期间支持下岗工人再就业的扶持政策，经过多年发展，已经逐步形成以积极的就业促进

政策为核心、以劳动就业法律法规为保障、以促进充分就业为社会经济发展目标的中国特色积极就业政策体系。新冠肺炎疫情发生以来，党和国家高度重视就业问题，积极部署稳就业政策措施。为应对疫情对就业的冲击，中央在“六稳”基础上提出“六保”，形成“六稳+六保”的工作框架。“六稳”“六保”是一个有机的整体，其当务之急是实现充分就业。这是因为，就业是保证居民收入、促进经济增长的决定性因素。倘若就业问题无法解决，则社会稳定的底线就会失守。而要保居民就业，则须保企业、保市场，加大对企业的扶持力度和拓展稳定就业渠道。“六稳”“六保”是疫情下保持国民经济发展和社会稳定的基本方针，将“稳就业”“保就业”置于各项工作首位的做法为疫情下就业政策的制定和实施奠定了基本思路和政策框架。

在新冠肺炎疫情背景下，以“六稳”“六保”为基础的就业优先政策作为一种宏观政策着重解决以下问题。一是保障和扩大就业。在新冠肺炎疫情对我国就业产生较大冲击，经济下行、就业萎缩的情况下，“六保”将确保居民就业作为工作的重点，一方面支持企业创造更多就业岗位，另一方面降低失业率，包括在正常时期维持就业的各项政策和在经济困难时期降低企业成本、鼓励企业少裁员和不裁员。二是优化就业市场供需匹配，减少就业市场的结构性摩擦。其本质上是提升就业服务质量，解决就业过程中的劳动力流动成本、信息不畅造成的就业供需错位问题。三是通过政策倾斜，利用税收、财政等手段鼓励企业更多聘用就业困难人员。四是通过职业技能培训等促使劳动者不断提升技能，以适应产业升级转型和高质量就业需求。在新冠肺炎疫情背景下，我国的就业优先政策以保障民生为宗旨，针对疫情中的就业问题，结合国际国内双循环和高质量就业的长远战略，为稳定就业打下了坚实的基础。

为应对新冠肺炎疫情造成的复杂就业局面，党中央及时决策，推动各项稳就业政策的制定和实施。2020 年 2 月 10 日，习近平总书记在调研疫情时强调，要“高度关注就业问题，防止出现大规模裁员”①。2020 年 2 月 21

---

① 胡敏：《更大力度多措并举稳就业》，《光明日报》2020 年 2 月 14 日，第 2 版。

日，中共中央政治局召开会议，研究部署疫情防控和经济社会发展工作。针对疫情对就业的冲击，会议提出，要实施好就业优先政策，鼓励灵活就业，做好重点群体就业工作。2 月 23 日，习近平总书记在统筹推进新冠肺炎疫情防控和经济发展工作部署会议上提出“全面强化稳就业举措”，要求因地制宜地实施就业优先政策，减负、稳岗、扩就业并举，提高政策精准性。① 党中央的决策为就业优先政策的实施指明了方向，有力地推动了就业优先政策的制定和落实。新冠肺炎疫情防控期间中国政府稳定就业政策文件见表 1。

表 1　新冠肺炎疫情防控期间中国政府稳定就业政策文件

发布日期（2020 年）	发文单位	政策文件	内容
3 月 20 日	国务院	关于应对新冠肺炎疫情影响强化稳就业举措的实施意见（国办发〔2020〕6 号）	加快恢复和稳定就业
4 月 9 日	中央应对新冠肺炎疫情工作领导小组	关于在有效防控疫情的同时积极有序推进复工复产的指导意见（国发明电〔2020〕13 号）	加快恢复生产生活秩序、积极有序推进复工复产
4 月 26 日	人力资源和社会保障部、财政部、民政部	关于加大湖北地区和湖北籍劳动者就业支持力度的通知	加大对湖北地区和湖北籍劳动者就业支持力度，维护劳动者合法权益，努力保持就业大局稳定
5 月 9 日	人力资源和社会保障部、财政部	关于实施企业稳岗扩岗专项支持计划的通知（人社部发〔2020〕30 号）	有效应对国内外疫情形势和经济下行压力对就业的影响，做好常态化疫情防控中的稳就业工作
5 月 20 日	人力资源和社会保障部	关于大力开展以工代训工作的通知（人社厅明电〔2020〕29 号）	开展以工代训有关工作
5 月 28 日	人力资源和社会保障部	关于印发农民工稳就业职业技能培训计划的通知（人社部函〔2020〕48 号）	提升农民工职业技能和就业创业能力

① 习近平：《在统筹推进新冠肺炎疫情防控和经济社会发展工作部署会议上的讲话》，《人民日报》2020 年 2 月 24 日，第 2 版。

续表

发布日期（2020年）	发文单位	政策文件	内容
5月29日	人力资源和社会保障部、财政部	关于扩大失业保险保障范围的通知(人社部发〔2020〕40号)	扩大失业保险保障范围、保障失业人员基本生活
6月17日	人力资源和社会保障部、财政部、国务院扶贫办	关于进一步做好就业扶贫工作的通知(人社部发〔2020〕48号)	进一步做好就业扶贫工作
7月21日	国家发展和改革委员会	关于全力做好下半年稳就业保就业有关工作的通知(发改办就业〔2020〕557号)	进一步做好下半年稳就业保就业工作
7月8日	人力资源和社会保障部、教育部、财政部、商务部国资委、共青团中央、全国工商联	关于进一步加强就业见习工作的通知(人社部函〔2020〕66号)	进一步加强就业见习工作
7月30日	国务院	关于提升大众创业万众创新示范基地带动作用进一步促进改革稳就业强动能的实施意见(国办发〔2020〕26号)	进一步提升双创示范基地对稳就业的带动作用
7月31日	国务院	关于支持多渠道灵活就业的意见(国办发〔2020〕27号)	全面强化稳就业举措，落实保居民就业任务
9月24日	人力资源和社会保障部	关于开展就业创业服务攻坚季行动的通知(人社部函〔2020〕99号)	集中攻坚稳就业

资料来源：国务院及相关部门官网。

（二）稳就业措施

为全面落实党中央的决策部署和强化就业优先政策的实施，2020年3月18日，国务院发布《关于应对新冠肺炎疫情影响强化稳就业举措的实施意见》（国办发〔2020〕6号，以下简称《实施意见》），提出强化实施就业优先政策、引导农民工安全有序转移就业、拓宽高校毕业生就业渠道、加强困难人员兜底保障、完善职业培训和就业服务、压实就业工作责任六大举措，对稳就业工作进行了全面部署。在党中央决策和

《实施意见》指导下，国务院历次常务会议均将稳就业作为工作推进的重要内容，根据实际情况，有计划、有重点地推动了稳就业工作的开展（见表2）。

表2　国务院历次常务会议稳就业部署

发布日期（2020年）	措施	内容
2月18日	通过稳企业稳就业	阶段性减免中小微企业养老、失业、工伤保险单位费用；出台复工复产指南；保障失业人员基本生活
2月25日	促进重点群体就业，帮助企业和个体纾困解难	推进高校毕业生、农民工群体就业；加大对中小微企业复工复产的金融支持；支持个体工商户纾困
3月10日	推动全产业链复工复产	推进全产业链复工复产；降低企业融资成本；扩大内需，激活市场；推进灵活就业
3月17日	深入推进"放管服"改革，培育壮大新业态	取消妨碍复工复产的不合理规定；简化行政审批手续；发挥"双创"积极作用；加大对新业态支持力度
3月24日	推动制造业和流通业复工复产复业	维护产业链供应链稳定；培育壮大消费新业态；扶持中小微企业、个体工商户；支持企业网上洽谈、网上办展
3月31日	加大对低收入群体尤其是困难群体的保障力度	提高社会救助和保障标准；将失业人员纳入救助政策保障范围；将受疫情影响的困难群众纳入就业援助范围
4月14日	重点推进高校毕业生就业	加大支持稳企业、拓岗位力度，吸纳毕业生就业；开发科研助理岗位，充实基层教师和医护人员队伍；加强就业服务
6月24日	强化高校兽医相关专业毕业生就业政策支持	改革高校兽医专业资格认定程序；加强高校毕业生岗前培训；落实补助政策
7月1日	支持中小微企业吸纳就业	增强银行服务中小微企业、支持保就业能力
7月9日	为就业创业提供宽松政策环境	创造宽松监督环境，促进灵活就业，降低平台手续费用
7月15日	部署推进大众创业万众创新	加大对创业创新主体的支持；鼓励双创示范基地和金融机构发展融资融通业务；推动创业示范，引导择业观念
7月22日	支持多渠道灵活就业	发展劳动密集型产业，促进农民工就近就业；鼓励个体经营；支持非全日制就业；创造灵活就业岗位；加强就业公共服务；开展职业技能培训

续表

发布日期（2020年）	措施	内容
7月29日	支持农民工就业创业	拓宽就业渠道；支持就地就近就业；以创业带动就业；优先保障贫困劳动力就业
8月17日	促进师范毕业生从教就业	推进教师资格认证改革，扩大教育院校认证自主权，扩大免认证范围
8月26日	促进农民工就近就业	加大基础建设项目投资，吸纳农民工就近就业；加大以工代赈力度
9月9日	支持新业态和灵活就业	强化新业态和灵活就业人员劳动保障，支持企业"共享用工"
9月17日	支持民营企业吸纳就业	为民营企业发展创造公平环境，带动扩大就业
10月9日	进一步做好稳就业工作，确保完成全年目标任务	继续保市场主体、稳就业岗位；抓好高校毕业生、农民工等重点群体就业和困难人员就业援助；释放就业潜力；推进提升职业技能专项行动；推出鼓励灵活就业政策措施
12月9日	强化保险业服务新就业形态功能	要求保险业针对新产业新业态从业人员和各种灵活就业人员需要，开发合适的补充养老保险产品

资料来源：中国政府网。

在就业优先政策的指导下，我国的稳就业措施集中在积极有序推动复工复产、优化就业创新环境、加大重点群体就业保障力度、提高就业质量、加强资金保障和强化就业政策实施监督等方面。随着国内国外疫情和经济社会形势的变化，稳就业措施的推进重点也有所转移：疫情早期稳就业的工作主要集中于有序推进复工复产，通过分级防控、减轻企业负担、加大投资等在短期内恢复企业的生产经营及对就业的吸纳能力。疫情受到控制，国内社会经济进入稳定期后，稳就业的重点则侧重就业增量和就业质量，通过提升产业投资带动就业能力，优化自主创业环境，支持多渠道灵活就业，强化职业培训，加大对困难群体就业的政策支持等方面，为稳就业提供长期稳定的政策和制度保障。

在疫情发生早期，针对疫情防控措施对企业复工复产的影响，中央应对疫情工作领导小组发布了《关于在有效防控疫情的同时积极有序推进复工复产的指导意见》（国发明电〔2020〕13号，以下简称《指导意见》），对有序复工复产、充分保障就业权作出了部署。

1. 全面推动复工复产吸纳就业

《指导意见》要求在“外防输入、内防反弹”的前提下，做好复工复产相关工作，具体措施如下。

一是在条件允许的情况下分区分级恢复生产秩序。《指导意见》要求，随着疫情形势逐渐稳定，应推动湖北、北京以外的低风险地区适当降低风险预警等级，从应急状态转向常态化防控。及时调整或取消应急状态下的限制人员流动，消除企业复工复产障碍。针对湖北、北京等高风险地区，要求因地制宜，采取差异化措施，促进复工复产安全有序进行。

二是促进全产业链复工复产。首先，及时解决企业开复工、原材料供应、用工、资金等生产要素的保障问题，支持供应链核心企业带动上下游及配套企业的生产供应。其次，重点保障农产品等复工复产必需的生活和生产物资供应。

三是重点推动服务业复工复产。服务业是受疫情影响最大的行业之一。通过预约、限流、分流等措施，可以有效推动文化旅游、餐饮及空间密闭场所的有序复工。在确保控制措施到位的情况下，有序推动各类商场、市场复工复产。同时，还应加强复工复产的交通运输保障，加强客运恢复和返岗服务。

2. 推出综合财政经济政策，优化就业创业环境

《实施意见》指出，应优化就业环境，积极提升行业的劳动力吸纳能力，同时，优化创业的环境，通过发展产业带动就业。

一是加大减负稳岗力度。鼓励企业不裁员或减少裁员。对不裁员或减少裁员的企业实行失业保障稳岗返还，返还标准最高可提至职工上年度缴纳失业保险的100%。同时，适当放宽稳岗返还认定标准。返还标准可参照6个月以内当地人均失业保险金和参保人数确定，或者按3个月以内的企业及职工应缴社会保险费确定。对吸纳重点就业群体的企业实行阶段性减免或缓缴社会保险费的政策，降低企业经营负担，在提高企业经营活力的同时提高企

业吸纳就业的积极性。

二是加大投资带动就业力度。优先投资带动就业能力强，有利于农村就近转移劳动力和高校毕业生就业的项目或产业。同时在政策上对投资带动就业能力强的企业或行业予以倾斜，在环境评估、限产停产等方面给予相对宽松的政策。

三是创造良好的自主创业环境。简化审批和登记手续，进一步深化“证照分离改革”。发挥“双创”对就业投资的吸引作用和对就业的拉动作用。加大对“双创”企业投资担保支持力度，为“双创”企业提供良好的资金支持。同时，政府对孵化基地等创业载体予以直接投资，在场地、招聘农民工、高校毕业生等方面予以相应的费用减免。在创优评先方面对就业带动能力强的经济实体或组织予以倾斜。

四是支持多渠道灵活就业。鼓励发展地摊经济等灵活就业形式，除预留相应的市场配额外，支持建立劳动者居住地平台并提供相应的创业担保及补贴。针对灵活就业人员，取消其参加职工基本养老保险城乡户籍限制。为就业困难群体及高校毕业生提供灵活就业补贴。

3. 加大特殊群体就业保障力度

一是引导农民工安全有序转移就业。《实施意见》要求，为切实应对疫情对农民工外出就业的影响，一方面要切实加强对农民工返岗复工的输送和保障，通过及时发布用工信息，加强劳务输出地和输入地对接、引导人力资源服务机构有序开展跨区域劳务输出等，有效解决农民工劳务市场供需结构性矛盾；另一方面，通过加强县域和中心城镇基础设施、公共服务设施等建设项目，就近吸纳农民工就业。此外，通过支持贫困劳动力优先就业、充分开发公益性岗位吸纳就近就业的机会、对吸纳贫困劳动力就业规模大的企业给予财政扶助和奖励等措施，充分调动企业及公益机构吸纳农民转移劳动力的积极性。

二是拓宽毕业生就业渠道。针对2020年待就业毕业生总量大及新冠肺炎疫情影响下就业规模萎缩的双重压力，《实施意见》着力从拓展就业渠道、扩大就业规模着手，通过尽可能提高就业总容量和便利的就业措施切实解决高校毕业生就业问题，具体如下。（1）扩大企业和基层吸纳就业规模。通过一次性吸纳就业补贴的方式，鼓励企业与高校毕业生签订稳定劳动合同，同时限制企业任意解约。要求基层单位提高高校毕业生就业岗位比例，同时扩大"三支一扶"计划等基层服务项目的招聘规模。（2）改革职业资格审核标准，允许部分专业高校毕业生免试取得相关职业资格证书，同时扩大企业专业技术职称评审自主权，将专业技术职称评定范围、标准等事项下放至企业。（3）通过高校扩招、扩大入伍规模、扩大见习规模等纾解高校毕业生就业压力。《实施意见》要求扩大2020年研究生及普通高校专升本招生规模。出台大学生入伍激励政策。支持企业、政府投资项目、科研项目等设立见习岗位。（4）提供便利的高校毕业生就业服务政策措施。引导用人单位适当调整和推迟面试体检签约时间，为延迟离校毕业生提供报到接收、档案转递和签约录取等延期服务等。

三是加强失业及就业困难人员兜底保障。针对失业及就业困难群体的生活问题，《实施意见》要求出台具体措施，保障失业人员及就业困难群体基本生活，具体如下。（1）为失业金申领提供便利渠道。《实施意见》要求2020年4月底前实现失业金线上申领，同时放宽失业保险申领期限。（2）给予就业困难人员适当的生活补助、生活救助等。对领取失业保险期满仍未就业及不符合失业保险领取条件的失业参保人员，发放6个月失业补助金。将生活困难人员及家庭纳入最低生活保障范围、临时救助及社会救助范围。（3）加强对就业困难人员的就业援助。及时调整就业困难人员认定标准，确保受疫情影响人员能够被纳入就业援助范围。利用公益性岗位对就业困难人员实行托底安置。此外，对于湖北等疫情严重地区，加大政策、资金项目倾斜力度，通过专项补贴、就业保障绿色通道、专项招聘、专项帮扶等切实推进这些地区的就业工作。

4. 完善职业培训和就业服务，提高就业质量

一是开展职业技能培训。包括完善人才评价制度；开展职业技能等级认定试点，扩大企业人才评价自主权；建立分类分层人才评价体制机制；完善乡村医生和兽医职业资格制度，为高校相关专业毕业生就业提供便利；针对

特殊就业群体推进专项职业技能培训；开展农民工稳就业职业技能培训计划；开展康养职业技能培训计划；针对贫困地区基层人才实行双向定向政策；加强职业技能培训服务；建立职业技能在线培训平台，发放职业技能电子培训券，促进新职业在线学习平台与助学贷款对接；鼓励企业组织职工参加线上线下培训，给予新招农民工、高校毕业生职业前培训补贴；组织制定急需紧缺职业标准；鼓励组织职业技能竞赛，弘扬劳动精神，培养更多高技能人才；等等。

二是优化就业服务。包括开放线上失业登记，便利在线办理就业服务和申领补贴；大力开展线上招聘服务，整合公共就业服务机构、高校就业指导机构、人力资源服务机构等就业服务资源，通过扩大信息供给、优化职业指导、网上面试等形式促进供需对接；优化针对企业的用工指导服务，鼓励企业采取灵活工时、协商薪资、轮岗轮休等方式稳定岗位，依法规范企业裁员行为。

三　保障就业权各项措施的成效

（一）复工复产成效显著，企业就业吸纳能力增强

得益于有效的复工复产措施，行业企业生产秩序得以有序恢复。截至2020年4月中旬，全国规模以上工业企业平均开工率已达99%，人员复岗率达94%。[①] 截至2020年5月，全国规模以上工业企业实现利润总额5823.4亿元，同比增长6.0%，增速由负转正。[②] 生产秩序的恢复带动了就业的形势全面向好。首先，总体就业形势逐步回暖。2020年前11个月，全

① 《工信部：复工复产取得阶段性成效　积极稳固产业链与供应链》，2020年4月17日，中国政府网，http：//www.gov.cn/xinwen/2020－04/17/content_5503278.htm。

② 《5月份工业企业利润实现增长——国家统计局工业司高级统计师朱虹解读工业企业利润数据》，2020年6月28日，国家统计局网站，http：//www.stats.gov.cn/tjsj/sjjd/202006/t20200628_1770630.html。

国新增就业人数1099万，超过全年目标任务22个百分点。其次，调查失业率逐步下降。全国城镇调查失业率在2月达到最高值。随着调控措施落实到位，失业率逐步下降。截至11月，全国城镇调查失业率下降到5.2%，低于6%的预期调控目标（见图1）。[①] 最后，劳动力市场活跃度逐渐恢复。新冠肺炎疫情发生后，劳动力市场需求急剧下滑，第一季度招聘需求人数同比降低25.9%。随着各项稳就业政策的发力，劳动力市场需求指数已经由负转正。主要指标恢复性增长，为就业大局稳定提供了有力支撑。[②]

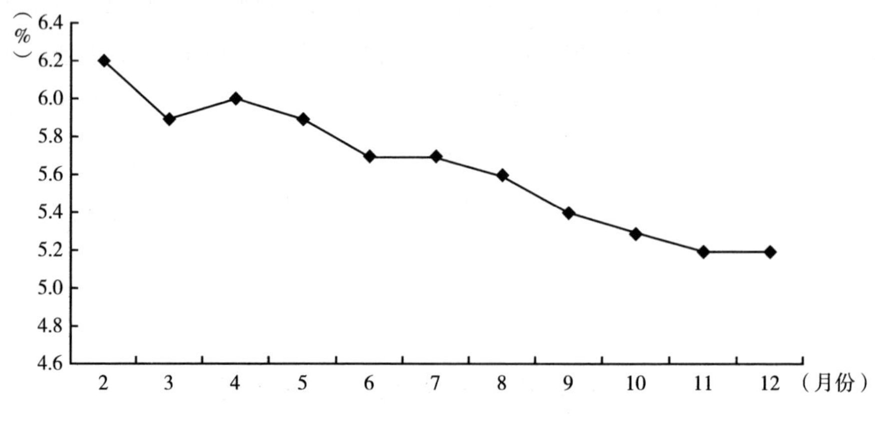

图1　2020年2～12月全国城镇调查失业率

资料来源：国家统计局网站。

（二）重点群体就业压力缓解

首先，高校毕业生总体就业形势趋稳。国家统计局数据显示，2020年9月，20～24岁大专及以上人员调查失业率比上个月下降了2.4个百分点。[③]

---

① 《11月份国民经济恢复态势持续显现》，2020年12月15日，国家统计局网站，http://www.stats.gov.cn/tjsj/zxfb/202012/t20201215_1809253.html。

② 陈文丽：《政策落地见效　就业大局总体稳定》，2020年11月3日，人民网，http://finance.people.com.cn/n1/2020/1103/c1004-31917024.html。

③ 《就业稳定有保障》，2020年10月26日，人社部网站，http://www.mohrss.gov.cn/SYrlzyhshbzb/dongtaixinwen/buneiyaowen/202010/t20201026_393192.html。

公共部门和企业对高校毕业生就业吸纳能力增强。截至10月底，公共部门累计吸纳高校毕业生280万人。[①] 通过民营企业招聘月、大中城市联合招聘等专项活动，企业累计发布招聘岗位信息150万个。随着各部门各地区积极拓宽高校毕业生就业渠道，扩大基层就业规模，高校毕业生就业形势逐渐改善，至2020年12月，20～24岁大专及以上受教育程度人员失业率较7月回落7.2个百分点，与2019年同期持平。[②]

其次，农民工就业压力得到缓解。一是农民工就业规模不断扩大。2020年前三季度农民工外出就业人数累计达1.79亿人次，较前两季度增加200万人。[③] 二是针对农民工的就业服务不断优化。通过调整政策，农民工得以在就业地和参保地进行失业登记。"春风行动""百日千万"等线上和线下专项服务活动对扩大农民工就业规模发挥了积极作用。三是职业技能培训计划助力农民工职业素质提升。人社部会同15个部门出台专项政策文件，大力开展以工代训、急需紧缺职业培训、职业转换培训、定向定岗培训等项目，满足了农民工多元职业技能需求，提升了农民工的职业素质。2020年前三季度，全国参加职业培训项目的农民工超过500万人次。[④]

（三）财政经济综合政策对促进就业效果显著

积极的财政政策有力支撑经济发展。截至2020年10月底，1.7万亿中央财政直达资金基本到位，地方实际支出1.198万亿，支出进度为70%，高于时序进度4.2个百分点。[⑤] 财政纾困政策和直达机制支撑了近900万人

---

① 《人社部：新增就业完成全年目标99%》，2020年10月29日，人民网，http：//finance. people. com. cn/n1/2020/1029/c1004－31910051. html。

② 李心萍：《就业形势好于预期》，《人民日报》2021年1月27日，第6版。

③ 《截至三季度末外出务工农民工1.79亿人》，2020年10月28日，国务院新闻办公室网站，http：//www. scio. gov. cn/32344/32345/42294/44077/zy44081/Document/1690816/1690816. htm。

④ 韩秉志：《前三季度就业形势好于预期——城镇新增就业898万人是如何实现的》，《经济日报》2020年10月29日，第5版。

⑤ 《截至10月底，各地已支出中央直达资金1.198万亿元——惠企利民政策有效性明显提高》，2020年11月13日，中国政府网，http：//www. gov. cn/xinwen/2020－11/13/content_5561138. htm。

城镇新增就业，有力支撑了经济恢复和发展。[①] 积极的财政政策有效提升了基层财力水平，在为各地做好“六稳”“六保”提供有力资金保障的同时，对稳定市场信心和扩大就业发挥了积极作用。社保降费效果明显。企业是创造就业岗位、吸纳就业的重要载体，帮助企业渡过难关，为稳就业提供有力的支撑。截至2020年9月底，三项社会保障费阶段性减免共计9017亿元，惠及企业1129.9万户。缓缴社会保险费和降低社会保险费率等政策合计减轻企业成本12045亿元。新增减税降费政策预计全年可为市场主体减负超过2.5万亿元。[②]

（四）职业技能教育培训助力高质量就业

围绕党中央关于全面开展职业技能教育的部署，我国持续开展“互联网+职业技能培训”，积极推进职业技能提升行动，实施百日免费线上技能培训行动，创新开展以工代训。组织实施农民工稳就业职业技能培训计划、百万青年技能培训行动、创业培训计划、长江流域退捕渔民职业技能培训、康养培训计划等专项培训计划，促进了职业技能培训服务的实质性提升。同时，我国加大了职业技能培训的财政支持力度，从失业保险基金结余中取出1000亿元，用于失业人员的职业技能提升和转岗培训。2020年我国累计补贴培训超过1000万人次，大批失业人员通过职业技能培训顺利实现了转岗就业。[③]

四　就业权保障的未来展望

我国即将进入“十四五”发展新时期。党的十九届五中全会通过《中

① 《李克强主持召开国务院常务会议　要求进一步抓好财政资金直达机制落实　更好发挥积极财政政策效能等》，2020年10月21日，中国政府网，http://www.gov.cn/premier/2020-10/21/content_5553080.htm。

② 王观：《中央财政直达资金1.7万亿元基本下达》，《人民日报》2020年11月13日，第2版。

③ 李心萍：《技能大培训　就业更充分》，《人民日报》2020年10月28日，第11版。

共中央关于制定国民经济和社会发展第十四个五年规划和二〇三五年远景目标的建议》，将促进就业作为经济社会发展的重要内容，对就业工作提出了更高的目标，明确了一系列重大任务。在“十四五”建设新时期，我国应以社会经济发展为导向，围绕高质量就业，进一步强化就业优先政策，在构建高质量就业可持续发展的支持体系、整合就业政策资源上持续发力，促进就业优先政策向更高质量和更高水平演进。

第一，围绕高质量发展实现高质量就业。我国经济已经从高速增长进入高质量发展阶段，促进高质量发展是当前乃至未来一段时间制定宏观经济政策的基本思路。高质量就业对于高质量发展的稳定性和可持续性至关重要，坚持将高质量发展作为就业工作的导向，在稳定和扩大就业的基础上实施宏观调控，把高质量就业指标作为宏观调控的依据，促进财政、金融、投资、消费和高质量就业政策的衔接。

第二，进一步完善重点群体、就业创业和多渠道灵活就业的支持体系。首先，采取更加有效的分类就业支持措施，加大对高校毕业生、农民工、退伍军人、就业困难群体的支持力度，稳定就业大局。同时，完善就业救助体系，加强职业技能培训，提升重点群体的就业创业能力。其次，继续优化营商环境，通过商业体制改革、租金减免、税收激励和创业补贴等措施增加对创业实施的支持。再次，进一步加大对灵活就业的支持力度，鼓励发展新的业务类型，取消不合理限制，加强对灵活就业人员的政策服务和就业权利保护。最后，提升对重点群体服务的精准性，构建精准识别、精细分类、专业指导的服务模式，提供个性化的服务措施和解决方案。

第三，推进就业政策和资源的整合。首先，应推进基本服务均等化，提升就业公共服务能力，打破制度、部门和地域限制，使劳动者享受普遍的、便利的、均等化的就业服务。其次，推进全国统一的就业信息服务，围绕推进信息服务的智能化，推进信息互联、数据共享，实现就业市场供需的实时匹配和智能匹配。最后，整合就业服务资源和标准，鼓励和引导社会力量参与就业服务，制定和发布统一的就业服务标准等。

参考文献

1. 于凤霞:《稳就业背景下的新就业形态发展研究》,《中国劳动关系学院学报》2020 年第 6 期。
2. 吴树新:《新冠肺炎疫情后经济走势与稳就业的路径分析》,《重庆理工大学学报》(社会科学版)2020 年第 10 期。
3. 蔡潇彬、关博:《当前就业领域的形势、问题及对策》,《中国经贸导刊》2020 年第 19 期。
4. 孟繁锦、王玉霞、王琦:《疫情期扶持中小微企业发展与保障就业研究》,《工业技术经济》2020 年第 10 期。
5. 莫荣、李付俊:《新冠疫情对灵活就业人员的影响分析》,《新金融》2020 年第 9 期。
6. 杨良初、万晓萌:《疫情防控条件下“稳就业”若干思考》,《地方财政研究》2020 年第 9 期。
7. 杨瑞龙:《稳就业保民生的关键是保市场主体》,《中国党政干部论坛》2020 年第 9 期。
8. 钟言:《就业优先政策》,《中国工运》2020 年第 8 期。
9. 李保强:《高校毕业生就业工作需理顺八对关系》,《人民论坛》2020 年专刊 Z2。

B.12

我国公民环境权保护的新发展

赵明霞　张晓玲*

摘　要：　良好的生态环境是最公平的公共产品，是最普惠的民生福祉。我国历来重视环境污染防治和生态保护，从而保障公民在安全、健康和良好生态环境中生活的权利。2020年是各项污染防治攻坚战的收官之年，国家在公民环境权利保护方面采取了诸多新举措，也取得诸多新进展，包括深化权利价值共识、完善生态环境法治体系、增强环境治理政策的针对性和推进环境保护全民参与等。通过制度的有效运行，近期我国环境质量全面改善、生态安全格局优化、环境法治成效显著。"十四五"发展规划明确以实现"人与自然和谐共生的现代化"为目标，我国公民环境权保护将取得更进一步的发展，未来更需要朝着规范化、系统化和精细化的方向发展。

关键词：　环境权　环境权保护　可持续发展

环境权是人类基于自身需求而对外部生态环境价值的表达，是构建人与自然和谐共生关系的重要起点，也意味着新生态文明秩序的建立和发展。国际社会普遍认可的"每个人享有其健康和福利等要素不受侵害的环境的权

* 赵明霞，天津财经大学马克思主义学院副教授，主要研究方向为人权理论；张晓玲，中共中央党校（国家行政学院）政治与法律教研部教授、博士生导师。

利和当代传给后代的遗产应是一种富有自然美的自然资源的权利”①，作为一项基本人权，在我国具体表现为公民免受环境污染，并享有在安全、健康和良好生态环境中生活的权利。与其他人权一样，环境权的保护不是孤立的，涉及政府、社会和个人等多元主体的参与，也包括法治、政策等具体制度的实施。以新时代生态文明建设战略实施为基础，我国公民环境权保护的价值理念、制度体系和保护机制得到不断完善。2020 年是全面建成小康社会的收官之年，也是污染防治“攻坚战”的收官之年。“十三五”发展规划期间，环境保护和生态文明建设成效显著，“十四五”发展规划更加明确了实现“人与自然和谐共生的现代化”的长期发展目标，这些都为公民环境权保护奠定了战略实践基础。

一　我国公民环境权保护的理念、体制和措施逐步完善

以习近平生态文明思想为指导，我国环境权保护的理论与实践成果逐渐丰硕。2020 年，我国公民环境权保护的理念、法治和政策发展从播种阶段进入了深耕阶段，国家在促进公民享有安全、健康和良好生态环境方面的水平和能力不断提高。

（一）深化环境权保护的理念共识

环境权以保护公民的环境利益不受损害为基本目标，这一目标不仅是其他权利所没有的，而且在一定程度上是对其他权利享有的必要限制。环境权作为一项独立的人权，其必要性和现实性得到普遍的认同。与其他经济社会权利一样，环境权具有多项权能，既包括公民对于具体环境要素，如水、大气、土壤等的使用权、知情权、参与权，也包括受到环境侵害时向有关部门请求保护的权利。② 而环境权的保护和实现，既需要政府承担环境保护的职

① 1970 年，在日本东京举行的由 13 个国家代表参加的国际会议发表的《东京宣言》，首次提出了环境权概念，1972 年联合国《人类环境宣言》进一步明确了环境权的价值。

② 吕忠梅：《再论公民环境权》，《法学研究》2000 年第 6 期，第 133 页。

责，也需要社会组织和个人履行减少环境污染的自我保护义务，依法对损害环境的行为进行维权也是保护环境的有效救济渠道。

保护公民环境权，一直是我国人权法治和战略发展的指导思想和重要内容。历年来我国《人权白皮书》都对环境权利保障的内容做了综述，国务院发布的《国家人权行动计划（2016—2020年）》也将环境权利与受教育权、健康权利并列置于经济、社会和文化权利项下，具体条款明确了对大气、水、土壤等环境污染的治理目标和措施。目前我国《宪法》确立了国家保护环境的义务,① 而这项义务是基于公民环境权利保障的要求而产生。与此同时，上海、广东、深圳、珠海、宁夏等地方《环境保护条例》修订后都明确了公民享有良好环境权的规定。而政府通过各项措施改善生态环境质量，也是公民环境权保护具体目标的实现过程。习近平生态文明思想确立后，"绿水青山就是金山银山""良好生态环境是最普惠的民生福祉""用最严格制度、最严密法治保护生态环境"等已经成为全社会的共识，这也是对我国环境权保护理念的最好诠释。

2020年习近平在云南、浙江、陕西、山西、宁夏考察期间，进一步深入阐述了生态环境保护的指导思想和重要举措，提出"要坚持山水林田湖草一体化保护和修复，把加强流域生态环境保护与推进能源革命、推行绿色生产生活方式、推动经济转型发展统筹起来，坚持治山、治水、治气、治城一体推进"，强调将良好生态环境与全面建成小康社会紧密结合，注重生态修复和环境系统治理。② 这也为进一步深化新时代公民环境权保护指明了发展方向和路径。

（二）完善环境权保护的法治体系

以"人民为中心"的法治体系极大地促进了公民权利的实现。2020年，

---

① 《宪法》第26条："国家保护和改善生活环境和生态环境，防治污染和其他公害。国家组织和鼓励植树造林，保护林木。"

② 《习近平在最近三次地方考察中，反复强调的重点内容有哪些?》，2020年6月15日，央广网百家号，https://baijiahao.baidu.com/s?id=1669525060632992579&wfr=spider&for=pc。

以习近平法治思想为指导，公民环境权利保护的法治化水平也得到不断提升，各项法律制度及其实施机制逐步完善，并走向体系化。

在具体法律规范建设方面，以宪法为基础，环境污染防治、生态保护、资源节约等各项基本法律相继制定、修订并实施。继新《环境保护法》颁布后，全国人大常委会对多部环境保护的单行法进行了修订。2019年《土壤污染防治法》实施，2020年9月1日新修订的《固体废物污染环境防治法》施行，规定自2021年1月1日起我国将全面禁止进口固体废物，并禁止境外固体废物进入我国境内倾倒、堆放或处置。2020年12月我国第一部流域法律《长江保护法》颁布，对加强长江流域生态环境保护和修复、促进资源合理高效利用、保障生态安全作出了明确规定，该法自2021年3月1日起施行。与此相应，2020年在生态环境部主导下完成了《生态环境标准管理办法》和《自然保护地生态环境监管工作暂行办法》等21件部门规章的立改废。我国生态文明建设推动了法律体系的绿色发展。《民法典》第9条明确“民事主体从事民事活动，应当有利于节约资源、保护生态环境”；第7编第7章专门用7个条款，对环境污染和生态破坏的责任作出规定，同时也提出加快制定生态环境责任与赔偿法律的要求。《刑法修正案（十一）》加大对污染环境罪的惩处力度。2020年10月《生物安全法》颁布并自2021年4月15日起实施，这对防范和应对生物安全风险、保障人民生命健康、保护生物资源和生态环境、促进生物技术健康发展、推动构建人类命运共同体、实现人与自然和谐共生具有重要意义。[①] 在地方层面，《河北省环境保护条例》《西安市水污染防治条例》等都在2020年修订并实施，生态环境教育立法不断充实和完善，比如《衡水市生态环境教育促进条例》2020年制定实施。各类法律规范的完善，为公民环境权利保护提供了制度框架。

为推进环境执法建设，近年来，政府多次举行《环境保护法》专项

① 《生物安全法》第1条：“为了维护国家安全，防范和应对生物安全风险，保障人民生命健康，保护生物资源和生态环境，促进生物技术健康发展，推动构建人类命运共同体，实现人与自然和谐共生，制定本法。”

执法行动，极大地提升了环境执法能力，也促进了各类环境质量标准和环境责任认定、处罚规范的适用和完善。2020 年国务院办公厅发布的《生态环境保护综合行政执法事项指导目录》，明确列出依据法律、行政法规设定的环境行政处罚和环境行政强制事项，以及依据部门规章设定的警告、罚款的环境行政处罚事项，并致力于推进生态环境保护综合行政执法改革。与此同时，为提高执法质量，“十三五”期间生态环境部主持制修订并发布国家生态环境标准 551 项，包括 4 项环境质量标准、37 项污染物排放标准、8 项环境基础标准、305 项环境监测标准、197 项环境管理技术规范。其中配套“大气十条”的实施，发布了 122 项涉气标准；配套“水十条”的实施，发布了 107 项涉水标准；配套“土十条”的实施，发布了 49 项涉土标准和 40 项固体废物标准。[①] 地方在执法中也做了探索，如《上海市生态环境行政处罚裁量基准规定》修订，回应环境保护基本法的行政处罚裁量权行使标准适用。

为推进环境司法建设，自 2014 年最高人民法院成立全国第一个环境资源审判庭以来，各级地方人民法院也在不断探索和实践，涉及公民环境权的民事诉讼案件大部分得到了法院的支持。同时，环境公益诉讼制度在各地方顺利推进，2020 年 10 月 1 日《深圳经济特区生态环境公益诉讼规定》作为全国首个生态环境公益诉讼地方规范正式施行。2020 年 3 月国务院印发《关于构建现代环境治理体系的指导意见》，明确提出要“加大对破坏生态环境案件起诉力度，加强生态环境检察公益诉讼”。

近年来，涉及生态环境保护的党内法规正在逐步建立。生态环境领域立法坚持落实生态环境领域党政同责要求，党内的生态环境法规已成为生态环境领域法制的重要组成部分。中共中央办公厅相继印发《中央生态环境保护督察工作规定》《党政领导干部生态环境损害责任追究办法（试行）》《领导干部自然资源资产离任审计规定（试行）》，对国家的生态环境法律法

---

① 《“十三五”期间中国生态环境质量总体改善》，2020 年 10 月 22 日，海外网百家号，https：//baijiahao. baidu. com/s? id = 1681191570469682274&wfr = spider&for = pc。

规具有重要的引领、补充、支持作用。[①] 在地方层面，山东、内蒙古、北京、安徽等地相继制定地方性的生态环境保护督察工作实施办法，以落实中央规定、规范地方生态环境保护督察工作，增强生态环境保护责任。

（三）加强生态环境治理政策的针对性

政府出台多项配套政策，加强环境治理，是保障公民享有在安全、健康和良好的生态环境中生活权利的重要途径。为提升环境治理能力，2020 年出台的一系列环境治理政策更加精准、实效性更强。

完善环境保护权责利的配置。权责清晰、多元参与、激励约束并重、系统完整的环境治理体系，对促进公民环境权保护具有重要作用。2020 年 3 月中办、国办印发《关于构建现代环境治理体系的指导意见》《中央和国家机关有关部门生态环境保护责任清单》，旨在进一步强化环境治理的领导责任体系、企业责任体系、全民行动体系、监管体系、市场体系、信用体系、法律法规政策体系，落实各类主体责任，提高市场主体和公众参与的积极性，形成导向清晰、决策科学、执行有力、激励有效、多元参与、良性互动的现代环境治理体系。[②]

持续推进区域、流域、农村等生态环境综合治理。2020 年，政府进一步确保打赢蓝天保卫战，并在柴油货车污染治理、城市黑臭水体治理、渤海综合治理、长江保护修复、水源地保护、农业农村污染治理、节能减排、推进产业转型和资源节约等多个领域发挥积极作用。比如，2020 年国务院设立了京津冀及周边地区大气污染防治领导小组和汾渭平原大气污染防治协调小组，同时还进一步完善了先前就已经建立的长三角大气污染防治协作机制。结合这次机构改革，生态环境部挂牌设立了京津冀及周边地区大气环境

---

① 《生态环境部：涉及生态环保的党内法规取得重大进展》，2020 年 6 月 30 日，搜狐网，https：//www. sohu. com/a/404934563_ 114731？_ f = index_ pagefocus_ 3&_ trans_ = 000014_ bdss_ dkbftgddh。

② 《中办国办印发〈关于构建现代环境治理体系的指导意见〉》，2020 年 3 月 4 日，人民网，http：//legal. people. com. cn/n1/2020/0304/c42510 - 31616409. html。

管理局，负责京津冀及周边地区的“六统一”，即统一规划、统一标准、统一环评、统一执法、统一监测和统一应急。《重点流域水污染防治规划（2016－2020年）》《全国地下水污染防治规划（2011－2020年）》等规划的实施为水环境持续改善奠定了基础。将《黄河流域生态保护和高质量发展规划纲要》列入国家战略决策，强调要尊重规律，因地制宜、分类施策，从而改善黄河流域生态环境。[①]《2020年农村人居环境整治工作要点》则从11个方面强调提升村容村貌、生活垃圾收运体系建设、黑臭水体治理、生活污水治理、改厕质量提升、农业废弃物资源化利用等50项举措。2020年6月国家发改委、自然资源部联合印发《全国重要生态系统保护和修复重大工程总体规划（2021－2035年）》，明确在保持生态环境持续改善的基础上，以国家生态安全战略格局为基础，进一步实施主体功能区战略，完善国家的重点生态功能区、生态保护红线和国家级自然保护地等规划。

促进绿色生活方式的形成。绿色生活方式不仅能极大减少环境的生活污染，也是生态文明建设的重要内容之一。2020年底我国生活垃圾分类制度的规范体系基本完善，标志着我国全面步入垃圾分类的强制时代。目前，按照《生活垃圾分类制度实施方案》的要求，我国一些重点城市在城区范围已实施生活垃圾强制分类，多地开始对垃圾分类工作进行严格考核。2020年7月国家发改委、生态环境部等九部门联合印发《关于扎实推进塑料污染治理工作的通知》，严格管控塑料制品的使用，从源头上减少塑料生活垃圾对环境的污染，其中明确自2021年起，在直辖市、省会城市、计划单列市城市建成区的商场、超市、药店、书店等场所，禁止使用不可降解塑料购物袋。同时，探索和开拓“智能＋”绿色生活的新技术、新业态。

新冠肺炎疫情引发人们对生态安全的深度思考，促使国家加强对于环境

---

① 《中共中央政治局召开会议审议〈黄河流域生态保护和高质量发展规划纲要〉和〈关于十九届中央第五轮巡视情况的综合报告〉中共中央总书记习近平主持会议》，2020年8月31日，新华社百家号，https://baijiahao.baidu.com/s?id=1676538485131713453&wfr=spider&for=pc。

卫生的重视。比如，2020 年 2 月生态环境部等 10 部门制定《医疗机构废弃物综合治理工作方案》，明确“在 2020 年底前全国每个地级以上城市至少建成一个符合运行要求的医疗废物集中处置设施”，从而保障人民群众身体健康和环境安全。

（四）推进环境保护全民行动

社会主体广泛参与环境保护。根据《关于构建现代环境治理体系的指导意见》的要求，发挥各类群团组织的作用，工会、共青团、妇联等要积极动员广大职工、青年、妇女参与环境污染防治。行业协会、商会等社会组织也要发挥桥梁纽带作用，促进行业自律，减少污染物排放。同时，积极推进公民环境参与能力建设，使广大环保志愿者参与到环境监督和管理工作中。

把环境保护纳入国民教育体系和党政领导干部培训体系，组织编写环境保护读本，推进环境保护宣传教育进学校、进家庭、进社区、进工厂、进机关。加大环境公益广告宣传力度，研发推广环境文化产品。引导公民自觉履行环境保护责任，逐步转变落后的生活风俗习惯，积极开展垃圾分类，践行绿色生活方式，倡导绿色消费和出行。①

二 “十三五”时期我国公民环境权保护的实践成效

“生态兴则文明兴，生态衰则文明衰。”以习近平生态文明思想为指导，我国各项生态环境保护的政策和制度有效运行，环境质量大幅改善，自然生态系统得到修复，经济社会发展绿色转型，极大地促进了公民环境权的切实享有和保障。

---

① 《中共中央办公厅 国务院办公厅印发〈关于构建现代环境治理体系的指导意见〉》，2020 年 3 月 3 日，人民网百家号，https：//baijiahao. baidu. com/s? id = 1660139467445739389&wfr = spider&for = pc。

（一）环境质量全面改善

“十三五”时期，各地区各部门协同推进经济的高质量发展，生态环境也得到了高水平保护，特别是2020年，作为多项计划的收官之年，污染防治成效显现，生态环境质量得到全面改善。“十三五”规划纲要确定的9项约束性指标和污染防治攻坚战阶段性目标任务超额圆满完成，蓝天、碧水、净土三大保卫战取得重要成效，生态保护和修复持续推进，应对气候变化工作取得积极进展，已经提前超额完成对外承诺的目标。① 2020年全国地级及以上城市平均优良天数比例为87%，同比上升5个百分点；全国$PM_{2.5}$浓度为33微克每立方米，同比下降8.3%。同时，京津冀“2+26”城市以及长三角、汾渭平原等重点区域大气环境质量也都在改善中。2020年，1940个国家地表水考核断面中，水质优良（Ⅰ～Ⅲ类）断面比例为83.4%，同比上升8.5个百分点；劣Ⅴ类断面比例为0.6%，同比下降2.8个百分点。②

农村人居环境整治成效显著。《农村人居环境整治三年行动方案》的目标任务已经基本完成，农村生产和生活垃圾、污水得到了有效治理，村容村貌基本实现了干净、整洁和有序。2020年共完成了20万个村的环境综合整治，全国农村卫生厕所普及率超过65%，农村生活垃圾收运处置体系已覆盖全国90%以上的行政村，农村生活污水治理水平有新的提高，95%以上的村庄开展了清洁行动。③ 2020年第一届全国美丽宜居村庄短视频擂台赛直播活动中，共有16.3万人次上传短视频24.6万条，点播总量超过3.5亿次，④ 这也反映出乡村生态环境改善极大地增强了人民的幸福感、获得感和参与感。

---

① 《生态环境部：生态环境明显改善　提前超额完成2020年目标》，2020年12月22日，央广网百家号，https：//baijiahao. baidu. com/s? id=1686783281121530957&wfr=spider&for=pc。

② 《生态环境部通报2020年12月和1-12月全国地表水、环境空气质量状况》，2021年1月16日，中国政府网，http：//www. gov. cn/xinwen/2021-01/16/content_ 5580339. htm。

③ 《农村人居环境整治三年行动任务基本完成》，2020年12月28日，新华社百家号，https：//baijiahao. baidu. com/s? id=1687288374938078380&wfr=spider&for=pc。

④ 《第一届全国美丽宜居村庄短视频擂台赛获奖名单揭晓》，2020年11月10日，新华网，http：//www. xinhuanet. com/travel/2020-11/10/c_ 1126720820. htm。

（二）生态安全格局逐步优化

近年来，我国根据地域生态功能和规划布局，通过生态修复工程、区域发展规划、划定生态红线等构建国家生态安全格局，这是维护安全、健康和良好环境的基础。

实施天然林保护、退耕（牧）还林还草、生态治理和修复、野生动植物保护等工程，不断改善生态环境，构建生态安全屏障。自 2000 年实施防沙治沙工程以来，我国累计完成营造林 902.9 万公顷，工程固沙 5.1 万公顷，草地治理 979.7 万公顷，森林覆盖率由 10.59% 提高到 18.67%，综合植被盖度由 39.8% 提高到45.5%。[①] 2020 年，全国完成造林 677 万公顷、森林抚育 837 万公顷、种草改良草原 283 万公顷、防沙治沙 209.6 万公顷，[②] 为维护国土生态安全、建设生态文明和美丽中国作出了新贡献。

2020 年生态保护红线制度全面落实，经过勘界定标，全国生态保护红线划定已经完成，国土生态空间得到优化和有效保护，生态功能保持稳定，国家生态安全格局更加完善。同时，为优化耕地在空间布局、保护自然环境方面的功能，2020 年牢固树立质量、数量和生态“三位一体”的耕地保护理念，坚决守住耕地保护红线。

（三）环境法治实施成效显著

生态环境保护法治规范体系不断完善，成效显现。“十三五”期间，在生态环境部的推动下，《水污染防治法》《土壤污染防治法》《固体废物污染环境防治法》《核安全法》《环境保护税法》《生物安全法》6 部法律以及《建设项目环境保护管理条例》《环境保护税法实施条例》等行政法规完成了制修订。截至目前，生态环境领域由生态环境部门负责组织实施的法律有

① 《刘东生：统筹推进山水林田湖草沙综合治理　努力开创防沙治沙新局面》，2020 年 9 月 25 日，人民网环保频道，http：//env. people. com. cn/n1/2020/0925/c1010 – 31875114. html。

② 《2020 年中国国土绿化状况公报》，2021 年 3 月 31 日，国家林业和草原局政府网，http：//www. forestry. gov. cn/main/586/20210312/052808470733526. html。

14件，行政法规30件，部门规章88件，强制性环境标准203项。同时，生态环境部还推动环境污染刑事犯罪、环境民事侵权损害、环境民事公益诉讼、检察公益诉讼、生态环境损害赔偿等10多件环境司法解释的制定和修订，出台了20多件部门规章。①

全社会协同推进生态环境领域法治的大格局正在逐步形成，为生态环境法律法规制修订和贯彻实施提供了有力保障。信访投诉为精准发现生态环境问题、强化执法督察提供了重要信息来源，生态环境系统将信访投诉作为发现生态环境问题线索的“金矿”，基本做到按期办结，解决了一大批影响群众生产生活的突出生态环境问题。生态环境部微信、微博等新媒体发布的依法治污相关信息累计阅读量超过10亿人次。全国“12369环保举报联网管理平台”在公众参与环境治理中发挥的作用日益突出。2020年9月，平台共接到环保举报36414件，环比增长12%，同比下降29%。② 12月，平台共接到环保举报31156件，环比下降23.2%，同比下降10.3%。③ 通过平台数据通报可以看到，广大群众已经广泛参与到环境治理中，环境问题也在通过各种途径得到有效解决。

环境司法成效显著。自2018年全国试行生态环境损害赔偿制度以来，各地处理生态环境损害赔偿案件900多起，赔偿金额近30亿元。近年来环境公益诉讼案件也呈爆发式增长趋势，案例突破万件，④ 较好地发挥了环境公益诉讼和生态环境损害赔偿制度功能，同时也促进了环境风险防控能力的提升。2020年7月，最高人民法院出台《关于为长江三角洲区域一体化发展提供司法服务和保障的意见》，完善流域环境司法保护，截止到2020年6

---

① 《中国生态环境法律法规框架体系已基本形成》，2020年11月6日，中国法院网，https://www.chinacourt.org/article/detail/2020/11/id/5564094.shtml。

② 《生态环境部公布9月全国“12369”环保举报办理情况》，2020年10月19日，生态环境部网站，http://www.mee.gov.cn/xxgk2018/xxgk/xxgk15/202010/t20201019_803868.html。

③ 《生态环境部通报2020年12月全国“12369”环保举报办理情况》，2021年2月3日，生态环境部网站，http://www.mee.gov.cn/xxgk2018/xxgk/xxgk15/202102/t20210203_820200.html。

④ 《最高法发布〈中国环境资源审判（2019）〉（白皮书）和〈中国环境司法发展报告（2019）〉（绿皮书）》，2020年5月8日，最高人民法院百家号，https://baijiahao.baidu.com/s?id=1666126096031852369&wfr=spider&for=pc。

月，长江流域各地人民法院因地制宜设立环境资源审判庭、合议庭、人民法庭等专门审判机构共计 1203 个，实现了对重点区域的全覆盖。①

开展中央生态环境保护专项督察，成果显著。依据《中央生态环境保护督察工作规定》，2020 年中央生态环境保护督察小组对多个省（市）和中央企业开展生态环境保护例行督察。通过开展“一刀切”问题专项整治，积极推动解决突出的生态环境问题，从而进一步规范环境执法的自由裁量权。

（四）环境信息公开力度不断加大

现代信息技术的发展为生态环境信息公开提供了便利条件。近年来，生态环境部按照《生态环境大数据建设总体方案》《2018 - 2020 年生态环境信息化建设方案》等部署，逐步推进生态环境大数据的建设和应用。在生态环境部官网首页上推出的“数据服务”，实时公开城市空气质量、地表水自动监测数据等，充分保障了公民的环境知情权。全国固定污染源统一数据库、“互联网 + 监管”、一体化政务服务平台等生态环境信息化建设任务顺利完成，对促进生态环境综合决策科学、监管精准、公共服务便民发挥了重大作用。环境检测技术趋于完备，目前我国现行环境检测标准已经达到 1141 项，形成了覆盖采样运输、现场检测、实验室分析、质量控制、综合评价全过程、遥感检测等多个环节的技术体系。按照《2020 年环保设施和城市污水垃圾处理设施向公众开放工作实施方案》的要求，2020 年年底各省（区、市）地级及以上城市符合条件的四类设施（环境监测设施、城市污水处理设施、城市生活垃圾处理设施、危险废物和废弃电器电子产品处理设施）开放城市的比例达到 100%。这些措施为进一步扩大生态环境信息公开、丰富公众监督的内容和渠道提供了助力。

---

① 《〈长江流域生态环境司法保护状况〉白皮书》，2020 年 9 月 25 日，中国法院网，https://www.chinacourt.org/article/detail/2020/09/id/5473265.shtml。

三　推进我国公民环境权保护的持续发展

环境权能够在多大程度上推进文明的发展、增进社会的和谐，取决于特定的社会条件尤其是社会结构和制度的演进。“十三五”期间，我国生态环境治理取得极大成效，同时也确立了公民环境权利保障的社会治理体系。然而，较之环境权的具体价值目标，还需要解决经济社会发展绿色转型所面临的各种结构性挑战，从而助力“人与自然和谐共生的现代化”的实现。

（一）环境权保护面临的挑战

公民环境权保护是生态文明建设的重要价值指引，以防治环境污染、构建人与自然和谐共生为最终目标。由于宏观社会环境、生态资源配置以及经济与生态的权衡等方面因素的影响，当前公民环境权保护仍面临多方面的挑战。

1. 经济发展与环境保护的关系需要持续协调

在经济发展与环境保护二者的关系上，《环境保护法》确立“使经济社会发展与环境保护相协调”的基本原则，这是价值观念上的巨大转变。然而，经济发展是国家各项事业全面发展的基础力量，经济利益的满足依然直接影响着环境权保护的能力和意愿。虽然我国已经明确了绿色发展和美丽中国的目标要求，目前也正处于产业结构调整的关键期，但我国经济总体进入工业化后期、城镇化中后期阶段，带来的污染排放新增压力仍将处于高位水平。正如当前学者探讨的，如何辩证地处理好绿水青山与金山银山之间的关系，特别是其中短期利益与长期利益之间的关系，直接影响公民环境权保护的基础。

2. 环境权保护的法治规范需要进一步完善

综观我国立法，虽然现行《宪法》已经对自然资源保护、污染防治、生态文明建设等作出明确规定，但还是未直接明确公民环境权的保护，因此在相关部门法和行政法规中关于环境权的具体规范也是较为模糊的。目前我国法律对环境权的保护主要是通过环境治理的制度体系建构，并赋予公众一定的控告、检举和参与、监督等程序性权利来保障的。较之明确的实体权利赋权，还需要进一步的探索和完善。而基于资源和环境、生态三者的内在统一性规律，环境权保护还需要从资源、环境和生态等综合性角度进行法律规范的整合和衔接。当前我国环境权保护法律规范具有一定分散性，导致不同执法部门常因彼此间的职能交叉而不得不对同一环境要素的监管权进行分割，或各部门之间的利益冲突使得具体环境执法工作经常陷入困境，影响执法效率。

3. 环境治理措施的协调性还有待提升

政府、市场与社会在环境权保护和实现过程中都发挥着重要作用。其中政府作为公共管理和服务机构，在环境治理中发挥主导作用；市场作为资源配置的决定性力量，在环境治理中发挥示范引领的作用；而社会组织和个人则是环境治理的重要参与者和推动者。随着我国生态环境治理领域各项体制机制改革的持续推进，环境治理措施的协调性也在不断提升。但总体而言，当前环境治理中依然存在职责分工模糊，环境治理、环境维权主要依靠政府完成，广泛有效的社会参与和监督依然比较匮乏，并缺乏长效的制度支撑等现象。

4. 公民环境权保护意识有待进一步培育和提升

一般而言，人们所处的经济条件、所接受的教育极大地影响着其对于某一问题的认识、评价和判断。作为一项人权，目前我国环境权主要依赖政府职能作用，公民意识的滞后对环境权保护的影响甚大。国家倡导构建绿色生活方式，这不仅需要经济能力的保障，更需要公众形成绿色发展和生活观念，公民环境权利意识还需要进一步培育。目前我国公众相对缺乏环境权保护的主动意识和行动，对环境立法与政策中大量的“环境权益”保护规范缺乏理解，也未形成统一的环境权认知。

5. 环境公平问题有待进一步解决

公平也是环境权的应有之义。我国地域辽阔，不同地域在资源分布、生态环境、发展程度等方面都存在明显的差异。当前，区域经济发展直接受制于当地的环境承载力，良好的环境资源越来越成为稀缺产品。与此同时，生态环境也成为最普惠的公共产品，一些生态保育区分担了经济先行区的环境压力。所以环境资源在不同区域、行业和群体之间的配置，就会产生环境权益和经济效益是否公平享有的问题。近些年出现的一些社会公共事件都是基于环境资源配置引发的，这些问题的解决直接关系到区域之间的公平和协调发展。公民环境权本身就是为了环境公平而斗争的权利，不能让弱者或经济低发展水平地区成为环境不公的牺牲品。

（二）促进环境权保护的建议

环境权保护不仅是一种价值理念和道德伦理，更需要可诉诸实施的制度保障。借鉴国内外有益经验，推动环境权保护的理论与实践持续发展，也是保障“十四五”发展规划顺利起航，促进国家生态环境中长期发展目标得以实现的重要价值指引。

1. 积极推动经济增长与环境权保护的协同发展

切实践行“绿水青山就是金山银山”理念，并通过多种途径，创新推动绿水青山向金山银山转化，既要保护生态环境，又能够提升人民生活质量。在各种发展规划的制定和执行过程中，更要凸显“保护生态环境就是保护生产力，改善生态环境就是发展生产力”的指导思想，把生态保护放在优先位置，在推动经济发展过程中充分考虑生态环境因素，遵循生态规律，通过绿色发展推动产业升级，促进社会进步，实现人民对安全、健康和美好生活的愿望。

2. 继续推动环境权保护的法治建设

环境权反映了人与环境关系的理性认知，也蕴含着环境保护的法理依据。生态环境危机的出现催生了环境权的理念和制度，而环境权的确立和实现是解决生态问题的重要法律手段。因此，要以促进可持续发展和满足全社会民生福祉需求为目标，在宪法中明确规定环境权，并科学配置各种资源要素、明确职责分工和权力，促进整体法律体系的绿色发展。同时，以习近平法治思想为指导，环境立法与执法、司法并重，完善党内法规的环境责任体系，促进法治体系的绿色发展转型。构建环境权保护的多元途径，特别是要建立畅通的环境维权途径、健全生态补偿制度，为公众民主参与环境保护和维护自身合法权益提供保障。

3. 增强环境权保护制度体系的协调性

从广义上讲，政策、法治、体制改革等都是环境权的保护和实现不可或缺的重要途径。环境权保护应注重以下几个方面的制度建设，从而增强各种途径之间的协调性。一是加强信息公开，保障公众对污染状况和环境质量的知情权，引导公众参与各类环境决策过程。二是完善政府职责划分体系，保障部门之间制度执行的统一性；建立科学统一的环境质量和生态标准，对各类超标行为制定系统的追责和惩罚机制；搭建政府、企业和社会共同参与的环境监督监察机制。三是加强环境保护的社会参与能力，包括注重对企业环境保护社会责任的培育，并引导各类资源向负责任的企业流动；完善社会组织和个人环境保护和维权的途径，充分发挥公众在环保事实调查、技术支持和能力建设以及纠纷干预等方面的作用。

4. 普及环境权理念，营造良好社会氛围

作为一项人权，环境权着眼于人与自然的关系，旨在满足公民对安全、健康和良好环境需求的积极追求。营造“环境就是民生，青山就是美丽，蓝天也是幸福”的社会共识，让人民群众不断感受到生态环境改善带来的“绿色福利”，形成推进生态文明建设、重视环境保护的良好道德伦理和法治氛围，从而提升环境权自我保护的意识。同时，积极参与国际环境保护合作和全球环境治理，借鉴有益经验，推动我国环境权保护与国际环境保护制度的有机衔接，共同维护人类命运共同体的可持续发展。

总之，环境权保护作为我国生态文明建设的重要价值指引，是实现美丽中国远景目标的巨大推动力。在国家“十四五”规划的开启之年，站在新的历史起点上，应进一步普及环境权保护理念，促进生态文明法治朝着规范化、系统化和精细化方向发展，满足公民对美好环境的需求，最终实现人与自然和谐共生的现代化目标。

参考文献

1.《中共中央关于制定国民经济和社会发展第十四个五年规划和二〇三五年远景目标的建议》。

2.《“十三五”时期是生态环境质量改善成效最大的五年》,《光明日报》2020 年 10 月 22 日。

3. 徐驭尧:《生态环境保护是一个系统性工程》,《人民日报》2020 年 12 月 15 日。

4. 黄晓芳:《环境治理须多方合力》,《经济日报》2020 年 12 月 12 日。

5. 吕忠梅:《人与自然和谐共生的现代化需要法治》,《鄂州日报》2020 年 11 月 27 日。

6. 李小强:《环境权入宪的路径选择及其实现》,《河北青年管理干部学院学报》2020 年第 6 期。

7. 郭杰、张桂芝:《生态文明视域下环境权的内涵拓展》,《东岳论丛》2020 年第 10 期。

8. 肖峰:《论环境权的法治逻辑》,《中国地质大学学报》(社会科学版)2020 年第 2 期。

9. 吕忠梅、吴一冉:《中国环境法治七十年:从历史走向未来》,《中国法律评论》2019 年第 5 期。

10. 郭武:《论环境行政与环境司法联动的中国模式》,《法学评论》2017 年第 2 期。

· （四）公民权利和政治权利 ·

B.13 社区矫正对象合法权利保障的新进展

贡太雷*

摘 要：《中华人民共和国社区矫正法》的实施是新时代中国特色社会主义人权保障体系和保障能力现代化的重要标志之一，社区矫正实践，与国家人权保障法治化水平、国家人权保障立法体系完善程度以及国家人权保障司法质量相适应。2020年7月1日，《社区矫正法》正式实施，社区矫正对象合法权利保障进入了新时代。社区矫正对象的人身、财产和其他权利不受侵犯落到实处，获得减刑权利依法保障，申诉、控告和检举权利保护更加多元，就业、就学和享受社会保障平等保护更加健全。协助社区矫正对象申请社会救助、参加保险、法律援助权益内涵更加充实，申请技能培训、就业指导、在校完成学业权益机制更加完善。未成年社区矫正对象学习就业权利保护最大限度保障原则、问题导向原则和无歧视原则制度设计与运行得到落实。在社区矫正领域中，人权保护也面临诸多挑战，存在理论研究的薄弱、实践领域的认知差异以及当前实践中的操作困境等不利因素。完善社区矫正法律规范及其实践，提升人权司法保护质量，需要和平安中国治理实践联动起来，和相关法律制度的实施与完善联动起来，并且长期开展社区矫正领域中的人权专项教育和培训。

* 贡太雷，法学博士，中央司法警官学院司法人权研究中心主任，鲁东大学教育学博士后，主要研究方向为刑事执行法治治理与人权保障、青少年人权教育。

关键词：　社区矫正对象　人权保障　《社区矫正法》

尊重和保障人权，是坚持“以人民为中心”的政治文明建设和发展的必然要求，是法治中国建设的必然要求，是中国特色社会主义司法体制改革的重要目标。社区矫正是司法体制改革的重要配套制度设计之一，2019 年 12 月 28 日，《中华人民共和国社区矫正法》（以下简称《社区矫正法》）经第十三届全国人民代表大会常务委员会第十五次会议正式通过，自此，我国社区矫正工作结束了无法可依的局面。我国社区矫正工作自 2003 年试点、经 2009 年扩大试点，到最高人民法院、最高人民检察院、公安部、司法部 2012 年联合发布《社区矫正实施办法》和 2016 年联合发布《关于进一步加强社区矫正工作衔接配合管理的意见》，再到 2020 年《社区矫正法》正式实施，从刑事政策到刑事立法，开始了我国刑事执行法治体系建设的新发展和新起点。2020 年 7 月 1 日，《社区矫正法》正式实施，标志着我国刑事执行领域法治建设与人权保障体制机制建设翻开新篇章，彰显了我国对于特殊犯罪人群体的国家治理体系和治理能力的新要求和新水平。

自社区矫正工作开展以来，针对社区矫正对象开展的开放式监督管理和教育帮扶，使得社区矫正对象重新犯罪率始终保持低于 0.2% 的水平，这极大地改善了对犯罪人在家庭和社会中的正当权益的保护，有利于低社会危害风险的犯罪人有效回归社会、重新成为合格公民，推动因犯罪人造成的对他人、家庭和社区关系破坏的修复。《社区矫正法》对社区矫正的性质、地位、功能、价值取向等作出了更加明确的规定，对社区矫正工作者执法管理的方式方法、履职保障、权限责任等提出了更加明确的程序和实体要求，使对社区矫正对象这一特殊犯罪人群体合法权利的保护更加严格规范。

在此理念和视域中，本文通过实地考察、会议交流、个案访谈等方式，调研在《社区矫正法》实施后各地社区矫正对象合法权益保护情况，分析完善社区矫正领域人权保障的策略建议及其未来发展趋势。

一　社区矫正法治化的人权意义

社区矫正制度及其实践，是新时代中国特色社会主义人权保障体系和保障能力现代化的重要标志之一。它遵循宽严相济的刑事政策，有利于化解社会矛盾、预防和减少犯罪、维护社会秩序，是提高国家治理体系和治理能力现代化水平的一项重要制度创新。在实践中，社区矫正作为一种特殊的社会控制机制措施，通过行政力量和社会资源的结合来实现罪犯惩戒与保护的统一，其人道主义效果往往胜过单一司法控制。在接受监督管理的过程中，社区矫正对象在摆脱贫困、摆脱无知、缓和自己无法实现理想的挫败感等方面的需求，往往无法通过单一的司法强制机制来实现。实施《社区矫正法》，开展法治社区矫正工作，坚持监督管理和教育帮扶两大任务并重，摆脱过去简单追求恢复自由的监狱监禁治理困境，正是在国家治理现代化过程中通过服务型法治政府所追求的对特殊罪犯群体的社会管理创新。

（一）社区矫正实践与人权保障

社区矫正实践，和国家人权保障的法治水平相适应。自党的十五大将依法治国作为治国理政的方针以来，在罪犯改造领域，社区矫正促使符合条件的罪犯在社会化开放环境中接受监督管理、教育帮扶、回归社会，减少了监狱羁押，避免了交叉感染，增加了社会安全的公共福利，这是法治文明和进步的重要标志。社区矫正法的实施，既实现了社区矫正决定机关、执行机关、监督机关和参与组织之间工作机制的法治化运行，也实现了用法律的形式确定对社区矫正对象的正当权益保护，显著提高了对罪犯特殊群体人权保护的法治水平。

国家人权保障立法体系的完善，为社区矫正实践提供了重要的制度保障。2004 年人权入宪，标志着尊重和保障人权成为法治建设的重要指导原则。尤其是党的十八大以来，废除劳教制度，完善社区矫正制度，更是成为人权司法保障的亮点。《社区矫正法》第 1 条明确提出本法“根据宪法”，第 4 条又明确规定“社区矫正工作应当依法进行，尊重和保障人权”。自《监狱法》以来，《社区矫正法》是我国刑事执行领域的第二部独立法典，与《刑法》、《刑事诉讼法》和《监狱法》共同构成我国的刑事基础立法。《社区矫正法》的实施，体现了罪犯改造工作的专群结合特色，体现了司法力量、行政力量和社会资源的充分合作，通过积极的刑事立法观念和开放式的刑事执行实践，实现犯罪治理防控的社会效果、法律效果和政治效果的统一。

社区矫正实践与国家人权司法保障质量相适应。党的十八大以来，司法的信仰更加关注实现社会个案的公平正义，强调看得见的个案司法过程。《社区矫正法》是司法体制改革配套的关键立法，通过正确、高效和权威地执行刑事判决、裁定或决定，保障司法公信力，满足人民群众对高质量司法的美好需求。《社区矫正法》的实施正是在推动以自由恢复为中心转为以社会回归为中心的罪犯人权司法保护的新趋势。

（二）《社区矫正法》全面推进社区矫正对象合法权利保护

《社区矫正法》发展了中国特色社会主义刑罚制度，体现了宽严相济刑事司法政策在刑罚执行中的重要价值，展示了我国法治实践在教育罪犯、改造罪犯、帮助罪犯回归社会、保护罪犯人权和维护社会稳定方面的优越性。不断实施社区矫正制度的教育矫正、帮困扶助等司法救助机制，正日益成为推进我国人权司法保障制度改革的重要举措。社区矫正制度充分展现了中国特色社会主义“以人民为中心”的刑罚法治文明与变革，是我国人权司法保障制度的重大创新和进步。

实施《社区矫正法》是社区矫正对象人权保障法治实践的治理创新。它通过把不需要、不适宜监禁或者继续监禁的罪犯放在社区服刑，给予其相对宽松的人身自由行动空间和回归环境，注重对社区矫正对象的教育矫正和社会适应性帮扶，通过国家机关协调解决社区矫正对象就业、就学和最低生活保障等问题，进而有效保护罪犯合法权益，同时有效改善罪犯回归社会后的生存权和发展权。

实施《社区矫正法》是司法体制改革的一项具体配套机制改革创新。

它完善了以被告人、受害人和服刑人的权利保护为目标的人权司法保障制度。当今世界，罪犯改造和社会稳定仍然是各国共同的法治难题，司法实践经验和理论表明：国家和社会稳定的前提条件是公民权利保护和制度公正高效权威得到法治保证，“维稳”的主要基础和根本方法在于“维权”，而且往往“维权”的司法保护比“维权”的立法保护更加直观有效。社区矫正制度关涉社区安宁、社会和谐，关涉在具体个案中实现社会公平正义，是平安法治建设的重要内容之一，在促进司法文明与人权保护、维护国家安全与社会秩序等方面具有重要意义。

实施《社区矫正法》是人权保障法治化建设的重要制度创新。社区矫正制度在本质上仍然属于刑事执行活动，运用法治思维、法治方式创新和改善社区矫正工作是完善人权司法保障制度改革的重要创新。自社区矫正开展以来，人民法院依法扩大社区矫正适用，人民检察院依法加强对社区矫正的法律监督，人民公安机关依法及时处理违反规定的社区矫正对象，司法行政机关依法推动社区矫正工作的可持续发展，社会组织和专业机构依法合作参与有效提升社区矫正对象社会适应性教育、监督与帮扶质量，等等。全面实施《社区矫正法》，不断提升人权司法保障制度改革的制度化、法治化水平。

实施《社区矫正法》是对刑事执行人性化、社会化和系统化的积极实践，是对司法体制改革的积极落实，更是对人权司法保障制度改革的积极创新。改善对社区矫正对象的人权保障需要加强法治建设。只有充分运用法治思维、法治方式提高社区矫正制度机制法治化水平，坚持“以人民为中心”的司法体制改革才能高效推进，社区矫正领域中人权司法保障的改革目标才能实现。社区矫正对象合法权利保护作为一项系统工程，既完善了我国人权司法保障制度体系，又需要在我国司法体制改革和法治治理现代化建设过程中得到稳步提升。

二 人身自由、减刑申诉等权利保护

《社区矫正法》是社区矫正工作的基础法律依据，一方面，它保障社区

矫正工作者全面正确依法执行刑事判决、刑事裁定和刑事决定，另一方面，它保障社区矫正对象依法享有其正当权益。在《社区矫正法》对社区矫正对象的人权保护领域[①]中，社区矫正对象依法享有人身权利、财产权利和其他合法权益（包括部分隐私权益），享有人身自由不受不必要限制的权利，享有申诉、控告和检举以及获得减刑的权利等。自《社区矫正法》实施以来，社区矫正对象的消极权利保护获得极大保障。本文通过实际调查与人物访谈[②]，结合公开规范报道，对社区矫正对象的人身自由等的保护进行了考察。

（一）人身、财产等权利保障落到实处

社区矫正是一种针对罪犯特殊群体的司法化社会控制制度。[③] 社区矫正对象是刑事执行规范文件所确定的依法接受监督管理和依法获得教育帮扶的罪犯，《社区矫正法》明确规定依法保障其人身权利、财产权利和其他未被剥夺的权利。

1. 社区矫正对象人身健康权益保障更加健全

2020 年 12 月 18 日，针对社区矫正对象健康保护，漳州市芗城区社区矫正局邀请区红十字会老师，在东铺头司法所为当地社区矫正对象提供应急

---

① 《中华人民共和国社区矫正法》明确规定依法保护社区矫正对象的权益超过 13 条，约占全部法律规范63 条的21%。这里列举的主要权益涉及该法的第4、26、33、34、37、38、40、43、54、55、57、61 条等法律规范，涵盖了社区矫正对象的人身自由、减刑申诉等权利，就业就学、社会保障等权益，以及未成年社区矫正对象权益特别保护等内容。

② 项目组充分借助中央司法警官学院司法人权研究中心团队在 2020 年度对地方性社区矫正工作创新与人权保护开展田野调查所收集的信息。

③ 从我国的《社区矫正法》考察，我国的社区矫正制度有着鲜明的中国特色和本土制度优势。首先，它区别于美国学者庞德在《法的新路径》（李立丰译，北京大学出版社，2016）一书中提出美国自由资本主义时期所奠定的立法用来“保护公民对抗政府”而获得权利，我国《社区矫正法》第 1 条就鲜明规定，国家政府和社会组织相结合保障在刑事执行过程中罪犯的合法正当权益，消除犯罪因素，促进其顺利融入社会。其次，我国的社区矫正工作是在考察监狱管理罪犯的不足之后，运用更加人道主义的刑事执行原则，通过司法实现公平正义，开展司法制度创新来提高罪犯改造质量。最后，我国社区矫正工作伴随社会管理创新和国家治理现代化进程，着力平安国家和美好幸福社会建设，运用法治思维和法治方式，通过司法和行政以及社会的多元主体和力量实现个体自由和社会正义的平衡。

救护技能培训，讲解日常救援中常见突发事件的处理方法，增强其应对突发事件时的自救互救意识。[①] 此举将在全市所有社区矫正对象中普及，以提高其应急救护技能，更好地开展人身权益自我保护。这对病患社区矫正对象、暂予监外执行社区矫正对象的人身健康权利在依法矫正中获得保护具有治理价值。

2. 矫正对象人身自由保护更加严格

按照社区矫正工作的规定，特殊矫正对象需要佩戴相应电子设备核查，《社区矫正法》对这项监督管理权力行使同时做了约束，要保障其“人身自由不受不必要限制”。费县个案[②]则体现了社区矫正工作者依法保护矫正对象健康权和人身自由的平衡：该县矫正对象张某因遗传原因得了肾病综合征，又因交友不当、法律意识淡薄和朋友一起犯诈骗罪，被判处有期徒刑一年六个月，缓刑二年，考虑到佩戴电子定位设备会影响其疾病治疗，矫正小组通过了更加人性化的矫正方案，经报批决定拆除装置，开展家庭和亲友的联动监督和矫治，促进其主动顺利接受矫正。在实践中调研发现：在《社区矫正法》实施前不少地方所使用的各类人身定位设备，在新法实施后，要么被严格限制，要么被换成社区矫正方案中的各类报告制度，要么充分利用各地社会综治和平安治理中的网格员机制等进行监督管理。在调查中，一些地方司法局严格执行《社区矫正法》第 29 条关于电子定位装置使用和规范的规定，坚持批准监督管理使用贯彻“比例原则”和“最少伤害原则”，规范使用程序和时限，严格保密定位信息、确保仅用于矫正工作。这条法律规定增强了使用电子定位装置的规范性和合理性，最大限度地保护了矫正对象的人身自由权益。

3. 社区矫正对象财产权益保护更加规范

《社区矫正法》中规定的社区矫正对象经常性外出审批，从人权保护角度看，不同于社区矫正对象普通外出审批。它可以保障社区矫正对象合法权

---

① 信息来自漳州市芗城区社区矫正管理局直接调研供稿。

② 案例来自费县司法局费城司法所社区矫正干部黄梦佳提供的 2020 年度社区矫正对象权益保护调研信息。

益，同时促进改善就业和优化营商环境。广西平南县司法局依据《社区矫正法》的第27条和第34条，批准辖区社区矫正对象何某经常性跨贵港市办理公司事务，依法保障其在贵港市投资企业的财产权利。[①] 福建省漳平市司法局全面落实社区矫正监管和疫情防控工作，精准施策、多措并举，助力社区矫正对象复工复产；依法保护和支持社区矫正对象的正常生产经营活动，为请假外出处理工作重要事务的社区矫正对象开设绿色通道，帮助辖区矫正对象曾某在疫情防控期间销售苦菜增收7000元。[②] 该局还针对社区矫正对象在复工复产中遇到的问题，提供法律咨询、人民调解、法律援助等服务，保护其财产权利。

城市群的发展与建设，使得矫正对象跨区工作、学习和生活较为普遍，如何在保证跨区矫正安全的同时做好跨区矫正对象权益保护、实现司法正义，成为《社区矫正法》实施后必须考虑的事项。2020年7月，保定市高新区司法分局成立，辖区的社区矫正对象多因京津冀城市群和雄安新区的建设发展需要跨区工作、学习和生活。8月，该区检察院在检察监督中发现，司法分局刚接手社区矫正工作，落实《社区矫正法》难以到位，经调查核实，针对该分局特殊情况，区检察院向区司法分局提出检察建议：完善社区矫正对象外出批准制度，落实好社区矫正工作在稳就业、保民生方面的司法要求。10月，司法分局制定《关于社区矫正对象外出批准程序细则》，[③] 随后与区检察院联合向辖区矫正对象发出公开信，明确表示“对社区矫正对象确因工作、生活需要经常性跨市、县活动的，社区矫正机构在法律允许范围内，尽可能提供便利”。当地社区矫正工作将稳定人员就业、灵活监督管理方式、依法保障民生，对适用简化外出批准程序的社区矫正对象单独制定社区矫正方案，确保矫正对象正常工作、学习和生活。

---

① 《平南司法所关于〈社区矫正法〉实施后一例经常性外出申请获批》，2020年9月27日，中国普法创新网，http：//www. pfcx. cn/Item－60－112913. aspx。

② 《漳平市司法局社区矫正对象监管、复工“两不误”》，2020年10月15日，社区矫正宣传网，http：//www. chjzxc. com/index. php/Article/info/id/16171. html。

③ 信息来自保定市司法局高新区分局提供的2020年度社区矫正对象权益保护调研资料。

（二）社区矫正对象获得减刑的权利得到依法保障

《社区矫正法》的实施有利于进一步提高社区矫正执法管理者的法治观念。从制度正义角度看待社区矫正对象，优化这种政府社会合作运行的特殊自由刑执行创新机制，成为社区矫正法实施所期待的法律、政治和社会效果三者统一的必然要求。

《社区矫正法》在矫正对象守法、悔罪以及立功等方面都规定了可持续的考察和奖励机制，既要保障刑事执行的确定性，又要不断完善对自由刑合理变更的法治保护。2020 年 7 月 13 日，湖州德清矫正对象王某，在社区矫正期间因见义勇为具有重大立功表现，经湖州市中级人民法院依法开庭并当庭宣判，裁定王某减去有期徒刑六个月，缩减其缓刑考验期一年，此案为《社区矫正法》施行以来全国首例社区矫正对象减刑案。该案成为各地依法严格监督管理和依法通过教育帮扶实现权益保护的典型案例，并持续影响社区矫正中的减刑正确适用。2020 年 8 月 24 日，福建省邵武市司法局下沙司法所组织在册社区矫正对象学习《社区矫正法》及全国首例社区矫正减刑案，坚持谁执法谁普法，讲解《社区矫正法》中社区矫正对象享有的合法权益，积极保障社区矫正对象权利。

《社区矫正法》实施后，司法机关更加主动依法保护社区矫正对象权益。苏州工业园区检察院检察官在走访园区矫正对象章某时得知，章某 2018 年因犯罪被判处有期徒刑二年，缓刑三年，在社区矫正期间，其主导完成腹腔镜手术等高科技领域两项专利，打破国外垄断，弥补了国内市场空缺。随后园区检察院经全面考核，及时建议章某提交减刑申请材料，按照相关法律程序，2020 年 8 月，苏州市中级法院裁定对章某减刑六个月，缓刑考验期缩减九个月。[①] 该案成为《社区矫正法》实施后江苏首例社区矫正对象获减刑案。

---

① 《苏州一社区矫正对象因创新发明获减刑》，2020 年 8 月 25 日，新华网，http://sz.xinhuanet.com/2020-08/25/c_1126409342.htm。

2020 年 7 月 15 日，广元市中级人民法院公开审理了由广元市司法局提请的旺苍县首例社区矫正对象因重大立功表现减刑案并当庭宣判对矫正对象侯某和康某某依法裁定减刑。[①] 矫正对象侯某，因聚众斗殴罪被判处有期徒刑九个月，缓刑一年半；康某某因诈骗罪被判处有期徒刑三年，缓刑三年。在矫正期间，两人主动参与扑灭两起山林火灾，保护了人民群众的生命财产安全，有重大立功表现。

在云南普洱市景谷县威远镇，矫正对象周某某因非法制造弹药罪被景谷县人民法院判处有期徒刑三年，缓刑三年。接受矫正期间，周某在给客户送货返城途中，不顾个人安危，勇救 2 名落水妇女。当地司法所逐级上报事迹，2020 年 1 月 20 日云南省人民政府表彰周某某为省级“见义勇为先进个人”，并发放奖金 10 万元。后经普洱市、县两级司法行政机关报请对周某某因重大立功减刑，2020 年 7 月 16 日，普洱市中级人民法院开庭审理，依据《社区矫正法》、《刑法》和《刑事诉讼法》等对矫正对象周某某减去有期徒刑六个月，缓刑考验期改为二年六个月。[②] 该案成为普洱市首例社区矫正对象减刑案，也是《社区矫正法》施行以来云南省第一起社区矫正对象减刑案。

自社区矫正有法可依之后，各地矫正对象依法减刑案陆续见报，如 2020 年 4 月 8 日，温州市洞头区社区矫正对象黄某某因见义勇为获减刑案，成为该区自 2008 年开展社区矫正工作以来首例矫正对象减刑案。[③] 这些具有当地影响的矫正对象依法减刑案的宣教，一方面，为保护社区矫正对象获得减刑权利提供了有益借鉴，另一方面，也增强了矫正对象依法接受社区矫正的自觉性和自信心。随着《社区矫正法》的实施，矫正工作者和矫正对象正在运用该法监督管理和教育帮扶激励互动机制，在社区矫正个案正义中持续彰显司法公信力。

---

① 《旺苍县首例社区矫正对象因重大立功获减刑》，2020 年 7 月 22 日，民主与法制网，http：//sc. mzyfz. com/detail2020. asp？ r = t&dfid = 27&cid = 309&id = 415871。

② 《社区矫正法施行以来我省首例！社矫对象见义勇为获减刑》，2020 年 7 月 30 日，云南法治网，http：//www. ynfzb. cn/Ynfzb/XinWen/202007309384. shtml。

③ 《洞头区首例社区矫正对象减刑案件宣判》，2020 年 4 月 8 日，洞头新闻网，http：//www. dtxw. cn/system/2020/04/08/013745790. shtml。

（三）申诉、控告和检举权利保护更加多元

我国很多法律规范中都规定了法律关系主体“申诉、控告和检举”的正当权利，从《社区矫正法》中特殊被管理者主体、特殊监督管理与教育帮扶行为和法律适用特殊客观环境分析，社区矫正对象申诉、控告和检举权利保护和自我悔罪、法律人格重塑更加具有相关性，这也是法治建设对美好需求满足的重要体现之一。《社区矫正法》实施后，各地依法保护矫正对象的申诉、控告和检举权利更加有力。

1. 积极履职体现权利保护司法担当

2020 年 9 月 2 日，在株洲市天元区司法局组织召开的全区社区矫正对象警示教育大会上，天元区检察院检察干警将精心制作的印有“社区矫正检察职责”的卡片发给社区矫正对象，卡片正面印有该院检察服务热线以及全国检察服务热线，背面印有检察机关在社区矫正工作中的监督职责，如“对监督管理、教育帮扶社区矫正对象的活动实行法律监督”“受理社区矫正对象的申诉、控告和检举，维护社区矫正对象的合法权益”等。在大会上检察干警明确表示，社区矫正检察工作既要督促依法矫正，也要依法保护矫正对象的合法权益。①

2. 主动维权体现公民法治意识觉醒

淮北市相山区司法局三堤口司法所社区矫正对象孙某某，因合同诈骗罪被判处缓刑，在接受社区矫正期间，检举他人税收违法行为，为国家挽回经济损失 113 万元，并因此表现获得 1 万元奖励。在《社区矫正法》实施后，孙某某考虑到自己的检举行为可能会获减刑，便向三堤口司法所递交一份减刑申请。按照法律规定和程序，市司法局审核后依法向淮北市中级人民法院就孙某某重大立功提请减刑，2020 年 11 月 30 日，淮北市中级人民法院开

---

① 《天元检察：为社区矫正对象提供法治保障》，2020 年 9 月 3 日，新湖南网，http://hunan.voc.com.cn/xhn/article/202009/202009031715364938.html。

庭审理，12 月 2 日作出裁定减刑并缩减孙某某缓刑考验期四个月。[①]

3. 社区矫正维权服务促进权利保障

从申诉、控告和检举权利保护实践看，不管是矫正对象自主积极实现相应权利，还是司法机关主动保护相应权利，抑或是社区矫正机关依法维护其权益，《社区矫正法》第 34 条和第 62 条分别从积极和消极两个角度充分保护矫正对象合法权益。2020 年 4 月 20 日，广西北海市中级人民法院依法开庭审理合浦县矫正对象蒋某协助民警抓嫌犯获减刑案，[②] 这是自《最高人民法院关于办理减刑、假释案件具体应用法律的规定》（2019 年 6 月 1 日起施行）颁布以来北海市首例社区矫正对象减刑案，法院裁定蒋某在矫正期间主动向公安机关提供线索并协助抓获犯罪嫌疑人，确有重大立功表现，当庭宣判蒋某减去有期徒刑八个月二十四天，缓刑考验期三年缩减为缓刑二年三个月六天。河南孟州市社区矫正对象杨某案，[③] 因杨某提供重大犯罪线索并劝说犯罪人投案而立功，于 2020 年 1 月 19 日被法院裁定减刑二个月，缩减缓刑考验期二个月。调研中发现，维权式社区矫正工作法治化推进理念正在逐步形成，社区矫正对象权益保护将得到更好的法治保障。

三　就业就学、社会保障权利保护

在社区矫正实践中，从社区矫正机关工作开展情况看，社区矫正对象的教育帮扶成为各地的工作机制创新点和亮点。围绕如何教育改造好社区矫正对象，促进其顺利回归社会，为社区矫正对象健全技能培训、就业指导、在

① 《相山区司法局社区矫正对象孙某某重大立功获减刑》，2020 年 12 月 7 日，相山区人民政府网，http：//www. hbxs. gov. cn/xwzx/bmdt/60423071. html。

② 《广西合浦一社区矫正对象协助民警抓嫌犯获减刑》，2020 年 5 月 28 日，信用中国（广西北海）网，http：//www. beihai. gov. cn/xy/xybh/xydt/202005/t20200528_ 2216775. html。

③ 《河南焦作市首例社区矫正人员节前获减刑，可以提前结束考验期与家人欢欢喜喜过年了》，2020 年 1 月 20 日，大河报网，https：//news. dahebao. cn/dahe/appweb/1485708？cid＝1485708。

校完成学业等权益协助保护机制，为社区矫正对象完善社会救助、参加保险、获得法律援助等权益协助保护机制，已经成为实施《社区矫正法》、保护社区矫正对象合法权益的重要举措。

（一）就业、就学和享受社会保障平等保护更加健全

社区矫正对象，在法律性质上仍然是犯罪人身份，《社区矫正法》作为一部对社区矫正对象监督管理和教育帮扶的基础性法律，也是对这类特殊犯罪人群体的权利保护规则体系。鉴于社会和公众对犯罪和罪犯可能存在的歧视与标签化印象，该法更加关注对矫正对象就业、就学和享受社会保障等方面的平等保护。

1. 矫正对象就业平等保护突出精准服务

在 2020 年疫情防控和企业复工复产同时推进期间，天台县司法局主动发挥职能作用，从政策宣传、心理疏导、暖心帮扶着手，积极为社区矫正对象提供就业促进精准服务，[①] 全县在册 300 余名矫正对象中有民营企业者 11 人、电商 6 人、种植户 1 人、快递业 2 人，针对他们在复工复产中遇到的困难，县司法局坚持平等保护原则，在做好安全防护前提下依法保障其有序复工、安全生产。佛山市禅城区司法局帮助 300 多名社区矫正对象参加就业指导“云课堂”，[②] 在疫情常态化防控期间，邀请专家为矫正对象复工就业和再创业提供适应性指导帮扶，促进其增强就业权益和家庭经济生活保障能力。

2. 矫正对象就学平等保护依法沟通充实权利

矫正对象就学权利更加容易受到不利影响，由于学校教育的特别纪律规范往往和司法实践不协调，依法沟通实现社区矫正对象就学权利，成为社区矫正工作的重点和难点。2020 年 9 月，福建省莆田市城厢区社区矫正对象乔某通过自学《社区矫正法》，意识到自己就学权利依法受到保护，特向辖

① 浙江省天台县司法局：《全力以“复”点亮春天——助力社区矫正对象复工复产》，《人民调解》2020 年第 5 期。

② 《文化引领 · 精准矫治　佛山市禅城区司法局组织社区矫正对象开展就业指导“云课堂”》，2020 年 10 月 24 日，搜狐网，https：//www. sohu. com/a/427048597_ 660595。

区霞林司法所申请经常性跨县活动，随后该区社区矫正管理局批准辖区社区矫正对象经常跨市县活动的首例申请，保障社区矫正对象乔某回湄洲湾职业技术学校学习的教育权。[①] 在开江县，未成年社区矫正对象李某经过自身努力，考上了某职业技术学院，但该校得知其被纳入社区矫正管理，遂以相关理由建议其自行放弃入学。根据《社区矫正法》，县、市、省三级司法行政机关数月接力，协调县招办、市检察院、省教育厅等部门，2020 年 11 月 10 日，县司法局组织人员前往学校与校方领导交流，就李某入矫信息保密问题进行宣讲，全力保护未成年矫正对象隐私，使其安心就学，顺利完成学业，最终解决了李某入学难题。[②] 涟源市司法局面对一些校方的顾虑，依据《社区矫正法》并与检察院、教育局等部门协调，积极为未成年社区矫正对象办理入学手续，做好学校和社区矫正对象工作，截至 2020 年 12 月，该局共帮助 5 名未成年社区矫正对象顺利就学，有力地保障了未成年矫正对象平等教育权利。[③]

3. 矫正对象享受社会保障得到依法平等保护

《社区矫正法》颁布以来，都兰县司法局贯彻立法精神，切实保障全县社区矫正对象在开展监督管理和教育帮扶活动期间的人身安全，制定《都兰县社区矫正对象购买意外险工作方案》《都兰县社区矫正对象购买意外险工作制度》，并依规为全县 60 岁以下的 47 名社区矫正对象购买了人身意外保险，消除社区矫正对象权益保护的后顾之忧，不断提高他们回归社会的能力。[④] 处于困境中的人，往往会作出错误决定，甚至违法犯罪；受到司法制裁的犯罪人，可能会更加容易处于生活困境之中，如果没有国家、社会或者

---

① 案例来自福建省莆田市城厢区社区矫正管理局林金銮提供的 2020 年度社区矫正对象权益保护调研信息。

② 《县司法局为社区矫正对象铺好入学路》，2020 年 11 月 20 日，开江县人民政府网，http：//www. kaijiang. gov. cn/show/2020/11/20/120720. html。

③ 《涟源市司法局为未成年社区矫正对象铺平就学路》，2020 年 12 月 22 日，腾讯网，https：//new. qq. com/rain/a/20201222A07XF300。

④ 《都兰县司法局积极为社区矫正对象购买人身意外保险》，2020 年 11 月 17 日，搜狐网，https：//www. sohu. com/a/433011504_ 660595。

家庭的帮扶，就会进入恶性循环的人生轨迹。苏州市吴门桥街道社区矫正对象葛某就是典型例子，葛某曾因多次盗窃入狱，家中父母双亡，唯一的姐姐患有精神疾病，其思想消极、居无定所。在接受社区矫正后，当地矫正小组因人施矫，积极为其申请了社会救助，找到其好友安排其居所，找到愿意教他手艺的乡邻，随后安排了临时工作，协助其在社区办理失业登记，并协助其在社区联合工作站申请了租房补贴，对所判未执行债务办理保证并分期还款，在首期还款后解除其银行卡冻结。协助矫正对象葛某申请一系列社会保障权益保护，最终使其安心服法、接受矫正，自愿重新回归社会。①

（二）协助申请社会救助、参加保险、法律援助权益内涵更加充实

《社区矫正法》颁布实施后，从价值理念和制度设计上看，“社区矫正2.0”的时代启动：在制度设计上监督管理和教育帮扶两个模块清晰化，在价值理念上促进社会回归和降低重新违法犯罪风险，在实践操作中加大社会帮扶力度，实现向个体自由权利保护和经济、社会与文化的民生权益保障侧重，更好地体现了中国特色社会主义人权保护的基本价值取向，更加重视对生存权和发展权的保护。

1. 协助社区矫正对象申请社会救助常态化

南京市高淳区司法局在矫正对象权益救助上做到分类化、层次化全面帮扶，在严格监督管理中创新落实《社区矫正法》教育帮扶各项权益保护工作模式，推进矫正对象权益临时救助、日常救助和法律救助。② 具体内容包括：困难矫正对象建档立卡、发放一次性临时救助金，联合民政、教育和社会组织等对就业就学、生产生活、身体心理健康等有困难的矫正对象开展日常帮扶救助，协调人事、教育部门开展就业指导和技能培训，对有法律需要

① 案例来自苏州市姑苏区吴门桥街道司法所提供的2020年度社区矫正对象权益保护调研信息。

② 《高淳区司法局“三种救助”扎实做好特殊人权关爱帮扶工作》，2020年11月12日，南京市高淳区人民政府网，http://www.njgc.gov.cn/gcqrmzf/202011/t20201112_2711423.html。

的矫正对象开展调解、公证、法律援助，等等。

针对有困难的社区矫正对象，社区矫正机关及其工作者主动协助社区矫正对象申请救助，在权益保护中促进矫正作用的发挥。贵州省修文县社区矫正对象熊某因犯盗窃罪、抢劫罪被判处有期徒刑八年零两个月，因熊某患有肺结核病，被决定暂予监外执行，在六桶司法所接受社区矫正。[①] 该所在矫正对象排查走访中了解到，熊某因病无法工作，疫情让妻子的家庭副业无法进行，有三老一小要照顾，家庭生活极度困难。司法所主动多方协调，为其申请救助，缓解其生活危困，在协助权益保护中提升执法管理质量。

《社区矫正法》实施后，矫正对象权益帮扶制度有了更强的推动力，救助帮扶延伸至困难矫正对象的子女教育。平顶山市叶县司法局认真考虑困难矫正对象可能存在子女教育困境，联合专业社工组织开展困难矫正对象一对一社会救助帮扶，为困难矫正对象的子女分期提供帮扶教育救助金。[②] 该局联合心天地社工中心开展的“和美家”活动被河南省司法厅确定为2020年度省级心理疏导项目，其旨在解决矫正对象困难，关爱他们的子女成长。在瑞昌市，司法局社区矫正机构为解决当地困难社区矫正对象的子女就学问题，积极启动针对社区矫正对象子女的帮困助学活动，2020年9月1日，捐款人代表将6800元分别交到三个贫困矫正对象的孩子手中。[③] 在近几年的实践中，各地有很多类似对社区矫正对象的子女就学就业帮扶的常规的或项目化的救助活动，这将有效隔断犯罪人家庭更容易出现的子女违法犯罪现象，充分体现社区矫正工作对人权保护的法治精神和立法目标。

2. 协助社区矫正对象申请司法救助规范化

司法救助旨在帮助各类犯罪人和受害人摆脱因司法活动带来的生活困

---

① 《六桶司法所积极为生活困难社区矫正人员落实临时救助》，2020年9月19日，修文县人民政府网，http://xiuwen.gov.cn/xwzx/bmdt_5667428/202009/t20200919_63276516.html。

② 《叶县司法局联合叶县心天地社工中心为贫困社区矫正对象开展帮扶救助活动》，2020年9月16日，平顶山市政府法制网，http://sfj.pds.gov.cn/contents/14233/9246.html。

③ 《互帮互助矫正人 扶贫助学一片情》，2020年9月2日，瑞昌市人民政府网，http://www.ruichang.gov.cn/zwgk/zfxxgkml/bmxxgk/sfj/gzdt_126544/zwdt_126545/202009/t20200902_4530641.html。

境，矫正对象申请司法救助权益的实践正在受到关注。2020 年 7 月，江苏省三明市三元区司法局社区矫正对象林某某因暂予监外执行不能从事除就医外的其他社会活动，没有任何经济来源，全靠家人经济资助，因病致贫。三元区司法局了解到其情况符合国家司法救助资金申领条件后，依据法律和规范性文件，成功为其申请到 3925.56 元司法救助金。① 该市司法局表示目前当地对符合低保条件的社区矫正对象，积极协调民政部门纳入低保；对符合临时救助条件的，协调予以临时救助；这既保障了矫正对象的合法权益，也有利于监外执行群体社会风险性的降低。但该局同时指出，矫正对象司法救助权益保护急需制度化规范化建设，以保障协助权益救助和正确执法之间的良性互动。

《社区矫正法》实施后，矫正对象司法救助权益保护制度化建设有了发展环境。2020 年，湖南娄底市娄星区司法局开展“社区矫正 + 司法救助”活动，对在册 400 余名社区矫正对象进行逐一入户走访、社区核实，筛选 13 名困难社区矫正对象呈报上级机关批准，列为司法救助对象，并将相应司法救助金发放至其个人银行账户，解危济困，在依法协助权益保障中严格管理，在司法温情和公平正义中实现刑事执行目标。② 杭州市下城区把社区矫正工作中的司法救助权益帮扶做到规范化③：制定《下城区社区矫正司法救助暂行办法》，帮扶前做好困难社区矫正对象细排查、严格标准审批、理清司法救助对象名单，制定《司法救助决定书》，确保救助金发放公平、公正、合理，规范救助金管理使用，确保司法救助资金专款专用、正确执行，坚持问题导向，延伸矫正对象司法救助成效。该局计划每年落实 10 万元用于无劳动能力且无生活来源生活困难的社区矫正对象司法救助，做到在矫正

① 《三元区司法局为社区矫正对象申领国家司法救助资金》，2020 年 7 月 28 日，三明市司法局网，http：//smsfj. sm. gov. cn/sfyw/sqjz/202007/t20200728_ 1554339. htm。

② 《娄星区司法局：解危济困　司法救助金传递司法温情》，2020 年 2 月 7 日，新浪网，https：//k. sina. com. cn/article_ 2687386043_ a02e41bb02000qm23. html? from = news&subch = onews。

③ 《下城区司法局扎实开展社区矫正帮扶工作》，2020 年 7 月 22 日，浙江省司法厅网，http：//sft. zj. gov. cn/art/2020/8/3/art_ 1659555_ 53913392. html。

对象权益协助帮扶过程中有效提高社区矫正工作质量。截至2020年7月，该区司法局累计发放救助资金44000元。

3. 协助社区矫正对象申请法律援助专业化

在社区矫正法律援助领域，在《社区矫正法》出台前，内蒙古自治区赤峰市元宝山区在2018年就开始探索和规范“法律援助+社区矫正”制度化机制，[①] 建立完善法律援助与社区矫正工作对接程序及服务标准，通过严格程序、规范管理，使援矫对接融合工作步入常态化。在山东禹城市，该市司法局注重加强法律援助与社区矫正衔接配合工作，对合法权益受到侵害的社区服刑人员及时给予法律援助，让他们感受到法律的公平正义和政府关爱。2020年10月，山东省禹城市司法局法律援助中心通过努力，为滨州市无棣县社区服刑人员李某提供了法律援助，帮助其维护了合法权益。[②]

《社区矫正法》实施后，社区矫正法律援助工作也有了深刻变化：理念上深化法律援助维权即维稳的观点，方式上强化法律援助专业化服务的思维。安宁市司法局太平司法所强调以维权为中心的矫正理念，通过权益保护实现平安矫正。在走访社区矫正对象王某时，得知王某在工作时间和工作场所内因工作原因受到事故伤害，严重影响生活，不利于矫正回归。太平司法所分析后决定为其提供法律援助，通过为其联系司法鉴定，沟通其原工作企业，经过调解双方达成和解，企业赔偿王某共计10万元人民币。[③] 在江阴市，该市司法局优化法律服务、运用技术手段保障社区矫正对象权益，设计“指尖法务”应用程序，实现包括法援、公证、调解和心理咨询等在内的权益帮扶，开展律师值班试点，充分发挥律师参与社区矫正的专业优势和职责

① 信息来自中央司法警官学院司法人权研究中心人员对赤峰市元宝山区司法局社区矫正工作的调研。

② 《“法援+社区矫正”助力社区服刑人员维权》，2020年10月21日，中国普法创新网，http：//www. pfcx. cn/Item－60－113789. aspx。

③ 《太平司法所社区矫正对象送锦旗致谢》，2020年12月25日，安宁市人民政府网，http：//kman. gov. cn/c/2020－12－25/4813045. shtml。

作用。[①] 维权矫正让社区矫正对象真实感受到社区矫正工作教育有尺度、执法有温度、关爱有深度，通过个案彰显司法正义。

（三）协助申请技能培训、就业指导、在校完成学业权益机制更加完善

社区矫正对象技能培训、就业指导一直是社区矫正开展的工作之一，各地基本都把这些要求纳入司法行政安置帮教业务中来。随着政府公共服务购买制度的不断成熟，社区矫正已纳入公共服务购买的清单之中；随着《社区矫正法》的实施，矫正对象申请技能培训、就业指导、在校完成学业权益的协助保护机制将更加完善。

1. 协助矫正对象申请技能培训、就业指导、在校完成学业权益有章可循

2019 年 12 月 13 日，安徽省司法厅、安徽省人社厅、安徽省财政厅联合印发《关于做好社区矫正对象就业技能培训工作的通知》，由此，安徽省在 2020 年将社区矫正对象就业技能培训工作纳入省级政府规划，这就从地方硬性制度上落实了《社区矫正法》中关于司法行政部门组织社区矫正对象就业技能培训的各项支持。《社区矫正法》实施后，甘肃省张掖市山丹县司法局对建立购买社会力量参与社区矫正教育帮扶进行了有益尝试。[②] 2020 年 10 月，县司法局、人社局与致和职业技能培训学校联合举办山丹县社区矫正对象创业培训班，讲授市场和法律知识，从创新矫正对象管理到服务其提升守法意识和创业意向，增强就业能力、助力重塑形象，促进其就业权益保护。早在《社区矫正法》出台实施前，江门市司法局从 2014 年开始运行政府公共购买社区矫正服务机制，收效甚好。[③] 截至 2020 年 10 月，全市累计投入 200 万元，利用社会专业资源一对一帮扶超过 9000 人次，包含矫正

---

① 《淮安市淮阴开展特色矫正项目　增强工作实战智慧》，2020 年 11 月 22 日，搜狐网，https：//www. sohu. com/a/433454188_ 660595。

② 《张掖山丹举办创业培训　助力社区矫正对象创业致富》，2020 年 10 月 16 日，澎湃新闻网，https：//www. thepaper. cn/newsDetail_ forward_ 9586122。

③ 《拨云见日　重建彩——司法社工开展矫正对象帮扶个案》，2020 年 12 月 11 日，微信公众号“江门司法”。

对象守法教育、心理疏导、困难帮扶和就业指导等多领域。

2. 协助矫正对象申请技能培训、就业指导、在校完成学业权益实现基地项目化

随着社区矫正工作的推进和《社区矫正法》的实施，矫正对象安置帮教基地项目化建设正在成为协助矫正对象申请技能培训、就业指导、在校完成学业权益的重要抓手。福建省漳平市司法局全面落实社区矫正监管和疫情防控工作，通过“安置帮教基地”打好“就业促进牌”。[①] 安置帮教基地开展最新就业创业、技能培训等活动，截至2020年10月，已帮助6名未就业社区矫正对象在漳平本地或周边就业，同时开展评茶、烹饪、蘑菇种植等职业技能培训4场次，90余名社区矫正对象参加培训，有针对性的就业指导很好地提升了社区矫正对象的就业技能。为满足淮阴籍社区矫正对象就近安置和教育帮扶的需要，淮阴区司法局创新“所+基地”融合发展模式，由司法所负责安置基地运行，具备办公管理、安置服务、帮扶教育等多项功能，能够专业、高效开展就业和教育帮扶。[②] 2019年，淮阴区司法局投入20万元，依托淮安市渔沟酒厂，于2020年7月建成“淮阴区阳光服务中心”过渡性安置基地。在瑞昌市，市司法局精心打造建设“一体化教育管理基地”，[③] 全市首个社区矫正帮教基地——“蓝月谷”基地在2020年11月1日正式挂牌成立，基地面积255亩，是集监督管理、教育培训、心理矫治等多功能于一体的新型社区矫正基地。

除了以上一些规模性的帮扶基地之外，在《社区矫正法》实施之后，各地陆续建立了一些矫正对象过渡就业安置帮扶基地。如甘肃省酒泉市司法局培育了希玉水泥制品厂和酒泉金瑞阳生态农业专业合作社2家合作帮教基地；[④] 福建省尤溪县管前镇司法所社区矫正对象安置就业基地在福建澳丽美

---

① 《福建省漳平市司法局多措并举　确保社区矫正对象监管、复工“两不误”》，2020年10月15日，社区矫正宣传网，http：//www. chjzxc. com/index. php/Article/info/id/16171. html。

② 由淮安市淮阴区司法局曹静提供2020年度社区矫正对象权益保护调研信息。

③ 由瑞昌市司法局曹裕东提供2020年度社区矫正对象权益保护调研信息。

④ 由甘肃省酒泉市肃州区司法局王丽君提供2020年度社区矫正对象权益保护调研信息。

涂料有限公司挂牌成立，双方签订《管前镇安置就业基地协议》，企业按照劳动法规定的用工标准录用辖区内无业可就、无生活来源、生活困难的社区矫正对象，并按规定做好劳动保障、安全生产等工作。①

各类基地建设在实现矫正对象社会化监督管理理念上也取得了切实有效的成果。山东省东营市垦利区新航基地开创社区矫正社会化监督管理新模式，区司法局联合区人民检察院共同打造由政府主导、部门配合、全社会共同参与的社会化矫正基地。基地有以心理专家、律师学者、学校教师等社会力量为主体的基地讲师团，通过教育实现矫正对象积极悔罪、顺利回归社会。基地积极引导社区矫正对象加入社会公益组织，先后开发了 8 个志愿服务项目，以“心途同行”公益中心为依托，建立由社会爱心人士捐赠的“新航超市”，帮扶困难社区矫正对象。基地先后与 14 家爱心企业联合，已累计为特殊人群提供就业岗位 560 个，缴纳税金近千万元，在册社区矫正对象中从业 500 万元以上规模企业的人员有 26 名，获得国家技术创新或技术专利 6 项，山东省见义勇为积极分子 1 名。②

3. 协助矫正对象申请技能培训、就业指导、在校完成学业权益更具差异化、专业化

协助矫正对象申请技能培训、就业指导、在校完成学业权益保障呈现差异化、专业化趋势，突出因地制宜、因人施教。为提升社区矫正对象就业能力，促进其顺利回归并融入社会，淮南市田家庵区司法局积极做好社区矫正对象就业帮扶，针对有劳动能力的社区矫正对象，结合人员身份、社会需求和本地实际，举办社区矫正对象就业技能专项培训班，初步形成了教育帮扶社会化制度化常态模式。③ 2020 年 10 月 16 日至 11 月上旬，全区 103 名社区矫正对象参加培训，同时针对女性矫正对象开展了适合女性就业能力的培训，增强社区矫正对象就业竞争力。在上海市，为落实《社区矫正法》关

① 由福建省尤溪县司法局罗枝杰、王作对提供 2020 年度社区矫正对象权益保护调研信息。

② 由东营市垦利区司法局魏丽娟提供 2020 年度社区矫正对象权益保护调研信息。

③ 《举办就业技能培训　助力社区矫正对象融入社会》，2020 年 10 月 29 日，淮南长安网，http：//www.hnzzb.gov.cn/jczc/8210914.html。

于依法帮助社区矫正对象就业就学的权益，着力提高社区矫正对象的社会适应能力，2020 年 9 月 20 日，浦东新区司法局和上海凯达职业技能培训学校举行浦东新区社区矫正职业技能培训基地揭牌仪式，[①] 共同策划以“学技能、习匠艺，融入新时代，筑梦新人生”为主题，旨在激发技能学习积极性和主动性，增强矫正期满后的再输血、造血功能的“和未来”职业技能培训活动，助力社区矫正工作提档升级。在海南省，儋州市司法局认真落实《社区矫正法》，积极组织开展社区矫正对象职业技能培训，在职业培训中将法治与守法教育和就业观念有效结合，常态化制度化开展各类技能培训班，让他们学有所技、技有所用，增加收入、改变生活困境，实现对社区矫正对象权益的协助保护。[②] 仅在该法实施前后，就鼓励 55 名社区矫正对象申请初级电工职业技能培训、开展专门针对女性社区矫正对象的初级育婴员培训。

4. 协助矫正对象申请技能培训、就业指导、在校完成学业权益呈现合作共赢发展新趋势

协助矫正对象申请技能培训、就业指导、在校完成学业权益保护，采用社会合作共赢的新模式更加符合发展趋势。2020 年 7 月 21 日，长丰县社区矫正中心联合合肥长丰轨道交通学校，举行年度社区矫正对象职业技能培训班，采取分班教学模式，完成全县 80 余名矫正对象技能培训。[③] 铜陵市司法局社区矫正支队旨在预防矫正对象犯罪、促进合法就业、保障其合法劳动权益，与市人社局统一部署后，联合铜陵技师学院，由铜官区社区矫正中心精心组织该区存在就业困难的 5 名社区矫正对象参加职业技能培训，并在考

---

① 《浦东新区司法局开办职业体验培训班帮助社区矫正对象就业就学》，2020 年 9 月 24 日，上海政府法制信息网，http：//sfj. sh. gov. cn/zwdt_ zfyx/20200924/c566afabb78c48d6b6db741dbae08d82. html。

② 《市司法局组织开展社区矫正对象职业技能培训》，2020 年 7 月 3 日，儋州市人民政府网，https：//www. danzhou. gov. cn/danzhou/ywdt/jrdz/202007/t20200703_ 2813771. html。

③ 由合肥市长丰县司法局提供 2020 年度社区矫正对象权益保护调研信息。

试合格后颁发结业证书。[①] 2020 年 9 月，来安县司法局针对社区矫正对象技能需求，联合县人社局组织 2020 年第一期社区矫正对象职业技能培训班，40 余名矫正对象参与为期 6 天的技能培训和职业道德教育。这种定期化职业技能培训受到社区矫正对象的欢迎，既提高了其就业竞争力，又完善了其权益保障的协助机制。[②] 2020 年 11 月 3 日，福建省闽侯县司法局联合福州第一技师学院，组织矫正对象开展职业技能培训和就业指导工作。[③] 2020 年 12 月 1 ~3 日，灵璧县司法局联合宿州东润职业培训学校，为全县 20 名矫正对象举办职业技能培训班，提升其就业能力和社会适应能力，联合人社部门增加其就业机会。[④] 2020 年 12 月 14 日，江永县司法局落实好《社区矫正法》、开展好社区矫正对象教育帮扶工作，决定把这项创新性探索性矫正对象帮教活动打造成惠民工程。[⑤] 针对全县在册 100 多名社区矫正对象，联合县人社局组织开展为期 3 天的职业技能培训活动，并让其中创业成功的社区矫正对象现身说法，运用好特殊群体间传递正能量优势，提升对矫正对象就业帮扶权益保护的效果。一线司法所也积极努力创新矫正对象“以帮促矫”工作。永春县司法局外山司法所落实《社区矫正法》，针对矫正对象对技能的差异需求，落实职业技能培训常态化个性化，促进其增加就业机会、改善生活、更好地回归社会。[⑥] 邵武市大竹镇司法所强调因地制宜、接地气，开展社区矫正对象技能培训，邀请本镇龚家排村的脱贫致富带头人熊金作

① 《铜官区司法局组织社区矫正对象开展职业技能培训工作》，2020 年 12 月 2 日，新浪网，http：//k. sina. com. cn/article_ 3177450665_ bd640ca902000wfns. html。

② 《来安县组织社区矫正对象开展职业技能培训》，2020 年 9 月 24 日，来安县人民政府网，http：//www. laian. gov. cn/zwdt/ztzl/rdzt/fzla/yfxz/278234158. html。

③ 《闽侯县司法局组织社区矫正对象开展职业技能培训》，2020 年 11 月 6 日，搜狐网，https：//www. sohu. com/a/430131759_ 482346。

④ 《灵璧县司法局举办社区矫正对象职业技能培训班》，2020 年 12 月 14 日，灵璧县司法局网，http：//sfj. ahsz. gov. cn/xwzx/xqdt/lb/gzdt/191171571. html。

⑤ 《江永县司法局组织社区矫正对象、安置帮教人员开展职业技能培训》，2020 年 12 月 16 日，江永县人民政府网，http：//www. jiangyong. gov. cn/jysfj/0200/202012/21d6d60801984e86a5d17d9a7bc282e8. shtml。

⑥ 《外山司法所组织社区矫正对象参加技能培训》，2020 年 9 月 24 日，中国普法创新网，http：//www. pfcx. cn/Item –60 –112737. aspx。

专业种植技术指导，举办栝楼种植技术培训班，使矫正对象就业信心普遍增强。①

四　未成年社区矫正对象合法权利的特别保护

自《社区矫正法》实施后，未成年社区矫正对象正当权益得到了更加明确具体的保护，除享有一般矫正对象所依法享有的各类权利保护和权益保护协助之外，未成年社区矫正对象学习权益保障、监护人帮教②和就业权益保护更加健全，尤其是未成年矫正对象权益的无歧视保护原则得到充分体现。

（一）未成年社区矫正对象学习就业权利坚持最大限度保障原则

自《社区矫正法》实施后，从调研结果中发现，在对矫正对象异地就学的监督管理上，各地多采取以学习就业权益保护为中心的监督管理机制设计。2020 年 12 月，重庆市梁平区司法局和黔江区司法局对异地就学等特殊监管情况进行跨区域合作的有益尝试，对就读黔江区的重庆市经贸职业学院的梁平籍未成年社区矫正对象实施协作监管，有效对接矫正对象报到、请假程序、信息核查等监管措施，两地司法局共同走访重庆市经贸职业学院，与学院领导和班级辅导员面对面沟通交流，告知学校不得歧视未成年社区矫正对象，对其相关信息应当保密，切实保障未成年社区矫正对象受教育权益。③

在未成年矫正对象学习权益保障个案上，荔波县未成年社区矫正对象覃

① 由邵武市大竹司法所干部吴治析提供 2020 年度社区矫正对象权益保护调研信息。

② 未成年监护人的职责，将会随着《中华人民共和国未成年人保护法》在 2021 年 6 月 1 日实施后拥有更权威的规范，这同样会影响到未成年社区矫正对象权益保护的监护人帮教的力度。

③ 《跨区域协作保障未成年社区矫正对象异地就学》，2020 年 12 月 7 日，重庆市梁平区人民政府网，http：//www. cqlp. gov. cn/sfj/zwxx_ 28876/dt_ 28878/202012/t20201207_ 8580753. html。

某（女）案①体现了未成年人学业曾因犯罪行为中断、在社区矫正中依法得到保障的实践。2020 年 1 月，覃某因过失致人死亡罪被荔波县人民法院判处有期徒刑一年零六个月，缓刑一年零六个月，同期转入社区矫正。在判决后覃某虽然领到了自己心仪的职校通知书，但无法入学，只能在当地打工。社区矫正工作人员走访发现覃某打工处所的矫正环境不理想，考虑到其自幼丧父，母亲改嫁，家庭系建档立卡精准贫困户。司法局和省未管所协调后联系到“监校企合一”教育改造模式合作院校——遵义某职业技术学校，经多方沟通和家庭同意后，2020 年 9 月 3 日，荔波县司法局、省未管所、学校驻地司法局及职教中心齐聚学校，协调解决覃某异地就学教育权益保护问题，用实际行动践行《社区矫正法》对未成年矫正对象教育帮扶的立法宗旨。

（二）未成年社区矫正对象学习就业权益保障坚持问题导向原则

为深入贯彻落实《社区矫正法》，各地坚持以未成年矫正对象权益需求的问题导向为原则，迅速转变过去的重监管轻教育观念。2020 年 10 月 21 日，为解决新法实施后未成年社区矫正对象就学、就业需求问题，广西靖西市司法局与南宁市经开区司法局召开社区矫正工作经验交流会，发挥部门职能优势，推动两地未成年社区矫正工作创新。② 协调会议强调社区矫正机构要积极与其监护人一起，协调提供学校入学和就业帮助，严格落实未成年社区矫正对象身份保护、矫正档案保密等法律要求。

在具体个案上，2020 年 9 月，福州市仓山区社区矫正管理局依据新实施的《社区矫正法》，把未成年社区矫正对象通过学习就业帮扶、顺利回归社会看作社区矫正的重要任务目标。以问题导向为原则，拓宽当地未成年社区矫正对象回归社会的就业渠道，组织 15 名未成年矫正对象到福建省新华

---

① 《荔波县司法局成功帮扶一未成年人社区矫正对象重返校园》，2020 年 12 月 17 日，人民网，http：//gz. people. com. cn/n2/2020/1217/c396835 – 34479246. html。

② 《靖西市司法局：社区矫正跨区合作彰显人文关怀》，2020 年 10 月 24 日，广西百色政协网，http：//www. gxbszx. gov. cn/news_ view. php？ id = 126378。

技术学校闽菜培训基地，学习闽菜历史、特色和烹饪技巧，[①] 通过就业技能帮助，有效预防和减少重新犯罪。

（三）未成年社区矫正对象合法权利保障坚持无歧视原则制度设计

当今世界，青少年犯罪和环境污染、吸毒共同构成三大公害。在青少年犯罪治理问题上，自21世纪初，我国开始采用宽严相济刑事政策，不断健全青少年犯罪预防与司法保护机制。一方面，国家严格执行少捕、限押政策；另一方面，在社会转型期，未成年社区矫正对象也有增长趋势。结合国内外青少年犯罪预防治理经验，我国《社区矫正法》对未成年社区矫正对象的权益保障坚持强调无歧视原则机制设计。

在江苏省，南京市高淳区司法局依据《社区矫正法》细化了未成年社区矫正工作的五大举措，切实保护未成年社区矫正对象就学、就业及其不受歧视的权益。[②] 一是最大限度地减少无关人员介入未成年矫正对象监督管理工作；二是对未成年矫正对象法定监护人宣传法律，明确告知监护人承担抚养、管教等义务履责；三是运用专业人才参与帮教，精准解决未成年矫正对象的学业和心理问题，助推他们更好地回归社会；四是通过物质和精神的双重关爱帮扶鼓励其完成学业，基于差异需求为其推送就业指导和职业技能培训等信息开展帮扶；五是经监护人同意，引导其他部门参与帮扶，在与社区矫正局签订保密协议后，各个帮扶主体利用差异优势参与对部分未成年社区矫正对象的教育帮扶工作。在甘肃省，玉门市司法局社区矫正执法大队花海中队在实施《社区矫正法》过程中，突出未成年社区矫正对象分类管理和特殊保护，坚持区别对待、教育为主和特殊保护原则的监督管理，在入矫宣告、解除宣告和奖惩训诫等环节均严格依法不公开进行，并在矫正期满后依

① 《就业是最大的民生——记仓山区社区矫正管理局就业帮扶培训工作》，2020年9月29日，社区矫正宣传网，http：//www. chjzxc. com/index. php/Article/info/id/16138. html。

② 《高淳区多举措推进未成年社区矫正对象监管教育帮扶工作成效好》，2020年6月28日，南京市高淳区人民政府网，http：//www. njgc. gov. cn/gcqrmzf/202006/t20200628_ 1999111. html。

法封存其矫正档案，切实保护其隐私。[①] 调研发现，在《社区矫正法》实施后，各地社区矫正机构在具体行动上坚持做好未成年社区矫正对象差异化的无歧视监督管理和教育帮扶。

五　社区矫正对象合法权利保障面临的挑战与建议

自《社区矫正法》实施以来，执法管理者追求社会秩序与公共安全价值，社区矫正对象渴望个体自由和美好生活回归的需要满足，两种需求在法律机制运行过程中也一直存在分歧。立法的逻辑和洽并不代表司法和管理实践上的完美顺畅，在社区矫正工作中，政策、法律、规范性文件、执法与管理保障、组织机构完善、队伍能力建设和法律关系主体的理念方法策略等，都可能会给社区矫正对象人权保护带来挑战。

（一）社区矫正对象合法权利保障面临的挑战

理论研究的薄弱成为未来社区矫正对象权益保障面临的重要挑战。以“社区矫正”为主题、以 2020 年度为限在中国知网搜索文献，全年期刊和会议共有 170 篇相关论文或报道，其中仅有两篇明确阐发社区矫正对象权利或社区矫正法治文明研究：司法部预防犯罪研究所李芙、冯建仓的《服刑人员及社矫对象权利保障实务与研究》[②] 和支振锋的《推进刑事法治文明的坚实一步》[③]。绝大多数研究文献主要探索社区矫正工作理念、矫正方式方法、监督管理、组织机构设置等问题。在 2020 年社区矫正理论研究中，主要还是以管理思维为主的制度观察与完善，从《社区矫正法》权利保障体系视野来思考立法后社区矫正工作发展有待加强。

---

① 《玉门市社区矫正执法大队花海中队多措并举开展未成年人社区矫正工作》，2020 年 9 月 8 日，中国普法创新网，http://www.pfcx.cn/Item-60-111993.aspx。

② 李芙、冯建仓：《服刑人员及社矫对象权利保障实务与研究》，《犯罪与改造研究》2020 年第 2 期。

③ 支振锋：《推进刑事法治文明的坚实一步》，《法治与社会》2020 年第 6 期。

实践领域存在的认知状态也影响未来社区矫正对象合法权利保障的发展。根据中央司法警官学院司法人权研究中心2020年度的地方调研,[①] 各地对《社区矫正法》和社区矫正工作的认知存在很大差异。第一，社区矫正工作者对社区矫正性质的认知，往往在刑罚与非刑罚、监督与帮扶、管理与教育等的性质或关系上存在理解偏差，无法达成有效共识，导致社区矫正工作一个地方一个样，或重监管突出各种限制机制措施设置，或重帮扶减少应有的刑事执行监督管理。第二，从配合《社区矫正法》实施的地方制度设计来看，各地在法律理解上存在潜在分歧。以目前公开的省域规范性文件来看,[②] 各省两高两厅贯彻《社区矫正法》和中央两院两部《社区矫正法实施办法》的制度创新存在不同理解。从名称上看，安徽、河南和江西等表述为“社区矫正工作细则”，山东和四川表述为“社区矫正实施细则（试行)”，上海表述为“落实社区矫正法实施办法的实施细则”，福建表述为“贯彻社区矫正法的实施细则”。从这些省级规范性文件制定依据来看，有的依据《刑法》、《刑事诉讼法》、《社区矫正法》和《社区矫正法实施办法》，有的依据《社区矫正法》和《社区矫正法实施办法》。从社区矫正具体机制编制方式来看，湖北省较为特别，直接以司法厅文件颁发了“省司法厅关于修改《湖北省社区矫正刑事执行权力清单》等文件的通知”，该通知涉及社区矫正工作组织机构、运行流程等12个文件。以上这些差异将影响各地对社区矫正对象权益保护的理念和方式。

最后，当前社区矫正实际操作困境也会给社区矫正对象合法权利保障

① 中央司法警官学院司法人权研究中心2020年度地方调研主要涉及北京、河北、江苏、江西、浙江、上海、山东、安徽、重庆、云南、海南、湖南等地相关县市社区矫正机关参观和社区矫正工作者的线上线下访谈交流。

② 《湖北省司法厅关于修改〈湖北省社区矫正刑事执行权力清单〉等文件的通知》自2020年8月12日起实施；《河南省社区矫正工作细则》自2020年8月20日起施行；上海市《关于贯彻落实〈中华人民共和国社区矫正法实施办法〉的实施细则》自2020年8月20日起正式施行；《福建省贯彻〈中华人民共和国社区矫正法〉实施细则》自2020年9月28日施行；《山东省社区矫正实施细则（试行)》自2020年10月13日施行；《安徽省社区矫正工作实施细则》自2020年11月1日起施行；《四川省社区矫正实施细则（试行)》自2020年12月1日起施行；《江西省社区矫正工作实施细则》自2021年1月1日起施行。

带来挑战。从调研访谈中可以归纳影响矫正人权保护的主要操作瓶颈有以下几方面。第一，社区矫正机关组织机构建设“虚大于实”，各地组织机构还没有完整的配置，多为“牌子”挂上了，但组织无专编或少人员。第二，社区矫正队伍呈现“混搭”多而“专职”少的非专业化状态，工作队伍往往还肩负各种其他司法行政业务。第三，社区矫正工作的履职尽责和容错免责两大机制未能充分建立和发挥作用，导致社区矫正工作者在“问责”顾虑中难以做好工作创新。在制度变革中，最复杂的是人的因素，在容易的事情和正确的事情两项选择中，人更倾向于选择前者。为此，《社区矫正法》中正确理性对待犯罪人的刑事执行理念，还需要通过对人进行培养实现。

（二）社区矫正对象合法权益保护亟须全面推进实施《社区矫正法》

实施《社区矫正法》，是深化司法体制改革、促进司法文明的必然要求，也是推进国家治理体系和治理能力现代化、促进国家长治久安的重要内容，更是深入推进我国人权司法保障制度改革的重要举措。全面推进实施《社区矫正法》，完善社区矫正体制机制，提高社区矫正制度效能，促进社区矫正对象权益保护，亟须注意两个方面的重点研究和建设。

一方面，亟待推进社区矫正对象经济社会文化权利规范化建设，明确社区矫正对象特定人身自由和基本权利保护机制。与监狱自由行刑相比，社区矫正制度的优势在于通过规定自由空间可以更好地改善社区矫正对象的社会适应性，有利于社区矫正对象无障碍地回归社会、融入社会。适应性帮扶的基础主要在于有效保障社区矫正对象的基本生活，这就需要在制度研究上采取措施解决好社区矫正对象的最低生活保障、社会保险和临时救助等。在实践中，适应性社会帮扶的关键与核心往往在于提高社区矫正对象就学就业能力，这就需要从制度上完善就学就业协调机制，需要通过制度优惠激励、鼓励社会用人单位接纳社区矫正对象就业，这是避免社区矫正对象重新违法犯罪的重要措施。实施社区矫正制度，完善社区矫正对象在接受矫正期间合法权利保护的规范化、制度化，就是通过改善在刑事执行过程中社区矫正对象回归社会的制度条件来实现人权司法保障。

另一方面，亟待提升社区矫正工作者执法管理的法治化水平，规范执行《社区矫正法》，既依法监管社区矫正对象，又依法保障社区矫正对象的公民基本权利。如不断完善审前适用社区矫正调查制度，完善社区矫正对象的再犯罪风险评估机制，完善社区矫正对象检查考核机制，完善社区矫正对象因就业、就学等异地变更监管机制，完善社区矫正对象和受害人以及社区之间各自权利诉求的监督与保护机制，等等。在现实中，除完善那些防止漏管、脱管和重新犯罪的监管制度之外，还需要完善那些促进社会和解、有立功表现等而适合减刑、假释的奖励机制法治化。完善社区矫正的社会治理法治化，就是在刑事执行过程中通过尊重法治精神、保护公民权利实现人权司法保障。

有效实施《社区矫正法》，要善于运用法治思维和法治方式推进社区矫正工作，为社区矫正可持续发展提供法治保障。这需要增强监督帮扶规范化建设，完善监督帮扶流程，建立公开公正的监督帮扶机制，提高监督帮扶透明度和公信力。只有权威高效地实施《社区矫正法》，才能更好地实现人权司法保障改革目标。正确实施《社区矫正法》，离不开“以人民为中心”的中国特色社会主义司法正义理性的指导，它体现在刑事执行过程中对法治与权利的尊重，对个体尊严、自由和秩序保护制度设计的关怀。只有坚持正确的方向去实施《社区矫正法》，才能更好地实现其政治效果、法律效果和社会效果。

（三）全面推进实施《社区矫正法》、提升人权保护质量的未来策略

有挑战，就会有应对策略。中国法治治理经验告诉我们：立法上的不足，往往需要行政或司法的力量乃至社会资源的力量来弥补，以实现立法的目标和目的。为解决具体问题，实现公平正义的权威，各种力量交织在一起，同样离不开立法规范和法治体系所塑造的权威保护。从《社区矫正法》实施过程来看，至少有三个策略可应对社区矫正人权保障发展的挑战，丰富人权保护内涵。

首先，《社区矫正法》的实施要与平安中国治理实践联动起来。在实践中平安治理拥有大量的社会治安综合治理的人力和科技资源，社区矫正工作可以借助基层综治网格员制度、基层政法工作中的《枫桥经验》机制、基层公共法律服务供给等，形成高效的社区矫正监督管理机制，进而更好地对社区矫正特殊群体开展精准滴灌式教育帮扶，不断充实其权利，实现其顺利回归社会，预防其重新犯罪，在人权保障中发挥《社区矫正法》的功能。

其次，《社区矫正法》的实施要和相关法律制度实施或完善联动起来。比如，将《社区矫正法》的实施和《监狱法》的修改完善联动起来。《监狱法》和《社区矫正法》所关注的人和事具有联通性，通过正确看待犯罪人，完善科学的、人道的犯罪人治理来预防和减少犯罪，提高国家保障人权的质量和水平。又如，将《社区矫正法》和《刑法》、《刑事诉讼法》联动起来，从国家制刑、量刑和行刑一体化互动系统中提高国家犯罪治理现代化水平，犯罪人惩戒与教育也是国家对特殊群体的社会管理创新机制，需要多元社会治理主体和多元纠纷解决方式推进《社区矫正法》的实施，实现宽严相济刑事政策的人权保护目标。再如，将《社区矫正法》和《民法典》、《未成年人保护法》等民事法律、社会法律结合起来，目的在于运用特殊群体人权保护的立体思维，打通部门法之间的衔接，在刑事法治谦抑品格中实现对社区矫正对象权利的保护。

最后，《社区矫正法》实施后人权保护的可持续发展，需要长期围绕社区矫正领域中人权保护的理论与实践开展专项培训，这种培训涉及社区矫正立法、司法和执行各层次的知识和经验。目前在社区矫正工作的队伍中拥有法律职业资格的人非常少，很多社区矫正执法管理者主要还是类比运用行政管理思维或监狱监禁思维来分析问题和指导实践，利用传统专项执法管理工作的认知来集中开展社区矫正工作的思路还比较明显，综合运用人权观念、法治思维以及社会治理理念创新开展社区矫正工作的实践还不是主流，这些都是制约社区矫正对象合法权利保护的不利因素。因此，对社区矫正工作者队伍开展常规的、专业的人权教育与培训，是通过正确实施社区矫正法律规范提升国家人权司法保障质量的重要策略。

参考文献

1. 汪明亮：《社会资本与刑事政策》，北京大学出版社，2011。
2. 贡太雷：《惩戒与人权——中国社区矫正制度的法治理论》，法律出版社，2015年。
3. 〔日〕牧野英一：《法治国思想的展开》，柴裕红译，商务印书馆，2019。
4. 王爱立：《中华人民共和国社区矫正法解读》，中国法制出版社，2020。
5. 吴宗宪：《我国社区矫正法的历史地位与立法特点》，《法学研究》2020年第4期。
6. 康姣、张昱：《共生性契约团结：社区矫正实践中政社合作新方向》，《中国人民公安大学学报》（社会科学版）2020年第4期。
7. 胡德军、程东：《监狱与社区行刑一体化协同发展路径选择》，《犯罪与改造研究》2020年第12期。

B.14
村规民约的规范建设与乡村居民权利保障

卞 辉*

摘　要： 村规民约是村民的自治性规范，其内容涉及农村生产生活的方方面面，并包含大量有关乡村居民权利的规范。在乡村治理中，村民自治为乡村居民权利保障提供了坚实基础，村民自律为乡村居民权利保障探索了中国特色进路，村规民约中直接体现权利保障精神，禁止性规范为乡村居民权利保障创造了良好的社会环境。为了让村规民约真正体现民意，服务于村民，应当使村规民约的内容和制定程序合法，重视对乡村居民的权利保障，提高村规民约的质量，提升村民对其的认可度。

关键词： 村规民约　乡村居民　权利保障

村规民约是由村民会议根据一定的程序制定的适用于本村村民的行为规范，是村民基于共同生产生活需要，共同制定并共同遵守的行为准则，用以保障乡村居民的权益，维护农村社会秩序的和谐稳定。根据我国《村民委员会组织法》的规定，村民会议可以制定和修改村规民约，村民委员会及其成员应当遵守并组织实施村规民约，接受村民监督。村规民约不得与宪法、法律、法规和国家的政策相抵触，不得有侵犯村民的人身权利、民主权

* 卞辉，博士，西北大学法学院副教授，主要研究方向为宪法学、人权法学。

利和财产权利等内容。

2018 年 12 月，民政部、中央组织部、中央政法委、中央文明办、司法部、农业农村部、全国妇联联合出台《关于做好村规民约和居民公约工作的指导意见》（以下简称《指导意见》）。这是中央和国家机关有关部门第一次就村规民约联合出台全国性指导文件，涉及对村规民约的总体要求、主要内容、制定程序、监督落实、组织领导等内容，认为村规民约是现代农村基层社会治理机制的重要形式，要求到 2020 年全国所有村普遍制定或修订形成务实管用的村规民约。全国各省（自治区、直辖市）积极行动，有针对性地开展此项工作，以促进各村制定的村规民约合法合规，保障村民权益。2020 年，中央出台的多项政策、文件中明确提出完善村规民约。例如，2020 年 1 月，中央一号文件指出要完善村规民约，推进村民自治制度化、规范化、程序化。2020 年 3 月，中央全面依法治国委员会印发《关于加强法治乡村建设的意见》，指出严格依照法律法规和村规民约规范乡村干部群众的行为，引导村民在村党组织的领导下依法制定和完善村规民约。在村规民约的建设中，要注重对乡村居民权利的维护和对人权的保障。

一　以保障乡村居民合法权益为宗旨推进村规民约规范化建设

为推行《指导意见》，各省（自治区、直辖市）采取积极举措，落实《指导意见》的要求，力争到 2020 年底前实现所有村都有务实管用的村规民约的目标。全国 31 个省（自治区、直辖市）均就此项工作制定地方性文件，见表 1。

表 1　全国各省（自治区、直辖市）关于做好村规民约工作的意见或方案

省(自治区、直辖市)	发布日期	规范文件
北　京	2019 年 9 月	《关于建立和完善村规民约和居民公约工作的指导意见》
天　津	2019 年 4 月 4 日	《关于进一步做好村规民约和居民公约工作的实施意见》(津民发〔2019〕17 号)

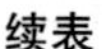
续表

省(自治区、直辖市)	发布日期	规范文件
河　北	2019 年 10 月 13 日	《关于做好村规民约和居民公约工作的实施意见》(冀民〔2019〕18 号)
山　西	2019 年	《关于做好村规民约和居民公约工作的实施意见》
内蒙古	2019 年 7 月 10 日	《关于认真贯彻落实民政部、中央组织部等七部委〈关于做好村规民约和居民公约工作的指导意见〉精神的通知》(内民政发〔2019〕32 号)
辽　宁	2019 年 3 月 12 日	《关于做好村规民约和居民公约工作的指导意见》(辽民函〔2019〕6 号)
吉　林	2019 年 7 月 24 日	《关于转发民政部　中央组织部　中央政法委　中央文明办　司法部　农业农村部　全国妇联〈关于做好村规民约和居民公约工作的指导意见〉的通知》(吉民发〔2019〕37 号)
黑龙江	2019 年 2 月 11 日	《关于进一步做好全省村规民约和居民公约工作的通知》(黑民发〔2019〕3 号)
上　海	2015 年 9 月 15 日	《关于推进本市居(村)民自治章程规范化建设的指导意见》
江　苏	2019 年 2 月 19 日	《2019 年全省民政工作要点》
浙　江	2020 年 10 月 14 日	《关于推动家宴移风易俗操作细则》
安　徽	2019 年 5 月 9 日	《关于开展村规民约和居民公约"大体检"工作的通知》(皖民基字〔2019〕39 号)
福　建	2018 年 6 月 5 日	《关于加强和规范村规民约工作的通知》(闽民建〔2018〕90 号)
江　西	2019 年 8 月 8 日	《关于省政协十二届二次会议第 199 号提案的会办意见》(赣民提字〔2019〕36 号)
山　东	2020 年 4 月	《开展村规民约和居民公约监督落实专项行动工作方案》
河　南	2015 年 12 月	《关于修订完善村规民约(居民公约)的指导意见》(豫民文〔2015〕410 号)
湖　北	2019 年 7 月 15 日	《关于做好村规民约和居民公约工作的实施意见》(鄂民政发〔2019〕15 号)
湖　南	2019 年 6 月 6 日	《关于进一步做好村规民约和居民公约工作的实施意见》(湘民发〔2019〕8 号)
广　东	2019 年 5 月 29 日	《关于印发做好村规民约和居民公约工作行动方案的通知》
广　西	2019 年 7 月 30 日	《关于做好村规民约和居民公约工作的实施意见》(桂民规〔2019〕3 号)
海　南	2018 年 6 月 5 日	《海南省农村人居环境整治三年行动方案(2018—2020 年)》
重　庆	2020 年 10 月 26 日	《关于切实做好村规民约执行工作的通知》(渝民发〔2020〕21 号)

续表

省(自治区、直辖市)	发布日期	规范文件
四　川	2018 年 11 月 16 日	《“美丽四川·宜居乡村”推进方案(2018—2020 年)》 《关于进一步发挥村规民约作用深入推进城乡基层社会治理的通知》(川民发〔2018〕122 号)
贵　州	2019 年 11 月 11 日	《关于切实做好村规民约和居民公约工作的实施意见》(黔民发〔2019〕24 号)
云　南	2019 年 1 月 30 日	《关于转发民政部、中央组织部、中央政法委、中央文明办、司法部、农业农村部、全国妇联〈关于做好村规民约和居民公约工作的指导意见〉的通知》(云民〔2019〕1 号)
西　藏	2019 年	《关于做好村规民约和居民公约工作的实施意见》
陕　西	2019 年	《关于进一步做好村规民约和居民公约工作的实施意见》
甘　肃	2019 年 6 月	《关于做好村规民约和居民公约工作的实施意见》
青　海	2019 年 7 月	《关于进一步健全完善村规民约居民公约推进移风易俗的实施意见》
宁　夏	2019 年 4 月 23 日	《关于进一步做好村规民约和居民公约工作的实施意见》(宁民发〔2019〕35 号)
新　疆	2020 年 4 月	《关于进一步做好村规民约和居民公约工作的实施意见》

资料来源：中华人民共和国民政部网站和各省（自治区、直辖市）民政厅网站等。

从表 1 可知，上海市、江苏省、浙江省、江西省和海南省虽然没有专门的针对村规民约和居民公约工作的意见或方案，但是在其他文件中涉及此项工作，如上海市的《关于推进本市居（村）民自治章程规范化建设的指导意见》、江苏省的《2019 年全省民政工作要点》、浙江省的《关于推动家宴移风易俗操作细则》、江西省的《关于省政协十二届二次会议第 199 号提案的会办意见》、海南省的《海南省农村人居环境整治三年行动方案（2018—2020 年)》。上海市、福建省、河南省、海南省、四川省在《指导意见》下发之前，就针对村规民约工作出台了相关文件。例如，福建省民政厅在 2018 年 6 月制定了《关于加强和规范村规民约工作的通知》（闽民建〔2018〕90 号)；河南省民政厅在 2015 年 12 月制定了《关于修订完善村规民约（居民公约）的指导意见》(豫民文〔2015〕410 号)。

村规民约的建设成为民政部门加强社会治理的重点工作之一，在各省

（自治区、直辖市）民政厅（局）回望2020年取得的成绩时，村规民约建设是其亮点之一，其中14个省（自治区、直辖市）在民政部组织的“回望2020”系列中都提到村规民约建设（见表2）。其中4个省提到已经100%完成村规民约的修订和完善工作。

表2 各省（自治区、直辖市）民政机构“回望2020”中有关村规民约的内容

序号	省（自治区、直辖市）	有关村规民约的内容	出处
1	河北	深化基层群众自治。制发进一步做好村规民约和居民公约制定修订工作的通知，以县（市、区）为单位建立台账，压实乡镇（街道）分包责任，通过定期通报进度、召开现场观摩会、开展优秀村规民约评选等形式，加快制定修订进度，目前，全省村规民约（居民公约）制定修订率达到100%	《回望2020河北：用心用情用力保障改善民生》
2	内蒙古	在全区组织开展村规民约（居民公约）征集遴选和宣传推介、邻里守望、互助关爱等活动，促进形成共建共治共享的基层社会治理格局	《回望2020内蒙古：紧贴实际落实“六稳”“六保”决策部署　统筹推进民政领域疫情防控和民政工作发展》
3	山西	在规范行为方面，推进落实村规民约和居民公约的修订完善工作；组织开展优秀村规民约、居民公约征集遴选推介活动，促进“三治”融合发展	《回望2020山西：奋力书写三晋民政新篇章》
4	江西	将扫黑除恶、殡葬改革、移风易俗、环境卫生等内容纳入村规民约，村规民约修订完善工作实现全覆盖	《回望2020江西：民政暖阳情洒赣鄱》
5	山东	全面核实核准全省建制村、自然村数量，部署开展村务公开目录、村规民约和居民公约监督落实专项行动，深化村级议事协商活动，重点培育1000个村级议事协商示范点	《回望2020山东：写在齐鲁大地上的民生答卷》
6	湖南	建立村规民约制度执行机制，开展“湘约我的村”主题宣传	《回望2020湖南：在“三高四新”战略中筑牢人民群众幸福底线》
7	广东	全省100%的村（社区）完成村规民约（居民公约）修订任务	《回望2020广东：强化五大体系　深化改革创新　奋力推动广东民政事业高质量发展走在前列》

续表

序号	省（自治区、直辖市）	有关村规民约的内容	出处
8	贵州	推进安置社区民主决策制度建设，全省842个安置区已全部开展居民公约（村规民约）和居（村）务公开工作	《回望2020 贵州：决战决胜脱贫攻坚　为民爱民同步小康》
9	云南	制定完善安置点村规民约、居民公约，推动搬迁群众积极参与社区治理和服务	《回望2020 云南：兜准兜住兜牢脱贫攻坚底线　夯基垒柱提升民政质量》
10	西藏	制定印发《西藏自治区村规民约示范文本》，有效推进基层直接民主制度化、规范化	《回望2020 西藏：托起雪域高原人民群众稳稳的幸福》
11	陕西	印发《进一步做好村规民约和居民公约的实施意见》	《回望2020 陕西：为了三秦百姓的美好生活》
12	甘肃	挖掘推选优秀村规民约范本73份	《回望2020 甘肃：一鼓作气乘势而上　决战决胜脱贫攻坚　陇原大地上的坚实民政力量》
13	宁夏	制定指导性文件《村规民约奖惩机制》	《回望2020 宁夏：真抓实干奋力推进宁夏民政高质量发展》
14	新疆	出台《关于进一步做好村规民约和居民公约工作的实施意见》，推动全区所有村、社区100%修订、制定务实管用的村规民约、居民公约。评选23篇自治区优秀村规民约、居民公约和14篇优秀城乡社区工作法	《回望2020 新疆：情洒天山南北　谱写民生画卷》

资料来源：来自2020年12月《中国社会报》各省（自治区、直辖市）民政机构“回望2020”系列报道。

二　村规民约保障乡村居民权利的内容及其分析

（一）村规民约对乡村居民权利保障的整体状况

村规民约的内容非常丰富，几乎涵盖了农村生活的各个方面，用以规范农村生产生活及村民日常行为，见表3。

表3　村规民约涉及的主要内容

选项	数量(部)	占比(%)
村容村貌	868	74.4
计生优生	774	66.3
环境保护	719	61.6
乡村治安	671	57.5
纠纷解决	623	53.4
村民品行道德	605	51.8
村风民俗	604	51.8
村民权利义务	601	51.5
邻里关系	598	51.2
乡村民主建设	563	48.2
婚丧嫁娶	534	45.8
宅基地	439	37.6
经济利益分配	399	34.2
违反村规民约的责任承担	378	32.4
家庭内部关系	329	28.2

注：本表中的内容采取调查问卷的方式获得，有效问卷总数为1358份，可多选，故总和超过100%；占比四舍五入后取小数点后一位。

资料来源：表中数据来自笔者调研。

为了解村规民约中涉及乡村居民权利的内容，从各省（自治区、直辖市）下辖的地级市和地区（州、盟）所辖乡村随机抽选出村规民约311部，除去内容无法确认或无法获取的49部以外，共统计了全国262部村规民约，其在各省（自治区、直辖市）的分布数量见表4。因辽宁、上海、广西、青海四个省（自治区、直辖市）在进行村规民约抽样统计时，有的因村规民约样本字迹模糊，有的因未能顺利获取到样本，因而未计算在内，故在表中未体现。

表 4　抽样村规民约在各省（自治区、直辖市）的分布数量

省(自治区、直辖市)	村规民约(部)	总计
北京	10	262
天津	2	
河北	12	
山西	19	
内蒙古	16	
吉林	5	
黑龙江	3	
江苏	20	
浙江	8	
安徽	16	
福建	9	
江西	16	
山东	9	
河南	13	
湖北	9	
湖南	12	
广东	10	
海南	1	
重庆	2	
四川	22	
贵州	6	
云南	3	
西藏	1	
陕西	12	
甘肃	17	
宁夏	1	
新疆	8	

资料来源：表中资料来自笔者调研。

从人权角度来看，村规民约中涉及的人权种类主要包括平等权、人身自由权、表达自由、参与治理和接受公共服务、健康权、受教育权、环境权、财产权、生育权、发展权等权利以及妇女、老人、儿童、残疾人等特殊主体的人权，具体数量和占比见表5。在计算村规民约中所涉权利的占比时，其基数即为262；占比四舍五入后取小数点后一位。各省抽样村规民约中的权利分布见表6。

表5　村规民约中包含的人权内容

序号	人权种类	数量(部)	占比(%)
1	平等权	76	29.0
2	生命权	2	0.8
3	人身自由与安全	21	8.0
4	迁徙自由	5	1.9
5	表达自由	7	2.7
6	宗教信仰自由	7	2.7
7	参与治理和接受公共服务的权利	76	29.0
8	工作权	3	1.1
9	适当生活水准权	13	5.0
10	健康权	6	2.3
11	受教育权	67	25.6
12	环境权	231	88.2
13	财产权	33	12.6
14	生育权	77	29.4
15	发展权	46	17.6
16	儿童权利	94	35.9
17	妇女权利	29	11.1
18	残疾人权利	14	5.3
19	老年人权利	153	58.4
20	社会保障权	5	1.9

资料来源：表中资料来自笔者调研。

表6 各省（自治区、直辖市）抽样村规民约包含权利内容的分布

单位：部

省（自治区、直辖市）	平等权	公民权利与政治权利						经济、社会和文化权利						生育权	发展权	特定群体的权利				社会保障权
		生命权	人身自由与安全	迁徙自由	表达自由	宗教信仰自由	参与治理和接受公共服务的权利	工作权	适当生活水准权	健康权	受教育权	环境权	财产权			儿童权利	妇女权利	残疾人权利	老年人权利	
北京	2	0	0	0	0	0	0	0	0	0	1	7	1	3	0	8	3	2	8	1
天津	1	0	0	0	0	0	0	0	0	0	0	2	0	0	0	0	0	0	1	0
河北	4	0	0	0	0	0	2	0	0	0	1	14	2	0	1	5	1	1	12	0
山西	6	0	7	1	2	0	8	0	0	0	3	19	3	6	7	10	0	2	14	0
内蒙古	5	0	1	0	0	3	4	0	1	0	2	14	2	0	2	3	0	0	5	0
吉林	3	0	1	0	0	0	1	0	0	0	1	5	2	0	0	4	0	1	5	0
黑龙江	0	0	1	1	0	0	1	0	1	0	0	2	1	0	1	0	0	0	3	0
江苏	7	1	1	0	0	2	6	0	1	0	4	18	0	8	1	4	2	1	16	0
浙江	4	0	2	0	2	0	3	1	0	1	4	7	1	3	0	4	3	1	5	1
安徽	8	1	0	0	1	0	5	0	1	0	8	14	1	11	7	3	1	1	5	0
福建	2	0	1	0	0	0	6	0	0	1	4	8	1	4	3	5	5	0	0	0
江西	4	0	1	0	0	0	2	0	0	1	6	12	1	5	0	4	0	0	0	1
山东	0	0	0	1	0	0	3	0	0	0	1	8	0	0	2	5	3	0	5	0
河南	2	0	0	0	0	1	4	0	2	0	2	11	2	2	2	2	1	1	9	0
湖北	4	0	0	0	0	0	3	0	0	3	4	8	0	1	3	5	0	0	9	0
湖南	3	0	1	0	0	0	3	0	0	0	7	11	2	7	0	7	3	0	8	1
广东	5	0	1	0	1	1	4	1	0	0	6	7	5	3	0	3	1	0	1	0
海南	0	0	0	0	0	0	0	0	0	0	0	1	0	0	0	1	0	0	1	0
重庆	0	0	0	0	0	0	0	0	1	0	1	2	0	1	0	2	2	0	2	0
四川	4	0	1	0	1	0	6	0	0	0	4	20	5	5	0	8	1	0	13	0
贵州	2	0	1	0	0	0	2	0	0	0	1	5	1	3	0	3	1	0	3	0
云南	1	0	0	0	0	0	2	0	1	0	0	3	0	1	1	0	0	1	1	0
西藏	0	0	0	1	0	0	1	0	0	0	0	1	1	0	0	0	0	0	0	1
陕西	3	0	1	1	0	0	4	0	2	0	1	8	0	4	3	1	2	1	9	0
甘肃	4	0	0	0	0	0	4	1	2	0	4	16	2	5	8	5	0	2	12	0
宁夏	0	0	0	0	0	0	0	0	0	0	0	1	0	1	0	1	0	0	1	0
新疆	2	0	1	0	0	0	2	0	1	0	2	7	0	4	5	1	0	0	5	0
合计	76	2	21	5	7	7	76	3	13	6	67	231	33	77	46	94	29	14	153	5

资料来源：表中资料来自笔者调研。

（二）村民自治为乡村居民权利保障提供了坚实基础

作为村民自治的有效途径和载体，村规民约是村民自我管理、自我服务、自我教育、自我监督的行为规范，是村民生产生活中基于自治而生的民间规约，以约定的方式引导村民言行，反映村民的切身权利。

1. 关于自我民主管理的条款

农村基层社会治理越来越重视群众的参与和支持，村规民约中有关村民参与治理和接受公共服务的权利的内容较多，占比为29%，鼓励村民以各种方式参与村级事务，发挥村民作为基层社会多元治理主体组成部分的作用。例如，河南省商丘市永城市某村规民约规定："议事会，不独断，大事群众说了算；村活动，参与勤，惠农政策放在心。"新疆伊犁哈萨克自治州昭苏县某村规民约规定："村务事，共商讨，党政财，公开好。"甘肃省平凉市灵台县某村规民约规定："集体资产大家管，三变改革走在前；公共事业要配合，共同受益划得着。"天水市张家川县某村规民约规定："村内兴办公共（公益）事业建设所需筹资筹劳，实行'一事一议'制度，由村民会议或户代表会议讨论通过。"湖北省荆州市石首市某村规民约规定：村中大事"须经村民代表会议讨论通过，由村'两委'负责实施，村务监督委员会监督落实"；"凡是村内大事小事，严格按照'五议五公开'程序讨论通过"。陕西省渭南市韩城市某村规民约专门设有"管理民主篇"，规定："村事多谏言，谋事显民主。财物要公开，清白亮心底。管理需农民，知情要保证。自治解矛盾，监督善运用。村规要科学，民约讲民主。干部守廉洁，民拥管理顺。多给少索取，与民莫争益。"西藏林芝市某村规民约规定："本村土地分配或集体使用权，需召开村民大会表决超过70%以上通过。"湖南省常德市武陵区某村规民约规定村中事务由村民"共谋、共建、共管、共享"等。

2. 关于农村社会发展的条款

村规民约鼓励村民积极参与到基层社会治理以及农村政治、经济、文化等事务中，有46部村规民约的内容涉及农村社会发展的各个方面，占比为

17.6%。村规民约中关于农村社会发展的内容更集中于村民经济的发展，例如，甘肃省白银市靖远县某村规民约规定：“艰苦奋斗勤劳动，发家致富是肯定。”平凉市灵台县某村规民约规定：“脱贫攻坚是机遇，发展全要靠自己。自强自立大家帮，生活才会有希望。发展产业是支柱，好吃懒做人人恶。勤劳持家传家宝，自力更生永不倒。”安徽省马鞍山市当涂县某村规民约规定：“图发展，谋争先，价值观，要体现。”山东省潍坊市昌乐县某村规民约提倡村民：“积极参与村内合作社，主动支持村集体经济发展。有条件的，鼓励领办农村新型经营主体（如专业合作社、家庭农场等），带动村集体或村民就业、致富。”

3. 关于扶贫脱贫的条款

13 部村规民约涉及扶贫脱贫方面的内容，占比为 5%。内蒙古鄂尔多斯市札萨克镇某村规民约规定：“低保户，贫困户，都按政策来照顾。”江苏省南通市如皋市某村规民约规定：“关爱低保和五保，精准扶贫要做好。”安徽省合肥市庐阳区某村规民约规定：“贫困户，党关怀，低保按照标准来。”重庆市綦江区某村规民约规定：“弱势群体多关心，扶贫救助民主评；低保按照标准办，优亲厚友禁发生。”有些村规民约从反面激励村民勤劳致富，引导村民养成良好品德，例如，云南省保山市龙陵县某村规民约规定：“因懒致贫或有不良生活嗜好导致贫困的，无村组集体主义意识的，一律不得申请享受农村最低生活保障、临时救助和其他党的支农惠农政策。”

4. 关于迁徙自由的条款

在 262 部村规民约中，有 5 部涉及村民迁徙自由，主要是从户口迁移方面进行规定。例如，西藏墨脱县格当乡某村规民约规定了户口迁入的三个条件：入住该村三年以上的；能够遵守该村村规民约，无违反各项组织纪律的；积极参加村级各项活动及义务投工投劳工作的。山东省淄博市太河镇某村规民约规定：“村协助公安机关做好村户口管理的相关工作。户口除婚迁迁入、迁出、出生、死亡正常办理外，其他应通过村民代表大会讨论，村两委研究决定。户口应迁未迁的原村民应按有关规定及时办理迁出手续。”

5. 关于基层自治中村民表达自由的条款

村规民约中对表达自由的规范一方面体现为引导村民严格执行信访条例，不违法违规上访；另一方面体现为鼓励村民对村中事务多发表见解，表达意见和建议。例如，浙江省杭州市余杭区某村规民约规定：“依法理性表达利益诉求。”安徽省合肥市长丰县某村规民约规定：“遇难事，到村里；不乱访，明事理。”四川省凉山彝族自治州会理县某村规民约规定：“村中事，多谏言。”

（三）村民自律为乡村居民权利保障探索了中国特色进路

村规民约以尊重村民意志和诉求为出发点，以服务村民和促进乡村和谐为目标，在规范农村社会秩序、稳定农村政治秩序、引导村民道德伦理、整治村风村俗、融洽邻里关系、和谐婚姻家庭等方面发挥着独特的作用。村规民约内容包括倡行良善的村风民俗、构建和谐的社会秩序、保护丰富的自然资源、形成整洁的村容村貌、违反村规民约的责任承担等。随着社会的发展，村规民约的内容也在与时俱进，社会主义核心价值观、扫黑除恶、勤俭节约、公益活动、学习民法典等内容也写入村规民约中。作为乡村的自律性规范，村规民约与时俱进地引导村民行为，由村民自觉遵守履行，通过村民自律得以实现。村规民约主要以德治的方式提倡善行，弘扬法治，倡导村民向上向善，积小善小德，成就大善大德，保障村民权利，走中国特色乡村善治之路。

1. 关于宗教信仰和破除封建迷信的条款

在262部村规民约中，有7部规定了有关宗教信仰和破除封建迷信的内容。这些规约一方面尊重村民宗教信仰自由，教导村民不要参加邪教组织，依法进行宗教活动；另一方面教育村民破除封建迷信和陈规陋习。例如，内蒙古锡林郭勒盟朝克乌拉苏木洪格尔嘎查某村规民约规定：“要树立正确的世界观、人生观，虽有宗教信仰的自由，但不能迷信封建邪教。”江苏镇江市句容市某村规民约规定：“不参加法轮功、全能神等邪教和非法宗教组织的活动。”安徽省宣城市广德市某村规民约规定：“不参加邪教和非法宗教组织的活动。”广东省珠海市斗门区某村规民约在禁止村民作出某些行为时规定，“村民有下列情形之一的，开会通报批评”，其中第七项为“违背社会主义意识形态行为的，有组织或参与邪教组织、非法宗教活动的”。新疆喀什地区叶城县某村规民约规定“宗教活动要依法”。福建省宁德市福鼎市某村规民约规定：“不搞封建迷信活动，不听、看、传淫秽书刊、音像，不参加封建迷信组织。”

2. 关于倡导村民健康生活方式的条款

在262部村规民约中，有6部村规民约从倡导健康生活方式出发保障村民健康权。例如，湖北省随州市广水市某村规民约规定：“广场舞，太极拳；益健康，寿延年。”黄冈市浠水县某村规民约规定：“莫赌博，戒贪心，输钱误事又伤身。”景德镇市昌江区某村规民约宣传健康的好处，以促进村民重视健康：“身心健康，居家安全。”福建省莆田市城厢区某村规民约规定：“要休闲，讲健康；少打牌，多运动；广场舞，人人美。”浙江省杭州市余杭区某村规民约规定：“全民健身，积极参加体育锻炼和村组织的各项文体团队培训、比赛等活动，提倡健康的休闲娱乐方式。”2020年疫情期间，有乡村专门制定疫情期间的村规民约，以守护村民健康。例如，四川省松潘县白羊乡茶园坪村根据防疫形势需要，于2020年3月制定了《茶园坪村一份特殊的村规民约——抗议之“七个不得”》，告知村民遵守防疫要求，守护村民健康。

3. 关于乡村环境保护的条款

231部村规民约中有关于乡村环境保护的内容，占比达到88.2%。各地村规民约非常重视环境美化和生态保护，有的村专门制定保护环境的村规民约，以有效改善村容村貌，优化村居环境，增强村民环保意识。例如，河北省廊坊市大城县某村规民约就环境保护专门制定村规民约如下：

生态环境保护好，清洁家园很重要。

狠抓环保莫懈怠，室内室外常拾掇。

教育子女走正道，环境卫生勤打扫。

家具杂物整齐摆，垃圾分类不乱甩。
生活垃圾不乱搁，生活脏水不乱泼。
秸秆垃圾禁止烧，荒原野草不乱燎。
森林防火记心间，点火冒烟要罚钱。
烟花爆竹禁燃放，陋习改掉都夸奖。
上坟祭祖文明家，纸钱蜡烛换鲜花。
企业排污要达标，污染环境得坐牢。
改水改厕改人居，美丽乡村今胜昔。
垃圾投放桶里去，庭院街道环境新。
污染治理不停休，净土蓝天碧水流。
气代煤改政策好，蓝色火焰真环保。
不烧散煤烧燃气，干净安全更省力。

4. 关于财产保护的条款

村规民约越来越重视对乡村生产生活中财产的保护，不但关注村民个人财产保护，也教导村民爱护公共财产。262 部村规民约中有 33 部涉及财产保护，占 12.6%。内蒙古锡林郭勒盟锡林东乌珠穆沁旗某村规民约规定："不偷盗、敲诈、哄抢国家、集体、个人财物，不赌博，不替罪犯窝藏赃物。"河南省濮阳市濮阳县某村规民约规定："不偷、不损害他人的财物。"四川省资阳市雁江区某村规民约规定："爱护村内道路、沟渠、塘堰、电力、通信等公共设施和他人财产，如损坏公共设施或他人财产，应主动修复或照价赔偿。"贵州省黔东南苗族侗族自治州凯里市某村规民约规定："未经允许，不准以捡干柴等为由进入他人的自留山内偷砍柴。违者罚款 50 元，偷砍得的柴全部没收归还给原主。"

5. 关于计划生育的条款

引导村民计划生育和优生优育的村规民约共 77 部，占 29.4%。在二孩政策出台后，村规民约在计划生育方面的内容逐渐减少，越来越倾向于规定优生优育方面的内容。例如，贵州省毕节市黔西县某村规民约规定："自觉遵守计划生育法律、法规、政策，实行计划生育，提倡优生优育，严禁无计划生育或超生。”云南省昆明市东川区某村规民约规定：“倡晚婚，讲晚育，生男女，都满意。”山西省太原市迎泽区某村规民约规定：“倡二孩，讲优育，生育政策要牢记。”

（四）村规民约中直接体现权利保障精神

保障村民权利成为村规民约越来越关注的问题，这不仅是村民权利保障意识日渐提高的表现，更是村规民约权利保障精神的体现。在制定村规民约时，村民们希望以这样一种国家法之外的民间法形式切实保护自己的权利，并满足自己的日常生产生活需要。村规民约中的权利表达以乡村生活方式为出发点，真实反映村民意志，积极回应村民诉求，对村民权利的确认比国家法更细致具体，因而所涉及的权利往往与村民切身需要相契合，村民对其接受度较高，从而自觉将自己的行为纳入其中，受其规范。村规民约成为基层社会治理中保障乡村居民权利的有效途径。

1. 关于保障村民平等权的条款

在262部村规民约中，有76部涉及“平等”，占比为29%。主要表述为“在生产、生活、社会交往过程中，应遵循平等、自愿、互惠互利的原则”“邻里之间要平等互爱互助”“男女平等”“夫妻平等，互敬互爱”“夫妻双方在家庭中的地位平等”“公平公正，自由平等”“禁止歧视、虐待、遗弃女婴，破除生男才能传宗接代的陋习”“不得歧视、虐待老人”“讲平等，要友善”“在村规民约面前人人平等”“不歧视贫困和残弱”等。其中规定“男女平等”的村规民约数量最多，共有43部。

2. 关于保障人身自由与安全的条款

23部村规民约规定了人身自由、生命安全、社会治安、消防安全等内容。主要表述为“不得私自限制他人人身自由或非法侵犯他人利益”“严禁非法限制他人人身自由或非法侵犯他人住宅”“不准非法搜身、侵入他人住宅和限制他人人身自由”“惜生命，身心安”“加强防盗意识，确保生命财产安全不受损失”“四防安全好，综治很重要”“喝了酒，不开车，出行平安是第一”“提高村民消防安全知识水平和意识”。

3. 关于村民劳动就业权利保障

保障村民劳动就业权利的村规民约并不多，只有 3 部，占 1.1%。村规民约主要从引导村民树立正确就业理念、保护农民工权益等方面保障村民劳动就业权利。例如，浙江省杭州市余杭区某村规民约规定：“树立勤劳致富、自主创业择业理念，更新就业观念，努力实现充分就业，取缔现有低小散差企业、作坊，防止其滋生。”广东省广州市从化区某村规民约引导村民找工作时要“务正业，谋生计”。甘肃省庆阳市华池县某村规民约规定：“去打工，签合同，保权益，要牢记。”

4. 关于保障受教育权的条款

67 部村规民约规定了受教育权相关内容，占 25.6%，主要是从保障适龄儿童接受教育和保障义务教育方面予以规定。例如，湖南省张家界市慈利县某村规民约规定：“学龄儿童和青少年有依法接受教育的权利和义务。”陕西省商洛市丹凤县某村规民约规定：“不准使中小学生中途辍学。”北京市怀柔区某村规民约规定：“学龄儿童和青少年有依法接受教育的权利和义务。其法定监护人应保证子女接受九年制义务教育。”江苏省海安市盱眙县某村规民约规定：“遵守义务教育法，父母或其他法定监护人应依法保障其儿童、少年按时入学和完成义务教育。”广东省广州市白云区某村规民约规定：“村中适龄儿童都要入学读书，力求每个孩子达到初中以上学历（有困难者可提出申请，村给予适当解决）。”为保障受教育权，有村规民约规定了奖励措施。例如，湖南省怀化市溆浦县某村规民约规定：“高度重视子女教育。自觉完成义务教育，杜绝辍学。凡初中毕业考上免费师范生或省级以上重点高中的，当年给予 400 元奖励。高中毕业考取全日制一本、二本和大专院校的，当年分别给予 1000 元、600 元、400 元奖励。”“鼓励学优，多出人才，每年对优秀教师和学生给予奖励。”吉林省辽源市东辽县某村规民约从保障平等受教育权方面予以规定：“平等对待男孩女孩的生存权和受教育权。”

5. 关于对老年人、妇女、儿童、残疾人等特定群体保护的条款

村规民约特别关注老年人、妇女、儿童、残疾人等特定群体的权利保障。涉及保障老年人权利的村规民约占比最高，为 58.4%；11.1% 的村规民约涉及妇女权利的保障；35.9% 的村规民约中规定了保护儿童权利；5.3% 的村规民约对残疾人权利予以保护。对这些特定主体权利的保护主要从平等和不歧视以及特别关照等方面予以规定。例如，重庆市綦江区某村规民约规定："百善当以孝为先，上辈做给下辈看；尊老爱幼是传统，传承优秀好家风。妇女儿童受保护，留守人员要关注；家里留守有老小，常打电话问声好。"安徽省宣城市广德市某村规民约规定："村委会对下列人员的基本生活予以帮扶：孤寡老人；常年患病、残疾、既无劳动能力又无生活来源的人；其他生活无着落或困难人群。"北京市通州区某村规民约规定："维护妇女、儿童、老人和残疾人的合法权益，严禁虐待妇女、儿童、老人和残疾人，不得遗弃婴儿，不准歧视残疾人，要对老人尽赡养义务，要关心教育好子女，使其从小养成良好的道德品质。"河南省信阳市新县某村规民约规定："保护妇女、儿童、老年人和残疾人合法权益，尊老爱幼，赡养老人，抚养子女，严禁遗弃、虐待老人及子女。""加强对痴、呆、傻、患精神性疾病等无民事行为能力人的监护和管理，造成事故和损失的，监护人要承担相应的责任。""参加新型农村合作医疗和社会养老保险。保护妇女、儿童、老年人和残疾人合法权益，尊老爱幼，赡养老人，抚养子女，严禁遗弃、虐待老人及子女。"濮阳市濮阳县某村规民约还专门对继子女、养子女、已婚妇女、丧偶妇女、继父母、养父母等特定群体的权利保障作了规定："爱护未成年人，重视未成年人的教育。父母、继父母、养父母等法定监护人对未成年子女、继子女、养子女必须履行抚养义务。""保护妇女在社会和家庭生活中的合法权益。丈夫不得以妻子无现金收入、只会生孩子等种种理由打骂和虐待妻子。任何人不得剥夺已婚女子的合法继承权。丧偶女子有继承遗产和携带未成年子女再婚的权利。家庭生活中不得歧视女孩子。""尊敬长辈，严禁虐待、打骂遗弃等伤害老年人的行为。对基本丧失劳动力和无生活来源的父母、继父母、养父母及其他赡养的老年人，必须例行赡养义务。赡

养支出不得低于本村村民的基本生活水平。”

6. 关于社会保障的条款

虽然村规民约中涉及社会保障的内容不多，只有 5 部，占 1.9%，但是作为规范村民行为的民间规约，村规民约逐渐开始关注并维护乡村居民有关社会保障方面的权利，在村民中普及社会保障的思想，引导村民逐步树立参保理念。安徽省宣城市广德市某村规民约规定：“凡 60 周岁以上老人，每人每年由村委会投保一份小额意外伤害保险，对 70 周岁、80 周岁、90 周岁以上老人，每年每人各发放 100、200、300 元慰问金。”浙江省杭州市余杭区某村规民约规定：“保障征地参保安置，为确保本村村民老有所养，征地后的安置补助费优先用于参加职工基本养老保险，即实行参保安置。对于符合货币安置条件的村民，应由本人在安置人员名单公示（公示三天）完毕前提出书面申请（本条适用于涉及征地项目的村）。”湖南省张家界市慈利县某村规民约规定：“积极缴纳医疗保险、社会养老保险等与自己切身利益相关的费用。”河南省三门峡市卢氏县某村规民约以七字诀的方式倡导村民缴纳合作医疗和社保费用，朗朗上口又通俗易懂，具体内容如下：

合作医疗是保障，依法缴纳保健康。
社保政策老有养，不累儿女心舒畅。
两费足额按时缴，莫要推诿又抵抗。
无故拖延不入账，优惠政策要拉黄。

（五）禁止性规范为乡村居民权利保障创造了良好社会环境

虽然村规民约中涉及的乡村居民权利类型有 20 种左右，并且一般以倡导性方式引导村民行为和活动，但不可否认的是，相当一部分村规民约属于禁止性规范形式，其内容侧重于禁止或限制村民作出一定行为，从而实现对村民相应权利的保障和对乡村秩序的维护。例如：“反对污染肮脏”；“反对虐待弃养”；“严禁非法限制他人人身自由或非法侵犯他人住宅”；“不准隐

匿、毁弃、私拆他人邮件”；“任何村民均不得私自砍伐山上和村前河边两岸以及公路两边种植的、集体所有的树木”；“乱抛乱扔，罚做义工；毁损公物，修复赔偿”。村规民约中的禁止性规范通过对不得或不准做什么的规定，发挥对乡村居民的指引作用，影响村民的思想，培养和提高村民的规则意识，引导其依据村规民约约束自己的行为，与国家法律一起为保障村民权利创造乡村社会的良好规则环境。

三　村规民约在权利保障方面存在的问题

（一）村规民约的部分内容不合理甚至违法

村规民约内容的违法主要表现为侵犯村民财产权、违法使用罚款权、剥夺村民福利待遇、侵犯村民平等权、承担连带责任或加重责任等方面。例如，在侵犯村民财产权方面。村规民约分配集体财产规定的内容不合理，会造成对村民财产权的侵害。某村民组将其集体土地对外承包，并将所得承包款作为集体财产进行分配，在决定分配方案时，该村召开村民会议制定了村规民约，该村规民约规定嫁出去的女儿、离婚的人和死亡人口不参与集体财产分割，并有超过五分之四的户主在此村规民约上签字表示同意。虽然根据《民法典》的规定，该村民组有权集体依法以村规民约的形式分配集体财产，但是该村规民约却规定“嫁出去的女儿”和“离婚的人”不得参与分配集体财产，而不是以其集体成员资格来判定是否予以分配，这与《民法典》的规定相悖，[①] 侵犯了村民财产权。再如，罚款是一种行政处罚措施，根据《行政处罚法》的规定由相应的行政机关行使处罚权，村规民约作为村民自治的约定，不应包含行政处罚的内容，但实践中，仍有村规民约规定罚款内容。在 262 部抽样村规民约中，有 18 部规定有罚款内容，见表 7。在侵犯村民平等权方面，村规民约的内容主要表现为性别歧视、再婚歧视

① 《民法典》第 261 条规定：“农民集体所有的不动产和动产，属于本集体成员集体所有。”

等。例如，四川绵阳一社区村规民约规定，对空挂户、再婚迁户、再婚生育子女等，其上户需缴纳1万元到5万元的费用，缴纳的费用入集体资产，用于该小组的公益事业支出和日常管理。其中规定："凡是实际户（包括本地户、保留户）结婚后，由于夫妻双方各种原因离婚的这种情况，配偶再次结婚，给小孩和配偶上户的人员，生产队将收取每人3万元的资源费，不享有生产队的各种分配。"①

表7　抽样村规民约中规定的罚款内容

序号	内容	出处
1	"违反本规定者处罚200元至500元。所产生的罚款收入由群众会商定用于本村公益事业。"	北京市通州区某村规民约
2	"凡擅自盗伐集体和个人林木者视其情节轻重，罚款被盗伐林木价值的2~5倍；夜间盗伐林木者，加倍处罚。"	山西省吕梁市某村规民约
3	"砖墙管护。砖墙已经粉刷的，不许写广告，不许乱涂刷。一旦发现，追究各户的责任，按照每平方米罚款100元处理。" "根据禁耕禁牧文件精神，对所有牲畜不许散赶散放，实行舍室饲养，违者每天每只罚款100元。" "不许损害他人的庄稼，不许乱偷乱摸，一经发现，严重处罚，每次每穗5~50元。"	内蒙古通辽市某村规民约
4	"保洁员负责监督管理，一经发现乱倒者，责令其清理垃圾并处罚。"	内蒙古兴安盟某村规民约
5	"严禁赌博，凡在本村赌博者，无论当场抓住，还是事后发现，设赌者和赌博者每人每次罚款300元，赌资巨大的加倍罚款，不同意处罚的移交派出所处理。" "严禁偷盗，凡是偷鸡、鸭、鹅者，每只罚款200元，偷狗每只罚款500元，偷其他东西，按物件价值10倍罚款，情节严重的交派出所处理。" "每年秋季很多不种地的村民进行捡地，本村规定只有在所有庄稼都收完以后，在地主同意的情况下允许在他的地里捡庄稼。如果有村民发现或举报的一天罚款300元，并进行黑名单公示。取消一切优待政策。" "猪必须圈养，狗必须拴养，严加管理，散放的，不管是猪、狗，被村屯管理人员及其他人员打死，后果自负并罚款100元，……"	黑龙江省齐齐哈尔市某村规民约

① 《给孩子上户口为啥要先交1万元》，《四川日报》2020年12月16日，第6版。

续表

序号	内容	出处
6	“如在路上乱堆草堆,见一处罚200~500元。”	江苏省泰州市某村规民约
7	“对偷盗集体或个人毛竹、树木、春冬笋、名贵苗木、水果等,在退还赃物的同时,在村公示栏进行通报批评,并处200~2000元罚款,情节严重构成犯罪的移送司法机关依法处理。” “禁止焚烧农作物秸秆,不乱倒乱扔生活生产垃圾,违者在村公告栏予以通报批评,并视情给予200~2000元罚款。”	浙江省丽水市某村规民约
8	“烧秸秆,有污染,抓住还要被罚款。”	安徽省合肥市某村规民约
9	“未经批准强行占用耕地、交通要道建房的,除坚决拆除恢复原状外,罚款1000元以上。” “爱护水资源,保持饮用水卫生,生活用水不准乱倒乱流,要引入下水道。确保村周边的池塘、沟渠无污染、无公害。违者除纠正外罚款200元。” “农户家禽家畜必须实行室内圈养,不得放养,对于有病的家禽家畜,不准出售,对于病死家禽家畜要深埋村外。一经发现处罚200元。” “维护村容村貌,不准在村里巷道、公路和村公共场所等乱堆乱放,违者除限期予以清除外,罚款100~300元。” “村民都有维护村公共财产的责任和义务,对于损毁村公共财产的以及损毁自家门前的除责令其恢复原状外,处罚500~1000元。”	江西省九江市某村规民约
10	“勇于制止、举报秸秆焚烧、乱扔垃圾、倾倒污水、乱贴乱画、乱堆乱放等破坏公共环境卫生的行为。如有上述破坏环境行为,每次罚款1000元,并整改到位,拒不缴纳罚款或不按要求整改的,村两委对其停办一切业务。”	山东省潍坊市某村规民约
11	“若因自私挑事端,罚款五十不评星。搬弄是非要不得,破坏安定埋祸凶。长舌道歉罚五十,通报警告不留情。”	河南省三门峡市某村规民约
12	“一旦发现破坏公路的现象,将根据破坏程度、情节,通过村民大会讨论后,除赔偿损失外,处罚100~1000元。”	湖南省张家界市某村规民约
13	“保持村内河道周边卫生整洁,不得将垃圾、农药瓶和农田杂草等杂物倒入河道中,违者处以100~1000元重罚,还要进行批评教育。”	广东省广州市某村规民约
14	“对秸秆进行妥善处理,实现综合利用,不准在露天焚烧秸秆,自觉遵守环境卫生,不得违反,凡违反者要收取环境卫生处理费100元至400元。”	四川省自贡市某村规民约
15	“对防火安全不重视,引起寨火、山火的,按其情节轻重罚款200~3000元。引起寨火、山火的,经确认有能力参与救火的18~50周岁的村民要无条件地参与救火,不主动参与者处以100~200元罚款。”	贵州省黔东南苗族侗族自治州某村规民约

续表

序号	内容	出处
16	“森林防火期内,不得随意野外违规用火。高危火险期内违规用火的给予200元的罚款;不在高危火险期内违规用火的给予100元的罚款。”	云南省保山市某村规民约
17	“本村区域内出现打鱼、打猎、采集药材、挖取各种植物的根茎、砍伐森林树木、破坏草场、开采沙石等破坏环境资源行为的,罚款500~1000元。”	西藏自治区林芝市某村村规民约
18	“严禁偷盗、敲诈、哄抢国家、集体、个人财物,严禁赌博、替罪犯藏匿赃物。对于偷盗者,除了追缴赃物还给予一定经济处罚;对于设点聚众赌博的除没收赌资、赌具外,对提供赌物者,罚款100~500元,其他参赌者每人罚款50~100元。”	新疆维吾尔自治区伊犁哈萨克自治州某村规民约

资料来源：表中资料来自笔者调研。

（二）制定和修改程序不规范

根据《村民委员会组织法》和《指导意见》的规定,[①] 村规民约制定

① 《村民委员会组织法》第27条规定："村民会议可以制定和修改村民自治章程、村规民约，并报乡、民族乡、镇的人民政府备案。"对于村民会议召开的要求，该法第22条规定："召开村民会议，应当有本村十八周岁以上村民的过半数，或者本村三分之二以上的户的代表参加，村民会议所作决定应当经到会人员的过半数通过。法律对召开村民会议及作出决定另有规定的，依照其规定。"《指导意见》对村规民约的制定和修改程序的规定内容为："村规民约、居民公约的制定或修订，一般应经过以下几个步骤：（1）征集民意。村（社区）党组织、村（居）民委员会广泛征求群众意见，提出需要规范的内容和解决的问题。（2）拟定草案。村（社区）党组织、村（居）民委员会就提出的问题和事项，组织群众广泛协商，根据群众意见拟定村规民约或居民公约草案，同时听取驻村或社区党代表、人大代表、政协委员、机关干部、法律顾问、妇联执委等意见建议。（3）提请审核。村（社区）党组织、村（居）民委员会根据有关意见修改完善后，报乡镇党委、政府（街道党工委、办事处）审核把关。（4）审议表决。村（社区）党组织、村（居）民委员会根据乡镇党委、政府（街道党工委、办事处）的审核意见，进一步修改形成审议稿，提交村（居）民会议审议讨论，根据讨论意见修订完善后提交会议表决通过。表决应遵循《村民委员会组织法》《城市居民委员会组织法》相关规定，并应有一定比例妇女参会。未根据审核意见改正的村规民约、居民公约不应提交村（居）民会议审议表决。（5）备案公布。村（社区）党组织、村（居）民委员会应于村（居）民会议表决通过后十日内，将村规民约、居民公约报乡镇党委、政府（街道党工委、办事处）备案，经乡镇党委、政府（街道党工委、办事处）严格把关后予以公布，让群众广泛知晓。村规民约、居民公约在保持相对稳定的同时，可根据当地经济社会发展、群众需求变化以及社情民意等进行修订，修订程序参照制定程序执行。"

主体为村民会议，而村民会议需要本村十八周岁以上村民的过半数，或者本村三分之二以上的户的代表参加才能召开，并且村规民约需要与会人员过半数的通过才有效。因而，村规民约的制定和修改应该严格按照法律的规定和政策的要求。但是，在实践中，各村制定村规民约的出发点不同，有的村为了实现有效基层治理，对村规民约的建设非常重视，严格按照法律规定的程序制定；而有的村只是为了完成上级下达的制定村规民约的任务，没有按照规定程序制定村规民约，例如，有的村规民约是乡镇政府制定的，有的村规民约是几个村干部或村代表协商议定的，有的村民会议的召开不符合法律的规定，导致村规民约制定程序不合法，村民参与度不理想。根据调研，30.4%的调研对象认为村规民约制定程序不规范，50.7%的调研对象认为村规民约在制定过程中村民参与度低（见表8）。

表8　有关村规民约制定程序和制定过程中村民参与度的调研结果

选项	数量(部)	占比(%)
认为制定程序不规范	342	30.4
认为制定时,村民参与度低	571	50.7

注：本表中的内容采取调查问卷的方式获得，有效问卷总数为1126份；占比四舍五入后取小数点后一位。

资料来源：表中数据来自笔者调研。

另外，在报乡镇党委、政府备案方面，有些乡镇党委、政府的备案程序超出了其应有的“备案”权限。“备案”是向主管机关报告存案以备查考，而“审议”则是审查评议，两者的要求明显不同。村规民约是村民自己制定的自治规约，在经村民会议通过后，需报乡镇党委、政府备案而不是审议或审批。但是在实践中，有的乡镇党委、政府对村规民约的备案审查可能会对其内容进行违背村民意愿的实质修改，这就侵犯了村民的自治权，这样的审议是有悖《村民委员会组织法》和《指导意见》规定的备案程序的。村规民约制定和修改程序不合法合规，会导致村民对其认同感降低，进而影响村规民约的施行效果。

四　完善村规民约保障乡村居民权利的建议

（一）村规民约的内容须合法合理

村规民约的内容应契合农村社会生产生活需要，内容不得与宪法、法律、法规和国家的政策相抵触，不应有侵犯村民人身权利、民主权利、财产权利等合法权利的内容，对于村规民约中涉及的侵犯村民合法权益、随意罚款等内容应当予以纠正。为了保证村规民约内容合法，有些地方政府制定村规民约示范文本，引领村民合法制定和修改村规民约。通过对全国各省（自治区、直辖市）随机抽选的村规民约示范文本进行分析，[①] 各示范文本普遍涉及农民权利保障，以引导该地方村民合法合规制定村规民约。通过与全国262份抽样村规民约进行对比，显示出示范文本有较好的引导作用，见图1和图2。

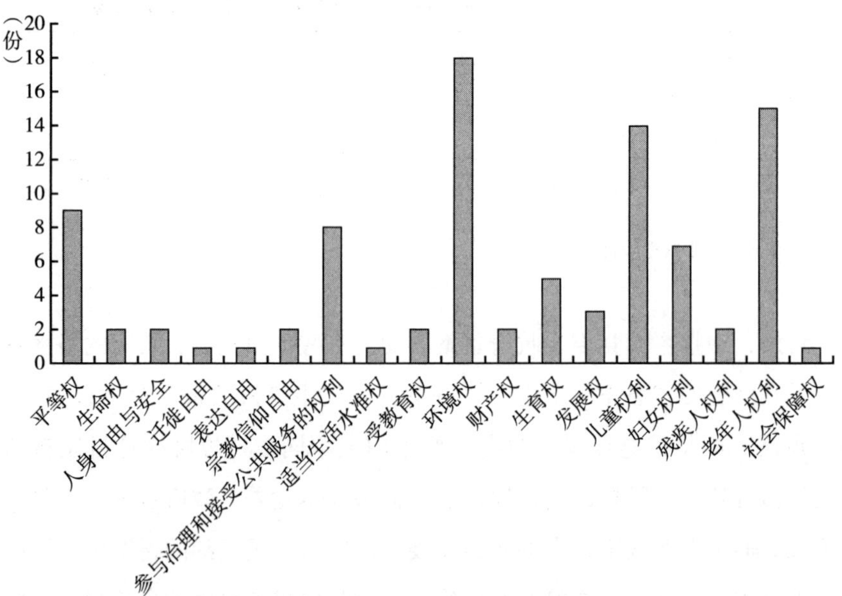

图1　各省（自治区、直辖市）村规民约抽样示范文本中涉及的人权种类

① 本次调研为从每个省（自治区、直辖市）抽选一份村规民约示范文本，该示范文本有的是省级民政部门制定，有的是市级民政部门制定，有的是区县民政部门制定。

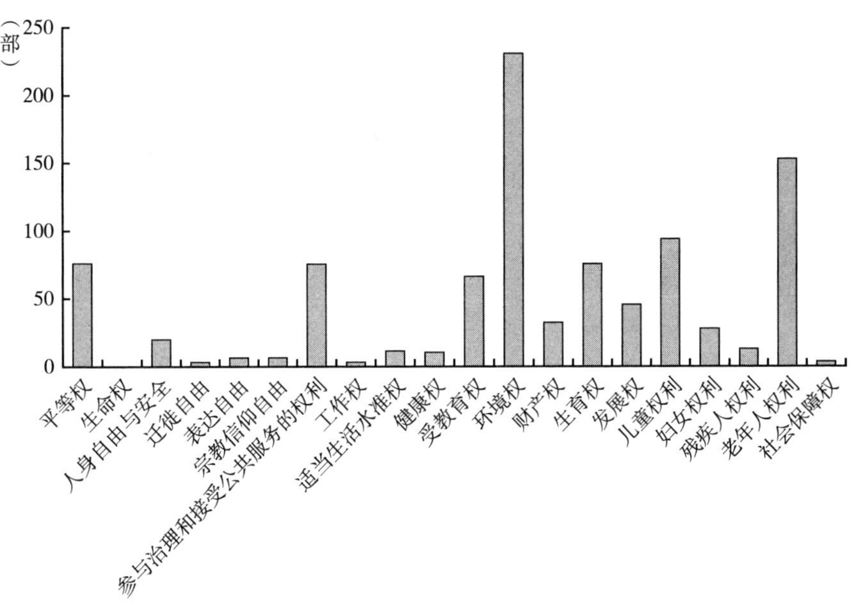

图 2　各省（自治区、直辖市）抽样村规民约涉及的人权种类

另外，邀请律师、基层法律服务工作者等法律专业人士指导村规民约的制定，可以对村规民约的合法性予以把关，增强村民法治意识，保证村规民约依法产生，进而提升其在农村社会治理中的实际效果。

（二）村规民约制定程序应符合法律和相关政策规定

《村民委员会组织法》对村规民约的制定有明确规定。2018 年 12 月，《指导意见》中对村规民约的制定程序提出具体要求，村规民约的制定要经过“征集民意”“拟定草案”“提请审核”“审议表决”“备案公布”几个步骤，见图 3。

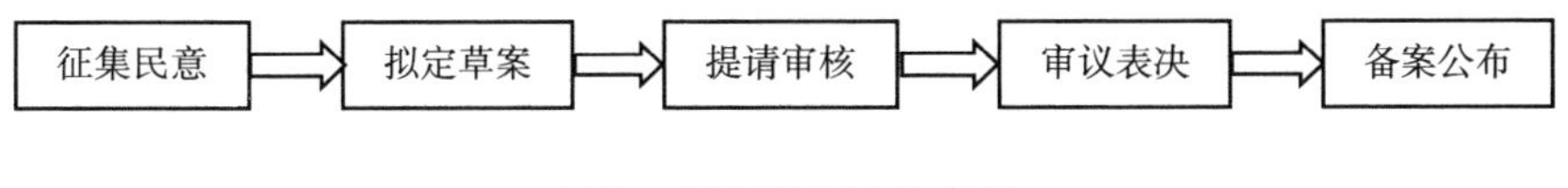

图 3　制定村规民约步骤

这些步骤体现出在制定村规民约过程中对民意的充分尊重。村委会在组织制定村规民约时的程序应当规范合理，严格按照指导意见的要求，结合本村实际，使本村村规民约的制定在时间和人数上有充分保障，具有广泛参与性。对于涉及村规民约的有关事项，村委会应当及时告知村民，保障村民的知情权，拟定草案应经民主投票，通过后加强宣传，逐步提高村民对村规民约的认同感。制定程序的严格性可以保证村规民约真正是村民制定的规约，符合村民生产生活需要，具有科学性和可适用性，有效维护村民利益。村党组织和其他组织的参与可以为村规民约的制定提供建设性建议，但务必要严格执行制定程序，保证村规民约制定过程的民主性。在村规民约的备案程序上，乡镇党委、政府应当依法履行备案程序，规范备案行为。

（三）以多样化的形式提升村规民约质量，并重视村民的知情与认可

除了制定和修改村规民约由村民会议进行外，各地还探索提升村规民约质量和让群众积极参与村规民约建设的多种形式。例如，多省市开展优秀村规民约评选活动；宁夏探索建立村规民约奖惩机制；贵州省从 2018 年开始，连续三年开展省级“村规民约示范村”创建活动；内蒙古乌海市海南区开展 2020 年“守村规、改陋习、重诚信、讲互助”先进分享暨村规民约学习座谈会；河北省举行 2020 年度村规民约暨基层社区工作人员素质提升培训班；云南省丽江市毛菇坪村、重庆市铜梁区土桥镇六赢村等村开展以遵守村规民约来获得积分并兑换生活用品等活动，群众参与积极性很高，推动了村规民约的有效执行。各地这些提升村规民约质量、重视群众对村规民约的知情和认可的方式可以互相借鉴，有利于村规民约对乡村居民权利的保障。作为民间行为规则，村规民约是以道德引领的方式引人向善，以积极的方式让乡村居民从观念上认识到权利的重要性。因而，一方面应扩大村规民约保障乡村居民权利的范围，另一方面应多以承认、尊重、维护、保障、实现等形式关注乡村居民权利，提升乡村居民保障自己权利的意识。

参考文献

1.《中华人民共和国村民委员会组织法》。

2. 民政部、中央组织部、中央政法委、中央文明办、司法部、农业农村部、全国妇联:《关于做好村规民约和居民公约工作的指导意见》，2018 年 12 月。

3. 2020 年中央一号文件:《中共中央、国务院关于抓好“三农”领域重点工作确保如期实现全面小康的意见》。

4. 中央全面依法治国委员会:《关于加强法治乡村建设的意见》，2020 年 3 月。

5. 中华人民共和国民政部网站。

6. 各省、自治区、直辖市民政厅（局）网站。

·（五）特定群体权利·

B.15

从《民法典》看女性权益保障的新进展*

赵树坤　李 勇**

摘　要： 2020年通过的《民法典》加强了对女性权利的特殊保护。规定居住权对解决特定女性的居住难问题具有重要意义；进一步规制性骚扰回应了反性骚扰的现实要求；扩大家务劳动补偿范围赋予了女性无偿家务劳动以货币价值；完善胁迫婚姻可撤销制度优化了受害女性的维权处境。一方面，《民法典》从制度层面推进了女性权益保障；另一方面，《民法典》相关条款的实施必然从文化层面渐次强化性别平等观念，这是实现女性解放的必经阶段。

关键词： 《民法典》　居住权　性骚扰　家务劳动　可撤销婚姻

"民法典的颁布是新中国民法立法史上的里程碑事件，标志着民法进入以民法典为轴心的新阶段。"① 被誉为"人民权利法律宝典"的《民法典》成为新时代公民民事权利的保障书和宣言书。对占人口半数的女性而言，《民法典》同样给她们带来了福音。通过对《民法典》的梳理可以发现，其

---

* 本文为中国人权研究会2020年部级课题"中国消除对妇女歧视四十年：认识、实践与前瞻"（批准号：CSHRS2020－23YB）的阶段性成果。

** 赵树坤，西南政法大学教授，主要研究方向为人权法学；李勇，西南政法大学法学理论专业博士研究生，主要研究方向为女性主义法学。

① 朱广新：《民法典法典化的历程与特色》，《中国法律评论》2020年第3期。

在居住权、反性骚扰、家务劳动补偿请求权、可撤销婚姻赔偿请求权四个方面的女性权益保障上有了明显的新进展。

需要说明的是：第一，本文关注的是与女性权益保障紧密相关的制度，而不是仅限于《民法典》的条文；第二，那些与女性权益保障存在紧密相关性的制度，也完全有可能会使男性主体的权益获得促进。概言之，本文的梳理侧重的是女性权益保障视角，《民法典》中的一些新制度、新规定，虽然与男女两性皆有关联，但只要其对改善女性的现实处境发挥着特别的作用，就会进入本文的视野。

一 《民法典》首次规定居住权

居住权涉及对居住各环节的保护，既体现了对人的尊重，又促进了人的发展。“从住宅不受侵犯权到定居自由，从住宅所有权到获得住宅的权利，居住权在长期对人们保护的过程中，最终形成一个统一且独立的基本权利。”① 如今，“住有所居”的目标在我国已在很大程度上实现。但对特定女性而言，她们的居住情况仍不乐观。

首当其冲的是离异女性。普遍存在的“从夫居”② 婚居制对女性的不利在离婚时暴露得一览无余。婚姻法及司法解释特别保护房屋的价值，却忽视了嫁妆的价值。作为可消耗物，嫁妆已在使用中全部或部分损耗。离婚时，她们可能发现，自己已身无长物。在农村，宅基地使用权以户为单位，妻子无法分享夫家的宅基地使用权。在城市，绝大多数已婚女性名下没有房产，第三期中国妇女社会调查数据显示，已婚女性名下有房产的仅占 13.2%。离婚时，女性将陷入两难境地：既无法在夫家继续居住，娘家也无义务为其提供住所，舆论的压力更使其难在娘家生活。

女性面临居住困境的另一种情况是：两个老人共同居住生活，但他们之

① 廖丹：《作为基本权利的居住权研究》，法律出版社，2018，序言。

② 参见南储鑫《寻找打破从夫居坚冰的多重力量》，《中国妇女报》2014 年 5 月 13 日，第 B02 版。

间不存在法定婚姻关系。当男性老人死亡后，女性老人无法基于法定继承权获得老伴儿房屋的权利，加之又无遗嘱也无合同约定情况的存在，她们可能丧失居住权。[①] 在当下的司法实践中，此类特殊的继承纠纷频频出现。老年女性在前述情形中多年扮演着妻子的角色，只是法定程序的欠缺使其在失去老伴儿后陷入居住困境。

第三种需要注意的是保姆的居住问题。2001 年，江平教授在物权法草案专家讨论会上首次提出居住权时指出，该权利设立的目的之一是解决保姆的居住问题。[②] 保障保姆作为特定女性群体的居住权大多涉及如下情况，即一些女性以保姆的身份照顾雇主生活起居，这些无亲无靠的保姆常年居住在雇主家，长此以往便形成深厚的感情。当她们照顾的雇主去世以后，这些保姆不仅会面临失业的风险，更可能会因雇主子女继承权的行使而陷入居无定所的境地。此种情况在情理和法理上均陷入了两难的困境。从财产继承角度讲，继承人取得房屋所有人的房屋权利是毫无疑问的，但任由照顾雇主多年的保姆居无定所也欠缺公平。

尽管《物权法》在制定中试图纳入“切实保障老人、妇女以及未成年人居住他人住房的权利”的内容，并设专章规定居住权制度，[③] 但由于反对声音太过强大，居住权立法夭折。[④] 直到《民法典》的出台，上文所归纳的三类特定女性群体的居住困境基于居住权的规定才得到一定程度的缓解。

2018 年提出的《民法典》一审稿将居住权作为新设用益物权类型规定于物权编草案第十四章中。二审稿在保留居住权的基础上进行了更详细的规定。2020 年通过的《民法典》设专章共计 6 个条文规定居住权：第一，规定居住权以约定的方式订立，并明确居住权是对他人住宅享有占有、使用的

① 参见梁琳《社会性别视角下的社会性居住权立法模式探讨》，《中华女子学院学报》2011 年第 6 期。

② 参见梁慧星《我为什么不赞成规定“居住权”》，2012 年 7 月 25 日，律政网，http://www.govgw.com/show-m.asp?id=1969。

③ 申卫星：《视野拓展与功能转化：我国设立居住权必要性的多重视角》，《中国法学》2005 年第 5 期。

④ 参见房绍坤《居住权立法不具有可行性》，《中州学刊》2005 年第 4 期。

权利，目的是满足生活居住的需要；第二，规定居住权合同的订立形式——书面设立及具体内容；第三，规定居住权的无偿属性及居住权经登记设立的要求；第四，规定居住权设立双方行为的限制，即不得转让、继承和未经同意的出租；第五，规定居住权因期限届满或居住权人死亡而消灭；第六，规定依照遗嘱方式设立居住权的参照适用问题。居住权制度的提出对回应特定女性的现实居住困境，并确保她们住有所居具有重要意义。

一方面，居住权能够平衡房屋所有权人和居住权人的权益，以实现特定女性住有所居。保护特定女性的合法权益是构建社会主义和谐社会的重要内容。在《民法典》中，居住权制度是保障特定女性权益的典型。通常而言，所有权人可以对其所有物享有占有、使用、处分的权利。然而，在某些情况下，此种看似天经地义的所有权行使却是不公正的，因为它可能使特定女性陷入明显不公平的境地。具体而言，无论是未婚同居的老年女性、离婚女性还是保姆，她们在特定情况下都可能面临居无定所的难题。根据《民法典》居住权的规定，可以看到特定女性居住权保障的不同景象，因为《民法典》在房屋所有权人和上述特定女性群体之间纳入了利益衡量的因素。[①] 依此，这些特定女性可以分享房屋所有人的权利。此种分享是在国家干预的情况下，将丈夫或继承人房屋所有权中的“占有”和“使用”两部分分离出来，归于妻子、老伴儿、保姆的做法，这在某种意义上是为保障特定女性居住权而对所有权人房屋权利的再分配。

另一方面，居住权的物权属性有利于特定女性居住权的实现。物权不同于债权具有的相对性在于其是“对世权”，也即物权人可以绝对按照自己的意愿，在不违背法律和他人合法权益的前提下自由支配自己“物”的权利。虽然司法实践中已有居住权的适用，此类居住权适用的问题是不具有物权属性，不具有对抗善意第三人的效力。《民法典》将居住权置于“用益物权”一章，便是赋予居住权以物权属性。作为一种用益物权，居住权由“定居

---

① 参见王勇旗《利益衡量理论在我国居住权立法中的应用》，《河北法学》2020 年第 8 期。

自由、住宅不受侵犯、住宅占有、获得住宅四种权利组合而成”①。此种具有物权属性的居住权的提出，加之居住权登记的要求，能够更好地实现特定女性住有所居。从积极权利层面讲，上述特定女性作为居住权人可对其丈夫、生活伴侣、雇主所有的房屋享有占有和使用的权利。从消极权利角度讲，依法取得居住权的特定女性不仅可以对抗其前夫或继承人对居住的不当干预，亦能够排除承租人、购买人、抵押权人等第三人对其居住的不当妨害。

二 《民法典》完善反性骚扰规定

“性骚扰”概念虽然是舶来品，但近年来女性权益受侵害的重要表现之一即为性骚扰。目前，中国在有关性骚扰问题上没有官方权威统计数据，性骚扰行为的个人体验属性也导致很难以社会学的方法进行精确统计。然而，一些专家学者或社会组织的小范围统计数据，在一定程度上反映了中国女性遭受性骚扰的情况。社会学专家唐灿率先展开了中国的性骚扰调查，他于1992～1994年对169名女性的调查显示，84.02%的人曾遭受不同形式的性骚扰；63.31%的人遭受过两次以上的性骚扰；89.94%的人表示身边其他女性曾遭受性骚扰。② 1994年，一项针对电话性骚扰的调查显示，接受调查的100名女性中，42%的女性遭受过性骚扰。③ 2007年，红枫妇女心理咨询服务中心联合浙江省社科院社会学研究所、广州中山大学妇女与性别研究中心开展的调研成果《〈工作场所性骚扰调查研究〉报告》显示，有过性骚扰经历的女性占80.87%，从骚扰者的性别身份看，骚扰者是男性的占88.70%。2012年，广东省妇联权益部部长杨世强表示，有70%的服务行业女性遭受

---

① 廖丹：《作为基本权利的居住权研究》，法律出版社，2018，第81页。

② 参见唐灿《性骚扰在中国的存在——169名女性的个例研究》，《妇女研究论丛》1995年第2期。

③ 参见陆峥等《电话热线中的性骚扰调查——附42列报告》，《性学》1994年第3期。

过性骚扰。[①] 2018 年的《中国女记者职场性骚扰状况调查报告》显示，83.7%的受访者曾遭受形式各样、程度不一的性骚扰，其中 42.4%的受访者遭遇的性骚扰超过 1 次，18.2%的人遭遇过 5 次以上的性骚扰。无论是早年还是近期的调查，结果都显示女性面临较高程度的性骚扰。

随着中国女性受性骚扰现状的揭示以及相关理论研究的推动，20 世纪 90 年代末，中国社会形成了一股“性骚扰立法热潮”。[②] 2005 年，全国人大常委会通过了《关于修改〈中华人民共和国妇女权益保障法〉的决定》，在“人身权利”一章第 40 条中规定“禁止性骚扰”，在“法律责任”一章第 58 条中规定了归责内容。然而，新修订的《妇女权益保障法》仍存在规定太原则、保护对象狭窄、缺乏雇主责任规定、缺乏实施保障机制等问题。[③]《民法典》的出台在一定程度上解决了这些问题。

《民法典》“人格权编”第 1010 条明确规定了性骚扰行为的规制规则，即违背他人意愿，以言语、行动或者利用从属关系等方式对他人实施性骚扰的，受害人可以依法请求行为人承担民事责任。用人单位应当在工作场所采取合理的预防、投诉、处置等措施，预防和制止性骚扰行为。《民法典》基本解决了《妇女权益保障法》中存在的问题，而且在效力位阶上弥补了地方立法的不足，是中国反性骚扰立法的重大突破。

首先，将“违背他人意愿”作为性骚扰行为的标准，反映了受害女性的特殊需求。著名的女性主义者麦金农曾提出作为性骚扰行为标准的“不受欢迎性”，[④] 该“不受欢迎性”与“违背他人意愿”有异曲同工之妙，二者均强调受害女性的主观态度在性骚扰行为认定中的重要性。禁止性骚扰以女性的心理感受为标准，体现了对受害女性权利保障的基本立场。《民法典》以“违背他人意愿”作为性骚扰行为的判断标准，这在性骚扰诉讼中

① 参见陈晓颖、吴梅影《调查显示 70%服务性行业女性曾遭受过性骚扰》，2012 年 1 月 12 日，腾讯网，https://news.qq.com/a/20120112/000310.htm。

② 王群仿：《要“性骚扰立法”热，抑或要“立法效益”》，《行政与法》2004 年第 4 期。

③ 参见刘明辉《论防治职场性骚扰的义务主体》，《妇女研究论丛》2006 年第 S1 期。

④ 参见 Catharine A. MacKinnon, *Sexual Harassment of Working Women: A Case for Sex Discrimination*, London: Yale University Press, 1979, pp. 172 - 173。

非常重要：一方面，“不受欢迎”具有较强的主观性，考虑到性骚扰对女性心理可能产生的不利影响；另一方面，避免将穿着打扮等外在因素作为性骚扰行为的判断标准，有助于打破司法领域针对女性的刻板印象，尊重她们的特殊感受和经历。

其次，提出性骚扰雇主责任，以防止女性遭受性骚扰以及在受到性骚扰后明确归责主体。性骚扰雇主责任是指，“如果雇主没有依法制定反性骚扰政策，在单位内部设立性骚扰处理机构，在受害人就单位内部性骚扰行为提出申诉时，未采取及时有效的处理措施时，将承担代理责任”。[①] 性骚扰雇主责任包含两方面：一是事前的机构设置、机制设计、程序安排等，这对创造性别平等环境具有重要意义；二是性骚扰行为发生后的责任承担。在性骚扰诉讼中，受害女性一般很难获得救济，在这种情况下，归责雇主有助于救济受害女性，强化雇主责任意识和义务承担。就前者而言，《民法典》规定了相关单位应采取预防、受理投诉、调查处置等措施，以预防和制止性骚扰行为的发生；就后者而言，明确了性骚扰雇主责任的主体，即机关、企业、学校等用人单位。预防责任和救济责任的共同规定，可以更全面地保障女性权益。

最后，规定性骚扰案件所涉民事法律关系的权属是人格权，有助于为性骚扰诉讼明确案由。在《民法典》出台前的较长时间里，包含全国性骚扰首例案件在内的性骚扰案件中，受害女性之所以败诉，主要原因是法院找不到合适案由——而“在现行立案案由中没有性骚扰这一案由，根源于有关性骚扰侵害之民事权利客体的研究不足”。[②]《民法典》反性骚扰的规定从两方面回应了性骚扰所涉民事法律关系的基本权属性质。一方面，《民法典》将禁止性骚扰条款置于“人格权编”中，总体上明确了性骚扰行为侵犯的是人格权；另一方面，又具体将禁止性骚扰条款置于“生命权、身体权和健康权”一章中，参照该法条的前后两条规定，主要涉及的是身体权的内容，基本可以明确：性骚扰行为通常侵犯了以身体权为核心的人格权。权利

① 骆东平：《再论性骚扰案件中的雇主责任》，《妇女研究论丛》2010 年第 8 期。

② 骆东平：《性骚扰：纠纷解决机制研究》，人民出版社，2018，第 74 页。

属性的确定，为保障性骚扰行为顺利纳入司法诉讼程序，及时保障受害女性的诉权奠定了基础。

三 《民法典》扩大家务劳动补偿适用范围

在我国，妻子在家庭中无偿承担主要家务劳动，这是根深蒂固的传统。中国人民大学休闲经济研究中心2006～2016年北京市居民生活时间分配调查数据也表明：女性承担的家务劳动较沉重，已婚女性从事家务劳动的时间是男性从事家务劳动时间的1.8倍，总体比重在60%以上。从内容角度讲，女性承担的是核心家务劳动，如做饭、洗碗、洗衣等，男性承担的则是辅助性家务劳动，如家电维修、买煤、换煤气、砍柴等。其中，2016年已婚女性做饭的时间是男性的2.2倍，洗涤的时间是男性的2.9倍。[①] 此外，还有其他一系列研究表明女性在婚姻生活中承担更多家务劳动。[②]

然而，“妇女的家务劳动现在同男子谋求生活资料的劳动比较起来已经相形见绌；男子的劳动就是一切，妇女的劳动是无足轻重的附属品”。[③] 特别是在市场经济中，男性的劳动能够通过经济来衡量，女性更多从事的家务劳动和生殖劳动则是无偿的。这反过来又加剧了针对女性的歧视和压迫。

《民法典》对这一状况有针对性地作出了部分调整。《民法典》“婚姻家庭编”第1088条规定，无论是分别财产制，还是法定共同财产制，只要一方因为抚育儿童、照顾老人和帮助另一方工作而付出了较多劳动的，在离婚时便有权向另一方请求补偿。该条文将家务劳动补偿制度的适用前提从分别财产制扩大到了共同财产制，强化了家务劳动补偿制度的可操作性。从长远

① 王琪延、韦佳佳：《不同性别群体家务劳动时间差异研究》，《山东女子学院学报》2018年第1期。

② 参见肖洁《家务劳动对性别收入差距的影响——基于第三期中国妇女社会地位调查数据的分析》，《妇女研究论丛》2017年第6期；王玮玲《基于性别的家庭内部分工研究》，《重庆大学学报》（社会科学版）2016年第5期；曾维芳《家务劳动分工与青年女性性别意识》，《青年研究》2016年第3期；等等。

③ 《马克思恩格斯选集》第4卷，人民出版社，2012，第178页。

看，这对于改善离婚女性的生活处境，提高女性在家庭中的地位，乃至实现男女平等具有重要价值。

第一，有助于改善离婚女性的生活处境。离婚对两性的影响是不同的，有学者的统计显示，单身母亲的年收入仅是男性的79%；单身母亲的年收入仅为双亲家庭的55%；44%的离异女性表示离婚后的物质水平明显下降或有所下降。[①] 红枫妇女服务中心工作人员的调查发现，离异女性经济状况恶化的占到65%。[②] 这些调查数据在一定程度上表明“许多妇女离婚后生活陷入困境，离婚妇女贫困化已逐渐成为社会问题”。[③] 导致离异女性贫困的原因具有多样性，离婚补偿制度不完善是不可忽视的因素。由于《婚姻法》规定的离婚补偿范围太狭窄，故《民法典》将离婚补偿适用范围扩大至所有人，在获得一笔补偿款后，离异女性能够避免陷入经济情况极度恶化的境地。在此基础上，她们可以顺利过渡并重新开始工作和生活，这有助于从总体上改善离婚女性的经济状况。

第二，有助于提高女性在家庭中的地位。在“男主外，女主内”的传统性别角色分工以及“贤妻良母”的女性角色预设下，女性默默承受传统“妇德”给她们套上的枷锁。她们生养子女、照料老人、辅助丈夫的劳动不仅未得到应有的褒奖，相反，伴随对女性本身的贬低，与之相关的家务劳动价值也未得到承认。家务劳动价值的不被承认和女性在家庭中的从属地位之间形成了恶性循环。[④]《民法典》家务劳动补偿制度适用范围的扩大打破了这种对女性极不利的观念，进一步承认了家务劳动的价值。承认家务劳动的价值不仅能促使丈夫认识到妻子家务劳动的价值属性，以改变妻子理应承担家务劳动的大男子主义心态，亦可帮助女性认识到自身付出的家务劳动的价

---

① 徐静莉：《离婚妇女贫困化的制度探讨》，《妇女研究论丛》2009年第3期。

② 李梦娟：《单亲家庭构成新增贫困群体》，2008年10月16日，北京红枫妇女心理咨询服务中心网站，http：//fagz6ce0b4f5c3664131a59d7368100dacc1hf0f6xfvqboo56nux. fyac. oca. swupl. edu. cn/2020/07/14/30131311. html。

③ 徐静莉：《离婚妇女贫困化的制度探讨》，《妇女研究论丛》2009年第3期。

④ 参见〔美〕苏珊·穆勒·奥金《正义、性别与家庭》，王新宇译，中国政法大学出版社，2017，第192页。

值，以帮助她们实现自我认同。凡此种种都有助于提高女性在家庭中的地位。

第三，有助于推动男女平等的实现。从更高层面讲，扩大家务劳动的补偿范围还有助于男女平等整体目标的实现。与国家和社会相比，家庭在歧视和压迫女性的问题上应承受更多的责难。① 母权制被推翻的历史启发我们，女性处于从属地位根源于家庭内部的性别分工。自丈夫掌握生产资料以来，女性的地位一降再降，最终沦为“第二性”。女性在家庭中的地位被贬低也会延伸至社会和国家层面，进而形成压迫女性的法律制度和文化氛围。因此，如果要彻底解决国家和社会层面存在的男女不平等问题，就需要回到其根源——劳动性别分工。《民法典》对家务劳动价值的进一步确认准确找到了男女平等问题的症结。家务劳动补偿制度适用范围的扩大表明法律认可家务劳动的价值，从长远来看，有助于男女平等的实现。

四　《民法典》推进胁迫婚姻可撤销制度

在人们的通常观念里，胁迫婚姻是传统社会包办婚姻的产物，随着1950年通过的新中国第一部《婚姻法》对包办婚姻的明确否定，加之婚姻自由、男女平等原则得到普遍传播和认可，如今，胁迫婚姻似乎已经成为历史的遗物。但本文的统计和既有的研究显示，当下出于胁迫而缔结婚姻的情况虽然少见，但仍然存在。当下，胁迫婚姻主要包含两种类型：一是民事层面在威逼利诱基础上缔结的婚姻；二是刑事层面由于被拐卖而与收买者结婚的情况。

从民事层面讲，女性是胁迫婚姻案件中的主要受害者。为了解胁迫婚姻案件中的当事人情况，本文以中国裁判文书网 2013 年 1 月 1 日至 2020 年 7 月 15 日发布的判决书为对象，在“中国裁判文书网”数据库中，以“民事

① 参见〔美〕法曼《自治的神话：依赖理论》，李霞译，中国政法大学出版社，2014，第 65 页。

案件”为类型、以“撤销婚姻纠纷”为案由，检索出 134 份判决书。通过对这 134 份判决书进行逐份阅读，梳理出 39 份涉及因胁迫而被撤销婚姻的判决书。基于对这 39 份判决书的分析发现：在胁迫婚姻案件中，仍然是以男方胁迫女方为主。具体表现为：以男性为原告提起撤销婚姻申请的只有 5 起案件，占 12.82%，胁迫的方式均为父母逼婚；以女性为原告提起撤销婚姻申请的则有 34 起案件，占 87.18%。在胁迫方式上具有多样性，居前三位的是侵害女方人身、公开隐私和侵害女方家人的人身，具体见图 1。

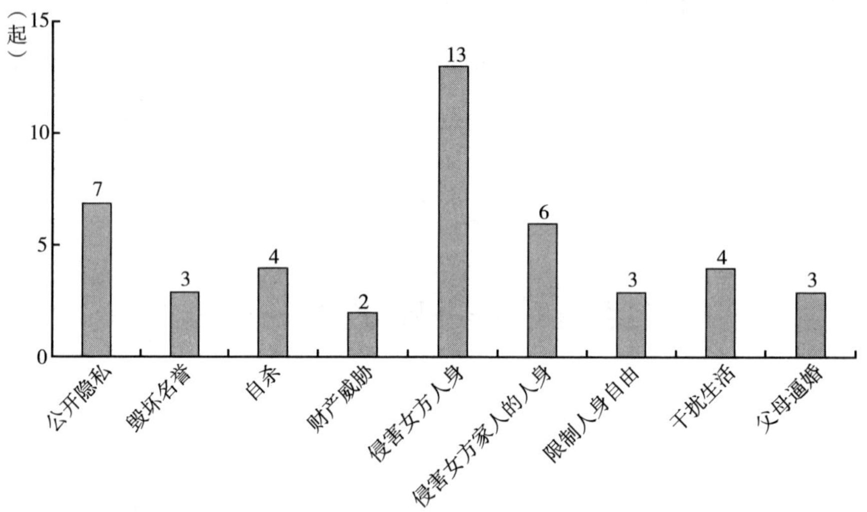

图 1　34 起案件中胁迫女性结婚的方式

资料来源：中国裁判文书网。

从刑事层面讲，最典型的是收买被拐卖的妇女为妻的情形。有研究者针对 477 起拐卖妇女犯罪案件的 770 名被害妇女进行了实证调查，结果显示：所有外籍女性和中国籍智力障碍女性均被卖到农村为人妻，在中国籍正常女性中，除 11 位（占比为 4.2%）女性被卖从事色情服务以外，其他均被卖为人妻。①

① 参见温丙存《被拐卖妇女的类型分析》，《山西师大学报》（社会科学版）2017 年第 4 期。

《民法典》进一步推进了胁迫婚姻可撤销制度。《民法典》“婚姻家庭编”第1052条第2款明确将撤销婚姻请求权的行使期限变更为“自胁迫行为终止之日起一年内”。无论是受威逼利诱而结婚的女性，还是贩卖后被逼结婚的女性，此条文都给她们带来了切实便利，既可以帮助因受胁迫而结婚的女性免于担心被丈夫发现而会带来的其他损害，也不必害怕超过除斥期间而丧失请求权。第1054条第2款开创性地提出了被撤销婚姻的无过错方有权请求损害赔偿的规定。此种救济既可被视作对涉案女性在婚姻缔结过程中身心所受伤害的赔偿，亦可认为是对侵害女性主体性和婚姻自由的救济。

《民法典》的这些规定，对保障被胁迫结婚的女性具有特别的价值。

第一，为受害女性主张权利提供了更有利的条件。胁迫结婚给女性造成的损害因为亲密关系的存在变得更复杂。通常而言，亲密关系的处理需要特别小心，稍有不慎则可能导致恶性事件的发生，这是受胁迫结婚的女性在婚后很长时间内不敢主张权利的重要原因。“亲密关系的尺度就是女性受压迫的尺度，是导致女性从属地位和被控制的重要原因。”[①] 司法裁判实践表明：女性在受胁迫结婚后的很长时间里，还可能遭到家庭暴力，这也使她们很难铤而走险以主张婚姻撤销请求权。《民法典》将当事人提出婚姻撤销申请的时间延长至胁迫行为终止之日起一年内，充分考虑到了受害女性的处境。在随着时间推移而导致的胁迫行为终止后，女性逐步获得行动自由，丈夫的情绪也大致冷静下来，此时再提出婚姻撤销申请可尽可能减少不利影响。

第二，为受害女性提供尽可能的救济。胁迫缔结婚姻关系对女性的影响是巨大的，不仅她们的人身和财产可能因为暴力伤害而受到侵犯，更重要的是她们的精神和心理会受到伤害。2001年修订的《婚姻法》虽然将胁迫婚姻认定为可撤销婚姻，但没有规定后续的赔偿条款，故很难从关怀的角度为作为特定群体的女性提供经济赔偿。《民法典》规定无过错方可以提起损害赔偿，不仅关注到了女性在被胁迫结婚过程中和结婚后因家庭暴力所遭受的痛苦，而且将她们在将来的可能处境也纳入考虑中。从现实

① 〔美〕法曼：《自治的神话：依赖理论》，李霞译，中国政法大学出版社，2014，第112页。

的角度讲，法律承认可撤销婚姻无过错方的损害赔偿请求权可以减少她们因身体损害和财产毁坏造成的经济损失；从长远看，赋予被撤销婚姻无过错方以损害赔偿请求权，能够在一定程度上改善女性在婚姻撤销后的经济条件。

第三，推动女性婚姻自由的实现。从更高的层面上讲，胁迫婚姻可撤销制度的完善有助于女性婚姻自由的实现。1950 年新中国首部《婚姻法》出台伊始，婚姻自由便成为一项基本原则，确保女性不因受胁迫而缔结婚姻是婚姻自由的题中之义。《民法典》的规定满足了女性婚姻自由法律保护的多个维度，既包含从法律层面宣示因胁迫而缔结的婚姻具有可撤销性，又涵盖从救济的角度赋予婚姻被撤销无过错方的损害赔偿请求权，还在具体的制度设计上纳入了关怀的色彩，以反映在婚姻关系中处于弱势地位的女性的特殊处境和需求，有助于推动女性婚姻自由的实现。

四　结语

从首部《婚姻法》的出台，到《妇女权益保障法》的提出，再到《民法典》的通过，女性权益保障有了较大进展，广大女性也已实现较高程度的解放。在不同时代，女性解放的要求存在差异。法律作为促进女性解放的重要工具，也应体现这种时代性，《民法典》的起草和出台正反映了时代对女性解放提出的新要求。

一方面，《民法典》从现实角度通过一系列规范回应女性的现实处境；另一方面，通过《民法典》，从文化层面解决女性面临的性别偏见问题。纳入居住权制度试图改变的是男性在家中占主导地位的文化；完善反性骚扰制度旨在打破女性物化和性化的偏见；扩大家务劳动补偿范围试图解决的是长久以来女性家务劳动无偿化及由此带来的地位被贬低的传统观念。从长远来看，《民法典》相关条款的修订及实施，不但可以进一步保障女性权益，而且可以从文化层面渐次改变性别不平等的文化观念，而这是实现女性解放的必经环节。

参考文献

1. 陈甦、谢鸿飞：《民法典评注：人格权编》，中国法制出版社，2020。
2. 廖丹：《作为基本权利的居住权》，法律出版社，2018。
3. 张绍明：《反击性骚扰》，中国检察出版社，2003。
4. 〔英〕安·奥克利：《看不见的女人：家庭事务社会学》，汪丽译，南京大学出版社，2020。
5. 〔美〕苏珊·穆勒·奥金：《正义、社会性别与家庭》，王新宇译，中国政法大学出版社，2017。
6. 〔德〕恩格斯：《家庭、私有制和国家的起源》，中共中央马克思恩格斯列宁斯大林著作编译局译，人民出版社，1999。
7. 〔法〕西蒙娜·德·波伏瓦：《第二性》，郑克鲁译，上海译文出版社，2011。

B.16
我国老年人权利保障的新进展

张晓玲　赵明霞　张惠敏*

摘　要：　老年人权利保障是我国人权事业发展的重要内容。近年来，我国老年人权利保障的理念、法制和政策等都在不断发展和完善，在诸多方面取得巨大成就。随着老龄化速度的加快，老年人权利保障事业既有巨大发展潜力，也面临诸多问题与挑战。因此，应立足中国实际情况，从法律政策、社会实践、人才队伍建设等方面制定和完善老年人权利保障的各项措施。

关键词：　老年人权利　老年人权利保障制度　老年人权利保障政策

人口老龄化是世界性问题。老龄化对人类社会的各个方面都产生了深刻的影响，也对人权保障提出了新要求。联合国预测，到2050年60岁及以上人口将从6亿增至近20亿，老年人人口数量将占世界人口总数的21%。[①]我国民政部数据显示，到"十四五"发展规划期末，我国60岁及以上老年人口规模将达到3亿，进入"中度老龄化"社会。"根据联合国的划分标准，当一国60岁及以上人口比例超过10%或者65岁及以上人口比例超过7%，则认为该国进入'老龄化'社会；当这两个指标翻番（即60岁及以

* 张晓玲，中共中央党校（国家行政学院）政治与法律教研部教授、博士生导师；赵明霞，天津财经大学马克思主义学院副教授；张惠敏，中华女子学院讲师。

① 联合国第二次老龄问题世界大会通过的《马德里政治宣言》。

上人口比例超过20%或65岁及以上人口比例超过14%）的时候，则认为该国进入‘老龄’社会，也可以说是‘中度老龄化’社会。”① 党的十九大报告明确提出了“积极应对人口老龄化，构建养老、孝老、敬老政策体系和社会环境，推进医养结合，加快老龄事业和产业发展”的要求。党的十九届四中、五中全会也多次强调，要“健全多层次社会保障体系，全面推进健康中国建设，实施积极应对人口老龄化国家战略，加强和创新社会治理”。国家“十四五”发展规划更是明确了健全多层次养老保障体系、建设健康中国的发展目标。因此，提升老年人权利保障的水平和能力，是落实中央新要求、提升国家治理能力、推动社会健康和谐发展的重要举措。

一　我国老年人权利保障措施逐步完善

党的十九大以来，我国更加重视老年人权利保障，制定和实施积极应对人口老龄化的国家战略，老年人权利保障的相关理念、法律、政策等制度体系在不断完善。

（一）深化老年人权利保障的战略共识

在认识老龄化是新时代常态的基础上，促进形成理念共识，是回应老年人权利保障实践发展、制定具体措施的关键。

深化践行“积极老龄化”的理念。1999年世界卫生组织提出了“积极老龄化”（active aging）的概念。“积极老龄化”理念作为全球应对人口老龄化的一项国际战略，已经被写入2002年联合国第二次老龄问题世界大会通过的《马德里政治宣言》。同时，“积极老龄化”作为“健康老龄化”的升级版，是指“最大限度地提高老年人‘健康、参与、保障’水平，确保所有人在老龄化过程中能够不断提升生活质量，促使所有人在老龄化过程中能够充分发挥自己体力、社会、精神等方面的潜能，保证所有

① 杨舸：《“中度老龄化”社会，我们准备好了吗》，《光明日报》2020年10月29日，第2版。

人在老龄化过程中能够按照自己的权利、需求、爱好、能力参与社会活动，并得到充分的保护、照料和保障”。①“积极老龄化”理念贯穿于我国《老年人权益保障法》的全文，国家“十四五”发展规划也明确要进一步实施积极应对人口老龄化的国家战略。我国贯彻“积极老龄化”理念的终极目标是让老年人成为社会发展的建设性力量，建设不分年龄、人人共享的美好社会。

为老年人权利提供全面的保障。我国不断完善为老年人提供从生活照料到医疗、康复、护理、精神关爱、临终关怀的综合性、一体化服务体系。老年人权利的内涵和外延也不断地拓展和完善。特别在新冠肺炎疫情期间，老年人的生命权、安全权、健康权等各项基本权利更是得到广泛关注和保护。

以制度创新推进老年人权利保障。长期以来，我国已经构建了“坚持党政主导、社会参与、全民关怀”的老年人权利保障总体格局，形成了政府保基本、兜底线、建机制，市场提供多元化和层次化服务的制度方案。2019 年国务院印发《国家积极应对人口老龄化中长期规划》，该规划明确提出：到 2022 年，我国积极应对人口老龄化的制度框架初步建立；到 2035 年，积极应对人口老龄化的制度安排更加科学有效；到本世纪中叶，与社会主义现代化强国相适应的应对人口老龄化制度安排成熟完备。

（二）老年人权利保障法制的体系化

目前，我国基本形成了以《宪法》为基础，以《老年人权益保障法》《民法典》《社会保险法》《刑法》等法律为主导，涵盖行政法规、地方法规、部门规章在内的老年人权利保障法律制度体系。近年来，在法律法规的修订过程中，老年人权利保障的法律制度逐步发展和完善。特别是《老年人权益保障法》经过 2012 年、2015 年和 2018 年三次修改，加强了对老年人权利的保障，确立了推进养老服务发展的关键制度，具体包括：一

---

① 2018 年 10 月 20 日，中国老年学和老年医学学会 2018 年学术大会在北京举行，大会以“积极应对人口老龄化：新思路，新对策”为主题，发布了《新时代积极应对人口老龄化发展报告（2018）》。

是明确规定政府支持养老服务事业的责任，各级政府应当逐步增加对养老服务的投入，并在财政、税费、土地、融资等方面采取措施，鼓励、扶持社会力量兴办、运营养老服务设施；二是完善社会医疗服务体系，把老年医疗卫生服务纳入城乡医疗卫生服务规划，鼓励为老年人提供保健、护理、临终关怀等服务，鼓励医疗机构开设老年病专科或门诊，并规定加强老年医学研究和健康教育；三是规定了相关的服务行业为老年人提供优先、优惠服务，加强老年宜居环境建设；四是强调了对老年人精神健康上的关爱，规定了老年人社会参与制度；五是明确规定着力构建“以居家为基础、社区为依托、机构为支撑的社会养老服务体系”①，鼓励设立民办公益性养老机构，同时要求加强养老机构事中事后监管；六是规定将每年农历九月九日定为老年节。

2020 年 5 月全国人大通过的《民法典》则从完善意定监护制度、增设居住权规定，到尊重个性化继承，扩大遗赠扶养范围，对老年人的权益保护进行了全方位的提升。“继承编”中的涉老条款更加人性化。增设居住权规定，为“以房养老”提供法律支撑；进一步确立了成年人意定监护制度；扩大了遗赠扶养人的范围；规定了缺乏劳动能力或者生活困难的父母，有要求成年子女给付赡养费的权利。规定了失能老人的人身财产权益，让他们享有法律的“红利”。《社会保险法》明确建立覆盖城乡地区的老年人保险和基本医疗服务的保障。《刑法修正案（九）》增设了虐待被监护、看护人罪，《刑法修正案（八）》规定了对老年人犯罪的从宽处理，这都是对老年人权益特殊保护的体现。

各级地方人大制定的地方性《老年人权益保障条例》，因地制宜，细化实施老年人权利保障的措施。随着《城市居民最低生活保障条例》《农村五保供养工作条例》《公费医疗管理办法》《关于建立城镇职工医疗保险制度的决定》《关于开展城镇居民基本医疗保险试点的指导意见》《关于建立新型农村合作医疗制度的意见》等法规规章的出台，对老年人权利保障的覆

① 《中华人民共和国老年人权益保障法》第 5 条。

盖面日益扩大，内容更加丰富。这些法律法规共同构成了老年人权利保护的法律体系，为维护老年人的权利和尊严提供了制度保障。

（三）老年人权利保障政策措施不断完善

中央多部门联合出台了大量政策套餐，形成“组合拳”，全面提升老年人权利保障的能力和水平。各地方政府及时落实中央政策，也制定了适合地方、具有可操作性的政策。2017 年 2 月，《“十三五”国家老龄事业发展和养老体系建设规划》实施；2016 年 9 月，国家发布《国家人权行动计划（2016—2020 年）》，提出保障老年人权利的具体目标；2019 年 11 月，中共中央、国务院印发了《国家积极应对人口老龄化中长期规划》，明确老年人权利保障的战略目标，即积极应对人口老龄化的制度基础持续巩固，财富储备日益充沛，人力资本不断提升，科技支撑更加有力，产品和服务丰富优质，社会环境宜居友好，经济社会发展始终与人口老龄化进程相适应，顺利建成社会主义现代化强国，实现中华民族伟大复兴的中国梦。

1. 提高基本养老保险和福利水平

一是提升基本养老保险全国统筹制度。2019 年国务院办公厅下发《关于推进养老服务发展的意见》，提出了六个方面的政策措施，极大地提升了我国老年人权利保障的能力。2020 年李克强总理在政府工作报告中提出“提高退休人员的基本养老金，提高城乡居民基础养老金最低标准”。二是各省（区、市）完善针对经济困难高龄、失能老年人的补贴制度。进一步贯彻落实 2014 年《财政部　民政部　全国老龄办关于建立健全经济困难的高龄失能等老年人补贴制度的通知》，2020 年山东、北京、贵州等地不断提升对老年人的补贴。三是促进城乡多元养老服务均衡发展。2020 年 11 月中央全面深化改革委员会发布《关于促进养老托育服务健康发展的意见》，提出促进养老托育服务健康发展，扩大多元主体多种方式的服务供给，健全老有所养、幼有所育的政策体系等新要求。

2. 促进养老服务体系建设的标准化、信息化、规范化

我国积极推进养老服务形式的多元化发展，并出台政策支持和规范养老

服务行业的发展。一是加强养老服务业标准化建设。为落实《国务院办公厅关于推进养老服务发展的意见》提出的“制定确保养老机构基本服务安全的强制性国家标准”要求，2017 年 12 月 29 日，国家质检总局、国家标准委发布了《养老机构服务质量基本规范》，明确规定了保障养老服务质量的基准线；2018 年民政部等制定了《养老机构等级划分与评定》国家标准，明确了提升养老服务质量的等级线；2019 年 12 月 27 日国家市场监管总局、国家标准委正式批准由民政部负责制定的《养老机构服务安全基本规范》的强制性国家标准，明确了养老服务机构的安全红线，这些规范性文件与 2020 年出台的《民政部关于加快建立全国统一养老机构等级评定体系的指导意见》相互支撑，各有定位，从养老服务的形式、服务、管理等多个维度，初步形成了全国统一的养老机构服务标准和评价体系的框架。二是加强养老服务的信息化能力。2017 年工业和信息化部、民政部和国家卫生计生委发布了《智慧健康养老产业发展行动计划（2017—2020 年）》，通过基础数据统计，建立不同年龄段的老龄人口基本信息数据库，为政府管理决策、政策研究、公众信息查询提供支持。三是加强养老服务的规范化。2019 年民政部印发《关于进一步扩大养老服务供给　促进养老服务消费的实施意见》，明确提出“2022 年底前培养培训 1 万名养老院院长、200 万名养老护理员、10 万名专兼职老年社会工作者”的要求。[①]

3. 激发养老市场发展活力

2019 年民政部发布《关于进一步扩大养老服务供给　促进养老服务消费的实施意见》，养老市场活力和社会创造力得到充分激发，养老服务和产品供给主体更加多元、内容更加丰富、质量更加优良，以信用为核心的新型市场监管机制建立并逐步完善。2020 年 2 月 14 日国家发展改革委、民政部、财政部印发《养老服务体系建设中央补助激励支持实施办法》（2020 年修订版），对落实养老服务业支持政策积极主动、养老服务体系建设成效明

① 《民政部印发〈关于进一步扩大养老服务供给　促进养老服务消费的实施意见〉》，2019 年 9 月 23 日，中国政府网，http：//www.gov.cn/xinwen/2019-09/23/content_5432456.htm。

显的省（区、市），在安排中央补助及有关基础设施建设资金、遴选相关试点项目方面给予倾斜支持。① 2020 年，养老服务市场全面放开，信用体系基本建立，服务质量明显提升，群众满意度显著提高。同时，政府加强市场监管，完善产权制度，放开定价机制，促进要素市场公平竞争，实现优化重组，提高养老服务产品质量。

4. 支持老年人宜居环境建设

近年来，各地各部门全面贯彻执行《关于推进老年宜居环境建设的指导意见》提出的“到 2025 年，安全、便利、舒适的老年宜居环境体系基本建立”目标，老年人“住、行、医、养”等环境更加优化，敬老养老助老社会风尚更加浓厚。一是从硬件设施上，各地将符合条件的农村老年人住房救助对象优先纳入当地农村危房改造计划，切实保障困难老年人的基本住房安全需求；继续提高新建公共设施和涉老设施无障碍率；加强社区养老服务设施与社区体育设施的功能衔接。2020 年民政部、国家发展改革委等九部门印发的《关于加快实施老年人居家适老化改造工程的指导意见》对小区内养老抚幼、无障碍设施等服务设施的建设和改造提出了明确要求。《养老设施建筑设计规范》《无障碍及适老建筑产品基本技术要求》等公布实施，提出不断完善涉老设施规划建设标准体系。二是推进老年人的公共文化设施建设，推进服务增加老年人公共文化产品供给。全社会积极应对人口老龄化、自觉支持老龄事业发展和养老体系建设的意识意愿显著增强，敬老养老助老社会风尚更加浓厚，安全绿色便利舒适的老年宜居环境建设扎实推进，老年文化体育教育事业更加繁荣发展，老年人合法权益得到有效保护，老年人参与社会发展的条件持续改善。三是针对日益凸显的“数字鸿沟”，2020 年 11 月 24 日国务院办公厅印发《关于切实解决老年人运用智能技术困难的实施方案》，针对老年人在运用智能技术中遇到的痛点、难点问题提出了具体解决方案。四是营造敬老孝老的社会文化环境。2018 年 1 月，全国老龄

① 《标准的出台将从三方面促进我国养老服务业发展》，2020 年 1 月 13 日，国务院新闻办公室网站，http://www.scio.gov.cn/32344/32345/42294/42397/zy42401/Document/1671736/1671736.htm。

办等 14 个部门联合印发《关于开展人口老龄化国情教育的通知》。一些地方将人口老龄化国情教育纳入干部教育培训内容。媒体广泛开展人口老龄化国情教育、尊老敬老宣传报道。尊老敬老教育内容融入中小学相关课程标准，纳入青年学生行为规范。

5. 探索推行弹性退休政策，保障老年人工作的自主选择权

贯彻“积极老龄化”理念，保障老年人再就业、参加社会物质生产的权利，也保障老年人参与社会志愿活动、社会文化活动的权利等。“十四五”发展规划明确提出：“实现基本养老保险全国统筹，实施渐进式延迟法定退休年龄。”当前我国党政机关、人民团体和事业单位中的正、副处级女干部，具有高级职称的女性专业技术人员，已经开始弹性化逐步实施年满 60 周岁退休的制度。

二　我国老年人权利保障的实践效果

“十三五”时期是我国全面建成小康社会决胜阶段，也是我国老龄事业改革发展和养老体系建设的重要战略窗口期。习近平总书记高度关注老年人权利保障，多次视察老龄工作，并作出重要指示。党的十九大报告中提出：“积极应对人口老龄化，构建养老、孝老、敬老政策体系和社会环境。”近年来，我国贯彻实施积极应对人口老龄化的国家战略，积极推进健康中国建设，老年人作为特定群体，获得物质帮助、家庭赡养与扶养、社会保障、社会服务、社会优待、宜居环境、参与社会发展等权利都得到了进一步保障，老龄事业和养老体系建设得到进一步发展，老年人权益保障机制逐步健全，老年人在新时代的获得感、幸福感、安全感得到了进一步提升。

（一）世界上规模最大的社会保障体系进一步完善

我国宪法明确，老年人有从国家和社会获得物质帮助的基本权利。社会保障制度是老年人基本权利的重要保障制度。我国已经建成了包括养老、医疗、低保、住房在内的“世界最大规模的社会保障体系，基本

医疗保险覆盖超过十三亿人，基本养老保险覆盖近十亿人”。[①] 多支柱、全覆盖、更加公平、更可持续的社会保障体系更加完善，社会保险、社会福利、社会救助等社会保障制度和公益慈善事业有效衔接，老年人的基本生活、基本医疗、基本照护等需求得到切实保障。国家保障老年人权利的制度不断完善，保障能力进一步提升。老年人的社会保障权享有日益充分。

（二）在新冠肺炎疫情中老年人的生命权、健康权得到全力保障

新冠肺炎疫情是新中国成立以来发生的传播速度最快、感染范围最广、防控难度最大的一次重大突发公共卫生事件，严重威胁到人的生命权和健康权。面对疫情，中国政府不惜一切代价抢救每一个患者包括老年患者的生命。对伴有基础性疾病的老年患者，一人一案、精准施策，只要有一丝希望绝不放弃，只要有抢救需要，人员、药品、设备、经费全力保障。“疫情发生以来，湖北省成功治愈 3000 余位 80 岁以上、7 位百岁以上新冠肺炎患者，多位重症老年患者是从死亡线上抢救回来的。一位 70 岁老人身患新冠肺炎，10 多名医护人员精心救护几十天，终于挽回了老人生命，治疗费用近 150 万元全部由国家承担。”[②]

（三）老年人的社会参与权等受到越来越多的关切和保护

近年来，我国坚持以老年人的需要和尊重老人意愿为促进老年人权利保障的基本依据，坚持以解决老年人最关心、最直接、最现实的利益问题为切入点，促进老年人权利保障的各项制度创新。随着经济社会发展水平的提升，老年人的社会参与权、文化权利、获得精神抚慰的权利、婚姻自由权、就业权等都受到越来越多的关切和保护。

---

① 《中国共产党第十九届中央委员会第五次全体会议公报》。

② 国务院新闻办公室：《抗击新冠肺炎疫情的中国行动》白皮书，2020 年 6 月 7 日，中国新闻网，https：//www. chinanews. com/m/gn/2020/06 -07/9205468. shtml? f = qbApp。

（四）多元养老服务机构逐渐增加

让老年人老有所养、老有所乐，不仅是子女的义务，也是全社会的责任。为促进养老服务业更好更快发展，政府高度重视发挥市场在保障老年人权利方面的积极作用。近年来，在以市场为主导的老年人吃、穿、住、用、医等方面的服务产业正在迅速兴起，养老服务业成为促进经济社会发展的新动能，我国在“老有所养”方面的创新服务得到了较快发展，越来越多的老年人受惠。我国养老机构形式多样，包括公办、民办、公建民营、民办公助和政府购买服务等。其中社区性质的养老机构发展迅速，建立了政府监督、市场运作的运行机制。养老服务从以机构集中照料为主，拓展到以居家为基础、社区为依托、机构为补充、医养相结合的养老服务体系建设和以家庭养老支持、互助养老为新突破点的融合发展。民政部最新统计显示，截至2020年8月，全国社区养老服务机构和设施已经从1978年的8000多家，增加到18万多个，占我国养老机构和设施总数的83.6%；社区养老床位341.8万张，占我国养老床位总数的43%。①

（五）社会救助和福利保障水平显著提高

我国加强针对老年人的社会救助和福利保障，2019年底已经全面实现通过社保卡发放养老保险待遇。目前，全国31个省级行政区几乎全部落实建立了高龄津贴制度，并依据年龄层的不同而设定不同的补贴标准。2017年已将1781.7万困难老年人纳入最低生活保障范围，420.2万特困老年人纳入政府供养范围。② 2019年，全国共支出老年人福利经费453亿元。③ 全国经济困难的高龄老人津贴制度实现省级全覆盖，全国所有省份均出台了老

---

① 《民政部：社区养老服务机构和设施占全国总数的83.6%》，2020年10月25日，央广网，http://news.cnr.cn/native/gd/20201025/t20201025_525308874.shtml。

② 国务院新闻办公室：《改革开放40年中国人权事业的发展进步》白皮书，2018年12月12日，中国政府网，http://www.gov.cn/zhengce/2018-12/12/content_5347961.htm。

③ 《2019年民政事业发展统计公报》，2020年9月20日，民政部网，http://images3.mca.gov.cn/www2017/file/202009/1601261242921.pdf。

年人社会优待政策。2020年民政部就疫情防控期间加强特殊困难老年人关爱服务作出部署，建立了为社区老人送餐服务模式。

（六）老年人宜居环境不断优化

老年人优待项目更加丰富、范围大幅拓宽，敬老养老助老社会氛围日益浓厚。2020年为大力营造养老孝老敬老社会氛围，全国老龄工作委员会决定开展全国“敬老月”活动，各地普遍开展老年文化系列活动，基层文化馆、图书馆等公共文化设施逐步成为老年人活动的阵地，老年社会文化生活不断丰富。老年心理关爱项目不断推进。近年来，国家卫健委在90个城市开展医养结合试点基础上，选取1600个城市社区和320个农村行政村，实施老年心理关爱项目；在西部12个省（区、市），每个省（区、市）选择一个地市，开展老年健康西部行，通过义诊和上门服务等多种形式，提高老年人健康素养和健康水平；在全国76个市区开展安宁疗护试点，为疾病终末期患者提供身体、心理等方面的照料。①

（七）老年优待制度不断完善

老年优待制度不断完善，公共文化权利进一步保障。全国许多城市的博物馆、公园、旅游景点等场所，都对老年人实行免费或者优惠的价格。对老年人在公共交通、游览公园和博物馆等方面的优惠政策极大地方便和丰富了老年人的生活。

根据《老年教育发展规划（2016－2020年）》，2020年全国县级以上城市至少有一所老年大学。目前，全国已有各类老年教育机构近8万所，其中老年大学（学校）约7万所，并向所有人开放。② 大部分公办老年大学的经费来源于政府支持，属于非营利性质办学。使老有所学、老有所为、老有所乐，既是老年人自身的需求，也是社会发展的需要。

---

① 《国家卫健委：多项措施促进老年健康》，《新民晚报》2019年7月1日。

② 《助力“老有所学”我国老年大学将有“统编”教材》，2020年7月31日，新华社百家号，https://baijiahao.baidu.com/s?id=1673744764171525994&wfr=spider&for=pc。

（八）智能健康养老服务发展空间广阔

“截至目前，全国已有3.2万个政府网站实施了信息无障碍改造，包含100多项养老产品和100多项服务的智慧健康养老产品及服务推广目录也已编制完成。”[①] 此外，工信部等有关部门还从技术创新、产品服务供给、应用试点示范等产业环节发力，积极扶持老年健康辅助器具研制，扩大老年人智能终端产品供给。健康养老产业的兴起发展，政府在其中要起到扶持、指导、催化作用。充分运用云计算、大数据、物联网、移动互联网、人工智能等新技术，积极探索发展“互联网+健康养老”等新兴业态，拓展健康养老产业的发展空间。

三　推进我国老年人权利保障面临的主要挑战及建议

党的十九届五中全会通过的《中共中央关于制定国民经济和社会发展第十四个五年规划和二〇三五年远景目标的建议》明确提出，“实施积极应对人口老龄化国家战略”，“积极开发老龄人力资源，发展银发经济”，“发展普惠型养老服务和互助性养老，支持家庭承担养老功能，培育养老新业态，构建居家社区机构相协调、医养康养相结合的养老服务体系，健全养老服务综合监管制度”。[②] 这是从我国老年人口数量众多的实际出发，积极应对人口老龄化的重要战略举措，是推进我国老年人权利保障的重要指导。

（一）老年人权利保障面临的主要挑战

随着经济社会的快速发展和生活水平的持续提高，我国老年人权利保障取得了一定成效，但也面临一些问题和挑战。与此同时，在“十四五”期

---

① 《帮助老年人跨越“数字鸿沟”》，2020年11月27日，凤凰网，https：//www.news.ifeng.com/c/81jmIYozq8k。

② 《中共中央关于制定国民经济和社会发展第十四个五年规划和二〇三五年远景目标的建议》。

间，我国老年人口将突破3亿，社会从轻度老龄化迈入中度老龄化，因此，我国老年人权利保障在未来还将接受更大的挑战和考验。

1. 社会老龄化速度加快，老年人社会保障的客观条件有限

我国人口基数大，在社会保障制度方面仍存在一些不足。一是基本养老金发放的水平和能力有限。多年来，城镇职工基本养老保险制度与机关事业单位养老保险制度发展已经比较成熟，但随着社会老龄化的快速到来，财政能力依然不足以提供满足现实需要的高标准养老服务。二是传统养老方式的功能弱化，社区养老和机构养老能力远远不能适应人口老龄化的需要。近年来，传统大家庭逐渐减少，人数少、结构简单的核心家庭结构日趋增多，家庭居住方式也由代际共居向分居转变，老年人无法享受传统多孩家庭带来的养老福利；而与此同时，不少家庭是一对夫妇供养两对及两对以上老人，在支付老人养老费用方面面临经济压力；而社区养老和机构养老能力远远不能适应人口老龄化的需要。三是农村老年人养老问题特别突出。虽然新型全民养老保险制度已经将农村老人纳入养老体制中，但农村养老服务体系资源不足、分布不均衡的现状得到根本性扭转还需要一个过程。一方面，不少农民家庭的收入不能负担老人在养老院等养老机构的费用支出。另一方面，由于农村老年人在青年阶段创造的劳动财富大部分都用于子女婚嫁及家庭投资，没有留下钱为自己养老。而与此同时，传统农村养老模式早已打破，随着农村劳动力向城市转移，无论是流动打工还是定居城市，带父母一同进城居住的比例较低，农村留守老人、空巢家庭占很大比例，他们不仅得不到必要的供养，还要承担照顾小孩和务农的责任，生活十分艰难。农村老年人没有足够的经济积累，又缺乏法律维权知识，如果子女不供养老人，老人的晚年生活难以维持。在城镇居民与农村养老保险制度双轨制的体制下，农村老年人养老面临比城市老年人更大的困难。

2. 老年医疗卫生服务体系滞后于老龄化社会的要求

随着年龄不断增长，老年人自身的免疫功能会逐渐下降，生理机能开始退化，老年痴呆、心脑血管疾病、风湿病、糖尿病等都是老年群体中常见的疾病。据统计，我国“超过1.8亿老年人患有慢性病，患有一种及以上慢

性病的比例高达75%，失能、部分失能老年人约4000万”。[①] 据有关部门预测，到2035年我国老年人口将达到4亿，失能、半失能的老人数量会进一步增多，高龄、失能、独居和空巢老年人如何老有所养，老有所依，有尊严地安度晚年，这是一个严峻的挑战。特别是对于失能老人的数量增长，应加速发展针对高龄失能老人的长期照顾和护理模式。然而，我国老年医疗服务体系明显不能适应老龄化社会的要求。随着老年人自身健康状况和社会角色的改变，老年人心理健康问题也比较突出。他们容易产生悲观、抑郁、孤独和焦虑等一系列不良心理和情绪，而现在的家庭结构模式越来越趋于小型化，子女忙于工作无心照料老人，更不要说精神上的交流，但现阶段医养结合机构、康复护理机构、安宁疗护机构的数量和服务能力严重不足，还远远不能解决老年出现的身心健康问题。值得重视的是，农村老人自杀率居高不下，其直接原因主要集中在疾病、生存困难与缺乏生活照料和精神寂寞三个方面，由疾病或与疾病有关而引发的自杀超过四分之一，有些地方超过三分之一。[②] 这一社会现象反映了我国农村老年人社会保障尚不完善。

3. 养老服务供求结构性矛盾突出

第一，从服务供给的类型上看，我国养老金已连续10年上涨，老年群体的收入水平持续提高，老年人除了对基本生活照料有需求外，还有更高层次的休闲娱乐等需求。但在现实中，一方面很多养老机构基础设施较为简单落后，不能满足老年人健身、文娱等需求，也无法提供专业化、个性化的养老服务；另一方面设施完善的高端养老社区，收费标准较高，很多老人无力承担费用，高端养老社区空置现象较为普遍。第二，从服务供给的质量上看，由于我国社会养老起步较晚，专业化水平不高，养老服务行业普遍存在投入不足、专业人员缺乏、监管上薄弱等问题，服务质量不高。一方面，没有稳定、专业化的护工队伍，服务质量无法保证，直接影响了养老机构的服务水平。很多人对养老院的护理工作存有偏见，护工待

① 《一组数据看中国养老领域的真实现状》，2020年11月17日，腾讯网，https：//new. qq. com/omn/20201117/20201117A08RHX00. html。

② 《学者：重构乡村社会有助缓解农村老人自杀问题》，《南方都市报》2018年12月13日。

遇又不高，造成目前护理人员奇缺的现状。养老院的护工，现在大部分是年纪较大、文化水平不高的妇女，往往只能提供最简单的家政服务，他们缺乏专业服务技能，很难胜任服务工作。另一方面，目前大部分地区没有老年护理专业培训机构，也没有统一的护理标准管理养老机构，导致养老机构的服务水平参差不齐。

4. 老年人权利保障法律体系不完善

第一，老年人权利保障法律制度体系还不完善。我国虽然已经建立起基本的老年人权利保障法律制度体系，但是老年人立法体系比较散乱，没有形成统一的、互相衔接的法律制度体系，还存在立法空白，比如《社会救助法》还没有出台。而在实践中，对老年人权利的保障大多依照行政法规、地方性法规、规章执行，这些法规政策之间由于时间和位阶效力等常常存在不统一的情况，造成老年人维权的难度增加。第二，一些法律规定过于原则性，没有规定明确的法律义务和法律责任，在实践中执行效果不好。比如《老年人权益保障法》在“精神慰藉”一章中规定了“家庭成员不得在精神上忽视、孤立老年人”，强调“与老年人分开居住的赡养人，要经常看望或者问候老人”。但是《老年人权益保障法》对精神赡养只是作出原则性的规定，并没有规定赡养人不履行精神赡养义务时，应承担何种法律责任。一些法院受理过老人将子女起诉到法院，要求子女给予精神慰藉的案件等，虽然法院判决肯定了老年人要求精神赡养的要求，但执行效果却不明显。审判实践中，许多老人赢了官司，却输了情感，诉讼的最终目的并未实现。赡养人不履行精神赡养义务时应当如何执行，是一个无法回避的难题。第三，老年人权益保障救济机制不完善。当前，老年人权利受到侵害而不能得到及时救济的现象仍旧比较突出。例如《老年人权益保障法》规定，老年人婚姻自由受法律保护，子女或其他亲属不得干涉老年人离婚、再婚及婚后生活。而现实中，子女因为传统观念的影响以及老人再婚后财产处置问题干涉老年人婚姻自由的现象时有发生。而子女以照顾老人或者其他原因将老人的房屋或者财产变更到自己名下后又不赡养甚至遗弃老人的现象也屡见不鲜。

5. 老年人权益受到侵害后维权途径有限

2020 年 5 月，陕西一男子活埋母亲的事件引发了社会的关注。据 2020 年 5 月 6 日陕西靖边县人民检察院微信公众号消息，犯罪嫌疑人马某将瘫痪在床的母亲王某埋至靖边县城南万亩林一处废弃墓坑内。警方将王某救出，其生命体征平稳。犯罪嫌疑人马某因涉嫌故意杀人罪已被刑拘。[①] 虽然这只是一个极端的案例，但是暴露出在一些农村，老年人在丧失劳动能力、经济不能自主时，容易受到家人的伤害、虐待或遗弃。护工虐待老人也是一个严重的社会问题。近年来，全国多家养老机构发生过程度不同的虐待老年人的事件。一些养老机构管理不到位，导致虐待老人事件不断发生，比如有的村镇敬老院克扣老人伙食费；有的护工不履行照护责任，不仅对老人照顾不到位，甚至殴打老人、虐待老人。

老年人主要依靠两种法律救济途径，最普遍的就是人民调解制度。实践中，大量的老年人权益保护工作主要依靠村民调解委员会、居民调解委员会等基层调解委员会来解决。但是人民调解制度仍然存在一些不足。第一，立法规定滞后，调解制度不健全。第二，经费短缺，组织结构不完善。比如在农村，一些调委会成员外出经商或者打工，使得不少村级调委会名存实亡。第三，调解员素质偏低。人民调解员队伍普遍存在业务素质不高、法律法规和政策知识欠缺、年龄偏大、文化程度偏低、工作方法和调解技巧掌握不多等问题，影响了人民调解工作的质量。

司法救济机制是老年人权益保障的最后防线，是最核心有效的救济机制。但是，司法救济中普遍存在如下问题：第一，对于一些行政机关不作为侵害老年人权益的现象，一些老年人由于行政诉讼困难以及传统的“民不告官”观念的束缚而不能有效通过司法途径维护自己的权利；第二，一些基层法院对老年人案件不够重视，在调解过程中往往缺乏足够的耐心和有效的方法，导致一些家庭矛盾得不到化解。

---

① 《陕西靖边检察院提前介入男子活埋瘫痪母亲案件》，2020 年 5 月 7 日，中国新闻网，https：//www. chinanews. com/sh/2020/05 - 07/9177254. shtml。

（二）推进我国老年人权利保障的建议

1. 构建高质量的养老服务体系和产品供给体系

要健全以居家为基础、社区为依托、机构充分发展、医养有机结合的多层次养老服务体系，多渠道、多领域扩大适老产品和服务供给，提升产品和服务质量。

第一，推进可持续发展，夯实养老事业发展的经济社会基础。2020 年是全面建成小康社会的决胜之年，大规模脱贫计划完成后，国家实行常态化的社会救济制度，坚持托底线、救急难、可持续，与其他社会保障制度相衔接，与经济社会发展水平相适应，保障老年人的基本生活，促进社会公平，维护社会和谐稳定。第二，开展老年人养老需求评估，提升多元养老服务平台的能力。通过社区、医养结合、社会力量等各类资源的有效整合，搭建居家养老和社区综合服务平台，探索引入专业化服务机构，完善医养结合机制，提升基层活力和社区能力。各地区各社区应根据当地情况统筹规划发展城乡养老服务设施，通过购置、置换、租赁等各种方式建设，进一步加强养老服务设施与综合服务设施的整合利用。例如，社区养老院派护理人员为老人上门服务，把每日餐点送到老人家里，帮助老人理发等。另外，全面放开养老服务市场，通过购买服务、股权合作等方式支持各类市场主体增加养老服务和产品供给。第三，各类养老服务机构分类管理，保障服务的标准和质量。我国养老行业发展迅速，既有福利性的，也有营利性的，既有保底的基本养老服务，也有高端的养老服务，既有公办机构，也有民办机构，需要分类管理，确立政府职责，形成监督、评估、养老服务纠纷解决等综合管理机制。

2. 完善老年人权利保障的法治体系

法律是保障老年人权利各项政策的基础和依据。我们要立足中国实际国情和优秀文化传统，借鉴国际社会的成功做法和经验来进一步健全和完善老年权利保障的法律体系。一是在立法方面，要把经过实践检验和实践证明的切实可行的法规、规章提升为法律，通过立法加强对老年人权利的保护，进一步预防和惩治虐待老人的行为。在现有老年人权益保障的法律制度的基础上，对相关的法律制度作一次全面的梳理，对重复交叉的内容进行归并，对冲突抵触的内容进行协调化解，对立法空白进行补充，对不适应发展新情况的内容进行修改。推进户籍制度改革，建立起城乡一体的养老保险、医疗保险、低保制度和救助制度等社会保障体系，由政府承担养老的主要责任。尽快出台《社会救助法》，加强对最弱势老年人群体的基本权利保障。二是在执法方面，明确老年人权利保障的原则，规范执法行为，完善执法程序，改进执法方式。建立人民群众监督评价机制，促进老年人权利保障等关系群众切身利益的重点领域执法水平和执法效果不断提高。三是在司法方面，为保障老年人权益提供法律援助，在切实维护老年人合法权益案件的同时，体现尊老、敬老、爱老、养老的裁判导向，积极引导社会大众感恩敬老，善待优待老年人，营造老有所养、老有所依、老有所乐、老有所安的优良社会风尚。完善老年人权益纠纷处理方式，发挥律师与公证的作用。

3. 探索实施“互联网 + 养老”行动

加快新技术应用，解决老龄社会中长期发展问题。“促进人工智能、物联网、云计算、大数据等新一代信息技术和智能硬件等产品在养老服务领域的广泛应用。鼓励创业投资关注养老产业，鼓励高科技企业进入养老服务行业。在全国建设一批‘智慧养老院’，推广物联网和远程智能安防监控技术，实现24小时安全自动值守，降低老年人意外风险，改善服务体验。加快建设国家养老服务管理信息系统，推进与户籍、医疗、社会保险、社会救助等信息资源对接。运用互联网和生物识别技术，探索建立老年人补贴远程申报审核机制。加强老年人身份、生物识别等信息安全保护。”①

4. 加强养老服务人才队伍建设

扩大高校和中专职业学校相关专业招生规模，设立医养结合培训基地，加强老年医学、康复、护理、营养、心理和社会工作等专业人才培养；建立

① 《国务院办公厅关于推进养老服务发展的意见》（国办发〔2019〕5 号），2019 年 4 月 16 日，中国政府网，http：//www. gov. cn/zhengce/content/2019 –04/16/content_ 5383270. htm。

以品德、能力和业绩为导向的职称评价和技能等级评价制度，提高养老服务领域工作人员的薪酬待遇；鼓励和支持医务人员到医养结合机构执业；鼓励专业机构定期对社区养老服务人员进行职业技能培训，进一步完善有关技能等级认定制度；等等。

5. 构建养老、孝老、敬老的社会道德环境

道德助力法律权利的实现。不断完善社会主义核心价值体系，培育老龄社会的新文化，大力倡导年龄平等文化，宣传新的价值观。提高全社会对老年人权利的认识和尊重，是建设一个不分年龄、人人共享社会的基础。充分发挥主流媒体的作用，宣传中华民族尊老敬老传统美德，弘扬中国“孝亲敬老”传统优秀文化，教育引导人们自觉树立赡养、服务老年家庭成员的意识，在全社会营造良好的敬老氛围。

6. 培养全社会的老龄意识

老龄意识是指全社会所有成员共同应对人口老龄化挑战的意识。一是要采取措施消除对老年人一切形式的歧视。老年人不是社会的负担，他们是社会发展的重要人力资源和推动力量。老年人的技能、经验和智慧是社会发展的强大基础，应当为老年人发挥自己的潜力提供适当的机会和社会支持，增强老年人的能力并帮助他们充分参与社会。二是在全社会积极倡导“六个老有”，即老有所养、老有所医、老有所乐、老有所学、老有所教、老有所为，促进全社会在养老、孝老、敬老问题上达成共识。各级政府要进一步高度重视老年人权利保障工作，维护老年人合法权益，大力建设老年友好型社会，形成老年人、家庭、社会、政府共同参与的良好社会氛围。

总之，我国是世界上最大的发展中国家，也是进入老龄社会速度较快的国家。破解老龄化社会带来的种种社会问题，完善相关制度，促进老年人的独立、参与和尊严是保障人权的必然要求，也必定会促进全社会的可持续发展和福祉。

参考文献

1.《中共中央关于制定国民经济和社会发展第十四个五年规划和二〇三五年远景目标的建议》。

2. 薛宁兰、李丹龙：《民法典老年人权益保障条文解读》，《中国民政》2020 年第 22 期。

3. 陈杰：《“积极老龄化”战略体现社会文明进步》，《社会科学报》2020 年 11 月 26 日。

4. 李连宁：《完善老年人权益保障立法的当务之急》，《人民论坛》2020 年第 33 期。

5. 卢明生：《拿什么保障你，我的权利：老年人权益保障法律宝典》，《中国老年》2020 年第 17 期。

6. 谢立黎、汪斌：《积极老龄化视野下中国老年人社会参与模式及影响因素》，《人口研究》2019 年第 3 期。

7. 翟振武、陈佳鞠、李龙：《中国人口老龄化的大趋势、新特点及相应养老政策》，《山东大学学报》（哲学社会科学版）2016 年第 3 期。

B.17
无障碍权利保障的新进展

刘 明 张 晓*

摘 要： 2020年是国务院《无障碍环境建设条例》颁布实施的第八年，也是对参加“十三五”无障碍环境创建的211个市县村镇创建工作情况进行验收的年份。《民法典》规定了无障碍环境建设的相关内容；从中央到地方，与无障碍环境建设相关的政策密集发布。2020年，国家在传统意义上的无障碍设施建设以及信息化数字化时代的信息无障碍建设等方面，均有较大举措。近年来，国家对无障碍环境建设的重视和投入，为保障残障人士、老年人等相关受益群体的出行权、信息获取和运用等方面的权利提供了基本保障，为保障相关群体成员平等参与经济、社会和政治生活创造了基本条件。

关键词： 无障碍环境 出行权 信息获取和运用 平等参与权

自主、安全、便捷的出行，作为“衣食住行”中的一个基本方面，是人民幸福生活的基本条件。残障人士、老年人、病患者、孕妇等相关群体由于身体等方面的原因，在出行方面存在诸多不便，严重影响了相关群体的幸福感。无障碍环境建设旨在保障相关群体的出行权、信息获取和运用等方面

---

* 刘明，南开大学人权研究中心副教授，主要研究方向为人权理论与人权实践；张晓，北京第二外国语学院旅游科学学院讲师，主要研究方向为旅游者权利。

的权利。党和国家领导人也高度重视无障碍环境建设，2020 年 9 月，习近平总书记在湖南考察时指出：“无障碍设施建设问题，是一个国家和社会文明的标志，我们要高度重视。”2020 年，为切实保障相关群体的出行权、信息获取和运用等方面的权利，国家在相关法规政策、无障碍环境建设的标准化建设和系统化建设、无障碍设施建设与信息无障碍建设等方面，均有较大举措。

一　无障碍环境建设的规范化和标准化

无障碍环境建设，不仅能够直接保障残障人士、老年人等相关受益群体的出行权以及信息获取和使用方面的信息权，而且，还为保障这些群体成员的平等参与权提供了保障。《无障碍环境建设条例》的第 1 条在确定该条例的基本原则时明确提到，“为了创造无障碍环境，保障残疾人等社会成员平等参与社会生活，制定本条例”。无障碍环境建设，为保障相关群体成员平等参与经济、社会和政治生活创造了基本条件。

《残疾人权利公约》提到，无障碍环境建设对保障残障人士等相关群体的所有人权具有基础性的意义，“序言”中明确提到，“确认无障碍的物质、社会、经济和文化环境、医疗卫生和教育以及信息和交流，对残疾人能够充分享有一切人权和基本自由至关重要”。关于“无障碍”的第 9 条中，《残疾人权利公约》将无障碍环境建设的目的界定为“为了使残疾人能够独立生活和充分参与生活的各个方面”。可见，在更为广泛的意义上，无障碍环境建设能够推动残障人士、老年人等相关群体的平等融入、平等参与和平等共享。

我国《无障碍环境建设条例》第 2 条规定，无障碍环境建设“是指为便于残疾人等社会成员自主安全地通行道路、出入相关建筑物、搭乘公共交通工具、交流信息、获得社区服务所进行的建设活动”。无障碍环境建设包括无障碍设施建设、无障碍信息交流、无障碍社区服务几个方面。我国确定的无障碍环境建设的基本内容，同联合国的最新规定基本吻合，甚至有所补充。2019 年 7 月，第 74 届联合国大会临时议程将无障碍环境界定为“提供无论是虚拟还是实体的灵活的设施和环境，以满足每个用户的需求和偏好”①。与联合国对无障碍环境的规定相比，我国的相关规定不仅包括了无障碍设施建设和无障碍信息建设，还包括了无障碍社区服务。

为了进一步确保无障碍环境建设有法可依、有章可循，2020 年，我国在无障碍环境建设方面直接或间接地出台了一系列法规和政策，进一步确保无障碍环境建设的规范化，以便为相关群体的权利保障提供法制化和制度化的保障。2020 年 5 月颁布的《民法典》第 281 条规定，“建筑物及其附属设施的维修资金，属于业主共有。经业主共同决定，可以用于电梯、屋顶、外墙、无障碍设施等共有部分的维修、更新和改造”。“无障碍设施”建设的内容被写进《民法典》，标志着我国法律体系对无障碍环境建设的重视程度得到进一步提升。此外，国家也将针对老年人和残障人士的服务设施建设纳入“十四五”规划中，《中共中央关于制定国民经济和社会发展第十四个五年规划和二〇三五年远景目标的建议》提出“健全老年人、残疾人关爱服务体系和设施，完善帮扶残疾人、孤儿等社会福利制度”，表明我国将无障碍环境建设视作一项全域性、长期性、系统性的工程。

在国家宏观政策方面，国务院办公厅在 2020 年 7 月印发《关于全面推进城镇老旧小区改造工作的指导意见》，提出 2020 年的工作目标为全年“新开工改造城镇老旧小区 3.9 万个，涉及居民近 700 万户”，并在 2022 年，“基本形成城镇老旧小区改造制度框架、政策体系和工作机制”。② 该指导意见以“让人民群众生活更方便、更舒心、更美好”为指

---

① 中国残联残疾人事业发展研究中心、道略残疾人事业研究院编《中国残疾人发展与社会进步年度纵览（2020）》，求真出版社，2020，第 276 页。

② 国务院办公厅：《国务院办公厅关于全面推进城镇老旧小区改造工作的指导意见》（国办发〔2020〕23 号），2020 年 7 月 20 日，中国政府网，http：//www. gov. cn/zhengce/content/2020－07/20/content_ 5528320. htm。

导原则，明确提到“有条件的楼栋加装电梯”“无障碍设施”“智慧化改造”等无障碍环境建设的内容。为了确保该指导意见的有效执行，国务院要求各级地方政府因地制宜地确定改造内容清单、标准和支持政策，落实政府各部门的责任。

2020年3月，中国残联下发《关于切实做好建档立卡重度残疾人家庭无障碍改造工作助力残疾人脱贫攻坚的通知》，要求各地在2020年实现现行标准下建档立卡重度残疾人家庭无障碍改造的全覆盖。2020年7月，民政部等9部门联合印发《关于加快实施老年人居家适老化改造工程的指导意见》。该指导意见提出，“2020年底前，采取政府补贴等方式，对纳入分散供养特困人员和建档立卡贫困人口范围的高龄、失能、残疾老年人家庭实施居家适老化改造”。

住房和城乡建设部、教育部、工业和信息化部、公安部、中国残联等13个部门联合于2020年8月印发《关于开展城市居住社区建设补短板行动的意见》，将无障碍环境建设纳入城市居住社区建设补短板行动。该意见将“加强居住社区无障碍环境建设和改造，为居民出行、生活提供便利”布置为重点任务之一。为了保障无障碍设施建设的顺利推进，“残联要积极组织残疾人代表开展体验活动，配合推进社区无障碍环境建设和改造工作”。在《完整居住社区建设标准（试行）》中，明确对无障碍设施的标准化要求进行了规定，“住宅和公共建筑出入口设置轮椅坡道和扶手，公共活动场地、道路等户外环境建设符合无障碍设计要求。具备条件的居住社区，实施加装电梯等适老化改造。对有条件的服务设施，设置低位服务柜台、信息屏幕显示系统、盲文或有声提示标识和无障碍厕所（厕位）”。①

2020年9月，为推动信息无障碍建设，《工业和信息化部　中国残疾人联合会关于推进信息无障碍的指导意见》正式发布。该指导意见聚焦老年

---

① 住房和城乡建设部等：《住房和城乡建设部等部门关于开展城市居住社区建设补短板行动的意见》，2020年8月25日，中华人民共和国住房和城乡建设部网站，http：//www.mohurd.gov.cn/wjfb/202008/t20200825_246923.html。

人、残障人士、偏远地区居民等信息无障碍建设的相关受益群体，指出信息无障碍建设的基本原则是："以人为本，需求导向。把增进人民群众福祉作为出发点和落脚点，从重点受益群体的迫切需求入手，注重可操作性和实效性，使人民群众方便、平等地参与社会生活。"努力消除"数字鸿沟"，使各类社会群体都能平等和方便地获取和使用信息，推动包容性发展。该指导意见确定了未来一年多面向老年人群体和残障人士的工作目标，"到2021年底，面向持证残疾人及60周岁以上农村老年人的通信服务资费优惠进一步加大，显著减轻重点受益群体通信资费负担"①，部署了"加强信息无障碍法规制度建设""加快推动互联网无障碍化普及""完善信息无障碍规范与标准体系建设"等七项具体任务。

自1990年《残疾人保障法》在国家法律层面提及"无障碍措施"起至2020年底的30年间，我国无障碍环境建设的法规政策建设逐渐规范化和系统化。这30年间，我国无障碍环境建设在法规政策方面的规范化历程见表1。

表1　无障碍环境建设在规范化历程中的部分关键事项

属性	法律、政策	年份	核心内容
国家法律层面	《民法典》	2020	第281条规定"无障碍设施"的内容
	《老年人权益保障法》(2018年修订版)	2018	第64、65条规定"无障碍设施"相关内容
	《道路交通安全法》(2011年修订版)	2011	第34条关于"设置盲道"等相关规定
	《残疾人保障法》(2008年修订版)	2008	第7章整章规定了"无障碍环境建设"相关内容
	《残疾人保障法》(1990年)	1990	第46条规定"无障碍措施"内容

① 工业和信息化部、中国残疾人联合会：《工业和信息化部　中国残疾人联合会关于推进信息无障碍的指导意见》，2020年9月23日，中国政府网，http://www.gov.cn/zhengce/zhengceku/2020-09/23/content_5546271.htm。

续表

属性	法律、政策	年份	核心内容
国家政策或部门政策	《工业和信息化部　中国残疾人联合会关于推进信息无障碍的指导意见》	2020	系统性地规定了信息无障碍建设方面的相关内容
	《交通强国建设纲要》	2019	规定"无障碍出行服务"相关内容
	《关于进一步加强和改善老年人残疾人出行服务的实施意见》	2018	详细规定了"无障碍交通基础设施建设"等方面的内容
	《关于开展无障碍环境市县村镇创建工作的通知》	2018	推动无障碍环境建设的全域化
	《关于加强网站无障碍服务能力建设的指导意见》	2016	规定了信息无障碍建设方面的相关内容
	《残疾人航空运输管理办法》	2014	进一步规范了航空运输领域的无障碍服务
	《无障碍环境建设条例》	2012	全方位、系统性地阐释了无障碍环境建设
	《关于切实做好残疾人驾驶汽车相关工作的通知》	2010	完善了残疾人驾车出行方面的相关权益

此外，为确保无障碍环境建设的高质量、高标准，我国还不断推进无障碍环境建设的标准化。2020 年 12 月 1 日，新修订的《民用机场旅客航站区无障碍设施设备配置标准》正式实施，标志着我国在机场建设领域对无障碍设施建设的标准有了更新更高的要求。进入 21 世纪，我国在无障碍环境建设的标准设定方面不断革新，以确保无障碍环境建设的高质量、高标准，从质量层面切实保障相关群体的出行权利。我国无障碍环境的标准化建设历程可见表 2。

表 2　我国无障碍环境建设的标准化历程

年份	相关文件
2020	《民用机场旅客航站区无障碍设施设备配置标准》（新修订）
2019	《铁道客车及动车组无障碍设施通用技术条件》
2019	《信息技术互联网内容无障碍可访问性技术要求与测试方法》
2018	《老年人照料设施建筑设计标准》
2018	《旅游无障碍环境建设规范》

续表

年份	相关文件
2018	《铁路旅客车站设计规范》
2017	《公共建筑标识系统技术规范》
2016	《老年人居住建筑设计规范》
2012	《无障碍设计规范》
2011	《无障碍设施施工验收及维护规范》
2008	《信息无障碍身体机能差异人群网站设计无障碍技术要求》
2003	《特殊教育学校建筑设计规范》

二　落实无障碍设施建设，保障相关群体的出行权

无障碍设施，是指为了保障残障人士、老年人、儿童及其他行动不便者在居住、出行、工作、休闲娱乐和参加其他社会活动时，能够自主、安全、方便地通行和使用相关建筑物的物理环境，包括无障碍通道、电（楼）梯、房间、洗手间、席位、盲文标识和音响提示等。无障碍设施建设是无障碍环境建设的主要组成部分，主要保障老年人、残障人士等相关受益群体的出行权，为保障其平等参与经济、社会和文化生活创造基本条件。近年来，围绕残障人士、老年人等重点出行困难群体，全国各部门、各地区进一步落实无障碍设施建设。

1. 针对残障人士的无障碍设施建设不断完善

2020 年 3 月底，中国残疾人联合会公布的《2019 年残疾人事业发展统计公报》显示，2019 年，“全国共出台了 537 个省、地市、县级无障碍环境建设与管理法规、政府令和规范性文件；1737 个地市、县系统开展无障碍环境建设；全国开展无障碍环境建设检查 3261 次，无障碍培训 4.9 万人次；为 136.0 万残疾人家庭实施了无障碍改造，其中包括 15.3 万贫困重度残疾人；为 47.4 万残疾人发放了残疾人机动轮椅车燃油补贴”。[①] 另据全国残疾

① 中国残疾人联合会：《2019 年残疾人事业发展统计公报》，2020 年 3 月 31 日，中国残疾人联合会网，http://www.cdpf.org.cn/sjzx/tjgb/202004/t20200402_674393.shtml。

人基本服务状况和需求动态更新数据统计，“2016 年至 2019 年，全国共为 435 万名残疾人完成家庭无障碍改造，其中包括 55 万名贫困重度残疾人，残疾人家庭无障碍改造覆盖率从 2017 年的 9.6% 提高到 2019 年的 40.7%”。此外，截至 2019 年底，“全国村（社区）综合服务设施中已有 79% 的出入口、51% 的服务柜台、34% 的厕所进行了无障碍建设和改造”①。

2. 完善残障人士、老年人等相关群体的交通出行设施

国务院新闻办公室 2020 年 12 月 22 日发布的《中国交通的可持续发展》白皮书显示，“在全国推广应用无障碍化客运车辆，多个省份客运设施无障碍建设率达到 100%。3400 余辆动车组列车设置了残疾人专座；公共交通工具设置‘老弱病残’专座，使用低地板公交车和无障碍出租汽车；城市公交车配备车载屏幕、语音报站系统。邮政快递部门为重度残疾人提供上门服务，为聋人客户提供短信服务，对盲人读物免费寄送”②。2020 年 10 月 22 日，公安部推出优化营商环境 12 项措施情况，其中第 9 项规定：“便利残疾人家庭共用车辆，对于持有小型自动挡汽车驾驶证（C2）以上的人员，可以驾驶上肢残疾人专用小型自动挡载客汽车，便利残疾人家庭成员及其他服务残疾人出行的人员共用车辆。”③

3. 完成对211个市县村镇无障碍环境创建工作的验收

2020 年 7 月底，住房和城乡建设部等部门根据《住房城乡建设部等部门关于开展无障碍环境市县村镇创建工作的通知》，对申报参加“十三五”无障碍环境创建的 211 个市县村镇创建工作情况进行验收，验收统计项目的时间范围为 2016 年 1 月 1 日至 2020 年 7 月 31 日竣工的项目，验收的项目清单包括“道路建设与改造”“公共建筑建设与改造”“公共交通设施建设

① 《从“无障碍”家庭到“无障碍”城市，我国无障碍环境建设还需“过几关”》，2020 年 8 月 6 日，中国政府网，http：//www. gov. cn/xinwen/2020 - 08/06/content_ 5532849. htm。

② 国务院新闻办公室：《中国交通的可持续发展》白皮书，2020 年 12 月 22 日，新华网，http：//www. xinhuanet. com/2020 - 12/22/c_ 1126892211. htm。

③ 《公安部出台便利残疾人家庭成员及其他服务残疾人出行的人员与上肢残疾人互驾　共用车辆改革措施》，2020 年 10 月 23 日，中国残疾人联合会网，http：//www. cdpf. org. cn/yw/202010/t20201023_ 676792. shtml。

与改造”“居住区、居住建筑建设与改造”等内容。① 截至2020年12月底，住房和城乡建设部等部门对参加无障碍环境建设创建的市县村镇进行了验收，其中72个单位获评“全国无障碍环境示范市县村镇”。这是推进无障碍设施实现全国范围的全域化建设的一项重要工作。

4. 加大资金投入，加快老旧社区改造

据央视网2020年11月24日的报道，“2015年，中央城市工作会议明确提出要加快老旧小区改造，随后改造力度逐年加大，2019年中央补助资金达550多亿元，今年又安排中央补助资金850多亿元。此外，住房和城乡建设部今年还推动金融机构拿出4360亿元贷款，支持老旧小区改造。在加大投入的同时，改造的范围也从水、电、暖等基础设施的改造，扩大到电梯、养老托幼、家政等各类公共服务设施的建设。截至10月底，今年计划改造的城镇老旧小区已开工3.7万个，开工率达到94.6%。2019年、2020年全国共改造5.8万个城镇老旧小区，惠及居民1043万户”。② 老旧社区改造，给老年人、残障人士等相关行动困难群体成员的出行和居住带来了极大的便利。针对老年人的家庭无障碍改造也在各省市进一步展开，例如，2020年底，江苏省3万户困难老年人家庭完成适老化改造。③ 居家适老化改造针对高龄、失能、重度残疾老年人的特点，添加了无障碍设计，极大地满足了老年人的需求。

近年来，全国各省、自治区、直辖市也不断推进本省级单位的无障碍设施建设，全国范围的无障碍环境建设呈现全域性、系统性、均衡性等特点。2020年4月至7月，各省级单位（西藏除外，截至2020年12月底，西藏暂未公布2019年数据）的残疾人联合会相继公布了2019年全年的无障碍环

① 《住房和城乡建设部等部门关于开展无障碍环境 市县村镇创建工作验收的通知》，2020年7月31日，住房和城乡建设部网，http：//www.mohurd.gov.cn/wjfb/202008/t20200812_246732.html。

② 《5.8万个城镇老旧小区完成改造》，2020年11月24日，央视网，https：//tv.cctv.com/2020/11/24/VIDEX5RJmkBahrOoIH5Jv9HS201124.shtml。

③ 《江苏3万户困难老年人家庭完成适老化改造》，2020年12月10日，人民网，http：//js.people.com.cn/n2/2020/1210/c360302-34467488.html。

境（包括信息无障碍）建设基本情况，包括相关地方性法规或文件、无障碍环境建设、无障碍环境建设检查、无障碍培训等方面（见表3）。

表3　2019年全年各省级单位无障碍环境建设基本情况

省(自治区、直辖市)	无障碍环境建设基本情况	省(自治区、直辖市)	无障碍环境建设基本情况
上海	2019年,“全市累计出台了3个市、区级无障碍环境建设与管理法规、政府令;全市开展无障碍环境建设检查767次,无障碍工作培训1355人次”	山西	2019年,“全省共出台了14个省、地市、县级无障碍环境建设与管理法规、政府令和规范性文件;71个地市、县系统开展无障碍环境建设;开展无障碍环境建设检查38次,无障碍培训368人次”
重庆	2019年,“全市共出台了6个无障碍环境建设与管理法规、政府令和规范性文件;38个区县均系统开展无障碍环境建设;开展无障碍环境建设检查48次,无障碍培训2179人次”	云南	2019年,“全省累计建设无障碍领导协调组织64个,全省各级共有4个州(市)和48个县(市、区)系统开展无障碍环境建设,进行无障碍环境建设检查57次,进行无障碍建设培训760人次”
广东	2019年,“全省共出台了32个省、地市、县级无障碍环境建设与管理法规、政府令和规范性文件;145个地市、县系统开展无障碍环境建设;开展无障碍环境建设检查423次,无障碍培训1789人次”	湖南	2019年,“全省共出台了15个省、市、县级无障碍环境建设相关文件;11个市、县系统开展无障碍环境建设;开展无障碍环境建设检查53次,无障碍培训724次;为7472户残疾人家庭实施了无障碍改造;为59619名残疾人发放了残疾人机动轮椅车燃油补贴”
新疆	2019年,“7个地市、县开展无障碍环境建设;开展无障碍环境建设检查16次”	广西	2019年,“125个地市、县系统开展无障碍环境建设;开展无障碍环境建设检查99次,无障碍培训1070人次”
天津	截至2019年底,“建立无障碍环境建设领导协调组织17个;全市16个区全部系统开展无障碍建设”	河南	2019年,“全省92个省、市、县级出台了无障碍环境建设与管理法规、政府令和规范性文件;61个地市、县系统开展无障碍环境建设;开展无障碍环境建设检查46次,无障碍培训646人次”

续表

省(自治区、直辖市)	无障碍环境建设基本情况	省(自治区、直辖市)	无障碍环境建设基本情况
江苏	2019年,"全省共出台了33个省、地市、县级无障碍环境建设与管理法规、政府令和规范性文件;55个地市、县系统开展无障碍环境建设;开展无障碍环境建设检查216次,无障碍培训4150人次"	河北	2019年,"全省共出台了44个省、市、县级无障碍环境建设与管理法规、政府令和规范性文件;186个市、县系统开展无障碍环境建设;开展无障碍环境建设检查50次,无障碍培训540人次;为30255名残疾人家庭实施无障碍改造;为7063名残疾人发放了残疾人机动轮椅车燃油补贴"
浙江	2019年,"全省102个设区市和县(市、区)系统开展无障碍环境建设,全省开展无障碍环境建设检查394次,无障碍培训4534人次。成功创建第二批省级无障碍社区111个"	江西	2019年,"全省共出台了8个省、地市、县级无障碍环境建设与管理法规、政府令和规范性文件;全省各地市、县系统开展无障碍环境建设;开展无障碍环境建设检查29次,无障碍培训188人次"
北京	2019年,"全市累计出台了19个市、区级无障碍环境建设与管理法规和规范性文件;16个区级残联系统开展无障碍环境建设,开展无障碍环境建设检查99次,无障碍培训13043人次"	安徽	2019年,"全省共出台了8个省、地市、县级无障碍环境建设与管理法规、政府令和规范性文件;81个地市、县系统开展无障碍环境建设;开展无障碍环境建设检查75次,无障碍培训457人次"
山东	2019年,"全省共出台省市县级无障碍环境建设与管理法规、政府令和规范性文件37个;93个市县区全面开展无障碍环境建设;全省开展无障碍环境建设检查222次,无障碍培训3013人次"	四川	2019年,"全省已有55个市、县、区系统开展无障碍建设;全年共开展无障碍建设检查127次;无障碍培训5835人次"
内蒙古	2019年,"全区省市县三级出台无障碍环境建设与管理法规、政府令和规范性文件13个;67个地市、县系统开展无障碍环境建设;开展无障碍环境建设检查54次,无障碍培训95人次"	甘肃	2019年,"省市县三级无障碍环境建设与管理法规、政府令和规范性文件共出台42件;全省101个市(州)、县(区、市)开展无障碍环境建设;开展无障碍环境建设检查58次,无障碍培训358人次"

续表

省(自治区、直辖市)	无障碍环境建设基本情况	省(自治区、直辖市)	无障碍环境建设基本情况
福建	2019年,“全年共出台了7个省、地市、县级无障碍环境建设与管理法规、政府令和规范性文件;51个地市、县系统开展无障碍环境建设;开展无障碍环境建设检查41次,无障碍培训2297人次”	陕西	2019年,“全省共出台了26个省、市、县级无障碍环境建设与管理法规、政府令和规范性文件;52个市、县系统开展无障碍环境建设;全省开展无障碍环境建设检查33次,无障碍培训795人次”
黑龙江	2019年,“全省共出台了2个省、地市、县级无障碍环境建设与管理法规、政府令和规范性文件;36个地市、县系统开展无障碍环境建设;开展无障碍环境建设检查6次,无障碍培训175人次”	海南	2019年,“全省共出台了3个省、地市、县级无障碍环境建设与管理法规、政府令和规范性文件;5个地市、县系统开展无障碍环境建设;开展无障碍环境建设检查60次,无障碍培训875人次”
吉林	2019年,“全省共出台了18个省、地市、县级无障碍环境建设与管理法规、政府令和规范性文件;13个地市、县系统开展无障碍环境建设;开展无障碍环境建设检查9次,无障碍培训65人次”	贵州	2019年,“全省共出台了2个省、地市、县级无障碍环境建设与管理法规、政府令和规范性文件;29个地市、县系统开展无障碍环境建设;开展无障碍环境建设检查23次,无障碍培训130人次”
辽宁	2019年,“全省共出台了4个省、市级无障碍环境建设与管理法规、政府令;8个市、县系统开展无障碍环境建设;全省开展无障碍环境建设检查59次,无障碍培训2276人次”	宁夏	2019年,“自治区、市、县级共出台5个无障碍环境建设与管理法规、政府令和规范性文件;25个地市、县系统开展无障碍环境建设;各级开展无障碍环境建设检查35次,举办无障碍培训175人次。为10347残疾人发放机动轮椅车燃油补贴,共计269万元。为3588户残疾人家庭进行了无障碍改造,共投入资金1244.6万元”
湖北	2019年,“共出台了8个省、地市、县级无障碍环境建设与管理法规、政府令和规范性文件;83个地市、县系统开展无障碍环境建设;开展无障碍环境建设检查29次,无障碍培训564人次”	青海	2019年,“全省共出台了3个省、地市、县级无障碍环境建设与管理法规、政府令和规范性文件;12个地市、县系统开展无障碍环境建设;开展无障碍环境建设检查36次,无障碍培训4人次”

资料来源:根据各省级单位2020年4~7月陆续公布的2019年“残疾人事业统计公报”制作。

三 推进信息无障碍建设，保障相关群体的信息获取权和使用权

依据2020年9月发布的《工业和信息化部 中国残疾人联合会关于推进信息无障碍的指导意见》，信息无障碍指“通过信息化手段弥补身体机能、所处环境等存在的差异，使任何人（无论是健全人还是残疾人，无论是年轻人还是老年人）都能平等、方便、安全地获取、交互、使用信息”。随着信息化和数字化时代的到来，能否平等、便捷、无障碍地获取和利用信息，成为影响人们参与经济、社会和政治生活的重要方面，信息无障碍也逐渐成为无障碍环境建设的重要组成部分。信息无障碍建设旨在保障残障人士、老年人、偏远地区居民、文化差异人群等群体在信息获取和使用方面的相关权利，消除“数字鸿沟”，推动包容性发展和共享发展。

近年来，以工业和信息化部为主的国家相关部门在推进和落实信息无障碍建设方面积极行动。中国政府网2020年11月26日公布的信息和数据显示，目前，我国在推进信息无障碍建设方面主要取得以下成果。其一，近年来，国家大力加强信息通信方面的基础设施建设，“中国已经建成了世界上最大的4G网络，我们全国的行政村通光纤和通4G的比例超过了98%”，这为消除老年人、残障人士等相关困难群体面临的“数字鸿沟”问题提供了保障，使这些群体能够随时随地接入网络。其二，信息无障碍建设取得明显成效，目前，我国“已经为3.2万个政府网站作了信息无障碍的改造，同时也指导发布了多项信息无障碍标准”，2020年9月发布的《工业和信息化部 中国残疾人联合会关于推进信息无障碍的指导意见》，将未来一年多的工作重点放在“进一步消除老年人、残障人士等信息障碍群体在信息消费资费、终端设备、服务与应用等障碍”方面。其三，国家相关部门联合编制了100多项养老产品和100多项服务方面的智慧养老产品，在防控新冠肺炎疫情期间，工业和信息化部推出了通信行程卡项目的便民服务，使那些不

使用智能手机的老年人可以通过短信查询方式查询自己的行程。①

目前，全国或有近 1.4 亿老年人无法使用手机上网。为进一步切实解决老年人、残障人士等群体的信息障碍问题，工业和信息化部于 2020 年 11 月 25 日发布了《互联网应用适老化及无障碍改造专项行动方案》（以下简称《行动方案》）的通知，决定自 2021 年 1 月起，在全国范围内开展为期一年的互联网应用适老化及无障碍改造专项行动。《行动方案》针对不同类型的特定群体有针对性地提出相应信息改造措施（见表 4），以实现信息供给的便捷性、可理解性、安全性和无障碍性。信息适老化和无障碍改造的重点，主要是对那些与残障人士和老年人等群体的生活密切相关的 App 和网站进行改造，其中，首批改造的网站包括“国家相关部委及省级人民政府、残疾人组织、新闻媒体、交通出行、金融服务、社交通讯、生活购物、搜索引擎等 8 大类、共 115 家网站”，首批改造的 App 包括“新闻资讯、社交通讯、生活购物、金融服务、旅游出行、医疗健康等 6 大类、共 43 个 App”②。

《行动方案》具有几个显著特点。其一，针对性强。《行动方案》针对不同类型的信息障碍群体提出相应的信息无障碍改造内容和要求，并针对当前现实中存在的问题提出针对性方案。其二，责任主体落实明确。无障碍信息改造的责任主体直接落实到 115 家网站和 43 个 App，并将信息无障碍评测情况纳入“企业信用评价”。其三，《行动方案》提出的信息改造内容和对象，体现了残障人士、老年人群体最为迫切的需求和利益。此次信息改造的 8 大类网站和 6 大类 App 均是同老年人、残障人士的生活密切相关的内容，能够极大地推动相关群体平等参与经济、社会和政治生活的便捷性和安全性。

① 《积极推动信息无障碍建设》，2020 年 11 月 26 日，中国政府网，http：//www.gov.cn/xinwen/2020-11/26/content_5564783.htm。

② 《互联网应用适老化及无障碍改造专项行动方案》，2020 年 12 月 25 日，工业和信息化部网，https：//www.miit.gov.cn/jgsj/xgj/wjfb/art/2020/art_18a8b1029f724afc8b31264fcd0f4106.html。

表 4 《行动方案》的针对群体和具体要求

针对的群体	信息无障碍改造的内容和要求
老年人	“推出更多具有大字体、大图标、高对比度文字等功能特点的产品” “鼓励更多企业推出界面简单、操作方便的界面模式,实现一键操作、文本输入提示等多种无障碍功能” “提升方言识别能力,方便不会普通话的老人使用智能设备”
视力障碍人士	“推动网站和手机 App 与读屏软件做好兼容,解决‘验证码’操作困难、按钮标签和图片信息不可读的问题” “推动企业设计研发智能导盲技术和功能”
听力障碍人士	“鼓励互联网产品内容信息加配字幕,提高与助听器等设备的兼容性” “推动企业提供在线客服等其他可替代电话客服的服务方式”
肢体障碍人士	“引导网站和手机 App 支持自定义手势,简化交互操作” “推出更多贴合肢体障碍群体需求特点的互联网应用”
一般而论的信息障碍群体	“互联网网站和手机 App 完成改造后的适老版、关怀版、无障碍版本” “将不再设有广告插件,特别是付款类操作将无任何诱导式按键”

资料来源：根据《互联网应用适老化及无障碍改造专项行动方案》内容编制。

四 问题与建议

总体而言，我国的无障碍环境建设在近年来取得了明显成效。无论是作为实体的无障碍设施建设还是作为虚体的信息无障碍建设，国家在法律和政策层面都给予了持续关注，各地各部门也纷纷落实相关要求。我国针对老年人、残障人士等群体开展的居家环境改造和老旧社区改造，将无障碍环境建设从公共环境领域延伸至社区和家中，成为我国无障碍环境建设中的一道“独特风景”。2020 年，我国在无障碍环境建设相关法律法规的完善、无障碍设施建设和信息无障碍建设等方面的持续强化，表明我国在保障老年人、残障人士等相关群体的出行权、平等的信息获取权和使用权等方面，基本实现了规范化、标准化、系统化和全域性的要求。然而，由于此项工作存在面广量大、区域之间存在基础不均衡等客观现实，我国的无障碍环境建设仍然存在一些问题。

第一，信息化数字化时代的“数字鸿沟”问题仍然普遍存在，“我国公共服务类网站及移动互联网应用（App）无障碍化普及率较低，适老化水平有待提升，多数存在界面交互复杂、操作不友好等问题，使得老年人不敢用、不会用、不能用；普遍存在图片缺乏文本描述、验证码操作困难、相关功能与设备不兼容等问题，使得残疾人等群体在使用互联网过程中遇到多种障碍”①，这极大地影响了老年人、残障人士、边远地区居民等相关群体的权利实现。

第二，无障碍设施存在间断、不连续的问题，导致残障人士、老年人等相关群体无法实现连续性的便捷、安全出行。例如，有的地方，附近的公园有完善的无障碍设施，但残障人士、老年人所生活的小区却没有升降电梯，导致相关群体成员仍然无法便捷出行。此外，从更大的范围看，无障碍设施建设水平的区域性差异、城乡差异仍然较为突出，城市地区和发达省份的无障碍设施建设相对完善，乡村地区和欠发达省份的无障碍设施建设相对落后，导致无障碍设施的间断性和不连续性在区域之间、城乡之间普遍存在，这限制了残障人士、老年人等相关群体更广、更深地参与经济、社会和政治生活。

第三，一些无障碍环境的设计和建设，是在残障人士和老年人等相关群体成员“缺席”的情况下完成的，致使某些建成后的无障碍设施存在适用度较低的问题。近年来，某些部门和地区也意识到无障碍设施的建设需要邀请老年人、残障人士参与，并将其纳入法规。2020 年 1 月 17 日，广州市政府常务会议审议通过的《广州市无障碍环境建设管理规定（草案）》第 7 条规定，“残疾人和残疾人组织、老年人和老年人组织、妇女联合会可以对无障碍环境建设与管理情况，向有关部门提出意见和建议，有关部门应当及时办理和答复”。

鉴于无障碍环境建设中存在的以上问题，为充分保障相关群体的相关权

① 《互联网应用适老化及无障碍改造专项行动方案》，2020 年 12 月 25 日，工业和信息化部网，https://www.miit.gov.cn/jgsj/xgj/wjfb/art/2020/art_18a8b1029f724afc8b31264fcd0f4106.html。

利，对随后的无障碍环境建设提出以下几点建议。其一，将信息无障碍建设视作一项长期的系统性任务，通过政府、社会、市场主体、相关受益群体等相关主体的多方协作，逐渐消除“数字鸿沟”。其二，在无障碍设施的设计和建设过程中，注重无障碍设施的连续性；重点关注乡村、欠发达省份的无障碍设施建设，逐渐消除无障碍设施建设水平在城乡间、地区间的差异。其三，在无障碍环境的规划和建设过程中，吸纳残障人士、老年人等相关群体成员的意见，从“为人设计”转向“与人一起设计”。

参考文献

1. 中国残联残疾人事业发展研究中心、道略残疾人事业研究院编《中国残疾人发展与社会进步年度纵览》（2020），求真出版社，2020。
2. 国务院法制办公室编著《无障碍环境建设条例释义》，求真出版社，2012。
3. 薛峰：《无障碍与宜居环境建设》，辽宁人民出版社，2019。
4. 郑功成编《中国无障碍环境建设发展报告》，辽宁人民出版社，2019。
5. 凌亢主编《残疾人蓝皮书：中国残疾人事业发展报告（2019）》，社会科学文献出版社，2019。
6. 张永和主编《人权知识老年人权利读本》，湖南大学出版社，2016。
7. 刘文静：《〈残疾人权利公约〉研究》，知识产权出版社，2020。

B.18 大数据防控疫情与公民个人隐私保护

潘　俊*

摘　要：在新冠肺炎疫情防控中，政府、企业纷纷推出一系列大数据产品，覆盖出行、就医、消费、复工等多场景，实现疫情预测、治理和治疗的全面化、精准化。其间，被收集的诸如姓名、家庭住址、家庭成员等信息关系个人隐私安全。我国先后通过多个规范性文件整体部署，成立联防联控机制，强调技术处理并严厉打击泄露他人隐私的违法违规行为，以平衡公共健康与个人隐私。在疫情防控常态化的背景下，为更好地保护公民个人隐私，应全面提升信息隐私保护的安全意识，进一步推动信息隐私保护立法的实施，有效监管信息隐私的收集、使用与存储，并实现数据信息的互联互通。

关键词：大数据　疫情防控　隐私权　个人信息

新冠肺炎疫情的动态时刻牵动全国、全球每一个人。不同于2003年的“非典”，这次新冠肺炎疫情发生时，互联网已成为主要的信息平台。利用大数据，已成为疫情防控的重要、关键举措。新冠肺炎疫情防控也因此被称为“数字时代的抗疫战”。从疫情突袭而至，到全国各城市陆续封城，再到逐步复产复工，个人信息的收集、公开伴随着生产生活的方方面面。这些信

* 潘俊，法学博士，西南政法大学讲师，主要研究方向为民法、私法与人权。

息中，很大一部分属于个人隐私的范畴，一旦泄露，将对公民生活带来极大伤害。既让大数据“智慧”助力疫情防控，又避免大数据的收集、使用侵害公民个人隐私，是此次疫情防控工作中极为重要的一环，也是对我国国家现代化治理水平的考验与挑战。

一　疫情防控中大数据的重要作用

（一）大数据是精准防疫的必要手段

2014 年，大数据首次被写入政府工作报告。2015 年 7 月、9 月，国务院相继印发《关于运用大数据加强对市场主体服务和监管的若干意见》《促进大数据发展行动纲要》，为 2017 年 1 月工信部出台《大数据产业发展规划（2016—2020 年）》奠定坚实基础。由此，大数据等新技术在国家政策支持下日益普及、逐渐运用。随着“让数据多跑路，群众少跑腿”“一网通办”“不见面审批”等理念的推广与落实，政府也在不断积累数据公开的经验，覆盖通信、交通、卫健、公安、社区等多个领域。“相对于传统的走访、摸排、登记，大数据的分析运用可以更加及时、准确和有效的防控、检测传染病，也有利于更好的分析掌握疾病传播规律，消除更多的‘盲区’和不确定性，化被动为主动。”①

运用大数据对疫情进行全面和精细化治理，已被我国政府迅速采纳为控制疫情扩散的重要手段。2020 年 1 月 27 日，工业和信息化部召开疫情防控大数据专家会商会，研究部署大数据支撑服务疫情防控工作。1 月 28 日，国家卫健委高级别专家组成员表示，专家正利用大数据技术梳理感染者的生活轨迹，追踪人群接触史，锁定感染源及密切接触人群。2 月 14 日，习近平总书记在中央全面深化改革委员会第十二次会议上强调，要鼓励运用大数

① 《切实加强个人信息保护，有效发挥大数据对疫情防控的支撑作用》，2020 年 2 月 9 日，央视新闻网，http：//news. cctv. com/2020/02/09/ARTIyp1uQr7f2WYh9lthdmK6200209. shtml。

据、人工智能等数字技术，在疫情监测、分析、病毒溯源、防控救治、资源调配等方面更好地发挥支撑作用。① 随后，工业与信息化部迅速响应，部署利用手机信令等电信大数据支持工作。② 3月初，工信部新闻发言人在国务院联防联控机制新闻发布会上表示，“据不完全统计，目前已有20余款人工智能系统运用在湖北武汉抗疫的一线以及全国的数百家医院，服务人数包括疑似病例和确诊病例，达到了数十万人次”。③

（二）大数据在疫情防控中的实际运用

1. 系列大数据疫情防控产品推出

大到国家部委相关部门，小到各个街道社区，都将大数据作为不可或缺的防疫工具。基于抗击疫情的紧急性和迫切性，各地均建有覆盖地市卫健委、区县卫健局、基层防控工作小组的“疫情信息采集系统”，收集包括但不限于以下信息：新冠肺炎疫情防控信息、密切接触者信息、发热门诊信息、新冠肺炎防控措施信息、确诊和疑似病例信息、武汉流动人口健康筛查、确诊和疑似病例来源信息等。除依靠直接的信息采集外，各类互联网公司通过自身数据和技术能力，向国家有关部门提供了大量数据支撑，为传染源（人员）的筛查、追踪、控制和隔离作出了巨大贡献。国家相关部门、社会各企业分别或联合开发推出各类小程序等多种大数据产品，投入疫情防控使用之中（见表1）。如为保障安全出行，中央和地方多级政府部门、互联网平台企业、电信运营商联合推出“健康码”，仅各地方推出的健康码就多达十余种。

---

① 《习近平主持召开中央全面深化改革委员会第十二次会议强调：完善重大疫情防控体制机制 健全国家公共卫生应急管理体系》，2020年2月14日，中国政府网，http://www.gov.cn/xinwen/2020-02/14/content_5478896.htm。

② 刘晓春：《大数据防疫中的个人信息保护权衡》，2020年2月25日，搜狐网，https://www.sohu.com/a/375787687_662168。

③ 《疫情防控：推动人工智能应用严格落实隐私保护》，《承德晚报》2020年3月30日，第12版。

表 1　典型疫情大数据产品

大数据产品名	推出单位
密切接触者测量仪	国务院、国家卫健委、中国电子科技集团
疫情风险等级查询、核酸检测机构查询、新冠病毒核酸/抗体检测结果查询	国务院
医疗救治定点医院和发热门诊导航地图	国家卫健委、腾讯健康
全网防疫用品实时搜索	搜狗
大数据疫情监控云屏	阿里
“贵州辟谣抗疫便民”平台	贵州辟谣平台、清博大数据
全国疫情地图	百度地图
疫情专项分析服务	中国移动
地方政府大数据疫情防控解决方案	科大讯飞
九大智能防疫解决方案	明略数据
多维度数据资源体系支撑政府工作	四方伟业
大数据服务疫情监测分析	数联铭品
疫情分析师 2020	拓尔思
社区疫情防控云平台	北京邮电大学
支撑公安防疫专题应用	国图信息
高危人群疫情态势感知系统	京东数科
教育局疫情大数据决策系统	锐捷网络
“不见面”精准招商平台	优易数据
企业复工电力指数	浙江杭州供电公司

2. 出行、就医、消费、复工等多场景覆盖

百度、高德、360 等地图平台推出“地图迁徙大数据”，提供包括来源地、目的地、迁徙规模等信息的查询，满足用户特殊时期的出行需求。截至 2020 年 2 月 24 日，百度地图迁徙大数据平台和全国实时路况平台自上线以来累计服务超 15 亿人次，百度地图“疫情小区”专题地图累计查询次数近 1 亿次，百度地图发热门诊地图累计统计全国 361 个城市上万个发热门诊信息。据不完全统计，80% 以上的平台具备“疫情地图展示”“发热门诊查询”“同乘信息查询”等功能，部分平台提供“各国入境最新政策”等功

能。自 2020 年 1 月 26 日上线以来,[①]“新型冠状病毒 24 小时免费视频问诊和图文问诊服务”已有来自包括湖北、贵州、广西等 31 个省、自治区、直辖市以及 15 个国家和地区的患者和群众共 400 余万人次上网浏览，完成视频问诊 8000 余例，图文问诊 50000 余例，为居家多种症状患者提供了专业的咨询和就医建议，有效地避免了患者由于恐慌造成的过度医疗和感染。[②]

3. 疫情预警、治理、后续治疗全过程追踪

大数据技术广泛用于疫情信息共享、疫情监测分析与研判以及治疗各个阶段之中。通过大数据分析推送，“头条寻人”整理更新有关信息，联合各地发布寻找与确诊患者同乘交通工具的乘客；美团 App、大众点评 App 等推出全国定点医院与发热门诊实时在线查询服务，涵盖全国 103 个城市发热门诊信息;[③] 通过“新型冠状病毒肺炎确诊患者同行程查询工具”“疫情服务直通车”等，用户可以查询自己的行程以及乘坐的交通工具，实现疫情信息共享与预防；通过授权中国移动、中国电信等运营商，公民可以查询过去 15 天和 30 天内过往的城市信息，便于社区部门、企事业单位进行疫情防控管理。为帮助社区工作人员做好跟踪服务，国家电网浙江杭州供电公司研发了全国首个“电力大数据 + 社区网格化”算法，通过 3 轮 150 余万条次电力大数据巡航，精准判断出区域内人员日流动量和分布，并实时监测居家隔离人员、独居老人等特殊群体 347 户。重庆市、黑龙江省等地方公安局运用大数据筛查疫情风险，会同相关部门运用相关系统，通过回溯确诊病例轨迹、深入排查潜在密切接触者编织起牢固的数字化疫情防控网。

在新冠肺炎的临床诊断、后续治疗上，达摩院联合阿里云等机构，基于 5000 多个病例的 CT 影像样本数据，研发了一套全新 AI 诊断技术，在 20 秒内准确地对疑似案例 CT 影像做出判读，分析结果准确率达到 96%，大幅提

---

① 潘树琼:《疫情防控，大数据发挥了哪些作用》,《网络传播杂志》2020 年第 11 期。

② 《贵州大数据贡献“硬核”力量》,《贵州日报》2020 年 2 月 28 日。

③ 《用好大数据　加强疫情防控精准施策》, 2020 年 1 月 27 日，中国政府网，http://www.gov.cn/xinwen/2020-01/27/content_5472436.htm。

升了诊断效率。[①] 全球健康药物研发中心（GHDDI）会同清华大学药学院上线人工智能药物研发平台和大数据分享平台，免费开放药物研发资源，以加速新型冠状病毒药物的研发，有效缩短了针对此次疫情的药物研发时间。

二　大数据防控疫情中个人隐私保护的措施

疫情防控中使用的大数据多源于公民个人信息的收集与整合。个人信息与公民隐私关联密切。根据《民法典》第 1032 条、第 1034 条的规定，“隐私是自然人的私人生活安宁和不愿为他人知晓的私密空间、私密活动、私密信息”，而个人信息则是那些能够单独识别或与其他信息结合识别出特定自然人的各种信息。“个人隐私与个人信息呈交叉关系，即有的个人隐私属于个人信息，而有的个人隐私则不属于个人信息；有的个人信息特别是涉及个人私生活的敏感信息属于个人隐私，但也有一些个人信息因高度公开而不属于隐私。”[②] 诸如健康信息、性取向等个人信息属于典型的私密信息，纳入隐私权范畴受到保护，而个人邮箱、联系方式等属于非私密信息，常认为是个人信息。整体而言，隐私强调私人性、私密性，而个人信息注重身份的识别性。[③]

我国《传染病防治法》第 12 条规定，“在中华人民共和国领域内的一切单位和个人，必须接受疾病预防控制机构、医疗机构有关传染病的调查、检验、采集样本、隔离治疗等预防、控制措施，如实提供有关情况”。这意味着在公共安全遭遇威胁时，个人隐私须让位于公共安全。然而，个人信息

---

① 《达摩院最新 AI 诊断技术：新冠肺炎 CT 影像识别准确率达 96%》，2020 年 3 月 14 日，网易网，https：//www. 163. com/dy/article/F5L0AIR80512EO4N. html。

② 张新宝：《从隐私到个人信息：利益再衡量的理论与制度安排》，《中国法学》2015 年第 3 期。

③ 王利明：《个人信息权与隐私权的区别》，2020 年 3 月 24 日，中国社会科学网，http：//www. cssn. cn/zm/zm_ bjtj/201403/t20140324_ 1040048. shtml。疫情防控中的隐私多表现为个人信息，为更好地区分个人信息和隐私，文中使用“信息隐私”一词以指向大数据疫情防控中的隐私。

隐私的泄露、侵害，会直接加剧人们对信息安全的担忧，降低人们提供真实信息的主动性，导致信息收集的形式化、流程化，反过来不利于疫情防控。因此，在享受大数据技术带来的便利时，必须妥善处理好大数据防疫与隐私保护的关系。我国为此采取了一系列措施，在运用大数据防控疫情过程中确保个人隐私的安全。

（一）统筹规划做好个人信息隐私保护的指引

2020 年 1 月 29 日，交通运输部印发了《关于统筹做好疫情防控和交通运输保障工作的紧急通知》，要求“落实疫情追溯要求，严格做好乘客个人信息保密工作”，各地交通运输部门除因疫情防控需要向卫生健康等部门提供乘客信息外，不得向其他机构、组织或者个人泄露有关信息，不得擅自在互联网散播。2 月 4 日，中央网信办公开发布《关于做好个人信息保护利用大数据支撑联防联控工作的通知》（以下简称《通知》），限制个人信息的收集用于疫情防控和疾病防治，坚决避免用于其他用途；对于收集姓名、年龄、身份证号等个人信息的，未经被收集者同意，任何个人和单位都不得公开；对于收集或掌握个人信息的机构，应当采取严格的管理和技术防护措施保护个人信息的安全，防止泄露或被窃取。工信部印发《关于支撑开展疫情联防联控工作切实加强个人信息保护的通知》，从个人信息收集的责任主体、信息用途方面落实个人信息的保护，特别提及全面梳理前期围绕疫情防控已经开展的个人信息收集和使用情况，确保合法合规。3 月 2 日，民政部办公厅、中央网信办秘书局、工业和信息化部办公厅、国家卫生健康委办公厅联合印发《新冠肺炎疫情社区防控工作信息化建设和应用指引》，规定社区防控信息化产品（服务）因疫情防控工作需要收集社区居民信息的，应作出明确提示并取得同意，并严格限制用于此次疫情防控。10 月结束征求意见的《网络数据处理安全规范》从使用后的处理环节完善对信息隐私的保护，明确突发公共卫生事件应对工作结束后，指定机构应在 60 天内或者国务院相关部门规定的时限内，删除事件应对中已收集、调用的个人信息。

为贯彻落实国家精神和政策，各地也积极回应、解决疫情防控中个人

信息隐私的保护问题。如 2020 年 2 月 7 日，河北省石家庄市司法局联合普法办推出《石家庄市疫情防控工作重要法律法规汇编》，为疫情防控期间保护个人隐私的工作提供指引，从隐私权保护的合法性和必要性、隐私权保护的主管机关、隐私保护措施的执行、负有隐私保护义务的主体、泄露个人隐私的法律后果等五方面提供具体指引，并附加相关案例予以说明。12 月 12 日，四川省应对新型冠状病毒肺炎疫情应急指挥部发布第 15 号公告，明确要求加强新冠肺炎疫情防控期间对公民个人信息和隐私权的保护，在《通知》的基础上强调收集个人信息的主体、用途以及泄露后的责任承担。这一系列规范性文件，从中央到地方，从宏观基本原则到微观具体操作，从信息的收集、使用到事后处理，都为个人信息隐私的保护提供了全面的指引。

（二）联防联控协力保护个人信息隐私

为全面有效应对疫情，我国政府成立了由国家卫生健康委员会牵头，由交通、医疗、宣传等 32 个部门组成的国务院联防联控机制。该机制成员单位职责明确、分工协作，形成防控疫情的有效合力。如对于疫情期间个人信息的收集，工业和信息化部作为监管部门，根据个人信息保护的有关法律法规，采取措施严格落实数据安全和个人信息保护，防范数据的泄露、滥用等违规行为。在具体工作机制上，工信部自身成立了由分管部领导担任组长、三家基础电信企业董事长担任副组长的电信大数据支撑服务疫情防控领导小组，整体统筹协调；同时加强通信系统部省联动，组织各通信管理局、中国信息通信研究院、基础电信企业，共同建立通信行业疫情防控联动工作机制，以最大限度地保护个人信息。① 除中央层面的疫情联防联控机制外，各地方政府也纷纷组建疫情联防联控工作平台，甚至呈现跨区域的发展趋势，如京津冀三省市建立新冠肺炎疫情防控联控联动工作机制，协同打好疫情防控阻击战。通过联防联控机制，疫情防控工作得以统一领导，个人信息的收

① 《电信大数据助力疫情防控与复工复产》，《法制日报》2020 年 3 月 20 日，第 6 版。

集、使用等受到集中规范，并因中央到地方多个部门主体的参与、监管而降低信息泄露、隐私侵害的风险。

（三）技术处理实现个人信息隐私的脱敏保护

"非脱敏不公开"是必须坚守的底线，也是疫情防控与隐私保护的最佳平衡点。[①] 所谓脱敏，就是对敏感信息进行变形处理，以实现隐私数据的保护。疫情期间，不论是我国政府部门组织开发、运用的大数据产品，还是互联网企业推出的各类小程序等，都在留意个人隐私泄露的风险，并为此设计了信息防攻击、防泄露、防窃取等技术手段确保相关信息安全，同时对敏感隐私信息进行加密处理，强调使用数据的脱敏性。如为满足复工复产对流动人员的行程查验需求，工信部组织了中国信息通信研究院和中国电信、中国移动、中国联通推出了通信大数据行程卡服务。手机用户通过短信、小程序、二维码、网页等方式可以查询本人前 14 天到过的城市信息。该行程卡不会收集用户身份证号码、家庭住址等信息，且诸如去往的城市等信息只会显示在本人的手机上，他人无从知晓。[②] 百度公司推出"全国春运人员迁徙热力图"，还特别对用户关心的数据隐私问题进行补充性解释，确保程序分析所用的数据皆为脱敏数据，所有处理环节均不侵害个人的隐私。

（四）严厉惩治、打击侵害个人隐私的行为

网信、公安等部门组织开展打击违规违法收集、使用、公开个人信息专项行动，对造成个人信息大量泄露的事件及时处置，依法严厉打击涉及个人信息犯罪的违法行为。各地也大力查处泄露个人信息、侵害个人隐私的违法违规行为。如青岛市胶州中心医院 6000 余人信息遭泄露，3 人被行政拘留；[③] 山西临汾的姚某擅自将内部工作群"35 名密切接触者名单"转发至

① 《央视热评："非脱敏不公开"，疫情防控与隐私保护的最佳平衡点》，2020 年 12 月 15 日，搜狐网，https：//www. sohu. com/a/438311308_ 260616。

② 《疫情防控：推动人工智能应用严格落实隐私保护》，《承德晚报》2020 年 3 月 30 日，第 12 版。

③ 《疫情防控不能让个人信息"裸奔"》，2020 年 4 月 21 日，新华网，http：//www. xinhuanet. com/politics/2020 - 04/21/c_ 1125882926. htm。

小区业主群中，被处以行政拘留五日；内蒙古鄂尔多斯的王某擅自将涉疫情排查人员名单转发至3个微信群中，被处以行政拘留十日；[①] 成都男子王某将涉及“成都疫情及赵某某身份信息、活动轨迹”的图片在微博转发，被处以行政处罚。浙江省卫健委等还专门公开通报疫情防控期间泄露他人隐私等典型违法案件。此外，各地还积极查处、清理各类违规收集、使用个人隐私的疫情防控 App。2020 年 3 月 16 日，天津市通报了 3 款疫情防控 App 以及 4 款小程序存在违规收集使用个人信息问题。“3·15”活动期间，广东省通信管理局聚焦用户权益保护，开展 App 隐私合规及网络数据安全专项检查工作，督促各应用商店排查 7 万余款疑似违规 App，发现并下架违规 App 5998 款，驳回违规 App 上架申请 2807 次。[②]

在首例涉新冠肺炎疫情侵犯公民隐私权纠纷案“赵某诉重庆某营销策划有限公司”中，法院更是在区分个人信息和隐私的基础上强调不能因为公共安全、公共健康牺牲对个人隐私的保护。审理法院认为，被告未经授权及原告等名单当事人的同意，且明知侵犯相关当事人隐私的情形下，以“目前是非常时期，没有什么东西比安全和生命更重要”“目的在于希望涉及的群众主动配合官方”为由，擅自将涉及原告姓名、家庭住址、身份证号码、手机号码等个人信息的案涉文章发布在公众平台，造成广泛的二次传播，是对原告隐私的严重泄露，给其人身、财产安全带来巨大安全隐患，理应承担相应的法律责任。

三　大数据防控疫情中个人隐私保护的展望

疫情防控期间曾发生多起泄露公民隐私的事件，如相关工作人员将防控名单转发到其他非工作相关的微信群；公开疫情防控信息时一并披露了当事人的姓名、性别、具体家庭成员以及所住小区；强迫公民同意授权查询行程

---

① 《泄露疫情防控信息　鄂尔多斯东胜区两名干部被处分》，2020 年 2 月 6 日，新华网，http://m.xinhuanet.com/nmg/2020-02/06/c_1125535156.htm。

② 李英锋：《疫情信息公开，不等于个人隐私示众》，《检察日报》2020 年 5 月 13 日，第 6 版。

数据、提供通行二维码等。特别是在成都的确诊患者赵某姓名、身份证号、住址门牌号码等信息被泄露后，天津、上海新增病例和密切接触者隐私再次被公布于众，一定程度上说明疫情防控中的隐私保护尚有不足。疫情防控常态化背景下，我们更需全方位采取各种措施加强对个人隐私的保护。

（一）全面提升信息隐私保护的安全意识

疫情防控中使用的大数据既有公民的一般个人信息，也有较为私密的个人隐私。“在疫情防控的特殊时期，公众知情权、公共安全与公民隐私权需要兼顾平衡。基于疫情防控这一公共利益的切实需要，可以对特殊人群的特定信息进行披露，但应当遵循合规的原则，尽可能将负面影响降到最低。”[①]不论是信息的收集者，还是信息的被收集者，都应当明确有些信息是受到隐私权保护的。此前个人信息被泄露侵害公民隐私权，多是相关工作人员违规直接将信息发送到微信群所致，与疫情信息收集方保护公民隐私的意识薄弱密切相关。提高国家公职人员、医务人员等一线工作人员隐私安全的意识，能从源头上把控，避免个人信息的泄露而侵害公民隐私。特别是收集使用个人信息的主体较多，信息安全能力和水平参差不齐，统一加强对这些人员的隐私安全教育就显得尤为重要。

当前，个人隐私的保护受到公众健康或公共安全的需要、商业谋利的冲动、寻求关注的心理、非法利用个人信息的违法犯罪活动等多重因素的影响。面对“牺牲少数人、保全多数人”“服从命令听指挥”“效率高于一切”“‘战疫’就是战时”等口号，公民个人也应当意识到，公共安全、公共利益的实现并不必然牺牲个人隐私权，“疫情信息公开，不等于个人隐私示众”。质疑被收集信息的必要性，谨慎下载疫情防控有关 App，发现侵权嫌疑及时向有关部门投诉举报，[②] 都是可以在普及疫情防范知识时同步做好的宣传和指引。

---

① 中国信息通信研究院：《疫情防控中的数据与智能应用研究报告（1.0 版）》，2020，第 47 页。

② 李英锋：《疫情信息公开，不等于个人隐私示众》，《检察日报》2020 年 5 月 13 日，第 6 版。

（二）进一步推动信息隐私保护立法的实施

从《刑法》“侵害公民个人信息罪”，到《网络安全法》“任何个人和组织不得窃取或以其他方式获取个人信息，不得非法出售或者非法向他人提供个人信息”，到《传染病防治法》“疾病预防控制机构、医疗机构不得泄露涉及个人隐私的有关信息、资料”，再到《通知》强调收集信息参照国家标准《个人信息安全规范》，坚持最小范围原则，收集对象原则上限于确诊者、疑似者、密切接触者等重点人群，都对个人信息隐私作出了较为全面的规定。《民法典》更是区分了个人信息和隐私，首次明确了隐私的内涵，并强调“任何组织或者个人不得以刺探、侵扰、泄露、公开等方式侵害他人的隐私权”，明确禁止“以电话、短信、即时通讯工具、电子邮件、传单等方式侵扰他人的私人生活安宁……拍摄、窥视、窃听、公开他人的私密活动……”然而，混淆个人信息和隐私，缺乏结合疫情防控实际的具体操作方法和流程，都难以实现个人隐私信息的收集、使用与处理流程的规范化。有效落实现有法律规范对隐私权的保护，既需要执法部门加大执法力度，也需要通过行政法规、部门规章等规范性文件细化疫情防控这一特殊时期中隐私的表现形态以及与公众知情权的冲突。毕竟，“疫情发生时，不能单纯地分析患者隐私权优先还是公众的知情权优先，要基于科学的数据和实验进行判断”。[①] 而科学的数据和实验的判断正是结合具体疫情防控所能确定的，也决定了此时应当保护的隐私范畴。

（三）有效监管信息隐私的收集、使用与存储

区分一般信息和隐私信息，严格控制个人信息的收集主体、收集范围、使用用途和处理方式。根据《突发公共卫生事件应急条例》第 21 条、第 36 条，《传染病防治法》第 7 条、第 9 条等规定，只有疾病预防控制机构、医疗机构、被指定的专业技术机构和街道、乡镇以及居民委员会、村民委员会

---

① 崔晓丽：《被疫情撕扯的知情权与隐私权》，《方圆》2020 年第 2 期。

等可以收集疫情信息。任何其他个人、单位都无权收集他人信息。实际上，“在疫情发展初期，为了及时追踪传播途径和相关人员轨迹，商场、超市、药房、物业、餐馆等主体普遍都以疫情防控为由登记个人信息”。① 这些主体是否有权要求公民提供个人信息，必须由相关部门进一步明确。②

收集信息始终应当坚持必要原则和比例原则，在维护公共健康的基础上有效保护个人隐私。收集个人信息，应限于确诊者、疑似者、密切接触者等重点人群与疫情防控直接相关的信息。如办理小区出入证时，一些物业在社区居民信息登记表中要求提供包含民族、政治面貌、学历、身高、血型、婚姻状况、微信号等的信息，显然超出了防疫必要的限度。同时，要规范相关信息收集后的使用与保护。收集到的信息仅限于内部讨论疫情的治疗、控制工作，避免使用公共网络发送隐私信息。公民个人的姓名、年龄、身份证号码、电话号码、家庭住址等私密信息收集后公开时，必须采取脱敏化处理，保证处理后公开的信息“无法识别特定个人且不能复原”。如寻找确诊病例的密切接触人员时，仅表明确诊者所到场所、乘坐交通工具班次，而不披露病例个人信息；在披露病情时，仅列明确诊和疑似病人诊断日期、性别、年龄、报告来源、医院名称、化验结果、患者状况，删除姓名、证件等个人识别性的信息。而在采集、汇总、共享、披露等统计信息的多个环节中，每个环节都应责任到人，做好个人信息保护工作，以防数据泄露、丢失、滥用等。使用结束后，应当进行封存或销毁。

（四）互联互通确保信息隐私多方保护

面对从政府部门、医疗机构、技术公司到基层自治组织、公共场所经营管理者、用人单位、应用程序开发者等的众多数据收集者、处理者，公民往往在多个不同的地方向不同的对象提供了自己的个人信息。“多头收集、多头存储、多头使用”的局面依然存在，导致公民个人隐私被侵害时，难以

① 《疫情期间收集的个人信息，会被泄露吗?》，“中青评论”微信公众号，2020 年 2 月 25 日。

② 《疫情防控中的隐私谁来保护?》，2020 年 4 月 20 日，新华网，http：//www. xinhuanet. com/politics/2020 －04/20/c_ 1125877716. htm。

知晓隐私在哪一环节、被何主体所泄露。“加强数据共享是非常迫切的，省市之间、地方和地方之间、企业和政府之间、国内和国际之间都需要打通数据，围绕疫情防控共享数据建立畅通的数据通道。”[①] 这个通道建立后，不仅能有效提升全国整体的防控能力，也能在较大程度上明确责任追究主体。如当前各个省市推行的健康码，部分地方有知情同意和隐私保护条款，而部分地方没有，究其原因在于各地标准不统一、操作不规范。如果全国互通互认，那么必然要对健康码进行规范化管理，在用户知情权、隐私权方面统一解决。

“隐私是一个行业性的问题，也是一个世界性的问题，需要行业的整个生态一起参与。”[②] 为了实现数据互联互通，推动数据融合共享，相关的行业组织应当采取严格的管理和技术防护措施，加强行业自律建设，形成行业自律规约。政府机关充分发挥主导作用，明确有权收集、使用相关个人信息的主体，确定相关工作的启动条件和流程规范，按需调取，责任到人。同时推动数据规范使用，建立统一集中管理机制，健全隐私风险的追责机制。[③] 不论如何，这一过程中技术的作用不容忽略，如去标识化、设置访问权限、收集和传输加密控制等。

参考文献

1. 中央网络安全和信息化委员会办公室：《关于做好个人信息保护利用大数据支撑联防联控工作的通知》。
2. 张勇：《论大数据背景下涉疫情个人信息的法律保护》，《河南社会科学》2020 年

① 赵丽、赵思聪：《围绕疫情防控共享数据建立畅通的数据通道：运用大数据打赢疫情防控阻击战》，《法制日报》2020 年 2 月 4 日，第 4 版。

② 《“后疫情时代个人隐私保护云会议”成功举行》，2020 年 5 月 20 日，人民网，http://finance.people.com.cn/n1/2020/0520/c1004-31716846.html。

③ 《“大数据抗疫”vs 个人信息保护》，2020 年 5 月 18 日，新华每日电讯，http://www.xinhuanet.com/mrdx/2020-05/18/c_139066454.htm。

第 4 期。

3. 朱军：《个人信息保护与社会公共利益关系如何平衡》，《人民论坛》2020 年第 18 期。
4. 刘天宇、李居正：《浅析重大疫情下个人隐私的保护》，《河北青年管理干部学院学报》2020 年第 5 期。

B.19
近十年关于数据权利的研究述评（2011～2020）

化国宇　杨晨书*

摘　要： “数据权利”是一项新兴权利,它是信息化时代的产物,是公民的一项重要权利。对数据权利的保护,不仅具有正当合理性,而且已经逐步成为一种人权保障的世界性趋势。中国学界在公民数据权利保护方面已经取得了不少研究成果。以中国知网(CNKI)数据库2011～2020年收录的421篇国内数据权利研究文献为对象，借助 NoteExpress、CiteSpace 软件绘制知识图谱进行分析，发现数据权利的法律属性、数据权利归属以及被遗忘权、数据可携权等具体数据权利是现有研究中聚焦的热点问题。本文通过分析既有研究成果存在的问题，提出未来的数据权利研究应该从避免同质化研究、加强跨学科研究、注重体系化的研究和强化实证分析研究四个方面来进一步深化。

关键词： 数据权利　数据权属　被遗忘权　数据可携权

物联网、大数据、云计算等数字科技正在改变人类的社会认知和决策能力，改变社会运行和发展方式，使人类进入数据驱动技术创新、数据驱动经

---

* 化国宇，法学博士，中国人民公安大学法学院副教授、博士生导师；杨晨书，中国人民公安大学2019级法学理论研究生。

济发展、数据支撑社会治理的数据时代。早在2012年，世界经济论坛发布的《大数据·大影响》（*Big Data*，*Big Impact*）报告就指出，数据已成为一种像黄金和货币一样的经济资产。[①] 随着数字经济的深入发展，海量数据不断地产生并被搜集、处理与应用，数据中所蕴含的价值也在不断地被挖掘和释放，各个行业和社会主体都已认识到数据资源的重要性，建设数字国家更是成为全球共识和发展趋势。2020年3月30日，国务院发布《关于构建更加完善的要素市场化配置体制机制的意见》，首次将数据要素作为五大生产要素之一，提出了数字经济时代中市场经济建设的“中国方案”。[②] 与此同时，数据利益因其极端重要性亟须得到保护，将数据权利化被认为是一种行之有效的途径。中国作为大数据强国，在公民数据权利方面已经取得了不少研究成果。笔者通过对国内现有研究文献加以爬梳，较为全面地分析了数据权利的研究现状，并进一步探讨了未来的研究方向，以期推动数据权利研究的不断推陈出新。

一　数据来源与研究方法

（一）文献数据采集与处理

本文主要探究的是国内学界对数据权利的研究，以中国知网（CNKI）数据库中的“中国期刊全文数据库”作为样本文献的来源数据库。为全面整理国内有关数据权利的研究，笔者对当前关于数据权利的研究进行了概括性研读，整体上将目前的研究归纳为以下两类：一是将“数据权”作为统合性概念，对数据权利的基本理论进行研究；二是以欧盟颁布的《通用数

① 《特稿：看待大数据还需“大眼界”》，2017年4月18日，新华网，http：//www.xinhuanet.com//politics/2017－04/18/c_1120830496.htm。

② 《关于构建更加完善的要素市场化配置体制机制的意见》，2020年4月9日，中国政府网，http：//www.gov.cn/zhengce/2020－04/09/content_5500622.htm。

据保护条例》为蓝本，对具体数据权进行研究。① 这些具体数据权利规定在该条例第三章第 15 条至第 22 条，包括数据主体对个人数据的访问权、更正权、删除权（国内学者一般翻译为“被遗忘权”）、限制处理权、数据可携权（又称数据可携带权、数据携带权）、反对权和反对自动化处理的权利。因而笔者在搜集文献时以“数据权”和欧盟《通用数据保护条例》所规定的七项数据权利为关键词。检索策略是根据主题进行检索，在高级检索中设置检索项为“主题”，在检索项分别输入“数据权”“被遗忘权”“数据可携权”等八个检索词，且检索词是“或”（or）的关系，匹配条件为精确，时间区间为近十年（2011 ~2020 年）。最终检索得出 560 篇期刊文献。笔者对初步检索的文献通过阅读相关文献的题目、关键词和摘要等信息进行再次人工筛选，剔除如新闻公告、论坛介绍和会议综述等非学术文献类资料以及学术相关度较低的文献共计 139 篇，最后将筛选出的 421 篇有效文献作为本研究的样本。

（二）研究方法

本文综合采用文献计量法、知识图谱分析法和内容分析法进行文献述评研究，分析近 10 年来数据权利研究领域的研究力量分布、知识基础、热点主题和研究前沿。首先运用文献计量分析法，通过 NoteExpress 软件对经检索确定和数据清洗过的文献进行统计分析，得到文章的年发文量、基金支持与期刊来源、作者机构分布等信息，并将所需信息绘制成图表，分析出当前我国有关数据权利研究的现状与特点。接着，将文献经过格式转化处理后导入 Cite Space（5. 7. R3 版本）可视化软件，“时间切片”（Year Per Slice）设定为每两年 1 个阶段，共分为 5 个时间区；“节点类型”（Node Types）选择“关键词”（Keyword），最后生成关键词共现图谱、关键词聚类图谱，以揭示此领域研究内容和前沿热点。最后根据结果对文献进行内容分析，梳理归

① 《通用数据保护条例》（General Data Protection Regulation，GDPR）为欧洲联盟的条例，前身是欧盟在 1995 年制定的《计算机数据保护法》。GDPR 于 2018 年 5 月 25 日生效，成为欧盟隐私和数据保护的法律框架。

纳数据权利研究领域的研究进展。将文献计量法和知识图谱分析法相结合，有利于拓展其各自的优势，并弥补单一研究方法的不足。

二　总体研究情况的定量分析

（一）文献数量情况分析

关于“数据权利”的相关研究文献共检索出421篇，对文献发表年份进行统计，绘制数据领域研究文献年发文量分布图（见图1）。整体来看，我国学界将“数据权利”（data rights）作为一个特定概念和研究框架主要是近十年的事。尽管此前不乏对涉及“数据”的一些权利的研究，但此前“数据权利”始终未能成为一个特定的研究范畴。较早提出“数据权”概念的是2012年发表的《“大数据”，新作为——“大数据”时代背景下政府作为模式转变的分析》一文，其认为“数据权”可以有效地反映社会民主和政府开放的程度。① 2011～2014年，关于数据权的论文总体发表数量较少，增幅较为缓慢，一共有11篇，年均2.75篇，表明这一时期数据权利研究还未受到学者的广泛关注，研究尚处于起步阶段。2015～2017年，我国数据权利研究进入发展阶段，发文量增长相对较快，2015年就有25篇，整体呈现出大幅增长的发展态势。这与国家层面对大数据的重视不无关系，2014年，大数据首次被写入政府工作报告，引发了各界关注，此后互联网、大数据、人工智能成为国家关注的重点领域。2018年欧盟《通用数据保护条例》的正式实施，更是进一步引发了学界广泛关注和深入研究的热潮，并使得发文量在这一时期显著增长，2018年、2019年和2020年的发文量分别为80篇、106篇和107篇，分别占10年间发文总量的19.00%、25.18%和25.41%。近三年来数据权利文献数量的稳步提升，反映了我国数据权利领

① 参见刘叶婷、王春晓《“大数据”，新作为——“大数据”时代背景下政府作为模式转变的分析》，《领导科学》2012年第35期。

域的研究正在持续升温，凸显出数据权利研究与国家政策需求导向紧密结合的特点，该领域已经成为一个理论热点。2020 年，大数据技术为中国抗击新冠肺炎疫情作出了贡献，同时关于数据权利的边界、归属等问题也引发了日益广泛的讨论。随着对数据深层次的挖掘利用更为频繁，数据的潜在价值越来越被开发出来，对于数据权利的相关研究日益迫切，更多的成果将不断涌现出来。

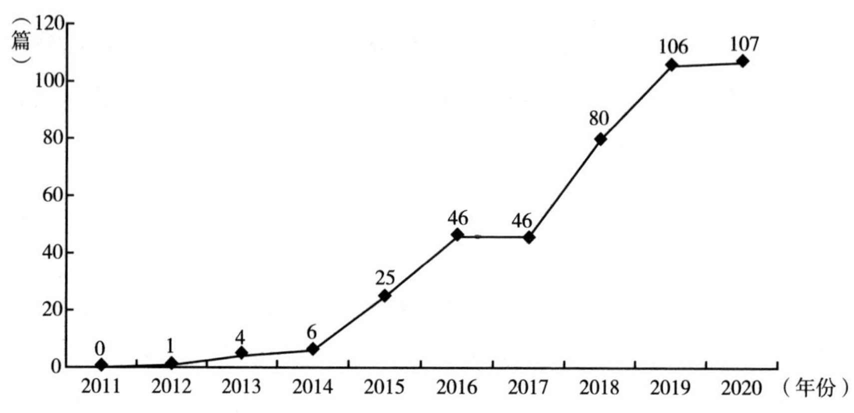

图 1　我国数据权利研究的 CNKI 期刊论文数量年度分布

（二）基金支持与期刊来源分析

一个领域能否获得基金支持以及其所刊发的期刊层次高低在很大程度上能够反映出该研究领域的重要性和研究水平。通过统计，笔者发现按上述检索方式得到的 421 篇期刊文献中，共有 186 篇文献获得基金支持，其中得到国家级项目资助的有 54 篇。具体来看，43 篇获得国家社会科学基金支持，7 篇获得国家自然科学基金支持，4 篇属于国家重点研发计划。从上面的数据可以看出，该领域的研究所获得的基金层次较高，国家对涉及数据权利的研究予以了足够的认可和重视，是一个具有深挖潜力的研究方向。

从期刊来源角度分析，关于数据权利研究的文章在北大核心以及中文社会科学引文索引（CSSCI）数据库中的发文总量为 182 篇，占全部期刊论文

总量的43.23%，这个领域研究成果的整体质量和层次较高。《情报理论与实践》《河北法学》《青年记者》《学习与探索》等10种CSSCI期刊的发表“数据权利”的论文数量均在4篇及以上（见表1）。这些刊物中既有专业类刊物，也有社会科学综合性刊物，这意味着该领域的研究得到了学界各学科的普遍认同，在CSSCI等较高级别刊物的热点主题中已占据一席之地。期刊所属学科横跨情报学、法学、新闻传播学，表明数据权利的研究有较为明显的学科交叉属性。

表1　2011~2020年数据权利CSSCI发文数量统计（4篇及以上）

单位：篇

序号	期刊名称	发文量
1	情报理论与实践	7
2	河北法学	5
3	青年记者	5
4	学习与探索	5
5	电子政务	5
6	科技与法律	4
7	求是学刊	4
8	现代情报	4
9	清华法学	4
10	江海学刊	4

（三）作者及单位分布状况分析

基于文献管理软件NoteExpress的数据统计结果显示，共有506名作者参与了本研究所选的421篇文献的写作，有39人（7.7%）的文献发表数量在两篇以上，其余467人（92.29%）仅发表了一篇文章。这一现象表明，学界对数据权利的研究具有明显的追逐热点特征，大部分学者对该问题的关注属于一次性，缺乏较为长期和深入的研究。发文量在3篇及以上的学者共有6位，发文量最高的是来自北京外国语大学法学院的郑曦和来自山西大学经济与管理学院的相丽玲，发文量都为5篇，且均为独著（见表2）。高产作者中以法学学者居多，涵盖了法理学、刑事诉讼法学、民商法学以及新兴的网络法学，得到了法学各二级学科学者的关注，与此同时信息管理领域的学者也多有建树，数据权利的研究体现出明显的多学科交叉特点。综合分析发现，当前数据权利的研究力量还较为分散，尚未形成较大规模的合作者网络和跨学科合作的研究趋势。

表2 高产作者及单位分布状况

单位：篇

序号	作者	单位	研究方向	发文量
1	郑曦	北京外国语大学法学院	刑事诉讼法学	5
2	相丽玲	山西大学经济与管理学院	信息政策与法律	5
3	段卫利	西南政法大学行政法学院	法理学	4
4	张建文	西南政法大学民商法学院	民商法学	4
5	丁晓东	中国人民大学法学院未来法治研究院	法理学、网络法与信息法	4
6	马海群	黑龙江大学信息管理学院	信息政策与法律	3

三 数据权利研究的知识图谱分析

笔者主要通过关键词共现图谱和关键词共现聚类知识图谱分析了当前数据权利研究中的热点问题并展现研究的全景。

关键词是论文内容的高度概括，规范化的关键词共现知识图谱可以通过词频分析和知识聚类对文献数据进行系统整合与深入挖掘，快速锁定当前数据权利研究领域的关注热点。

笔者通过 CiteSpace 软件对纳入本研究的421篇论文样本进行关键词的共现网络分析，形成了关键词共现知识图谱（见图2）。图中每个节点代表一个关键词，节点的大小（即圆点的大小）反映该关键词出现的频次，节点间连线的粗细则反映多个关键词共同出现的频率高低。如“被遗忘权”

“个人数据权”“大数据”等节点较大，说明这些关键词在数据权利研究领域中出现的频次较高，即意味着其研究热度也相对较高。同时，在对图2中关键词进行数理统计和词频分析基础上得到中心性与词频数值量表（见表3）。

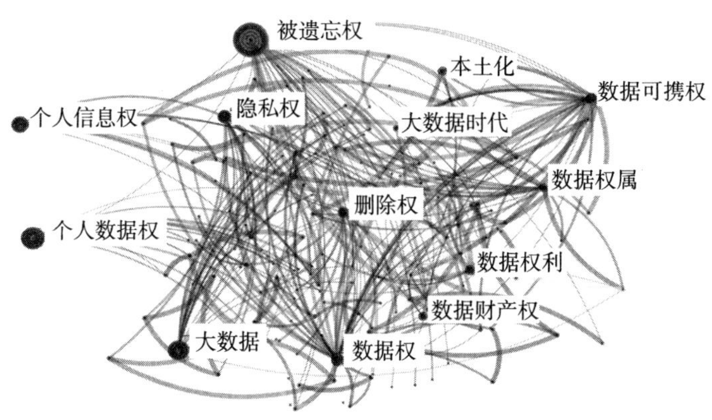

图2　2011 ~ 2020 年数据权利研究中的期刊论文关键词共现网络知识图谱

表3　频次前十和中介中心性前十的关键词

序号	频次	关键词	序号	中介中心性	关键词
1	237	被遗忘权	1	0.30	大数据
2	79	个人数据权	2	0.29	个人数据权
3	78	大数据	3	0.25	被遗忘权
4	65	个人信息权	4	0.22	数据权属
5	46	数据权	5	0.18	个人信息权
6	43	隐私权	6	0.15	数据可携权
7	31	数据可携权	7	0.13	数据权
8	27	删除权	8	0.12	隐私权
9	27	数据财产权	9	0.12	删除权
10	27	数据权利	10	0.12	本土化

关键词的频次代表该关键词的出现次数，而中介中心性则反映该关键词在共引网络中的重要程度，其中介中心性越强，说明该关键词在整个知识网络中发挥着越重要的“纽带”作用。通过对词义完全相同的关键词进行合并

处理，如将“数据可携带权”并入“数据可携权”，将“GDPR”并入“《通用数据保护条例》”等，分别得出了频次前十和中介中心性前十的关键词。如表3所示，“被遗忘权”是出现频次最高的关键词，学界给予了极高的关注。欧盟早在1995年就在相关数据保护法律中提出了“被遗忘权”概念，2018年《通用数据保护条例》第17条规定了“被遗忘权”，2015年我国首例“被遗忘权”案经历了一审和二审，导致“被遗忘权”在我国备受瞩目，引发诸多争议和关注。同时，随着欧盟GDPR的颁布，“数据可携权”作为数据权利中重要的子权利之一，也得到学界的重点关注。个人信息权、隐私权的频次和中介中心性排名均在前列，这意味着在数据权利的研究中，个人信息权和隐私权是探讨的重点内容。我国目前没有专门针对数据权利的立法，尚未赋予公民直接的数据利益，但是《民法典》对隐私权和个人信息保护作出了专门规定，这是数据权利在我国法律中的重要体现，是实现的重要途径。民法学者多将数据权利纳入民事权利之中讨论，做了诸多有益探索。① “数据权属”在频次排名中未进入前十，但是在中介中心性中排名靠前，说明“数据权属”对研究数据权利的其他问题至关重要，但是针对这一问题本身的研究并不足够充分，值得继续挖掘。

为了进一步观察数据权利研究的全貌，笔者对本研究选取的421篇研究论文的关键词采用寻径网络算法（pathfinder）进行聚类分析，② 最终获得七大聚类（见图3）。从图3可以看出，数据权利研究领域关键词聚集特征明显，已经形成了众多聚类，且众多聚类之间既有重叠又有不同。一般来说模块值（Q值）>0.3意味着聚类结构显著，轮廓值（S值）>0.5聚类就是合理的，S>0.7意味着聚类是令人信服的。此次聚类分析运行结果为Q=

① 如2015年杨立新教授所著《被遗忘权的中国本土化及法律适用》一文，就将被遗忘权看作一项个人信息权。参见杨立新、韩煦《被遗忘权的中国本土化及法律适用》，《法律适用》2015年第2期。

② CiteSpace提供了寻径（Pathfinder Network，PFNET）和最小生成树（Minimum Spanning Tree，MST）两种聚类方式的选择，PFNET的作用是简化网络并突出其重要的结构特征，优点是具有完备性。参见陈悦、陈超美等《CiteSpace知识图谱的方法论功能》，《科学学研究》2015年第2期。

0.3531，S=0.9593（见表4），说明该聚类网络具有较为清晰的结构，各聚类内部的同质性较好，聚类结果较为明显。

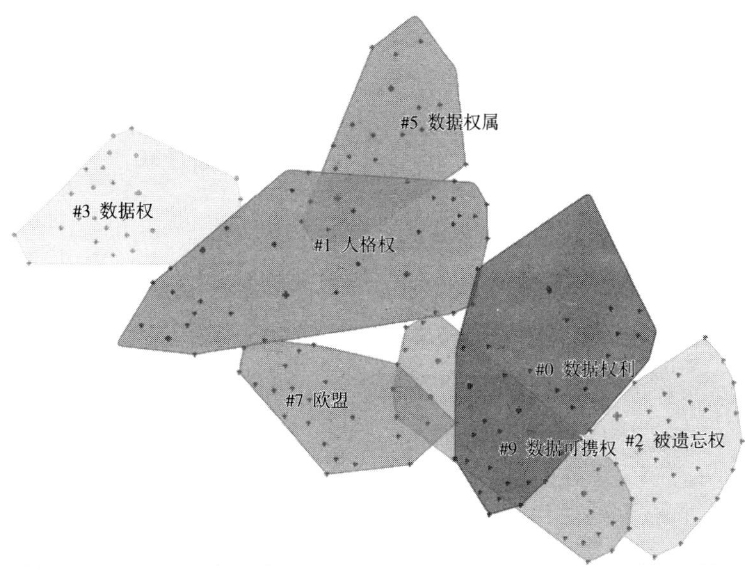

图3 2011～2020年数据权利研究中的期刊论文的关键词共现网络自动聚类标签图谱

表4 2011～2020年数据权利研究关键词聚类

聚类编号	轮廓值(S值)	模块值(Q值)	聚类名称	内部关键词
0	0.978	0.3531	数据权利	法律归属、权益平衡、数据要素等
1	0.936	0.3531	人格权	个人信息权、个人数据权、权利归属等
2	0.953	0.3531	被遗忘权	数据自决、数字化记忆、价值差异等
3	0.970	0.3531	数据权	体系构建、数据治理、数据资产等
5	0.984	0.3531	数据权属	权利属性、数据产权、数据分类等
7	0.939	0.3531	欧盟	GDPR、数据可携、中国效应等
9	0.978	0.3531	数据可携权	本土化、数字身份、数据保护等

在七大聚类中，每个聚类都可以通过其内部关键词进一步了解其含义。由于所有文献都是以“数据权利”为主体检索出来的，因此“数据权利”和“数据权”作为两大聚类属于理所当然。这两大聚类加上“数据权属”和“人格权”聚类表明，相关研究聚焦于数据权的法律属性和法律归属

（也可称为数据权属或数据确权）。“欧盟”聚类主要是包括了对欧盟《通用数据保护条例》中的具体数据权利的研究，再加上“被遗忘权”和“数据可携权”两大聚类，进一步表明对具体数据权利的研究主要集中于上述这两类权利。笔者通过追踪相应的文献人工进行梳理和研读，验证了上述结果。因此，笔者接下来将就“数据权利的法律属性”“数据权利的法律归属”“被遗忘权”“数据可携权”四个主要方面对国内当前的研究展开梳理。

四　我国数据权利研究的热点问题述评

（一）数据权利法律属性研究

关于数据权利的法律属性，目前的研究者大致持民事权利说和复合权利说两种意见。民事权利说主要是将数据权利视为一种民事权利，并对其具体属于何种民事权利进行探讨。一部分学者秉持人格权保护说的观点。尽管传统的人格权主要保护精神利益，从而与保护财产利益的财产权相区分。但是随着人格权商品化现象的出现，其既保护人格利益，也开始保护财产利益。数据权利与自身人格利益密切相关，个人数据人格性是其财产性的基础，因此应当将数据权作为人格权下一项独立的权利予以保护，而数据所蕴含的财产利益可涵盖在人格权保护之下。[①] 程建华、王珂珂认为数据独立于其载体，具有财产特性，应适用于相应的财产保护范式，且与知识产权客体的条件要求相契合，与知识产权价值目标趋同，具有可知识产权性，可以成为知识产权客体，并暂以单独立法形式予以规范。[②] 周林彬、马恩斯认为可以采用物权路径对数据权益进行保护，因为相较于采取债权、知识产权等路径，数据的采集、存储、分析、交易等流程可以与物权的四大权能衔接，有

① 张里安、韩旭至：《大数据时代下个人信息权的私法属性》，《法学论坛》2016 年第 3 期。

② 参见程建华、王珂珂《再论数据的法律属性——兼评〈民法典〉第 127 条规定》，《重庆邮电大学学报》（社会科学版）2020 年第 5 期。

利于数据的交易与流通，可以更好地推进大数据市场的流通，制度效率最高。[①] 还有学者认为数据虽具有财产属性，但与传统的财产权客体有极大的不同，因而建议拓宽财产概念，将其划入新兴财产权客体即信息财产权中予以保护，王玉林和高富平就持此观点。[②] 与上述观点针锋相对，梅夏英对数据的民事权利化并不乐观，他认为，所谓“数据权”的提法所要解决的是数据控制和利用的行为秩序问题，并非民法上的权利类型，由于主体不确定、数据的外部性问题和数据垄断性的缺乏，数据权利化难以实现。不存在所谓民法上的数据权利。在缺乏民法上权利基础的前提下，各方数据利益的实现有赖于国家立法对数据的流动、分享、储存和操作建立一个共同的基本规则。[③]

另一种意见认为数据权利是一种复合型权利体系。肖冬梅、文禹衡认为数据权利基本谱系可分为数据主权和数据权利两大框架。数据主权包括数据管理权和数据控制权，其主要功能是在新技术环境中巩固国家主权的地位。数据权利兼具人格权和财产权双重属性：数据人格权所承担的主要功能是保障隐私空间，让人们享受大数据时代的“美好生活”；数据财产权功能是引导数据资源被合理高效地利用，让人们分享大数据价值增益的红利。[④] 曹磊在文章中对数据权利的概念进行了辨析，他认为从实施主体来看，数据权包含数据主权和数据权利两个部分，而二者之间实质是权利义务的衍生关系。数据主权显示了数据权的独立性特征，其内容是主权国家可以独立自主地占有和管辖本国数据；而数据权利则体现了数据权的开放性特征，其内容是公民可以在法律框架下要求公开并能利用与自身利益相关的数据的权利。[⑤] 吕廷君则认为数据权利是一个由数据主权、数据管理权、数据公民权、数据社

---

① 参见周林彬、马恩斯《大数据确权的法律经济学分析》，《东北师大学报》（哲学社会科学版）2018 年第 2 期。

② 参见王玉林、高富平《大数据的财产属性研究》，《图书与情报》2016 年第 1 期。

③ 参见梅夏英《数据的法律属性及其民法定位》，《中国社会科学》2016 年第 9 期。

④ 参见肖冬梅、文禹衡《数据权谱系论纲》，《湘潭大学学报》（哲学社会科学版）2015 年第 6 期。

⑤ 参见曹磊《网络空间的数据权研究》，《国际观察》2013 年第 1 期。

会权、数据人格权、数据财产权、被遗忘权等多种权利和权力构成的复合型权利（力）体系。① 闫立东在将数据权归为人格权、财产权、国家主权三大类权利的基础上，又进一步提出，为了更好地在数据权利内部统一价值标准与规则，应当借以“权利束”这一概念，通过有效“束点”，确定“权利边界”的方法，以数据权利束的视角对数据权利进行研究，形成数据权利束内在权利位阶，以此形成一种数据权利束确权、归集与保护之范式。明确其以数据权利为基础，集合多元主体、多种权利的事实。②

（二）数据权利归属研究

数据交易、数据共享等事物的兴起使得数据的收集、流通愈发频繁，而同一数据在不同阶段的收集、处理和交易过程中可能会涉及多个主体参与，正因如此，数据权利归属问题在学术界一直是热点问题。关于数据的权利归属问题学界呈现出百家争鸣的场面，目前大致有以下三种不同的意见。

第一种意见认为，数据可以适用传统确权理论直接确定归属。此类确权依据基本上是传统的“劳动赋权”理论。姬蕾蕾认为，数据产业者在数据动态的处理过程中发挥着重心驱动功能，基于约翰·洛克的财产劳动学说，数据所有权应赋予数据产业者。③ 周宏仁认为，数据权利可以像知识产权一样界定，可以将其看作产权的一种，谁投入信息系统建设，使数据变成了资产，谁就拥有这份数据资产的产权。这种方式不仅可以保护国家数据资产和保障信息安全，也易于被国际社会接受和认可。④ 王玉林、钟敏认为，大数据控制者和数据原权利人之间是授权与约束关系，其基于原权利人的授权而享有使用权，而数据作为一项资产，所有权仍归属于数据主体。⑤ 也有学者

① 参见吕廷君《数据权体系及其法治意义》，《中共中央党校学报》2017 年第 5 期。
② 参见闫立东《以“权利束”视角探究数据权利》，《东方法学》2019 年第 2 期。
③ 参见姬蕾蕾《大数据时代数据权属研究进展与评析》，《图书馆》2019 年第 2 期。
④ 参见周宏仁《我国数据产业发展前景光明》，《人民日报》2016 年 1 月 18 日，第 7 版。
⑤ 参见王玉林、钟敏《数据原权利人的权利与限制》，《情报理论与实践》2017 年第 1 期。

建议对数据进行分类，按照数据的不同属性进行确权。但这仍然未超脱出传统确权理论的确权路径框架。如丁道勤认为，应将数据划分为基础数据与增值数据两种。数据主体是基础数据的提供者，对个人数据拥有所有权；增值数据是指数据控制者进行搜集整理等增值处理行为产生的各种数据，数据控制者对此类进行加工编辑分析而产生增值数据所有权。① 石丹认为，应将数据划分为个人数据、企业数据和政府数据分别进行讨论。坚持个人数据归个人所有；企业对其生产经营的相关数据享有绝对数据所有权，其他收集到的数据则可通过匿名化处理获得部分数据权利；政府数据应当作为公共产品处理，除了依法应当予以保密的数据外由全体公众共享。②

第二种意见认为数据权利归属并无统一规则，需要根据数据存在的不同场景而具体分析。丁晓东认为数据具有多重性质，而其性质又往往依赖于具体场景，所以在对数据确定权利归属时，应该从数据的多重属性与场景化特征出发综合考虑，确立数据的场景化保护与场景化确权。③ 程啸则在区块链背景下对数据权利归属加以讨论，首先，他认为对于公共区块链而言，任何节点或用户对于区块链上记载的、非自己上传的数据均不享有任何民事权益，否则，将对公共区块链的发展产生严重的法律障碍。其次，在联盟链和私有链中，可以由参与成员对区块数据的权属与利用方式进行约定，但各个成员仅能对自己所有的数据进行约定，且不能违反法律法规，不得侵害他人隐私权、个人信息等。最后，政务机关在履行法定职责的过程中，依照法律规定直接或者通过第三方服务所获取和制作的各类政务信息资源，无论是否上传至区块链中，都应属于国家所有。④

第三种意见认为，在当下环境中，并不适宜对数据直接进行确权，或者说应搁置数据产权争议，即使进行数据确权，也应该大大削弱该种权利的排

---

① 参见丁道勤《基础数据与增值数据的二元划分》，《财经法学》2017 年第 2 期。

② 参见石丹《大数据时代数据权属及其保护路径研究》，《西安交通大学学报》（社会科学版）2018 年第 3 期。

③ 参见丁晓东《数据到底属于谁？——从网络爬虫看平台数据权属与数据保护》，《华东政法大学学报》2019 年第 5 期。

④ 参见程啸《区块链技术视野下的数据权属问题》，《现代法学》2020 年第 2 期。

他性，如若始终踌躇于“数据归谁所有”这一问题上，企业数据利用可能始终无法突破。姚佳主张应当搁置企业数据产权问题的讨论，设立数据的利用与分享准则，构建数据利用的权能体系安排，以实现数据尽其用与法的安定性。[①] 韩旭至也指出，无论是传统的物权、知识产权确权理论还是新兴权利理论，均未深入研究数据权利的生产机制，难以判定数据权利主体、客体，进而无法回应实践中的数据治理问题，他认为算法在数据价值与数据权利的形成中处于核心地位，可通过算法规制反向实现数据确权的需求。[②] 胡凌认为，数据权属问题产生的原因在于传统的著作权和人格权都阻碍了数据信息的自由流动，难以适应新的经济模式，因而有必要重新对信息权属进行解释，使之不再是一种对抗性的权利，而是需要被内化为内生性的、便利信息使用的权利。[③]

（三）具体数据权利的研究

自欧盟颁布实施《通用数据保护条例》以来，其中所规定的相关个人数据权引发了学术界和实务界的广泛讨论。被遗忘权和数据可携权成为数据权研究的焦点。

1. 被遗忘权

被遗忘权作为一项舶来品，在我国学术界经历了一个从概念引进、性质分析到本土化分析的研究历程。关于被遗忘权概念的界定，目前学界并没有形成通说，段卫利、陈昶屹等多数学者都将被遗忘权归类为欧盟法中的删除权，认为被遗忘权是自然人请求数据控制者将网上个人数据予以删除的权利。[④] 陶乾则认为被遗忘权仅指权利主体要求删除网络上他人所发布的有关

---

① 参见姚佳《企业数据的利用准则》，《清华法学》2019 年第 3 期。

② 参见韩旭至《数据确权的困境及破解之道》，《东方法学》2020 年第 1 期。

③ 参见胡凌《商业模式视角下的“信息/数据”产权》，《上海大学学报》（社会科学版）2017 年第 6 期。

④ 参见段卫利《论被遗忘权的法律保护——兼谈被遗忘权在人格权谱系中的地位》，《学习与探索》2016 年第 4 期；陈昶屹《被遗忘权：扼制美国网络霸权的壁垒》，《经济参考报》2014 年 8 月 12 日，第 8 版。

其过去不当行为的信息的权利。[①] 对于被遗忘权本土化的探索，则是国内研究热度最高的方向，大多数学者主张将被遗忘权纳入我国个人信息保护的法律框架。吴太轩、李鑫认为，被遗忘权本土化具有现实的正当性与必要性，在将被遗忘权纳入个人信息权体系的基础上，应加快《个人信息保护法》的制定进程，恪守比例原则，循序渐进，让被遗忘权在中国"平稳着陆"。[②] 罗文华、马贺男认为，引入被遗忘权利制度是当今时代保护数据信息安全的必然要求，可以通过改进、完善现有的"不良信息举报"机制实现被遗忘权的请求与反馈。[③] 何培育、林颖认为我国应在立法上对被遗忘权的主客体和权利内容作出界定，明确被遗忘权行使的范围、界限以及行使方式，并且在保障公民人格利益和信息处理利用之间合理把握平衡点。[④] 也有学者对被遗忘权本土化持消极立场，认为我国尚没有统一而完备的数据保护体系，法律之间缺乏必要的衔接，被遗忘权存在适用上的困难，其实施的效果具有不可控性，会给数据产业和相关企业增加额外的负担，同时也会阻碍商业信息的流通，很有可能会遭遇商业力量的抵抗。[⑤]

2. 数据可携权

我国关于数据可携权的研究刚刚起步，相较于被遗忘权而言，国内研究的时间较短，成果数量也较少。数据可携权作为一项新兴权利，在欧盟框架下，其既具有人权属性，同时也是一项民事权利，可以定性为具有财产属性的人格权。[⑥] 但是目前就我国是否应当确立以及如何确立数据可携权的问题，学界尚未提出较为清晰的思路。多数学者对引入数据可携权持否定态

① 参见陶乾《论数字时代的被遗忘权——请求享有"清白历史"的权利》，《现代传播（中国传媒大学学报）》2015 年第 6 期。

② 参见吴太轩、李鑫《大数据时代"过度记忆"的对策研究——被遗忘权的本土化思考》，《西北民族大学学报》（哲学社会科学版）2020 年第 2 期。

③ 参见罗文华、马贺男《大数据时代被遗忘权利制度的移植困境及其破解》，《求索》2020 年第 6 期。

④ 参见何培育、林颖《论数字时代个人信息的"被遗忘权"》，《现代情报》2016 年第 12 期。

⑤ 参见万方《终将被遗忘的权利——我国引入被遗忘权的思考》，《法学评论》2016 年第 6 期。

⑥ 参见李蕾《数据可携带权：结构、归类与属性》，《中国科技论坛》2018 年第 6 期。

度。谢琳和曾俊森通过对数据可携权对产业发展和竞争政策的影响进行考量与缺陷分析，在肯定数据可携权在打破数据锁定效应和增强个人数据方面能发挥重要作用的同时，认为该权利在理论层面上存在权利范围不清的问题，在实践层面上有加重中小企业负担、损害第三方权益的可能，因此暂时不宜引入。[①] 冉从敬、张沫也认为，数据可携权的最大挑战来自权利本身，数据可携权与竞争法存在交叉、竞合的趋势，该权利过泛适用可能会抑制创新并降低消费者福利，这与竞争法的价值相悖，我国和欧盟情况不同，因而不具备数据可携权的引入条件。[②] 但也有部分学者对引入这项权利持积极态度，认为尽管数据可携权可能有权利属性建构有缺陷、实施后果具有不确定性、对他人权益存在过度限制以及在技术操作上存在较大难度等问题，但可以在对我国数据产业发展现状进行充分调研的前提下，吸纳其合理性因素，逐步构建精细化中国版数据可携权。[③] 也有学者提出更为柔和的观点，如丁晓东就主张，鉴于数据可携权自身的不完备性，不宜将其上升为一种基本权利，但可以视其为一种柔性权利或追求目标，在不同的场景中赋予个体不同程度的数据可携权。[④]

五　我国数据权利研究的总结与展望

通过梳理近年来关于数据权利的研究，不难发现该研究领域除涉及法学外，还横跨了情报学和计算机科学等学科，是近年来具有明显学科交叉属性的新兴权利研究领域。目前我国在数据权利方面的研究已经较为深入，从数据权利的基本理论到具体数据权利都有了相当程度的探讨，整体呈现出研究方向逐步细化、研究深度逐渐加深的态势，这为以后数据权利的研究奠定了

---

① 参见谢琳、曾俊森《数据可携权之审视》，《电子知识产权》2019 年第 1 期。

② 参见冉从敬、张沫《欧盟 GDPR 中数据可携权对中国的借鉴研究》，《信息资源管理学报》2019 年第 2 期。

③ 参见化国宇、杨晨书《数据可携带权的发展困境及本土化研究》，《图书馆建设》2021 年第 2 期。

④ 参见丁晓东《论数据携带权的属性、影响与中国应用》，《法商研究》2020 年第 1 期。

良好的基础。

但就现有研究来看，仍存在一定的问题。一是研究视角单一，跨学科研究不足。数据权利的研究明显具有学科交叉的属性，但目前的研究仍然未能突破各自学科框架，不同学科的合作研究成果尚未涌现，属于多学科研究而非跨学科研究，而且各学科的关注程度有所差异。法学以外的学科对数据的权利维度关注不足，而在法学内部，数据权利更多地得到了民法学者的重视，因此针对数据权利的民法属性及确权问题谈论很多，而其他相关学科如法理学、宪法学、行政法学、刑法学和知识产权法学对该问题关注不够，研究视角较为单一。二是研究缺乏系统性，针对数据权利某一方面的研究较多，但尚未对数据权利形成整体性和系统性的认识，无法回应在我国构建数据权利体系的需求。三是过于强调学术理论上的逻辑推演，强调理论论证的周延性，而忽视了实证研究的维度，没有很好地观照现实中的数据权利的发展和运用逻辑。

基于 CiteSpace 的可视化结果，通过对数据权利领域的研究现状和研究热点进行分析，建议未来的数据权利研究应该关注如下几个方面。

一是避免同质化研究。国内学者对数据权利的研究涵盖数据权利的归属问题、法律属性等理论问题，未来应该基于现有成果继续深入研究数据权利的基础理论。同时，对热点问题的持续关注有助于厘清问题的本质，但应注意避免为了单纯追求学术效益而导致研究同质化，造成研究“虚假繁荣”的现象。需要注意开辟不同维度和层面的研究，如可以从法理学和宪法学角度对数据的人权和基本权利维度进行探讨，从行政法和刑法角度研究数据权利的保护和规制问题，力求展现出数据权利问题的理论全貌。

二是加强跨学科研究，尤其是跨学科合作。目前法学在数据权利的研究领域拥有主导权，但单纯依靠法学无法形成对数据权利的全方位认识，需要吸纳其他学科尤其是计算机科学、情报学等相关学科的研究成果，以弥补法学视角的单一性。与此同时，当前的研究几乎都由各学科学者自行开展研究，研究成果虽然分属多个学科，但是仍然未能形成跨学科视角。各学科应强化合作意识，共同产出学科交叉的研究成果，促进研究向更深层次发展。

三是注重体系化的研究。目前，大数据、人工智能、区块链等问题成为研究热点领域，关于数据权利的研究虽然有了较强的问题意识，但是更多的是表面的、局部性的探讨，缺少深入的、系统性的研究。对于当前欧洲和美国的数据权利保护体系缺乏全面的研究梳理，对于中国应当如何确立数据权利体系也缺乏系统化研究的厚重之作，目前的研究仍然落后于我国当前数字产业和科技创新的实践，不足以指导建立我国的数据权利体系。

四是强化实证分析研究。要将数据权利与医疗、金融、安全等具体研究领域结合起来，探究数据权利在这些领域进行适用的必要性与可行性，对如何在这些日常生活所涉及的领域内保护好公民的数据权利提出可操作的建议，并将研究成果在实践中进行有效验证。我国数据权利未来研究的重点是要在研究欧美数据权利保护规则的基础之上，依据我国数字产业的现实状况和未来发展，提出符合我国政治、经济和文化领域发展需要的数据权利保护体系，避免过于强调理论上的自洽或者理想主义的研究。

参考文献

1. 梅夏英：《数据的法律属性及其民法定位》，《中国社会科学》2016 年第 9 期。
2. 陈悦等：《CiteSpace 知识图谱的方法论功能》，《科学学研究》2015 年第 2 期。
3. 闫立东：《以“权利束”视角探究数据权利》，《东方法学》2019 年第 2 期。
4. 丁道勤：《基础数据与增值数据的二元划分》，《财经法学》2017 年第 2 期。
5. 丁晓东：《数据到底属于谁？——从网络爬虫看平台数据权属与数据保护》，《华东政法大学学报》2019 年第 5 期。
6. 程啸：《区块链技术视野下的数据权属问题》，《现代法学》2020 年第 2 期。
7. 韩旭至：《数据确权的困境及破解之道》，《东方法学》2020 年第 1 期。
8. 胡凌：《商业模式视角下的“信息/数据”产权》，《上海大学学报》（社会科学版）2017 年第 6 期。
9. 化国宇、杨晨书：《数据可携带权的发展困境及本土化研究》，《图书馆建设》2021 年第 2 期。

·（七）人权立法与国际合作·

B.20

2020年国家人权立法分析报告*

班文战**

摘　要：2020年，全国人大通过了全面保护自然人民事权利的《民法典》和关于香港特别行政区维护国家安全的决定；全国人大常委会制定了监督公职人员履行职责、维护生物安全、保障退役军人合法权益、关于香港特别行政区维护国家安全的法律以及保障公众生命健康安全的决定，修订或修正了保护未成年人权利、预防未成年人犯罪、规定犯罪与刑罚、防治环境污染、保障武警部队履行职责以及保护著作权、专利权和选举权的法律；国务院也通过和废止了几部与人权相关的行政法规；人权的民法和刑法保障、未成年人权利的立法保障以及生命权、健康权和其他若干权利的立法保障得到了显著加强。

关键词：人权　立法　《民法典》　未成年人（儿童）权利

2020年是中国全面建成小康社会和实现第一个百年奋斗目标的决胜之年，也是中国抗击新冠肺炎疫情取得重大战略成果的一年。过去一年里，全国人大、全国人大常委会和国务院因应全面建成小康社会、完善中国特色社

---

* 本文是中国人权研究会资助的2014年度“人权的立法保障研究”课题项目的阶段性成果。

** 班文战，法学硕士，中国政法大学人权研究院教授、副院长，人权法学专业硕士生导师，主要研究方向为国际人权法、人权国内保障和人权教育。

会主义法治体系、统筹推进新冠肺炎疫情防控和经济社会发展等要求，采取了一系列立法措施，在人权的立法保障方面取得了新的进展。本报告将简要梳理中国2020年与人权相关的法律法规的制定、修订、修正和废止情况，重点说明几项重要立法活动的主要内容及其对人权的影响。

一 2020年人权相关立法的基本情况

（一）全国人大及其常委会人权相关立法的基本情况

2020年，全国人大和全国人大常委会先后制定9部法律，修订或修正12部法律，通过12项有关法律问题和重大问题的决定，审议16部法律草案或法律修订/正案草案。其中，与人权直接相关的立法活动包括制定《民法典》《公职人员政务处分法》《香港特别行政区维护国家安全法》《生物安全法》《退役军人保障法》，修订《固体废物污染环境防治法》《人民武装警察法》《未成年人保护法》《预防未成年人犯罪法》，修正《选举法》《专利法》《著作权法》《刑法》，通过《关于建立健全香港特别行政区维护国家安全的法律制度和执行机制的决定》和《关于全面禁止非法野生动物交易、革除滥食野生动物陋习、切实保障人民群众生命健康安全的决定》，审议乡村振兴促进法草案、数据安全法草案、个人信息保护法草案、反食品浪费法草案、反有组织犯罪法草案、监察官法草案、军人地位和权益保障法草案、行政处罚法修订草案、动物防疫法修订草案和兵役法修正草案。此外，《关于授权国务院在粤港澳大湾区内地九市开展香港法律执业者和澳门执业律师取得内地执业资质和从事律师职业试点工作的决定》《关于设立海南自由贸易港知识产权法院的决定》《关于加强国有资产管理情况监督的决定》的通过对人权也有一定的间接影响（见表1①）。

---

① 表1不包括全国人大常委会2020年审议与人权相关的法律草案或法律修订/正案草案的情况。除表中列举的人权相关立法活动外，全国人大常委会2020年的立法活动还（转下页注）

表 1　2020 年全国人大和全国人大常委会人权相关立法简况

法律形式	法律名称(简称)	立法机关	立法形式	立法时间	开始实施时间
法律	民法典	全国人大	制定	2020－5－28	2021－1－1
决定	关于建立健全香港特别行政区维护国家安全的法律制度和执行机制的决定	全国人大	通过	2020－5－28	2020－5－28
法律	公职人员政务处分法	全国人大常委会	制定	2020－6－26	2020－7－1
法律	香港特别行政区维护国家安全法	全国人大常委会	制定	2020－6－30	2020－6－30
法律	生物安全法	全国人大常委会	制定	2020－10－17	2021－4－15
法律	退役军人保障法	全国人大常委会	制定	2020－11－11	2021－1－1
法律	固体废物污染环境防治法	全国人大常委会	修订	2020－4－29	2020－9－1
法律	人民武装警察法	全国人大常委会	修订	2020－6－20	2020－6－21
法律	未成年人保护法	全国人大常委会	修订	2020－10－17	2021－6－1
法律	预防未成年人犯罪法	全国人大常委会	修订	2020－12－26	2021－6－1
法律	选举法	全国人大常委会	修正	2020－10－17	2020－10－18
法律	专利法	全国人大常委会	修正	2020－10－17	2021－6－1
法律	著作权法	全国人大常委会	修正	2020－11－11	2021－6－1
法律	刑法	全国人大常委会	修正	2020－12－26	2021－3－1
决定	关于全面禁止非法野生动物交易、革除滥食野生动物陋习、切实保障人民群众生命健康安全的决定	全国人大常委会	通过	2020－2－24	2020－2－24

(接上页注①)包括制定《城市维护建设税法》(8 月 11 日)、《契税法》(8 月 11 日)、《出口管制法》(10 月 17 日)和《长江管制法》(12 月 26 日),修订《档案法》(6 月 20 日)和《国防法》(12 月 26 日),修正《国旗法》(10 月 17 日)和《国徽法》(10 月 17 日),通过《关于第十三届全国人民代表大会第三次会议召开时间的决定》(4 月 29 日)、《关于授权国务院在中国(海南)自由贸易试验区暂时调整适用有关法律规定的决定》(4 月 30 日)、《关于增加〈中华人民共和国香港特别行政区基本法〉附件三所列全国性法律的决定》(6 月 30 日)、《关于授予在抗击新冠肺炎疫情斗争中作出杰出贡献的人士国家勋章和国家荣誉称号的决定》(8 月 11 日)、《关于香港特别行政区第六届立法会继续履行职责的决定》(8 月 11 日)、《关于香港特别行政区立法会议员资格问题的决定》(11 月 11 日)和《关于召开第十三届全国人民代表大会第四次会议的决定》(12 月 26 日)。

续表

法律形式	法律名称(简称)	立法机关	立法形式	立法时间	开始实施时间
决定	关于授权国务院在粤港澳大湾区内地九市开展香港法律执业者和澳门执业律师取得内地执业资质和从事律师职业试点工作的决定	全国人大常委会	通过	2020－8－11	2020－8－11
决定	关于设立海南自由贸易港知识产权法院的决定	全国人大常委会	通过	2020－12－26	2020－12－26
决定	关于加强国有资产管理情况监督的决定	全国人大常委会	通过	2020－12－26	不详

资料来源：根据2020年《全国人大常委会公报》和全国人大网站公布的文件分析整理。

（二）国务院人权相关立法的基本情况

2020年，国务院先后制定4部条例，修订2部条例，通过2项关于修改和废止行政法规的决定并据之废止10部行政法规和修改8部行政法规的部分条款。其中，《化妆品监督管理条例》《农作物病虫害防治条例》《政府督查工作条例》的制定、《行政执法机关移送涉嫌犯罪案件的规定》的修改和《卖淫嫖娼人员收容教育办法》的废止对人权保障都有一定的直接或间接影响。相比之下，《公民出境入境管理法实施细则》《药品行政保护条例》《中医药条例》《行政监察法实施条例》《疫苗流通和预防接种管理条例》的废止主要是为了与近年制定或修订的相关法律保持一致，对人权保障不会产生实质性的影响（见表2①）。

① 除表中列举的人权相关立法活动外，国务院2020年的其他立法活动还包括制定《保障中小企业款项支付条例》，修改《预算法实施条例》和《国家科学技术奖励条例》，废止《防治布氏杆菌病暂行办法》《开发建设晋陕蒙接壤地区水土保持规定》《外国公司船舶运输收入征税办法》《行政学院工作条例》，修改7部行政法规的部分条款。

表 2　2020 年国务院人权相关立法简况

法规名称(简称)	立法形式	通过时间	公布时间	开始实施时间
化妆品监督管理条例	制定	2020－1－3	2020－6－16	2021－1－1
农作物病虫害防治条例	制定	2020－3－17	2020－3－26	2020－5－1
政府督查工作条例	制定	2020－12－1	2020－12－26	2021－2－1
行政执法机关移送涉嫌犯罪案件的规定	修改	不详	2020－8－7	2020－8－7
卖淫嫖娼人员收容教育办法	废止	不详	2020－3－27	2020－3－27

资料来源：根据 2020 年《国务院公报》和国务院网站公布的文件分析整理。

二　健全人权的民法保障

民法作为保护自然人、法人和非法人组织等平等民事主体的合法权益、调整民事关系、规范民事活动的基本法律，在人权保障方面具有独特而重要的作用。中华人民共和国成立后的 30 年间，在民事领域只有一部确立婚姻制度、调整婚姻关系和父母子女关系的《婚姻法》①。自 1980 年开始，中国相继制定了数十部民事法律法规②，确立了民事活动的基本原则，建立了民事主体、民事权利、民事法律行为、民事责任等总体性的民事法律制度以及监护、代理、物权、合同、担保、信托、商标、专利、婚姻家庭、继承、收养、侵权责任、涉外民事关系法律适用等具体性的民事法律制度，逐步形成了比较完备的调整民事主体之间人身关系和财产关系的民事法律规范体系，为中国公民和在中国境内从事

① 1950 年 3 月 3 日政务院第二十二次政务会议通过，1950 年 4 月 13 日中央人民政府委员会第七次会议通过，1950 年 5 月 1 日颁行，1981 年 1 月 1 日废止。

② 比较重要的法律包括 1980 年《婚姻法》(2001 年修正)、1981 年《经济合同法》(1999 年废止)、1982 年《商标法》(1993 年、2001 年、2013 年修正)、1984 年《专利法》(1992 年、2000 年、2008 年修正)、1985 年《涉外经济合同法》(1999 年废止)、1985 年《继承法》、1986 年《民法通则》(2009 年修正)、1987 年《技术合同法》(1993 年修正、1999 年废止)、1990 年《著作权法》(2001 年、2009 年修正)、1991 年《收养法》(1998 年修正)、1993 年《消费者权益保护法》(2009 年、2013 年修正)、1995 年《担保法》、1999 年《合同法》、2001 年《信托法》、2007 年《物权法》、2009 年《侵权责任法》、2010 年《涉外民事关系法律适用法》和 2017 年《民法总则》。

民事活动的外国人的人身权利、财产权利和其他合法权益提供了有力保障。

为坚持和完善中国特色社会主义法律制度和基本经济制度，推进全面依法治国，推进国家治理体系和治理能力现代化，推动经济高质量发展，增进人民福祉，维护最广大人民的根本利益，第十二届和第十三届全国人大常委会历时三年，对《民法通则》、《民法总则》以及婚姻、继承、收养、担保、合同、物权、侵权责任和人格权方面的民事法律规范进行了全面系统的编订纂修，完成了《民法典》各分编的编纂工作。[①] 2020 年 5 月 28 日，第十三届全国人大第三次会议通过《民法典》，在坚持既有的民事活动基本原则、延续现行民事法律规范和制度的主要内容的基础上，对相关规范和制度进行了修改、补充和完善。2021 年 1 月 1 日，《民法典》开始施行，《婚姻法》《继承法》《收养法》《担保法》《合同法》《物权法》《侵权责任法》《民法通则》《民法总则》《全国人民代表大会常务委员会关于〈中华人民共和国民法通则〉第九十九条第一款、〈中华人民共和国婚姻法〉第二十二条的解释》同时废止。[②]

从人权保障的角度来看，《民法典》较以往的民事法律取得了明显进展，主要体现为以下八个方面。第一，在权利主体方面，把“自然人”这一没有国籍限制的概念扩展适用于“人格权”“继承”“侵权责任”三编[③]，为全面、平等地保障在中国境内从事民事活动的外国人和无国籍人的人身权利、财产权利和其他合法权益提供了法律依据。第二，在权利种类方面，新增自然人的居住权、名称权和离婚父母对子女的保护权，并一般性地肯定自然人“基于人身自由、人格尊严产生的其他人格权益”[④]，扩大了受民事法

① 关于《民法典》编纂的意义、指导思想、基本原则和工作情况以及《民法典》草案与现行民事法律在内容上的主要异同，参见王晨《关于〈中华人民共和国民法典（草案）〉的说明》，2020 年 5 月 22 日，载《中华人民共和国全国人民代表大会常务委员会公报》（以下简称《全国人大常委会公报》）2020 年特刊，2020，第 178 ~ 197 页。

② 参见《民法典》第 1260 条；王晨《关于〈中华人民共和国民法典（草案）〉的说明》，2020 年 5 月 22 日，载《全国人大常委会公报》2020 年特刊，2020，第 197 页。

③ 《民法典》“总则编”沿用了原《民法总则》中“自然人”的用法，“人格权编”和“继承编”分别用“自然人”一词取代了原《民法通则》第五章（民事权利）和原《继承法》使用的“公民”一词，“侵权责任编”在原《侵权责任法》的基础上补充规定了自然人的精神损害赔偿问题。

④ 参见《民法典》第 366 ~ 371、990、1014、1016 条和第 1084 条第 2 款。

律保护的自然人的权利种类。第三，在权利属性方面，规定自然人的人格权基于人身自由和人格尊严，不受任何组织和个人的侵害，且不得被放弃、转让或继承，[①] 充分体现了人格权的人权属性。第四，在权利内容方面，规定了居住权、生命权、身体权、健康权、姓名权、名称权、肖像权、名誉权、荣誉权、隐私权和个人信息权的含义、范围以及若干权利的行使方式，[②] 调整、补充或扩展了原《物权法》规定的建筑物区分所有权、土地承包经营权、抵押权以及原《婚姻法》规定的婚姻自主权、夫妻财产权和离婚经济补偿请求权的范围或行使方式，[③] 明确、充实和完善了原《民法通则》《民法总则》《侵权责任法》规定的民事责任请求权的范围和适用情形。[④] 第五，在义务主体和义务内容方面，禁止从事临床试验、医学和科学活动、新闻和媒体报道、舆论监督、文学和艺术创作、信用评价、信息处理的主体侵害自然人的人格权，特别禁止国家机关、承担行政职能的法定机构及其工作人员泄露或者向他人非法提供其履行职责过程中知悉的自然人的隐私和个人信息，[⑤] 规定国家保护婚姻、家庭和继承权，[⑥] 要求负有法定义务或职责或者具有特定身份的机关、组织、单位或个人对权利人予以保护、救助或照料，[⑦] 充

① 参见《民法典》第 990 条第 2 款、第 991 ~ 992 条。

② 参见《民法典》第 366、1002 ~ 1004、1006 ~ 1012、1014 ~ 1029、1031 ~ 1039 条。

③ 参见 1980 年《婚姻法》第 5、7、13、17 ~ 18、31 ~ 32、40 条；《物权法》第 79、82 ~ 83、128 条；《民法典》第 281 ~ 282、285 ~ 287、1046、1051、1062 ~ 1063、1076 ~ 1080、1088 条。

④ 参见《民法典》第 287、995 ~ 996、1010 ~ 1011、1027 ~ 1031、1037、1054、1148、1183、1185、1232 条。

⑤ 参见《民法典》第 991、1002 ~ 1004、1006 ~ 1011、1014、1019、1024 ~ 1025、1031 ~ 1033、1038 ~ 1039 条。

⑥ 参见《民法典》第 1041、1120 条。

⑦ 主要包括以下 6 种情形：一、被监护人住所地的居民委员会、村民委员会或者民政部门应对因发生突发事件等紧急情况致使监护人暂时无法履行监护职责而处于生活无人照料状态的被监护人安排必要的临时生活照料措施；二、物业服务人应采取合理措施保护业主的人身和财产安全；三、负有法定救助义务的组织或者个人应对生命权、身体权、健康权受到侵害或者处于其他危难情形的自然人及时施救；四、机关、企业、学校等单位应采取合理的预防、受理投诉、调查处置等措施，以防止和制止利用职权、从属关系等实施性骚扰；五、离婚后的父母应对子女加以保护；六、公安等机关应对从建筑物中抛掷物品或者从建筑物上坠落的物品造成他人损害的情形进行及时调查。参见《民法典》第 34 条第 4 款、第 942 条第 1 款、第 1005 条、第 1010 条第 2 款、第 1084 条第 2 款、第 1254 条。

实了相关义务主体的义务内容。第六，在特定权利主体的权利保障方面，在原《民法总则》确立的监护制度的基础上增加了有利于保障被监护人权益的临时生活照料措施；[①] 在原《婚姻法》的基础上进一步规定保护残疾人的婚姻家庭权益，明确了离婚后父母保护子女的义务以及父母离婚后由母亲直接抚养的子女的年龄标准，确立了法院判决确定离婚后子女的抚养人所应遵循的“最有利于未成年子女”和“尊重（已满八周岁的子女）真实意愿”的原则，扩大了离婚后不直接抚养子女的父母一方负担抚养费的范围，取消了离婚家务劳动经济补偿适用的约定分别财产制的限制；[②] 在原《收养法》的基础上规定了体现《儿童权利公约》确立的“儿童最大利益原则”的“最有利于被收养人”的收养原则，取消了可被收养的未成年人的年龄限制，充实了对收养人保护能力和良好品行的要求，降低了被收养人同意收养的年龄标准，增加了县级以上政府民政部门的收养评估程序，明确了外国人在中国收养子女的程序要求。[③] 第七，在法律责任方面，在原《侵权责任法》的基础上，确立了关于自愿参加具有一定风险的文体活动的侵权责任的“自甘风险”规则，规定了允许受害人在情况紧迫时为保护自己合法权益采取必要合理措施的“自助行为”制度，确认了遭受严重精神损害的被侵权人请求精神损害赔偿的权利和知识产权受到故意且严重侵害的被侵权人请求惩罚性赔偿的权利，增加了监护委托和破坏生态的侵权责任制度，充实和完善了关于特定责任主体责任分担的规定以及关于机动车交通事故责任、医疗损害责任、环境污染责任、高度危险责任、饲养动物责任以及建筑物和物件损害责任等具体责任制度。[④] 第八，在特定权利的保障方面，对死者的

① 参见《民法总则》第 34 条和《民法典》第 34 条第 4 款。

② 参见 1980 年《婚姻法》第 2、36 ~ 37 条和《民法典》第 1041 条第 3 款、第 1084 ~ 1085、1088 条。

③ 参见《收养法》第 2、4、6、11、15、21、26 条和《民法典》第 1044、1093、1098、1104 ~ 1105、1109、1114 条。关于《儿童权利公约》确立的“儿童最大利益原则”对《民法典》确认“最有利于被收养人原则”的影响，参见王晨《关于〈中华人民共和国民法典（草案）〉的说明》，2020 年 5 月 22 日，载《全国人大常委会公报》2020 年特刊，2020，第 192 页。

④ 参见《民法典》第 996、1176 ~ 1177、1229 ~ 1235 条。

人格利益保护、人体细胞、人体组织、人体器官和遗体的捐赠和买卖、有关人体基因和人体胚胎的医学和科研活动、性骚扰、新闻报道和舆论监督与名誉权的冲突、文学艺术创作和信用评价与名誉权保护的关系、个人信息处理与个人信息保护的冲突、离婚自由与婚姻家庭稳定的冲突以及其他一些为公众广泛关注的社会问题都有一定程度的回应,[①] 既为个人的人身和财产权利在当下的尊重和保障提供了法律依据，也为民法和其他法律领域相关人权保障制度在将来的进一步完善奠定了基础。

三　加强人权的刑法保障

刑法作为规定犯罪与刑罚的基本法律，通过禁止和惩治严重危害社会的行为，既为个人的各项合法权益提供保护，也对个人某些主张和行使权利的行为加以必要、适当的限制，从而对人权的尊重和保障产生广泛而重大的双重影响。中华人民共和国成立以来，先后于 1979 年和 1997 年通过两部刑法典。现行《刑法》颁行后的 20 年间，全国人大常委会又通过 1 项决定和 10 项修正案，对之进行修改和补充，不断加强该法保障人权的作用。为进一步适应新形势下预防和惩罚犯罪、保障公共利益和个人权利的要求，并与其他相关法律的制定和修改保持衔接，第十三届全国人大常委会第二十四次会议于 2020 年 12 月 26 日通过《中华人民共和国刑法修正案（十一)》，再次对现行《刑法》的 44 个条款作出 47 处修改。[②] 除刑事责任年龄问题外，本次修改主要涉及危害公共安全罪、破坏社会主义经济秩序罪、侵犯公民人身权利和民主权利罪、妨害社会管理秩序罪、渎职罪和军人违反职责罪等类罪行中若干具体罪行的构成和量刑，还增加了几项新的罪名。[③]

---

① 参见《民法典》第 994、1006 ~ 1010、1025 ~ 1029、1035 ~ 1038、1076 ~ 1080 条。

② 关于本次刑法修改的必要性和总体思路，参见李宁《关于〈中华人民共和国刑法修正案（十一）（草案)〉的说明》，2020 年 6 月 28 日。

③ 关于本次刑法修改的内容，参见《中华人民共和国刑法修正案（十一)》第 1 ~ 47 项。关于若干罪名的修改和补充，参见《最高人民法院、最高人民检察院关于执行〈中华人民共和国刑法〉确定罪名的补充规定（七)》（法释〔2021〕2 号)，2021 年 2 月 26 日。

《刑法修正案（十一）》对人权保障的积极作用主要体现在以下五个方面。第一，将致人死亡或者以特别残忍手段致人重伤造成严重残疾、情节恶劣的故意杀人或故意伤害行为的刑事责任年龄降至12周岁，调整、充实和细化"强令、组织他人违章冒险作业罪"、"生产、销售、提供假药罪"、"生产、销售、提供劣药罪"、"妨害传染病防治罪"、"污染环境罪"和"食品监管渎职罪"的范围，增加"妨害安全驾驶罪"、"危险作业罪"、"妨害药品管理罪"、"非法采集人类遗传资源"、"走私人类遗传资源材料罪"和"非法植入基因编辑、克隆胚胎罪"，加强对生命权和健康权的保障。[①] 第二，扩展"侵犯著作权罪"和"销售侵权复制品罪"的范围，加大这两项罪行的量刑尺度，增加"冒名顶替罪"，加强对著作权、与著作权有关的权利、受教育权和工作权的保障。[②] 第三，增加"催收非法债务罪"，禁止使用暴力、胁迫、限制人身自由、侵入住宅、恐吓、跟踪、骚扰催收因高利放贷等产生的非法债务，加强对人身自由权和私生活权的保障。[③] 第四，把"奸淫不满十周岁的幼女或者造成幼女伤害"增列为可处十年以上有期徒刑、无期徒刑或者死刑的情形，增加"负有照护职责人员性侵罪"，明确猥亵儿童的情形和刑期，加强对儿童/未成年人的人身权利的保障。[④] 第五，明确应予加重处罚的"暴力袭警罪"的情形和刑期，增加"侵害英雄烈士名誉、荣誉罪"，加强对警察的人身安全权与烈士的名誉权和荣誉权的保障。[⑤]

除上述明确加强人权保障的内容外，《刑法修正案（十一）》还结合收容教养制度的废除和1999年《预防未成年人犯罪法》的修改，将对不予刑事处罚的不满十六周岁的人的收容教养改为专门矫治教育。[⑥] 鉴于现行刑法未对专门矫治教育问题作出具体规定，包括修订后的《预防未成年人犯罪

① 参见《刑法修正案（十一）》第1项第3款、第7、33、37～40项。

② 参见《刑法修正案（十一）》第20～21、37～40项。

③ 参见《刑法修正案（十一）》第34项。

④ 参见《刑法修正案（十一）》第26～28项。

⑤ 参见《刑法修正案（十一）》第31、35项。

⑥ 参见《刑法修正案（十一）》第1项第5款和2020年《预防未成年人犯罪法》第45条。

法》在内的其他法律关于专门矫治教育的规定也不够充分，[①]《刑法修正案（十一）》的这一修改对人权的实际影响还有待进一步观察。

四　完善保障未成年人权利的法律规范

“未成年人”也称“儿童”，是国家应予特殊保护的权利主体。[②] 中华人民共和国成立后的历部宪法都明确规定儿童受国家的保护。[③] 在现行宪法相关规定的基础上，中国先后制定和修订了数十部涉及未成年人权益的法律法规，形成了比较完备的保护未成年人权益的法律体系。其中，1991 年通过并经 2006 年修订的《未成年人保护法》专门规定了国家、社会、学校和家庭保护未成年人合法权益的原则和职责，以及有关机关、组织、单位和个人侵犯儿童合法权益所应承担的法律责任，为未成年人提供了广泛的法律保障。此外，1999 年通过的《预防未成年人犯罪法》在规定国家、社会、学校和家庭预防未成年人犯罪的职责以及相关法律责任的同时，也含有若干保障未成年人身心健康的条款。

《未成年人保护法》和《预防未成年人犯罪法》在保障未成年人合法权益、防止未成年人违法犯罪方面发挥了重要作用。为适应国内社会经济的不断发展，积极应对和有效解决未成年人保护和犯罪预防工作面临的新问题，完善相关规范和机制，加强对未成年人合法权益的保护及对未成年人违法犯罪行为的预防和矫正，全国人大常委会于 2018 年启动两部法律的修订工作。[④]

---

① 2020 年《预防未成年人犯罪法》第 45 条对专门矫治教育的评估和决定、专门场所的设置和管理以及负责和承担矫治和教育工作的部门作了原则规定。

② 中国《未成年人保护法》第 2 条和《民法典》第 17 条明确规定“未成年人”的年龄在 18 周岁以下，与《儿童权利公约》规定的“儿童”的年龄标准一致。关于儿童/未成年人应受特殊保护和照料，参见《儿童权利公约》序言第 3 ~ 7 段及其提及的相关国际文件的规定。

③ 参见 1954 年宪法第 96 条第 2 款；1975 年宪法第 27 条；1978 年宪法第 53 条；1982 年宪法第 49 条第 1 款。

④ 关于这两部法律修订的总体思路和主要内容，分别参见何毅亭《关于〈中华人民共和国未成年人保护法（修订草案）〉的说明》，2019 年 10 月 21 日，载《全国人大常委会公报》2020 年第 5 号，2020，第 769 ~ 772 页；何毅亭《关于〈中华人民共和国预防未成年人犯罪法（修订草案）〉的说明》，2019 年 10 月 21 日。

2020年10月17日和26日，第十三届全国人大常委会第二十二次会议和第二十四次会议先后通过修订后的《未成年人保护法》和《预防未成年人犯罪法》，在保留原有的基本框架和主要内容的基础上，比较全面地充实和细化了国家、社会、学校和家庭保护未成年人的原则、职责和相应的法律责任。

修订后的《未成年人保护法》在以下十个方面加强了对未成年人的保护。第一，在权利主体方面，明确规定对中国境内未满十八周岁的外国人、无国籍人予以保护，[①] 扩大了受该法保护的权利主体的范围。第二，在保护原则方面，充实了未成年人平等享有权利和不受歧视的原则，确认了“最有利于未成年人”的保护原则，增加了保护未成年人隐私权、个人信息和听取未成年人意见的要求。[②] 第三，在国家立场和职责方面，明确规定国家指导、支持、帮助和监督未成年人的监护人履行监护职责，鼓励和支持社会力量开展未成年人保护方面的科学研究和人才培养及对未成年人提供学习、实践、娱乐、卫生等方面的服务和便利，建立健全未成年人统计调查制度和实施性侵害、虐待、拐卖、暴力伤害等违法犯罪的人员的信息查询系统，鼓励和支持社会组织和社会工作者在涉及未成年人的案件中参与未成年人的心理干预、法律援助、社会调查、社会观护、教育矫治、社区矫正等工作。[③] 第四，在家庭保护方面，强化并充实了未成年人的监护人（包括未成年人的父母或者其他监护人）对未成年人（特别是未满八周岁或者由于身体、心理原因需要特别照顾的未成年人）的监护职责，集中列举并扩充了监护人不得实施的侵犯未成年人身心健康、财产权益的行为或者不依法履行未成年人保护义务的行为，增加了监护人对侵害未成年人身心健康情况的了解、保护和报告义务以及离婚父母妥善处理未成年子女的抚养、教育、探望、财产等事宜的义务，明确了监护人委托他人照护被监护人的条件、程序以及委托后的照护和干预职责，强调在与未成年人权益相关的事项上听取和考虑未

① 参见2020年《未成年人保护法》第131条。

② 参见2006年《未成年人保护法》第3条和2020年《未成年人保护法》第3~4条。

③ 参见2020年《未成年人保护法》第7、12~13、44、46、64~65、98、116条。

成年人（特别是有表达意愿能力的未成年人）的意见，要求共同生活的其他成年家庭成员协助未成年人的监护人抚养、教育和保护未成年人。[①] 第五，在学校保护方面，增加了学校帮助辍学的未成年学生完成义务教育、关爱帮扶留守未成年学生和困境未成年学生、培养未成年学生的良好行为习惯和劳动习惯以及防治学生欺凌的职责，完善了学校和幼儿园培养未成年人文明健康和绿色环保的生活习惯、保障未成年人的休息和娱乐时间、做好未成年人卫生保健、保障校园安全和校车安全以及防范性侵害和性骚扰的职责，还对婴幼儿照护服务机构、早期教育服务机构、校外培训机构、校外托管机构提出了相应的保护未成年人的要求。[②] 第六，在社会保护方面，增加了城乡基层群众性自治组织、新闻媒体、未成年人集中活动的公共场所、大型公共场所运营单位、住宿经营者、不适宜未成年人活动的场所以及密切接触未成年人的单位的未成年人保护责任，扩展了社会力量对未成年人提供服务、支持、便利、照顾、优惠的范围，强化了对任何组织和个人危害未成年人身心健康的行为的限制。[③] 第七，在政府保护方面，要求政府或有关政府部门建立未成年人保护工作协调机制，设立未成年人保护专门机构或指定未成年人保护专门人员，开展、鼓励和支持家庭教育指导服务，保障留守未成年人接受义务教育，发展学前教育事业，保障残疾未成年人接受普通教育和特殊教育，保障校园安全及校园周边的治安和交通秩序，防止侵占或破坏未成年人活动场所的场地、房屋和设施，对处于困境的未成年人实施分类保障，受理或转介侵犯未成年人合法权益的投诉或举报，鼓励、支持、培育、引导、规范社会力量提供未成年人保护服务，并且充实和细化了政府及其有关部门在保障未成年人义务教育、职业教育和身心健康以及对符合条件的未成年人

---

① 参见 2006 年《未成年人保护法》第 10 ~ 16 条和 2020 年《未成年人保护法》第 7、15 ~ 24 条。

② 参见 2006 年《未成年人保护法》第 17 ~ 26 条和 2020 年《未成年人保护法》第 25 ~ 41 条。

③ 参见 2006 年《未成年人保护法》第 27、30 ~ 32、34 ~ 43、47 ~ 49 条和 2020 年《未成年人保护法》第 42 ~ 63 条。

进行临时或长期监护等方面的义务和责任。[①] 第八，在司法保护方面，强化了对公安机关、检察院、法院和司法行政部门专门化的要求，扩大了这些机关听取未成年人意见的范围，增加了这些机关提出司法建议和开展未成年人法治宣传教育工作的职责，确定了检察院进行诉讼监督、督促或支持有关组织和个人代为诉讼以及提起公益诉讼的职权，明确了法院审理离婚案件应当尊重未成年子女的真实意愿并适用最有利于未成年子女的原则，补充了法院对未成年人监护人作出人身安全保护令的权限，充实了对需要法律援助或者司法救助的未成年人以及未成年被害人（特别是遭受性侵害或者暴力伤害的未成年被害人）和证人的保护措施，还就社会组织或社会工作者参与涉及未成年人案件的问题作出了规定。[②] 第九，在法律责任方面，结合新增的义务主体的义务内容，充实和强化了有关义务主体的违法责任。[③] 第十，用专章集中规定了国家、社会、学校和家庭尊重和保护未成年人在网络空间的合法权益的职责或义务。[④]

《未成年人保护法》的首要目的是保障未成年人的身心健康和合法权益，[⑤] 同时含有若干防治未成年人不良行为和违法犯罪行为的要求，[⑥] 而《预防未成年人犯罪法》重在培养未成年人良好品行和预防未成年人违法犯罪，同时也有保障未成年人身心健康和合法权益的目的。[⑦] 在培养未成年人良好品行和预防未成年人违法犯罪方面，修订后的《预防未成年人犯罪法》进一步明确了教育与保护相结合、预防为主、提前干预以及分级预防、干预

---

① 参见 2006 年《未成年人保护法》第 28、42～45、47 条和 2020 年《未成年人保护法》第 9、81～99 条。

② 参见 2006 年《未成年人保护法》第 50～58 条和 2020 年《未成年人保护法》第 100～116 条。

③ 参见 2020 年《未成年人保护法》第 117～120 条。

④ 参见 2020 年《未成年人保护法》第 64～80 条。值得一提的是，该法第 48、50～52、63 条也规定了有关组织和个人的相关义务。

⑤ 参见 1991 年、2006 年和 2020 年三部《未成年人保护法》的第 1 条。

⑥ 参见 2020 年《未成年人保护法》第 16 条第 9 项、第 17 条第 1～3、6～7 项、第 25 条第 2 款、第 39 条、第 50 条、第 54 条第 2～3 款、第 57～60、68、70～71、74、92 条。

⑦ 参见 1999 年和 2020 年两部《预防未成年人犯罪法》的第 1 条。

和矫治的预防未成年人犯罪的工作方针,[①] 重新界定和划分了未成年人的（一般）不良行为和严重不良行为,[②] 充实和细化了国家、社会、学校、家庭和个人预防未成年人违法犯罪的义务、职责和法律责任。[③] 在保障未成年人身心健康和合法权益方面，修订后的《预防未成年人犯罪法》明确了“尊重未成年人人格尊严，保护未成年人的名誉权、隐私权和个人信息等合法权益”的工作原则,[④] 确认了未成年人及其监护人针对行政部门有关实施严重不良行为的未成年人的矫治教育和专门教育等行政决定提起行政复议或者行政诉讼的权利,[⑤] 侧重从保障未成年人身心健康的角度界定和干预未成年人的不良行为,[⑥] 充实了对夜不归宿、离家出走或者流落街头的未成年人的保护措施及对接受社区矫正和刑满释放的未成年人的安置帮教措施，增加了关于未成年人犯罪、专门矫治教育、专门教育、行政处罚、采取刑事强制措施和不起诉的记录的封存问题的规定,[⑦] 明确了虐待、歧视未成年人的法律责任。[⑧]

值得一提的是，修订后的《预防未成年人犯罪法》对原法针对实施严重不良行为的未成年人所规定的矫治和教育措施做了三个方面的修改：一是将公安机关的治安处罚和训诫改为矫治教育，二是将工读学校的矫治和教育改为专门学校的专门教育，三是将政府的收容教养改为专门矫治教育。[⑨] 为保证专门教育和专门矫治教育措施的实施，该法界定了专门教育的性质，明

---

① 参见1999年和2020年两部《预防未成年人犯罪法》的第2条。

② 参见1999年《预防未成年人犯罪法》第14~17、20、34条和2020年《预防未成年人犯罪法》第28、38条。

③ 参见1999年《预防未成年人犯罪法》第3~4、6、8~13、15~16、18~33、35~56条和2020年《预防未成年人犯罪法》第4~10、13~16、18~22、24~25、29~36、39~67条。

④ 参见2020年《预防未成年人犯罪法》第3条。

⑤ 参见2020年《预防未成年人犯罪法》第49条。

⑥ 1999年《预防未成年人犯罪法》第14条把不良行为界定为“严重违背社会公德”的行为，2020年《预防未成年人犯罪法》第28条则把不良行为界定为“不利于未成年人身心健康成长”的行为。

⑦ 参见2020年《预防未成年人犯罪法》第36条、第55~56条和第59条。

⑧ 参见2020年《预防未成年人犯罪法》第62~64条。

⑨ 参见1999年《预防未成年人犯罪法》第35~39条和2020年《预防未成年人犯罪法》第41~48条。

确了国家和政府发展专门教育和建设专门学校的职责以及专门教育指导委员会的成立、组成和职责，规定了专门教育和专门矫治教育的对象、条件、程序和措施。[①] 专门教育作为“国民教育体系的组成部分”和“重要保护处分措施”[②]，专门矫治教育作为一种更为严格的矫治和教育手段[③]，二者均有明显的强制性和惩戒性。与修订前的《预防未成年人犯罪法》和修订前的两部《未成年人保护法》的相关规定相比，修订后的《预防未成年人犯罪法》尽管允许未成年人及其监护人对专门教育和专门矫治教育的决定提起行政复议或行政诉讼，但没有明确规定专门教育和专门矫治教育过程中对未成年人合法权益的尊重和保障，也没有明确规定从事专门教育和专门矫治教育工作的人员的违法责任，[④] 这一问题可在全国人大常委会对该法再作修改或者在国务院规定专门学校建设和专门教育具体办法时加以解决。[⑤]

除上述两部关于未成年人的专门性的法律外，2020 年通过的《民法典》和《刑法修正案（十一）》都明显加强了对未成年人相关权利的保护。本报告第二部分和第三部分对此已分别做了说明，在此不再赘述。

五　充实保障生命权和健康权的法律规范

生命权和健康权是中国民事法律确认的基本民事权利，[⑥] 保障公众的生

---

① 参见 2020 年《预防未成年人犯罪法》第 6、43 ~ 48 条。

② 参见 2020 年《预防未成年人犯罪法》第 6 条第 1 款。

③ 按照 2020 年《预防未成年人犯罪法》第 45 条第 2 ~ 3 款的规定，用于专门矫治教育的专门场所实行闭环管理，未成年人的矫治工作由公安机关和司法行政部门负责，未成年人的教育工作由教育行政部门承担。

④ 参见 1999 年《预防未成年人犯罪法》第 36、39 条；1991 年《未成年人保护法》第 18 条；2006 年《未成年人保护法》第 25 条；2020 年《预防未成年人犯罪法》第 47 ~ 48、62 条。虽然 2020 年《未成年人保护法》第 130 条规定学校包括“专门学校”，2020 年《预防未成年人犯罪法》第 6 条也规定“专门教育是国民教育体系的组成部分”，但这似乎并不足以为接受专门教育和专门矫治教育的未成年人的合法权益提供明确而充分的保护。

⑤ 2020 年《预防未成年人犯罪法》第 6 条第 4 款：“专门学校建设和专门教育具体办法，由国务院规定。”

⑥ 参见《民法总则》第 110 条和《民法典》第 110、1002、1004 条。

命安全和健康也是中国有关公共卫生、食品安全、环境保护、安全生产、刑事司法和其他相关领域大量法律和行政法规的重要目的和内容。2020年突袭而至并迅速蔓延的新冠肺炎疫情对公众的生命健康造成了重大威胁，也为相关法律法规的健全和完善提供了新的契机。为依法防控新冠肺炎疫情和类似的公共卫生突发事件，强化公共卫生法治保障体系，加强对公众生命健康安全的立法保障，在2019年12月16日全国人大常委会第44次委员长会议原则通过的《全国人大常委会2020年度立法工作计划》的基础上，2020年4月17日全国人大常委会第50次委员长会议通过《十三届全国人大常委会强化公共卫生法治保障立法修法工作计划》，将涉及疫情防控和公共卫生问题的17部法律的制定和修改列为2020~2021年的立法任务，[①]其中的若干任务随后被纳入2020年6月1日全国人大常委会第58次委员长会议修改的《全国人大常委会2020年度立法工作计划》[②]。

按照上述年度和专项立法工作计划的要求，全国人大常委会在2020年先后采取了以下有助于保障公众生命权和健康权的立法措施。其一，通过《关于全面禁止非法野生动物交易、革除滥食野生动物陋习、切实保障人民群众生命健康安全的决定》，在相关现行法律和规定的基础上，对猎捕、交易、运输、食用和利用野生动物的行为作出更为严格的禁止或限制，以防因非法交易和滥食野生动物而破坏生物安全和生态安全、造成重大公共卫生风

① 这17项立法任务包括通过《关于全面禁止非法野生动物交易、革除滥食野生动物陋习、切实保障人民群众生命健康安全的决定》和《刑法修正案（十一）》，制定《民法典》《生物安全法》《社会救助法》，修改《固体废物污染环境防治法》《动物防疫法》《野生动物保护法》《国境卫生检疫法》《传染病防治法》《突发事件应对法》《进出境动植物检疫法》《畜牧法》《农产品质量安全法》《科学技术进步法》《执业医师法》《治安管理处罚法》。参见《十三届全国人大常委会强化公共卫生法治保障立法修法工作计划》第一部分，载《全国人大常委会公报》2020年第2号，2020，第468页。

② 被纳入修改后的《全国人大常委会2020年度立法工作计划》的任务包括通过《关于全面禁止非法野生动物交易、革除滥食野生动物陋习、切实保障人民群众生命健康安全的决定》，修改《动物防疫法》《野生动物保护法》《国境卫生检疫法》《传染病防治法》《突发事件应对法》。参见《全国人大常委会2020年度立法工作计划》第一部分第3段，载《全国人大常委会公报》2020年第2号，2020，第492页。

险、损害公众生命健康安全。① 其二，通过《生物安全法》，明确国家和政府在建立健全生物安全风险防控体制机制、管理和监督包括防控重大新发突发传染病和动植物疫情在内的各项生物安全相关活动②以及加强生物安全能力建设等方面的职责和权限，规定有关单位、组织、机构和个人从事生物安全相关活动的义务、职责和违法责任，为国家生物安全、公众生命健康、生物资源、生态环境和生物技术健康发展提供法律保障。③ 其三，修订2004年《固体废物污染环境防治法》，优化固体废物污染环境防治原则，④ 完善固体废物污染环境防治监督管理制度，⑤ 健全工业固体废物、生活垃圾和危险废物污染环境防治制度，⑥ 增加建筑垃圾、农业固体废物污染环境防治制度，⑦ 强化国家和政府防治固体废物污染环境的保障措施，⑧ 加大对违法行为的处罚力度，⑨ 为生态环境、生态安全和公众健康提供更为有力的法律保障。

---

① 关于非法交易和滥食野生动物对公共安全和公众生命健康的消极影响以及全国人大常委会相关决定对保障公众生命健康的意义，参见沈春耀《关于〈全国人民代表大会常务委员会关于全面禁止非法野生动物交易、革除滥食野生动物陋习、切实保障人民群众生命健康安全的决定（草案）〉的说明》，2020年2月24日，载《全国人大常委会公报》2020年第1号，2020，第260~262页。

② 根据《生物安全法》第2条第2款，该法规范的活动包括：防控重大新发突发传染病、动植物疫情；生物技术研究、开发与应用；病原微生物实验室生物安全管理；人类遗传资源与生物资源安全管理；防范外来物种入侵与保护生物多样性；应对微生物耐药；防范生物恐怖袭击与防御生物武器威胁。

③ “人民生命健康……相对处于没有危险和不受威胁的状态”是《生物安全法》界定的“生物安全”的一个方面的内涵；“保障人民生命健康”作为该法的立法目的之一，其相关内容体现在生物安全相关的各项活动以及防范生物安全风险的各个环节之中。

④ 参见2004年《固体废物污染环境防治法》第3、5条和2020年《固体废物污染环境防治法》第4~5条。

⑤ 参见2004年《固体废物污染环境防治法》第11~15条和2020年《固体废物污染环境防治法》第13~31条。

⑥ 参见2004年《固体废物污染环境防治法》第16~66条和2020年《固体废物污染环境防治法》第32~59、74~91条。

⑦ 参见2020年《固体废物污染环境防治法》第60~73条。

⑧ 参见2020年《固体废物污染环境防治法》第92~100条。

⑨ 参见2004年《固体废物污染环境防治法》第67~87条和2020年《固体废物污染环境防治法》第101~123条。

除全国人大常委会采取的上述保障公众生命和健康的立法措施外，2020年通过的《民法典》和《刑法修正案（十一）》分别加强了对自然人生命权和健康权的保护，[①] 2020 年 1 月 3 日国务院第 77 次常务会议通过的《化妆品监督管理条例》也对保障消费者的人体健康作出了明确规定。[②]

六　与人权相关的其他立法活动

为有效应对近年凸显的香港特别行政区（简称香港特区）国家安全风险，维护中国国家利益，坚持和完善"一国两制"制度体系，维护香港长期繁荣稳定，保障香港居民合法权益，第十三届全国人大第三次会议于 2020 年 5 月 28 日通过《关于建立健全香港特别行政区维护国家安全的法律制度和执行机制的决定》，重申中国关于香港特区的原则立场，要求香港特区政府依法履行维护国家安全的相关职责，授权全国人大常委会制定相关法律。[③] 6 月 30 日，第十三届全国人大常委会第二十次会议通过《香港特别行政区维护国家安全法》，明确了中央政府和香港特区维护国家安全的责任、原则、机构和职责，规定了四类危害国家安全罪行[④]的构成要件和处罚措施、相关案件的管辖主体、法律适用和诉讼程序及对相关机构、组织和个人的权利的尊重、保障和限制。基于维护国家安全的需要，《香港特别行政区维护国家安全法》明确规定香港特区任何机构、组织和个人行使权利和自由不得违背《香港特别行政区基本法》第 1 条和第 12 条[⑤]，禁止在香港特区的任何机构、组织和个人从事危害国家安全的行为和活动，要求香港特区

---

① 参见本报告第二部分和第三部分所做的相关说明。

② 参见《化妆品监督管理条例》第 44 条第 1 款、第 46 条第 2 款第 4 项、第 54 条、第 59 条第 2 款第 3 项、第 76 条。

③ 参见《全国人民代表大会关于建立健全香港特别行政区维护国家安全的法律制度和执行机制的决定》前文和第 1 ~ 6 项。

④ 即分裂国家罪、颠覆国家政权罪、恐怖活动罪和勾结外国或者境外势力危害国家安全罪。

⑤ 参见《香港特别行政区维护国家安全法》第 2 条。《香港特别行政区基本法》第 1 条规定："香港特别行政区是中华人民共和国不可分离的部分。"第 12 条规定："香港特别行政区是中华人民共和国的一个享有高度自治权的地方行政区域，直辖于中央人民政府。"

和中央政府驻港维护国家安全机构依法防范、制止和惩治与香港特区有关的危害国家安全犯罪。与此同时，该法明确要求香港特区维护国家安全应当尊重和保障人权，坚持法治原则以及罪刑法定、无罪推定和一事不再理等具体原则，依法保护香港特区居民根据《香港特别行政区基本法》和《公民权利和政治权利国际公约》、《经济、社会及文化权利国际公约》① 适用于香港的有关规定所享有的包括言论、新闻、出版、结社、集会、游行、示威的自由在内的权利和自由，保障犯罪嫌疑人、被告人和其他诉讼参与人依法享有的辩护权、公正审判权和其他诉讼权利，尊重个人隐私，并明确禁止驻港维护国家安全机构侵害任何个人和组织的合法权益，② 为与香港特区维护国家安全有关的个人权利提供了原则性的法律保障。

除前文着重说明的与人权直接相关的立法活动外，全国人大常委会和国务院2020年的其他一些立法活动对人权也有一定影响。其中，新通过的《退役军人保障法》为退役军人的工作权、受教育权、社会保障（含社会保险）权、适当生活水准权、荣誉权等合法权益以及退役军人配偶的工作权和退役军人子女的受教育权提供了专门的法律保障；新通过的《公职人员政务处分法》既规定了对公职人员侵犯他人合法权益的行为③及对公职人员非法言论、集会、游行、示威、结社等行为的处分措施④，也规定了对接受政务处分的公职人员的人身和财产权益的保护措施⑤；修订后的《人民武装

① 在《香港特别行政区维护国家安全法》（第4条）、《香港特别行政区基本法》（第39条）和《中华人民共和国政府对香港的基本方针政策的具体说明》（第13项）中，后一公约的中文名称均为《经济、社会与文化权利的国际公约》。

② 参见《香港特别行政区维护国家安全法》第4~5、50、58、63条。

③ 主要是《公职人员政务处分法》第38条第2款第4项规定的侵犯管理服务对象知情权、造成不良后果或者影响的行为；第39条第2款第1项和第5项分别规定的滥用职权，危害公民合法权益的行为和泄露因履行职责掌握的个人隐私的行为；第40条第2款第4~5项规定的拒不承担赡养、抚养、扶养义务的行为和实施家庭暴力，虐待、遗弃家庭成员的行为以及第40条第3款规定的组织、支持、参与卖淫、嫖娼、色情淫乱活动的行为。

④ 参见《公职人员政务处分法》第28条。

⑤ 参见《公职人员政务处分法》第42条第2款（非法证据排除）和第63条第2款第3~4项（禁止对被调查人或者涉案人员逼供、诱供、侮辱、打骂、虐待、体罚或者变相体罚；禁止收受被调查人或者涉案人员的财物以及其他利益）。

警察法》充实和细化了武装警察处置突发社会安全事件、防范和处置恐怖活动的职责和权限,[①] 规定了武装警察执行任务采取措施应当遵循的程序要求以及“严格必要原则”和“最大程度保护个人和组织权益原则”,[②] 增加了对武装警察侵犯个人权利的限制,[③] 加强了对武装警察合法权益和依法执行职务的保护[④];修正后的《选举法》《专利法》《著作权法》对选举权及与文化生活权有关的著作权、与著作权有关的权利和专利权的保护也有一定程度的改进。此外,全国人大常委会对乡村振兴促进法草案、数据安全法草案、个人信息保护法草案、反食品浪费法草案、反有组织犯罪法草案、监察官法草案、军人地位和权益保障法草案、行政处罚法修订草案、动物防疫法修订草案和兵役法修正草案的审议为2021年的人权相关立法活动奠定了较好的基础。

---

① 参见2009年《人民武装警察法》第7条第2款第7项、第10条;2020年《人民武装警察法》第4、16~19条和第23条第1款。

② 参见2020年《人民武装警察法》第19条第2款第1~2项、第23条第2款、第30条。

③ 参见2009年《人民武装警察法》第19条;2020年《人民武装警察法》第29条第2款第2、4项。

④ 参见2009年《人民武装警察法》第36条;2020年《人民武装警察法》第8、44、55条。

B.21
2020年中国的国际人权合作与交流

罗艳华*

摘　要： 2020年中国在国际人权合作与交流方面进展显著，主要分为政府和民间两个层面。由于受到新冠肺炎疫情的影响，政府层面的国际人权合作与交流，除了延续常规的多边与双边合作与交流之外，也采取了一些新的合作与交流方式，线上的交流与合作成为疫情之下的重要方式。民间层面的国际合作与交流主要表现为中国社会组织对国际人权事务的积极参与。这一年虽然受到了疫情的影响，但中国社会组织表现得非常活跃，其主办和参与的人权合作与交流活动不仅有线下和线上多种方式，而且内容丰富、成果丰硕。与此同时，2020年中国面临的国际人权挑战是非常严峻的，对此中国采取了多方面的应对措施，取得了良好的效果。

关键词： 国际人权合作　国际人权交流　人权社会组织

2020年，由于遭遇新冠肺炎疫情，中国政府在国际人权合作与交流方面除延续常规的多边和双边合作之外，也在新形势下创新了交流与合作的方式，线上的交流与合作成为疫情之下的重要方式。民间层面在国际人权合作与交流中表现得非常活跃，在疫情期间采取了形式多样和内容丰富的交流方

* 罗艳华，法学博士，北京大学国际关系学院教授，主要研究方向为人权与国际关系、国际关系史、非传统安全等。

式，取得了良好的效果。这一年中国在国际人权交往中也面临着严峻的挑战，对此中国积极应对，采取了多方面的应对措施。

一　政府层面的国际人权合作与交流

2020 年虽然遭遇新冠肺炎疫情，但中国仍然开展了形式多样、内容丰富的多边和双边人权合作与交流。受疫情影响，中国开展的国际人权合作与交流呈现出一些新的特点。这些特点主要包括：（1）中国开展国际人权合作与交流的方式发生了变化，采取了线上和线下相结合的方式；（2）首脑外交成为中国开展的国际人权合作与交流的一个亮点；（3）中国召开了多场新闻发布会，及时向国内外通报疫情防控及相关人权保障的最新进展。通过这些变化和调整，中国在疫情侵袭的特殊时期仍然在开展国际人权合作与交流方面取得了良好的效果和重要的进展。

（一）多边人权合作与交流

多边人权合作与交流仍然是 2020 年中国开展国际人权合作的重头戏。除了常规的多边合作框架，中国还重点推进了一些特定领域的合作。

1. 在北京世界妇女大会25周年之际，中国就妇女权利保护问题积极倡导并践行国际合作

（1）积极倡议并参加了人权理事会纪念北京世界妇女大会通过《北京宣言》和《行动纲领》25 周年的高级别专题讨论会

2019 年 9 月，在中国、丹麦、肯尼亚、墨西哥、法国等国倡议下，人权理事会第 42 届会议一致通过决议，决定在人权理事会第 43 届会议上举行高级别会议，纪念《北京宣言》和《行动纲领》通过 25 周年。2020 年 2 月 25 日，人权理事会第 43 届会议举行了纪念北京世界妇女大会通过《北京宣言》和《行动纲领》25 周年高级别专题讨论会。100 余国高级别代表、驻日内瓦使节及国际组织代表等出席。联合国人权高专巴切莱特、联合国妇女署执行主任努卡出席会议并致辞。中国常驻联合国日内瓦办事处和瑞士其他

国际组织代表陈旭大使致开幕辞，表示《北京宣言》和《行动纲领》通过25年来，全球妇女事业在各方共同努力下取得积极进展，但实现男女平等和妇女发展仍然任重道远。国际社会应携手努力，发扬北京世界妇女大会精神，通过发展推动妇女事业，健全妇女权益保障，加强国际合作，为促进男女平等和妇女全面发展加速行动。巴切莱特和努卡表示，《北京宣言》和《行动纲领》对推进性别平等和妇女权利保护事业具有里程碑意义，赞赏中国、丹麦等国倡议召开此次高级别会议，积极评价北京世妇会以来女性在参与政治经济生活、接受教育、获得卫生服务、享有同工同酬待遇等方面取得的进步，强调各方应总结成功经验，加强国际合作，正视困难和挑战，加快兑现承诺，继续落实《北京宣言》和《行动纲领》，推进性别平等和全球妇女事业发展。[①]

（2）在联合国妇女署举办的“确保在2019冠状病毒疫情背景下取得可持续发展目标5之进展的部长级视频圆桌会议”上做主旨发言

2020年8月5日下午，以“从应对到恢复：中国和全球合作伙伴的经验”为主题，联合国妇女署举办了“确保在2019冠状病毒疫情背景下取得可持续发展目标5之进展的部长级视频圆桌会议”。在新冠肺炎疫情全球蔓延背景下召开的此次会议，旨在分享中国和相关国家抗击疫情和促进妇女发展的经验，推动国际合作。联合国副秘书长、联合国妇女署执行主任努卡女士与会致辞，有近90人在线参会，来自中国、埃及、缅甸、巴基斯坦、乌干达、塞内加尔等11个国家的部长级代表进行了在线发言。中国是应联合国妇女署邀请唯一在此次会议做主旨发言的国家。与会代表共同探讨了疫情对性别平等和妇女发展的影响，交流了各国在疫情防控和复工复产方面的经验做法，对后疫情时代为推动性别平等和妇女全面发展应采取的措施进行了讨论，并呼吁进一步加强国际合作，以加速落实《北京宣言》、《行动纲领》和2030年可持续发展议程，建设一个更加平等、更富包容、更可持续的社

① 《人权理事会举行高级别会议纪念北京世界妇女大会通过〈北京宣言〉和〈行动纲领〉25周年》，2020年2月26日，人民网，http：//world. people. com. cn/n1/2020/0226/c1002－31605918. htm。

会。联合国妇女署执行主任努卡对中国政府对联合国妇女署的大力支持与全国妇联分享中国疫情防控和经济恢复的宝贵经验表示了感谢。[①]

（3）参加联合国安理会举行的妇女、和平与安全问题公开辩论会并倡导国际合作

2019年10月29日，联合国安理会举行妇女、和平与安全问题公开辩论会，一致通过安理会第2493号决议，呼吁提高妇女在全球各和平进程中的参与度，加快落实妇女、和平与安全议程。[②] 中国常驻联合国代表张军在会上指出，国际社会应当以此为契机，重申承诺，加大投入，为妇女、和平与安全议程和全球妇女事业发展注入新的动力。为此，中国提出了四点主张：第一，继续支持女性在和平与安全领域发挥重要作用；第二，全面平衡推进妇女、和平与安全议程；第三，促进性别平等，加强妇女赋权；第四，深化全球合作，助力妇女事业发展。张军指出，中国一直积极推动全球妇女事业合作，用实际行动落实《北京宣言》和《行动纲领》，落实联合国及安理会有关决议。5年前，习近平主席在全球妇女峰会上提出了一系列全球合作倡议，已经得到全面落实，包括在发展中国家实施100个“妇幼健康工程”和100个“快乐校园工程”，为发展中国家培训13万名各行业妇女人才等。在10月初举行的联大纪念北京世界妇女大会25周年高级别会议上，习主席提出2025年再次召开全球妇女峰会的重要倡议，宣布未来5年内向联合国妇女署提供1000万美元捐款，继续设立中国－联合国教科文组织女童和妇女教育奖。[③]

2. 中国与联合国人权理事会的合作与交流

2020年，中国与联合国人权理事会及其下属机构保持着良好的合作关系。10月13日，中国在第75届联合国大会上再次成功当选联合国人权理

---

① 《联合国妇女署举办抗疫合作国际视频会议》，《中国妇女报》2020年8月6日，第1版，http://paper.cnwomen.com.cn/content/2020－08/06/071420.html。

② 《联合国安理会呼吁加大妇女在和平进程中的参与度》，2019年10月30日，新华网，http://www.xinhuanet.com/world/2019－10/30/c_ 1125172048.htm。

③ 《张军大使在安理会妇女、和平与安全问题公开辩论会上的发言》，2020年10月29日，中国常驻联合国代表团网站，http://new.fmprc.gov.cn/ce/ceun/chn/hyyfy/t1827687.htm。

事会成员（第五任期），任期自2021年至2023年。目前中国尚在第四任期中。作为联合国人权理事会的现任理事国，中国认真履行自己的义务，积极参加人权理事会的历次会议和各项工作，其中包括对基里巴斯、几内亚、莱索托、西班牙、亚美尼亚、肯尼亚、几内亚比绍、格林纳达、瑞典、土耳其、圭亚那、科威特、利比里亚、马拉维、巴拿马、蒙古、马尔代夫、安道尔、洪都拉斯、保加利亚、美国、马绍尔群岛、克罗地亚、牙买加、利比亚等国的普遍定期审议。

（1）中国参加人权理事会第43届会议人权主流化（《儿童权利公约》实施30周年：挑战与机遇）高级别专题讨论会

2月24日，中国代表团参加了人权理事会第43届会议人权主流化（《儿童权利公约》实施30周年：挑战与机遇）高级别专题讨论会，认为将“《儿童权利公约》实施三十周年：挑战与机遇”作为2020年人权主流化高级别专题讨论会的主题非常及时和必要。30年来，《儿童权利公约》对促进和保护儿童权利发挥了重要作用。中方认为，国际社会需要从以下几方面入手。一是坚持和平解决争端，为儿童健康成长创造和平环境。预防和解决冲突是对儿童最有效的保护。二是坚持落实政府主体责任。各国要将儿童发展作为重要职责。三是坚持在发展中促进和保护儿童权利。四是加强困境儿童保障工作，不让一个人掉队。中方将继续履行国际责任，积极参与国际合作，与国际社会一道，为共建一个“适合儿童生长的世界”而努力。①

（2）中国在联合国人权理事会就反对种族歧视问题积极发声，明确表达自己的立场

6月17日，应联合国非洲集团要求，联合国人权理事会举行紧急会议，讨论了美国非洲裔男子乔治·弗洛伊德遭遇警察暴力执法导致死亡所暴露的种族歧视等问题。中国常驻联合国日内瓦办事处和瑞士其他国际组织代表陈旭在发言中表示，中国一贯反对一切形式的种族主义和种族歧视，支持人权

① 《中国代表团在人权理事会第43届会议人权主流化（〈儿童权利公约〉实施30周年：挑战与机遇）高级别专题讨论会上的发言》，2020年2月25日，中国常驻联合国日内瓦办事处和瑞士其他国际组织代表团网站，http://www.china-un.ch/chn/dbdt/t1749272.htm。

理事会举行此次紧急会议。陈旭指出，“正如人权高专巴切莱特和许多特别机制专家所说，弗洛伊德事件不是孤立的，反映了美国长期存在、根深蒂固的种族歧视、警察暴力和社会不平等。我们敦促美国倾听国际社会呼声，切实履行其国际人权义务，消除种族主义、种族歧视和其它侵犯人权现象，保障少数族裔合法权利；在国际上停止将人权作为政治工具，摒弃双重标准作法。我们呼吁国际社会凝聚共识，全面落实《德班宣言和行动纲领》，支持人权理事会、人权高专办在反对种族主义问题上加大努力，共同推进国际反种族主义事业”。①

9 月 30 日，联合国人权理事会第 45 届会议在日内瓦举行，会议举行了与非洲人后裔问题工作组的互动对话。中国代表指出，“中方赞同非洲人后裔工作组在报告中对美国系统侵犯和剥夺非洲人后裔人权表达的关切。乔治·弗洛伊德尸骨未寒，雅各布·布莱克又因警察暴力执法而瘫痪，美国警察暴力镇压、任意逮捕反对种族歧视的示威群众，非洲人后裔在美国遭遇令人触目惊心。历史上，美国还将非洲人后裔用作病毒活体实验。美国长期存在、根深蒂固的种族歧视、警察暴力和社会不平等问题亟须人权理事会关注。此外，美国、英国非洲人后裔新冠病毒感染率和致死率均为白人的数倍。英国非洲人后裔在教育、社会保障、医疗等领域亦遭受系统性歧视。我们呼吁人权理事会持续关注美国、英国侵犯非洲人后裔人权的现象并采取必要行动”。②

10 月 1 日，联合国人权理事会第 45 届会议举行反种族主义议题一般性辩论。中国代表俄罗斯、巴基斯坦、古巴、伊朗等观点相近国家在会上做了共同发言，对西方国家与弗洛伊德类似事件持续发生、少数族裔因种族歧视和仇外暴力行为丧生、非洲人后裔在疫情期间死亡率远高于其所占人口比

① 《中国代表团在人权理事会第 43 届会议反对种族主义问题紧急辩论中的发言稿》，2020 年 6 月 17 日，中国常驻联合国日内瓦办事处和瑞士其他国际组织代表团网站，http：//www. china - un. ch/chn/dbdt/t1789675. htm。

② 《中国代表团在人权理事会第 45 届会议与非洲人后裔工作组互动对话时的发言》，2020 年 9 月 30 日，中国常驻联合国日内瓦及瑞士其他国际组织代表团网站，http：//www. china - un. ch/chn/dbdt/t1826976. htm。

例、移民儿童被迫与其父母分离、土著人权利未受到保护等表示关切，呼吁各方共同反对将疫情政治化、污名化，敦促有关国家政治人物摒弃煽动种族歧视和仇外情绪、“甩锅”推责、蓄意制造分裂和对抗的错误做法。①

（3）中国提交的“在人权领域促进合作共赢”决议再次在联合国人权理事会获得通过

6 月 22 日，联合国人权理事会再次通过了中国提交的“在人权领域促进合作共赢”决议。这是中国继 2018 年推动人权理事会通过“在人权领域促进合作共赢”决议后，第二次提出这一倡议。决议倡导坚持多边主义，呼吁构建相互尊重、公平正义、合作共赢的新型国际关系，构建人类命运共同体，强调各国应在人权领域开展真诚对话与合作，分享促进和保护人权的良好做法和经验，加强人权技术援助和能力建设，实现合作共赢。中国常驻联合国日内瓦办事处和瑞士其他国际组织代表陈旭表示，“中方再次在人权理事会提出‘在人权领域促进合作共赢’决议草案，有利于各方开展真诚对话与合作，推动国际人权事业的健康发展。中方期待人权理事会形成合作共赢的氛围，希望各方通过建设性对话与合作，更好地实现促进和保护人权的共同目标”。②

（4）中国在联合国人权理事会代表近 80 个亚非拉国家发表了关于减贫促进人权的共同发言

9 月 22 日，中国常驻联合国日内瓦办事处和瑞士其他国际组织代表陈旭在联合国人权理事会第 45 届会议上代表近 80 个亚非拉国家发表了关于减贫促进人权的共同发言。陈旭表示，消除贫困是 2030 年可持续发展议程的首要目标，是促进和保护人权的重要途径。我们严重关切全球近 8 亿人生活在极端贫困之中，尤其关切新冠肺炎疫情可能导致 7100 万人在 2020 年返

① 《针对非洲人后裔的种族歧视和警察暴力问题在人权理事会受到普遍关注》，2020 年 10 月 2 日，中国常驻联合国日内瓦办事处和瑞士其他国际组织代表团网站，http：//www. china - un. ch/chn/dbdt/t1821587. htm。

② 《联合国人权理事会再次通过中国提交的“在人权领域促进合作共赢”决议》，2020 年 6 月 23 日，新华网，http：//www. xinhuanet. com/2020 - 06/23/c_ 1126147408. htm。

贫。这加剧了社会不平等，对世界各地人民享有人权造成负面影响。我们呼吁各国将减贫作为发展经济的一项重要内容，实施开发式扶贫和精准扶贫，推动减贫以及经济、社会、文化和环境发展与人权保障统筹兼顾、协调发展。呼吁各国坚持以人民为中心，保障和改善民生，建立和完善社会保障体系，切实保障妇女、儿童、老年人、残疾人等弱势群体权利，特别是减少新冠肺炎疫情对贫困人口的影响，不让任何一个人掉队。呼吁各国加强贫困地区基础设施建设，为贫困人口提供卫生、教育、文化、医疗等公共服务，扩大就业，提升贫困人口自我发展能力。各国应加强减贫国际合作，发达国家向发展中国家和最不发达国家提供减贫援助和技术支持。我们鼓励各方在联合国人权理事会及附属机构就消除贫困以及对享有人权的贡献交流经验和最佳做法，将消除贫困以促进和保护人权问题作为人权理事会审议的重要事项。①

（5）中国参加联合国人权理事会2020年社会论坛

10月8日，联合国人权理事会2020年社会论坛在瑞士日内瓦开幕。论坛为期两天，主题是“打击贫困和不平等的良好做法、成功故事、经验和挑战”。来自世界各国的350余名代表在线上或线下参会。中国国务院扶贫办副主任陈志刚作为嘉宾在论坛发表视频讲话，介绍了中国减贫经验和成就。陈志刚指出，“尊重和保障人权是人类的共同追求。减缓和消除贫困是人权保障的重要内容。中国共产党和中国政府始终把人民生存权、发展权放在首位，始终致力于以减贫促进人权。2020年是中国脱贫攻坚收官之年。面对突如其来的新冠肺炎疫情，中国建立疫情影响分析应对机制，出台就业、产业、财政、金融等方面针对性政策举措，目前疫情影响已逐步克服，如期完成脱贫攻坚目标任务胜利在望”。②

① 《中国代表近80国在联合国人权理事会呼吁消除贫困以更好地促进和保护人权》，2020年9月23日，中国新闻网，https：//www. chinanews. com/gn/2020/09－23/9297668. shtml。

② 《中国在联合国人权理事会社会论坛介绍减贫经验》，2020年10月9日，中国新闻网，https：//www. chinanews. com/gj/2020/10－09/9308324. shtml。

3. 中国与联合国人权高专的合作与交流

2020年中国与联合国人权高专进行了比较频繁的交流与互动，并多次代表观点相近国家表达明确的立场。

2月27日，人权理事会第43届会议就联合国人权高专和秘书长报告举行了互动对话，外交部人权事务特别代表刘华代表观点相近国家做了共同发言。刘华积极评价高专女士重视与各国开展建设性对话与合作，希望高专女士进一步倾听广大会员国特别是发展中国家呼声，继续平衡推进各类人权；同时希望高专女士和高专办恪守《联合国宪章》宗旨和原则，坚持以公正、客观、建设性、非选择性的方式开展工作，反对政治化和双重标准，反对点名羞辱和公开施压；期待高专女士和高专办在重视对一些新兴前沿问题关注的同时，深入思考如何真正推进全球人权治理，造福各国人民，特别是加大对经济、社会及文化权利和发展权的投入，重视发展和减贫对促进和保护人权的重要作用，在反对种族歧视、打击仇恨言论、反对恐怖主义和极端主义、保护移民儿童权利等方面投入更多资源；呼吁高专女士和高专办尊重各国选择实现和平与发展道路的权利，继续肯定各国在人权领域的进展及所做努力，分享各国在人权领域的良好做法与实践，根据当事国需要和优先事项加大在技术援助方面的投入；敦促高专女士和高专办重视人权高专办职员，特别是高级官员的地域代表性和性别平衡，采取透明做法，在此方面立即采取切实措施。①

4月9日，联合国人权理事会与联合国人权高专巴切莱特就新冠肺炎疫情对人权影响问题举行了非正式视频对话会。中国常驻联合国日内瓦办事处和瑞士其他国际组织代表陈旭在会上表示中方支持国际组织为推动相关国际合作发挥积极作用，支持世界卫生组织继续发挥领导和协调作用，欢迎巴切莱特女士和人权高专办根据自身职责为国际抗疫努力作出贡献。呼吁各方团结一致，切实保障人民的生命权和健康权。陈旭介绍了中国关于减少疫情对

① 《中国代表观点相近国家共同呼吁人权高专倾听广大发展中国家呼声，平衡推进人权治理》，2020年2月27日，中国常驻联合国日内瓦办事处和瑞士其他国际组织代表团网站，http：//www. china - un. ch/chn/dbdt/t1750602. htm。

人权影响的三点主张。一是各国应将人民生命安全和身体健康摆在第一位，通过有效国际联防联控和抗疫合作，切实保障人民的生命权和健康权。国际社会应向发展中国家提供帮助，有关国家应立即取消针对发展中国家的单边制裁。二是各国应重视应对疫情对经济社会发展的挑战，保障人民基本生活，保障人民经济、社会及文化权利和发展权，保护妇女、儿童、残疾人、老年人、移民等弱势群体权利。三是各方应共同反对污名化，反对将公共卫生问题政治化。应摒弃煽动种族歧视和仇外情绪、蓄意制造分裂和对抗的错误做法。①

9 月 14 日，中国参加了人权理事会第 45 届会议就人权高专新冠肺炎疫情对人权影响口头报告互动对话会。中方感谢高专就新冠肺炎疫情对人权影响问题所做的报告，欢迎高专女士和人权高专办在自身职责范围内为国际抗疫努力作出贡献，呼吁各国政府将人民的生命和健康放在首位，采取有效防控措施，坚决遏制疫情蔓延势头，最大限度减少疫情对经济和社会的冲击，保障人民基本生活，保护弱势群体权利。有关国家应立即取消针对发展中国家的单边制裁。各方应共同反对污名化，反对将公共卫生问题政治化。有关方面应摒弃煽动种族歧视和仇外情绪，蓄意制造分裂和对抗的错误做法。②

同日，联合国人权理事会第 45 届会议就联合国人权事务高级专员报告举行一般性辩论，中国常驻联合国日内瓦办事处和瑞士其他国际组织代表陈旭大使代表观点相近国家做了共同发言。陈旭指出，我们支持人权高专办继续同各国开展对话与合作，重视各国政府提供的权威信息，根据自身授权客观、公正、非选择性地开展工作，抵制将人权问题政治化和双重标准的做法。呼吁人权高专办同等重视各类人权。希望人权高专办在推动发展权主流化上开展更多实质工作。支持人权高专巴切莱特多次呼吁重视和解决不

---

① 《中国代表呼吁各国切实保障人民的生命权和健康权》，2020 年 4 月 10 日，海外网百家号，https：//baijiahao. baidu. com/s？ id = 1663540343855279276&wfr = spider&for = pc。

② 《中国代表团在人权理事会第 45 届会议就人权高专新冠肺炎疫情对人权影响口头报告互动对话会的发言》，2020 年 9 月 14 日，中国常驻联合国日内瓦办事处和瑞士其他国际组织代表团网站，http：//www. china – un. ch/chn/dbdt/t1826941. htm。

平等问题，切实保护弱势群体权利，希望高专办在反对种族主义、种族歧视、仇恨言论等方面加大投入。呼吁人权高专办根据当事国意愿向有关国家提供技术援助，反对单边强制措施。呼吁有关国家特别是有能力的国家按时缴纳拖欠的联合国会费，同时希望人权高专办提高资金运行和行政管理的透明度，期待高专办职员尤其是高级别官员地域代表性不平衡问题得到解决。①

4. 中国与联合国人权特别机制的合作与交流

2020 年中国与联合国人权特别机制进行了经常性的对话和交流，先后与厄立特里亚人权状况特别报告员、人权与环境问题特别报告员、布隆迪调查委员会、朝鲜人权状况特别报告员、伊朗人权状况特别报告员、马里人权状况独立专家、利比亚人权状况独立专家、酷刑问题特别报告员、当代形式种族主义问题特别报告员、安全饮用水问题特别报告员、当代形式奴役问题特别报告员、发展权问题特别报告员、真相权问题特别报告员、有毒废料问题特别报告员、老年人权利问题独立专家、民主公平国际秩序问题独立专家、单边强制措施问题特别报告员、缅甸人权状况特别报告员、叙利亚国际调查委员会、委内瑞拉人权状况事实调查团、土著人权利问题特别报告员、柬埔寨人权状况特别报告员、索马里人权状况独立专家、苏丹人权状况独立专家、中非共和国人权状况独立专家、利比亚事实调查团等进行了建设性的互动对话，并明确表达了自己的立场。②

以 2 月 28 日中国同酷刑问题特别报告员的互动对话为例。在联合国人权理事会第 43 届会议期间中国同酷刑问题特别报告员进行了互动对话。中国外交部人权事务特别代表刘华指出，中国六次提交《禁止酷刑公约》履约报告，与禁止酷刑委员会开展建设性对话，中国反对酷刑的决心坚定

① 《中国代表观点相近国家在人权理事会第 45 届会议议题二一般性辩论的共同发言》，2020 年 9 月 14 日，中国常驻联合国日内瓦办事处和瑞士其他国际组织代表团网站，http://www.china-un.ch/chn/dbdt/t1826942.htm。

② 相关资料参见中国常驻联合国日内瓦办事处和瑞士其他国际组织代表团网站，http://www.china-un.ch/chn/dbdt/default.htm。

不移。刘华表示，中国反对酷刑，中国《刑法》《刑事诉讼法》《监狱法》《看守所条例》《公安机关人民警察训练条令》等多部法律法规都对禁止酷刑作出了明确规定。当前中国全面推进依法治国，深化司法改革，加强人权保障，从立法、执法、司法、监督、法治教育到社会参与等各领域都取得了积极进展。特别是修改后的《刑事诉讼法》规定，不得强迫任何人证实自己有罪，严禁刑讯逼供。刘华说，中国公安机关在执法办案场所安装监控设施，在讯问室安装同步录音录像设备，加强监督，防止刑讯逼供，完善落实执法过错责任追究机制，依法保障律师执业权利和作用，努力让人民群众在每一个司法案件中感受到公平正义。①

5. 中国与国际人权条约机构的合作与交流

（1）中国提交履约报告并接受国际人权条约机构的审议

2019 年 12 月 19 日中国提交了《经济、社会及文化权利国际公约》第三期履约报告。该报告于 2020 年 8 月 5 日发布，中国将于 2021 年接受经济、社会及文化权利委员会的审议。2020 年 3 月 30 日至 4 月 3 日，中国接受了残疾人权利委员会第 13 届会议对中国履约第二、三期报告的审议。②

（2）中国鼓励并推荐国内专家到国际人权条约机构任职

2019 年 6 月 21 日，在消除种族歧视委员会的选举中，李燕端成功连任消除种族歧视委员会委员并当选为消除种族歧视委员会主席，任期自 2020 年至 2024 年。2020 年 11 月 9 日，联合国《消除对妇女一切形式歧视公约》第 21 届缔约国大会选举 2021 ~2024 年度消除对妇女歧视委员会委员，中国候选人、全国妇联副主席夏杰成功当选。2020 年中国专家在国际人权条约机构的任职情况见表 1。

① 《外交部人权事务特别代表：中国反对酷刑的决心坚定不移》，2020 年 2 月 29 日，中国政府网，http：//www. gov. cn/xinwen/2020 -02/29/content_ 5484751. htm。

② 参见联合国网站，https：//tbinternet. ohchr. org/_ layouts/15/TreatyBodyExternal/Countries. aspx？ CountryCode = CHN&Lang = EN。

表 1　2020 年中国专家在国际人权条约机构的任职情况

姓名	任职的联合国人权条约机构	担任职务	本届任期到期时间	现任职是否为连任
陈士球	经济、社会及文化权利委员会	委员	2020 - 12 - 31	是
李燕端（女）	消除种族歧视委员会	主席	2024 - 1 - 19	是
宋文艳（女）	消除对妇女歧视委员会	委员	2020 - 12 - 31	否
柳华文	禁止酷刑委员会	委员	2021 - 12 - 31	否

资料来源：笔者根据联合国相关机构的材料整理而成，参见 Membership of the Committee on Economic, Social and Cultural Rights, http://www.ohchr.org/EN/HRBodies/CESCR/Pages/Membership.aspx; Membership of the Committee on the Elimination of Racial Discrimination, http://www.ohchr.org/EN/HRBodies/CERD/Pages/Membership.aspx; Membership of the Committee on the Elimination of Discrimination against Women, http://www.ohchr.org/EN/HRBodies/CEDAW/Pages/Membership.aspx; Membership of the Committee against Torture, http://www.ohchr.org/EN/HRBodies/CAT/Pages/Membership.aspx。

在与国际人权条约机构的合作与交流中，对于人权条约机构发布的关于中国的错误意见，中国明确表达反对的立场。例如，中国外交部人权事务特别代表针对消除种族歧视委员会的一份报告指出，2020 年 11 月 25 日消除种族歧视委员会发布所谓“对中国后续行动报告的意见”，罔顾事实真相，无视中国政府提供的权威信息，大量采用错误的信息，对中国人权状况和少数民族政策进行无端指责，充分暴露其偏见和无知，中国坚决反对。消除种族歧视委员会作为人权条约机构，本应以事实为依据，公正客观专业地开展工作，与各国政府进行真诚对话与合作，但委员会有关专家完全脱离现实，照搬反华分裂势力谎言和诬蔑，编造所谓“意见”，借涉疆、涉藏等问题对中方恶意抹黑，沦为个别国家和反华分裂势力的政治工具，其所谓“意见”经不起历史和事实的检验，只会损害其自身和联合国的信誉。中方敦促委员会尊重基本事实，停止政治化行为，停止发表不负责任的错误言论，回到与会员国开展建设性对话与合作的正道上来。①

① 《中国常驻日内瓦代表团媒体声明》，中国常驻联合国日内瓦办事处和瑞士其他国际组织代表团网站，2020 年 11 月 25 日，http://www.china-un.ch/chn/dbdt/t1835661.htm。

（二）双边合作与对话

1. 中国与德国举行双边人权对话

2020年9月8日，中德双方在线上举行了第16次人权对话。中国外交部国际司司长杨涛和德国联邦政府人权事务专员科夫勒共同主持了对话。中国最高人民法院、中央统战部、公安部、司法部以及德国外交部、经济部、内政部、司法部等部门的代表参加了对话。双方均表示，在当前国际形势下，必须坚持多边主义，继续推进联合国在安全、发展、人权三大支柱领域工作。中方对德国国内存在的极右思潮、侵犯被羁押人权利、对警察执法监督不力、反恐中侵犯人权等问题表达了关切，希望德方予以重视和解决。①

2. 中国国家主席与欧盟领导人就人权问题交流看法

9月14日，中国国家主席习近平在北京同欧盟轮值主席国德国总理默克尔、欧洲理事会主席米歇尔、欧盟委员会主席冯德莱恩共同举行了视频会晤。除了就中欧关系进行深入交流，双方还就人权问题表达了各自的看法。习近平强调，“世界上没有放之四海而皆准的人权发展道路，人权保障没有最好，只有更好。各国首先应该做好自己的事情。中方不接受人权‘教师爷’，反对搞‘双重标准’”。②

二　中国社会组织对国际人权交流的积极参与

2020年，中国社会组织在国际人权领域表现活跃，主办和参与了丰富多彩的国际人权交流活动。

1. 积极参加联合国人权理事会会议并在会议期间主办人权边会或人权研讨会

2020年中国社会组织不仅积极参加联合国人权理事会会议，而且在参

① 《中德举行第16次人权对话》，2020年9月9日，中华人民共和国外交部网站，http://russiaembassy.fmprc.gov.cn/web/ziliao_674904/zt_674979/dnzt_674981/qtzt/kjgzbdfyyq_699171/t1813491.shtml。

② 《习近平：中方不接受人权“教师爷”，反对搞“双重标准”》，2020年9月15日，中国政府网，http://www.gov.cn/xinwen/2020-09/15/content_5543429.htm?gov。

会期间举办了主题多样的人权边会或人权研讨会（见表2）。新冠肺炎疫情在全球暴发后，这些人权边会和研讨会移到了线上。

在联合国人权理事会第43届会议期间，多个中国社会组织赴日内瓦万国宫现场参会，并举办了两次边会。在联合国人权理事会第44届会议召开期间，中国人权研究会和其他中国国内社会组织积极参会，多位代表进行了视频发言，发言涉及的问题包括妇女儿童权利、极端贫困、麻风病歧视、流离失所、国际团结、工商业与人权、种族歧视等，并向与会各方分享了中国在疫情防控中保障生命健康权和特定群体合法权益、减贫脱贫促进人权进步等方面的经验和成果，阐述了中国特色社会主义人权发展道路和以人民为中心的人权理念。在联合国人权理事会第45届会议期间，中国人权研究会通过提交书面发言、专家学者远程视频发言等形式参加会议，就疫情防控下中国减贫工作成就、饮用水和卫生设施问题、雇佣兵、老年人权利、国际秩序、新疆少数民族文化事业等一系列问题发表看法。在书面发言中，中国人权研究会指出，中国在有效控制新冠肺炎疫情的同时，积极采取系列措施减少疫情对经济、社会、文化权利的影响，尤其是减少对弱势群体权利的影响。中国有效兼顾疫情防控与经济社会发展，贫困人口并没有因新冠肺炎疫情而增加。面对疫情带来的严重影响，中国始终庄严承诺，2020年现行标准下农村贫困人口如期实现脱贫。①

表2　中国社会组织在参加人权理事会会议期间主办人权边会和研讨会情况

会议名称	时间、地点	主办方	会议内容	备注
"中国人权事业的发展进步"边会	2月27日，日内瓦万国宫（联合国人权理事会第43届会议期间）	中国人权研究会	来自中国人权研究会的5位专家学者分别从中国人权保护体系建设、"东突厥斯坦伊斯兰运动"（"东伊运"）的形成与演变、维吾尔语教育与研究、新疆的历史文化宗教以及中国抗击新冠肺炎疫情中的人权保护等五方面介绍了中国人权事业的发展和进步	

① 《中国是世界人权事业的重要推动者》，2020年10月11日，中国网，http://news.china.com.cn/2020－10/11/content_76793960.htm。

续表

会议名称	时间、地点	主办方	会议内容	备注
“中国民间组织促进可持续发展目标的实现”主题边会	3月2日，日内瓦万国宫(联合国人权理事会第43届会议期间)	中国民间组织国际交流促进会(简称中促会)等中国社会组织共同举办	主题边会由中国民间组织国际交流促进会、中国扶贫基金会、中国国际交流协会、北京市民间组织国际交流促进会、北京青少年法律援助与研究中心、中国联合国协会等中国社会组织共同举办，多个国家常驻日内瓦外交官、有关国际组织和非政府组织代表等参加了边会	
“反恐和去极端化与人权保障”国际研讨会	3月2日，日内瓦万国宫(联合国人权理事会第43届会议期间)	由中国常驻日内瓦代表团、喀麦隆常驻日内瓦代表团和中国人权研究会共同举办，中国西南政法大学人权研究院承办	来自柬埔寨、英国、墨西哥、马来西亚、叙利亚、阿尔及利亚、塞尔维亚、卡塔尔、老挝、尼日尔等国常驻团的官员和来自人权理事会特别机制以及非政府组织的代表与专家学者参加了会议。来自中国、喀麦隆、乍得、尼日尔、斯里兰卡、塞尔维亚等国的10余位专家学者围绕恐怖主义定义、恐怖主义对人权的危害、反恐国际法依据、西方媒体在反恐问题上的双重标准、国际社会如何就反恐和去极端化开展合作等问题阐述了看法，并介绍了中国、喀麦隆、尼日尔、乍得、斯里兰卡、塞尔维亚等国的良好做法和成功经验	会议现场播放了《中国新疆 反恐前沿》纪录片
“美国的种族主义和社会歧视”视频边会	7月7日(联合国人权理事会第44届会议期间)	西南政法大学人权研究院、武汉大学人权研究院等	与会专家针对美国明尼苏达州明尼阿波利斯市警察粗暴执法导致非洲裔男子乔治·弗洛伊德窒息死亡事件所引发的严重后果分享了自己的观点，并通过回顾历史、列举数据及介绍案例等方式展示了扎根在美国当前制度中的歧视和不平等现象	
“西藏社会发展与人权保障”国际研讨会	7月13日，重庆(联合国人权理事会第44届会议期间)	西南政法大学人权研究院	来自中国、巴基斯坦、尼泊尔等国的专家围绕“西藏脱贫成就与展望”和“西藏社会变迁与人权进步”两大主题进行了交流。与会专家学者认为西藏社会发展与人权保障取得的成就有目共睹	联合国人权理事会第44届会议“云上边会”之一

续表

会议名称	时间、地点	主办方	会议内容	备注
“扶贫脱困与人权保障”线上边会	9月21日（联合国人权理事会第45届会议期间）	中国常驻联合国日内瓦办事处和瑞士其他国际组织代表团、中国人权研究会共同主办，由暨南大学承办	此次会议旨在向世界介绍中国扶贫脱困的真实情况和成功做法，为国际扶贫脱困提供交流平台。来自孟加拉国、马来西亚、伊朗、叙利亚、委内瑞拉等国常驻日内瓦代表团官员、人权高专办、非政府组织代表等参加	
“中国新疆人口发展与人权保障”视频边会	9月24日（联合国人权理事会第45届会议期间）	由中国常驻联合国日内瓦办事处和瑞士其他国际组织代表团、中国人权研究会共同主办，西南政法大学承办	来自新疆大学和西南政法大学的专家学者参加了会议，并向世界介绍了中国新疆人口发展与人权保障的真实状况，用事实批驳了境外污蔑新疆人口政策的谬论	
“新冠肺炎疫情下单边强制措施对人权的负面影响”的视频会议	9月22日（联合国人权理事会第45届会议期间）	中国人权研究会同来自委内瑞拉、古巴、哥伦比亚等国的非政府组织共同主办	来自古巴、白俄罗斯、尼加拉瓜、委内瑞拉、伊朗、叙利亚、津巴布韦等国常驻团代表和人权高专办官员、人权特别机制助手等参加了研讨会，与会代表指出美国等国对古巴、委内瑞拉、伊朗、叙利亚、朝鲜等国实施的单边强制措施违反《联合国宪章》和国际法，严重侵犯相关国家人民的人权，影响有关国家抗击新冠肺炎疫情的努力，损害了国际团结和合作。敦促美国等有关国家立即取消单边制裁措施，消除相关国家人民享有人权的障碍	

资料来源：《“中国人权事业的发展进步”主题边会在日内瓦召开》，2020年2月28日，新华网，http://www.xinhuanet.com/2020-02/28/c_1125639980.htm；《中国民间组织促进可持续发展目标的实现”主题边会在日内瓦举行》，2020年3月3日，中国新闻网，https://www.chinanews.com/gn/2020/03-03/9111667.shtml；《“反恐和去极端化与人权保障”国际研讨会在日内瓦举行》，2020年3月2日，中国常驻联合国日内瓦办事处和瑞士其他国际组织代表团网站，http://www.china-un.ch/chn/dbtzyhd/t1751623.htm；《重庆“西藏社会发展与人权保障”国际研讨会举行西藏社会发展与人权保障成就有目共睹》，2020年7月15日，央视网，http://tv.cctv.com/2020/07/15/VIDE28UfcE54gM76zR8cj8kr200715.shtml；《“扶贫脱困与人权保障”边会聚焦中国扶贫脱困事业》，2020年9月22日，新华网，http://www.xinhuanet.com/2020-09/22/c_1126527540.htm；《“中国新疆人口发展与人权保障”视频边会举行》，2020年9月25日，新华网，http://www.cq.xinhuanet.com/2020-09/25/c_1126541809.htm；《联合国专家和各国学者普遍批评美国等实施的单边强制措施严重侵犯人权》，2020年9月24日，国际在线，http://news.cri.cn/20200924/19d06cda-b0f7-1c4d-8672-8c3325756d82.html。

2. 主办内容丰富的国际视频研讨会

新冠肺炎疫情期间，由于参加现场活动受到限制，中国社会组织举办了多场内容丰富的国际视频研讨会，其中仅中国人权研究会就举办了八场“全球疫情防控与人权保障”系列国际视频研讨会（见表3）①。

表3　中国社会组织举办的国际视频研讨会

会议名称	时间 地点	会议主办方	参会情况	备注
“疫情防控中的生命权保障”国际研讨会	5月9日 重庆	由中国人权研究会指导、西南政法大学人权研究院主办	来自中国、法国、荷兰等国的40多位人权领域的专家学者,围绕“生命权的价值位阶与法律保护”和“疫情下弱势群体的生命权保障”等主题进行了交流	中国人权研究会“全球疫情防控与人权保障”系列国际研讨会的首场会议,研讨会采用实体会场和网络会场相结合的形式
“构建人类命运共同体理念与疫情防控中的国际合作”国际视频研讨会	5月18日 北京	由中国人权研究会指导、中国政法大学人权研究院主办	近30位来自中国、瑞典、法国、澳大利亚等国及相关国际组织的学者和官员,围绕“人权视野下对新冠肺炎疫情应对的域外实践”等话题进行了研讨交流,会议的议题包括“国家人权机构与新冠肺炎疫情”“疫情防控中的国际合作和国际法价值”“文化在疫情防控国际合作中的作用”等	中国人权研究会“全球疫情防控与人权保障”系列国际视频研讨会的第二场会议

① 中国人权研究会举办的八场国际视频研讨会的详细内容可参见本书另一篇关于国际视频研讨会的研究综述。

续表

会议名称	时间 地点	会议主办方	参会情况	备注
“疫情之下，没有孤岛——疫情防控中的特定群体权利保障”国际视频研讨会	5月23日 武汉	由中国人权研究会指导，武汉大学人权研究院和奥斯陆城市大学社会工作系、日本立命馆大学生存学研究所、武汉东湖公益服务中心等机构合办	20余名来自中国、日本、英国、挪威、瑞典等国的人权专家学者和社会组织代表参加了研讨，100余人在线观摩。研讨会上，与会专家学者围绕“不让一个人掉队：确保特定群体在疫情下获得公共服务”“让每个人享受到公平正义：预防和救济针对特定群体的歧视”“疫情下的工商业与人权、负责任的商业行为”等议题交流了看法	中国人权研究会“全球疫情防控与人权保障”系列国际视频研讨会的第三场会议。此次会议是国内第一个使用手语翻译，第一次讨论与疫情有关的工商业与人权、负责任商业行为，第一次在人权层面广泛交流疫情下弱势群体权利保护
“疫情防控中的中西方人权观比较”国际视频研讨会	5月30日 武汉	由中国人权研究会指导、华中科技大学人权法律研究院主办	40余名来自联合国人权高专办、联合国人权高专办驻几内亚办事处、奥地利、荷兰、英国、巴基斯坦、尼泊尔和中国等国家和地区的人权专家、官员参加了线上研讨。近百人在线观摩会议。会议设有“人权价值观与抗击新冠肺炎疫情”“人权保障与抗击新冠肺炎疫情”“人权文化多样性与团结合作抗击疫情”三个单元	中国人权研究会“全球疫情防控与人权保障”系列国际研讨会的第四场会议。会议采取现场和网络相结合的形式
“公共健康危机中人权维护的国家职责”国际视频研讨会	6月8日 长春	由中国人权研究会指导，吉林大学人权研究中心、吉林大学法学院、吉林大学理论法学研究中心、俄罗斯圣彼得堡国立大学主办	中俄两国40多位专家学者参加了线上研讨。双方学者分享了中俄抗疫的具体实践及对公共健康危机中人权维护的国家责任的看法	中国人权研究会“全球疫情防控与人权保障”系列视频研讨会的第五场会议

续表

会议名称	时间 地点	会议主办方	参会情况	备注
“比例原则在疫情防控中的人权保障作用”国际视频研讨会	6月20日 北京	由中国人权研究会指导、中国人民大学人权研究中心主办	近40名来自中国、美国、英国、加拿大、澳大利亚、德国、意大利、新加坡、尼泊尔等国的人权专家学者分享了各国的防疫举措，并围绕如何在人权保障和防控措施之间寻求合理平衡等议题展开了深入研讨	中国人权研究会“全球疫情防控与人权保障”系列国际视频研讨会的第六场会议
“针对当代形式种族主义：疫情带来的挑战与各国应对”国际视频研讨会	7月3日 长沙	由中国人权研究会指导，中南大学人权研究中心、阿姆斯特丹自由大学跨文化人权研究中心和国家高端智库武汉大学国际法研究所联合主办	近20名来自中国、美国、荷兰、德国、南非等国家和联合国的人权专家学者围绕相关议题展开深入研讨	中国人权研究会“全球疫情防控与人权保障”系列国际视频研讨会第七场会议
“藏文化传承与宗教信仰”国际视频研讨会	7月15日 北京	由中国藏学研究中心、中国西藏文化保护与发展协会和中国人权研究会联合主办	中外近50位专家学者围绕“藏文化的传承发展”“共同繁荣促进民族关系和谐”“佛教研究发展趋势”等议题展开讨论	
“新冠肺炎疫情防控中的健康权实现”国际视频研讨会	8月11日 上海	由中国人权研究会指导、复旦大学人权研究中心举办	中国、荷兰两国人权领域学者和抗疫医疗专家围绕疫情防控中健康权实现的理念、实践、障碍及对策等话题展开讨论	中国人权研究会“全球疫情防控与人权保障”系列国际视频研讨会的第八场会议

续表

会议名称	时间 地点	会议主办方	参会情况	备注
“联合国 2030 年可持续发展目标与中国减贫经验”国际视频研讨会	9 月 16 日 北京	由中央广电总台 CGTN 智库主办	来自 39 个国家和地区的约 140 位前政要、国际组织和智库代表,结合中国和全球的减贫实践经验,就推进人类可持续发展的目标路径进行了深入研讨	

资料来源:《“疫情防控中的生命权保障”国际研讨会在重庆召开》,新华网,http://www.cq.xinhuanet.com/2020-05/10/c_1125964333.htm;《近 30 位专家学者研讨“构建人类命运共同体理念与疫情防控中的国际合作”》,中国人权网,http://www.humanrights.cn/html/2020/dt_0520/51439.html;《20 余位中外专家学者视频研讨“疫情防控中的特定群体权利保障”》,中国人权网,http://www.humanrights.cn/html/2020/dt_0524/51503.html;《中外专家视频研讨“疫情防控中的中西方人权观比较”》,中国人权网,http://www.humanrights.cn/html/2020/dt_0531/51631.html;《中外专家学者视频研讨“公共健康危机中人权维护的国家职责”》,中国人权网,http://www.humanrights.cn/html/2020/dt_0609/51833.html;《“比例原则在疫情防控中的人权保障作用”国际研讨会召开》,中国人权网,http://www.humanrights.cn/html/2020/dt_0622/52069.html;《人权专家学者研讨疫情给抗击种族主义带来的挑战》,中国人权网,http://www.humanrights.cn/html/2020/dt_0704/52330.html;《中外专家视频研讨“新冠肺炎疫情防控中的健康权实现”》,人民网,http://world.people.com.cn/gb/n1/2020/0814/c1002-31821671.html;《“联合国 2030 年可持续发展目标与中国减贫经验”线上研讨会举行》,新华每日电讯,http://www.xinhuanet.com/mrdx/2020-09/17/c_139376715.htm。

3. 中国社会组织主办和参加的其他国际人权交流活动

(1)中国人权研究会代表参加“撒马尔罕人权论坛”

2020 年 8 月 12~13 日,中国人权研究会代表应邀参加了乌兹别克斯坦国家人权中心举行的线上“撒马尔罕人权论坛”并做了大会主题发言。来自全球 50 多个国家和地区以及联合国等国际组织的 700 余名官员和专家学者参加了此次论坛,论坛的议题包括青年在可持续发展、预防危机和确保性别平等、实现人权及建设和平文化方面的积极作用等。中国人权研究会常务理事、吉林大学人权研究中心执行主任何志鹏教授和中国人权研究会理事、西北政法大学人权研究院执行院长钱锦宇教授分别就人权教育问题做了发言。①

① 《中国人权研究会学者:加强青年人权教育,推动人权事业发展》,2020 年 8 月 13 日,新华网,http://m.xinhuanet.com/2020-08/13/c_1126364948.htm。

（2）举行《行动呼吁：赋能残疾妇女和女童，共创我们想要的未来》发布仪式

9 月 17 日，由中国残联发起，联合国亚太经社会、联合国妇女署、联合国人口基金和康复国际共同支持的《行动呼吁：赋能残疾妇女和女童，共创我们想要的未来》发布仪式在北京举行。该行动呼吁“推动各国政府和国际社会将保障残疾妇女和女童平等权利、促进融合发展进一步纳入《消除对妇女一切形式歧视公约》《残疾人权利公约》和 2030 年可持续发展议程等所有相关国际文书的落实中，并从残疾妇女和女童的生命安全、社会保障、医疗健康、教育就业、家居家庭、参与公共事务和国际合作等方面提出了具体的落实建议”。①

（3）举行《消除对儿童的暴力工作手册》发布会

10 月 28 日，由联合国儿童基金会支持、北京师范大学中国公益研究院主办的“《消除对儿童的暴力工作手册》发布会暨首届儿童友好伙伴论坛”在京举行。中国社会科学院新闻与传播研究所的卜卫教授发布《消除对儿童的暴力工作手册》，并讲解了针对儿童的暴力的一般形式、危害及性质，以及提高针对儿童的暴力的认识、应对和处理暴力的做法，同时给出了支持儿童、家庭、学校、社区参与式预防和干预的渠道。②

（4）参加第十三届联合国人权理事会少数群体问题论坛视频会议

11 月 19 日至 20 日，第十三届联合国人权理事会少数群体问题论坛以视频会议方式举行。本届论坛的主题是“仇恨言论、社交媒体和少数群体”。来自中国少数民族对外交流协会、中国人类学民族学研究会、中央民族大学、暨南大学、中国人民大学、中国传媒大学等单位的专家学者参加了会议。中国专家学者和社会组织代表在论坛上介绍了中国保护少数民族权利的政策实践，呼吁国际社会共同打击仇恨言论。许多与会国家和非政府组织

---

① 《〈行动呼吁：赋能残疾妇女和女童，共创我们想要的未来〉发布仪式在京举行》，2020 年 9 月 17 日，新华网，http：//www. xinhuanet. com/local/2020 - 09/17/c_ 1210804429. htm。

② 《〈消除对儿童的暴力工作手册〉正式发布》，2020 年 10 月 29 日，中国妇女网，http：//www. cnwomen. com. cn/2020/10/29/99211424. html。

批评美国、欧洲国家存在的种族歧视、“伊斯兰恐惧症”和政治人物散布仇恨言论等问题。①

（5）主办第二届全球女性发展论坛

11 月 27～28 日，由中华女子学院和全国妇联干部培训学院主办的主题为“回顾、反思与展望：纪念北京世妇会 25 周年”的第二届全球女性发展论坛暨纪念北京世妇会 25 周年学术研讨会在北京举行。来自联合国教科文组织、联合国妇女署、坦桑尼亚、巴基斯坦、阿富汗、喀麦隆、埃塞俄比亚、加拿大、韩国等国家和国际组织的专家学者与中国专家学者一道，通过线上、线下相结合的方式，共同交流探讨各国在妇女发展方面所取得的成绩和经验，思考各国在促进性别平等方面所面临的机遇和挑战，为进一步落实北京世妇会精神和 2030 年联合国可持续发展目标贡献智慧和力量。本届研讨会还举行了 4 场分论坛，分别对“脱贫攻坚与妇女可持续发展”“社会治理中的妇女参与”“女性 · 媒介 · 发展”“为女性提供平等优质的高等教育”等 4 个主题进行了探讨。②

（6）主办第十四届中国残疾人事业发展论坛

11 月 29 日，由中国残疾人联合会、残疾人事业发展研究会主办的第十四届中国残疾人事业发展论坛在京举行。会议的主题是“新时代残疾人保障和发展”。本届论坛首次采取线上线下同步举办的方式，来自近百所高校、研究机构的专家学者以及残疾人和残疾人工作者代表参加了研讨。本届论坛还开设了“疫情之下残疾人保护专题研讨”主题活动，邀请来自基层的残疾人、社会组织代表与专家学者一起对话。论坛还设置了 8 个分论坛，分别是新时代残疾人事业高质量发展、“十四五”残疾人社会保障、基层治理与社会服务、新时代残疾人心理健康服务与支持、残疾人健康与社会融

① 《中国专家学者和社会组织代表在联合国少数群体问题论坛呼吁打击仇恨言论》，2020 年 11 月 20 日，中国常驻联合国日内瓦办事处和瑞士其他国际组织代表团网站，http：//www. china - un. ch/chn/dbdt/t1834307. htm。

② 《第二届全球女性发展论坛在北京成功举办》，2020 年 11 月 28 日，中国新闻网，https：//www. chinanews. com/gn/2020/11 - 28/9349849. shtml。

合、残疾人就业支持与融合、新时代无障碍发展与社会治理、新时期残疾人体育合作与挑战。①

三 在国际人权交往中面临的主要挑战与应对措施

2020年，以美国为首的少数西方国家以“人权”为由对中国进行无端指责。中国政府和社会组织采取了一系列应对措施，不仅有力地驳斥了西方的各种不实之词，还对西方国家内部存在的人权问题进行了揭露和抨击。

（一）少数西方国家以“人权”为借口对中国提出的挑战

2020年，一些西方国家以“人权”为由，在中国抗疫措施和新疆、香港等中国内政问题上公然提出挑战，攻击中国的抗疫措施、民族和宗教政策及“一国两制”实践。

中国为抗击新冠肺炎疫情，果断采取了一系列及时有效的举措，有效保障了人民生命权和健康权，却被美英等国的媒体污蔑为“侵犯人权”。

美国政府粗暴干涉中国内政，先后制定并通过了《香港自治法案》《台湾保证法》《西藏政策与支持法案》《2020年维吾尔人权政策法案》。在其发表的年度国别人权报告和国际宗教自由报告中，对中国的人权状况和宗教政策进行无理指责。美国政府还依据《全球马格尼茨基人权问责法》把中国的一些个人和实体纳入制裁名单。

在2020年的联合国安理会和人权理事会上，一些西方国家也针对中国新疆、香港、西藏发表不实言论，无端攻击中国为促进这些地区的社会安定和经济发展所采取的一系列措施。

（二）中国应对人权挑战所采取的措施

2020年，中国在国际人权交往中面临的挑战是非常严峻的。这些挑战

---

① 《第十四届中国残疾人事业发展论坛在京举行》，2020年11月30日，中华网新闻频道，https：//news. china. com/social/1007/20201130/39022957. html。

既有来自一些西方国家的无端指责，也有来自美国针对中国内政问题出台的法律及其实施的制裁。为应对这些挑战，中国进行了有理、有力、有据的回应。中国采取的应对措施主要包括如下几大类：一是在不同场合、利用不同渠道对西方攻击中国的不实之词进行批驳；二是在国际人权舞台上借助其他主持正义的国家支持来同西方国家作斗争；三是以美国为重点，通过举办国际研讨会、发布美国人权报告、发表文章等方式对美国侵犯人权的情况进行揭露。这些措施在澄清事实、维护国家利益、反击反华攻势方面均取得了良好的效果。

1. 对西方攻击中国的不实之词进行批驳

（1）针对一些西方媒体对中国抗议措施的指责，中方进行了严厉的驳斥

以中国驻德使馆对德国媒体指责中国抗议措施的反应为例。德国发行量最大的通俗报刊《图片报》4 月刊文指责中国抗疫措施，4 月 14 日至 17 日，短短 4 天时间内，驻德使馆 5 次发声驳斥其不实言论，希望记者放弃政治偏见，以事实为依据进行报道和评论，指出中国共产党和中国政府始终把人民群众的生命安全和身体健康放在首位。中方有力的抗疫措施以及为此付出的巨大牺牲，得到了中国人民的由衷理解、支持和拥护。①

（2）中国在联合国人权会议上进行针锋相对的斗争，严厉驳斥一些西方国家的对华不实之词

2 月 28 日，在联合国人权理事会第 43 届会议期间，中国常驻联合国日内瓦办事处和瑞士其他国际组织代表团公使蒋端严厉驳斥了澳大利亚、英国、比利时、冰岛、卢森堡和个别非政府组织针对中国新疆、香港的错误言论。蒋端指出，“涉疆问题根本不是什么人权、宗教、民族问题，而是反暴力恐怖主义和反分裂问题。中国新疆维吾尔自治区采取包括设立职业就业培训中心在内的一系列反恐和去极端化措施，取得积极效果……中方欢迎人权

① 《德媒“政治化”“污名化”中国抗疫成果　中国驻德国使馆 5 度发声驳斥》，2020 年 4 月 20 日，人民网，http：//world. people. com. cn/n1/2020/0420/c1002 - 31680025. html。

高专巴切莱特今年内访华并参访新疆……香港事务纯属中国内政，不容任何外部势力干涉”。[①]

6月30日，中国常驻联合国代表团发言人发表声明，驳斥美国常驻联合国代表的涉华错误言论。声明指出，“美国常驻联合国代表发表声明，颠倒黑白，充满偏见，妄议中国人权状况，干涉中国内政，中方对此表示强烈不满和坚决反对。一个国家的人权状况好不好，本国人民最有发言权。中国政府始终坚持以人民为中心，坚持在发展中促进和保护人权，坚持走中国特色的人权发展道路，取得了举世瞩目的人权成就。在960万平方公里的土地上，没有战乱、没有流离失所、没有恐惧，14亿多中国人民过着安宁、自由、幸福的生活。这是最大的人权工程，最好的人权实践，也是中国对世界人权事业的巨大贡献”。[②]

8月24日，在联合国安理会举行的恐怖行为威胁国际和平与安全问题视频公开会上，中国常驻联合国副代表耿爽大使对美国、英国代表关于新疆的错误言论进行了驳斥。耿爽指出，“中方坚决反对美国和英国代表对中国的无端指责。他们的说法毫无新意，毫无根据，极其荒谬。恐怖主义是我们的共同敌人。恐怖分子没有所谓好、坏之分。中方坚决反对将反恐问题政治化、坚决反对在反恐中奉行双重标准。新疆事务是中国内政，根本不是什么宗教或人权问题，而是反恐和反极端主义问题。新疆深受恐怖主义和暴力极端主义侵害。为应对这些威胁，新疆采取一系列预防性反恐和去极端化措施，完全符合安理会反恐决议、《联合国全球反恐战略》和《预防暴力极端主义行动计划》的要求。这些措施受到新疆人民广泛欢迎，取得积极效果。过去3年多以来，新疆没有发生一起暴恐活动”。[③]

---

① 《中国代表敦促有关国家放下偏见和傲慢，停止在涉疆涉港问题上对中方进行无端指责》，2020年2月28日，中国常驻联合国日内瓦办事处和瑞士其他国际组织代表团网站，http://www.china-un.ch/chn/hyyfy/t1750631.htm。

② 《中国常驻联合国代表团驳斥美国常驻代表涉华错误言论》，2020年7月1日，新华网，http://www.xinhuanet.com/world/2020-07/01/c_1126179839.htm。

③ 《耿爽大使在恐怖行为威胁国际和平与安全问题安理会视频公开会上的发言》，2020年8月24日，中国常驻联合国代表团，http://new.fmprc.gov.cn/ce/ceun/chn/hyyfy/t1808900.htm。

9月26日，中国常驻日内瓦代表团发言人刘玉印就英国外交国务大臣在人权理事会涉华错误言论发表谈话指出，“9月25日，英国外交国务大臣在人权理事会就涉香港、新疆问题对中方进行无端指责，滥用人权理事会平台散布虚假信息，歪曲历史，充分暴露英方在涉华问题上的傲慢、偏见和无知，中方对此感到遗憾，并坚决反对。涉香港、新疆问题根本不是什么人权问题，其实质是中国维护国家主权、安全和统一，坚持依法治国，确保人民安居乐业……我们敦促英方停止插手香港事务，停止干涉别国内政，否则以其可悲的人权纪录，只会沦为国际笑柄”。①

10月7日，中国常驻联合国副代表戴兵大使在联合国大会第三委员会行使答辩权，驳斥了美国常驻代表克拉夫特当天在发言中就新冠肺炎疫情和人权问题对中方无端指责。戴兵强调，在疫情问题上抹黑中国、甩锅中国，既是错误和徒劳的，更是不负责任的。②

（3）中国外交部发言人对少数西方国家的恶意人权攻击进行驳斥和谴责，并提出严正交涉

2020年，针对一些西方国家屡屡发起的对华人权攻击和挑衅，外交部发言人均进行了及时的驳斥和谴责。

6月18日，外交部就美方将所谓“2020年维吾尔人权政策法案”签署成法发表声明。声明指出，“这一所谓法案蓄意诋毁中国新疆的人权状况，恶毒攻击中国政府治疆政策，公然践踏国际法和国际关系基本准则，粗暴干涉中国内政。中国政府和人民对此表示强烈愤慨和坚决反对……我们要正告美方，新疆事务纯属中国内政，不容任何外国干涉。中国政府和人民捍卫国家主权、安全、发展利益的决心坚定不移。我们再次奉劝美方立即纠正错误，停止利用上述涉疆法案损害中国利益、干涉中国内政。否则，中方必将

---

① 《中国常驻日内瓦代表团发言人刘玉印就英国外交国务大臣在人权理事会涉华错误言论发表谈话》，2020年9月26日，中国常驻联合国日内瓦办事处和瑞士其他国际组织代表团网站，http：//www. china - un. ch/chn/dbdt/t1818743. htm。

② 《中国常驻联合国副代表发声，五个“正告美方”!》，《人民日报》2020年10月8日。

坚决反制，由此产生的一切后果必须完全由美方承担”。[①]

7月15日，针对美方将所谓“香港自治法案”签署成法，外交部发表声明指出，“美方法案恶意诋毁香港国家安全立法，威胁对中方实施制裁，严重违反国际法和国际关系基本准则，是对香港事务和中国内政的粗暴干涉。中国政府对此坚决反对，予以强烈谴责……香港事务纯属中国内政，任何外国无权干涉。美方阻挠实施香港国安法的图谋永远不可能得逞。为维护自身正当利益，中方将做出必要反应，对美方相关人员和实体实施制裁”。[②]同日，外交部副部长郑泽光召见了美国驻华大使布兰斯塔德，就美国总统特朗普刚刚签署所谓“香港自治法案”及有关行政令提出严正交涉。郑泽光指出，“美方法案及行政令恶意诋毁香港国家安全法，取消香港有关特别待遇，并威胁对中方实体和个人实施制裁。这是对中国内政的粗暴干涉，严重违反国际法和国际关系基本准则，中方对此坚决反对，予以强烈谴责。为了维护自身正当利益，中方将对美方错误行径作出必要反应，包括对美方相关实体和个人实施制裁……我要正告美方，美方任何强加给中方的霸凌和不公都会遭到中方坚决反击，美方阻挡中国发展壮大的图谋注定会失败。我们奉劝美方立即改弦更张，停止对中方的诬蔑和挑衅，不要在错误的道路上越走越远”。[③]

11月2日，针对美国国务院新推出中国人权网页、肆意污蔑抹黑中国人权状况一事，外交部发言人汪文斌在例行记者会上表示，中方对此坚决反对，“在人权问题上，美方要做的是反躬自省，切实改正自身存在的诸多人权问题”。[④]

---

① 《外交部就美方将所谓“2020年维吾尔人权政策法案”签署成法发表声明》，2020年6月18日，中国政府网，http://www.gov.cn/xinwen/2020-06/18/content_5520209.htm。

② 《外交部就美方将所谓“香港自治法案”签署成法发表声明》，2020年7月15日，新华网，http://www.xinhuanet.com/world/2020-07/15/c_1126240689.htm。

③ 《就美方签署所谓“香港自治法案”及有关行政令提出严正交涉》，2020年7月16日，光明网，https://politics.gmw.cn/2020-07/16/content_33997340.htm。

④ 《美国务院推出中国人权网页　中方：美方没有资格以“人权教师爷”自居》，2020年11月2日，中国新闻网，https://www.chinanews.com/gn/2020/11-02/9328537.shtml。

12月4日，美国常驻日内瓦代表团举办所谓“西藏宗教信仰自由”线上活动，就达赖转世等问题散布谎言，粗暴干涉中国内政，严重损害中国主权和领土完整，中方表示坚决反对，并严正指出，“西藏自古以来就是中国领土不可分割的一部分。西藏事务不容任何外部势力干涉……涉藏问题既不是人权问题，也不是宗教问题，其实质是维护中国国家主权、安全和统一，保护各族人民安居乐业的权利……中方敦促美方立即纠正错误，停止借涉藏问题干涉中国内政、损害中国主权和领土完整。中方也奉劝美国管好自己的事，停止侵犯本国人民和别国人民人权”。①

2. 在国际人权舞台上借助其他国家支持同西方国家作斗争

6月30日，古巴代表53个国家做了支持中国香港特别行政区维护国家安全法的共同发言，指出“不干涉主权国家内部事务是《联合国宪章》重要原则，是国际关系基本准则。国家安全立法属于国家立法权力，这对世界上任何国家都是如此。这不是人权问题，不应在人权理事会讨论……香港特区是中国不可分割的一部分，香港事务是中国内政，外界不应干涉。我们敦促有关方面停止利用涉香港问题干涉中国内政”。②

7月1日，在日内瓦举行的联合国人权理事会第44届会议上，白俄罗斯代表46个国家做共同发言，积极评价新疆人权事业发展成就和反恐、去极端化成果，支持中国在涉疆问题上的立场。白俄罗斯表示，“我们赞赏中国坚持开放和透明，已邀请1000多名外交官、国际组织官员、记者和宗教人士访问新疆，他们亲眼看到了新疆取得的巨大成就。我们注意到中国已邀请人权高专访问新疆，双方正就此保持沟通。我们敦促停止利用谣言对中国进行不实指责的做法。我们相信人权高专办将继续根据授权、

---

① 《中国常驻日内瓦代表团发言人刘玉印就美国常驻团举办涉藏线上活动发表谈话》，2020年12月4日，中国常驻联合国日内瓦办事处和瑞士其他国际组织代表团网站，http://www.china-un.ch/chn/ryrbt/t1838033.htm。

② 《古巴代表53个国家支持中国香港特别行政区维护国家安全法的共同发言》，2020年6月30日，中国常驻联合国日内瓦办事处和瑞士其他国际组织代表团网站，http://www.china-un.ch/chn/dbdt/t1793776.htm。

客观公正履职”。[①] 7月2日，就46个国家在联合国人权理事会会议上以压倒多数支持中国治疆政策一事，中国外交部发言人表示，少数西方国家借涉疆问题抹黑中国的企图再次以失败告终。

9月25日，在联合国人权理事会第45届会议有关议题一般性辩论中，委内瑞拉、柬埔寨、老挝、马达加斯加、缅甸等多国代表就涉香港、新疆问题发言支持中国。[②]

10月5日，中国常驻联合国代表张军在联合国大会第三委员会一般性辩论中，代表安哥拉、安提瓜和巴布达、白俄罗斯、布隆迪、柬埔寨、喀麦隆、中国、古巴、朝鲜、赤道几内亚、厄立特里亚、伊朗、老挝、缅甸、纳米比亚、尼加拉瓜、巴基斯坦、巴勒斯坦、俄罗斯、圣文森特和格林纳丁斯、南苏丹、苏丹、苏里南、叙利亚、委内瑞拉、津巴布韦等26个国家发言，批评美西方国家侵犯人权，强调应立即彻底取消单边强制措施，并对系统性种族歧视表示严重关切。[③]

10月6日，美国、德国、英国等少数国家在第75届联合国大会第三委员会审议人权问题时，恶意抹黑中国。中国常驻联合国代表张军当场进行了严厉驳斥。近70个国家呼应中方立场，其中巴基斯坦代表55国就涉港问题做共同发言支持中国，古巴代表45国就涉疆问题做共同发言支持中国，科威特代表3个阿拉伯国家做共同发言支持中国，还有很多国家在国别发言中支持中国。各方支持中方维护国家主权、安全和统一的努力，积极评价中国人权事业发展成就，反对将人权问题政治化，反对双重标准，反对政治对抗。会场内形成了支持中国的强大声势，再次挫败了美国等少数国家抹黑中

① 《40余国在人权理事会作共同发言支持中国在涉疆问题上的立场》，2020年7月1日，中国常驻联合国日内瓦办事处和瑞士其他国际组织代表团网站，http://www.china-un.ch/chn/dbdt/t1793981.htm。

② 《发展中国家代表：反对借涉香港、新疆问题干涉中国内政》，2020年9月25日，中国常驻联合国日内瓦办事处和瑞士其他国际组织代表团网站，http://www.china-un.ch/chn/dbdt/t1818668.htm。

③ 《联合国大会第三委员会一般性辩论 中国代表26国批评美西方国家侵犯人权》，2020年10月6日，央视网，http://tv.cctv.com/2020/10/06/ARTItzmn46XOTq3r2zGLizBY201006.shtml。

国人权状况的图谋。[①]

3. 以美国为重点，通过多种方式对美国侵犯人权的情况予以揭露

（1）通过与其他国家在联合国万国宫举办研讨会的方式揭露美国的人权问题

3 月 2 日，中国常驻日内瓦代表团和委内瑞拉常驻日内瓦代表团在联合国日内瓦总部万国宫共同举办了移民儿童权利研讨会。与会专家对美国严重侵犯移民儿童权利问题表示关注，呼吁国际社会敦促美国遵守国际人权法义务，切实保障移民儿童基本权利。与会专家呼吁国际社会更多关注美墨边境移民儿童的人权状况，特别是关押在拘留中心的移民儿童状况，敦促美国改善儿童权利保护机制，废除侵害移民儿童权利的政策。[②]

（2）通过发表美国人权报告揭露美国侵犯人权的状况

3 月 13 日，国务院新闻办公室发表《2019 年美国侵犯人权报告》，揭露了美国侵犯人权的状况。报告内容包括序言、公民权利和政治权利有名无实、经济和社会权利缺乏基本保障、少数族裔饱受欺凌排斥、妇女面临严重歧视与暴力、弱势群体处境艰难、移民遭受非人道对待、肆意践踏他国人权等几个部分，全文约 2 万字。报告指出，美国以自身对人权的狭隘理解为框架，以称霸全球的核心利益为标尺，每年根据捕风捉影、道听途说的材料拼凑出年度国别人权报告，对不符合其战略利益的国家和地区的人权状况肆意歪曲贬低，却对自身持续性、系统化、大规模侵犯人权的斑斑劣迹置若罔闻、熟视无睹。[③]

（3）通过社会组织发表文章来揭露美国国内存在的人权问题

6 月 11 日，中国人权研究会发表了《新冠肺炎疫情凸显“美式人权”危机》一文，揭露美国政府应对疫情的自利短见、任性低效和不负责任，

---

① 《美国在联合国抹黑中国人权状况的图谋再遭挫败》，2020 年 10 月 7 日，人民网，http：//m. people. cn/n4/2020/1007/c3604 – 14470127. html。

② 《移民儿童权利研讨会在日内瓦举行　聚焦美国严重侵犯移民儿童权利问题》，2020 年 3 月 3 日，东方网，http：//news. eastday. com/eastday/13news/auto/news/world/20200303/u7ai9131335. html。

③ 《国务院新闻办公室发表〈2019 年美国侵犯人权报告〉》，2020 年 3 月 13 日，中国政府网，http：//www. gov. cn/xinwen/2020 – 03/13/content_ 5490925. htm。

指出美国对疫情的应对不力“目前已造成约200万美国民众感染、11万多人死亡的悲剧，更使美国长期存在的社会撕裂、贫富分化、种族歧视、弱势群体权益保障不力等问题持续恶化，导致美国民众陷入深重的人权灾难”。①

7月9日，中国人权研究会发表了《严重歧视与残酷对待移民充分暴露“美式人权”的伪善》一文，指出美国政府针对移民的宗教偏见、文化歧视、种族排斥呈愈演愈烈之势。美国透过极端排外主义政策压制其他种族，侵犯移民的基本权利和人格尊严，暴露出所谓“美式人权”的虚伪性。文章指出美国移民遭受严重歧视和残酷对待集中表现在如下方面：美国政府暴力对待移民，在边境地区大规模实施剥夺移民人身自由的逮捕与拘留；移民“零容忍”政策导致儿童与父母骨肉分离；移民及儿童遭受非人道待遇，生命权、健康权等基本人权受到严重侵犯；等等。②

参考文献

1. 李君如主编《人权蓝皮书：中国人权事业发展报告（2020）》，社会科学文献出版社，2020。
2. 董云虎、常健主编《中国人权建设70年》，江西人民出版社，2019。
3. 国务院新闻办公室：《为人民谋幸福：新中国人权事业发展70年》（白皮书），人民出版社，2019。
4. 国务院新闻办公室：《新时代的中国与世界》（白皮书），人民出版社，2019。
5. 国务院新闻办公室：《平等　发展　共享：新中国70年妇女事业的发展与进步》（白皮书），人民出版社，2019。
6. 国务院新闻办公室：《改革开放40年中国人权事业的发展进步》（白皮书），人民出版社，2018。

---

① 《中国人权研究会文章：新冠肺炎疫情凸显“美式人权”危机》，2020年6月11日，新华网，http：//www. xinhuanet. com/world/2020－06/11/c_ 1126100743. htm。

② 《中国人权研究会文章：严重歧视与残酷对待移民充分暴露“美式人权”的伪善》，2020年7月9日，新华网，http：//www. xinhuanet. com/politics/2020－07/09/c_ 1126215671. htm。

B.22
“疫情防控中的人权保障”系列国际视频研讨会综述

齐明杰*

摘 要：2020年新冠肺炎疫情突袭而至，中国人权研究会以“疫情防控中的人权保障”为主题指导国内人权研究机构举办8场系列国际视频研讨会，议题分别涉及疫情防控中的生命权、健康权、特定群体权利，也涉及中西方人权观比较、国家职责、比例原则、国际合作、种族主义等诸多问题。研讨会以学术视角审视疫情中的人权问题，以学术力量推进抗击疫情国际合作，大力倡导人类命运共同体理念，积极反污名反歧视反对将疫情政治化，达成诸多共识，取得丰硕成果，展现独特优势。

关键词：新冠肺炎疫情　抗疫合作　人权保障　国际视频研讨会

2020年，新冠肺炎疫情肆虐全球，不仅对公共卫生领域产生了严重威胁，而且这一威胁迅速蔓延至世界经济领域、政治领域以及社会生活的方方面面。世界经济陷入深度衰退，人类经历了史上罕见的多重危机。为深入探讨疫情防控与人权保障之间的关系，交流疫情防控经验，推进疫情防控国际合作，2020年5月至8月，中国人权研究会指导西南政法大学、中国政法

* 齐明杰，中国人权研究会研究员，法学博士。

大学、武汉大学、华中科技大学、吉林大学、中国人民大学、中南大学、复旦大学等国内高校的人权研究机构以“疫情防控中的人权保障”为主题先后举办8场国际视频研讨会。

研讨会议题包括疫情防控中的生命权保障、疫情防控中的健康权实现、疫情防控中的特定群体权利保障、疫情防控中的中西方人权观比较、公共健康危机中人权维护的国家职责、比例原则在疫情防控中的人权保障作用、疫情防控中的国际合作、疫情给抗击种族主义带来的挑战等。来自俄罗斯、美国、英国、法国、德国、奥地利、荷兰、挪威、瑞典、澳大利亚、日本、巴基斯坦、尼泊尔、新加坡、南非等国家的专家学者和联合国人权高专办官员、有关人权问题特别报告员、欧盟等国际机构的人权官员等数百名中外人士参加研讨，数千名国内外人士在线观摩。与会嘉宾介绍各国疫情防控的理念、举措与成效，分析阐释疫情防控与人权保障的关系，深入探讨疫情防控背后的人权理念和制度因素，批驳各种“政治病毒”和歧视性言论，呼吁国际社会广泛开展抗疫合作，在国际上广泛凝聚了正能量，营造了良好舆论氛围。

有关主办单位探索与国外学术机构合作办会，如武汉大学人权研究院与挪威奥斯陆城市大学社会工作、儿童福利与社会政策系以及日本立命馆大学生存学研究所共同举办会议，吉林大学人权研究院与俄罗斯圣彼得堡大学共同举办会议，中南大学人权研究中心与荷兰阿姆斯特丹自由大学跨文化人权研究中心共同举办会议等。

一 坚持“生命至上”共同立场

生命权在所有人权中处于基础性位置，是享有其他一切人权的基本前提和必要条件。面对新冠肺炎疫情的突然袭击，是把人民的生命安全和身体健康放在第一位，还是像传统自由主义人权观主张的那样一味强调个人自由，成为检验各国政府执政理念、执政效能的试金石。基于以上因素，对生命权的探讨自然也成为本次系列研讨会的第一场。2020年5月9日，在西南政法大学人权研究院主办的“疫情防控中的生命权保障”研讨会上，与会专

家围绕“生命权的价值位阶与法律保护”“疫情下弱势群体的生命权保障”等议题展开深入研讨和热烈交锋。一场看似寻常的学术研讨或学术争论，背后则体现着重大的现实意义和政治意涵。

1. 关于生命权价值位阶的阐释

中国人民大学人权研究中心主任韩大元指出，生命至上是现代宪法的基本精神，保护生命是国际社会合作抗疫、维护人权法治的基本要求。生命权区别于其他权利的一个重要特征是不可恢复性。公共政策和法律制度的制定，要注重以不可恢复性的措施来保护生命。当生命权和自由权、宗教信仰等发生冲突时，我们要无条件保障生命权。这一点，那些仍然固守自由主义人权观的西方国家应该共同反思。① 韩大元还指出，尊重生命权，不仅要保护生者的生命，还要维护逝者的尊严。中国政府于 2020 年 4 月 4 日举行全国性哀悼活动，深切悼念抗击新冠肺炎疫情斗争烈士和逝世同胞。这是尊重生命权的最生动体现。②

北京理工大学科技与人权研究中心主任齐延平指出，生命权并非一般的理论研究，而是一种现实的主张。生命权不仅是生物学意义上的生命存续，还包括精神层面有尊严的生命存续。③ 西南政法大学法学理论博士研究生张晗围绕生命权的属性展开论述。他指出，自近代以来，传统人权理论仅仅从最狭窄的意义上来理解生命权，生命权往往被认为是政治权利和消极权利。本次疫情的发生，使人们不得不重新思考生命权的意义。在当前人权理论与实践中，人权标准出现了叠加，人权性质出现了综合化，这都要求人权作出更全面、更强有力的表达。④

海南大学教授程志敏指出，长期以来，西方社会仅仅将生命权理解为人

---

① 韩大元：《弘扬生命至上的宪法精神》，在 2020 年 5 月 9 日“疫情防控中的生命权保障”研讨会上的发言。

② 韩大元在 2020 年 6 月 20 日“比例原则在疫情防控中的人权保障作用”研讨会上的发言。

③ 齐延平：《突发公共卫生事件应对中生命权的法理论证》，在 2020 年 5 月 9 日“疫情防控中的生命权保障”研讨会上的发言。

④ 张晗：《人权保障与生命权防治——基于生命权积极属性的审视》，在 2020 年 5 月 9 日“疫情防控中的生命权保障”研讨会上的发言。

格权，这太过狭隘。我们应当把生命权作为最高目标来追求，它要依靠政治制度而非某些财团和大佬来保障。美国疫情如此惨烈，再一次说明生命与GDP无关，而与政治制度有关。在大灾难面前，枪支弹药不是药，良好的政治制度才是一切社会问题的灵丹妙药。[①] 中国人权研究会副会长、西南政法大学校长付子堂教授表示，生命权在人权体系中处于基础性位置，是享有其他一切人权的前提和条件。疫情阻击战也是人权保卫战。中国政府坚持以人民为中心，践行人民至上、生命至上的人权价值理念，把人民群众生命安全和身体健康放在第一位。在中国治愈的患者中，既有刚出生的婴儿，也有百岁老人，其中年龄最大的达108岁，这是中国制度优势的充分展现，是中国平等对待每一个人的人权的充分体现。[②]

2. 围绕各国防疫措施的交锋

巴基斯坦拉合尔大学可持续发展研究与实践中心主任穆罕默德·拉辛指出，对疫情防控策略的选择，决定因素相当复杂。巴基斯坦的政党众多，人口分布不均匀，因此无法在全国范围内采取整齐划一的防疫措施。如果采取强制性封城措施，在一些地方可能会导致暴力事件发生。所以说，面对疫情，采取什么样的策略，可能不仅取决于价值排序，还要根据我们对疫情的认知，以及各国具体的资源环境等因素来决定。[③] 荷兰阿姆斯特丹自由大学教授皮特·佩维雷利说，人权是基于民族特征和各国实际的价值观点，每个民族都有自己的价值观点，要相互尊重，避免相互指责。中国对疫情的防控措施确实非常有效，但这些措施并非都能转移到其他国家。不同的国家具有不同的文化，各国可以根据自身实际实施新冠肺炎疫情防控措施。[④]

针对以上观点，中国社科院人权研究中心执行主任柳华文回应道，病毒

---

① 程志敏：《生命权的制度保障》，在2020年5月9日“疫情防控中的生命权保障”研讨会上的发言。

② 付子堂在2020年5月9日“疫情防控中的生命权保障”研讨会上的致辞。

③ 〔巴基斯坦〕穆罕默德·拉辛：《疫情中如何保护脆弱群体的生命权》，在2020年5月9日“疫情防控中的生命权保障”研讨会上的发言。

④ 〔荷〕皮特·佩维雷利：《不同文化中对“生命”的界定》，在2020年5月9日“疫情防控中的生命权保障”研讨会上的发言。

不讲文化，也不讲制度，它是人类共同的挑战。权利冲突不是理论问题，而是现实问题。生命权保障既是重视不重视的问题，更是制度的问题。疫情本质上是一个自然现象，疫情应对的态度和方法应该以科学为基础，而不是以社会制度和社会文化为基础。对中国来说，旗帜鲜明坚持以生命权为优先选择，坚持以人民为中心推进疫情防控。[①] 斯里兰卡探路者基金会印度—斯里兰卡倡议和海洋法中心主任贾亚纳斯·科隆贝格表示，关于疫情的防控问题，我们赞赏中方采取的措施，应当积极预防。中国从一开始就非常重视疫情，采取了非常严格、非常果断的措施，因此才会有今天的防疫成果。当一种全球大流行疫情突袭而至时，我们往往对其认识不足，因此宁愿想得更严重一些，采取更为积极的防御措施，也不敢有丝毫的疏忽大意。[②]

3. 关于疫情后开展人权法治建设的讨论

中央党校（国家行政学院）副教育长卓泽渊指出，做好疫情防控，涉及每个人的生命权与其他人生命权的关系问题。不同人之间生命权的协调，需要政府积极作为，包括实施强制检测、强制隔离和强制治疗，诸多工作的开展都涉及法律上、制度上的设计和完善。可以说，疫情的突袭促使人们更加认识到加强常备法律制度建设的重要性，也为未来人权保障和人权发展提供了新契机。各国应进一步加强人权理论研究，完善人权保障制度，推动构建尊重生命、敬畏生命、保障生命的人权文化。[③] 西南政法大学人权研究院执行院长张永和指出，当灾难来临时，是否挽救面临死亡的生命，如何挽救每一个生命，以及由谁来挽救？这些都是对我们的灵魂拷问。生命是平等的，在生命面前没有弱者和强者。一些国家在疫情防控中首先淘汰老年人和病人的做法，与文明社会的精神背道而驰，也违背了《世界人权宣言》中人人生而平等的理念，丧失了人作为人的基本理性。越是在文明社会，弱者

① 柳华文在2020年5月9日“疫情防控中的生命权保障”研讨会上的主持词。

② 〔斯里兰卡〕贾亚纳斯·科隆贝格：《对新冠肺炎疫情的回答：人权或生命权》，在2020年5月9日“疫情防控中的生命权保障”研讨会上的发言。

③ 卓泽渊：《疫情防控与生命权保障》，在2020年5月9日“疫情防控中的生命权保障”研讨会上的发言。

越能够得到更好的保护。此次疫情是人类社会第一次共同面对的全球性大灾难。在全人类共克时艰的当下，我们需要携手抗疫，而抗疫和防控中还有许多问题值得探讨和思考。①

4. 关于健康权与其他权利的平衡

随着人们对生命权关注和讨论的日益深入，健康权也同样引起人们的关注。2020 年 8 月 13 日，在复旦大学人权研究中心举办的“新冠肺炎疫情防控中的健康权实现”研讨会上，来自中、荷两国的人权学者和抗疫医疗专家围绕疫情防控带来的健康权消减问题展开深入研讨。与会嘉宾认为，健康权既是一项权利，也是一项自由。它包括政府为人们提供的平等卫生服务、健康的工作环境、适足的住房和营养的食物，也包括医疗卫生服务中个人健康的自主权和身体的完整权。复旦大学人权研究中心陆志安副主任表示，疫情防控中健康权的实现复杂艰巨，各国应尽勤勉审慎之责，在健康权和其他权利之间寻求平衡，共同推进各项人权的实现。国际法协会全球卫生法委员会联合主席、荷兰格罗宁根大学法学院教授布里吉特·托伊贝斯说，健康权与其他各项人权相辅相成，是一个整体，疫情防控应树立整体人权观，这对健康权的实现非常重要。南开大学人权研究中心主任常健教授认为，作为健康权的主体，每个人对自身的健康享有自主权。但如果个人感染病毒，便成为影响他人健康的感染源和环境因素。这时，国家有必要采取相应措施及时防控，个人也有义务进行配合。②

二　确保特定群体权利不受侵犯

在重大公共卫生危机中，特定群体的风险防控能力最低，其风险处境的不利状况急需国家以积极负责的态度和高效有力的行动予以改善。特定群体

---

① 张永和:《疫情中的生命权保障》，在 2020 年 5 月 9 日“疫情防控中的生命权保障”研讨会上的发言。

② 《中外专家视频研讨“新冠肺炎疫情防控中的健康权实现”》，2020 年 8 月 13 日，新华网，http://sh.xinhuanet.com/2020-08/13/c_139288120.htm。

能否得到有效的人权保障，既是观察一个国家人权状况的主要窗口，也是检验一个国家政治文明程度的重要标准。[①] 2020 年 5 月 23 日，在武汉大学人权研究院联合奥斯陆城市大学社会工作系、日本立命馆大学生存学研究所、武汉东湖公益服务中心等机构合办的“疫情之下，没有孤岛：疫情防控中的特定群体权利保障”研讨会上，专家学者围绕“不让一个人掉队：确保特定群体在疫情下获得公共服务”“让每个人享受到公平正义：预防和救济针对特定群体的歧视”“疫情下的工商业与人权、负责任的商业行为”等议题分享观点。他们认为，探讨在抗击疫情过程中如何保障残障人士、老年人、贫困或失业者等特定群体的权利，并就此开展国际交流与广泛合作，具有很强的理论意义和现实针对性。

1. 疫情对特定群体权利造成了严重影响

挪威奥斯陆城市大学社会工作系教授鲁尼·哈佛森指出，新冠肺炎疫情对不同社会群体产生了不同影响。欧洲很多地区出现了社会排斥现象，那些受教育程度低、较为贫困的社会底层民众受到前所未有的影响，社会不平等现象更加显现。存在精神健康问题的人因隔离无法获得必要的服务，使用少数语言的人难以获得基本医疗服务，家庭主妇受到更为严重的影响。可见在疫情之下，给予特定群体更多的关心关爱很有必要。[②] 英国利兹大学法学院教授杰拉德·奎因指出，疫情之下的欧洲，残障人和老年人这个交叉群体受到的关注明显不足，遭受疫情的影响也更为严重。在法国，1/4 的新冠肺炎死亡病例是老年人，老年人和残疾人更难以平等获得基本医疗服务。[③] 日本立命馆大学教授长濑修对此种现象进一步分析道，瑞典、比利时、西班牙、意大利和美国等西方国家的数据表明，养老院的老人受到新冠肺炎疫情更大的影响，这属于老年歧视。对于残障人来说，他们要拥有更长的寿命，就需

---

① 钱锦宇：《新冠肺炎疫情下美国弱势群体的人权困境》，《光明日报》2020 年 5 月 18 日，第 12 版。

② 鲁尼·哈佛森在 2020 年 5 月 23 日“疫情之下，没有孤岛：疫情防控中的特定群体权利保障”研讨会上的发言。

③ 杰拉德·奎因在 2020 年 5 月 23 日“疫情之下，没有孤岛：疫情防控中的特定群体权利保障”研讨会上的发言。

要更多的资源。在西方一些国家，人们在养老机构难以获得充足的资源，因此过早死去。[①] 来自挪威的瑞佛・胡斯塔德指出，疫情在欧洲暴发以来，移民工人、残障人和低收入者受到了不成比例的影响。[②] 美国马里兰大学胡鸾娇博士介绍了残障女性在疫情中受到的影响，指出在疫情当中，家庭暴力的数量增加了很多，残障女性可能更少获得医疗和法律保护的机会。[③] 复旦大学法学院讲师林暖暖介绍，联合国文件显示，新冠肺炎疫情中 80 岁以上人群的感染死亡率是其他人群的 5 倍。美国等西方国家明确规定，要设定 ICU 入院的年龄限制，要将机会留给那些生存可能性更大和预期寿命更长的人。这一切，均是为了千方百计将残障人、老年人等群体排除在医疗救助之外。[④]

2. 尽量照顾并平衡疫情之下特定群体的各项权利

杰拉德・奎因指出，新冠肺炎疫情让人们有更多机会去思考如何让社会变得更加包容和平等，我们可参照《残疾人权利公约》处理疫情，也要考虑可持续发展目标。[⑤] 长濑修教授指出，克服能力主义和老年歧视需要国际合作。让我们为所有人权而努力，消除能力主义、老年歧视、性别歧视、种族歧视等各种形式的歧视。[⑥] 法国斯特拉斯堡大学法学院教授克里斯蒂安・梅斯特表示，疫情下特定群体抵御病毒的能力较弱，应通过法律和实务等多维度加强保护。[⑦] 中国社科院国际法研究所教授孙世彦指出，老年人和残障人不仅受到疫情的影响，还受到隔离措施的影响，防控措施应该注意到这些

---

① 长濑修在 2020 年 5 月 23 日“疫情之下，没有孤岛：疫情防控中的特定群体权利保障”研讨会上的发言。

② 瑞佛・胡斯塔德在 2020 年 5 月 23 日“疫情之下，没有孤岛：疫情防控中的特定群体权利保障”研讨会上的发言。

③ 胡鸾娇在 2020 年 5 月 23 日“疫情之下，没有孤岛：疫情防控中的特定群体权利保障”研讨会上的发言。

④ 林暖暖在 2020 年 5 月 23 日“疫情之下，没有孤岛：疫情防控中的特定群体权利保障”研讨会上的发言。

⑤ 杰拉德・奎因在 2020 年 5 月 23 日“疫情之下，没有孤岛：疫情防控中的特定群体权利保障”研讨会上的发言。

⑥ 长濑修在 2020 年 5 月 23 日“疫情之下，没有孤岛：疫情防控中的特定群体权利保障”研讨会上的发言。

⑦ 克里斯蒂安・梅斯特在 2020 年 5 月 9 日“疫情防控中的生命权保障”研讨会上的发言。

弱势群体的处境。我们不抛弃、不放弃，通过国际合作共同解决这些问题。[①] 中国社科院人权研究中心执行主任柳华文说，疫情不仅影响到个人权利，也是社会共同的挑战。我们讨论反歧视，要考虑从社区到国家各个层级面临的挑战，要平衡法律、医学、科学之间的关系进行决策。[②] 张万洪指出，在疫情之下，没有孤岛，没有一个群体应当被忽视、被遗忘、被放弃，也没有一个群体、一个国家能够独善其身。我们必须守望相助，开展有效合作渡过难关。[③] 中国残疾人联合会研究室胡仲明博士指出，中国高度关注受疫情影响残疾人的生产生活，在残疾人的疫情防控、困难帮扶、解决就业就学等方面开展了大量卓有成效的工作。张海迪主席代表中国残联和康复国际向国际社会发出呼吁，希望共同关注疫情期间残疾人的权利保护。[④]

3. 商业企业、社会组织对于疫情之下特定人群的权利保障负有特殊责任

来自企业社会责任资源中心的黄钟分析指出，疫情危机涉及检疫措施、封锁和限制措施，还涉及监视风险、种族主义和仇外心理，这些都直接或间接涉及企业或私营部门的作用。一系列数据表明，即使在美国这样最发达的国家，人权影响和风险也被更多地置于弱势群体身上。一个负责任的企业需要继续采取负责任的商业行为，需要对承包商及其员工、供应商和其他合作伙伴负责，还要对消费者甚至受企业影响的各个群体负责，从而避免与商业行为相关的人权风险产生。[⑤] 复旦大学人权研究中心常务副主任陆志安指出，疫情给妇女、儿童、残障人士、老年人这些特定群体带来的挑战，既包括病毒本身的威胁，也包括防控措施带来的影响。商业部门在保护特定群体

---

① 孙世彦在 2020 年 5 月 23 日“疫情之下，没有孤岛：疫情防控中的特定群体权利保障”研讨会上的发言。

② 柳华文在 2020 年 5 月 23 日“疫情之下，没有孤岛：疫情防控中的特定群体权利保障”研讨会上的发言。

③ 张万洪在 2020 年 5 月 23 日“疫情之下，没有孤岛：疫情防控中的特定群体权利保障”研讨会上的发言。

④ 胡仲明在 2020 年 5 月 23 日“疫情之下，没有孤岛：疫情防控中的特定群体权利保障”研讨会上的发言。

⑤ 黄钟：《疫情下负责任商业行为：良好实践与完善途径》，在 2020 年 5 月 23 日“疫情之下，没有孤岛：疫情防控中的特定群体权利保障”研讨会上的发言。

权利方面发挥着独特作用。政府部门出台的疫情防控措施，有些可能是临时性的，有些可能会有深远的影响。这需要企业、社会组织与政府一道，帮助特定群体应对权利受到的影响。① 香港大学法律学院傅华伶教授说，疫情期间每个人都体验了某种残障，不管是能力主义、老年歧视、性别歧视还是种族歧视，都会影响人们权利的实现。社会组织、志愿者、商业机构在这方面贡献了独特的力量，具有政府部门无法取代的功能。② 武汉大学人权研究院执行院长张万洪指出，新冠肺炎疫情发生以来，其所在机构与中国众多的社会组织一样积极行动起来，与专家学者、志愿者、民间组织紧密合作，在翻译防疫手册、制作手语视频等方面做了很多力所能及的工作。③

三　更好履行疫情防控中的政府职责

德国自由主义政治思想家威廉·冯·洪堡指出，国家不要对公民正面的福利作任何关照，除了保障他们对付自身和对付外敌所需要的安全外，不要再向前迈出一步；国家不得为了其他别的最终目的而限制他们的自由。④ 那么，当新冠肺炎疫情这样的重大自然灾害来袭时，国家是否应该像洪堡所言，仅仅满足于保障公民的“负面福利”呢？2020 年 6 月 8 日，吉林大学人权研究中心、吉林大学法学院、吉林大学理论法学研究中心联合俄罗斯圣彼得堡国立大学共同主办研讨会——“公共健康危机中人权维护的国家职责”，来自俄罗斯、中国内地和中国香港的人权专家学者进行了深入探讨和交流。

① 陆志安在 2020 年 5 月 23 日“疫情之下，没有孤岛：疫情防控中的特定群体权利保障”研讨会上的发言。

② 傅华伶在 2020 年 5 月 23 日“疫情之下，没有孤岛：疫情防控中的特定群体权利保障”研讨会上的发言。

③ 张万洪在 2020 年 5 月 23 日“疫情之下，没有孤岛：疫情防控中的特定群体权利保障”研讨会上的发言。

④ 〔德〕威廉·冯·洪堡：《论国家的作用》，林荣远、冯兴元译，中国社会科学出版社，1998，第 54 页。

1. 在疫情防控中政府应当承担怎样的职责

西北政法大学人权研究中心执行主任钱锦宇指出，本次新冠肺炎疫情的发生，充分展现了在全球风险社会中，外部风险可以很快转变为内部风险，局部风险也可能成为全球风险。疫情不仅对某个国家、民族、种族造成了冲击，而且对全球的政治结构、经济结构产生了冲击，构成全球性危机。这需要各国携手应对，而不能再各自为政。[①] 山东大学法学院副院长李忠夏指出，在风险社会当中，国家、社会、个体三者之间呈立体化关系，不仅要防范国家的公权力，也要对社会和个体作相应的约束。另外，随着信息技术的发展，个体的影响力在不断扩张，因此需要维护国家、社会和个人三者之间的平衡关系。[②] 吉林大学副校长蔡立东表示，新冠肺炎疫情让人们深切体会到在公共健康危机中进行人权保障的重要意义，也更加凸显出国家在疫情防控中应承担的职责。[③] 吉林大学人权研究中心教授于君博指出，从国家保护职能的角度来审视，通过限制流动性保障安全的做法在历史上早已存在。在此次疫情防控中，这些限制人员流动的措施也收到了很好的成效，是否采取这些措施，需要政府勇于承担和果断决策。[④] 莫斯科国立大学副教授亚历山大·莫洛特尼科夫指出，新冠肺炎疫情期间，大数据技术的广泛应用带来了法律与伦理问题，但同时也使得疫情防控更加高效，对于有效维护人们的健康权起到了不可替代的作用。[⑤]

2. 在公共健康危机中政府应如何进行政策制定

蔡立东指出，过去半年以来，我们目睹了新冠肺炎疫情对各国人民工作

---

① 钱锦宇：《城市疫情治理与弱势群体的生命健康权保障》，在 2020 年 5 月 9 日“疫情防控中的生命权保障”研讨会上的发言。

② 李忠夏：《风险社会的宪法观：以疫情防控的生命权保障为切入点》，在 2020 年 5 月 9 日“疫情防控中的生命权保障”研讨会上的发言。

③ 赵健舟：《公共健康危机中人权维护的国家职责——“全球疫情防控与人权保障”系列国际研讨会第五场会议学术综述》，《人权》2020 年第 4 期，第 130 页。

④ 于君博：《生产还是生命——反思国家维护人类流动性的标准》，在 2020 年 6 月 8 日“公共健康危机中人权维护的国家职责”研讨会上的发言。

⑤ 〔俄〕亚历山大·莫洛特尼科夫：《新科技和人权：法律和伦理问题》，在 2020 年 6 月 8 日“公共健康危机中人权维护的国家职责”研讨会上的发言。

生活造成的严重冲击，见证了严峻的公共卫生危机对国际国内社会带来的挑战。只有在这种紧要关头，我们才能更加深切体会到在一场公共卫生危机中人权保障的重要意义。通过对新冠肺炎疫情背后折射出的现实问题的分析、解读和反思，社会科学能够从更加长远的角度为国家和人民的福祉提供保障。[①] 圣彼得堡国立大学副教授阿列克赛·多尔日科夫对疫情防控中涉及的基本权利的法律渊源进行总结，并指出其受到克减与限制的范围，认为国家确立紧急状况的目的是保护公民基本权益。[②] 圣彼得堡国立大学副教授亚历山大·泽泽科洛指出，此次公共卫生危机不仅对人们的诸多基本权利构成挑战，促使各国采取防控措施以控制流行病传播，同时也引发了关于各国在履行其保护生命和公共健康的积极义务与不过分限制基本权利的消极义务之间平衡的讨论。在新冠肺炎疫情大流行情况下，向公众提供信息这一国家义务关系到保障公众健康福祉，关系到维护社会稳定，因而显得更为重要。[③]

3. 中国政府在疫情防控中积极履职尽责

香港城市大学法学院副教授弗吉亚·娜吉亚·楼恩指出，应对传染病危机要求有效的多国合作以及高效的国际—国内机构协调。中国政府高度重视本国人民的生命健康权，也积极推进全球治理。在大多数国家都在竭力自保之时，中国积极奉行“人类命运共同体”理念，大力推进抗疫国际合作。[④] 吉林大学人权研究中心执行主任、法学院院长何志鹏认为，当社会群体的生命健康与个体主张发生冲突时，应将生命权、健康权摆在优先顺序加以保障。何志鹏指出，6 月 7 日，中国政府发布《抗击新冠肺炎疫情的中国行动》白皮书，真实记录了中国抗疫的艰辛历程，防控和救治两个战场协同

---

① 蔡立东在 2020 年 6 月 8 日“公共健康危机中人权维护的国家职责”研讨会上的开幕致辞。

② 〔俄〕阿列克赛·多尔日科夫：《紧急时期的授权立法和基本权利：俄罗斯联邦的情况》，在 2020 年 6 月 8 日“公共健康危机中人权维护的国家职责”研讨会上的发言。

③ 〔俄〕亚历山大·泽泽科洛：《知识就是力量：国家提供信息的义务》，在 2020 年 6 月 8 日“公共健康危机中人权维护的国家职责”研讨会上的发言。

④ 〔印〕弗吉亚·娜吉亚·楼恩：《后疫情时代的人权保障：中国在以未来发展成果为基础的亚洲卫生健康合作框架中的可能角色》，在 2020 年 6 月 8 日“公共健康危机中人权维护的国家职责”研讨会上的发言。

作战展现了中国政府和人民凝聚起的强大抗疫力量，彰显了中国与世界各国共同构建人类卫生健康共同体的决心。①

四 注重人权保障和防控措施之间的比例原则

在新冠肺炎疫情防控过程中，如何在自由和秩序之间、自由权和生命权健康权之间以及人权保障和防控措施之间寻求平衡，如何更好地尊重人权并推进全球人权治理等，是各国人权学者和法学家一直在思考的问题。2020年6月20日，中国人民大学人权研究中心、《人权》杂志社共同主办“比例原则在疫情防控中的人权保障作用”研讨会，来自多国的众多专家学者分享各国防疫举措，展开深入且富有成效的交流研讨，达成诸多共识。

1. 坚持比例原则，依赖于人们对疫情认识的不断深化

南开大学人权研究中心主任常健指出，随着人们对疫情认知的不断深入，所采取的比例原则也应当有不同的要求。在疫情防控初期，由于担心贻误最佳时机，可采取适度从紧的限制，即根据最坏的结果采取最坏的打算。在疫情防控中期，由于人们的认识不断加深，可适时调整限制措施。到了防控后期，人们对于疫情的认识越来越全面，可采取精准的限制措施。这样一来，先前采取的措施和后来采取的措施之间不可避免存在差别。不能因为两者的差别就否定前期更严格措施的必要性和正当性，因为这是基于人类认识的有限性不得不付出的选择代价。② 山东大学法学院副院长李忠夏进一步指出，关于抗疫措施，各国政府都在一边摸索、一边决策，是一个从无知到有知的过程。关于比例原则的衡量，我们不能以事后的角度去评判当时采取的措施是否过分严格，而要充分考虑在当时情境下选择如此比例原则的衡量标

① 赵健舟：《公共健康危机中人权维护的国家职责——“全球疫情防控与人权保障”系列国际研讨会第五场会议学术综述》，《人权》2020年第4期，第130页。

② 常健：《高风险疫情下人权保障义务的克减和比例原则的适用策略》，在2020年6月20日“比例原则在疫情防控中的人权保障作用”研讨会上的发言。

准和信息来源。[①] 武汉大学法学院副教授黄明涛指出，保障人权原则和比例原则是相互支持的，这样可以使立法者更多关注人权，在立法过程中更好坚持比例原则。[②] 中央财经大学数字经济与法治研究中心执行主任刘权指出，无论是平时状态，还是紧急状态，抑或是战时状态，符合比例原则只是正当限制权利的必备条件之一。比例性原则并非万能，也不能够解决所有问题。决策，尤其是重大决策往往具有政治性，有很多因素需要考虑。[③] 尼泊尔加德满都大学法学院院长比平·阿迪卡里教授结合尼泊尔防控疫情的情况，表示比例性的确定取决于各个社会的发展阶段和发达程度，要具体问题具体分析。[④]

2. 比例原则中各项权利的排序，要坚持生命权、健康权高于自由权

在新冠肺炎疫情防控中，如何安排生命权、健康权、自由权等人权的优先顺序，不仅体现着比例原则，还体现着中西方人权价值观的差异。可以说，对权利保护和权利限制的国家实践，体现了人权的普遍性和相对性的冲突、绝对自由主义与相对自由主义的矛盾，也体现了个人主义与集体主义之间的分歧。英国伦敦大学法学院人权研究所联合主任乔治·莱特萨斯教授指出，疫情中，大多数民众既不想被感染，又希望享受更多的自由，这就导致了自由权与生命权、健康权之间的冲突。这是价值观和规范性问题，也是疫情带给我们的新课题新挑战，因此我们要采取均衡模式加以应对。[⑤] 清华大学法学院卫生法研究中心主任王晨光指出，在疫情防控中法律并非次要工具，诸如保持社交距离、佩戴个人防护用具等改变人们行为方式的做法，必

---

① 李忠夏：《疫情防控中的基本权利保障和比例原则应用》，在 2020 年 6 月 20 日“比例原则在疫情防控中的人权保障作用”研讨会上的发言。

② 黄明涛：《立法过程中的比例原则》，在 2020 年 6 月 20 日“比例原则在疫情防控中的人权保障作用”研讨会上的发言。

③ 刘权：《比例原则在疫情防控中的目的设定和成本收益权衡》，在 2020 年 6 月 20 日“比例原则在疫情防控中的人权保障作用”研讨会上的发言。

④〔尼泊尔〕比平·阿迪卡里：《尼泊尔的新冠肺炎疫情和法律问题》，在 2020 年 6 月 20 日“比例原则在疫情防控中的人权保障作用”研讨会上的发言。

⑤〔英〕乔治·莱特萨斯：《新冠肺炎疫情防控中比例性推理下的司法结果》，在 2020 年 6 月 20 日“比例原则在疫情防控中的人权保障作用”研讨会上的发言。

须通过法律约束去实现，而且需要在保护个人隐私和维护公共健康权益之间维持合理平衡。此外，对各种权利进行优先排序并没有一个金科玉律，但健康具有战略性意义，健康权无论何时都要置于其他各种权利之上，在疫情这样的紧急状况之下更需如此。[①] 德国慕尼黑大学法学院教授斯特凡·科里奥特在介绍德国疫情防控时指出，疫情发生时，国家一方面不能过度限制公民的自由，另一方面又对所有公民的生命权和健康权具有保护义务。因此需要在自由和安全之间找到平衡点，这就是比例原则。事实上，德国关于疫情防控的有关立法，并未经过联邦议会的充分讨论就在很短时间内完成了。要预防人民受到感染，就意味着要采取非常措施限制个人自由，因为生命具有至高无上的价值。[②]

3. 政府决策应当以民众福祉为依归，反对为了一己私利对疫情进行政治操弄

美国乔治城大学教授劳伦斯·戈斯廷表示，疫情来袭，各国应当相互尊重和配合，避免把疫情政治化而当作政治博弈的工具。要充分发挥世界卫生组织的作用，坚持资源正义，让所有疫苗、药物公平惠及所有人。戈斯廷还指出，在疫情期间的美国，不同地区、不同种族、不同社会阶层之间的不公被进一步放大。我们从此次新冠肺炎疫情中可以看到，少数族裔和有关弱势群体遭受的影响最大。疫情引发失业，而失业断送生计这样的问题也更多出现在美国的穷人身上。富人可以通过网络远程工作，但是穷人必须手工劳作。所以政府应当特别关注那些弱势人群和边缘人群。[③] 乔治·莱特萨斯指出，英国政府反复讲，我们的抗疫工作都是由科学来指导。这其实存在误导，因为科学不会告诉你到底该怎么做，决策涉及要在不同群体之间进行利益平衡，这是科学无法告诉我们的。欧美很多国家所采取的抗疫措施，不是

① 王晨光：《新冠肺炎防控中的法律功能》，在2020年6月20日“比例原则在疫情防控中的人权保障作用”研讨会上的发言。

② 〔德〕斯特凡·科里奥特：《民主还是毒主：疫情时期德国的基本权利》，在2020年6月20日“比例原则在疫情防控中的人权保障作用”研讨会上的发言。

③ 〔美〕劳伦斯·戈斯廷：《新冠肺炎时代的人权与法治》，在2020年6月20日“比例原则在疫情防控中的人权保障作用”研讨会上的发言。

为了抗击疫情本身，而是为了顺应民粹主义，或者为了维护执政者自己的权力。这是我们不能够接受的，法院应该去干预。[①] 中国人民大学人权研究中心研究员郭晓明指出，全球疫情的发展让我们思考需要政府有什么样的能力。不论具体的形势如何，政府的响应能力都应当是灵活的、透明的、公平的、有参与性的，同时又是法治化的。在这个领域当中，法律尽管发挥着重要作用，但政策比法律更加灵活具体，法律和政策在疫情防控过程中形成了一个连接机制。[②] 中国人民大学人权研究中心执行主任陆海娜表示，对一些疫情防控措施，既要关注其是否合乎比例原则，也要认识到我们当前对病毒认知的局限性。她指出，新冠肺炎疫情是全人类的挑战，各国不应该将其作为政治博弈的筹码，也不应相互指责，而应该在国际层面相互合作。[③]

4. 中国在抗击疫情过程中对比例原则的坚持

华中科技大学人权法律研究院院长汪习根指出，在一般情况下，各种人权是相互联系、不可分割的，也是不能随意克减的。中国即使是在疫情侵袭的高峰期，实施最严格的封城隔离措施的时候，也努力满足民众对食物、水、营养、住房、基本医药等方面的需求。即使采取紧急措施，也充分考虑到以下基本原则，即对生命权的保护比例应该远远高于其他人权，对人权限制的底线就是公民满足最起码的生存与健康所必需的生活条件，一旦紧急情况消除就尽快恢复常态。[④] 中国人民大学法学院孟涛教授指出，中国应对新冠肺炎疫情一直坚持比例原则。在 2020 年 1 月疫情刚刚发生的时候，时间紧迫、信息不全，社会管制程度远远超出一般的紧急状态法所规定的限度。到 2 月下旬，政府在全国以市、县为单位，开始根据高中低风险等级采取不同级别的防控措施，这就体现了比例原则的适用。6 月 11 日北京再次遭遇

① 〔英〕乔治·莱特萨斯：《新冠肺炎疫情防控中比例性推理下的司法结果》，在 2020 年 6 月 20 日“比例原则在疫情防控中的人权保障作用”研讨会上的发言。

② 郭晓明在 2020 年 6 月 20 日“比例原则在疫情防控中的人权保障作用”研讨会上的发言。

③ 陆海娜在 2020 年 6 月 20 日“比例原则在疫情防控中的人权保障作用”研讨会上的会议总结。

④ 汪习根：《新冠疫情防控背景下权利克减的边界设定》，在 2020 年 6 月 20 日“比例原则在疫情防控中的人权保障作用”研讨会上的发言。

疫情侵袭，比例原则得到了进一步精准化适用。[①] 李忠夏指出，在中国抗击疫情过程中，有一些人对法治产生了怀疑，但是中国共产党和中国政府始终高度重视法治问题。在疫情防控的最关键时刻，[②] 习近平总书记特别强调，要从立法、执法、司法、守法各环节发力，全面提高依法防控、依法治理能力，为疫情防控工作提供有力的法治保障。[③] 中国人权研究会副会长、西南政法大学校长付子堂说，中国在依法防控上做加法，为疫情防控提供有力的法治保障；在个人权利上适度克减，广大人民群众勇于约束自我，以非常之举应对非常之事；在力量整合上做乘法，凝聚起抗击疫情的磅礴伟力，对推动疫情防控取得重大战略成果起到了积极作用。[④]

五　克服仇外心理坚持人权文化多样性

中国始终坚持“人民至上、生命至上”原则，无论贫富和老幼，坚决做到“尽收应收、应治尽治”，然而并非所有国家都能够不惜一切代价保障人民生命安全。各国所秉持的人权理念、价值选择和文化背景对于疫情防控有着重要影响。在 2020 年 5 月 30 日华中科技大学人权法律研究院主办的“疫情防控中的中西方人权观比较”研讨会上，与会的各国嘉宾围绕“人权价值观与抗击新冠肺炎疫情”“人权文化多样性与团结合作抗击疫情”等议题进行深入讨论，探讨中西方人权观在疫情防控中的作用，分享疫情防控经验，推进各国在抗击疫情中的团结合作。

1. 人权理念差异导致中西方疫情防控效果产生巨大差异

中国人民大学人权研究中心主任韩大元指出，一些西方国家在医疗资源

---

① 孟涛：《公共卫生紧急状态法治中的比例原则》，在 2020 年 6 月 20 日“比例原则在疫情防控中的人权保障作用”研讨会上的发言。

② 李忠夏：《疫情防控中的基本权利保障和比例原则应用》，在 2020 年 6 月 20 日“比例原则在疫情防控中的人权保障作用”研讨会上的发言。

③ 《习近平主持召开中央全面依法治国委员会第三次会议强调全面提高依法防控依法治理能力为疫情防控提供有力法治保障》，《人民日报》2020 年 2 月 6 日，第 1 版。

④ 郭晓明：《比例原则在疫情防控中的人权保障作用——“全球疫情防控与人权保障”系列国际研讨会第六场会议学术综述》，《人权》2020 年第 4 期，第 136 页。

有限的时候，优先挽救年轻人的生命，放弃老年人的生命。从个体层面考虑，年长者舍己救人是很感人的，但对国家来说，不能因为年龄差异就进行不平等的保护。中国始终坚持生命平等原则，宁可放慢经济发展速度，也要全力保障每个人的生命和健康。中国坚持新冠肺炎治疗全免费，这是庞大的经济支出，体现了中国坚持生命优先、重视生命价值的生动实践，也是中国人权文化的真实写照。① 中央党校（国家行政学院）国际战略研究院教授李云龙指出，面对新冠肺炎疫情，在如何维护生命权、健康权的问题上，世界各国仍然表现出显著的生命价值观差异。有的国家坚持生命优先，不惜代价保护生命救治生命；有的国家更关注救治生命的成本，强调在生命救治和经济代价之间保持平衡，这些生命价值观差异充分表现在各国疫情应对策略中。中国坚持生命优先、生命至上原则，疫情防控取得重大战略成果。② 中国人权研究会副会长、西南政法大学校长付子堂说，疫情防控不仅是人类应对公共卫生事件的一次大考，也是各国人权保障的一次大考，是我们审视和比较不同国家、不同文明人权观的重要参照。中国在短时间内使疫情得到有效控制，这使得中国的人权观得到了良好诠释和生动体现。③

2. 人权观念和社会发展水平是疫情防控措施的重要依据

华中科技大学法学院教授何士青指出，在当今时代，尊重和保障人权成为衡量政治文明的重要尺度，而各国对人权的保障因历史传统、文化观念、社会制度等方面的不同而在方法和措施上各具特色。中国的国情决定了人权保障的中国特色，中国的人权保障不仅需要高层的科学设计，还需要基层的良好治理，而基层社会是人民群众直接置身其中的社会组织形式，也是人权实践的基本平台。④ 华中科技大学人权法律研究院教授柯岚指出，新冠肺炎

① 韩大元：《生命权与其他权利的冲突以及整合》，在 2020 年 5 月 30 日 “疫情防控中的中西方人权观比较”研讨会上的发言。

② 李云龙：《新冠肺炎疫情防控过程中体现出的生命价值观差异》，在 2020 年 5 月 30 日 “疫情防控中的中西方人权观比较”研讨会上的发言。

③ 付子堂在 2020 年 5 月 30 日 “疫情防控中的中西方人权观比较”研讨会上的致辞。

④ 何士青：《中国疫情防控中的基层治理与人权保障》，在 2020 年 5 月 30 日 “疫情防控中的中西方人权观比较”研讨会上的发言。

疫情让世界各国经受了严峻考验，不同文化观念、不同治理模式都在应对这场灾难危机过程中重新整合了自己的治理工具与文化资源。人权是近代以来国际社会的主流价值，但人权评价标准并非单一的，一个国家的人权状况如何，需要从多个角度理解与评判。在中国漫长的历史进程中，医者作为救死扶伤的群体，受到了儒家哲学的强烈影响，他们的集体行动深深沉淀了来自中国传统文化的仁爱精神。① 尼泊尔最高法院法官哈利·普亚尔介绍了世界卫生组织关于在应对新冠肺炎疫情过程中处理人权问题的指南，并分析了尼泊尔在应对疫情过程中处理人权问题的具体做法。他指出，尼泊尔宪法注重对健康权的保护，免费为人民提供基本卫生服务。疫情防控期间，尼泊尔的国家人权委员会、律师协会、记者联合会等非政府组织联合起来形成一个高级非政府组织网络，对监测人权问题发挥了重要作用。② 针对一些国外嘉宾提到的所谓疫情防控中的人权侵犯问题，中国社科院人权研究中心执行主任柳华文指出，科学认识和立法都需要一个过程。我们用人权标准监督政府之时，要结合各国实际作出政治判断。③

3. 抗疫国际合作应当尊重多样文化跨越文化鸿沟

联合国人权高专办驻几内亚负责人帕特里斯·瓦哈德指出，疫情防控为人类提供了一个难得的机会来团结一致共克时艰。面对席卷全球的新冠肺炎疫情，我们需要跳出思维定式，寻找可持续发展的方法和实现平等的途径。在此框架之下，我们要重新审视不同文化，尊重不同文化，使每个人的个人权利得以实现。联合国人权高专办官员什亚米·普维玛纳辛河指出，所有国家都希望实现2030年可持续发展目标，而新冠肺炎疫情正在阻碍我们实现这个目标。这对于最不发达国家、小岛屿国家、发展中国家等造成的影响非常大。联合国秘书长呼吁我们尽早研发出疫苗，并使疫苗成为全球公共产

① 柯岚：《医者仁心与中国人权文化中的善理念》，在2020年5月30日“疫情防控中的中西方人权观比较”研讨会上的发言。

② 滕锐、崔萌洁：《疫情防控中的中西方人权价值观比较——“全球疫情防控与人权保障”系列国际研讨会第四场会议学术综述》，《人权》2020年第4期，第124页。

③ 柳华文在2020年5月30日“疫情防控中的中西方人权观比较”研讨会上的评论。

品。我们要停止战争，停止冲突，持续推进和平发展。因此，南南合作、全球合作显得尤为重要。[①] 华中科技大学副校长许晓东指出，在全球化时代，人类需要共同解决所面临的问题。此次研讨会顺应了时代发展对增进文明交流互鉴、加强友好合作的新要求，为各国专家学者在人权领域的深层次交流对话搭建了重要平台，将有助于各方更好地增进理解，尊重差异，共同进步，也对我们跨越理解鸿沟、增进彼此信任发挥了重要作用。[②] 奥地利维也纳大学教授迈克尔·莱桑德·弗雷穆思指出，在疫情应对过程中，大多数国家所采取的措施或多或少都会带来一些人权方面的问题。新冠肺炎疫情不应成为一个人权危机，这是一个全球性、多层次的问题，需要世界各国通力合作、共同治理。[③]

4. 一些国家借疫情大搞污名化和双重标准难以得逞

荷兰阿姆斯特丹自由大学跨文化人权中心主任汤姆·茨瓦特、阿姆斯特丹大学教授亚历山大·诺普斯从法理角度深入分析了美国密苏里州对中国发起的所谓法律诉讼案，指出疫情是不可抗的，也是不可预见的。他们并没有足够的证据表明其生命、财产损失是由中国导致的，因此诉讼是站不住脚的。他们实际上是想得到公众的关注，是为了将疫情政治化。[④] 巴基斯坦参议院外事委员会主席、巴中学会主席穆沙希德·侯赛因·赛义德认为，新冠肺炎疫情是无国界的，它不分宗教、不分人群、不分社会阶层、不分人种，它是所有国家的威胁，任何试图借机搞政治操弄，或是企图借助疫情妖魔化其他国家、其他民族的做法都是不可接受的。赛义德还表示，“我想谴责特朗普谴责中国的做法。他把新冠病毒当作对付中国的借口，这是完全错误

---

① 〔联合国〕帕特里斯·瓦哈德、什亚米·普维玛纳辛河：《以对新冠肺炎的响应为契机恢复日渐衰退的人类团结　坚持以人为本的国际合作》，在 2020 年 5 月 30 日“疫情防控中的中西方人权观比较”研讨会上的联合发言。

② 许晓东在 2020 年 5 月 30 日“疫情防控中的中西方人权观比较”研讨会上的致辞。

③ 〔奥地利〕迈克尔·莱桑德·弗雷穆思：《关于奥地利和德国做法对新冠肺炎疫情期间人权保护的思考》，在 2020 年 5 月 30 日“疫情防控中的中西方人权观比较”研讨会上的发言。

④ 〔荷〕汤姆·茨瓦特、亚历山大·诺普斯：《美国密苏里州对于中国的控诉无法成立》，在 2020 年 5 月 30 日“疫情防控中的中西方人权观比较”研讨会上的发言。

的。现在特朗普要第二次竞选美国总统，他希望以攻击中国来转移大众视线，帮助其竞选成功，这是不道德的。全世界的人们都应该携手一起共同应对新冠病毒，我们只有共同努力才能战胜它”。[①]

六　注重克服疫情防控中的种族主义和种族歧视

纵观美国及一些西方国家的历史，从屠杀土著人到买卖非洲人当奴隶，种族主义始终是其“发家”的重要手段。新冠肺炎疫情的突袭而至，并没有减轻西方国家种族主义问题的程度，反倒与疫情相互交织相互裹挟，大有死灰复燃之势。2020 年 7 月 3 日，中南大学人权研究中心联合荷兰阿姆斯特丹自由大学跨文化人权研究中心、国家高端智库武汉大学国际法研究所共同举办“针对当代形式种族主义：疫情带来的挑战与各国应对”研讨会，各国人权专家围绕“当前的种族主义”“新冠肺炎疫情对消除种族主义带来的挑战与各国应对”等议题进行深入研讨。他们认为，种族主义和种族歧视问题根深蒂固，疫情使得一些特定族群的处境更加恶化，各国需采取措施进行积极应对。

1. 种族主义和种族歧视在西方国家广泛存在，亟待解决

阿姆斯特丹自由大学跨文化人权研究中心研究员奥古斯丁·洪圭分析了西方国家在非洲殖民的历史，指出欧洲启蒙运动产生了社会达尔文主义，这为种族主义提供了哲学基础。其带来的直接后果就是科学批判，并强调黑人的不平等。在美国，这种情况已经进一步发展。洪圭呼吁非洲的前殖民国家进行赔偿：“他们需要道歉，然后支付赔偿，最低限度，他们也要做技术上的纠正。”[②] 美国路易斯安那州立大学社会工作学院名誉院长布里吉·莫汉

① 〔巴基斯坦〕穆沙希德·侯赛因·赛义德：《反对将新冠肺炎疫情进行政治化操作》，在 2020 年 5 月 30 日“疫情防控中的中西方人权观比较”研讨会上的发言。

② 〔津巴布韦〕奥古斯丁·洪圭：《“种族主义必须沦陷”：非洲人和非洲人后裔作为次等不重要的“他者”的认知历史建构》，在 2020 年 7 月 3 日“针对当代形式种族主义：疫情带来的挑战与各国应对”研讨会上的发言。

认为，在当今世界的等级体系中，只有极少部分的人能够站到世界经济之巅，这一切都源于美国固有的种族基因。没有什么比在美国指控一个黑人犯罪更为容易。如果你是有色人种，你在美国许多方面都难以获得平等待遇。在疫情中，贫困家庭和黑人家庭遭受了更多的痛苦，也导致了许多系统性的暴力和不公。① 南非大学塔博·姆贝基非洲领导力学院教授谢尔盖·阿兰·焦尤坎加指出，在美国，平等似乎是一个非常具有挑战性的概念。美国存在“有色编码、黑白分明”的意识形态，而这种意识形态又被美国法律以形式平等所掩盖。② 欧洲科学与艺术学院院士皮特·赫尔曼指出，乔治·弗洛伊德临终时说他不能呼吸，这不仅仅是关于一个人身体方面的窒息，更是整个人类社会真正的窒息。③

2. 新冠肺炎疫情加剧了西方国家的种族歧视和社会不公

联合国当代形式种族主义、种族歧视、仇外心理和相关不容忍行为问题特别报告员滕达伊·阿丘梅在主旨演讲中指出，新冠肺炎疫情期间，出于种族动机针对亚裔的暴力事件在一些国家达到了令人震惊的程度。公众人物和政治家在促进种族平等和非种族歧视方面发挥着关键作用，然而一些政客将新冠病毒名称与族群和地域相关联，助长了种族主义和仇外心理，这是对中国人和其他东亚人后裔的孤立和污名化。试图将新冠病毒归咎于某些国家或民族的领导人，正是将种族主义和仇外言论作为其政治纲领核心的民族主义者和民粹主义者。④ 中国社科院国际法研究所教授孙世彦表示，疫情期间，很多国家都出现了种族仇恨言论，这不仅影响到许多少数族裔，还对国际团

---

① 布里吉·莫汉：《“黑人灾难”的意识形态：美国不平等和种族主义的关系》，在2020年7月3日“针对当代形式种族主义：疫情带来的挑战与各国应对”研讨会上的发言。

② 〔南非〕谢尔盖·阿兰·焦尤坎加：《“平等权”解构及其与警察对非裔美国人的袭击之间的联系》，在2020年7月3日“针对当代形式种族主义：疫情带来的挑战与各国应对”研讨会上的发言。

③ 〔德〕皮特·赫尔曼：《种族主义：日常致死还是拒绝陌生人的问题》，在2020年7月3日“针对当代形式种族主义：疫情带来的挑战与各国应对”研讨会上的发言。

④ 毛俊响、郭敏：《针对当代形式种族主义：疫情带来的挑战与各国应对——“全球疫情防控与人权保障”系列国际研讨会第七场会议学术综述》，《人权》2020年第4期，第150页。

结抗疫造成威胁。[①] 南非人类学研究发展委员会研究员克里斯·切蒂深入分析了在疫情封锁期间南非的收入和种族不平等。切蒂指出，在南非，贫困与种族密切相关，黑人和混血人口受贫困的影响最大，顶层1%的人拥有67%的财富。正是这种巨大的不平等真正定义了我们的斗争。[②] 国家高端智库武汉大学国际法研究所副研究员彭芩萱分析指出，美国国家疾控中心的数据显示，疫情中美国死亡人数中的三分之一都是非洲裔。我们在看这些统计数据时，可以发现这种疫病大流行产生的影响并不均衡，它放大了族群间的不平等，加剧了种族主义、性别歧视和年龄歧视，也放大了一些群体的交叉劣势。[③]

3. 新冠肺炎疫情更加暴露了西方国家一些政客的种族主义面目

荷兰阿姆斯特丹自由大学跨文化人权研究中心主任汤姆·茨瓦特介绍了荷兰华人社区所遭受的种族歧视，指出“一花独放不是春，百花齐放春满园”这句诗，恰好体现了中国古典思想强调和谐的重要性。茨瓦特进一步指出，真正的多样性具有创造活力，能够促进发展。我们应该欢迎并珍惜多样性，同时要抵制种族主义和种族歧视。反对种族主义和种族歧视的斗争是一场人民战争，这场斗争应该在个人层面进行，而不是由国家来进行。[④] 南开大学人权研究中心教授郝亚明指出，每当在人类历史中发生全球性流行病，总是有一定程度的种族歧视和仇外心理，在新冠肺炎疫情大流行期间也是如此。部分西方国家种族主义、仇外主义甚嚣尘上，它们将种族主义作为武器，将疫情政治化、污名化，从而达到转移国民注意力、转嫁自身责任的

---

① 孙世彦：《新冠肺炎疫情与种族仇恨言论：表现、影响、规制与问题》，在2020年7月3日“针对当代形式种族主义：疫情带来的挑战与各国应对”研讨会上的主题发言。

② 〔南非〕克里斯·切蒂：《南非的收入和种族不平等》，在2020年7月3日“针对当代形式种族主义：疫情带来的挑战与各国应对”研讨会上的主题发言。

③ 毛俊响、郭敏：《针对当代形式种族主义：疫情带来的挑战与各国应对——“全球疫情防控与人权保障”系列国际研讨会第七场会议学术综述》，《人权》2020年第4期，第152页。

④ 〔荷〕汤姆·茨瓦特：《荷兰华人社区对抗种族主义的变换策略》，在2020年7月3日“针对当代形式种族主义：疫情带来的挑战与各国应对”研讨会上的主题发言。

目的。[①] 奥地利奥中友协常务副会长格尔德·卡明斯基教授在发言中，详细回顾了近代以来中国遭受西方国家歧视与侵略的历史。他指出，“黄祸”一词是1895年德国皇帝威廉二世发明的，最初针对的是日本，在义和团运动时期传到了中国人的头上。近代以来，西方列强把自己的国际法概念强加给中国，而自己却并未遵守最基本的规则。在20世纪乃至21世纪仍然不停说教的某些西方国家，在新冠肺炎疫情期间一面向中国鼓吹人权，一面又明目张胆地扰乱着中国人的人权。美国总统特朗普及其追随者创造了“中国病毒”“武汉病毒”的说法，这是历史上种族主义与白人至上主义的回潮。[②] 武汉大学法学院博士丁鹏分析指出，在当今西方国家，存在四种种族主义或仇外心理，包括直接歧视、间接歧视、拒绝提供合理便利以及结构性或系统性歧视，这些歧视加剧了少数族裔，尤其是亚裔人口在疫情中的困境。[③]

4. 各国应携手反对种族主义抵制政治病毒

中南大学法学院党委书记、人权研究中心执行主任毛俊响指出，新冠肺炎疫情突袭而至，国际社会出现了一些歧视中国人民的言论。疫情发生以来，中国人民为国际公共健康作出了巨大贡献，为世界人民生命健康付出了巨大牺牲。一些西方国家领导人和媒体渲染的“病毒歧视”，是打着言论自由旗号的种族歧视，国际社会应当团结起来共同反对。[④] 阿丘梅指出，在国际社会团结抗疫的当下，各国应致力于实现非歧视和种族平等，确保所有工作有助于促进人们的健康和福祉，消除种族主义和仇外心理。[⑤] 谢尔盖·阿

---

① 郝亚明：《疫情的政治化与种族主义的合理化》，在2020年7月3日“针对当代形式种族主义：疫情带来的挑战与各国应对”研讨会上的主题发言。

② 滕锐、崔萌洁：《疫情防控中的中西方人权价值观比较——“全球疫情防控与人权保障”系列国际研讨会第四场会议学术综述》，《人权》2020年第4期，第120页。

③ 丁鹏：《反对疫情中的种族主义和排外歧视》，在2020年7月3日“针对当代形式种族主义：疫情带来的挑战与各国应对”研讨会上的发言。

④ 毛俊响：《政治人物和媒体在防止种族主义中的责任》，在2020年7月3日“针对当代形式种族主义：疫情带来的挑战与各国应对”研讨会上的发言。

⑤ 滕达伊·阿丘梅在2020年7月3日“针对当代形式种族主义：疫情带来的挑战与各国应对”研讨会上的主题发言。

兰·焦尤坎加表示，我们需要消除种族主义，需要社会各阶层、各群体一起行动，共同建立一个命运共同体。希望世界各国的人们都能够分享共同的未来，最大限度地减少个体与个体、群体与群体之间的差异。这是一个巨大的系统性工程。①

七　摒弃偏见歧视加强抗疫合作

新冠肺炎疫情席卷全球，对全球人权治理提出了新课题、新挑战。如何应对全球疫情大流行这样的非传统安全问题，如何在全球化视域下积极推进多边合作，成为各国必须面对的重要课题，也成为国际社会开展合作、推进全球人权治理向着更加合理方向发展的重要议题。中国始终秉持人类命运共同体理念，坚持同各国守望相助、同舟共济、携手抗疫，及时同世界卫生组织和国际社会分享疫情信息，积极与各国分享防控经验，为有需要的国家提供支持和援助，积极贡献中国智慧、中国经验、中国力量。但也有个别国家的政治人物罔顾事实，将疫情政治化、污名化，以政治代替科学，以无端指责代替团结合作，对中国进行攻击抹黑。这些行径既不利于自身疫情防控，更不利于国际社会合作抗疫。2020 年 5 月 18 日，在中国政法大学人权研究院主办的“构建人类命运共同体理念与疫情防控中的国际合作”研讨会上，与会中外专家学者围绕“国家人权机构与新冠肺炎疫情”“疫情防控中的国际合作和国际法价值”“文化在疫情防控国际合作中的作用”等议题展开讨论。

1. 国际社会应开展多层次抗疫合作

与会中外专家认为，新冠肺炎疫情在全球肆虐，对各国人权保护造成了跨国界、跨种族的影响，远非一国一族之力可以应对。国际社会应当摒弃偏见和歧视，团结一心加强抗疫合作。国家人权机构欧洲网络理事、挪威国家

① 〔南非〕谢尔盖·阿兰·焦尤坎加：《“平等权”解构及其与警察对非裔美国人的袭击之间的联系》，在 2020 年 7 月 3 日“针对当代形式种族主义：疫情带来的挑战与各国应对”研讨会上的发言。

人权机构首任主任彼得·威利基于欧洲国家人权机构网络在疫情中的实践分享相关经验，认为政府应当积极与国家人权机构进行合作，国家人权机构也应当利用自身优势积极向政府提供有关信息，为人权克减的合法性提供咨询意见，对各项抗疫措施的人权影响进行评估。[①] “澳大利亚勋章”获得者、国际人权法资深专家布莱恩·伯德金指出，国际合作符合国际法价值理念，尽管美国对世界卫生组织进行荒谬的批评，但世界卫生组织仍然需要继续发挥核心作用。同时，应当意识到某些流行病对特定区域的影响尤为严重，如SARS疫情对亚洲的影响、埃博拉疫情对非洲的毁灭性打击、寨卡病毒在拉丁美洲的肆虐等。伯德金还认为，抗疫国际合作尤其不应忽视被主要人权公约所认可的“将资源从富裕国家转移到贫穷国家的原则”。[②] 彼得·威利指出，没有国家可以在疫情下独善其身，国际合作是保障人类安全的必要途径，国际社会应当在各层次努力开展合作。其中，各国应进行信息共享，联合国条约机构和特别程序也应从人权保障角度对疫情作出回应。[③] 专家们还指出，国际合作不应仅限于此次的疫情，还应推及诸如气候变化等全球性问题。各国政府应从此次疫情中吸取教训，采取措施灵活开展多双边合作，同时也要进一步发挥联合国、世界卫生组织等国际组织的作用，借助它们推进区域合作和全球合作。[④]

2. 开展抗疫国际合作应体现包容性

法国斯特拉斯堡大学法学院教授弗洛朗丝·罗默介绍了欧洲理事会在新冠肺炎疫情期间所做的工作。她指出，欧洲理事会积极采取行动抵抗新冠肺炎疫情，但由于其对成员国国内政策无决定权，故采取向47个成员国发布

---

① 杨博超：《构建人类命运共同体理念与疫情防控中的国际合作——“全球疫情防控与人权保障”系列国际研讨会第二场会议学术综述》，《人权》2020年第4期，第108页。

② 杨博超：《构建人类命运共同体理念与疫情防控中的国际合作——“全球疫情防控与人权保障”系列国际研讨会第二场会议学术综述》，《人权》2020年第4期，第107页。

③ 彼得·威利在2020年5月18日“构建人类命运共同体理念与疫情防控中的国际合作”研讨会上的发言。

④ 杨博超：《构建人类命运共同体理念与疫情防控中的国际合作——“全球疫情防控与人权保障”系列国际研讨会第二场会议学术综述》，《人权》2020年第4期，第107页。

建议的方式。其中最重要的是如何使成员国有效应对这场危机，并确保成员国采取的政策不会对人权、法治与民主这些欧洲理事会所珍视的价值体系造成损害。[①] 彼得·威利指出，权利之间本是相互依赖的，《公民权利和政治权利国际公约》并未将各种权利划定等级次序，在紧急情况下限制行动自由也是为了更好地保护其他权利。[②] 武汉大学人权研究院执行院长张万洪指出，中国抗击新冠肺炎疫情取得重大战略成果，充分展现了中华文明的深厚底蕴和中华文化的独特优势，这主要体现在公众对学者和权威的尊重、对政治的信任、对规则的敬畏，以及对社交礼仪的遵守等诸多方面，中国正在开辟最有利于实现人类尊严和价值、发扬人道主义精神的人权保障之路，这绝非简单重复西方模式可以实现的，而是基于中国深厚文化底蕴进行的积极探索和创造性发展。[③]

3. 抗疫合作应以人类命运共同体理念为依归

新冠肺炎疫情全球大流行，看似仅仅属于卫生健康领域的问题，但其症结却肇始于全球公共卫生治理体系失灵，属于治理赤字、发展赤字、和平赤字等深层次问题。如何借助此次疫情应对进一步完善全球公共卫生治理体系，提升全球公共卫生治理效能，推动构建人类命运共同体和人类卫生健康共同体，是一个牵一发而动全身的系统性问题，因此也引起了与会中外嘉宾的深入思考和热烈讨论。国际人权法专家布莱恩·伯德金指出，国际人权宪章和各种人权公约、宣言是确立国际法价值的起点，它们在逻辑上、价值上与构建人类命运共同体理念有诸多共鸣。[④] 吉林大学人权研究中心执行主任何志鹏指出，新冠肺炎疫情不分国界，是全球性健康问题，在人类命运共同

---

① 杨博超:《构建人类命运共同体理念与疫情防控中的国际合作——“全球疫情防控与人权保障”系列国际研讨会第二场会议学术综述》,《人权》2020 年第 4 期，第 105 页。

② 彼得·威利在 2020 年 5 月 18 日“构建人类命运共同体理念与疫情防控中的国际合作”研讨会上的发言。

③ 杨博超:《构建人类命运共同体理念与疫情防控中的国际合作——“全球疫情防控与人权保障”系列国际研讨会第二场会议学术综述》,《人权》2020 年第 4 期，第 107 页。

④ 布莱恩·伯德金在 2020 年 5 月 18 日“构建人类命运共同体理念与疫情防控中的国际合作”研讨会上的发言。

体视野下，一国采取措施所带来的结果将超越国界对他国产生影响。国际社会亟须团结起来，在信息协同、管控协同、科技协同、理念协同四方面开展合作，以降低疫情带来的风险。[①] 中国政法大学人权研究院常务副院长张伟在会议总结中指出，新冠肺炎疫情肆虐全球，各国命运休戚与共，这更加凸显出构建人类命运共同体理念的重大意义。世界各国应切实加强团结，共同应对挑战，更好地推进疫情防控和人权保障。[②]

---

① 杨博超：《构建人类命运共同体理念与疫情防控中的国际合作——“全球疫情防控与人权保障”系列国际研讨会第二场会议学术综述》，《人权》2020 年第 4 期，第 107 页。

② 张伟在 2020 年 5 月 18 日“构建人类命运共同体理念与疫情防控中的国际合作”研讨会上的总结词。

· （八）人权研究 ·

B.23

中国学界关于新冠肺炎疫情中的人权保障研究述评

唐颖侠　王天相*

摘　要：　突如其来的新冠肺炎疫情给人民的生命权、健康权以及其他各项人权带来了挑战，中国政府采取的抗疫防疫措施，彰显了保障人权的坚定政治意愿。2020年学界对于新冠肺炎疫情中的人权保障研究成果丰富。本文以中国知网(CNKI)和北大法宝数据库2020年收录的85篇国内关于新冠肺炎疫情中的人权保障研究文献为对象，借助文献分析法和定量分析法，从把人权作为整体进行研究以及具体权利和特定群体权利研究的角度，分析人权保障研究文献来源、内容、作者的特点，总结中国抗疫经验、权利的限制与克减以及具体人权保障中保障生命权、隐私权、社会保障权等观点，在赞扬现有学术观点范围广、研究深、领域多的同时，对后疫情时代人权保障研究的更加深入化、跨学科、实践性目标和人权研究的刊物关注度提出展望。

关键词：　人权　疫情防控　权利保障

* 唐颖侠，南开大学法学院副教授、硕士生导师，南开大学人权研究中心（国家人权教育与培训基地）副主任；王天相，南开大学法学院硕士研究生。

2020年突袭而至的新冠肺炎疫情对人民生命安全和身体健康构成了严重威胁。为防控疫情，政府必须采取停产停业、限制出行和体温监测等防疫措施。学术界对疫情防控中的人权保障问题迅速回应，形成了丰富的研究成果。本文通过对2020年度在法学和社会科学领域以中文发表的85篇关于疫情中人权保障的文献进行梳理，从研究角度、权利类型、研究方法和学科分类以及刊物来源和作者来源等方面进行分析，归纳总结疫情中人权保障的研究现状，进一步探讨未来的研究方向，以期推动后疫情时代人权保障研究的发展。

一　数据来源与研究方法

（一）数据采集与处理

本文的研究对象是国内学界关于疫情中人权保障的文献，以中国知网（CNKI）数据库和北大法宝数据库作为样本文献的来源。本文将现有文献归纳为以下三类：一是把人权作为整体的研究对象的文献；二是以具体权利为对象分析疫情的影响及应对；三是疫情防控中的特定群体权利保障研究。在查找文献时以“疫情”加上“人权”“人权保障”以及具体权利，如“生命权”“健康权”“自由”“社会保障”或“少数民族”“残疾人”“妇女”“儿童”等内容为关键词。检索方法分为两步，第一步根据主题进行检索，在高级检索中设置检索项为“主题”，在检索项分别输入“疫情”加上“生命权”“自由”“社会保障”等检索词，匹配条件为精确，时间区间为2020年，检索得出30余篇文章。第二步在关键词检索的基础上，将匹配条件设为模糊，扩大搜索范围进行人工筛选，在排除会议综述等文献后最终共检索得出85篇文献，且对检索的文献通过阅读相关文献的题目、关键词和摘要以及正文等信息进行了初步分类。

（二）研究方法

本文综合采用文献分析法和定量分析法进行文献述评研究，分析 2020 年度中国学界所著疫情中人权保障相关文献中的研究视角、核心观点、作者来源等内容。首先运用文献分析的方法，将文献分为将人权作为整体进行研究的文献、研究具体权利保障的文献和研究特定群体权利保障的文献三个部分，阅读文献内容，重点关注文章摘要和关键词，汇总各篇文献的核心观点和创新点，关注疫情中人权保障的热点问题，总结归纳学界对于疫情中人权保障的研究成果。然后运用定量分析的方法，汇总整合文章的不同权利类型发文量、学科分布、刊物来源、作者机构分布等数据，利用 Excel 等工具将数据绘制成图表，结合数据分析出 2020 年度我国学界关于疫情中的人权保障文献的现状与特点。

二　新冠肺炎疫情中人权保障文献的定量分析

（一）基于疫情防控中权利类型的文献分析

本文分析的国内学界关于疫情中人权保障的文献共 85 篇，根据研究视角和权利类型进行分类：将人权作为整体进行分析的文献有 35 篇，占 41.2%；研究具体权利的文章有 41 篇，占 48.2%；研究特定群体权利保护的文章有 9 篇，占 10.6%（见图 1）。在对具体权利的研究中，根据图 2 可以发现对疫情中个人信息保护和隐私权进行研究的文献最多，共 14 篇，占文章总数的 16.5%，部分原因是个人信息权利和隐私权受到疫情的影响是最显著的，在抗疫过程中产生了许多现实问题和困扰，因此学界给予了更多的关注。其次是探讨工作权和社会保障权的文章，有 13 篇，占 15.3%。对于特定群体权利保障和生命权、健康权的研究也得到了一定关注，专门针对疫情与人身自由权利保障进行研究的文章较少，在对权利限制和克减的研究中，多涉及对人身自由进行限制的探讨。将

85 篇文章的关键词进行统计，共得出 197 个关键词，根据图 3 可知，以“疫情防控”为关键词的文章最多，有 17 篇，其次是“个人信息”，有 6 篇，再次是“人权保障”、“社会保障”、“新冠肺炎疫情”和“新冠肺炎”，均为 5 篇。

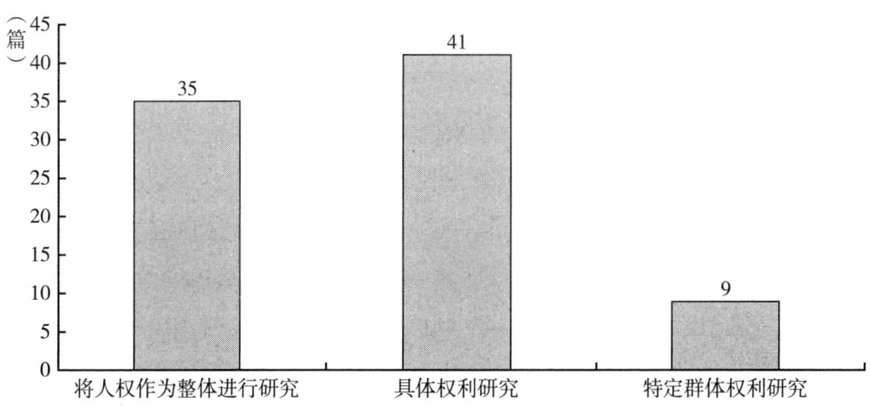

图 1　文献分类

资料来源：根据本文参考的 85 篇文献整理。

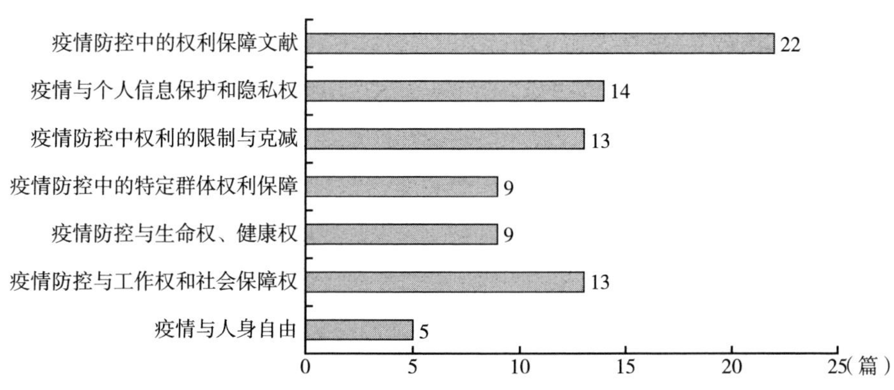

图 2　基于权利类型的文献

资料来源：根据本文参考的 85 篇文献所涉人权类型整理。

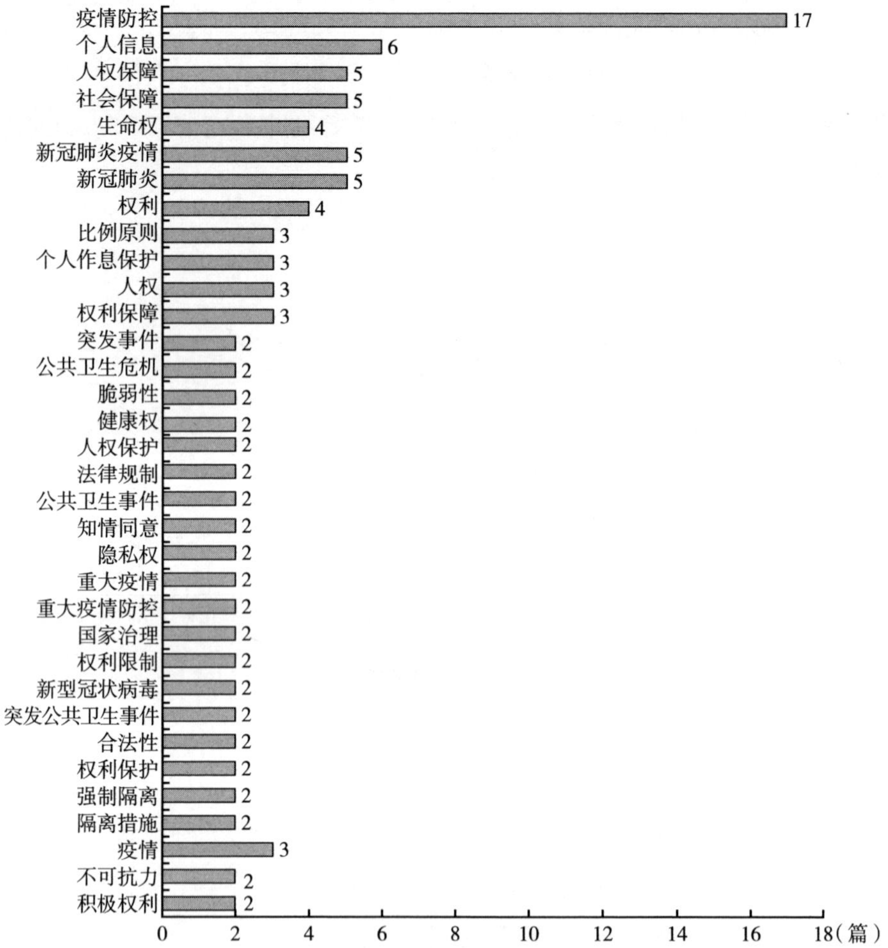

关键词	篇数
疫情防控	17
个人信息	6
人权保障	5
社会保障	5
生命权	4
新冠肺炎疫情	5
新冠肺炎	5
权利	4
比例原则	3
个人作息保护	3
人权	3
权利保障	3
突发事件	2
公共卫生危机	2
脆弱性	2
健康权	2
人权保护	2
法律规制	2
公共卫生事件	2
知情同意	2
隐私权	2
重大疫情	2
重大疫情防控	2
国家治理	2
权利限制	2
新型冠状病毒	2
突发公共卫生事件	2
合法性	2
权利保护	2
强制隔离	2
隔离措施	2
疫情	3
不可抗力	2
积极权利	2

0 2 4 6 8 10 12 14 16 18（篇）

图3　适用较多的关键词

资料来源：根据本文参考的85篇文献所涉关键词整理。

（二）刊物来源分析

从刊物来源角度分析，本文参考的85篇文章来源于61本学术刊物，由图4可知，有9本刊物为发文较多的刊物，这些刊物中既有专业类刊物，也有社会科学综合性刊物，其中《人权》发文量最多，达到10篇，占11.8%，在北大核心以及中文社会科学引文索引（CSSCI）数据库中发文总量为31篇，占总数的36.5%，其余刊物各发表相关文献一篇，多数文献来源于高校学报（见图4、图

5)。从文献数量和发表刊物质量可看出对于疫情中人权保障的研究取得了一定成果，且不乏高质量影响较大的文献产出，但仍有进一步提升的空间。刊物所属学科横跨法学、政治学、社会学、经济学，表明疫情人权保障的研究有较为明显的跨学科属性。

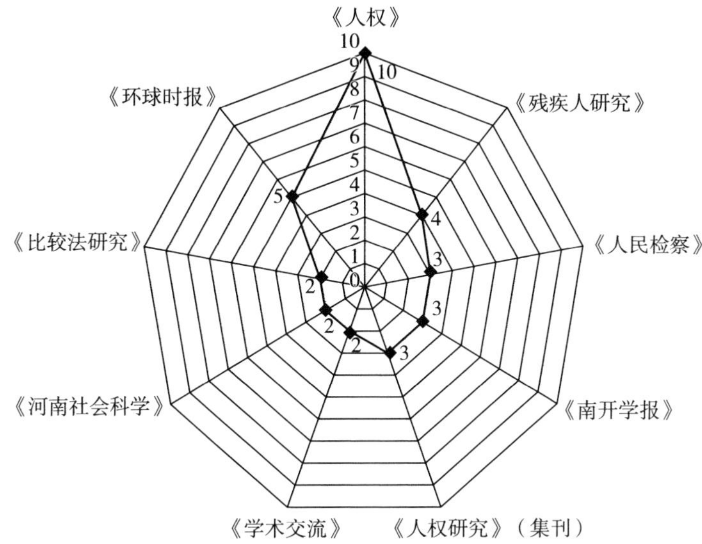

图4　发文较多的刊物来源（单位：篇）

资料来源：根据本文参考的85篇文献刊物来源整理。

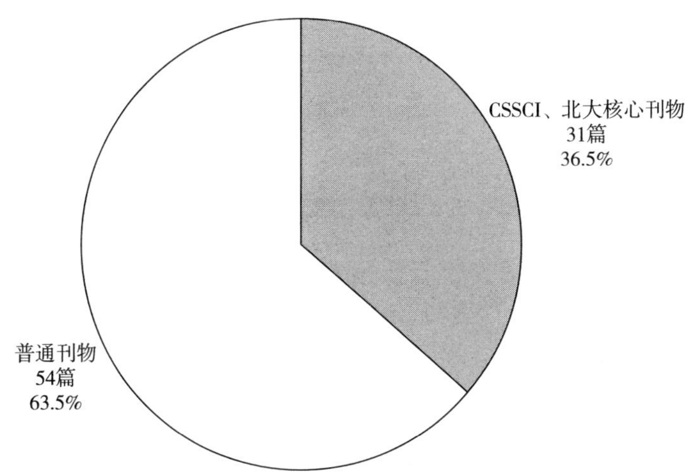

图5　CSSCI、北大核心刊物与普通刊物比较

资料来源：根据本文参考的85篇文献刊物来源整理。

（三）研究学科分类和作者来源分析

根据图 6、图 7 可知，关于疫情中的人权保障研究的文献多为法学学科研究，共有 59 篇，占 69.4%，政治学领域 13 篇，占 15.3%，在社会学领域也引起一定的关注，但将疫情人权保障与其他学科如医学、经济学、管理学等学科相结合的较少，此外将法学与其他人文社会学科相结合的比较少。就法学学科而言，多数学者对人权保障的法理进行剖析，从理论法的角度发现问题，提出理论正当性的探讨，这个特点也多源于近年来国内学者对人权保障研究的深入，许多学者从理论法的角度对人权问题进行分析探讨，从而提高人权问题的关注度和深入度；此外，由于疫情中的人权保障与日常的权利义务紧密相关，所以从民法的视角进行研究也十分常见，相较之下，以人权保障为诉因进行诉讼的情况较少，因此对这部分的研究也比较少。

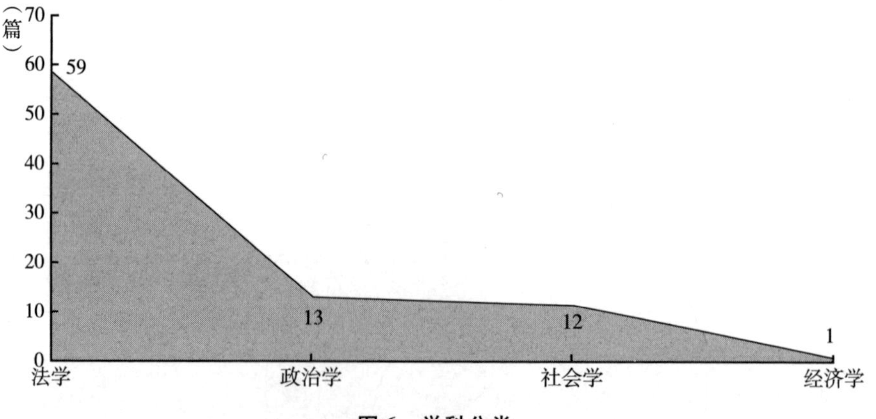

图 6　学科分类

资料来源：根据本文参考的 85 篇文献所属学科整理。

从图 8 可知，在对作者来源的分析中，南开大学、武汉大学、中国人民大学等高校对于疫情中人权保障的关注度比较高，其他学者的来源比较零散，也多集中于学校师生，尤其是各高校人权研究中心近年来对人权问题的切实关注和深入探讨，带动了疫情中人权保障的研究，其各个层面的研究成

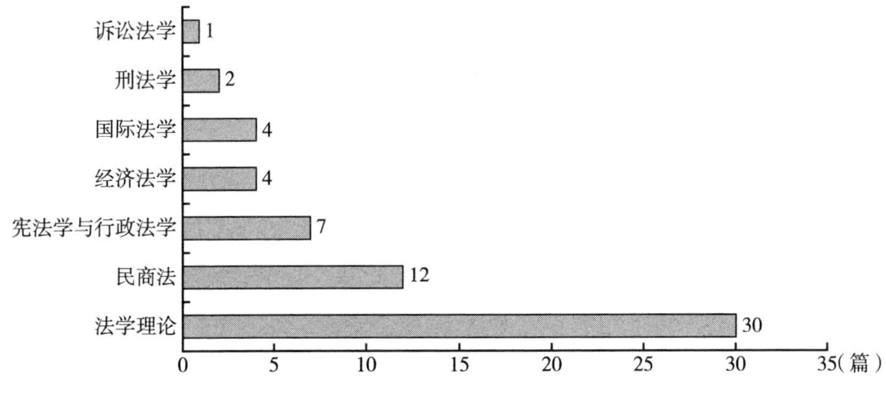

图 7　法学文献二级学科分类

资料来源：根据本文参考的 85 篇文献整理。

果，也为疫情中人权保障的研究奠定了基础。其中南开大学周恩来政府管理学院的常健发文量最多，在《人权》《南开学报》《学术界》等期刊上共发文 5 篇，吉林大学的贾玉娇、华中科技大学的汪习根和西南政法大学的张永和分别发文 3 篇，武汉大学的张万洪以及中国人民大学的郑功成都在该领域发文 2 篇，所涉及学科也多为人权或公民权利研究领域，可见当前疫情中人权保障的研究力量还较为分散，尚未形成较大规模的跨学科合作的研究趋势。

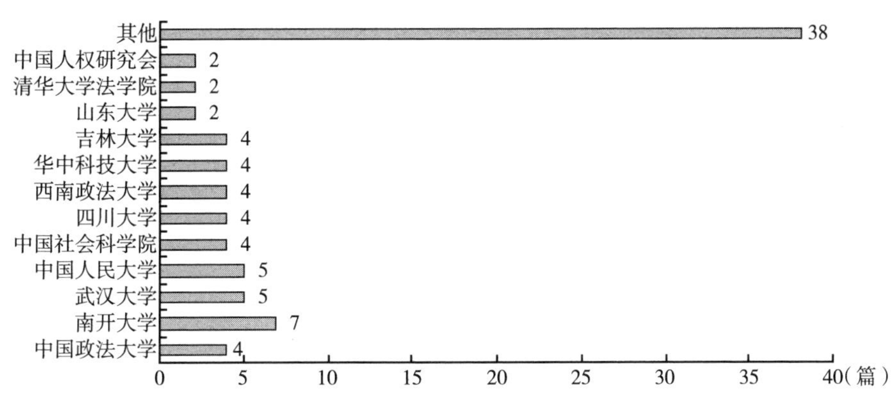

图 8　作者来源统计

资料来源：根据本文参考的 85 篇文献作者工作单位整理。

三　已有文献中的观点综述

（一）把人权作为整体研究对象的文献

1. 中国抗疫过程中人权保障的经验总结和梳理

疫情给人权保障带来了巨大的挑战，除了与新冠肺炎疫情紧密相关的生命权、健康权外，许多其他具体权利也受到了挑战，总的来说，中国的抗疫行动成果显著，在人权保障方面取得了显著的成效，也在疫情防控过程中关注到了有待完善的问题，学者们从以下几个方面入手对中国抗疫过程中人权保障的经验进行了总结和梳理。

首先，学者们肯定了中国政府在抗疫行动中对人权的有力保障，并从中国抗疫的成功经验入手，对抗疫中人权保障的可取之处进行了梳理。学者主要将中国抗疫的显著成效归于中国共产党的正确领导和中国特色社会主义制度的优越性，中国共产党是把为人民谋幸福、为民族谋复兴、为人类谋发展作为奋斗目标的政党，是疫情防控中人权保障的根本保证与坚实后盾；[①] 中国建立的高度协同的整体治理体系，以及采取的上下一盘棋的防疫措施是取得抗疫胜利的根本保障，强调了中国制度在抗疫中发挥的作用。[②] 一部分学者立足于中国抗疫的人权保障，梳理其经验和依据，赞扬中国保障世界人权的大国担当。[③] 张永和在文章中提到法治完备、民生工程和信息公开都是人权保障取得成效的重要因素。[④] 无论是用桑斯坦的“权利成本”理论对中国

① 汪习根：《疫情防控中生命健康权保障的中国经验》，《当代兵团》2020 年第 13 期；黄爱教：《中国共产党与疫情防控中的人权保障》，《南开学报》2020 年第 4 期。

② 许尧：《各国忙战疫，制度挺关键》，《环球时报》2020 年 3 月 16 日，第 15 版。

③ 常健：《中国抗击疫情中的人权保障》，《红旗文稿》2020 年第 12 期；贾玉娇：《新冠肺炎疫情大考下的中国人权实践及世界意义》，《人权》2020 年第 3 期。

④ 张永和：《中国疫情防控彰显人权保障》，《学习时报》2020 年 3 月 20 日，第 1 版。

的政府机制与公民权利进行分析，[①] 还是结合费孝通先生的"乡土理论"，强调以"己"及人的观点，将人权保障与中国特色相结合，[②] 都体现了中国制度在疫情人权保障中的重要作用。此外，刘艳红认为刑法应成为公民保护自己权利的盾牌，刑事治理实现从国权刑法到民权刑法的转型，不断提升国家在应急管理中刑事治理能力的现代化水平。[③]

其次，在这次疫情防控中也暴露出人权保障和相关制度的一些问题和漏洞，学者们借此进行反思和探讨。何志鹏认为疫情显示出国家立法、部门执法到社区管理方面存在的不足，通过疫情可以发现规范和运行中的不足，进而更好更全面地维护人权，展现一个良法善治国家的题中应有之义。[④] 何士青提出疫情中出现了"邻避"现象，经过分析其根源和法治治理，认为需要应急管理发展与法治宣传同行、良法之治与柔性执法共进、法律激励与法律制裁并用来应对该问题。[⑤] 汪习根等人认为在生命健康权与自由权、经济权、平等权之间无可避免地发生冲突时，应在主体上、内容上、价值上全方位地进行整合，构建既有稳定抗疫秩序又保持社会活力的良性治理模式。[⑥] 还有一部分学者从各项具体人权保障的平衡和协调入手，总结经验教训，防止社会性的次生灾难，[⑦] 立足依法防控和人权保障两个维度，通过比例原则进行精准化分级分类治理，提升公共卫生领域治理体系和治理能力现代化水平。[⑧] 此外，疫情凸显了各项权利实现方式间的矛盾和冲突，使人们辩证地

---

① 徐斌：《权利的成本：疫情防控中的公民权利辨析——以中国新冠肺炎抗疫措施为例》，《人权》2020 年第 3 期。

② 朴恩慧、胡宝元：《新冠疫情下的"乡土"人权探析》，《辽宁工业大学学报》2020 年第 5 期。

③ 刘艳红：《治理能力现代化语境下疫情防控中的刑法适用研究》，《比较法研究》2020 年第 2 期。

④ 何志鹏：《保障生命安全的人权更扎实可靠》，《环球时报》2020 年 2 月 26 日，第 15 版。

⑤ 何士青：《论疫情防控中的邻避行为及其法律治理》，《人权》2020 年第 2 期。

⑥ 汪习根、王文静：《疫情防控中的人权冲突及其整合之道》《人权》2020 年第 3 期；常健、王雪：《疫情防控中人权保障需要平衡的几个关系》，《秘书》2020 年第 3 期。

⑦ 常健：《疫情防控中的人权保障》，《学术界》2020 年第 2 期。

⑧ 赵树坤、伍科霖：《精准治理视角下的依法防控与人权保障——基于抗击 2019 新型冠状病毒引发的思考》，《南开学报》（哲学社会科学版）2020 年第 4 期。

思考生命权和健康权、生命和自由、生存和发展之间的关系，这是疫情对人权思想的促进。①

最后，学界还从国际视角对中国疫情中的人权保障进行了探讨。时业伟认为对基本人权进行最大限度保护的同时应保障目前国际贸易体制正常有序的运转与发展，在长期的发展中通过制度设计促进合作，最终达到繁荣贸易、保护人权的目标。② 唐颖侠认为对于疫情的人权研究也可通过分析国际灾害治理中人权保障的适用，明确国家承担的人权义务，借鉴灾害治理中权利分类和分阶段全方位保护的方法，以及软法的间接适用路径的特点，推导出在疫情防控中人权保障的方法和启示。③ 中国政府的应急防控措施体现了中国社会强大的凝聚力和中国政府敢于承担责任的态度，相比之下，外国媒体的有意抨击显得十分可笑。④

2. 疫情防控中权利的限制与克减

从国内角度看，学者对中国抗疫过程中权利的限制与克减主要从对公民权利进行限制与克减的正当性以及如何把握克减限度这两个方面展开研究。首先，学者们肯定了国家为了公共卫生的处置和公共利益对权利进行限制的行为。汤啸天提出在紧急状态下，公民权利的克减是国家对公民实施特别保护所采取的特别措施，是在全局上对公民权益的根本保护。⑤ 权利克减带来的负担是为了更大、更长远的利益而付出的必要成本，这种行为正是政府积极有为的表现。⑥ 其次，针对克减限度的把握，学者们提出了以下几种观点。第一，多数学者都提到权利的正当克减是以一定的限度为前提的，克减

① 李君如：《一场生命权和健康权的保卫战及其提出的人权思想——抗疫人权笔记六则》，《人权》2020 年第 3 期。

② 时业伟：《全球疫情背景下贸易自由与人权保护互动机制的完善》，《法学杂志》2020 年第 7 期。

③ 唐颖侠：《国际灾害治理法对疫情防控的启示：基于人权的视角》，《兰州学刊》2021 年第 1 期（2020 年 11 月 26 日中国知网首发）。

④ 张永和：《抗“疫”基本人权保障，中国可圈可点》，《环球时报》2020 年 2 月 15 日，第 7 版。

⑤ 汤啸天：《疫情防控与公民权利克减》，《人民法院报》2020 年 2 月 28 日，第 2 版。

⑥ 何志鹏：《保障生命安全的人权更扎实可靠》，《环球时报》2020 年 2 月 26 日，第 15 版。

公民权利必须满足必要性、适当性和比例原则。[①] 杨立新、李怡雯从司法的角度分析了适用比例原则限制公民权利，可以通过对个案法益衡量而实现实质正义。[②] 范继增通过对欧盟基本权利的限制与克减以及欧盟成员国出台的国内限制措施或者克减基本权利的立法进行分析，探讨了紧急状态下对于相关权利限制的比例原则的适用。[③] 赵宏认为应急状态下的限权措施除了法律保留、比例原则外，还受到禁止不当联结以及核心权利保障等诸多原则的限制。[④] 第二，部分学者提到以法律的界限为限制人权措施的边界。孙世彦认为国家应当合理平衡疫情防控与人权保障，保证所采取的限制人权的措施不超过法律允许的限度；[⑤] 王晨光提出以人民健康为中心，在法律框架内做决策的应对措施；[⑥] 而作为典型的抗疫措施，隔离措施应属于紧急行政强制，根据此次疫情的经验，应当将隔离纳入法治化轨道进行考量，建构隔离的法定化执行程序，提高全面依法治理能力。[⑦] 第三，从立法的角度，张帆提出在《突发事件应对法》中设置一种动态的限权原则，以彰显我国宪法对待权利的基本态度，并满足现代法治对权利与权力之间平衡的期许。[⑧] 刘长秋、赵之奕认为就健康权的限制和克减而言，只能及于健康权中的受益权，而不能扩至健康防御权，且该克减的要求必须由公权力作出。[⑨] 此外，还有

---

① 刘长秋、赵之奕：《论紧急状态下公民健康权的克减及其限度》，《法律适用》2020 年第 9 期；上官丕亮：《论紧急状态下公民基本权利的限制》，《江苏警官学院学报》2020 年第 3 期。

② 杨立新、李怡雯：《重大疫情期间公民权利保障》，《人民检察》2020 年第 5 期。

③ 范继增：《比例原则与欧洲新冠疫情的防控措施》，第十届海峡两岸欧盟研究论坛发言，2020 年 10 月 13 日。

④ 赵宏：《疫情防控下个人的权利限缩与边界》，《比较法研究》2020 年第 2 期。

⑤ 孙世彦：《疫情防控措施对人权的限制——基于国际人权标准的认识》，《国际法研究》2020 年第 4 期。

⑥ 王晨光：《突发公共卫生事件中公民权利保障与限制》，《中国卫生》2020 年第 3 期。

⑦ 张然滔：《新冠肺炎疫情防控中隔离措施的法律分析与完善》，《昆明学院学报》2020 年第 4 期。

⑧ 张帆：《论紧急状态下限权原则的建构思路与价值基础——以我国〈突发事件应对法〉为分析对象》，《政治与法律》2020 年第 1 期。

⑨ 刘长秋、赵之奕：《论紧急状态下公民健康权的克减及其限度》，《法律适用》2020 年第 9 期。

学者提出公民基本权利限制应从遵循法定原则、发挥宪法解释作用、构建应急行政裁量控制机制三个方面着力,[①] 以法定实施主体为“限”,以法律授予权力为“界”,以控制公共疫情为“度”,公民财产权的减损应当得到补偿和救济。[②]

从国际角度看,学者对其他国家在疫情中采取的措施对人权的影响进行了探讨。一方面,一些国家消极应对疫情的行为,是对其国内人权的忽视;另一方面,一国对其他国家的人权克减不当或过当会构成疫情歧视,[③] 个别西方国家发表攻击言论,针对中国人面孔甚至亚洲人面孔的种族歧视、禁入等侵犯人权事件,值得国际社会警惕。[④] 某些国家只顾自己的政治利益,毫不关心中国和世界人民的生命安全,相比之下中国秉持人类命运共同体理念,同国际社会同舟共济、携手抗疫;[⑤] 并且针对西方国家“污名化”的行为,为了后疫情时代的和平与安全,需要反思人之尊严与价值,并在反思基础上重建、厚植人权文化。[⑥]

(二)疫情防控中具体权利保障的研究

1. 疫情防控与生命权、健康权保障

在疫情防控中,生命权和健康权受到的威胁最大,学界将其置于人权保障中具体人权的首要位置。生命权的优先性已成为学界的共识,如果没有生命和健康,其他权利也没有存在的意义,[⑦] 生命权在与平等、尊严、自由、财产等权利产生冲突时,其他权利应当受到限制,[⑧] 有学者建立了家庭与社

---

① 赵莹莹:《应急行政视域下公民基本权利限制的正义性辨析》,《深圳社会科学》2020 年第 3 期。

② 万高隆:《论疫情防控中公权和私权的失衡与平衡》,《重庆科技学院学报》(社会科学版)2020 年第 6 期。

③ 汪习根、周亚婷:《国际法治视野下的疫情歧视剖析》,《国外社会科学》2020 年第 5 期。

④ 毛俊响:《新冠病毒疫情拷问人类良知》,《环球时报》2020 年 2 月 7 日,第 7 版。

⑤ 李云龙:《政治自私驱使西方抹黑中国抗疫》,《环球时报》2020 年 3 月 21 日,第 7 版。

⑥ 齐延平、曹晟旻:《反“污名化”与人权文化的重建》,《人权》2020 年第 3 期。

⑦ 韩大元:《生命权与其他权利的冲突及其平衡》,《人权》2020 年第 3 期。

⑧ 张永和:《生命权论》,《人权》2020 年第 3 期。

区间的博弈模型，发现中国人将生命权作为基础人权，将其他人权视为在生命权得到保障的前提下才能实际享有的权利，居民对生命安全的要求比对自由要求更高。正因为如此，中国才可以取得更好的防控效果。[①] 常健提出，当生命权与其他人权冲突时，可基于以下三种路径在重大疫情下实现生命权的更切实保障，包括基于规则的路径可以提供各种权利的优先排序，基于资源的路径可以为消解冲突提供所需的资源条件，基于机制的路径可以为顾全各种权利保障提供整合方案。[②]

健康权既是自由权，也是社会权。学界对健康权保障的探讨既包括获得医疗保健的能力，也包括获得实现健康权的其他因素。柳华文认为中国政府高度重视公民的健康权，中国疾病防控的政府体系和社会机制发展迅速，却远非完美，还需要在实践中发展和完善。[③] 王静姝认为国家应当结合可提供性、可获得性、可接受性与质量达标四项人权标准，完善健康权保护的相关立法，有针对性地提高健康权实现水平，以应对突发公共卫生事件。[④] 还有学者提出了特定群体健康权保障的观点，指出为保障医护人员职业安全健康权，在一定条件下，医护人员有权拒绝工作，并且不受到处罚；[⑤] 对于企业职工生命健康权来说，工会也需要提高参与度，积极与政府部门保持合作，切实保障广大职工的生命健康权不受侵害。[⑥]

2. 疫情防控与人身自由

疫情发生以来，各地采取了严格的防控措施，与生命权、健康权保障相

---

① 王宝森、范启铭：《重大突发疫情下人权与制度对防控效率的影响》，《经济研究导刊》2020 年第 23 期。

② 常健、王雪：《疫情下生命权保障的冲突及其解决路径》，《南开学报》（哲学社会科学版）2020 年第 4 期。

③ 柳华文：《在迎战疫情中保障公民健康权》，《群言》2020 年第 3 期。

④ 王静姝：《突发公共卫生事件中的健康权保障——围绕〈经济社会文化权利国际公约〉展开》，《西南政法大学学报》2020 年第 3 期。

⑤ 王铀镱：《突发公共卫生事件中医护安全与健康权法律保障探讨》，《广东行政学院学报》2020 年第 4 期。

⑥ 肖勇：《疫情背景下工会维护职工生命健康权问题的思考》，《中小企业管理与科技》（上旬刊）2020 年第 9 期。

对应的人身自由权利的限制受到了学界的关注。一部分学者从强制隔离等措施的性质着手探讨，界定其法律属性属于行政强制措施，强制措施的实行应在法治框架内遵守依法、合理、必要的原则进行适用，[①] 部分学者对这种行政强制措施可能产生的问题和改进方向进行了进一步的探讨，发现还存在制度本身建构有缺陷、实施过程中违法行政、相关保障不到位等问题，[②] 此外，部分学者从强制隔离等措施的实践情况入手，提出对隔离措施的实施主体和人员的合法性疑虑，以及被隔离人员的生活保障、隔离方式选择、隔离费用负担等新问题也需要从权利保护的角度加以审视和论证；[③] 学界对相关法律规定不明、防控人员缺乏日常演习、防控人员法律素养有待提升等诸多问题进行研究，也有利于为今后的疫情防控工作提供指导，更好地保护公民人身权利。[④]

3. 疫情防控与个人信息保护和隐私权

就疫情中对个人信息的收集和利用具有正当性的问题，许多学者进行了探讨。从原因上来说，个人信息利用中的“知情 - 同意”原则并不是绝对的，它的拒绝权是相对的，在所要保护的法益大于个人信息保护的权益时有例外；[⑤] 从作用上来说，政府对公民个人信息的公开和利用是保障其他公民知情权和防疫的需要。[⑥] 在知情权和隐私权冲突的情况下，王珺将需要保护的法益用比例原则进行比较，从而得出保障公众知情权在防疫中的正当性，[⑦]

---

① 解志勇、王晓淑：《限制人员流动措施的法治逻辑》，《人民检察》2020 年第 9 期；李凌云、陈杰：《疫情防控中强制隔离措施的理解与适用》，《学术交流》2020 年第 8 期。

② 王桢：《我国强制医疗隔离制度的理论基础、现存问题与解决对策》，《学术交流》2020 年第 8 期。

③ 夏纪森、吴名驰：《突发公共卫生事件中隔离措施的法律问题研究》，《常州大学学报》2020 年第 6 期。

④ 从宇乾：《论重大疫情防控期间公民人身权利保障的法律完善》，《六盘水师范学院学报》2020 年第 3 期。

⑤ 李晓楠：《数据抗疫中个人信息利用的法律因应》，《财经法学》2020 年第 4 期。

⑥ 张桂霞：《疫情防控中政府信息公开与个人信息保护衡平研究》，《湖北警官学院学报》2020 年第 2 期。

⑦ 王珺：《论市域重大疫情治理下公众知情权与隐私权的依法权衡与保护》，《河南社会科学》2020 年第 4 期。

而何朝、葛喜妹的观点是，在两者冲突的情况下个人隐私权应当让位于公众知情权。[①]

在疫情防控措施与个人信息权和隐私权冲突的情况下，应当采取一定的措施来平衡两者的关系，学者提出最多的便是比例原则的适用，[②] 在收集和公开信息的范围问题上，针对不同的人员其收集范围应当有所区别，涉及确诊或疑似患者的个人信息应以其涉及的区域、场所、车次以及筛查密切接触人员相关为限；对未得病人员的数据收集应限于基本信息，如姓名、位置行踪、电话、住址、健康数据等，其他与疫情不相关的信息则不在收集范围之列。就信息的使用和处理行为来说，刘睿文提到信息的适用要有时效性，赋予个人信息被遗忘权。[③] 宁园也提到在健康码的个人信息保护中，强化最小必要原则，严格限制个人信息处理的范畴、期限和披露个人信息。健康码升级中的个人信息保护则主要通过控制治理边界和坚守同意规则实现。[④]

除了理论的支撑，学者们还从制度建设和技术完善等方面进行了探讨。就制度设计和立法完善方面来说，有学者提出要明确个人信息相关权利的基本权利地位，构建起完善的个人信息保护体系，规范政府利用个人信息的方式和范围，[⑤] 完善重大疫情下收集个人信息的法律规范，[⑥] 进一步细化个人信息类型，提供梯度保护，进一步明确疫情防控下个人信息的权利内容。[⑦] 对于技术层面的探讨，有学者提出要制定精细的技术规则，完善疫情中个人

① 何朝、葛喜妹：《疫情之下个人隐私权与公众知情权之权衡》，《就业与保障》2020 年第 5 期。

② 张勇：《论大数据背景下涉疫情个人信息的法律保护》，《河南社会科学》2020 年第 4 期；王珺：《论市域重大疫情治理下公众知情权与隐私权的依法权衡与保护》，《河南社会科学》2020 年第 4 期；田聪慧：《疫情中个人信息的利用与保护》，《河北企业》2020 年第 5 期。

③ 刘睿文：《公共卫生事件中个人信息法律保护研究——以新冠肺炎疫情为切入点》，《图书情报导刊》2020 年第 9 期。

④ 宁园：《健康码运用中的个人信息保护规制》，《法学评论》2020 年第 6 期。

⑤ 李鑫、崔大阳：《人权视角下政府个人信息的利用及限制——以政府应对突发事件为切入点》，齐延平主编《人权研究》第 23 卷，社会科学文献出版社，2020。

⑥ 李晓楠：《数据抗疫中个人信息利用的法律因应》，《财经法学》2020 年第 4 期；刘龙芳：《新冠肺炎疫情中的公民隐私权利保障研究》，《医学与法学》2020 年第 3 期。

⑦ 李晓楠：《数据抗疫中个人信息利用的法律因应》《财经法学》2020 年第 4 期。

信息安全管理的组织与技术保障，设立专门机构监督疫情中个人信息的处理行为，加强信息采集环节、信息储存和传输环节、信息公开环节的管理，引导疫情防控指挥部门和数据控制主体开展内部评估和外部咨询，对疫情中的个人信息采取加密和脱敏措施。[①] 为了加强对个人信息的保护，除了对于侵权行为的防范，事后的归责也必不可少，对于侵犯公民个人信息权利的责任设计，张勇、莫洪宪主张运用刑法的手段进行规制，[②] 屈思忱提出也可以采用举证责任倒置等规定来防止滥用个人信息。[③]

4. 疫情防控与工作权和社会保障权

疫情导致了大量店铺关闭以及经济活动和就业学业无法正常进行，其引发的社会问题尤其是就业问题受到了学界的关注。一部分学者从权益平衡的角度进行了研究，陈靖远和范围都提到了平衡劳资双方利益，一方面提出在就业促进法中引入工作共享机制，来维持劳动关系内部风险分配规则的体系自洽，[④] 另一方面在司法裁判中，提出基于劳动法规定的工资续付义务结合疫情特殊需要，发挥司法衡平作用，兼顾法律效果和社会效果，贯彻就业优先原则；[⑤] 董保华从生存权的角度对企业和职工的权利进行平衡探讨，从不可抗力的角度理顺生存权涉及的各种关系，提出法律应当重新释放市场空间，国家从化解市场风险的角度介入影响。[⑥] 此外，还有学者从劳动者保护的角度进行分析，以倾斜保护劳动者理念为价值基础，提出制定疫情期专门性劳动者权益保障规定、拓展保障主体范围、规范专门机

---

① 张桂霞：《疫情防控中政府信息公开与个人信息保护衡平研究》，《湖北警官学院学报》2020 年第 2 期；谢薇、刘泳：《论突发公共卫生事件中的个人信息权保护和限制》，《政法学刊》2020 年第 5 期。

② 张勇：《论大数据背景下涉疫情个人信息的法律保护》，《河南社会科学》2020 年第 4 期；莫洪宪：《重大疫情防控中信息犯罪的刑事规制边界》，《人民检察》2020 年第 7 期。

③ 屈思忱：《重大疫情防控期间公民个人信息的收集与保护》，《广州社会主义学院学报》2020 年第 4 期。

④ 陈靖远：《企业“停工风险”分担的劳动法理与机制——以国家、企业、劳动者共担风险为视角》，《政法论坛》2020 年第 4 期。

⑤ 范围：《疫情停工期间用人单位的工资续付义务》，《人民司法（应用）》2020 年第 7 期。

⑥ 董保华：《疫情防控中如何平衡两类生存权》，《探索与争鸣》2020 年第 4 期。

关权力运行机制，以及审慎适用不可抗力条款等完善建议；[①] 王震提出创新就业治理模式，搭建“政府—社会（社区）—个人”的治理链条，提升治理效能。[②]

除了对工作权的保障外，在疫情防控过程中，学界也关注到社会保障权的实现对其他权益的保障发挥了重要作用，有学者提出社会保障在国家治理体系中与经济政策之间的相对关系发生了显著变化，即由“托底 - 依附”向“中心 - 融合”转变，[③] 但也暴露出了一些问题，因此学者们总结经验教训，对问题的解决进行了探讨，认为在疫情防治过程中需要完善社会救助制度，深化医疗体制改革，优化社会保险、社会福利服务、慈善等制度，加快慈善救助立法，保障经济社会恢复正常秩序。[④] 周贤日特别提出要总结两次公共卫生事件的教训，在法定的报告机制外应该包容并利用民间科学研究性质的言论自由和信息分享；在收治传染病以及排查疑似病例的费用方面，国家应迅速确定国家财政负担的法定机制并让公众知悉；在收治和隔离场所出现不足等情况下，应当依法紧急征用场所进行改造，为防控疫情提供设施保障。[⑤] 在疫情防控常态化背景下，重点提供基本生活需求和能力恢复需求的基本民生保障，增大社会救助制度覆盖弹性、改革社会救助流程、动态精准供给社会救助资源、构建社会救助信用监测系统、完善社会救助相关法律体系建设等。[⑥]

---

① 苏炜杰：《疫情期我国劳动者权益保障制度的反思与完善》，《山东行政学院学报》2020 年第 4 期。

② 王震：《新冠肺炎疫情冲击下的就业保护与社会保障》，《经济纵横》2020 年第 3 期。

③ 贾玉娇：《从抗击新冠肺炎疫情看社会保障在国家治理中的功能及走向》，《社会政策研究》2020 年第 2 期。

④ 席红艳：《在疫情防治中不断完善社会保障体系》《农家参谋》2020 年第 21 期；王成：《从新冠肺炎疫情防控看社会保障治理能力现代化》，《国家治理》2020 年第 2 期；《专题：抗击新冠肺炎疫情与社会保障体系优化》，《社会保障评论》2020 年第 2 期；郑功成：《抗击新冠肺炎疫情与加快健全医疗保障制度》，《中国医疗保险》2020 年第 3 期；郑功成：《应对疫情要更好地发挥社会保障作用》，《中国社会保障》2020 年第 4 期。

⑤ 周贤日：《社会保障法视域下的突发公共卫生事件应对机制研究》，《法治社会》2020 年第 2 期。

⑥ 贾玉娇：《疫情防控常态化下如何保基本民生》，《前线》2020 年第 8 期。

（三）疫情防控中的特定群体权利保障

学界对疫情防控中的特定群体权利保障也十分关注，在国内关于疫情人权保障的文献中，关于特定群体权利保障的文献多从老年人、农民工、残疾人、妇女和儿童等几类人的角度进行探讨。首先，就老年人的权利保障来说，学者们立足于脆弱性理论的角度，审视老年人群体在公共卫生危机中的处境，提出综合发挥政府、家庭成员和养老服务机构的力量，在突发事件中更有效地保障老年人的权利。[①] 其次，学者基于农民工职业的特殊性进行探讨，其在疫情中展现出的困境与劳动就业内容息息相关，解决疫情中农民工群体的困境，就应建立健全社会保障统计与普查机制，积极动员参与社会保险、统筹提高农民工社会保险待遇，还要完善立法，充分发挥企业和政府的保障联动作用。[②] 再次，残障人一直是学界在社会保障中关注的重点人群，学者提出对他们的保护需要在疫情防控中贯彻“人本原则”,[③] 完善各级政府、残联和社会组织加强残疾人保护的政策创新和服务实践,[④] 在家庭、社会、政府各个方面给残疾人提供更多的支持。[⑤] 最后，就妇女和儿童这些弱势群体来说，在疫情严峻，管理严格、医疗资源匮乏的情况下，提前为孕妇和儿童做好预案、予以专门的资源倾斜且做到信息公开透明，发挥政府和公益组织的双重力量作用是十分必要的。[⑥]

---

① 张万洪、刘远：《脆弱性视角下的特殊群体权利保障——以老年人在公共卫生危机中的处境为例》，齐延平主编《人权研究》第 23 卷，社会科学文献出版社，2020；刘远：《公共卫生危机中老年人权利的脆弱性视角分析——以新型冠状病毒肺炎疫情为背景》，《人权》2020 年第 3 期。

② 王玉辉：《论新冠肺炎疫情之下我国农民工的社会保障问题》，《吉林省教育学院学报》2020 年第 9 期。

③ 张万洪、张皎洁：《新冠肺炎疫情防控中残疾人权利保护之道》，《残疾人研究》2020 年第 6 期。

④ 厉才茂、张梦欣、李耘、杨亚亚：《疫情之下对残疾人保护的实践与思考》，《残疾人研究》2020 年第 3 期。

⑤ 付蓊：《新冠肺炎疫情下残疾人群体的困境与支持》，《残疾人研究》2020 年第 6 期。

⑥ 王静姝：《突发公共卫生事件中的健康权保障——围绕〈经济社会文化权利国际公约〉展开》，《西南政法大学学报》2020 年第 3 期。

此外，基于疫情人权保障的特殊性，常健总结出疫情中的四类弱势群体，包括在突发重大疫情时因自身身体状况而受到疫情更严重威胁的人群、因所处特殊情境而更容易遭受疫情侵袭的人群、因缺乏疫情防控措施适应条件和能力而生活困难的人群以及因政府采取的疫情防控措施而失去经济来源的人群，这些弱势群体在疫情防控中具有特殊性，他们的人权一方面需要获得平等的尊重和保障，另一方面需要予以必要的特殊保护。[①] 相比之下，有学者注意到了美国的特定群体权利保障问题，美国的种族主义使得医疗资源分布不均，非裔美国人比白人在疫情中遭受更大的打击，白人至上的种族问题在疫情中愈发突出。[②]

四　总结与展望

（一）学术观点具有新颖性和启发性

通过梳理 2020 年关于疫情中人权保障的研究可以发现，学界从中国保障人权和对公民权利的合理限制两个角度，从不同学科不同权利领域对疫情中的人权保障进行了较为全面的探讨，呈现出以下特点：第一，疫情中人权保障的研究范围较广，无论是对政治权利与公民权利还是经济社会文化权利和特定群体权利，都进行了研究；第二，人权保障在法学领域的研究已经较为深入，从法学理论到各法学学科的应用探讨都有所涉猎；第三，政治学和社会学领域对该研究也有所涉猎，这为今后跨学科研究的发展奠定了良好的基础。但同时，对人权保障的研究也存在一些不足。第一，对疫情中人权保障的研究质量不高，研究不够深入，所发文献的高质量刊物占比偏少，实践中对该问题的关注程度还有待提高。第二，研究视角单一，缺乏跨学科研

① 常健：《突发重大疫情下四类弱势群体人权的特殊保护》，齐延平主编《人权研究》第 23 卷，社会科学文献出版社，2020。

② 方长明、陈祥军：《新冠疫情中的美国结构性种族主义透视》，《中南民族大学学报》（人文社会科学版）2020 年 9 月 9 日（网络首发）。

究。对疫情中人权保障的研究明显具有学科交叉的属性，虽然目前的研究已经涉及从多个学科的角度探讨人权保障，但法学以外的学科涉及较少，且仍然未能突破学科框架，将各学科相结合进行研究。

（二）展望

通过对疫情中的人权保障领域的研究现状和核心观点进行分析，建议未来对疫情中的人权保障研究应该关注如下三个方面。第一，提升对人权保障研究的深度，用各学科的深层理论分析人权保障的本质，针对疫情期间产生的问题，剖析其根本原因，探索解决方法，并总结出未来应对公共卫生事件的经验。第二，加强多学科和跨学科对于疫情中人权保障的研究。目前的研究多限于法学领域，但疫情中的人权保障涉及各个领域，只有吸纳其他学科，并且将各个学科的研究方法和研究成果相结合，才能更好地对人权保障进行研究。第三，强化适于实践的研究。要将疫情中的人权保障，尤其是各个具体人权保障内容与医疗、商业、交通等具体研究领域结合起来，探究疫情期间人权保障在这些领域适用的必要性与可行性，为后疫情时代实现可持续性人权保障提供可操作的建议。第四，各学术刊物积极关注人权领域重大问题。除《人权》等专业类刊物外，也鼓励综合类刊物通过开辟人权专题等方式，对人权保障研究文献给予积极回应，共同促进人权保障研究的发展。

调研报告和个案研究

Research Reports and Case Studies

B.24
西藏经济社会权利保障调研报告

谭堾埗　牟倩　袁浩然　伍科霖*

摘　要：对西藏自治区开展的调研结果显示，西藏自治区生态扶贫成效突出，人居环境得到改善，生态环境保护在西藏已达成共识；教育援藏是提升受教育权保障水平的重要推动力，“组团式”援藏教育效果突出；在医疗人才“组团式”援藏的助力下，西藏医疗卫生基础设施建设、妇幼保健工作、地方病预防治疗等工作取得了显著的进展；妇女在西藏社会发展过程中发挥积极作用，受教育程度、社会保障和政治参与等方面权利得到充分保障。但是，在发展的过程中仍然存在需要解决的问题，比如，如何处理经济社会发展与环境承载压力的冲突；教师资源结构性短缺，部分学生择业观较为固化；

* 谭堾埗，西南政法大学人权研究院博士研究生，主要研究方向为人权法学；牟倩，西南政法大学人权研究院博士研究生，主要研究方向为人权法学、法理学；袁浩然，西南政法大学人权研究院博士研究生，主要研究方向为人权法学；伍科霖，西南政法大学人权研究院博士研究生，主要研究方向为人权法学、法学理论。

医疗卫生资源配置不均衡，专业人才后续力量仍然不足；妇女老龄化问题成为新挑战等。总体而言，西藏自治区的经济社会权利获得了有效保障，脱贫攻坚已经取得了决定性进展，群众的物质生活和精神文化都发生了巨大改变。

关键词： 西藏自治区 人权保障 环境保护 受教育权 妇女权利

2020年是中国决战脱贫攻坚的收官之年，是全面建成小康社会的决胜之年，也是西藏自治区成立55周年。为了真实深入地了解西藏自治区经济社会权利保障状况，2020年5月，西南政法大学人权研究院调研组通过走访、座谈、访谈等形式赴西藏自治区开展调研。调研主要涉及西藏部分市县的环境保护。

西藏部分市县环境保护状况

谭椿埒

党的十八大以来，习近平总书记将生态文明建设纳入中国特色社会主义事业“五位一体”总体布局①，强调“绿水青山就是金山银山”的发展理念。党的十九大以来，党提出建设“美丽中国”的目标，进一步强调生态文明建设是关系中华民族永续发展的根本大计。② 西藏地区作为我国重要的生态安全屏障，党中央历来高度重视西藏工作，改革开放以来先后召开七次西藏工作座谈会，并作出重大决策部署。2020年8月28日至29日，中央第七次西藏工作座谈会在北京召开，习近平总书记进一步强调了西藏生态文明的重要性，以“十个必须”全面阐释了新时代党的治藏方针。其中，“必须

① 《建设生态文明，关系人民福祉，关乎民族未来》，2018年2月23日，中国共产党新闻网，http：//theory. people. com. cn/n1/2018/0223/c417224－29830240. html。

② 《把握和践行绿水青山就是金山银山理念》，2018年9月10日，中国共产党新闻网，http：//theory. people. com. cn/n1/2018/0910/c40531－30282382. html。

坚持生态保护第一”体现了“绿水青山就是金山银山”这一重要发展理念。党中央一系列决策部署凸显了生态环境保护在西藏各项工作中的重要地位。

（一）环境与发展得到优化

西藏地区生态系统类型独特，野生动植物种类繁多。特殊的地理位置、独特的气候特征和丰富的自然生物资源，使其成为我国重要的国家生态安全屏障和战略资源储备基地。同时，西藏的生态环境也十分敏感和脆弱，如若遭受破坏，想要得到恢复十分困难。基于西藏地区重要而又脆弱敏感生态环境的基本情况，为贯彻落实习近平总书记对生态文明建设和环境保护提出的要求，西藏自治区政府始终坚持生态保护第一，坚持决不以牺牲环境为代价发展经济，在加速推进西藏生态文明建设和环境保护的工作中取得了突出成绩。

1. 生态产业发展迅速

党的十九大报告强调，要“实施乡村振兴战略”，发展“农业＋文化＋生态旅游”是实施乡村振兴战略的重要举措之一。[①] 2020 年 4 月 26 日，西藏拉萨市召开生态环境保护工作会议。会议强调了深入贯彻落实习近平生态文明思想，坚持生态为民、生态利民的重要性。随着西藏生态利民与示范创建的深入推进，“生态＋农牧”“生态＋旅游”等产业不断壮大。

以南木林县雅江北岸生态示范区（见图 1、图 2）为例，南木林县雅江北岸生态示范区从 2014 年就开始开展大规模集中造林。该地区曾经是一片寸草不生的戈壁荒滩，冬季风沙漫天，环境十分恶劣，严重影响和制约了当地群众的生产生活。为切实改变现状，自 2014 年以来，在山东援藏工作组的无私帮助下，南木林县举全县之力在雅江北岸开展植树造林工程，着力打造雅江北岸生态示范区，开始了防沙治沙环境保护之路。[②] 南木林县雅江北岸生态示范区开展防沙治沙和植树造林工程后，含氧量、空气湿度不断提高，风沙更少了、山川更绿了、环境更美了，往日的戈壁荒滩如今变成了生态绿洲。

① 亚·尼玛、刘呈艳：《探索“农业＋文化＋生态旅游”新模式》，《人民论坛》2018 年第 24 期。

② 《南木林县，从戈壁荒滩到高原绿洲》，2019 年 3 月 27 日，人民画报网站，http://www.rmhb.com.cn/zt/zt2019/xzmz60/201903/t20190327_800163400.html。

访谈中当地村支书说："2014 年开始种树的时候，没人相信沙滩上能种活树，90% 以上的村民都反对。最开始只能做试点，雇用 60 个当地村民做护林员，负责灌溉、防虫等管护工作。第一批树种活了，对老百姓的观念冲击特别大，祖祖辈辈生活在这片土地，没种过树也没想过能种活树，现在竟然做到了。老百姓看到种树带来的益处，观念就慢慢转变了，而且做护林员还有工资拿，积极性也调动起来了。树长起来后县里积极推广树下养殖业，养殖藏香猪、藏香鸡都有很大的经济效益，老百姓的收入增加了，就更加愿意种树了。"村民达瓦说："刚开始反对，现在都支持，以前不仅风沙大，感冒也多，现在树多了环境改善了，不仅风沙少了，感冒也少了。"南木林生态示范区已经比较成熟，基本形成了以植树养护为主、林下养殖为辅的生态产业。另外值得一提的是，得益于南木林县植树造林带来的生态环境的改善，近年南木林成为黑颈鹤过冬迁徙的重要通道，每年冬季，大批黑颈鹤在南木林县的林间觅食起舞，雅江河谷生机盎然。

图 1　南木林县雅江北岸生态示范区（1）

资料来源：西南政法大学人权研究院课题组拍摄。

图2　南木林县雅江北岸生态示范区（2）

资料来源：西南政法大学人权研究院课题组拍摄。

2. 生态扶贫成效突出

2020年是脱贫攻坚的决胜之年，生态扶贫，西藏是绕不过去的观察窗口。西藏自治区是中国唯一省级集中连片特困地区和整体性深度贫困地区，贫困程度深，脱贫成本高。[①] 2015年11月27日，习近平主席在中央扶贫开发工作会议上强调："在生存条件差但生态系统重要、需要保护修复的地区，可以结合生态环境保护和治理，探索一条生态脱贫的新路子。"[②] 通过论述经济发展与环境保护的辩证关系，为实施生态扶贫指明了方向，为贫困地区脱贫发展提供了切实可行的路径。[③] 加强生态保护和建设，从生态保护

① 《走进西藏，看如何生态扶贫?》，2018年9月30日，海外网，http：//news. haiwainet. cn/n/2018/0930/c3541083 -31407990. html? nojump =1。

② 《在中央扶贫开发工作会议上的讲话》，2017年11月3日，人民网，http：//cpc. people. com. cn/xuexi/n1/2017/1103/c385474 -29626301 -3. html。

③ 《立足绿色发展　助推生态扶贫》，2019年2月25日，光明网，https：//economy. gmw. cn/2019 -02/25/content_ 32559888. htm。

中落实惠民政策，既是当前治贫之举，也是长远固本之道。正确处理好保护生态和富民利民的关系，在退耕还林、生态效益补偿、生态护林员等项目上向贫困村、贫困户倾斜，以生态产业扶贫、生态补偿惠民，建立了西藏自治区生态扶贫的新模式。①

以山南市为例，为进一步改善江北区域的生态环境，增加群众的收入，山南市大力推进江北区域生态扶贫政策实施。山南市乃东区积极将生态文明建设与扶贫岗位相结合，乃东区建设占地 1000 多亩的农业苗圃，为当地贫困户及五保户等特殊群体免费开展岗位技能培训，提供就业岗位 200 余个，辐射带动全乡建档立卡贫困户 30 户 72 人，实现年人均增收 3400 多元。② 坡章村的建档立卡户边规次仁家就分配到三个生态岗位，生态岗位每年能拿到工资 3500 元，共计 10500 元，边规说生态岗位的工作主要就是上山巡视，也比较轻松。山南市扎囊县提出“扶贫产业 + 生态保护”的机制，着力打造雅江中游百里生态走廊林带，在雅江南岸编织了一条生态“绿氆氇”。在参观扎囊县雅江生态林建设、防沙治沙示范区（见图 3）时，扎囊县雷丰书记提到雅江生态区的几方面效益：其一，生态效益，现在雅江沿岸的沙子流动减少了 50%，雅江沿岸已经很少看到沙尘天气，防沙治沙效果显著；其二，社会扶贫效益，示范区每年在养护期的两个月，需要 200 多人在这里播种、栽树、浇水等，每天工作 7 ~ 8 小时，工资 160 ~ 200 元；这 200 个岗位全部提供给当地的建档立卡户群众，实现每人每年增收 1 万元左右。

生态产业的拓展和生态扶贫事业的建设，充分体现了西藏自治区用实际行动践行党中央环境保护的重要指示，贯彻落实构建国家生态安全屏障、努力建设美丽西藏的部署要求。

---

① 《绿水青山就是金山银山》，2018 年 1 月 29 日，西藏自治区人民政府网站，http：//www. xizang. gov. cn/xwzx_ 406/ztzl_ 416/cxzt/lhzt/dbyj/201901/t20190117_ 47854. html。

② 《西藏山南：村企共建　生态脱贫》，2017 年 12 月 12 日，中国政府网，http：//www. gov. cn/xinwen/2017 - 12/12/content_ 5246370. htm#1。

图3　扎囊县防沙治沙示范区的沙柳

资料来源：西南政法大学人权研究院课题组拍摄。

（二）人居环境得到改善

改革开放以来，西藏城乡住房和人居环境发生了翻天覆地的变化。截至2019年底，西藏常住人口总数为350.56万人，其中城镇人口110.57万人，乡村人口239.99万人；西藏城镇居民人均自有住房面积达33.4平方米，农牧民人均自有住房面积达41.5平方米。2016年至2019年，西藏累计投资169.17亿元，建设、改造各类城镇保障性安居工程20.48万套，建筑面积1338万平方米，住房保障实现了全面覆盖。为持续改善人居环境，近年来西藏先后实施了农牧民安居工程、民房危房改造、抗震加固、农村人居环境改善、扶贫搬迁、小康村建设、城镇棚户区改造和保障房建设等举措，城乡群众普遍住上安全适用房屋，幸福指数大幅提升。[①] 为推进农村人居环境工

① 《够大！西藏农牧民人均住房41.5平方米》，2020年12月8日，新华网，http://www.xinhuanet.com/2020-12/08/c_1126836027.htm。

作，自治区农业农村厅会同自治区相关部门共同研究制定印发《西藏自治区农村人居环境整治工作考核评估管理办法（试行）》《2020 年全区农村人居环境整治工作方案》等多份文件，加强考核体系建设，倒逼工作落实。①

1. 农牧民安居工程

由于西藏自然地理环境和生产力水平的制约，当地牧民大都过着逐水草而居的游牧生活，不利于环境的保护；农区农民虽然定居，但住房的防水、保暖、采光、排烟等条件较差，难以抵御高原地区的严寒。② 农牧民安居工程的开展，扩大了贫困群众的人均居住面积，改变了其居住环境脏、乱、差和人畜混居的状况，提高了贫困农牧民的生活质量。③

以拉萨市堆龙德庆区为例，羊达街道通嘎社区阿努书记谈到，以前的住房潮湿、阴冷、漏水。2006 年开始实施农牧民安居工程，政府把之前的旧房子收回来，统一拆建，并按照每平方米 10 元补偿给农牧民。农牧民可以选择独家独院，也可以选择统一建成的公寓楼，公寓楼有 180、140、120 平方米等规模，都是按照成本价给农牧民。为进一步了解当地具体发展情况，调研组实地考察，到央金家里参观。通过调研，发现央金家房屋结构为砖混结构房，使用面积共 400 多平方米，建筑面积为 200 多平方米；家里安装有自来水，厨房使用煤气灶，家里有大冰箱。同时央金通过政府小额贷款在堆龙德庆区开起了自己的茶馆，经过三年的经营，不但还清了贷款，还新修建了房子，购买了越野车，走上了发家致富的道路；通过雇用帮工带动一户建档立卡户，帮助其他人也走向了脱贫之路。

20 世纪，为了缓解草畜矛盾，一群牧民迁徙至无人区繁衍生息，2019 年为了破解人与自然共生难题，给野生动物腾出家园，西藏自治区开展了极高海拔地区生态搬迁工作。“极高海拔生态搬迁”项目是针对青藏高原上生

---

① 《自治区农村人居环境整治：有“颜值”更有品质》，2020 年 11 月 12 日，人民网，http：//xz. people. com. cn/n2/2020/1112/c138901 - 34411758. html。

② 《西藏实施大规模安居工程　94622 户农牧民住进新居》，2008 年 5 月 6 日，中国政府网，http：//www. gov. cn/govweb/jrzg/2008 - 05/06/content_ 963082. htm。

③ 《西藏贫困农牧民安居工程完工　10 万农牧民住进新居》，2013 年 10 月 17 日，中国政府网，http：//www. gov. cn/jrzg/2013 - 10/17/content_ 2509346. htm。

活在海拔5000米以上“生命禁区”的人类进行扶贫搬迁的一项政策。西藏自治区编制了《极高海拔地区生态搬迁规划（2018—2025年）》，涉及海拔4800米以上的那曲、阿里、日喀则3个地市20个县97个乡镇450个村，共13万多人，其中10万余人将安置在雅鲁藏布江沿岸，形成一个功能齐全、有一定规模的现代城镇。[①] 2018年6月，那曲市尼玛县荣玛乡加玲加东村和藏曲村从平均海拔5000米处迁入西藏拉萨市堆龙德庆区古荣乡嘎冲村。2019年12月，双湖县嘎措乡、雅曲乡、措折强玛乡的牧民群众统一搬迁到山南市贡嘎县岗堆镇森布日村，该安置点位于平均海拔3600米的雅鲁藏布江北岸（见图4）。政府统一修建公寓房，水电等基础设施完善，引导搬迁群众就近就地从事种养殖加工、商贸物流、家政服务、物业管理、旅游服务等扶贫产业，极大地改善了生态移民的生产生活条件，提升了他们的获得感、幸福感、安全感。通过实施“极高海拔生态搬迁”项目，实现了扶贫和保护环境双赢目标。

在入户访谈中，搬迁户曲真说，山南市贡嘎县岗堆镇森布日村安置点基础条件很好，用水用电都很方便。原来居住的双湖面积很大，户与户之间有几十公里，接入水电的成本很大。以前要用水桶打水，卫生问题不能保证，到了这里，都是用的自来水。此外，以前看病要去很远的地方，搬到这里之后，家人看病、小孩上学都很方便，公共设施配套较为齐全。曲真表示跟以前的生活相比，这边的生活变化很大，很幸福。山南市委宣传部部长表示搬迁户收入主要来自三个方面：一部分群众在迁出地放牧，合作社年底分红；另外一部分是在迁入地打工；还有一部分是自主择业。当问到有没有人不愿意搬过来的时候，山南市委宣传部部长表示现在大家看到这边这么好，都想搬过来。

2. 易地扶贫搬迁

易地扶贫搬迁是指将生活在缺乏生存条件地区的贫困人口搬迁安置到其

---

① 《西藏极高海拔生态搬迁点的幸福时光》，2020年9月24日，新华网，http：//www.xinhuanet.com/2020－09/24/c_ 1126536622.htm。

图4 森布日极高海拔生态搬迁安置点

资料来源：西南政法大学人权研究院课题组拍摄。

他地区，并通过改善安置区的生产生活条件、调整经济结构和拓展增收渠道，帮助搬迁人口逐步脱贫致富。[①]“十五”期间，国家发展和改革委员会组织实施了易地扶贫搬迁试点工程，取得了显著成效。2015 年 12 月 8 日，《“十三五”时期易地扶贫搬迁工作方案》发布，明确用 5 年时间对“一方水土养不起一方人”地方的建档立卡贫困人口实施易地扶贫搬迁。[②] 西藏自治区政府积极贯彻党中央决策部署，开展易地扶贫搬迁工作，以日喀则市桑珠孜区为例，易地扶贫搬迁集中安置点位于江当乡郭加新村（见图 5），总投资近 40 亿元，目前 351 户 1561 名搬迁群众已全部实现入住。[③] 为保障搬

① 《陇平：“易地扶贫搬迁”成就“跨越式”小康》，2020 年 1 月 6 日，人民网，http://opinion.people.com.cn/n1/2020/0106/c1003-31536766.html。

② 《五部门联合发文明确：“十三五”完成 1000 万贫困人口易地搬迁》，2015 年 12 月 9 日，国务院扶贫开发领导小组办公室网站，http://www.cpad.gov.cn/art/2015/12/9/art_28_42443.html?from=singlemessage。

③ 《深入学习贯彻习近平总书记关于扶贫工作重要论述 不断提高巩固脱贫成果能力水平》，2020 年 7 月 7 日，中国西藏新闻网，http://epaper.chinatibetnews.com/xzsb/202007/07/content_36262.html。

迁群众基本生活，规划建设道路管网、生态修复、自来水厂、污水处理厂、垃圾中转站等基础设施，已于2018年底竣工并投入运行。

图5　日喀则市桑珠孜区江当乡郭加新村易地扶贫搬迁点

资料来源：西南政法大学人权研究院课题组拍摄。

调研组在江当乡郭加新村扶贫搬迁点调研时，发现当地的小卖铺中售有婴儿纸尿裤（见图6），而且店主表示纸尿裤比较好卖，当地有新生儿的家庭基本都会来买纸尿裤。纸尿裤的售卖所反映的不仅是人们物质生活水平的不断提升，更多的是人们生活观念的转变。当地小卖铺的纸尿裤销量较好，首先，说明当地有新生儿的家庭有使用纸尿裤的需求，当地的商店、供货、物流等各方面也可以满足当地新生儿家庭的需求；其次，当地群众能够接受也愿意接受这种更加便捷卫生的育儿方式，而且新生儿家庭也有能力承担追求这种更加现代化生活所产生的额外支出；最后，新生儿使用纸尿裤还是尿布，可以说是新旧育儿观念的碰撞。当地新生儿家庭愿意使用纸尿裤，也能体现当地群众对更加干净卫生、现代化的生活方式的追求。

图 6　日喀则市桑珠孜区江当乡郭加新村小卖铺货架上的纸尿裤

资料来源：西南政法大学人权研究院课题组拍摄。

（三）环境治理能力与环境保护意识得到提升与增强

近年来，西藏自治区始终坚持践行“绿水青山就是金山银山，冰天雪地也是金山银山”的环保理念，在区市党委、政府的坚强领导下，在上级环保部门的有力指导下，通过不懈努力，推动环境治理能力的逐步提高，环境保护意识贯穿经济社会发展、人民日常生活始终。

1. 环境治理能力提升

西藏自治区大力开展美丽宜居示范村建设，环境治理能力显著提升。在法治建设方面，2018 年，西藏自治区人民代表大会常务委员会通过了对《西藏自治区环境保护条例》的修订，明确了地方政府在生态环境保护、建设、监督管理以及防污染过程中的主要职责，为西藏自治区有效保护和改善当地环境提供了重要的地方法规支撑。在规划方面，2009 年《西藏生态安全屏障保护与建设规划（2008—2030 年）》与 2011 年《青藏高原区域生态建设与环境保护规划（2011—2030 年）》为西藏自治区开展生态环境保护工作做好了顶层规划。在污水治理方面，截至 2020 年 4 月，全区共建成 18 座污水处理厂，正在新建70座、改扩建1座。“设市城市污水处理率达到90.19%，县级以上城镇污水处理率达到65.15%，与‘十二五’末相比，设市城市污水处理率提高40.19个百分点，县级以上城镇污水处理率提高19.67个百分点。”① 在垃圾处理方面，截至2020年10月底，西藏自治区共清理农村生活垃圾4.66万吨、农村白色垃圾1.14万吨、河道湖泊2.43万公里。西藏自治区建立健全农村生活垃圾收运处置体系，完善乡镇生活垃圾无害化处理设施，逐步辐射具备条件的村庄，探索垃圾减量化工艺。在基础设施建设方面，公共场所建有公共厕所的村庄有3351个，农村生活污水乱排乱放得到管控的村庄有1572个，建有秸秆综合利用设施的村庄有706个，开展农膜回收利用的村庄有344个，促使农牧区环境净起来、美起来。推进农村户用卫生厕所改造，开展粪污清掏，将人畜粪污混合堆肥还田，实现粪污无害化处理和资源化利用。在村容村貌提升方面，各地采取牲畜离院、牲畜出村和清理流浪狗等方式，积极实施人畜分离工程，基本实现人畜分离的村庄有2485个，改变了牲畜粪便随处可见的现象，降低了人畜共患病风险。在卫生建设方面，建立健全村庄保洁机制，统筹生态岗位，合理设立环境卫生治理岗位，3472个村庄拥有保洁员27474名，专职开展环境卫生治理，促进乡风文明与农村人居环境整治深度融合。②

与西藏生态环境保护相关的部分规范性文件见表1。

表1　与西藏生态环境保护相关的部分规范性文件

出台机关	发布年份	政策名称
国家发展改革委办公厅	2009	《西藏生态安全屏障保护与建设规划(2008—2030年)》
国务院	2011	《青藏高原区域生态建设与环境保护规划(2011—2030年)》
西藏自治区发改委	2012	《西藏自治区“十二五”时期环境保护和生态建设规划》
西藏自治区党委、政府	2013	《关于建设美丽西藏的意见》

① 《全区已建成18座污水处理厂》，2020年4月16日，中国西藏新闻网，http：//epaper.chinatibetnews.com/xzsb/202004/16/content_ 23380.html。

② 《有“颜值”更有品质——记自治区农村人居环境整治工作》，2020年11月22日，中华人民共和国生态环境部网站，http：//www.mee.gov.cn/ywdt/dfnews/202011/t20201122_ 809143.shtml。

续表

出台机关	发布年份	政策名称
西藏自治区政府	2013	《西藏自治区生态环境保护监督管理办法》
西藏自治区党委、政府	2016	《关于着力构筑国家重要生态安全屏障,加快推进生态文明建设的实施意见》
西藏自治区发改委	2017	《西藏自治区"十三五"时期生态环境保护规划》
西藏自治区人民代表大会常务委员会	2018	《西藏自治区环境保护条例》
西藏自治区人民政府	2019	《西藏自治区生态环境保护考核办法》

资料来源：国务院及西藏自治区相关官网。

2. 环境保护意识增强

以南木林县、扎囊县为例，通过实施重大生态工程建设、加大生态补偿力度、大力发展生态产业、创新生态扶贫方式等，实现了脱贫攻坚与生态文明建设“双赢”。[①] 更重要的是，生态扶贫工作的成果促进了当地群众思想观念的转变。从南木林返回日喀则的路上，调研组发现路边很多树干都被包裹了起来（见图7），询问后得知是当地群众为了防止牛啃食树皮，自发地用家中的旧衣服、旧布把树干包裹起来。当地群众从最初的不相信树能种活，到现在自发地保护树木；从最初植树造林只是为了领工资转变为通过植树造林发展产业，自己动手创造美好生活。植树造林带来了生态利益，推动群众对生态环境保护观念的转变，这种观念的转变又反过来促进当地群众积极植树造林、保护环境，形成良性循环。

与此同时，西藏自治区农牧部门通过开展入户宣传、发放宣传资料、张贴宣传标语、利用报刊电视宣传、发布抖音短视频等积极创新方式，倡导农牧区群众养成健康文明生活方式，带动西藏自治区农村人民环境保护意识不断增强。以日喀则市为例，日喀则市在西藏最早实施垃圾分类，全市近84.53万人，生活垃圾日均产生量达525余吨，且逐年递增，生活垃

① 《绿色发展圆了致富梦》，2020年8月25日，人民网，http：//rmfp.people.com.cn/BIG5/n1/2020/0825/c406725－31835549.html。

图 7　为了防止牛啃食树皮，当地群众自发地将树干包裹起来

资料来源：西南政法大学人权研究院课题组拍摄。

圾处理形势严峻。分类也是实现生活垃圾“减量化、资源化、无害化”的重要途径，势在必行。调研组了解到，日喀则市组织 28 家试点单位开展生活垃圾分类培训，调动了机关干部职工参与垃圾分类的热情，通过制作生活垃圾分类宣传卡片、发放宣传手册、悬挂横幅等方式积极宣传生活垃圾分类相关工作，提高群众对生活垃圾分类的认知和参与。访谈中也有村民告诉调研组成员，村里每年都会统一发放垃圾桶，每周会在固定的时间收垃圾（见图 8）。

2020 年西藏自治区部分市县环境保护活动统计见表 2。

表 2　2020 年西藏自治区部分市县环境保护活动统计

日期	活动名称	具体实践
1 月 2 日	堆龙德庆区发放分类垃圾桶	堆龙德庆区组织开展党政机关、学校、医疗机构等公共机构的分类垃圾桶发放工作
1 月 22 日	林芝市生态环境局巴宜区分局开展环保知识宣讲	开展自然保护区法律法规、生态环境保护、森林草原防火知识的宣讲活动

续表

日期	活动名称	具体实践
1月23日	拉萨市物业企业开展垃圾分类工作	2020年拉萨市物业企业主动开展城市生活垃圾分类工作
3月12日	拉萨市生态环境局当雄县分局专项排查环境安全隐患	对辖区内县人民医院、自来水厂、污水处理厂、私人医疗诊所等开展环境安全隐患专项排查
3月25日	昌都市卡若区着力解决城区“脏乱差”问题	卡若区不断加强城市管理综合执法队伍建设,以着力解决城区“脏乱差”问题及河道卫生为重点,切实提升城市形象
5月21日	昌都市污水处理厂开展污水处理工作:守一城碧水　绘美丽画卷	截至4月底,昌都市污水处理厂累计处理生活污水97.48万吨,日均处理量为8056吨;进水COD平均浓度约为121.3毫克每升,COD出水平均浓度约为21.85毫克每升
6月11日	共青团拉萨市委员会开展垃圾分类宣传活动	共青团拉萨市委员会组织20余名西部计划志愿者前往拉萨市教育公园开展爱护环境、垃圾分类宣传活动
7月2日	山南市“七个狠抓”确保森林草原安全	山南市“七个狠抓”,共开展宣传34场次,发放宣传资料1万余份,群发短信40余万条,受众26万人次
7月2日	为了美好家园　山南市多措并举保护野生动植物工作	大力推进湿地保护体系,增强保护野生动物意识
7月3日	城关区环卫局开展爱国卫生运动助推垃圾分类	开展了以“开展爱国卫生运动·提高全民环保意识”为主题的地面清洗、垃圾分类宣传工作
8月28日	拉萨市垃圾分类设施已投放350个居住小区	住建部城市生活垃圾分类第12调研组对拉萨市生活垃圾分类开展调研指导工作
9月4日	拉萨市多种方式开展垃圾分类宣传活动	拉萨市通过举办趣味游戏、文艺表演等群众喜闻乐见的方式,开展垃圾分类宣传活动
9月10日	曲水县统筹村庄清洁行动　农村人居环境得到明显改善	曲水县积极推动农村生活污水和垃圾治理基础设施项目建设,大力推广“户收集、组集中、村转运、乡统筹、县处理”的农牧区垃圾收运处理体系,持续开展农牧区“厕所革命”
9月29日	“舌尖上的环保”拉萨站启动仪式举行	用环保的一次性餐盒全面替代对人体和环境有害的劣质塑料餐盒,呼吁更多的餐饮经营者、消费者积极参与到“舌尖上的环保”行动中来
11月7日	《拉萨市城市生活垃圾分类管理办法》将于11月20日起施行	生活垃圾须定时定点分类投放,城市生活垃圾分四类,分区域设置垃圾收集容器,禁止混合收集已分类垃圾

续表

日期	活动名称	具体实践
11 月 26 日	米林县开展城乡公共环境综合治理　农村人居环境持续改善	巩固农村生活垃圾收集处理模式,加大资金及人员投入力度,积极开展“厕所革命”,开展美丽村庄清洁行动
11 月 26 日	羌塘草原万物竞自由　改则县加强野生动物保护工作	加强宣传教育工作,提升全民保护意识,积极开展各类培训加强林业队伍建设
11 月 27 日	井盖会说话——创意涂鸦　垃圾分类	志愿者们在井盖上绘制各种图案并配以文字,向居民群众宣传垃圾分类的理念

资料来源：根据西藏自治区环境生态厅网站信息整理而成。

图 8　课题组成员了解日喀则市桑珠孜区易地搬迁点郭加新村实施垃圾分类情况

资料来源：西南政法大学人权研究院课题组拍摄。

（四）结论

西藏自治区的生态环境保护工作已经取得显著的进展，但仍然面临挑战，包括管理、监督体系建设尚需健全；环境承载压力不断增加；经济发展需求与环境保护之间产生冲突；区域面积大，环境保护专业人才不够等。生态环境保护任重道远，仍需再接再厉，不可掉以轻心。生态环境保护是一个系统性工程，需要应对的问题也非常多。青藏高原是世界屋脊，是我国重要的生态安全屏障、战略资源储备基地，是中华民族特色文化的重要保护地，同时其生态系统脆弱，对全球变暖等气候变化非常敏感。[①] 如何更科学和系统地保护西藏的生态环境，亟须仔细思考。

第一，加强生态环境管理、监督体系建设。十八大以来，社会主义生态文明法治建设成为国家法治建设的重心。[②] 应坚持以科学发展观为指导思想，结合西藏自治区地方实际发展需求，进一步制定和完善西藏生态文明建设相关的法律法规，明确细化在西藏自治区开展生态环境法治化建设的责任主体，同时出台涉及环境保护管理、监督内容的具体实施方案，为构建科学、合理的管理、监督体系提供有效的法律依据和可靠的实施途径。

第二，统筹协调经济社会发展、人口增长与环境保护。开展西藏自治区环境承载能力研究，明确西藏自治区环境承载力警戒线，严防以经济发展为目的的环境破坏行为，寻找环境保护与经济发展、人口增长协同推进的有效方式。同时依据西藏自治区不同地区的具体情况，制定具有针对性的生态环境补偿方式，逐步扩大补偿范围，合理提高补偿标准，调动各方面积极性，形成共建良好生态、共享美好生活的良性循环长效机制。

第三，加大科研、资金投入，吸引培养专业化人才。大力开展环境保护外来人才引进、当地人才培养工作，拓宽西藏农村环境保护、治理工程建设的融资渠道，通过加大人力、资金的投入，解决西藏农村环境保护过程中重要的掣肘问题。同时制定科学合理的西藏自治区农村生态治理研究工作规划，揭示当地农村环境变化机制，准确把握全球气候变化和人类活动对西藏自治区农村整体环境的影响，研究提出西藏自治区农村生态环境保护、治理

---

① 《生态环境保护是一个系统性工程》，2020 年 12 月 15 日，人民网，http：//opinion. people. com. cn/big5/n1/2020/1215/c1003 - 31966243. html。

② 方印、燕海飞、刘琼：《少数民族环境习惯法研究综述》，《贵州民族研究》2017 年第 10 期。

的系统方案和工程举措。

第四，创新宣传手段，根植环境保护意识于地区经济发展全过程。推进数字化技术应用于西藏自治区农村环境保护宣传，充分利用数字多媒体技术，明确以破坏环境为代价的经济发展所带来的危害，扩大环境保护在西藏自治区农村地区的影响，带动农村地区当地居民环境保护意识的提高。同时促进数字多媒体与西藏自治区农村环境保护、旅游业的融合，发掘新的绿色经济增长方式，引导树立环保意识于西藏自治区经济发展的全过程。

教育援藏提升受教育权保障水平

牟 倩

受教育权是国际人权法确定的一项人权，也是我国宪法规定的一项基本权利，具有基础性、普遍性和优先性[①]。习近平总书记多次强调，要把教育摆在优先发展的战略地位，办人民满意的教育。2020 年是“十三五”规划的收官之年，也是全面建成小康社会的决战决胜之年。全面脱贫不仅是社会主义现代化建设的有益基础，也是个人实现自由全面发展的重要保障。“治贫先治愚，扶贫先扶智”，教育是激发脱贫内生动力、阻断贫困代际传递的根本之策，也是夯实脱贫基础、巩固脱贫成果的重要保障。作为全国唯一的省级集中连片特困地区，西藏教育底子薄、基础弱，难以凭借自身的力量实现“脱教育之贫”和“靠教育脱贫”的战略目标。在中央的支持和各兄弟省份的大力支援下，西藏教育事业实现了跨越式发展，不仅顺利完成了教育脱贫，而且教育脱贫能力不断增强，受教育权保障水平稳步提升。

（一）教育援藏是提升受教育权保障水平的重要推动力

受教育权的享有及行使是个体自我尊严的满足、价值的实现及追求幸福

---

① 申素平：《重申受教育人权：意义、内涵与国家义务》，《清华大学教育研究》2020 年第 6 期。

生活的基础和保障。西藏因长期受恶劣环境条件及特殊历史传统等因素的影响，教育基础较为薄弱，难以凭借自身的力量摆脱教育之贫、充分实现优质的受教育权。教育援藏是党和政府立足西藏现实采取的顺势壮举，旨在集中各方力量帮助提升西藏教育水平，充分尊重和保护西藏公民的受教育权。教育援藏团队充分发挥各自优势，共同致力于西藏教育事业发展，成为提升西藏受教育权保障水平的重要推动力量。

1. 教育援藏政策为受教育权保障提供支持

党和政府积极落实国家发展教育事业的法律责任，通过出台各项公益性及倾斜性政策来保障受教育权落到实处。特别是对于经济较为贫困、教育事业较为落后的地区，坚决贯彻教育公益性原则，为优质教育资源的供给及受教育机会的保障保驾护航。立足西藏教育事业发展的现状，党和政府创新出台多项政策提升西藏的教育保障能力和水平。自西藏和平解放以来，教育援藏工作即开始在探索中不断开展。2015 年，教育部等部门联合印发了《“组团式”教育人才援藏工作实施方案》，标志着援藏教育模式实现了创新发展的新突破，从“输血”向“造血”的深度转变为西藏打造一支“带不走的人才队伍”奠定了坚实基础，也为西藏人民充分享有受教育权等发展权益提供了保障。2017 年，教育部等四部门联合出台《援藏援疆万名教师支教计划实施方案》，明确指出在对口支援机制下，每年从内地学校选派一批优秀教师赴西藏支教，带动受援学校整体提升教学水平和育人管理能力。[①] 2019 年，教育部等五部门联合下发了《关于做好新一批“组团式”援藏教育人才选派工作有关事项的通知》，继续深入推进“组团式”教育人才援藏工作。新一批“组团式”教育援藏由全国 17 个对口支援省市的 400 名教师组成，涵盖西藏小学、初中、高中三个学段的 21 所学校。[②] 援藏政策的价值得到普遍认可，各援藏省市积极贯彻各项援藏

① 《教育部等四部门联合印发〈援藏援疆万名教师支教计划实施方案〉》，2017 年 12 月 25 日，教育部网站，http：//www. moe. gov. cn/jyb_ xwfb/gzdt_ gzdt/s5987/201712/t20171225_ 322335. html。

② 李海霞：《17 个对口支援省（市）选派 400 名教师支援西藏》，2019 年 9 月 10 日，中国西藏网，http：//www. tibet. cn/cn/aid_ tibet/news/201909/t20190910_ 6679640. html。

政策，教育公平的原则得到有效落实，西藏教育教学质量和水平不断提升。“十三五”期间与教育援藏相关的部分全国规范性文件见表3。

表3 “十三五”期间与教育援藏相关的部分全国规范性文件

出台机关	出台年份	政策名称
国务院	2016	《关于加快中西部教育发展的指导意见》
教育部	2016	《教育部关于下达2016年全国普通高校招收少数民族预科班、民族班、非西藏生源定向西藏就业、内地西藏班和内地新疆高中班毕业生招生计划的通知》
教育部、国务院扶贫办	2016	《职业教育东西协作行动计划（2016—2020年）》
教育部	2016	《加强“十三五”期间教育对口支援西藏和四省藏区工作的意见》
国务院	2017	《国家教育事业发展“十三五”规划》
教育部办公厅、国务院扶贫办综合司	2017	《贯彻落实〈职业教育东西协作行动计划（2016—2020年）〉实施方案》
教育部等四部门	2017	《援藏援疆万名教师支教计划实施方案》
教育部、国务院扶贫办	2018	《深度贫困地区教育脱贫攻坚实施方案（2018—2020年）》
教育部等五部门	2019	《关于做好新一批“组团式”援藏教育人才选派工作有关事项的通知》
中组部、人社部	2019	《关于进一步加强援藏援疆援青专业技术人才职称评审工作的通知》

资料来源：各政府部门官方网站。

2. 教育援藏投入为受教育权保障创造条件

教育资金等的投入是推动教育发展的物质基础，也是保障受教育权实现的前提条件。受地理环境及办学条件等因素的制约，西藏教育发展水平相对落后，不能有效满足西藏人民对优质教育资源及公平教育机会的需求。教育援藏大量的资金投入为西藏办学条件的改善带来契机，学前教育、初等教育、高等教育及职业教育等基础设施建设不断强化，并以硬件带动软件，不断扩大西藏人民接受教育的机会和保障西藏人民享受优质教育的需求。“十三五”

期间，北京市教育援藏项目有30余个，援藏资金达2.71亿元。[①] 湖南省“十三五”期间援藏项目有44个，教育援藏资金达17876万元，教育援藏项目有17个，教育援藏资金占总额的28.5%，[②] 第九批援藏工作队为山南支援学校争取项目建设经费700余万元，用于加强学校基础设施和校园文化环境建设。[③] 广东省第九批援藏工作队对林芝各签约结对学校给予300万元的资金保障，以确保“名校+”精准帮扶工作落到实处。[④] 天津援建的昌都市卡若区小学新校于2020年9月落成，学校占地26亩，建筑面积14363.97平方米，总投资7955.23万元，其中天津援藏工作队投资4400万元，学校设备齐全，在昌都市小学中堪称一流。[⑤] 山东省2020年投入近2亿元，实施了山东援藏历史上单体投资规模最大的齐鲁高中项目，建成后日喀则市高中阶段毛入学率将提高10个百分点。同时，筹集资金1800万元，为桑珠孜区打造了33所幼儿园，实现了3~6岁适龄儿童入园率、大学生教师配置率、幼儿园标准化建设率“三个100%”。[⑥] 资金投入及项目开展，使西藏教育基础设施建设的水平不断提升，为保障西藏人民充分受教育权奠定了基础、创造了条件。

3. 教育援藏人才为受教育权保障提供动力

教育援藏人才是教育援藏的核心组成，彰显教育援藏的灵魂和活力。教育援藏人才以自身独特的优势在西藏高质量教师队伍建设、教育人才培养、优质教育资源共享等方面发挥决定性作用，通过不断提高西藏教育的水平推动西藏人民享受更高质量的教育，推动实现教育公平，保障受教育权益。

---

① 《为了高原上的读书声——北京“组团式”教育援藏成效显著》，2020年9月4日，“北京援藏”微信公众号。

② 《联合办校、结对帮扶！湖南创新教育援藏新模式》，2020年6月12日，三湘都市报网站，http://sxdsb.voc.com.cn/article/202006/20200612175758843.html。

③ 《湖南实施教育援藏“四全”模式　助推山南教育优质均衡发展》，2020年3月10日，湖南省教育厅网站，http://jyt.hunan.gov.cn/jyt/sjyt/xxgk/jykx/jyqkzk/202003/t20200310_999612.html。

④ 王莉：《林芝倾心打造“红色教育+智慧教育”品牌》，《西藏日报》（汉）2020年10月29日，第6版。

⑤ 卡若区工作组：《天津援建昌都市卡若区小学新校落成暨开学典礼》，2020年9月5日，“天津援藏”微信公众号。

⑥ 《山东援藏交出2020年度“新答卷”》，2020年12月21日，“山东援藏”微信公众号。

“十三五”期间，教育部直属系统选派干部120多人次，选派援藏教师2400余人次，接收1300多名西藏教师赴内地培训，为西藏安排5万多名内地招生计划。[①] 教育人才的投入不仅在很大程度上缓解了西藏师资短缺的问题，先进教育教学理念和教学方法的引入也为西藏高质量师资队伍的塑造及学生综合能力的培养带来新契机。“组团式”教育人才援藏重在“团”，集各援藏教师的优势于一体，充分发挥集体的智慧和力量为西藏“建好一所学校、代管一所学校、示范一个地区”。集中力量攻坚克难的思维和行事方式为有效提升西藏教育的供给能力带来助力，为受教育权保障提供内生动力。部分省市新一批“组团式”教育援藏派出人员情况（2019～2022学年）见表4。

表4　部分省市新一批“组团式”教育援藏派出人员情况（2019～2022学年）

省市	援藏人数(人)	支援学校
江苏省	40	拉萨江苏实验中学等
上海市	30	日喀则市上海实验学校
山东省	60	日喀则市第一高级中学、日喀则市第二高级中学、白朗县中学
吉林省	15	日喀则市小学
湖北省	20	山南市东辉中学
安徽省	20	山南市第二高级中学
湖南省	15	山南市第三小学
陕西省	20	拉萨阿里地区高级中学
浙江省	20	拉萨那曲高级中学
天津市	15	昌都市实验小学
福建省	20	昌都市卡若区第二初级中学
广东省	50	林芝市第一中学、八一中学和第二小学

资料来源：各政府部门官方网站及微信公众号。

① 欧媚：《西藏：从“有学上”到“上好学”——教育战线对口援藏综述》，《中国教育报》2020年9月28日，第1版。

（二）教育援藏提升受教育权保障水平的举措及成效

教育贫困不仅是一种教育资源占有不足的状态，也是一种教育资源享有的弱势，更是一种能力不足的外化。彻底摆脱教育之贫，保障西藏人民充分享有受教育权，依赖于各方面能力的培养。各援藏团队以脱教育之贫为统揽，以保障受教育权为目标，不仅为西藏教育发展带来了丰富的优质资源，推动受援学校各项事业不断取得新进展新突破，更为西藏师生塑造了全面发展的能力，而这些能力成为西藏人民充分享有受教育权的内生动力，不仅有利于推动西藏实现全面脱贫，也为西藏人权事业的发展增添了助力。

1. 加强教育信息化建设，助推教育基础保障能力稳步提升

2020 年 3 月，西藏自治区教育厅印发的《全区各级各类学校教师“一考三评”工作实施方案》中明确指出，信息技术应用能力是教师考评的重点内容，这意味着教育信息化建设上升到了一个新高度。教育信息化建设是各援藏团队落实的重点项目，在西藏教育发展中发挥着重要作用，不仅为西藏学校共享优质教育资源提供了便利，也为疫情期间“停课不停学”提供了保障。调研组从林芝市教育云平台数据中心获知，云平台在华南师范大学的帮助与支持下搭建而成，总投入 2000 万元，与国家学籍库、师资库等信息平台相连接。云平台数据中心连接设备 8932 个、教育终端数量 350 台、录播教室数量 24 间、网络教室数量 283 间，目前可以实时记录学校 251 所、教师 3757 人、学生 29828 人、班级 866 个的出勤情况。[①] 此外，云平台还可以提供网络课程，疫情期间林芝市搭建云平台积极开展相关线上课程。据统计，小学、初中、高中阶段学校线上教学活动参与总人数为 30357 人，参与率为 95%（见表 5）。[②] 在各援藏省市的支持下，西藏办学条件不断改善，硬件设施已基本达到内地学校同等水平，教育基础保障能力稳步提升。

---

① 数据来源于课题组 2020 年 6 月的西藏调研资料。

② 林芝市教育局：《“屏”系粤藏　“心”牵师生——广东“组团式”援藏教育人才防疫工作侧写》，2020 年 4 月 3 日，“教育援藏”微信公众号。

表 5　林芝市疫情期间线上教学学生参与情况

学段	参与人数(人)	参与度(%)
小学	18732	95
初中	6956	93
高中	4669	97
共计	30357	95

资料来源：林芝市教育局。

2. 加强学校内涵建设，助推教育管理能力稳步提升

学校管理能力事关学校整体的教育水平和发展方向，提升受援学校的教育管理能力是保障受教育权实现的重要前提，亦为各援藏团队的重点目标。各援藏团队致力于把先进的教育管理理念与西藏教育实践相结合，探索出与西藏实际相适应的管理模式，推动西藏教育管理现代化转型发展。

在学校制度建设方面，各援藏团队帮助受援学校新增、规范、完善学校教育教学和管理制度 141 项。[①] 其中，吉林省新一批“组团式”教育援藏工作队根据受援学校日喀则小学的历史沿革和基本情况制定了《学校发展三年规划》，遵循“用办学理念引领学校文化建设”的思维和原则，创建了以“和融”教育为中心的学校文化，不断推动学校规范发展。[②] 黑龙江省新一批“组团式”教育援藏工作队为促进受援学校日喀则市桑珠孜区第二中学的发展，制定了《谈心谈话制度》《宿舍管理制度》《健康指标报备制度》等 7 项管理制度，并根据受援学校的实际制定了三年发展规划。[③] 上海教育援藏工作队与本地干部通力合作，编制学校《学生工作

① 张立文：《新时代“组团式”教育人才援藏工作回顾与展望》，《西藏教育》2020 年第 10 期。

② 《引领促提升　和融共发展——吉林省新一批“组团式”教育援藏工作队 2019—2020 学年工作总结》，2020 年 7 月 31 日，“吉教援藏行”微信公众号。

③ 《黑龙江省新一批“组团式”教育援藏工作队 2019—2020 学年工作总结》，2020 年 8 月 22 日，“教育援藏”微信公众号。

手册》《班主任工作手册》，为学校提供德育校本教材。① 湖南省教育援藏工作队为山南市第三小学制定了《山南市三小教育组考核方案》和《山南市三小教学教研成果奖励标准》，建立起校本教研工作保障机制。② 此外，各学校之间积极开展交流学习活动（见表6），在相互学习中共同提升。

表6　部分学校校际交流学习情况

时间	交流学校1	交流学校2	相关内容
2020年11月	拉萨阿里河北完全中学	拉萨北京实验中学	参观宏志班教室、学生课间操出操情况、学生食堂、学生宿舍，了解拉萨北京实验中学的发展历程、宏志班创建历程及学校德育工作的发展方向
2020年8月	昌都市实验小学	昌都市边坝县金岭乡中心小学	四位天津援藏教师通过与师生交流访谈、深入课堂听课议课、参加教研活动、现场点评讲座等方式，有针对性地开展教学帮扶活动
2020年8月	山南市第三小学	日喀则市小学	两所学校共同举行“手拉手”联谊学校签约仪式，拓展深化山南小学联盟，新建“山南－日喀则小学联盟”
2020年7月	日喀则市上海实验学校	上海共康中学内地西藏班	举办了日喀则市上海实验学校“浦江·珠峰”德育论坛暨2020年班主任能力提升培训交流活动
2020年6月	昌都市第一小学	天津师范大学南开附属小学	举行以“品经典，同诵读，云欣赏，共战疫”“津昌手拉手、共读交朋友”为主题的联合读书节活动，活动时间为4月26日至5月28日

① 上海援藏教育队：《上海教育援藏工作队2019—2020学年亮点工作汇报来了！》，2020年7月27日，“上海援藏”微信公众号。

② 《湖南援藏教师：在雪域高原倾听格桑花开的声音》，2020年12月14日，“教育援藏”微信公众号。

续表

时间	交流学校 1	交流学校 2	相关内容
2019 年 11 月	上海市晋元高级中学、上海市晋元高级中学附属学校	日喀则上海实验学校、亚东县中学	赴藏团队与日喀则市各高中、初中的校长及管理干部以主题论坛的形式进行了分享及交流，包含“在矛盾与变革中前行”“‘选择教育’理念下的学校课程教学改革”“领导于无形，管理于有道”“中考改革下的学科改制”“从小课题到系统思考——学校科研工作介绍”等主题

资料来源：根据各援藏省市官方微信公众号资料整理。

在各援藏团队与受援学校的共同努力下，各受援学校的管理能力和水平稳步提升，学校的教育教学质量也得到进一步提高。2019 年，拉萨北京实验中学和拉萨北京中学同时被评为首批西藏自治区示范性高中，2020 年高考两校上线率均超过 99%，本科率达 80%。[①] 浙江援藏的拉萨那曲高级中学 2020 年高考总体上线率为 100%，重点本科上线率为 39.60%，同比增长了 13.7 个百分点；本科率为 74.88%，同比提高了 4.88 个百分点，均创历史新高。[②]

3. 加强教育教研创新，助推教师队伍整体素质稳步提升

教育大计，教师为本。[③] 教师承担着立德树人的重大使命，教师队伍的能力和水平直接影响学校办学的能力和水平，决定受教育权实现的水平和质量。新一批“组团式”教育援藏工作队以西藏教育中较为普遍存在的教学理念陈旧、教学模式单一、教学方法相对落后等问题为导向，不断创新帮扶

① 《北京市十三五期间教育援藏项目 30 余个　涉及资金 2.71 亿元　50 名教师“组团”提升教学水平》，2020 年 9 月 2 日，国务院扶贫开发领导小组办公室网站，http://gjzx.cpad.gov.cn/art/2020/9/2/art_42_183117.html。

② 《浙江教育援藏助力拉萨那曲高级中学 2020 年高考再创辉煌》，2020 年 7 月 27 日，“浙江援藏”微信公众号。

③ 《习近平：教育大计，教师为本》，2018 年 9 月 10 日，人民网，http://m.people.cn/n4/2018/0910/c190-11581641.html。

模式，通过“带徒弟式”的结对帮扶、开展示范课、深化培训交流等方式为西藏优质师资的培养贡献力量。

“结对”是各援藏团队普遍采用的帮扶模式，有“一对一”“一对多”等不同形式。例如，湖南省“组团式”教育援藏团队30名援藏教师和山南市第三小学15名教师结对师徒关系；[①] 上海市第二批“万名教师支教计划”援藏工作队全体队员以“一对一”形式与日喀则市第二中等职业技术学校10位中青年教师进行结对帮扶。[②] 湖南省推行“名师名家人才引领”工程，举办“湖湘名师讲坛”，通过建立教师专业成长共同体，为山南培育名师名家。[③] 在课堂改革方面，重庆市教育援藏团队创新采用“对分课堂”教学模式，[④] 有效克服“填鸭式”教学的弊端。河北省教育援藏团队推进“六步”课堂教学模式，开展“三优工程”，不断提高受援学校校本教研水平。[⑤] 此外，援藏教师通过开展示范课的形式推动课堂教学改革是各援藏团队广泛使用的形式。在深化教师的培训交流方面，各援藏省市积极组织开展西藏教师赴内地培训交流（见表7）和送教进藏交流活动。2020年8月，天津市送教团一行20人围绕昌都教育教学实际，以中学语文、数学、物理、化学四学科前沿教学理念、课改成果、教研方法等为主要内容开展为期6天的专题培训；[⑥] 同月，浦东教育讲学团6名专家以讲座

---

① 山南市教育局：《藏汉教师手拉手 师徒结对传帮带——山南市第三小学“青蓝工程”师徒结对仪式启动》，2020年1月8日，“教育援藏”微信公众号。

② 上海市第二批“万名教师支教计划”援藏工作队：《上海市第二批“万名教师支教计划”援藏工作队助力日喀则市第二中等职业技术学校创建一流教师队伍》，2020年9月16日，“上海援藏”微信公众号。

③ 《湖南实施教育援藏“四全”模式 助推山南教育优质均衡发展》，2020年3月10日，湖南省教育厅网站，http：//jyt. hunan. gov. cn/jyt/sjyt/xxgk/jykx/jyqkzk/202003/t20200310_999612. html。

④ 昌都市教育局受援办：《构建“对分课堂” 实施有效教学——重庆市“组团式”教育援藏团队之对分课堂初见成效》，2020年8月17日，“教育援藏”微信公众号。

⑤ 阿里地区教育局受援办：《真情援藏，结民族团结硕果》，2020年7月17日，“教育援藏”微信公众号。

⑥ 昌都市教育局受援办：《天津市教委“送教进昌”培训活动圆满结束》，2020年8月31日，“教育援藏”微信公众号。

交流的方式，向日喀则市江孜县参加培训教师分享教育教学方面的典型做法和成功经验。①

表 7　部分西藏教师赴内地交流学习情况

时间	赴内地交流人员	交流地点
2019 年 11 月	拉萨市各区县 17 所初高中学校教师 30 人	徐州幼儿师范高等专科学校继续教育学院
2019 年 12 月	拉萨市实验小学教师	北京海淀区石油小学、图强二小、北师大实验小学、实验二小、清华附小 5 所学校
2019 年 12 月	拉萨阿里地区高级中学教师 27 人	西安中学、铜川市一中、渭南市尧山中学
2019 年 12 月	拉萨阿里河北完全中学教师 20 人	河北石家庄、衡水、邯郸等地的优秀学校
2020 年 8 月	林芝朗县的教师学员 22 人	惠州学院
2020 年 10 月	山南市各级各类学校共 20 人	湖南、湖北、安徽三省跟岗学习
2020 年 11 月	拉萨市教育考察团	北京十二中学
2020 年 12 月	西藏日喀则市（魏久钞、于迪一、陈宝强、白玛央金）4 位教师	长春外国语学校开始了为期一年的培训

资料来源：根据各援藏省市官方微信公众号资料整理。

在援藏教师的示范引领下，本地教师的教学理念和教学水平有了很大的提升，知识结构也进一步得到优化，优质的教研成果在西藏生根。在援藏团队的辐射带领下，日喀则市上海实验学校 6 名本地教师晋升职称，其中晋升副高 1 人、中一 4 人、中二 1 人；② 日喀则市第二中等职业技术学校成功申报教育部“2020 年度全国职业教育科研规划课题”，填补了学校的科研空白；③ 拉萨那曲高级中学在那曲市举办的教师教学竞赛中，派出的 19 名教师全部获奖，

① 江孜联络小组：《浦东教育讲学团赴江孜开展教育教学交流活动》，2020 年 8 月 22 日，“上海援藏”微信公众号。

② 《组团援藏薪火相传　携手共创日喀则教育事业光明未来——上海市新一批“组团式”教育援藏工作队 2019—2020 学年工作综述》，2020 年 8 月 21 日，“教育援藏”微信公众号。

③ 上海市第二批“万名教师支教计划”援藏工作队：《上海市第二批“万名教师支教计划”援藏工作队：齐抓教学促“规准”，专业引领建“强校”》，2020 年 8 月 5 日，“上海援藏”微信公众号。

其中8名获一等奖。在西藏自治区教学竞赛中，4名教师荣获一等奖。近两年申报自治区课题5项（含立项），那曲市课题30项，29篇论文发表（获奖）；[①] 贡嘎县中学的仁拉姆老师在全国实验教学说课大赛中获“全国实验教学能手”的最高荣誉，旦增白央在国家级核心期刊发表了论文。[②]

4. 因地因材施策，助推学生综合能力稳步提升

实现人的全面发展是马克思主义的基本立场，也是社会主义教育的根本目标。[③] 援藏教育以为西藏培养高质量的人才为导向，各援藏团队不局限于单纯的知识输入，积极探索与学生实际发展需求相匹配的教学模式和方法。课题组在山南市第二高级中学调研时看到，安徽省“组团式”教育援藏教师正在学校体育馆内为高三年级的学生辅导功课，桌子旁边围满了认真听讲的学生。进一步了解得知，这是安徽援藏教师团队为学生们创建的“高考加油站”，专门为学生补齐薄弱学科而建。此外，为保证学生身心健康，一些学校专门开设了心理健康课程，有的还配备了心理咨询室和专业心理老师。日喀则市第一高级中学的心理老师是从山东遴选到西藏的特级教师，曾有一名叫卓玛（化名）的高三年级学生患有“重度抑郁”，在援藏老师的心理辅导帮助下，卓玛不但战胜了抑郁症，还顺利考上了大学。[④]

为了激发学生们对学习的兴趣和热情，提升学生的综合素质，上海教育援藏工作队在阿亚村设立社会实践基地，帮助提升学生的实践能力。湖南省教育援藏团队实施“苗圃计划”，为山南培养体育人才。[⑤] 山南桑日县中学的援藏教师，针对藏族学生个个能歌善舞但数学学习兴趣不高的情况，用数

---

① 《浙江教育援藏助力拉萨那曲高级中学2020年高考再创辉煌》，2020年7月27日，“浙江援藏”微信公众号。

② 湖南省教育援藏团队：《湖南教育援藏为格桑花与芙蓉花竞相绽放贡献力量》，2020年10月19日，“教育援藏”微信公众号。

③ 林钊：《坚持立德树人的根本任务》，2018年10月8日，求是网，http://www.qstheory.cn/wp/2018-10/08/c_1123526742.htm。

④ 以上事例来源于实践调研资料。

⑤ 《湖南实施教育援藏“四全”模式 助推山南教育优质均衡发展》，2020年3月10日，湖南省教育厅网站，http://jyt.hunan.gov.cn/sjyt/xxgk/jykx/jyqkzk/202003/t20200310_999612.html。

学法则作歌来唱，帮助学生更好地记忆知识。[①] 山南一中、东辉中学的援藏音乐教师，为激发学生学习兴趣、促进个性化发展，创作了西藏首支融合传统与现代风格的“啦啦操”舞蹈队，并带队在全国性的比赛中获得冠军、全国二等奖等优异成绩。[②] 多样化的教学方法激发了学生们对学习的兴趣和热情，提高了学生的课堂参与度和知识接受度，加深了学生对问题的认识和思考，有效地改变了学生因基础薄弱而厌学的情况，培养起学生“爱学习”的态度和“会学习”的能力，推动学生全面发展。

5. 实行教育精准帮扶，助推教育均衡发展水平稳步提升

受教育权的保障主要受教育资源的影响，特别是在基础教育阶段，优质教育资源的享有和有效利用是保障学生受教育权的关键。各援藏团队积极整合教育教学资源，采取多种方式帮助西藏贫困学生及薄弱学校实现优质资源共享，推动西藏教育均衡发展，增进教育公平。

一是建立教育援藏精准帮扶长效机制。在浙江省援藏指挥部的支持下，浙江商会设立浙商“羌塘”助学金，结对帮扶资助那曲高级中学色尼区、嘉黎县、比如县三县区贫困学生高中三年生活费，第一期活动资助总额 100 万元。[③] 浙江杭州援藏工作组联合杭州企业集团筹集资金 200 万元，成立“扬帆起杭 · 山庄网球俱乐部教育助学奖学基金”，专门用于缓解那曲市色尼区籍学子读不起书的难题。[④] “扬州树人学校爱心基金”由第一批江苏扬州援藏团队于 2014 年在拉萨江苏实验中学设立，专门用于贫困学生的资助，一直延续至今。[⑤]

---

① 《湖南援藏教师：在雪域高原倾听格桑花开的声音》，2020 年 12 月 11 日，“湘微教育”微信公众号。

② 《全国先进工作者马丹：坚持教育援藏，带领更多的藏族孩子走出去》，2020 年 11 月 25 日，荆楚网，http：//news. cnhubei. com/content/2020 - 11/25/content_ 13467859. html。

③ 《大爱无疆　情系羌塘　西藏浙江商会爱心助学捐助仪式在拉萨那曲高级中学举行》，2020 年 12 月 9 日，“浙江援藏”微信公众号。

④ 《杭州援藏助力那曲市色尼区首期助学奖学基金发放》，2020 年 11 月 6 日，“浙江援藏”微信公众号。

⑤ 拉萨江苏实验中学：《传递爱心希望　加强民族团结——拉萨江苏实验中学举行扬州树人学校爱心基金资助发放仪式》，2020 年 11 月 20 日，“教育援藏”微信公众号。

二是广泛开展送教下乡活动。上海教育援藏工作队为切实推进日喀则市薄弱学科攻坚工作，一方面积极开展送教下乡活动，对外辐射上海对口支援五县（江孜、拉孜、萨迦、亚东、定日）、谢通门县查布乡小学、昂仁县亚木乡小学;[①] 另一方面采用“1 +5 + X”模式[②]，通过建设远程互动教室实现教育资源共享。在广东省援藏队“粤藏育才基金”的支持下，林芝市三所市级幼儿园多位骨干教师分赴林芝市所有乡镇幼儿园和绝大部分村级幼儿园开展送教培训和需求调研工作，先后开展讲座60余次，帮扶县、乡、村百余所幼儿园有效提升了学前教育理念、办园水平和办园质量。[③]

三是结对帮扶贫困学生。福建省援藏工作队教师定期组织结对联谊活动，利用休息时间为贫困学生补课，一对一帮扶学生59名，其中福利院孩子占30%以上，走访学生家庭58次，挽回濒临失学孩子18名。[④] 拉萨阿里河北完全中学校长资助5名品学兼优的贫困学生完成学业，两名援藏教师资助3名孤儿，从高一至大学毕业每人每年3000元，教师们同时还积极争取社会爱心人士结对帮扶贫困学生。[⑤] 株洲市援藏教师和6名建档立卡贫困生开启了“师生结对、导学成长”帮扶活动，在帮扶教师无微不至的关怀下，学生的自信心、意志力和学习成绩都得到很大的提高。[⑥]

（三）挑战与展望

在教育援藏的推动下，西藏教育事业发展不平衡不充分的问题得到有效

---

① 上海援藏教育队：《上海教育援藏工作队2019—2020学年亮点工作汇报来了!》，2020年7月27日，“上海援藏”微信公众号。

② “1 +5 + X”模式，“1”即以日喀则上海实验学校为基础，“5”即日喀则上海对口支援的江孜、拉孜、定日、亚东、萨迦五县，“X”即上海若干所学校。

③ 《林芝市学前教育专家送教下乡入村行动中》，2020年5月10日，“广东教育援藏”微信公众号。

④ 《用爱和奉献谱写教育援藏新篇章——记福建省教育援藏工作队》，《西藏日报》2020年12月23日，第8版。

⑤ 阿里地区教育局受援办：《真情援藏，结民族团结硕果》，2020年7月17日，“教育援藏”微信公众号。

⑥ 袁洁明：《弘扬火车头精神　开创株洲教育援藏新局面》，2020年8月3日，“湘遇山南”微信公众号。

缓解，教育治理现代化有序推进，人民群众的“教育获得感”显著增强，受教育权保障水平稳步提升。然而，教育是一个复杂的系统，受教育权保障需要全方位的共同建设。新形势下教育援藏也面临一些挑战，这些挑战在很大程度上也是西藏受教育权保障的掣肘，概括起来主要体现在以下三个方面。第一，教师资源结构性短缺。教师与学生之间的比例平衡是保证教育教学质量的关键。师资力量不足，特别是专业教师的短缺是西藏教育发展中较为普遍的问题，随着一些新建学校的投入运行，教师资源的紧张局势进一步加剧，成为影响西藏教育发展的短板。由于师资力量的短缺，援藏教师及当地教师往往身兼数职，而在西藏教育转型发展的关键时期，师资力量的短缺成为西藏教育高质量发展的短板。第二，短期内语言沟通有碍。西藏是少数民族聚集区，以藏族为主体，藏族占全区人口的九成左右，此外还有汉族、门巴族、珞巴族、回族、纳西族等45个民族。[①] 援藏教师与西藏当地师生间的顺畅沟通是确保有效教学、充分发挥援藏教师教育优势的必要前提。部分西藏学生语言基础较为薄弱，特别是在生活语言与学科术语的转换方面存在一定困难，这给援藏教师的课堂教学带来了挑战。语言薄弱带来的不利影响尤其表现在学生对一些理科的概念和抽象知识的理解方面，接受能力的弱化进一步影响学生学习的质量和效果。第三，部分学生择业观较为固化。在与当地学生的访谈中得知，公务员是绝大多数人毕业后的首选职业。一些学生表示，即便自己的专业与公务员招考职位不相匹配，但只要能满足报考条件，也会毫不犹豫地报考。在他们看来，捧住了“铁饭碗”就意味着踏上了人生的“直达班车”。择业观念固化的另一表现是，在内地读书的学生普遍希望毕业后回到西藏工作，有学生表示是因为更习惯于西藏的生活方式，也有学生表示是父母的意愿使然。

教育的终极目的在于培养人，使其形成合理运用内在能力来行动的良好禀性，成为真正的理性自由人。[②] 教育援藏在党和政府的顶层谋划、高位推

① 房风文、杨广俊、熊伟：《西藏教育精准扶贫脱贫的经验与困难分析》，《开放导报》2019年第4期。

② 渠敬东、王楠：《自由与教育：洛克与卢梭的教育哲学》，生活·读书·新知三联书店，2019，第4页。

进下，现已建立起行之有效的制度机制，正为西藏培养起大批时代所需要的高素质人才，成为西藏发展的强大动力。教育援藏是一项长期的系统工程，在今后的发展中仍需立足实际，面向未来，不断突破西藏教育发展的瓶颈，更好地保障人民实现公平而有质量的教育。第一，加强对教育援藏相关政策的部署。针对西藏教师资源结构性短缺的问题，在中央层面可以不断完善师范生公费教育政策，加大对西藏生源的招生力度，做好西藏定向工作的名额分配；在地方层面，各援藏省市可出台相关政策支持当地师范院校与西藏学校合作建立藏内实践基地，每年持续向西藏输入实习学生；此外，可进一步加大内地学生藏地就业的政策支持，畅通就业渠道，鼓励优秀的毕业生到西藏工作。第二，深入推进援藏师生及汉藏文化的融合。西藏当地学生国家通用语言基础的薄弱，直接影响到他们与援藏教师间的沟通交流，因此，应当加强国家通用语言文字的教育，加大普通话的推广力度，鼓励在日常交流中使用普通话；推进援藏教师与内地教师的结对帮扶，在帮扶中促进深度融合；加强汉藏文化间的交流，通过文学、艺术等形式破除不同文化间的障碍，增强对不同文化的理解和接纳，增进援藏教师与当地师生间的相互理解，扫清交流障碍。第三，完善制度保障，引导学生树立多元择业观。观念的形成是一个长期的过程，依赖于与之相关制度的健全及完善。针对西藏部分学生就业观固化的问题，不仅要加强正面的宣传和引导，还应为学生的自主择业扫清障碍。一方面，要健全现代职业教育发展机制，推进高中阶段教育普职融通发展，完善专业设置及布局动态调整机制，为西藏学生的多向就业选择创造条件；另一方面，完善灵活就业人口社会保障制度，结合西藏实际情况制定灵活就业群体参保政策，鼓励西藏学生灵活就业。

西藏医疗卫生与健康事业发展

袁浩然

健康权是国际人权法及许多国家宪法和法律所确定的一项基本人权。1946 年世界卫生组织签署的《世界卫生组织宪章》首次将健康权作为一项基本人权予以规定，其序言写道："享有可能获得的最高标准的健康是每个人的基本权利之一，不因种族、宗教、政治信仰、经济及社会条件而有区别。"此后，《世界人权宣言》第22条、第25条，《经济、社会及文化权利国际公约》第9条、第12条，《消除对妇女一些形式歧视公约》第12条，《儿童权利公约》第24条等多个国际公约都对健康权作了更为详细明确的规定。

联合国经社文权利委员会第3号一般性意见确认了国家是保障公民实现最起码的、最低限度的健康权的责任主体。国民的生命健康是第一位的，国家必须以保障国民生命健康为第一要义。[①] 国家作为健康权的义务主体，具体内容包括以下几个方面：其一，国家有义务尊重任何个体或群体平等地获得、享受健康服务，不能歧视；其二，国家有义务限制和防止可能会影响公民健康的活动；其三，国家有义务采取立法等手段确保公民有平等的机会享受健康服务；其四，国家有义务通过政策等措施进行健康教育和宣传；其五，国家有义务提供保障健康权实现的基本医疗条件。

中国《宪法》第21条规定："国家发展医疗卫生事业，发展现代医药和我国传统医药，鼓励和支持农村集体经济组织、国家企业事业组织和街道组织举办各种医疗卫生设施，开展群众性的卫生活动，保护人民健康。国家发展体育事业，开展群众性的体育活动，增强人民体质。"从宪法上确认了健康权是我国公民的基本人权之一。2019年12月28日，全国人大常委会表决通过了《基本医疗卫生与健康促进法》，该法于2020年6月1日实施。《基本医疗卫生与健康促进法》是为了发展医疗卫生与健康事业，保障公民享有基本医疗卫生服务，提高公民健康水平，推进健康中国建设，依据宪法所制定的法律。2020年5月28日通过的《民法典》第1004条规定："自然人享有健康权。"此外，中国《刑法》《药品管理法》《传染病防治法》《职业病防治法》《产品质量法》等多部法律中也对公民的健康权作出了具体规定。除了通过法律法规的形式对群众健康权进行规定外，在提高健康权保障水平方面，中国还在医疗卫生体制改革、环境保护、食品药品安全等方面进

① 张永和：《生命权论》，《人权》2020年第3期。

行了改革。特别是边疆地区，改善边疆地区医疗卫生条件是脱贫攻坚的重要举措之一。为了深入了解第六次西藏工作座谈会和脱贫攻坚以来西藏医疗卫生与健康事业发展的情况，调研组于2020年5月31日至6月7日分别赴西藏自治区走访了4个市、4个区、7个县、10个村开展调研，此次调研入户访谈共计20户，开展座谈会6次，并与110余名基层工作人员进行交流。

（一）西藏医疗卫生与健康事业的新进展

随着国家和西藏自治区逐年加大对医疗卫生与健康事业的投入力度，西藏医疗卫生与健康事业发生了翻天覆地的变化，西藏群众在卫生健康领域的获得感和幸福感有了明显的提升，为实现西藏经济持续发展、社会和谐稳定、人民安居乐业提供了有力保障。

1. 群众的基础医疗需求得到满足

《基本医疗卫生与健康促进法》第5条规定："公民依法享有从国家和社会获得基本医疗卫生服务的权利。国家建立基本医疗卫生制度，建立健全医疗卫生服务体系，保护和实现公民获得基本医疗卫生服务的权利。"该法第二章、第三章对基本医疗卫生服务和医疗卫生机构作出了较为全面的规定，基本医疗卫生建设也是保障群众健康权的前提。

调研组了解到，西藏全区常住人口为350.56万人（2019年统计数字），其中城镇人口110.57万人（31.5%），乡村人口239.99万人（68.5%），[①] 平均人口密度2.85人/km^2。全区68.5%的人口分布在高海拔农牧区，受地理环境限制，农牧区群众就医较为不便。和平解放以来，在中央、内地兄弟省市的支持和西藏自治区政府、各族群众的努力下，西藏地区已经建立起了健全的覆盖城乡的医疗卫生服务体系。截至2019年底，西藏自治区医疗机构总数为1642个（见表8），其中农牧区医疗机构约1200个。

① 《2019年西藏自治区国民经济和社会发展统计公报》，2020年4月10日，中国西藏新闻网，http：//www.xzxw.com/xw/xzyw/202004/t20200410_3012726.html。

表8　西藏自治区医疗机构统计

单位：个

医疗机构	数量	具体情况	
医院	156	综合医院	108
		中西医结合医院	1
		民族医院	39
		专科医院	8
妇幼保健院(站)	57	省辖市属	7
		市辖区属	3
		县属	47
疾病预防控制中心	82	自治区属	1
		省辖市属	7
		市辖区属	8
		县属	66
乡(镇)卫生院	678	乡卫生院	456
		中心卫生院	222
社区卫生服务中心(站)	14		
诊所、卫生所、医务室	643		
采供血机构	7	自治区血液中心,日喀则市、昌都市、林芝市、山南市、那曲市和阿里地区中心血站	
卫生监督所	3	自治区卫生监督局、日喀则市卫生监督所、昌都市卫生监督局	
疗养院	1	拉萨市工人疗养院	
医学在职培训机构	1	拉萨市卫生职工学校	
总数	1642		

资料来源：根据西藏自治区卫健委网站信息整理而成。

调研组对西藏群众对基础医疗的认知和态度进行访谈，加查县共康村尼玛卓嘎告诉调研组，她从小牙齿不太好，经常牙疼，小时候每次牙疼时外婆就会带她去县里的寺庙，去喝寺庙的泉水来治牙疼。调研组问喝泉水管用吗？卓嘎笑着说好像不管用，长大后她就基本没去过了，去县医院做了补牙，牙疼就再没有犯过。卓嘎还说现在自己很少去县医院了，平常有个头疼脑热的直接去村里的医务室都可以治疗，不但方便，效果也好。

2. 医疗援藏推动医疗卫生事业快速发展

《基本医疗卫生与健康促进法》第 11 条规定：“国家加大对医疗卫生与健康事业的财政投入，通过增加转移支付等方式重点扶持革命老区、民族地区、边疆地区和经济欠发达地区发展医疗卫生与健康事业。”该法第四章对医疗卫生人员作出了较为详细的规定，医疗卫生人员是发展医疗卫生和健康事业的基础，医疗人才“组团式”援藏在帮助西藏基础医疗建设的同时为西藏培育了大量的医疗卫生人员，是实现西藏卫生健康事业跨越式发展的重大举措。2015 年国务院办公厅发布的《国务院办公厅关于印发全国医疗卫生服务体系规划纲要（2015—2020 年）的通知》（国办发〔2015〕14 号）要求到 2020 年，每千常住人口拥有卫生技术人员 5.64 人，[①] 西藏自治区最新统计数据显示，截至 2019 年底，西藏每千人口卫生技术人员为 5.89 人。[②]

中央第六次西藏工作座谈会作出了开展医疗人才“组团式”援藏的重大决策部署，集结内地优质医疗资源组团式支援西藏“1 +7”医院（自治区人民医院、拉萨市人民医院、日喀则市人民医院、山南市人民医院、林芝市人民医院、昌都市人民医院、那曲地区人民医院、阿里地区人民医院），医疗人才“组团式”援藏重心转向培育西藏自治区医疗卫生自身活力。7 省市 65 家医院对口支援“1 +7”医院，推动西藏“1 +7”医院在科室建设、新业务开展、制度建设、人才引进、人才培养等方面快速发展（见表 9），辐射带动全区医疗卫生事业更好更快更大发展。[③]

① 《国务院办公厅关于印发全国医疗卫生服务体系规划纲要（2015—2020 年）的通知》，2015 年 3 月 30 日，中国政府网，http：//www.gov.cn/zhengce/content/2015 - 03/30/content_9560.htm。

② 《2019 年西藏自治区卫生健康统计年报顺利完成》，2020 年 3 月 5 日，西藏自治区卫健委网站，http：//wjw.xizang.gov.cn/zwgk/msggk/jktongji/202003/t20200305_133508.html。

③ 《2020 年上半年“1 +7”医院业务工作开展情况分析》，2020 年 8 月 7 日，西藏自治区卫健委网站，http：//wjw.xizang.gov.cn/ztzl/ylyz/202008/t20200807_164664.html。

表 9　2020 年上半年 "1 +7" 医院建设情况

项目	具体划分	数量
科室建设	重点学科	108 个
	"以院包科"	164 个
	已签订协议	127 个
新业务开展	填补空白	117 项
	攻克难题	140 项
	"打包"移植先进经验	72 项
	优化和再造流程	104 项
制度建设	帮助制定学科发展规划	50 项
	帮助制定专业发展规划	72 项
	建立管理制度	143 项
	建立业务制度	120 项
人才引进(招聘)	引进人才	3 人
	区内公开招聘、聘用	27 人
	医院卫生技术人员	3895 人
人才培养	培养本院骨干技术人员	59 人
	选派到支援医院学习人员	54 人
	培养县级医院骨干医师	187 人
学术交流	组团专家学术交流	257 场
	邀请区外专家进藏交流	13 场

资料来源：根据西藏自治区卫健委网站信息整理而成。

调研组重点考察的"1 +7"医院中的山南市人民医院，是目前山南市最大的集医疗、教学、科研、急救、康复、保健一体的三级甲等综合性医院，在援藏专家的指导下，山南市人民医院先后开展了经皮冠状动脉介入治疗术、数字减影血管造影、精准化肝叶切除术、人工髋关节置换术等新项目，极大地提升了全院医疗服务水平。康复理疗科就是在安徽省医疗人才"组团式"援藏的帮扶下，山南市人民医院从当地群众的切实需求出发打造的重点科室之一。生活在高海拔地区的群众容易得关节病，尤其是上了年纪的人会腿脚不便。过去群众就是靠吃药缓解关节疼痛，近年来越来越多的人会到医院来做理疗，结合中医、西医以及一些复健治疗，能有效防止关节病恶化。医疗"组团式"援藏工作在西藏医院管理、人才培养、业务水平等方面都取得了显著成绩，有力推动了西藏基础医疗条件的改善。

3. 妇女儿童的健康权得到特殊保护

《基础医疗卫生与健康促进法》对妇女儿童进行了特殊保护，第24条规定："国家发展妇幼保健事业，建立健全妇幼健康服务体系，为妇女、儿童提供保健及常见病防治服务，保障妇女、儿童健康。"2020年6月8日，西藏自治区人民政府印发《关于推进健康西藏行动的实施意见》和《健康西藏行动（2020—2030年）》，将妇女和儿童作为重点人群健康促进群体，予以特殊保障。[①] 据了解，目前自治区有省辖市属妇幼保健院7所、市辖区属妇幼保健院3所、县属妇幼保健院47所，已经基本满足占全区总人口2/3的妇女儿童日常保健需求。截至2019年，西藏全区住院分娩率达到95.29%，孕产妇死亡率为63.68/10万，婴儿死亡率为8.9‰。[②] 从2019年开始，自治区卫健委将儿童营养改善项目作为全区妇幼健康重点工作，制定印发儿童营养改善项目实施方案，将全区6~36个月龄儿童纳入补充辅食营养补充品范围。[③] 西藏自治区妇幼健康工作取得明显成效，妇女儿童的健康状况得到有效改善。

调研组在山南市人民医院考察时，院长着重介绍了医院的危重新生儿救助中心的建设情况。危重新生儿救助中心是在安徽省医疗人才"组团式"援藏的帮扶下，援藏专家带领当地医生，充分利用科室现有设备及资源成立的，填补了儿科使用呼吸机支持呼吸技术空白，使得危重新生儿的救治成功率明显提高，目前山南市人民医院危重新生儿救助中心已经处于全国领先水平。

4. 地方病预防治疗取得重大成效

西藏自治区是全国地方病危害较为严重的省区市之一，自治区内地方病

① 西藏自治区人民政府印发《关于推进健康西藏行动的实施意见》，2020年6月16日，西藏自治区卫健委网站，http://wjw.xizang.gov.cn/xwzx/wsjkdt/202006/t20200616_157667.html。

② 《2020年西藏自治区妇幼健康工作视频会议顺利召开》，2020年4月13日，西藏自治区卫健委网站，http://wjw.xizang.gov.cn/xwzx/wsjkdt/202004/t20200413_136996.html。

③ 《自治区卫生健康委全力推进儿童营养改善项目》，2019年8月8日，西藏自治区卫健委网站，http://wjw.xizang.gov.cn/xwzx/wsjkdt/201908/t20190808_93321.html。

以碘缺乏病、大骨节病、地氟病为主。据统计，碘缺乏病与饮茶型地氟病在74个县（区）不同程度地流行，饮水型地氟病涉及7个县，大骨节病区涉及54个县。地方病的发生与自然环境因素有密切的关系，如地质、地貌、水质、气候、食物、居住条件等都可能是导致地方病的原因。西藏自治区地方病防治以搬迁和理疗为主，截至2020年8月，大骨节病区移民搬迁达到26.6万人，病区儿童患病率从2000年的37.86%降至0，54个大骨节病区县全部达到消除标准；全区碘盐覆盖率达到99.9%，合格碘盐食用率为93%，儿童甲状腺肿大率保持在5%以下，74个县区达到碘缺乏病消除标准，7个饮水型氟中毒病区县达到控制标准。①

调研组在加查县冷达乡精准扶贫易地搬迁集中安置点共康村了解到，村民尼玛卓嘎的外婆患有高原常见的关节病，长期的腿疼使得外婆很少也不愿意出门走动，在家一直由卓嘎的母亲照顾。后来，卓嘎家从冷达乡搬迁到地势较低、气候相对较温和的共康村，天气变化时以及冬季外婆的腿还是会疼，只能靠吃药缓解。直到市医院来村里义诊，医生建议外婆做理疗，外婆一开始不愿意，在家人的坚持下去市医院做了半年多理疗。卓嘎说现在外婆腿疼少了，心情好了，天气好的时候还会在村里散步、晒太阳、与邻居聊家常。

5. 数字化助力西藏医疗卫生与健康事业发展

党的十九大报告中提出，要为建设网络强国、交通强国、数字中国、智慧社会提供有力支撑。“数字西藏”以“互联网+”的模式在扶贫、商务、医疗、教育等各方面促进西藏的社会发展。2018年4月，国务院办公厅出台了《关于促进“互联网+医疗健康”发展的意见》（国办发〔2018〕26号）②，7月西藏自治区卫健委起草了《西藏自治区人民政府办公厅关于贯彻落实国务院办公厅促进“互联网+医疗健康”发展的实施意见》并以自

① 《全区地方病防治专项攻坚行动目标如期实现》，2020年9月17日，西藏自治区卫健委网站，http://wjw.xizang.gov.cn/ztzl/bczz/202009/t20200917_176622.html。

② 《国务院办公厅关于促进“互联网+医疗健康”发展的意见》，2018年4月28日，中国政府网，http://www.gov.cn/zhengce/content/2018-04/28/content_5286645.htm。

治区政府办公厅名义印发实施。[①] 2019 年，西藏建设了“健康西藏”网上预约挂号系统，实现了 3 家自治区级医院和 14 家市地级医院网上预约挂号全覆盖。从 2019 年 4 月 1 日系统上线以来，实现网上预约挂号 29516 人次，线上结算 47.56 万元，网上预约挂号比例逐步上升，进一步优化了诊疗流程，改变了传统的窗口排队挂号模式。[②] 2020 年 12 月 4 日，国家卫生健康委、国家医疗保障局、国家中医药管理局发布了《关于深入推进“互联网 + 医疗健康”“五个一”服务行动的通知》（国卫规划发〔2020〕22 号）[③] 作为持续推动“互联网 + 医疗健康”便民惠民服务向纵深发展，进一步聚焦群众看病就医的“急难愁盼”问题，总结推广实践中涌现出的典型做法的指导性政策文件。

在山南市人民医院调研时，院长介绍到新的院区刚刚投入使用，目前医院已全面铺开护士呼叫系统、移动查房系统、智慧药房系统、互联网医院系统、无线互联网管理系统、高值耗材闭环管理系统、电子病历质控系统等“智慧医疗”项目，计划于后半年逐步开展。“智慧医疗”包括智慧诊疗、全民健康信息平台、电子健康卡、智慧医院、远程医疗服务平台、健康西藏便民惠民公众号平台和智慧医保 7 个方面的内容。简单来讲，就是群众可以通过微信或者医院的 App 进行网上问诊、网上开药、网上付费，然后药物直接通过物流送到群众家里，最后，医保的办理和报销也可以通过网上操作完成。

6. 健康促进工作推动群众医疗观念升级

《基本医疗卫生与健康促进法》第六章对健康促进的内容进行了规定，规定医疗卫生、教育、体育、宣传等机构，基层群众性自治组织和社会组织

---

① 《〈西藏自治区人民政府办公厅关于贯彻落实国务院办公厅促进“互联网 + 医疗健康”发展的实施意见〉正式印发实施》，2019 年 8 月 8 日，西藏自治区卫健委网站，http：//wjw. xizang. gov. cn/xwzx/wsjkdt/201908/t20190808_ 92951. html。

② 《我区推行“互联网 + 医疗健康”服务新模式》，《西藏日报》2020 年 3 月 3 日，第 5 版。

③ 《关于深入推进“互联网 + 医疗健康”“五个一”服务行动的通知》，2020 年 12 月 10 日，中国政府网，http：//www. gov. cn/zhengce/zhengceku/2020 – 12/10/content_ 5568777. htm。

应当开展健康知识的宣传和普及。① 提升群众的卫生健康意识，做好卫生健康宣传是保障群众健康权的重要组成部分。西藏自治区卫健委通过组织宣传月、开展宣传活动、开设科普巡讲、拍摄视频短视频、组织基层巡回诊疗等多种方式将卫生健康相关知识传播到群众中去（见表10），有效地促进基本医疗和基本公共卫生服务均等化，提升基层卫生健康服务能力和效率。随着健康促进工作的深入开展，西藏群众的医疗卫生观念也开始发生变化，由原来简单的“医疗”需求，升级到对生活方方面面的“健康”追求。

表10　2020年西藏自治区卫健委健康教育活动统计

时间	活动名称	具体实践
3月20日	西藏各地大力开展冬春季爱国卫生运动助力打赢疫情防控阻击战	改善人员聚集场所的环境卫生，降低传染病传播的风险
4月22日	普及国家安全教育　人人争当宣传员	宣传新冠病毒、生物安全的知识
4月22日	防疫有我　爱卫同行　自治区爱卫办开展第32个爱国卫生月宣传活动	宣传普及健康知识，向群众发放合理膳食、厕所卫生、优生优育、疾病预防控制物品
4月23日	“防疫有我　爱卫同行”西藏在行动	教育引导群众养成健康、卫生、文明、科学环保的生活方式习惯
5月28日	我委开展2020年健康促进县区建设培训和健康科普知识巡讲	在山南市乃东区开展健康促进县区建设培训和健康科普知识巡讲
6月4日	人人参与控烟行动　共建共享无烟环境	以“保护青少年远离传统烟草产品和电子烟”为主题，累计发放、张贴宣传材料7万余份
9月10日	我区开展2020年老年健康周宣传活动	开展了义诊等宣传活动，抽调医护人员免费对群众进行健康教育、健康指导、健康咨询等
10月28日	健康西藏丨怎样正确预防风湿病丨第十七期	藏语节目，宣传如何正确预防风湿病
10月29日	健康西藏丨脑出血时的急救方法丨第十八期	藏语节目，宣传脑出血时的急救方法

① 《基本医疗卫生与健康促进法》第67条。

续表

时间	活动名称	具体实践
10 月 29 日	健康西藏丨脑出血患者注意饮食起居及护理知识丨第十九期	藏语节目，宣传脑出血患者注意饮食起居及护理知识
11 月 9 日	健康西藏丨预防白内障丨第二十期	藏语节目，宣传预防白内障的方法
11 月 9 日	健康西藏丨预防近视（上）丨第二十一期	藏语节目，宣传预防近视的方法
11 月 9 日	健康西藏丨预防近视（下）丨第二十二期	藏语节目，宣传预防近视的方法
11 月 14 日	健康西藏丨日常生活中如何预防痛风丨第二十三期	藏语节目，宣传日常生活中如何预防痛风
11 月 19 日	普及糖尿病知识　享受健康生活	村设咨询台、悬挂横幅、张贴宣传画报、发放糖尿病健康科普宣传折页、免费测血压
11 月 20 日	关爱老年生活　促进老年健康	实施对城关区区属 60 岁以上户籍居民及农牧民，机关、事业单位退休干部职工免费接种流感疫苗活动
11 月 23 日	健康西藏丨三因之“隆”的健康知识丨第二十四期	藏语节目，三因之“隆”的健康知识宣讲
12 月 1 日	健康西藏丨三因之“赤巴”的健康知识丨第二十五期	藏语节目，三因之“赤巴”的健康知识宣讲
12 月 16 日	健康西藏丨三因之“培根”的健康知识丨第二十六期	藏语节目，三因之“培根”的健康知识宣讲
12 月 16 日	健康西藏丨冬季预防保健知识（上）丨第二十七期	藏语节目，宣传冬季预防保健知识
12 月 16 日	健康西藏丨冬季预防保健知识（下）丨第二十八期	藏语节目，宣传冬季预防保健知识

资料来源：根据西藏自治区卫健委网站信息整理而成。

调研组在桑日县颇章村了解到，村民边规次仁平时感冒或者不舒服的时候，会去村医处就诊。有时候会胃疼，去村医务室也可以治疗，他自己也去过山南市人民医院做检查，但由于胃病是慢性病，来来回回去市里就比较麻烦。边规还说自己平时没事喜欢看电视，喜欢看藏语频道的新闻和健康节目，老年人要定期做身体检查、要补钙什么的，都是他从藏语健康频道学到的。

调研组所走访的村户大部分都安装了太阳能热水器，可以用于洗浴。即便是基础设施相对老旧的村，比如颇章村，也在村支部建了卫生公厕和澡堂供村民使用。西藏地区的厕所主要有修建在起居室外部的旱厕、修建在起居室外部的抽水厕所、修建在起居室里面的卫生间三种形式。旱厕在比较干旱缺水的地方仍然存在但在不断减少，抽水厕所在西藏全区最为普遍且还在进一步普及，新建的村庄或者家里有人去过内地读书、工作的家庭会在起居室里修建卫生间。如厕方式、如厕环境的“精致”化，是藏区群众对美好生活的“讲究”。

（二）西藏医疗卫生与健康事业的挑战

援藏工作特别是对口援藏是党中央支援帮助西藏实现跨越式发展的创新路径，在中央政府和各兄弟省市的帮助下，西藏自治区医疗卫生事业发展不断完善，基本实现了医疗设施的现代化配置。但是，受西藏自治区地理环境、经济发展水平等客观因素限制，自治区医疗卫生健康事业还面临一些挑战。

1. 专业人才后续力量仍然不足

西藏自治区地域辽阔，当地产业以农牧业为主，农牧区的平均人口密度更小，人口居住比较分散且部分农牧区人口随季节变化而流动居住。开展医疗工作的服务半径较大，使得行业人才流失较为严重，同时以上因素也导致对外地医疗人才吸引力不足。[①] 目前西藏的医疗对外部援助的依赖性仍然较强，一些地区存在医院设施建设投入使用后由于专业人员配置不足，部分设施闲置的现象。山南市人民医院院长告诉调研组成员，安徽援藏医疗组进入山南市人民医院以来，培育了一批当地的专业人才。但是目前山南市人民医院各科室骨干力量仍以援藏医生为主，院长担忧援藏医疗组撤离以后，本地专业人才后续力量可能会不足。

---

① 扎西达瓦娃、扎西德吉等:《不断完善的健康服务体系，助力西藏居民全面小康——西藏农牧区医疗卫生体系发展成效及展望》，《中国医药》2020 年第 11 期。

2. 医疗卫生资源配置不均衡

受地理环境、群众居住和生产习惯、基础设施建设等客观条件的限制，西藏自治区本来就不是很充足的医疗卫生资源在配置上难以做到充分的均衡。一方面，西藏自治区医疗卫生资源总量有限，2019 年西藏自治区医疗卫生机构床位数为 17073 张，全区每千常住人口医疗卫生机构床位数为 4. 87 张。《国务院办公厅关于印发全国医疗卫生服务体系规划纲要（2015—2020 年）的通知》要求到 2020 年，每千常住人口医疗卫生机构床位数控制在 6 张，其中，医院床位数 4. 8 张，基层医疗卫生机构床位数 1. 2 张，目前仍存在较大差距。另一方面，更多的医疗卫生资源、高水平的医院往往在经济相对发达和环境好、人口居住相对集中地区，也导致了医疗资源配置不均衡，例如拉萨地区目前拥有三级综合医院 4 家，而阿里地区的三级综合医院只有 1 家。[①] 如何按照《基本医疗卫生与健康促进法》中第七章、第八章、第九章关于资金保障、监督管理和法律责任的相关规定落实，可能是西藏持续发展医疗卫生与健康事业所面临的难题。

3. 基层公共卫生服务能力较弱

调研组在访谈过程中了解到，西藏自治区部分村虽然设置了村卫生室，但是没有执业医师，甚至有些村卫生室被当作仓库使用。西藏自治区基层公共卫生服务面临基础设施不完善、卫生技术人员紧缺、农牧区医疗保障能力弱、信息化建设滞后、基层卫生技术人员服务能力弱和待遇低、药品集中招标配送政策不完善等突出问题[②]，基层卫生服务能力弱。

（三）进一步推进西藏群众健康权保障的建议

医疗人才“组团式”援藏有力弥补了西藏自治区卫生健康工作的短板

① 曾锐、曾利辉等：《助力健康中国，构建援藏精准健康扶贫“华西模式”》，《华西医学》2019 年第 12 期。

② 《西藏自治区卫生计生委召开全区基层卫生工作座谈会》，2019 年 8 月 8 日，西藏自治区卫健委网站，http：//wjw. xizang. gov. cn/xwzx/picture/201908/t20190808_ 93817. html。

和不足，为推动西藏经济社会和卫生事业发展、维护社会局势稳定、增进民族团结等作出了重要贡献。自治区接下来的医疗卫生工作仍然要坚持以本地人才培养作为突破口，精准发力、多措并举，有序推动组团援藏工作由“输血供氧”向“造血制氧”转变，助力本地医院和基层卫生服务能力可持续发展，进一步完善自治区群众健康权保障。

1. 大力推进卫生人才队伍建设

推进卫生人才队伍建设，主要包括以下两个方面。其一，优化人才引进策略，完善人才引进的配套政策。医疗人才“组团式”援藏，为自治区医疗人才引进提供了平台和机会，开设高层次医疗人才绿色通道，完善引进人才相关的编制、待遇等规定，解决引进人才的后顾之忧。其二，充分利用“组团式”援藏工作专项资金，以医疗人才“组团式”援藏工作为平台，加强本地医疗人才培养，不断提高本地医护人员的医疗服务水平。贯彻落实“师傅带徒弟”机制，因人施教、分层分类推进“师傅带徒弟”工作，着力培养一批“高水平、技术强、用得上、留得住、带不走”的本地医疗骨干队伍。[①]

2. 积极引导优质医疗资源下沉

受西藏自治区地理、气候等客观环境影响，优质的医疗资源集中在经济、人口集中的城市地区，如何弥补高海拔边远地区医疗卫生事业发展短板，改变高海拔边远贫困地区乡镇卫生院缺医少药的现状，可能是进一步推进自治区群众健康权保障的重点。引导优质医疗资源下沉，要做好以下几个方面。其一，利用“互联网 +”思维推动优质医疗资源下沉。抓住“数字西藏”建设的机会，充分利用远程视频会诊等“互联网 +”模式开展医疗救治工作，让更多的资源、更强的医师力量通过网络汇集到基层医院，使基层医院做到对病例的早发现、早报告、早隔离、早诊断、早治疗、早控制，提高医疗救治能力，切实保障高海拔农牧地区群众的身体健

① 《绵绵用力　织密山南卫生健康保障网》，2020 年 9 月 23 日，西藏自治区卫健委网站，http://wjw.xizang.gov.cn/xwzx/wsjkdt/202009/t20200923_177126.html。

康和生命安全。① 其二，继续推进城市医院对口帮扶。2017 年，自治区党委、政府就作出“自治区城市医院对口帮扶高海拔边远贫困地区乡镇卫生院”的决策部署。② 通过对口帮扶引导城市优质医疗卫生资源下沉到农牧区，通过“传、帮、带”等形式，促进基本医疗和公共卫生服务均等化。

3. 有效提升基层公共卫生服务能力

西藏自治区基层公共卫生服务的基础建设已经基本完成，目前亟须提升基层医疗技术人才的业务能力，主要包括以下几个方面。其一，鼓励和引导医疗卫生人才向高海拔地区乡镇卫生院流动。建立和实施高海拔农牧地区乡镇卫生院专业技术人员特殊岗位奖励补贴制度，对在海拔 4500 米以上乡镇卫生院工作的在编在岗医务人员，按照职称级别、在岗时间、服务数量和质量、群众满意度等指标进行考核评估、奖励补贴。其二，抓住医疗人才“组团式”援藏、城市医院对口帮扶等政策红利，加大对基层医疗卫生人员的培训、培养力度，为基层医疗机构培育一批“有能力、有技术、有责任、有担当”的医疗技术人员。其三，基层公共卫生服务要承担起卫生健康的责任。基层公共卫生服务机构联合医院、防疫站等定期开展义诊、巡诊，积极推动健康教育入村入户，针对基层群众的不同健康需求，开展个性化健康教育和咨询，增强健康教育的实效性。加强农牧区群众健康知识普及，让群众不生病、少生病，切实保障群众的健康权。

西藏妇女权益保障的成就与挑战

伍科霖

2011 年国务院发布《中国妇女发展纲要（2011—2020 年）》（国发

① 《自治区医疗专家“隔空把脉”远程会诊助力地市医疗救治工作》，2020 年 2 月 5 日，西藏自治区卫健委网站，http：//wjw. xizang. gov. cn/xwzx/wsjkdt/202002/t20200205_ 131664. html。

② 《改革创新　统筹谋划合理引导医疗卫生优质资源下沉》，2019 年 8 月 8 日，西藏自治区卫健委网站，http：//wjw. xizang. gov. cn/xwzx/wsjkdt/201908/t20190808_ 93697. html。

〔2011〕24号），以实现男女平等的基本国策，保障妇女合法权益，优化妇女发展环境。西藏自治区人民政府为落实妇女发展纲要，于2016年颁布实施了《西藏自治区妇女发展规划（2016—2020年）》（以下简称《西藏发展规划（2016—2020年）》）[①]，旨在提高西藏妇女的社会地位，推动西藏妇女平等依法行使民主权利、平等参与经济社会发展、平等享有改革发展成果。尤其是妇女人数占西藏总人数的一半左右，妇女的发展关乎西藏的未来发展。2020年既是脱贫攻坚的决胜之年，也是西藏自治区抓紧落实《西藏发展规划（2016—2020年）》的最后一年。为了真实深入地了解西藏妇女权益保障的新发展，本文除了借助搜集和整理相关文献资料的方法，还通过对西藏自治区拉萨市、日喀则市、山南市、林芝市等地进行走访调研，与当地政府官员、相关工作人员、村民进行交流访谈，着重通过数据和访谈资料，客观描述西藏妇女在卫生健康、受教育程度、政治参与、经济地位和社会保障等方面的巨大成就，以此展现妇女在西藏社会发展过程中发挥的积极作用。

（一）西藏妇女权益保障的发展成就

1. 健康权获得极大改善，生命权得到有效保障

妇女的人均预期寿命延长，重大疾病患病率降低，卫生健康状况获得极大改善。西藏自治区政府将妇幼保健工作逐步扩展到妇女的整个生命周期，初步形成婚前、孕前、孕期、产后、儿童5个阶段"一条龙"服务链，妇女的常见病、多发病得到有效防治。西藏妇女的人均预期寿命已由和平解放初期的35.5岁提高至目前的70.6岁，[②] 大约是和平解放初期的2倍。这主要得益于对妇女常见疾病的筛查、检查，以及后续的科学治疗工作的开展。

---

① 《西藏自治区妇女发展规划（2016—2020年）》，2017年5月25日，国务院妇女儿童工作委员会网站，http：//www.nwccw.gov.cn/2017-05/25/content_158504.htm。

② 《国家卫健委：西藏人均预期寿命提高至70.6岁》，2019年5月23日，西藏自治区卫健委网站，http：//wjw.xizang.gov.cn/xwzx/gwydt/201908/t20190808_92693.html。

通过调研了解到，在妇女重大疾病的预防工作上，2019 年 5 月西藏自治区印发《西藏自治区妇女“两癌”（宫颈癌、乳腺癌）防治工作方案》。各级地市都在积极落实此项方案，将“两癌”筛查纳入政府民生工作。2019～2020 年区内医疗机构治疗宫颈癌患者 27 人次，乳腺癌及癌前病变治疗患者 240 多人次。全区加强对妇女“两癌”、常见病的筛查和治疗工作，全面关注妇女的身体和心理健康，为妇女提高生命质量和预期寿命提供了保障（见表 11）。截止到 2020 年 6 月，全区妇女宫颈癌筛查 13.96 万人，乳腺癌筛查 14.68 万人。①

表 11　2019～2020 年西藏妇女“两癌”筛查活动部分实施情况

地市	改善筛查工作条件	实施情况
拉萨市	添置彩超、电子高倍显微镜、腹腔镜等设备	开展妇女生殖健康讲座 158 次，向妇女免费发放妇科药品、计生用品、体温计等物品、救助资金
日喀则市	合作开展宫颈癌病变手术	日喀则市总工会组织 85 名企业工会妇女职工筛查；桑珠孜区已有 7375 名妇女接受筛查
山南市	建立联合筛查实验室；合作拟建“两癌筛查中心”	乃东区妇联开展“两癌”贫困母亲慰问活动；琼结县建立两癌发病情况数据库
林芝市	成立“两癌”项目工作领导小组，建立摸底调查制度	全市完成农村与城镇贫困妇女筛查工作
那曲市	市级统一组织医疗机构	全市开展“两癌”筛查，已采样 12297 人
阿里地区	组团援藏专家团队开展年度筛查工作	札达县启动免费“两癌”筛查，体检人数 353 人

资料来源：根据西藏卫生健康委员会网站及相关政府网站整理。

孕产妇死亡率大幅降低，生命权得到有效保障。2019 年西藏自治区卫生健康委员会制定颁布《西藏自治区母婴安全行动计划实施方案（2019—

① 《全区妇女“两癌”防治工作有力有序推进》，2020 年 6 月 30 日，西藏自治区卫健委网站，http：//wjw. xizang. gov. cn/xwzx/wsjkdt/202006/t20200630_ 160952. html。

2020年）》，[1] 2020年制定出台《西藏自治区孕产妇死亡评审工作方案》，[2] 旨在完善和规范技术服务，提高产科质量，降低孕产妇死亡率和婴儿死亡率。总体上，全区孕产妇死亡率已从和平解放初期的5000/10万下降到2018年的56.52/10万，婴儿死亡率从和平解放初期的430‰下降到11.59‰，孕产妇的住院分娩率提高至2018年的90.66%。[3] 通过调研了解到，2020年山南市政府对住院分娩的农牧民孕产妇一次性奖励1000元，对陪护人员一次性奖励300元，孕产妇住院分娩率达99.65%。孕产妇死亡率和婴儿死亡率下降到75.8/10万和5.06‰。西藏妇女的健康权和生命权得到有效保障，这不仅得益于全区高度重视对妇女妇科疾病的预防、筛查和治疗工作以及孕产妇分娩环境的极大改善，还得益于西藏妇女的生育观念、生育习俗、生活方式和卫生习惯的改变。[4]

正如日喀则市委宣传部部长所说，和平解放前女同志都是在家里生孩子，死亡率很高。但是，现在的生育观念革新了，所有的产妇必须在医院生产，并进行全方位的定期观察。从产妇怀孕到分娩这一全过程均有保障。山南市人民医院院长也谈道，西藏的孕产妇住院分娩是免费的，如果村里有孕妇，则由该村村医负责联系，把孕妇带到医院住院分娩，进而提高妇幼健康。在访谈中得知，林芝市珞巴族妇女亚当刚生完第二个孩子，她就是在县人民医院生产的，条件好且卫生健康。

通过调研发现，国家为保障西藏妇女的卫生健康不断加大投入，各种制度、政策皆是以妇女的健康权和生命权为根本出发点和落脚点。政策创造了完善的生育条件并进行了有效的健康保障，广大妇女逐渐认同和接受，妇女

① 《西藏实施母婴安全行动计划和健康儿童行动计划》，2019年3月26日，中国西藏网，http：//www.tibet.cn/cn/edu/201903/t20190326_ 6533720.html。

② 《我委制定印发〈孕产妇死亡评审工作方案〉》，2020年6月24日，西藏自治区卫健委网站，http：//wjw.xizang.gov.cn/xwzx/wsjkdt/202006/t20200624_ 158545.html。

③ 《坚守初心砥砺奋进　西藏自治区卫生健康阔步前行》，2020年1月2日，西藏自治区卫健委网站，http：//wjw.xizang.gov.cn/xwzx/wsjkdt/202001/t20200102_ 127812.html。

④ 方素梅：《西藏农村妇女的生殖健康与公共卫生服务》，《西藏民族法学学报》（哲学社会科学版）2018年第3期。

思想观念也开始转变，从而有效地保障妇女的健康权和生命权。

2. 受教育程度显著提高，受教育权实现均衡发展

西藏自治区妇女在受教育权方面享受更多的优惠政策。第一，接受义务教育的时间更长。相较于内地其他省市还处在 9 年义务教育向 12 年义务教育逐步过渡的阶段，西藏率先实施 15 年义务教育，时长从学前阶段一直跨到高中阶段；第二，西藏自 1985 年起就享受“教育三包政策”，对农牧民子女和城市贫困家庭孩子实行“包吃、包住、包学习用品费”的三包政策，到 2020 年实现由“选择性保障”到“全覆盖保障”。除了政策之外，《西藏发展规划（2016—2020 年）》还将社会性别意识和理念纳入教育领域，全面贯彻性别平等原则，保障西藏妇女平等享有接受教育的权利和机会，提高妇女受教育程度，实现“科教兴藏”。

妇女受教育程度显著提高，接受教育和参与教育的机会增多（见图 9）。在西藏和平解放以前，西藏妇女的文化教育处于劣势地位，妇女文盲人数多。自和平解放后，妇女接受各级各类教育的机会都有不同程度的增加（见图 10），其中接受高等教育的增幅最为显著（见图 11）。普通高等教育、研究生教育和成人高等教育中女在校生比例均保持在 50% 以上，享受国务院、自治区政府特殊津贴的妇女占比分别达 12. 74% 和 17. 78%，女学术带头人占 27. 45%。[①]

根据日喀则市教育局工作人员的介绍，日喀则高中 2019 年高考升学率为 87%，考到内地学校和区内学校的比例是 50%，男女生的比例大概是 1∶2，女生接受高等教育的机会更多。

妇女对教育事业的参与度逐渐提高，为教育事业的发展作出了积极的贡献。西藏女教师数量在各级各类学校呈大幅增长趋势（见图 12），尤其是高等教育学校女专任教师数量在过去 20 年的时间里，几乎呈线性增长趋势（见图 13），由 1999 年的 277 人增长至 2018 年的 1377 人，增长 3. 97 倍。此

---

① 《团结凝聚高原“巾帼”力量　西藏成立女知识分子联合会》，2019 年 10 月 27 日，新华网，http：//www. xinhuanet. com/local/2019 – 10/27/c_ 1125159093. htm。

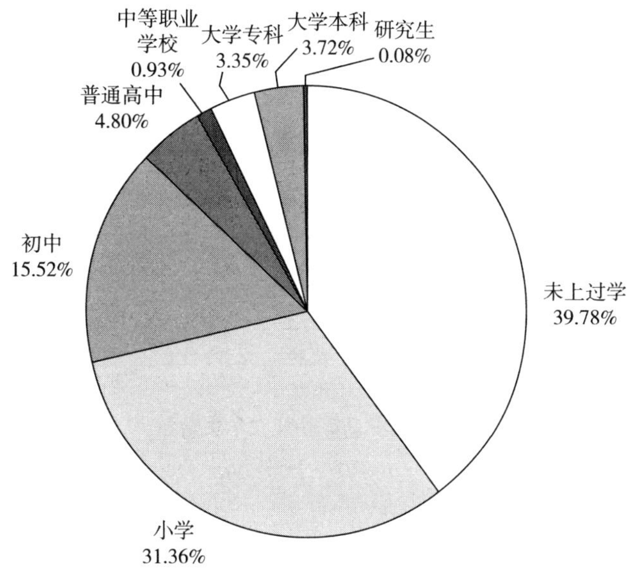

图 9　西藏女性受教育程度情况

资料来源：《中国统计年鉴》(2019)。

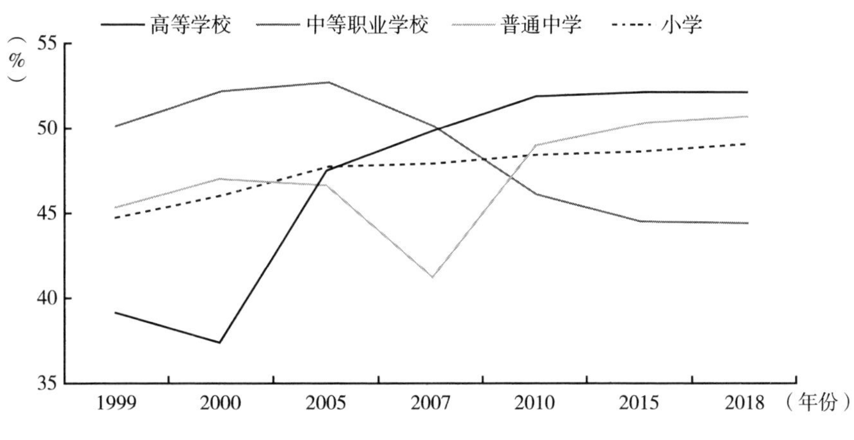

图 10　西藏各级学校女学生占比情况

资料来源：《西藏统计年鉴》(2000、2001、2006、2008、2011、2016、2019)。

外，2019 年成立的西藏自治区女知识分子联合会，是西藏首个由各行各业、各族各界女知识分子自愿组成的社会组织。目前该联合会共有 77 位成员，

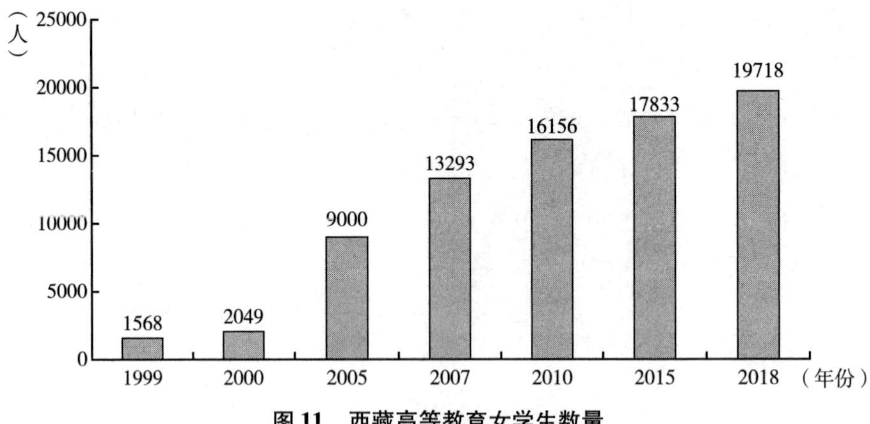

图 11　西藏高等教育女学生数量

资料来源：《西藏统计年鉴》（2000、2001、2006、2008、2011、2016、2019）。

其中博士研究生 10 人、硕士研究生 30 余人、归国留学人员 10 余人，副高以上职称代表占代表总人数的八成以上。[①] 该联合会不仅可以搭建多元的服务平台，还可以引进更多的女知识分子，为妇女平等享有受教育的权利和机会贡献力量。

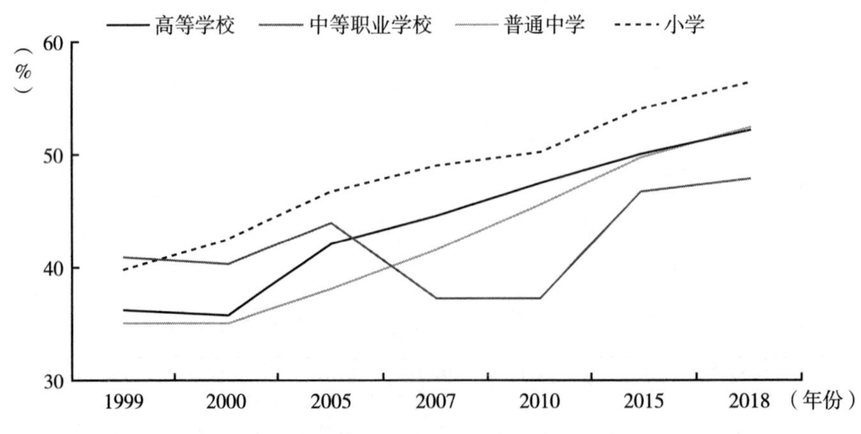

图 12　西藏各级学校女教师占比情况

资料来源：《西藏统计年鉴》（2000、2001、2006、2008、2011、2016、2019）。

① 《团结凝聚高原“巾帼”力量　西藏成立女知识分子联合会》，2019 年 10 月 27 日，新华网，http：//www. xinhuanet. com/local/2019 - 10/27/c_ 1125159093. htm。

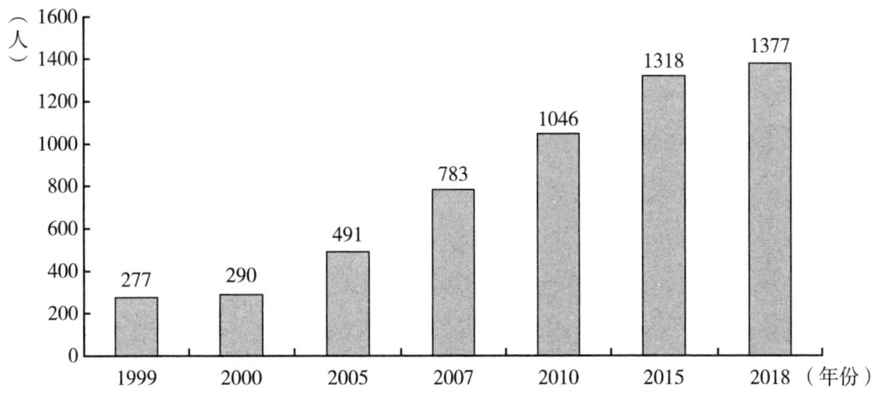

图 13　西藏高等教育女教师数量

资料来源：《西藏统计年鉴》（2000、2001、2006、2008、2011、2016、2019）。

内地西藏班促进妇女的多元文化教育和均衡发展。建设内地西藏班是1985 年中央为促进西藏地区人才发展和汉藏文化交流采取的重要举措。截至2019 年，有 20 个省市的 75 所中学举办西藏班（校）或西藏散插班，12 个省市的 29 所学校举办内地西藏中职班，196 所高校招收西藏班学生，各级各类学校在校生规模达到 3 万余人。30 多年时间里，内地西藏班累计招生 14. 19 万人，其中初中 5. 3 万人，高中 4. 2 万人，中专（中师）1. 1 万人，高校 3. 5 万人，为西藏培养输送了 4. 6 万余名各行各业建设人才，他们成为推动西藏建设的生力军。[①] 由于内地西藏班采取的是依据总分单独划线、单独录取的原则，他们与西藏自治区内的学生并不存在竞争关系，在某种意义上，被内地高中班录取就意味着获得了大学的“准录取通知书”，意味着自由的发展前景。

据林芝市教育局的负责人介绍，内地西藏班具有优质的教育资源，尤其是在硬件、理念、资源、视野、学生培养、见识，还有办学环境、社会环境等方面有优势，大家对内地班都有强烈意愿。

来自加查县共康村的女大学生尼玛就是从山南市考到内地的，她于2017 年毕业于陕西航天职工大学，毕业后由于要留在家里照顾奶奶，便选

① 《33 年来内地西藏班累计招生 14. 19 万人》，2019 年 1 月 22 日，中国西藏新闻网，http：//www. cnr. cn/xz/jrxz/20190122/t20190122_ 524489952. shtml。

择回老家找工作。但她的就业选择面很广，她既在等企业的录用通知，也在准备公务员考试。

来自山南市第二高级中学的4名受访藏族女学生说，她们也想去内地上学，想开阔视野，看看外面的世界。来自桑日县颇章村的六年级女孩仁青也说道，她已经报名内地西藏班了，问她为什么要报名，她说，内地班教学条件更好，想去看看。

不管是内地西藏班、援藏教育还是西藏本地教育，目前都已形成包括初中、高中、中职、专科、普通本科和研究生教育在内的较为完整的办学格局。教育俨然已成为西藏妇女改变命运、转变传统受教育权观念、实现男女平等、促进自由发展的重要平台。

3. 政治参与度全面提升，政治权利得到积极重视

民主改革后，一定比例的西藏妇女进入各级决策管理层，参与国家事务、社会事务的民主管理和监督。她们通过平等的教育、培训和工作机会，获得了更多参与政治决策的权利。来自拉萨市的全国人大代表格桑卓嘎说道，旧社会的时候，我们没办法参政议政，没这个权利，特别是我们妇女。如今西藏各方面都发生了翻天覆地的变化。[①]

西藏妇女参与政治决策和民主管理的比例显著提高，充分行使人民当家作主的权利。西藏全国人大代表中女代表所占比例从第一届的11.11%增长至第十三届的27.78%，增长了1.5倍（见图14）。西藏自治区第一届人大女代表、政协女委员分别占代表、委员总数的13.95%和9.36%，第十一届人大女代表、政协女委员分别占代表、委员总数的27.33%和26.59%[②]，增长率分别为95.91%和184.08%。并且，在西藏第十一届政协委员名单中，各行各业皆有女政协委员代表（见图15）。她们积极行使政治权利，参与脱贫攻坚、医疗健康、妇女就业、教育平等、养老等领域的民主管理和监督，大力推动西藏妇女权益保障的发展。

---

① 《西藏妇女地位的变化翻天覆地》，《中国妇女报》2019年3月17日，第1版。

② 《新中国成立70周年来西藏妇女儿童事业发展成效显著》，2019年9月16日，西藏自治区人民政府网，http://www.xizang.gov.cn/zwgk/xxfb/xwfbh/201911/t20191114_123612.html。

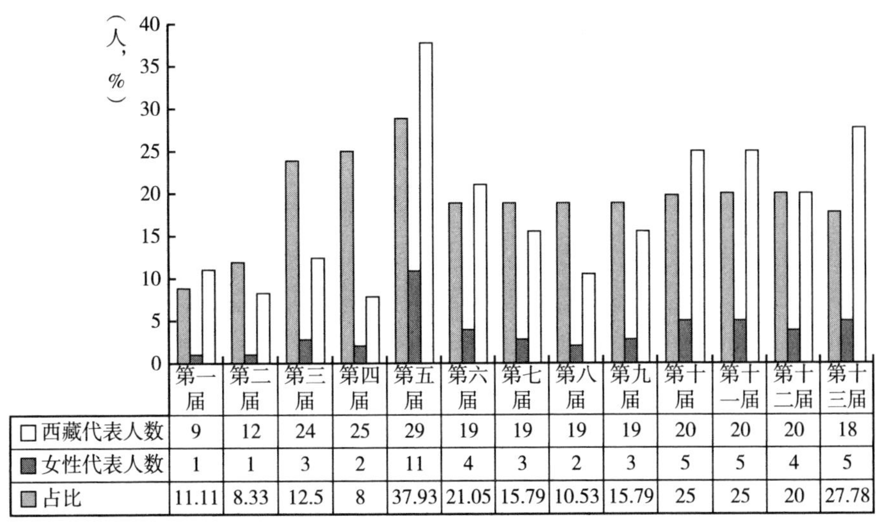

	第一届	第二届	第三届	第四届	第五届	第六届	第七届	第八届	第九届	第十届	第十一届	第十二届	第十三届
□西藏代表人数	9	12	24	25	29	19	19	19	19	20	20	20	18
■女性代表人数	1	1	3	2	11	4	3	2	3	5	5	4	5
▥占比	11.11	8.33	12.5	8	37.93	21.05	15.79	10.53	15.79	25	25	20	27.78

图 14　历届全国人民代表大会西藏自治区女性代表人数及占比

资料来源：中国人大网。

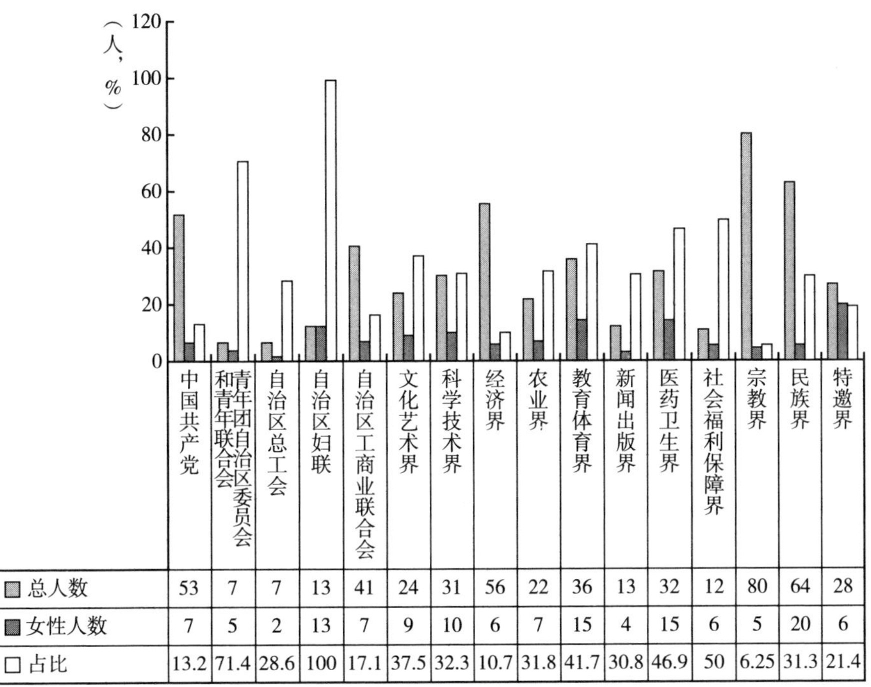

	中国共产党	青年团自治区委员会和青年联合会	自治区总工会	自治区妇联	自治区工商业联合会	文化艺术界	科学技术界	经济界	农业界	教育体育界	新闻出版界	医药卫生界	社会福利保障界	宗教界	民族界	特邀界
▥总人数	53	7	7	13	41	24	31	56	22	36	13	32	12	80	64	28
■女性人数	7	5	2	13	7	9	10	6	7	15	4	15	6	5	20	6
□占比	13.2	71.4	28.6	100	17.1	37.5	32.3	10.7	31.8	41.7	30.8	46.9	50	6.25	31.3	21.4

图 15　政协第十一届西藏自治区委员会女委员代表人数及占比

资料来源：中国西藏新闻网。

西藏妇女党员、妇女干部成为不可忽视的政治力量，积极参与基层民主管理。1960 年，全区女党员有 1120 名，截至 2018 年，全区女党员共有 11 万名。女党员占比自 2014 年起，呈逐年上升趋势（见图 16）。此外，妇女干部在国家机关中也有相当比例。截至 2019 年底，全区有妇女公务员 2.92 万人，占公务员总人数的 32.96%，[①]妇女公务员队伍正走上制度化、规范化轨道，成为后备干部的中坚力量。基层群众自治组织、社会组织中皆有妇女参与，村（居）妇联主席、妇代会主任 100% 进村（居）“两委”。

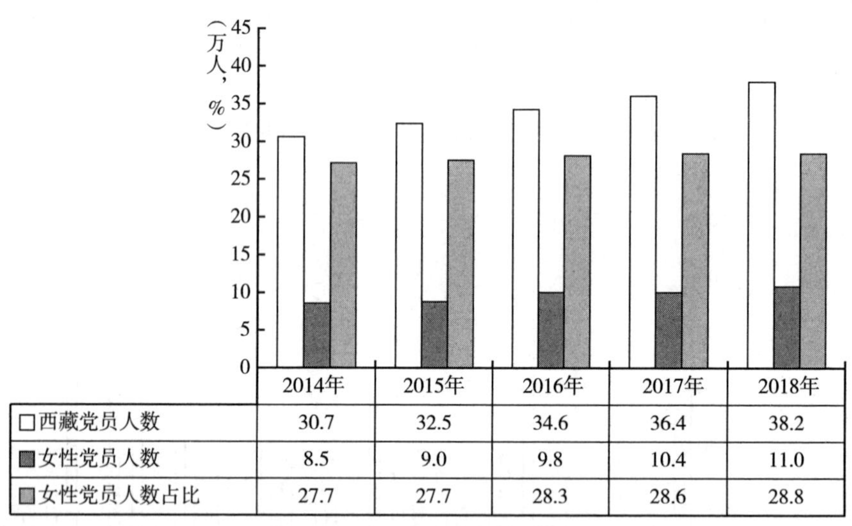

	2014年	2015年	2016年	2017年	2018年
□西藏党员人数	30.7	32.5	34.6	36.4	38.2
■女性党员人数	8.5	9.0	9.8	10.4	11.0
■女性党员人数占比	27.7	27.7	28.3	28.6	28.8

图 16　西藏自治区女党员人数及占比

资料来源：2015、2016、2017、2018、2019 年西藏自治区党内统计公报。

在受访的妇女中，山南市委常委、宣传部部长燕女士（藏族）就是其中一位。她是从内地西藏班毕业的，像她这样去内地上学，毕业后回藏参与国家工作的妇女有很多。燕部长告诉调研组，藏区妇女不但在经济领域发挥着越来越重要的作用，政治地位也明显提高，县级以上地方

① 《西藏：妇女撑起“半边天”公务员中逾三成》，2019 年 9 月 25 日，新华网，http：//www.xinhuanet.com/2019－09/25/c_ 1125040512.htm。

党委、政府领导班子以及党政工作部门领导班子中女干部数量都有明显提高，全区村（居）全部配备女性成员，而且当地尊重妇女的社会风气日益深厚。

来自山南市曲松县的卓玛（36 岁）是一名公务员，她是 2006 年从西藏民族学院（陕西咸阳）毕业的。她认为国家对西藏各方面的政策都落实得特别好，对大学生的政策也很好，她和她妹妹都上了大学。

日喀则市委宣传部马副部长也谈到，女性在西藏国家公务员招聘中表现亮眼，最近几年西藏考试招募的公务员，在乡镇一级 60% ~70% 都是女性。

此外，西藏普通妇女参与决策和民主管理的意识与观念也逐渐增强，她们在《村规民约》的制定、议事、投票阶段均有参加，了解其中的权利义务条款，也认可其规范效力，基层民主建设不断完善。

受访者珞巴族妇女亚加（29 岁）说，村里的《村规民约》有征求过她们的意见，还进行举手表决，最后是她作为一家之主去按的手印。受访者藏族妇女次仁（54 岁）也谈到，她参加了村里的《村规民约》的投票以及宣讲活动。

西藏妇女的政治权利、民主管理能力、政治参与能力不断提高，从自治区到村（居）委会，各级党政机关、事业单位都有妇女参与其中。她们积极行使参与权与决策权，在各自的岗位上发挥着越来越重要的作用，成为西藏干部队伍建设的重要组成部分。

4. 就业权利日渐完善，经济条件大幅改善

妇女劳动参与率显著提高，就业结构逐渐优化，就业权利日渐完善。据统计，女性就业率达到 40% 以上，涉及教育、文化、卫生、司法、民宗、农牧等领域。乡村妇女就业率从 2000 年的 50.03% 增加到 2018 年的 67.43%，增加了 17.4 个百分点（见图 17）。单位女性就业率从 2000 年的 33.3% 上升到 2018 年的 38.2%，增加了 4.9 个百分点（见图 18），各行各业涌现出一批女科学家、教授、企业家、作家、法官等。妇女参与社会经济劳动、获得体面的工作、拥有独立稳定的收入来源，不仅对妇女的物质生活

需求至关重要，也是妇女独立自主作出各种选择的前提，更是妇女广泛参与国家社会事务管理的基础和保证。

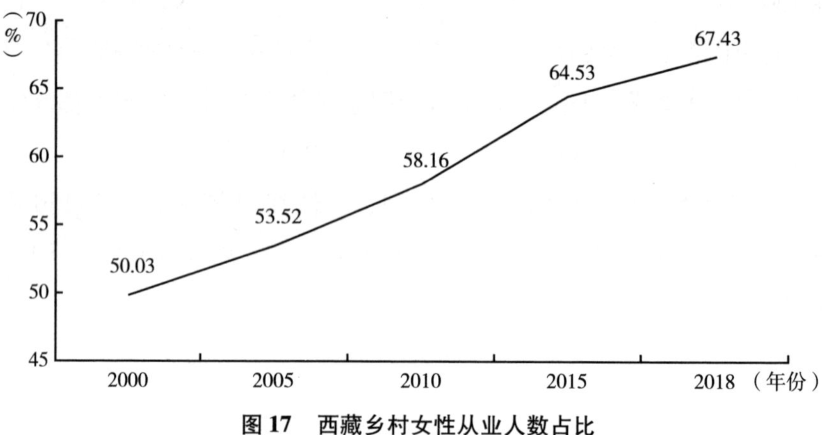

图 17　西藏乡村女性从业人数占比

资料来源：《西藏统计年鉴》（2019）。

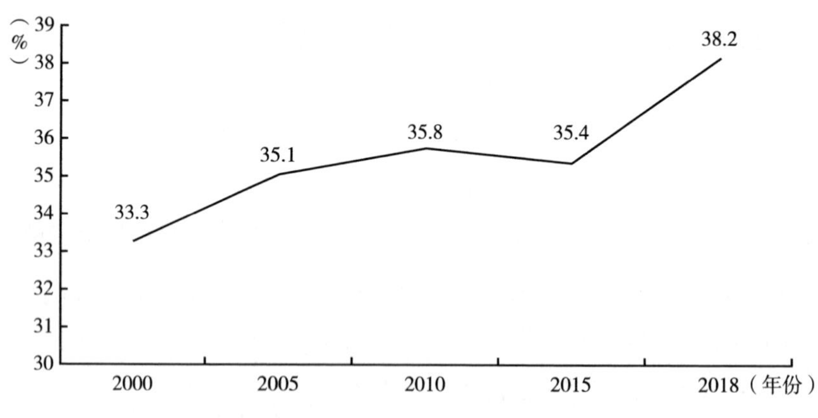

图 18　单位女性从业人员数量占比

资料来源：《西藏统计年鉴》（2019）。

通过调研了解到，许多农牧民家庭的收入构成种类多，除了转移性收入外，她们的工资性收入、经营性收入和财产性收入均有所增长，并成为经济收入的重要组成部分。其中，工资性收入主要是以合作社模式为妇女提供就业机会，增加妇女收入，使得西藏妇女群体在脱贫攻坚中积极参与、广泛受益。

扎囊县主产黑氆氇和白氆氇等民族手工艺品，县委书记雷书记告诉调研组，主要是妇女在做，她们20天左右能做一卷氆氇，大概创收3000~4000元。她们主要利用碎片时间来做，创收高。妇女在家做氆氇，既能创收，又能照顾家庭，总体要比外出劳动收入高。

桑日县颇章村的葡萄基地也是妇女就业增收的重要平台。颇章村负责人告诉调研组，他们村的妇女有多种收入渠道，一是妇女、老年人会到葡萄基地去务工，一年收入大概有7000多元。二是村民家里一般都有家庭小作坊，在家照顾家庭的妇女可以做藏香、围裙、氆氇等。妇女的人均收入在1.2万~1.5万元。

日喀则市郭加新村的手工纺织合作社有30多个妇女参加，主要靠妇女的闲暇时间做编织，每月人均收入4000多元。

日喀则市白朗县陈书记介绍道，手工编织是这里的大产业，公司、合作社大概有120~130家，其中实行企业化经营的注册合作社就有47家。到5月底，这部分产值有5000多万元，就能带动这些平时既要照顾家庭，又要就业的妇女。他们2019年收购了1.8万米，当时工资是150元钱每米，能为妇女创造一个不错的增收机会。

除了通过手工艺、产业基地增加妇女收入之外，来自日喀则市昌果村的妇女扎西，以前是建档立卡贫困户，后来在昌果村幼儿园当老师，一个月2000多元，还兼职在家做编织，一天能挣100多元。目前在搬迁点有了100平方米的新房，还花了4万元自建阳光房，生活水平越来越高。

女致富带头人带动妇女脱离贫困、增收致富，帮助她们大幅改善经济条件。西藏妇女不仅树立了“不等、不靠、不要”的脱贫志向，主动参与到社会劳动和生产劳动中来，还积极带动周围的贫困妇女实现再就业，增加收入。据山南市妇联统计，2020年山南市女致富带头人不少于23名，她们的致富项目主要是以合作社、公司的模式展开，妇女的日工资在200元左右。就业领域涉及珞巴服饰、竹器编织、羊毛制品、足浴服务、卡垫编织、奶牛养殖、欢乐村、土特产加工等（见表12）。其中有些女致富带头人以前是建档立卡的贫困户，她们不仅在政府的帮助下走出家庭，参与劳动，增强经济独立的自身动力和能力，还辐射带动就业困难妇女居家灵活就业，成为妇女自主独立的模范。

表 12 山南市女致富带头人统计

姓名	民族	致富项目
索朗措姆	藏族	措美县当许惠农羊毛制品专业合作社
德庆卓玛	藏族	竹器编织合作社
美朵	珞巴族	手工编织珞巴服饰
桑杰央金	藏族	多却乡桑杰央金缝纫专业合作社
措吉	藏族	羊湖手工艺纺织专业合作社
次仁卓嘎	藏族	洛扎镇噶波居委会民族手工业加工专业合作社
边巴曲吉	藏族	洛扎县生格乡仲村优质手工编织专业合作社
巴果	藏族	山南市金指印象足浴服务有限公司
卓玛	藏族	编织手工业特色产品
桑吉	藏族	琼果纳雄畜牧业农牧民专业合作社
西吉	藏族	农牧民施工队
次仁拉吉	藏族	扎囊县阿雪便民编织传承农民合作社
卓玛央金	藏族	扎囊县桑耶桑普村巾帼女子卡垫厂合作社
央珍	藏族	扎囊县羊嘎居委会巾帼奶牛养殖场
次仁拉宗	藏族	贡嘎县岗堆镇利民农牧民施工队
米玛央金	藏族	贡嘎县岗堆镇吉纳药泉欢乐村
强巴卓嘎	藏族	贡嘎县朗杰学乡雅江农牧民施工队、达见土特产品加工农牧民专业合作社
旦增卓嘎	藏族	贡嘎县杰德秀围裙厂农民专业合作社
达瓦玉珍	藏族	山南市雅砻惠民乳业有限责任公司
贡嘎拉宗	藏族	西藏博巴印民族产品有限公司
其米师达	藏族	山南市阿爸家园商贸有限责任公司
松觉拉姆	藏族	加查县藏木富民农民专业合作社

资料来源：由山南市妇联提供。

此外，在拉萨市、日喀则市、林芝市等也有很多这样的女致富带头人。

来自日喀则市康央纺织厂的女法人代表就是其中一位，她通过合作社的形式带动当地 32 户建档立卡户以劳动力和原材料入股，主要生产手工艺产品。她说：“我的厂里有 36 个妇女员工，还有 76 个社区群众。这个厂总共投资了180多万元，每个人的收益大概是每个月4000多元，而且每人都愿意在家做这个手工。今年（2020年）城南和城北两个街道办事处都进行了分红，分红每户是1500元。还有入股员工的30%投资分红。这些能长久性地解决温饱问题。”

来自拉萨市的茶馆女老板以前是建档立卡的贫困户，后来通过扶贫贷款盖了新房，开了茶馆，三年还清贷款。她的茶馆占地面积有400多平方米，其中建筑面积200多平方米。茶馆的日均收入有2000多元，请了1个员工，月工资4000元，包吃包住，帮助这个员工脱离了贫困，现在这个员工的基本生活不成问题。

通过调研发现，妇女参与劳动，获得就业保障，改善生存条件，体现的不仅是对获得体面优质生活的追求，以及对“男主外、女主内”传统性别观念的摒弃，更是掌握经济话语权，追求自我命运、自由发展的主体性意识的觉醒。同时，她们尽自己的力量帮助妇女走出贫困的行为，是为西藏妇女群体获得集体性权利、获得体面有尊严的生活、赢得社会尊重的重要举措。

5. 社会保障机制全面覆盖，社会保障权利行使更加充分

西藏妇女在生育、医疗、养老、工伤等社会保障方面实现制度性覆盖，全面推进病有所医、老有所养、弱有所扶，为提高妇女物质生活水平、丰富妇女精神文化生活提供了前提和基础。

生育险和基本医疗保险机制逐步健全，使得西藏孕产妇的死亡率大幅下降，这成为西藏妇女卫生保健的关键。近10年来，西藏妇女的生育险参保人数持续增长，2018年的参保率是2008年的2.61倍。妇女享受待遇的人次也逐年上升，2018年的享受人次是2008年的20倍（见图19）。在健全生育险的同时，基本医疗保险机制也得到完善。2018年西藏妇女城镇职工基本医疗保险的参保人数为18万人，占比为41%，与全国女性47.2%的参保率相差不大。其中，山南市全区的基本医保参保覆盖面稳定在98%以上，妇女年满60周岁，其个人缴纳的250元由自治区、地（市）两级财政代为缴纳。西藏妇女预期寿命的提高，在很大程度上得益于生育险和基本医疗政策的扎实推进。

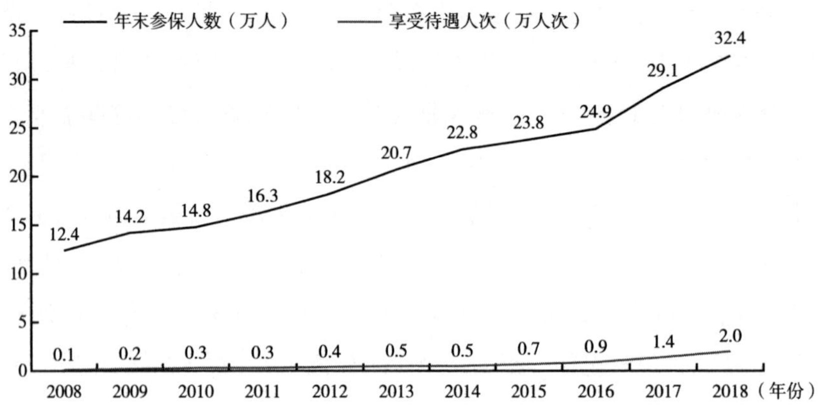

图 19　西藏女性生育险参保人数和享受待遇人次

资料来源：《中国卫生健康统计年鉴》（2019）。

西藏妇女的养老政策不断加强，为妇女晚年的物质需求和精神文化生活奠定了基础。西藏 2018 年城镇职工基本养老保险参保人数为 20.9 万人，其中女性占比为 45.2%，高于全国女性 44.7% 的占比。

调研组在山南市乃东区特困人员集中供养服务中心，看到了老人们丰富的晚年生活，她们的物质生活水平大幅提高，而且精神状态良好。

山南市曲松县的卓玛也谈道，她觉得国家对西藏各方面的政策都落实得特别好，尤其是养老这块做得特别好。

西藏妇女的社会保障机制不断完善，社会保障权利行使更加充分。这不仅体现了西藏妇女对物质生活方面的“硬需求”呈现升级态势，她们渴望生命权、健康权、工作权、受教育权、居住权、环境权等得到更好的保障，也反映出西藏妇女对有关获得感、幸福感、尊严、男女平等的“软需求”提出了更高的期盼和要求。

（二）西藏妇女权益保障面临的挑战

西藏妇女在卫生保健、受教育状况、政治参与、经济地位、社会保障等权益方面均获得了显著的发展，对西藏自治区整体的社会经济发展发挥了积极的作用。但通过调研也发现，由于西藏与内地之间、西藏各地之间发展不平衡不充分等结构性因素，以及受到传统观念、文化习俗、生活习惯等主观性因素制约，西藏妇女的权益保障还面临诸多挑战。

1. 生命权和健康权保障有待完善，妇女老龄化问题成为新挑战

尽管西藏妇女的生命质量和健康水平明显提高，但与全国相比仍然存在一定差距，特别是在孕产妇的系统管理率、住院分娩率方面。这一方面是源于根深蒂固的生育观念、卫生习惯、传统疾病观和就医观，另一方面也与基本公共服务发展的不平衡不充分密切相关，村级卫生服务体系基础薄弱，卫生服务人员技术水平还不能满足妇女的健康需求。此外，妇女常见病、多发病的检查率不高，平均不到50%，间接导致妇女患病率高，这必然会对妇女的健康管理产生影响，增加妇女面临的健康风险。同时，妇女预期寿命的增长可能导致妇女老龄化问题严重，各地区的特困群体集中供养中心并不能完全满足入住需求，而且护理人员严重不足、专业性不强，仍有大部分老年妇女群体在家养老。正如调研中的受访妇女提到，由于家中无人照顾奶奶，不得不放弃去内地就业发展的机会，这也反映出年轻人发展权与老年人生存权之间的矛盾。

2. 教育平权问题依旧凸显，妇女继续接受教育的需求亟待重视

虽然西藏妇女接受各级各类学校教育的机会已基本实现平等，各地市也在积极推进“互联网 + 教育”模式，不断完善教育硬件设施，但由于不同地区经济发展水平差异、城乡发展不平衡等结构性因素影响，不同地区妇女的受教育状况仍存在显著差异，尤其是在教育理念、教育环境、数字化教育等“软件”方面还有待提升。内地西藏班的需求供给仍有缺口，民众对内地西藏班的求学意愿非常强烈。此外，西藏妇女的文盲率较高，2018 年女性文盲人口占 15 岁及以上文盲人口的 43.95%，是全国的 5.84 倍。其中未上过学和只上过小学的女性占比达到 70%，平均受教育年限低，妇女接受高中以上教育的比例要低于男性。虽然全区都在进行“四讲四爱”宣讲活动以及“巾帼夜校”“小手牵大手”等教育培训，但由于目前的女文盲人口主要是中老年人，其消减难度更大。调研的受访者中有部分妇女没有接受过教育，不识字，语言沟通有障碍，虽然有继续接受教育的意识和观念，但由

于需要照顾家庭或是外出工作，其没有时间和精力去学习加强自身建设，接受各类培训的机会也少，导致其很难通过继续教育实现个人价值。

3. 参与政治民主权利的深度与广度、意识与能力依旧不足

妇女在公共事务、政治决策中的参与状况是衡量一个国家或地区社会地位的关键性指标。虽然西藏妇女在全国人大代表、自治区人大代表、政协会议、党代会、基层群众性自治组织中均占有比例，但总量依然不大，配备不均衡，比例偏低，与经济社会发展和精神文明建设的要求不相适应。以西藏女人大代表为例，其占比均不超过 30%，妇女的有效参政权明显不足。[①] 1995 年世界妇女大会通过的《行动纲领》，明确要求各国女性参政比例要达到 30%，[②] 这表明妇女参与决策管理的深度与广度还有待改善。此外，与城镇妇女相比，农牧区妇女的自我发展意识淡薄，在主动参政、干部选拔、民主管理与监督等方面的观念和认知明显滞后。少数民族妇女的文化特质，固化了她们的传统角色定型。[③] 社会对妇女的定位仍局限于家庭角色，而非政治角色，她们在自我价值取向上也往往更注重家庭。调研中的妇女大多数都是在家操持家务，或者就近务工，她们对参政议政、参与基层治理的主动性意识较低，缺乏有效参政实践，没有“自我造血”和寻求社会帮助的能力。这就导致其难以获得平等参与政治决策、社会事务管理的权利，进而也无法将参与政治民主权利的长远利益与当前的现实利益有机结合，更难以消减立法或政策形成中的性别歧视或性别偏差给妇女权益带来的源头伤害。

4. 隐形的就业性别歧视仍存在，就业权利仍受到限制

西藏妇女通过积极参加劳动，提高家庭收入，改善经济条件，极大地推动了西藏社会、政治、经济、文化的发展。但通过调研发现，西藏农牧区妇女的就业范围主要集中在农牧业生产、民族手工艺等领域，就业范围狭窄且

---

① 《中华人民共和国第十三届全国人民代表大会代表名单》，2018 年 2 月 24 日，新华网，http：//m. xinhuanet. com/2018 -02/24/c_ 1122448968_ 4. htm。

② 陈爱武：《新中国 70 年妇女人权保障之回顾与展望》，《法律科学（西北政法大学学报）》2019 年第 5 期。

③ 李莹：《中国农村基层少数民族妇女政治参与困境的思考》，《云南民族大学学报》（哲学社会科学版）2015 年第 2 期。

局限，隐性的就业性别歧视仍存在：一是多数妇女缺乏职业技术技能，就业竞争力整体较弱，容易被排挤到低层次、低职位、低报酬的工作中去，大多数妇女只能从事体力劳动，自由就业的权利受到限制；二是家庭中的男性外出打工者较多，妇女留守在家成为农牧业生产的主力，也只有在闲暇时才能开展手工艺活动或参加其他技能培训，技能培训的有效性也亟待加强；三是缺乏就业信息和服务平台，接收和运用信息的能力较弱，妇女走出去创业和自主发展的机会少。而目前以民族手工艺、餐饮服务、种植业为主的职业技能培训，由于缺乏资金支持与科学管理，尚不能完全满足妇女的就业需求。受访的珞巴族妇女提到，她参加过村里组织的去北京参观手工纺织的活动，非常开阔视野。虽然她现在需要照顾家庭，但还是希望能通过手工织布自主创业。

（三）西藏妇女权益保障的完善建议

通过数据资料和调研访谈，可以看出西藏自治区是从人权的高度认识妇女发展、性别平等问题，将社会性别意识纳入法律体系和公共政策，将妇女权益的关注重点从公共生活领域扩展到私人生活领域，[①] 着重保障和改善妇女民生，实现城乡妇女的协调发展、均衡发展。因此，完善妇女权益保障的关键在于积极落实法律法规政策，强调妇女作为“人”的价值和应有权利，以及国家在确认和保障妇女权利方面应当承担的法律义务和道德责任，建立起对妇女的身份关怀和制度保障，推进西藏妇女权益保障走上新台阶。

1. 加强卫生保健工作，鼓励妇女参与社保

完善妇女卫生保健工作、确保优质的生命周期是西藏妇女权益保障的前提和基础。一是积极落实对妇女卫生健康保障的策略措施，尤其是要通过提高健康服务水平和产科服务质量，为孕产妇保健，妇女常见病、多发病的检查、筛查和治疗工作提供便利，建立健全基本医疗卫生服务机制和法律政策性别评估机制，从源头上防范对妇女权益造成的损害，加强对妇女生命权和

① 张晓玲：《人权与性别平等》，《广州大学学报》（社会科学版）2008 年第 9 期。

健康权的保障。二是鼓励妇女积极参与社保，逐步落实“先住院后结算”，优先帮助家庭困难的妇女解决无力承担先期治疗费用的问题，继续实施农牧区孕产妇免费住院分娩、住院分娩奖励、生活救助等优惠政策，重点加大农牧区健康知识教育宣传和公共卫生服务建设的力度。同时，有针对性地解决不同老年妇女群体的养老问题，继续推进医养结合的养老模式，完善特困群体集中供养中心升级改造工程，促进养老服务提质增效，以此平衡好年轻人发展权与老年人生存权之间的矛盾，防止妇女因病返贫、因老返贫，减少妇女发展的后顾之忧。三是不仅重视妇女的身体健康，更要关注妇女的心理健康。积极宣传和引导妇女转变观念，认识到心理问题是一种病，不良的情绪是可以被医治的，进而保障妇女的身心健康。

2. 积极推进数字化教育模式，鼓励中老年妇女继续接受教育

积极推动“互联网 + 教育”模式，在不断完善本地教育硬件设施的同时加强“软件”设施建设，了解学生的教育需求。同时，也要充分利用现有内地西藏班的资源优势，为学生开阔视野、拓展思维、改变陈旧观念提供便利。针对中老年妇女渴望继续接受教育的问题，政府应大力保障中老年妇女再次接受教育的权利和机会，尤其是加强农牧区中老年妇女的扫盲教育、职业教育和卫生健康教育工作，逐步消减女文盲人口数量，提高妇女的就业竞争力和卫生保健能力。同时也可以利用农牧区妇女对抖音、快手、微信等社交平台的偏爱，开设线上教育，让妇女通过手机就能获得知识与教育。既增强她们的自信心，使她们在社会上获得发展，又能对其子女的启蒙教育起到直接的推动作用，激励她们的子女主动入学，鼓励其追求优质教育。

3. 完善主动参政、有效参政的措施，提高妇女参政的意识和能力

考量妇女的参政程度或参政力度，不仅要有“数量性”的指标，还要有“质量性”的指标。虽然西藏自治区从法律法规政策层面明确规定了强化和完善妇女参政议政的权利和措施，但在实施过程中，这些条文规定缺乏相应的责任机制，刚性约束力不强，导致其落实情况具有弹性样态。因此，从全区层面，一是要积极引导和鼓励广大农牧区妇女更新观念，增强妇女群体意识和参与社会事务管理的能力。多渠道多方式宣传西藏妇女在各行各业

的成就和贡献，尤其是大力宣传妇女在参政议政中的优秀典型，举办优秀女干部交流会、座谈会，营造男女平等参政的社会氛围，潜移默化地改变其传统的参政观念。二是要严格落实法律法规政策中规定的妇女参政比例，尤其是对农牧区妇女如何实现主动参政、有效参政的目标进行具体量化规定，严格落实责任制和配额制。三是利用多种方式，加强对妇女干部的短期、中期和长期培训，充分发挥党校或培训中心的作用，全面提高妇女干部的理论素养、政治素养、业务素养、法律素养、管理水平等，提高自身参与国家事务、社会事务管理的能力，以及运用所学理论知识指导实践、解决现实问题，推动工作的主动性与能动性。

4. 培养女致富带头人的引领示范作用，保障就业权利

《2020 年西藏自治区政府工作报告》提出，要继续开展“订单定向式”职业技能培训，深入实施职业技能提升行动。[①] 要发挥妇女在西藏社会发展中的主体作用，就要不断完善妇女职业技能培训体系。结合调研情况，第一，进一步培养农牧区女致富带头人增收致富的能力，不断强化妇女创业致富意识，支持和鼓励她们发挥辐射带动作用，扶持更多的农牧区妇女就地就近就业增收。可通过一帮一、一帮多的形式，组织技术、项目、资金合作，形成“先富带动后富”“一人带多人，多人带一片”的创业氛围，让更多的农牧区妇女获得更大的经济效益和社会效益。第二，以促进农牧区妇女就业和家庭增收为目标，开展针对妇女就业需求的技能培训，引导广大妇女转变就业观念，鼓励其从传统的第一产业向第二、第三产业转变。尤其是当前西藏的旅游业蓬勃发展，有利于实现农牧区妇女的工作转型。同时也要注意，在培训时间、培训方式、培训场所等方面必须结合农牧区妇女的实际需求，既要充分利用现代化传播工具的培训便利，也要发挥传统优势，举办培训班、入村宣讲、现场咨询等，以及组织妇女外出参观学习、转变观念，但要尽可能避免妇女照顾家庭与农时工作的冲突。

---

① 《2020 年西藏自治区政府工作报告》，2020 年 3 月 3 日，西藏自治区人民政府网，http://www.xizang.gov.cn/zwgk/xxfb/zfgzbg/202003/t20200302_133323.html。

西藏妇女权益保障的发展历程，既是一部妇女获得平等发展机会、享受平等发展成果、改变自我命运、实现自身价值的发展史，也是妇女破除传统性别角色的束缚、转变观念和认知、提高权利意识、凸显主体性地位的观念史。尤其是西藏妇女占全区人口的一半左右，是西藏经济社会发展的重要力量。正如习近平总书记所说，“保障妇女权益必须上升到国家意志”，[①] 在发展中保障妇女权益，在保障中促进妇女发展，党和国家要积极解决妇女最关心最直接最现实的利益问题，促进妇女全面发展，实现妇女解放，充分发挥妇女在西藏社会发展中的积极作用。

参考文献

1. 拉毛措：《新中国中央历代领导人对妇女事业的重要贡献》，《青海社会科学》2019 年第 5 期。
2. 常健：《改革开放 40 年中国人权事业发展的动力、成就与特点》，《人民法治》2019 年第 1 期。
3. 刘作翔：《权利平等的观念、制度与实现》，《中国社会科学》2015 年第 7 期。
4. 郝铁川：《权利实现的差序格局》，《中国社会科学》2002 年第 5 期。

① 习近平：《保障妇女权益必须上升为国家意志》，2020 年 10 月 2 日，中国新闻网，https：//www. chinanews. com/gn/2020/10 - 02/9305331. shtml。

B.25

凉山州深度贫困地区易地扶贫搬迁调研报告*

杨 艳　阿加阿依木**

摘　要：凉山彝族自治州通过开展易地扶贫搬迁工作使7个贫困县成功摘帽，搬迁群众实现全部入住，安置点配套基础设施逐步完成。面对新型安置社区，凉山彝族自治州从安置社区具体情况出发，以安置群众利益为核心，采取符合安置点特点的治理模式，促进被安置群众适应新的社会环境和生产生活方式，在实现"脱贫"目标的基础上逐步实现"致富"的目标。

关键词：少数民族地区　易地扶贫搬迁　脱贫攻坚　反贫困

易地扶贫搬迁是对"一方水土养不起一方人"，自然条件严酷、生存条件恶劣、发展条件严重欠缺等贫困地区，采取"挪穷窝""换穷业""拔穷根"等方式，解决贫困人口长久的贫困现状。易地扶贫搬迁坚持精准识别、精准搬迁，政府主导、群众自愿，因地制宜、科学规划，整合资源、稳定脱贫等原则，以整体搬迁和部分搬迁、集中安置和分散安置的形式，利用地域优势，达到脱贫的目的。四川省凉山州面临区域性整体贫困问题是实施易地

---

* 本文为四川省哲学社会科学重点研究基地四川医事卫生法治研究中心项目"重大疫情中的公民权利保障与限制"（项目编号：YF20－Q02）的阶段性成果。

** 杨艳，四川大学博士研究生，主要研究方向为宪法、民族法学；阿加阿依木，越西县德吉乡驻村第一书记，主要研究方向为民族法学。

扶贫搬迁的重点地区。在2016年印发的《四川省“十三五”易地扶贫搬迁规划》中，易地扶贫搬迁工作涉及21个市144个县35万户116万农村建档立卡贫困人口，其中大小凉山13个县24.88万农村建档立卡贫困人口，占搬迁建档立卡贫困人口的21.45%。[①] 至2020年底，凉山州贫困县全部实现脱贫。本课题组采取实证调查、深度访谈的方式，对凉山易地扶贫搬迁的工作人员、搬迁群众进行了调研访谈，了解凉山易地扶贫搬迁过程中面临的困难，以及所采取的解决措施。

一 凉山州易地扶贫搬迁的背景

凉山州受到地理位置、自然环境的限制，经济发展较为缓慢，是我国连片深度贫困的三区三州之一，也是脱贫攻坚任务最艰巨的地区之一，“一方水土养不起一方人”的情况尤为突出。昭觉县阿土列尔村是人们熟知的“悬崖村”，自然环境恶劣、生存条件艰苦、交通极为不便，是易地扶贫搬迁中整体搬迁的典型。村民居住在高山，基础设施建设难度高，就医就学就业困难。村民出行只能攀爬悬崖上的藤梯，存在极大的安全隐患。村民仍旧维持自给自足、“靠天吃饭”的传统农业生产模式，贫困问题尤为严重。

为了改善当地群众的生存条件和生活水平，凉山州政府积极落实易地扶贫搬迁政策，将长期处于贫困的人口从不适宜人类居住的环境中搬离，安置于生态宜居、交通便利的地区，实现贫困人口的整体脱贫。《凉山州“十三五”移民扶贫搬迁工作指导意见》详细规定了易地扶贫搬迁任务，需要搬迁的人口高达35.32万人，占全国近1000万易地扶贫搬迁人口的3.5%，占四川省136.05万易地扶贫搬迁人口的26%，占凉山州贫困人口的36%。[②]

为了保障凉山贫困人口易地扶贫搬迁工作的顺利开展，四川省制定了

---

① 数据来源：《四川省“十三五”易地扶贫搬迁规划》第9页。

② 沙马石作：《“搬”出幸福美好新生活——凉山“十三五”易地扶贫搬迁工作纪实》，2020年9月9日，凉山彝族自治州人民政府网，http://www.lsz.gov.cn/ztzl/rdzt/tpgjzt/tpyw/202009/t20200909_1687050.html。

《大小凉山彝区“十项扶贫工程”总体方案》，从2014年到2020年，对大小凉山彝区13个县（区）采取强化彝家新寨建设、乡村道路畅通、农田水利建设、教育扶贫提升、职业技术培训、特色产业培育、农业新型经营主体构建、产业发展服务、卫生健康改善和现代文明普及等“十项扶贫工程”。在《关于支持大小凉山彝区深入推进扶贫攻坚加快建设全面小康社会进程的意见》中，进一步强调要提供财政支持、加强基础设施建设、改善人居环境等，以保障易地扶贫搬迁工作的顺利开展。2020年12月15日，凉山州启动了易地扶贫搬迁集中安置新型社区治理“彝路相伴”三年行动计划，与四川省民政厅、四川大学、西南财经大学、西南民族大学、成都信息工程大学、西华大学等签署合作协议，推进新型社区治理体系和治理能力现代化建设。2020年，国务院扶贫开发领导小组和四川省对凉山州7个未脱贫县实施挂牌督战，除资金支持外，还建立省领导与贫困县联系机制，保证易地脱贫搬迁工作有序开展。2020年6月21日，凉山州最后一个安置区——布拖县城集中安置区建成分房，凉山州易地扶贫搬迁基本完成。2020年11月16日，四川省人民政府发布《关于批准普格县等7个县退出贫困县的通知》（川府函〔2020〕227号），同意凉山彝族自治州普格县、布拖县、金阳县、昭觉县、喜德县、越西县、美姑县7个国家级贫困县退出贫困县（见图1）。

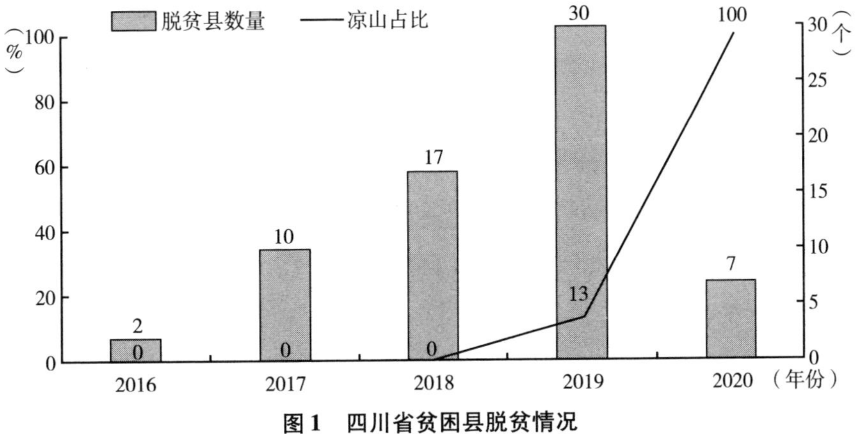

图1　四川省贫困县脱贫情况

资料来源：国务院扶贫开发领导小组办公室《832个国家贫困县历年摘帽名单》。

二　凉山州易地扶贫搬迁及其脱贫成效

2020年，凉山州通过集中安置和分散安置的形式，建成易地扶贫搬迁住房7.4万套。① 通过财政支持，住房建设，教育、医疗、卫生等基础设施建设，就业保障等措施，为贫困人口创造了长久居住和生活的条件，确保搬迁的贫困人口实现“搬得出、留得住、能致富”的目标。全年共有35.32万贫困人口成功实现脱贫。

凉山易地扶贫搬迁的迁出点生态环境恶劣，村民居住条件简陋，全家人挤住在一间茅草土坯房。传统的农耕方式只能满足最基本的生活需求，甚至难以解决基本温饱问题。易地扶贫搬迁以改善居住环境、提供居住房屋、保障就医就业就学等方式，改善了贫困人口的基本生存条件。它从物质保障、生产生活方式、民生等方面，全面充分考虑搬迁群众的生存需求，在“搬得出、留得住”的基础上实现“能致富”的目标。凉山易地扶贫搬迁安置点以集中安置为主，尊重彝族文化，建设具有彝族文化的彝家新寨，保留传统的彝族建筑文化。在党的统一领导下，凉山州在易地扶贫搬迁安置点创立了新型的社区治理模式，促进搬迁群众的经济融入和社会融入，建构和谐友好、互帮互助的社区生活环境。

（一）提供生态宜居的生活环境

安置点的选择，是易地扶贫搬迁首要考虑的因素。凉山州共有集中安置点1509个，其中有10个3000人以上的安置点，21个800人以上的安置点。② 集中安置点需要满足搬迁人员的基本生活需求，基础设施建设良好，

① 贺劭清、陈选斌、张浪：《探访四川凉山易地扶贫安置点：做好“后半篇”文章》，2020年8月31日，凉山彝族自治州政府网，http://www.lsz.gov.cn/jrls/gzdt/bmdt/202008/t20200831_1680654.html。

② 何勤华：《努力把安置点建成民族地区基层治理示范区》，《四川日报》2020年6月22日，第1版。

不存在地质灾害的隐患。通过相关部门的现场勘查、综合评估，对生态环境、地质灾害发生情况进行全面了解，考察集中安置群众依赖的生活资源，选择群众能够实现脱贫的区域进行安置点建设。凉山州越西县共选择 130 个集中安置点，对 21814 名搬迁人员进行集中安置，安置点房屋采取彝族传统建筑风格。2020 年，面对突如其来的新冠肺炎疫情，凉山易地扶贫安置点建设面临着严峻的挑战。为了确保易地扶贫搬迁顺利进行，"四川省落实疫情防控补助资金 400 万元，解决协调施工人员、砂石、砖头、混凝土、防疫物资的保障"。[①] 同时，四川还成立了由 24 名工作人员组成的专门工作组，在昭觉、布拖、金阳、美姑等县开展蹲点督战，对 302 个进入收尾工作的在建安置点进行实地督战，确保每一个安置点建设工作顺利推进，保证搬迁群众能够按计划完成搬迁。2020 年 6 月 1 日，布拖县城集中安置区建成，各个安置点的建设基本完成，分房入住工作有序展开，搬迁群众分批入住安置房。

（二）保障搬迁群众生活质量

易地扶贫搬迁要实现"搬得出、稳得住、有保障、能致富"目标。"搬得出"涉及对安置点的选择，改变"一方水土养不起一方人"的现状，为搬迁群众提供生态宜居的生活环境。而"稳得住、有保障、能致富"则涉及民生工程的配套建设，解决搬迁群众就业、就学、就医问题（简称"三就问题"）。

凉山彝族自治州易地扶贫搬迁安置点的规模各不相同，3000 人以上的易地扶贫搬迁安置点数量多。面对安置人口数量多、结构复杂、搬出区域分布广、民族文化差异明显等现实情况，州政府在建设安置点住房、基础设施建设等方面给予了充分的考虑，易地扶贫搬迁安置点建设配备了医疗中心、学校、便民服务中心、文化活动广场等基础设施，保障了搬迁群众的基本生活。如表 1 所列的安置点，配备有幼儿园、小学、卫生所、活动室等基础设施。

① 《四川易地扶贫搬迁任务 6 月底全面完成》，《内江日报》2020 年 3 月 28 日，第 2 版。

表1　凉山彝族自治州3000人以上集中安置点情况

序号	安置点名称	安置方式	建档立卡贫困户/人	建筑面积（平方米或亩）	配套基础设施
1	越西县越城镇城北感恩社区	集中安置	1421户 6660人	占地253亩，建筑面积12.9万平方米	配套2所幼儿园、1所小学、1个卫生室、1座篮球场、1个大超市，另有管委会办公区、卫生室、文化室、警务室、村民活动中心等公共服务设施，同时还建了室外健身场所、扶贫车间等
2	昭觉县城北乡沐恩邸社区	集中安置	1428户 6528人	占地面积207亩，建筑总面积13.34万平方米	配套1所幼儿园、1所中学、1所高中、1所特殊学校、1间卫生室、1间警务室、1个菜市场、1座标准篮球场、2所超市、1所银行（正在施工中），另有居民活动室、老年人活动中心、四点半课堂、彝绣工坊
3	美姑县牛牛坝乡北辰社区	集中安置	1026户 5160人	占地150亩，建筑面积2.29万平方米	配套1所幼儿园、1所小学、1个卫生室、4个大超市，另有管委会办公区、卫生室、文化室、警务室、村民活动中心等公共服务设施，同时还建了室外健身场所、扶贫车间等
4	美姑县牛牛坝乡西荣社区	集中安置	1188户 5910人	占地157.63亩，建筑面积11.7168万平方米	配套1所幼儿园、1所小学、1个卫生室、1个大超市，另有管委会办公区、卫生室、党群服务中心、临时便民菜店、文化室、养老服务中心、村民活动中心等公共服务设施，同时还建了室外健身场所、扶贫车间等
5	金阳县马依足东山社区	集中安置	1200户 6595人	建筑面积13.83万平方米	配套1所幼儿园、1个社区卫生服务中心，另有农贸市场、民俗活动场地、东山社区文化广场
6	喜德县光明镇彝欣社区	集中安置	1399户 7084人	占地395亩，建筑面积18.93万平方米	配套2所幼儿园、1所小学、1所中学，建有卫生室、警务室文化室、日间照料中心、幼儿游乐中心、党群服务中心、农村电影放映中心、文化广场、超市、电子商务服务中心、妇女之家、青年之家、劳务招聘服务点等设施设备

续表

序号	安置点名称	安置方式	建档立卡贫困户/人	建筑面积（平方米或亩）	配套基础设施
7	布拖县特木里镇依撒社区	集中安置	2890 户 14230 人	建筑面积 25.6 万平方米	配套 1 所幼儿园、1 所小学，建有青年之家、妇女之家、职工之家等活动场所，以及日间照料中心、居家养老服务中心等专业化服务机构

资料来源：根据调研资料和相关网站资料整理。

1. 基础设施建设

在住房建设方面，凉山易地扶贫搬迁安置点建设达到拎包入住的标准，为搬迁群众提供沙发、厨具、床等基本的生活必备品。为了提升住房的质量、满足搬迁人员的居住需求，越西县启动了“厕所改造、厨房功能完善、院坝硬化”工程，对尚未单独设立厨房、厕所的房屋，根据搬迁人员的需求进行改造。该项工程涉及越西县 19 个乡镇 42 个村 1441 户安置群众（见表 2），提高了安置房的使用价值，方便了群众的新生活。在厕所改造方面，对厕所内蹲便器、冲水桶、洗手池等功能设施进行完善，对需要完善的搬迁群众每户补助 1200 元，对需要单独进行化粪池建设的，每户补助 1800 元。在厨房功能方面，对厨房内的案板、洗菜池、饮水、用电、排水排污管道等设施进行完善，明确案板应当长 1.8 米、宽 0.6 米、高 0.7 米。为了确保环境的干净整洁，厨房的墙面贴了瓷砖。在院坝硬化方面，要求每户硬化 30 平方米，按照具体的建设情况提供相应的资金支持。通过对住房厕所、厨房、院坝的改造，提高了住房的适居性，为搬迁群众提供了卫生便捷的生活环境。

表 2　越西县易地扶贫搬迁户房屋功能提升项目实施计划

序号	乡(镇)	村(个)	户数(户)
1	保安乡	3	43
2	保石乡	3	154
3	德吉乡	1	43
4	尔觉乡	2	82

序号	乡(镇)	村(个)	户数(户)
5	尔赛乡	2	95
6	河东乡	1	10
7	拉白乡	2	29
8	拉吉乡	4	48
9	拉普乡	1	54
10	乐青地乡	2	121
11	梅花乡	2	13
12	乃托镇	1	27
13	申果乡	5	39
14	书古镇	2	70
15	瓦曲觉乡	1	66
16	五里箐乡	1	27
17	新乡乡	3	27
18	依洛地坝镇	2	105
19	竹阿觉镇	4	388
合计		42	1441

资料来源：根据调研地点资料整理。

在搬迁安置点的建设中，还为搬迁群众预留了菜园，群众可以在安置点种植蔬菜，一方面满足了群众日常的基本饮食需求，另一方面也使依赖于土地的群众延续种植的习惯，尊重了搬迁群众的现实需求。

2. 就医、就业、就学保障

易地扶贫搬迁是将生活在自然环境恶劣、生态环境脆弱的群众搬迁至宜居的生活环境。为搬迁群众提供长久生活的环境，不仅需要为搬迁群众提供基本的居住条件，解决群众的“三就”问题也至关重要。让搬迁群众实现“两不愁三保障”的目标，不仅使搬迁群众“搬得出”，还应该实现“留得住、能致富”。凉山在易地扶贫搬迁安置中充分考虑搬迁群众面临的就医、就学、就业问题，从基础设施建设、技能培养、民族文化开发、公益性岗位设置等方面，着力解决搬迁群众面临的现实问题，为群众提供良好的生活环境。

第一，保障了搬迁群众的工作权。各个安置点根据搬迁人员的数量和安置点的范围，设置治安协管、保洁绿化等公益性岗位，按照公益性岗位的数量不低于人口比例1%的标准设置，既保障了安置点的安全、整洁，也解决了部分人员的就业需求。凉山州累计提供农村公益性岗位24308个，累计安置24253人①。公益性岗位每月发放500～800元的工资，提供基本的社会保障。聘用的对象为搬迁群众中家庭比较困难、外出务工难的人员。在集中安置的布拖县特木里镇依撒社区设置了300个公益性岗位，聘用人员主要从事物业管理、安保、保洁、楼长等职务，解决了部分搬迁群众的就业问题。

易地扶贫搬迁群众脱离了原有的生产生活方式，需要不断适应新的生活环境和生活方式。为了保障搬迁群众的生活，凉山州采取多方位、多领域、多渠道的就业措施，持续开展技能培训，创建民族文化产品品牌，建立产业实习基地。美姑县牛坝乡北辰社区彝族刺绣工作坊采取“非遗＋扶贫”的模式，发挥彝族传统手工技艺的优势，打造具有民族特色的文化产业，为贫困人口带来就业岗位和收入。“非遗＋时尚＋电商”的模式则充分利用最新的信息技术和交流平台，为群众创造就业机会、拓宽就业渠道，也促进了民族文化的传承。采取多模式的就业方式，一方面提升了搬迁群众的自身技能，使其适应社会经济建设发展的需求，增强职业竞争的能力；另一方面也开发了民族文化产业，开拓了民族产品的生产、销售渠道，发挥了搬迁群众的优势。布拖县特木里镇依撒社区积极采取促进就业措施，通过申请补助的方式，为贫困人口提供经济支持，提高贫困人口自主脱贫的能力。该社区明确规定，贫困群众养一头猪或者200只鸡以上就可以申请600元的补助；种植马铃薯、玉米、苦荞等农作物，可以申请100元/亩的补助；种植青花椒、核桃等经果林则可以申请300元/亩的补助。②

第二，保障了搬迁群众的受教育权。在易地扶贫搬迁安置过程中，政府

---

① 《我州发挥农村公益性岗位“兜底线、解急难”作用 开发农村公益性岗位24000余个》，凉山彝族自治州人民政府网站，2020年6月3日，http：//www. lsz. gov. cn/jrls/gzdt/bmdt/202006/t2020060 3_ 1617535. html。

② 数据来源于调研资料。

充分考虑就学问题，在集中安置点建设了幼儿园、小学等，解决学生就近入学问题。凉山彝欣社区易地扶贫搬迁集中安置点建设了可以容纳600名儿童的东沟幼儿园和彝欣幼儿园，一所可容纳2500名学生的欣欣小学，以及可容纳3500名学生的向荣中学。喜德县光明镇彝欣社区、越西县城北感恩社区、昭觉县沐恩邸等社区开设了“四点半课堂”，为学生提供课后辅导，开设兴趣班。一些社区还为学生提供爱国主义教育、亲情陪伴、自护教育、心理疏导等，邀请其他学校的老师进行授课。通过对学生一对一的辅导，让学生建立自信心，帮助搬迁学生更快、更好地适应新的学习环境。通过招收志愿者，对学生进行课业辅导，给予学生学习和生活上的帮助。

根据教育扶贫政策，政府对贫困学生给予经济支持，助力其完成学业。在凉山彝族自治州尚未脱贫的7个县，对学前教育实施免费并享受生活补助；对义务教育阶段的学生免除学杂费、教科书费、作业本费等；对寄宿学生发放生活补助、营养午餐补助、高海拔地区学生取暖补助等；对建档立卡及其他家庭经济困难的非寄宿学生发放生活补助。普通高中的学生不再缴纳学费、书本费，并享受生活补助和过年助学金政策。凉山州还开展“9+3”免费教育计划，对建档立卡贫困本科、专科学生给予资助，发放助学贷款；建档立卡贫困学生可以继续申请“雨露计划”、教育扶贫基金等，为学生提供助学服务，确保学生能够顺利完成学业。

第三，提高了搬迁群众的就医环境质量。为了保证就近便捷就医，凉山易地扶贫搬迁的安置点建有医疗卫生室，满足搬迁群众的就医需求。医疗卫生站为搬迁群众提供基本的设备和人员，解决搬迁群众看病难的问题。越西县城北感恩社区作为集中安置点，设置了一所医疗服务站，配备5名医务人员，满足搬迁群众的需求。同时，继续推行家庭医生签约服务制度，确保搬迁群众实现就近就医。凉山彝族自治州贫困人口的医疗保险全部由财政代缴，个人支付的住院费用、门诊费用控制在5%以内，以保证贫困人口“看得起病”。对贫困人口采取“先诊疗后付费”服务，保证患者能够得到及时的治疗。转诊的贫困人口进行备案，依据医院开具的票据前往当地医疗保障、卫生保障部门报销。

（三）满足了搬迁群众的文化需求

为了保障搬迁群众适应新的居住环境，安置点建设融入了民族文化元素，为搬迁群众提供文化活动场所。

易地扶贫搬迁集中安置社区通过建立文化活动广场、青年之家、妇女之家、职工之家等活动场所，日间照料中心、居家养老服务中心等专业场所，为搬迁群众提供了文娱活动场所，满足了搬迁群众新的社区生活需求。

凉山彝族文化浓厚，搬迁中的彝族群众占比较高，安置点的建设将民族文化作为考虑的重要内容。为了尊重民族文化，安置点建设了文化服务中心、民俗文化坝子、社会文化广场等文化活动场所，满足了搬迁群众的民族文化生活。

2020 年 12 月 15 日，凉山彝族自治州启动了易地扶贫搬迁集中安置新型社区治理“彝路相伴”三年行动计划，从搬迁群众的实际出发，了解搬迁群众的物质需求和文化需求。安置点的建设管理模式，采取搬迁群众容易接纳的方式，而不是照搬已经成熟的社区管理模式，不仅为搬迁群众提供了基层的物质生活保障，也满足了搬迁群众的文化需求，让搬迁群众主动地融入社区环境。

三　关于完善易地扶贫搬迁后续工作的建议

易地扶贫搬迁作为脱贫攻坚的重要方式之一，发挥了重要作用，取得了显著成效。易地扶贫搬迁工程在全面完成安置点建设、搬出点复垦、搬迁群众入住以后，应当继续对安置点进行治理，为搬迁群众提供生活保障，维护安置点的长久稳定和发展。

（一）完善宜居的社区生活环境建设

在脱贫攻坚完成以后，应当继续坚持党的领导，对已经形成的新型社区加强治理。新的社区环境应当尊重搬迁人员的物质需求和文化需求，建设更加完备的文化活动场所。分散安置人员的文化需求也应当在社会建设中予以考虑，并提供必要的活动场所。

在易地搬迁过程中，党员发挥了先锋领导作用，党组织为群众提供了及时有效的服务。在已经完成搬迁入住的情况下，有必要继续加强党的领导，使搬迁群众能致富。在已经形成的党组织的基础上，充分发挥基层群众的积极性、主动性。首先，建立以党组织为核心的治理组织；易地扶贫搬迁集中安置点形成新的社区，需要成立新的社区治理组织。在安置点建设搬迁过程中已经形成了党组织领导机制，但是在后续的基层治理中，需要发挥各个治理主体的优势，调动社区群众的参与积极性，避免搬迁群众出现返贫现象。因此，应当形成以党组织为核心、其他治理主体共同参与的治理方式。其次，创建基层社会治理新模式，凉山彝族自治州启动“彝路相伴”新型社区治理的三年行动计划，通过政校合作模式，对布拖、美姑、越西、昭觉、喜德、金阳等大型易地扶贫搬迁安置社区开展“党建引领＋综合服务＋综治保障”的治理新模式，发挥不同治理主体的优势，促进贫困群众融入新的社区环境，及时解决“生活方式改变难、生产方式改变难、心理需求适应难、重构社会秩序难”等问题，提升搬迁群众的幸福感指数，最终实现致富的目标。

（二）加强搬迁群众的民生工程建设

易地扶贫搬迁使贫困群众实现了脱贫，就医、就业、就学等配套设施满足了搬迁群众的需求。在后续的易地扶贫搬迁新型社区治理过程中，应当加强民生工程建设，为搬迁群众提供更加完善的就医、就业、就学等保障。凉山彝族自治州易地扶贫搬迁中少数民族群众占比高，除了已经采取的技能培训、教育补助、医疗保障等措施外，还应当及时了解搬迁群众的个体需求，为搬迁群众提供就业渠道、创新就业方式，走一条适合贫困人口就业的发展模式。积极鼓励和支持贫困人口学生接受教育，在增加教育补助的同时，注重教学质量的保障，吸纳优秀教师就职于搬迁安置点学校，保证安置点的教学水平。同时，应当加大对高等教育的扶持力度。凉山彝族自治州在对贫困人口实行15年免费教育的同时，也应当为接受高等教育的学生提供更加有力的帮助，确保接受高等教育的学生能够顺利完成学业。

在就医方面，不仅要为搬迁群众提供医疗资金支持，还应当完善安置点的医疗机构设置和医务人员配备，提高搬迁群众就近就医的便捷性。同时，对于无劳动能力的搬迁人员，在提供相关经济补助的同时，应当考虑其日常生活问题，安排专门的联络人员进行帮扶，以保障搬迁人员能够适应安置点的日常生活。需要注重对不同群体、不同人员的搬迁帮扶工作，提高搬迁人员融入新社区、新环境的积极性，适应新的生活方式，避免出现空房、回村的情况。易地扶贫搬迁群众经济基础较弱，民生工程建设应当考虑搬迁群众的现实需求，保障搬迁群众就医、就学、就业的便捷性。

（三）创建多元生产生活方式

目前各安置地区受到销售渠道、区位、资金支持等方面的限制，存在民族文化产品销售渠道狭窄，就业领域不高、产品市场有限等问题。在保障搬迁群众“能致富”方面，应当为贫困群众提供多元化可持续的生产生活方式，避免返贫情况的出现。在原有的就业保障基础上，可以深入挖掘民族优秀文化，利用现代信息技术，拓宽民族文化产业的发展领域，创新发展模式，畅通生产、销售渠道，开发民族文化产品的经济价值。

凉山彝族自治州有着深厚的彝族文化。在实现乡村治理过程中，应当充分利用这一文化资源，促进乡村文化旅游发展，以民族村寨为依托，打造具有民族文化特色的村寨，带动搬迁群众参与社区和村寨发展，形成可持续的村寨发展模式。

易地扶贫搬迁安置点作为新型的社区，打破了地域环境、自然条件的限制，改善了搬迁群众的生活条件，消除了整体贫困。在社区建设发展中，应当充分挖掘各地区的优势资源，发挥文化、地域等优势，为搬迁群众生活提供多渠道、多方面的保障。

搬迁入住仅是易地扶贫搬迁的第一步，要实现搬迁群众“留得住、能致富”的目标，还需要继续加强就业、就医、就学等民生工程建设，为搬

迁群众创造宜居的生活环境，使搬迁群众自愿留下，并参与社区建设发展，以实现脱贫以后的致富目标。搬迁群众有了归属感，提高了生活质量，也就具备了可持续发展的能力，有了主动致富的动力和积极性。

参考文献

1. 国家发展和改革委员会编《全国易地扶贫搬迁年度报告（2019）》，人民出版社，2019。
2. 武汉大学易地扶贫搬迁后续扶持研究课题组：《易地扶贫搬迁的基本特征与后续扶持的路径选择》，《中国农村经济》2020 年第 12 期。
3. 谢治菊、许文朔：《空间再生产：大数据驱动易地扶贫搬迁社区重构的逻辑与进路》，《行政论坛》2020 年第 5 期。
4. 王蒙：《公共性生产：社会治理视域下易地扶贫搬迁的后续发展机制》，《中国农业大学学报》（社会科学版）2020 年第 3 期。
5. 张涛、张琦：《易地扶贫搬迁后续就业减贫机制构建与路径优化》，《西北师大学报》（社会科学版）2020 年第 4 期。
6. 吴振磊、李钺霆：《易地扶贫搬迁：历史演进、现实逻辑与风险防范》，《学习与探索》2020 年第 2 期。
7. 丁波：《新主体陌生人社区：民族地区易地扶贫搬迁社区的空间重构》，《广西民族研究》2020 年第 1 期。
8. 白永秀、宁启：《易地扶贫搬迁机制体系研究》，《西北大学学报》（哲学社会科学版）2018 年第 4 期。

B.26

关于青海省海西蒙古族藏族自治州环境权保障状况的调研报告

张兴年　娜克娅*

摘　要： 青海省海西蒙古族藏族自治州为保护生态环境和公众的环境权利，制定了相关的政策文件，采取了一系列措施，取得了一定的成效。通过问卷调查和深入访谈发现，海西州各族民众对于环境权、有关环境问题的政策法规有一定程度的了解，具有较强的环境保护意识，环境参与主要集中于事后阶段，对于环境保护和环境权保障的状况予以比较积极的评价。为了使公众的环境权得到更充分的保障，需要进一步完善环境知情、表达、监督和争端处置机制。

关键词： 环境权　海西蒙古族藏族自治州　环境保护

"环境权"是指公民有在健康、安全舒适的环境中生活和发展的权利，①主要包括环境资源的利用权、环境状况的知情权和环境侵害的请求权。

20 世纪 60 年代，"环境权"的概念开始出现，2003 年实施的《中华人民共和国环境影响评价法》提及"公众环境权"。国务院新闻办公室发布的三期《国家人权行动计划》中都将保障环境权作为人权保障的重要组成部

---

* 张兴年，青海民族大学、政治与公共管理学院副院长、教授，主要研究方向为涉藏地区治理与发展；娜克娅，青海民族大学、硕士研究生，主要研究方向为中外政治制度。

① 林灿铃：《国际环境法》，人民出版社，2011，第 27 页。

分。环境保护部制定了《环境保护公众参与办法》，明确保障公众获取环境信息、参与环境保护的权利。《中共中央关于制定国民经济和社会发展第十三个五年规划的建议》强调，“绿色是永续发展的必要条件和人民对美好生活追求的重要体现。必须坚持节约资源和保护环境的基本国策，坚持可持续发展，坚定走生产发展、生活富裕、生态良好的文明发展道路，加快建设资源节约型、环境友好型社会，形成人与自然和谐发展现代化建设新格局，推进美丽中国建设，为全球生态安全作出新贡献”。①

一 问题的提出

2016年8月，中共中央总书记、国家主席、中央军委主席习近平在青海考察时强调：“生态环境保护和生态文明建设，是我国持续发展最为重要的基础。青海最大的价值在生态、最大的责任在生态、最大的潜力也在生态，必须把生态文明建设放在突出位置来抓，尊重自然、顺应自然、保护自然，筑牢国家生态安全屏障，实现经济效益、社会效益、生态效益相统一。青海生态地位重要而特殊，必须担负起保护三江源、保护‘中华水塔’的重大责任。要坚持保护优先，坚持自然恢复和人工恢复相结合，从实际出发，全面落实主体功能区规划要求，使保障国家生态安全的主体功能全面得到加强。要统筹推进生态工程、节能减排、环境整治、美丽城乡建设，加强自然保护区建设，加强退草退耕还林还草、三北防护林建设，加强节能减排和环境综合治理，确保一江清水向东流。”②

习近平总书记曾在参加青海代表团审议时说：“像保护眼睛一样保护生态环境，像对待生命一样对待生态环境。”③

① 参见“中国共产党第十八届中央委员会第五次全体会议”，2015年10月，http://cpc.people.com.cn。

② 参见“习近平：切实担负起生态环境保护重大责任 奋力推动生态文明建设迈上新台阶”，2016年8月，https://baijiahao.baidu.com。

③ 参见“十二届全国人大四次会议青海代表团审议”，2016年3月10日，http://www.xinhuanet.com。

为了落实中央精神，2015 年青海省发布了《青海省生态文明建设促进条例》，2020 年发布了《青海省生态环境保护条例（征求意见稿）》，条例中规定了公众的环境权益和公众参与的制度机制，包括每个公民有权利享有良好的环境，政府有责任保障其权利不受影响；公民有权利获得可靠的环境状况信息和环境损害赔偿；政府部门有职责在环境领域向公民提供可靠的环境信息；政府部门有职责帮助公民、社会团体和其他非商业性团体实现环境保护权利，对有可能损害环境的项目布局必须考虑公众意见等。从 2020 年 1 月起，多项有关生态环境的条例规定开始实施，如《青海省生态环境损害赔偿磋商办法》《青海省生态环境损害修复监督管理办法》等。

海西蒙古族藏族自治州位于青海省的西部，是青海省下辖的一个自治州，因位于青海湖以西而得名。该州下辖德令哈、格尔木、茫崖 3 个县级市，天峻、都兰、乌兰 3 个县以及大柴旦县级行政委员会。东部 3 县 1 市基本为农牧区，西部 2 市 1 行委为工矿区。①

2019 年海西州生态环境状况公报显示，该州在大气环境、水环境、土壤污染防治、辐射环境、污染减排方面质量良好，在环境执法监督和应急管理、环境监测、危险废物监督管理等方面效果较为显著。2019 年全州共完成 806 个项目的网上备案，审批建设项目 113 个。州政府借助“6・5”世界环境日、“4・22”世界地球日、全国低碳日、“十加百”亲近网络活动等开展环保科普“十进”活动，打造生态环境宣传教育品牌，引导推动公众参与。广泛开展环保设施向公众开放工作，推进与生态环境保护相关的志愿服务活动，及时发布有关环境保护的热点新闻及相关信息。2020 年，海西州印发了《海西州生态环境局 2020 年政务公开工作要点》，主动公开工作动态和环保新闻类信息 709 篇，行政公示信息 462 篇，领导讲话 2 篇，党风廉政信息 3 篇，环保大事记信息 1 篇，环保督察专栏信息 10 篇。同时，继续加大依申请公开工作的力度，持续打造“好办事”的环保政务服务品牌。2020 年，共收到 48 件依申请公开申请，严格按照规定进行审核办理，全部予以公开，在依法、

① 参见海西州官方网站，www. haixi. gov. cn。

依规、透明、公开发布信息方面取得了良好的社会效果。

在环境影响评估、监管和执法方面，2020 年，海西蒙古族藏族自治州本级共完成 189 个项目的环境影响报告书（报告表）的审批工作。全州出动执法人员 3643 人次，检查企业 1310 家，下达责令改正违法行为决定书 63 件，立案查处 64 家，对全州重点排污单位环境信用进行了评价，配合省厅完成 6 家发电企业碳排放核查工作。完成年度重点行业排污许可证核发工作，做到排污许可证核发全覆盖。设定了严格的环境准入条件，以总量指标和污染物排放标准控制行业发展规模，优化产业布局，淘汰落后产能。制订了全州主要污染物总量减排工作计划，分解落实污染减排任务，确定各地区、重点企业总量控制与减排计划，通过实施重点行业污染减排工作，全面完成“十三五”减排目标。

二　对海西州环境权保障状况的实证调研

本次调研通过实地走访、调查问卷、面对面访谈以及网络交流等形式，就海西蒙古族藏族自治州公众在环境权方面的认知、态度和行为方式进行了考察。调研期间，调研人员走访了海西州德令哈市、格尔木市、都兰县等地区，发放问卷 250 份，回收有效问卷 200 份，问卷回收率为 80%，有效问卷率为 75%。被调查人员主要为党政机关公职、企事业单位工作人员以及农牧民、返乡大学生、进城务工青年、宗教界人士、无业人员等，其所属民族包括汉族、蒙古族、藏族、回族等，学历水平从未受过教育到硕士研究生不等。调查结果如下。

（一）对环境权的认知

公众对于环境权的基本了解是开展环境保障工作的前提。如图 1 所示，受访者对于环境权表示了解的占 60%，表示基本了解的占 33.7%，表示不了解的占 6.3%。当我们对部分受访者进行访谈时，发现他们所了解的环境权与规范意义上的环境权概念之间存在一定的出入。部分受访者对于环境权中环境资源的利用权以及环境侵害的请求权基本概念较为模糊，他们没有办法确切地说出具体的权益以及相关诉讼途径，说明海西蒙古族藏族自治州对于环境权知识的普及还处于基础水平。

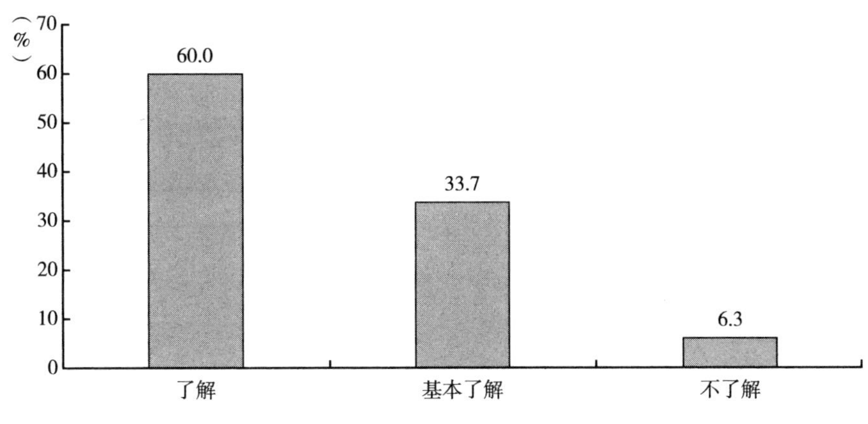

图 1　您是否了解环境权？

（二）对环境法律和政策的认知

在是否了解当地环境方针政策以及法律法规的问题，受访者选择“基本掌握，较全面”选项的仅有 11.0%，且选择此选项的大部分受访者为相关环保部门或机关单位人员；58.0% 的受访者表示“了解一些”；29.8% 的受访者表示“掌握较少，有学习的欲望”；1.2% 的受访者表示“无所谓”，呈现冷漠的状态（见图 2）。这表明海西蒙古族藏族自治州的群众对于环境方面相关知识的掌握还不够。公众对于政策法规的了解程度与其参与的积极性呈正相关关系，不同群体在这方面存在的差异性会直接或者间接影响其参与行为。

（三）获取环境相关信息的主要途径

随着互联网技术的高速发展以及新媒体的深入渗透，公民获取环境相关信息的主要渠道也发生了变化。63.2% 的受访者选择通过新兴媒介获取信息；25.6% 的受访者则通过报纸杂志以及信息公告栏，其中以中老年人居多；

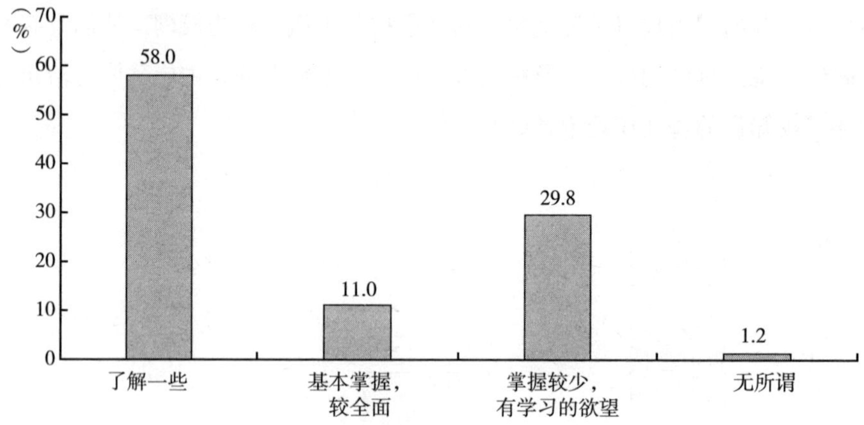

图 2　您了解当地关于环境方面的方针政策以及法律法规吗？

8.3%的受访者通过座谈会以及环保组织等面对面传播方式；只有2.9%的受访者认为无所谓，什么都可以（见图3）。在采访当地农牧民时我们获悉，由于大部分农牧民文化程度不高，他们获得相关环境信息大部分通过手机微信、抖音或快手等渠道。比起从报纸杂志以及信息公告栏等渠道获取信息，他们更倾向于通过网络去获取信息。经过网络查询得知，当地官方运营的网络平台较少，私人运营的网络平台较多，而私人平台传播的信息更加多元化且权威性不足。

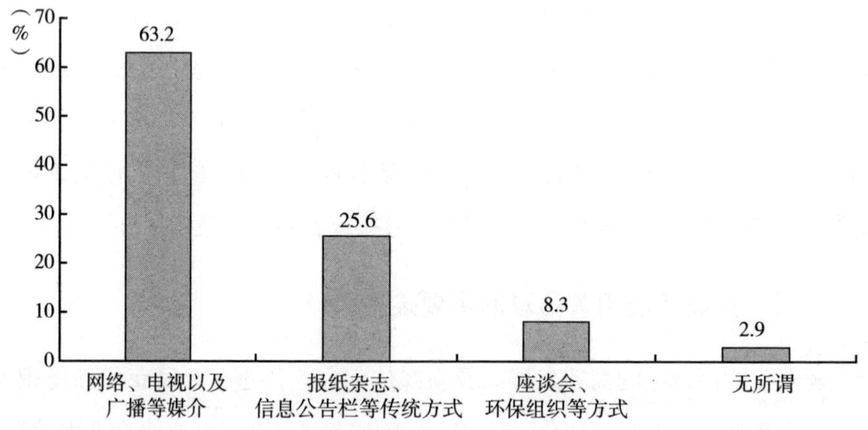

图 3　您获取与环境相关信息的途径是什么？

（四）环境问题的参与方式

图 4 显示，利用网络表达提出自己诉求的公众最多，网络成为公众表达意见、参与环境事务的最主要途径之一。互联网的高速发展，在一定程度上降低了公众获取环境信息以及表达环境诉求的成本，有 40.3% 的受访者选择通过网络表达来保障自身权益，其中多为中青年，且大部分居住在市区以及县镇。但与其他发达地区不同，由于地区的特殊性，海西蒙古族藏族自治州周边地区群众文化水平依旧处于基础水平，因此采用电话等基础通信方式以及亲自上门反映其环境诉求的方式依旧占相当比例，分别为 30.2% 和 25.6%，仅有 3.9% 的受访者表示无所谓。

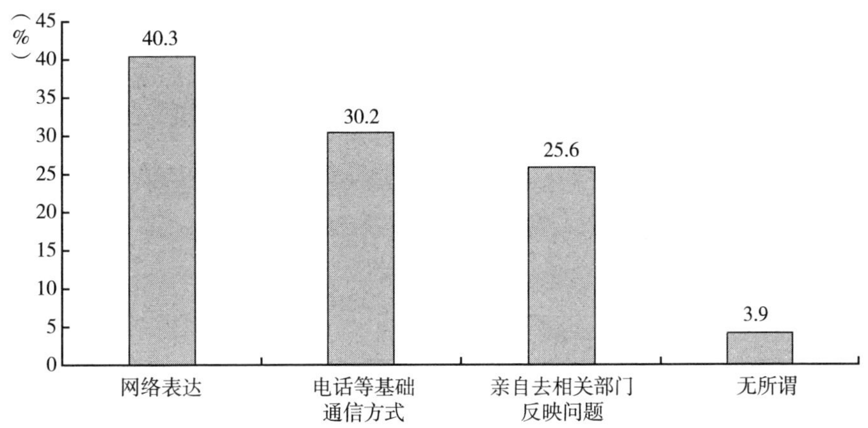

图 4　您倾向于通过哪种方式保障环境权？

（五）对生态环境保护的态度

海西蒙古族藏族自治州历史悠久，世居少数民族主要有藏族、回族、土族、撒拉族和蒙古族等。少数民族有着强烈的大自然情怀，这在一定程度上与他们的宗教信仰有关。他们与环境形成了互相依存的关系，他们崇拜自然、敬畏自然，有一些环境保护风俗至今仍在沿用，比如禁止污染水源，禁止随意开垦草原等。图 5 显示，当一个工程会影响生态环境却能够带来巨大经济效益时，83.6%的受访者选择保护生态环境，16.4%的受访者选择了经济效益。就这个问题我们分别对不同职业的人群进行了访谈，农牧民大部分选择保护生态环境；机关单位以及企业事业单位的人都会以生态环境为先；个体商贩大部分也选择了保护生态环境；只有少部分人选择经济效益优先。

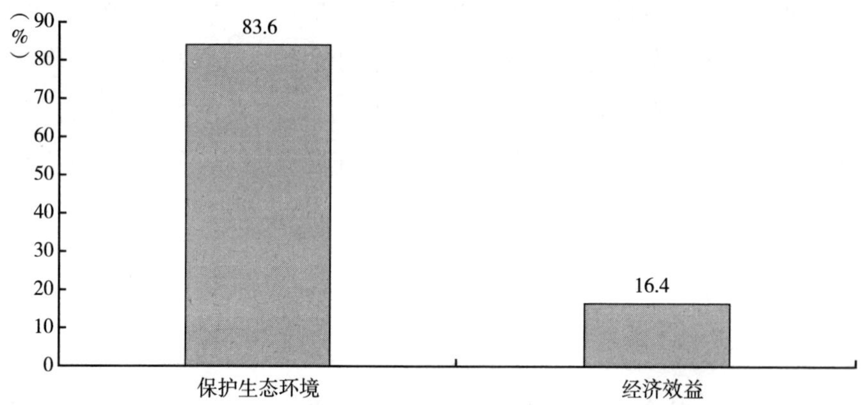

图5 当一个工程能够带来巨大的经济效益时，您会选择保护生态环境还是经济效益？

（六）参与环境保护的主动性

调查结果也显示，由于主客观因素的制约，比如无法在生活中践行或者对于条例规则的不了解，公众参与环境保护的主动性并不是非常高。如图6所示，52.7%的受访者选择主动维护，43.5%的受访者表示想维护，但不会主动，这说明公众处于有意识无行为的状态，3.8%的受访者表示会等待政府解决。通过访谈我们了解到，公民参与环境权保护存在明显的滞后性，大部分采取事后参与的方式。在环境污染事件已经造成一定侵害和后果时，公众才会选择主动保护环境；有些人想要参与环境保护，但是认为与自己有限的力量相比，相关部门更具有权威性，能够更好地解决问题。

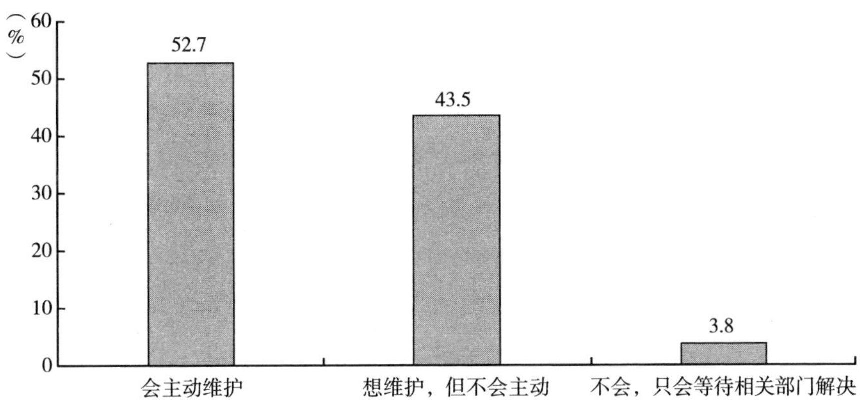

图6　您会因为担心某项工程会影响生态环境而采取措施，维护个人的环境权吗？

（七）对当地生态环境和环境权保障状况的评价

图7显示，52.1%的受访者认为当地生态环境和环境权保障状况为“良好，有具体措施，有明显效果”；30.3%的受访者认为“一般，有具体措施，但效果不明显”；17.6%的受访者认为“优秀，有具体措施，效果显著”；没有人选择“差，无具体措施，无任何效果”。这说明海西蒙古族藏族自治州在保护生态环境和保障环境权方面的工作是有一定成效的。

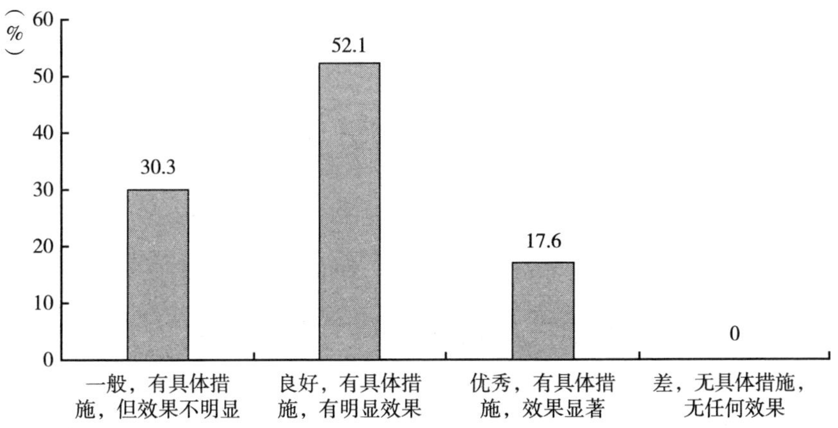

图7　您所处的地方对于当地的生态环境以及环境权的保障如何？

三　海西州环境权保障的实践案例

2020 年 8 月，海西蒙古族藏族自治州 M 矿区非法采矿事件被曝光。M 矿区所处的区域是黄河上游支流大通河的发源地，也是青海湖径流的重要发源地。根据《青海省自然保护区矿业权退出地质环境治理与验收工作方案》，M 矿区的煤矿明确属于环境恢复以及治理的范围，不再进行开采活动。根据"今日头条"等媒体的报道，一位当地煤炭行业人士介绍，经营该矿区的 X 公司在"恢复治理"期间，采煤量依旧没有减少。X 公司的开采规模很大，周边的货车司机、餐馆老板都知道。

在该事件曝光的过程中，互联网对舆论起到一定的导向作用。随着媒体对 M 矿区非法采矿行为的曝光，公众主要通过互联网平台发表言论，引起多方关注，促使事件进一步发酵。这说明互联网的信息传播促进了公众环境意识的进一步觉醒，也让公众参与环境事务的方式更为自主开放与多元化。公众通过互联网等媒介发出自己的声音，直接或间接地参与环境事件与事务，影响环境决策以及事件走向。根据一些官方媒体的报道，M 矿区非法开采的事情在发酵之前，周边的许多群众是知晓此事的，却未采取任何行动，而是选择沉默；也有可能采取了某种行动，但未得到回应。这说明公民对环境事务的深层次参与不够，未能与地方政府形成良性的互动。

M 矿区非法开采事件曝光后，海西州已经有多名官员落马，涉及政法、自然资源、煤炭等多个部门。从 2020 年 9 月起，M 矿区以及祁连山南麓青海片区启动了生态环境综合整治三年行动，力图通过三年的整治，打造高原高寒地区矿山生态环境修复样板。

四　海西州在环境权保障方面存在的问题

通过上述调查，可以发现海西州在促进环境权保障方面采取了积极的措施并取得了很好的成效，同时也存在一些问题。

（一）在处理旅游业发展与生态环境保护之间的关系方面仍存在不足

相较于东部等经济水平发达地区，海西蒙古族藏族自治州经济发展水平较低。其经济发展主要依靠于丰富的自然资源。该州域主体柴达木盆地素有“聚宝盆”的美称。海西州野生动物有196种，野生植物有173种。全州共有大小河流160余条，流域面积大约500平方公里。常年有水的河流有40余条，蕴藏的水能资源大于1万千瓦的河流有23条。近些年来，借助这些得天独厚的生态优势，海西州旅游业发展迅猛，利用盐湖资源成功转型的茶卡盐湖景区已经蜚声省内外。在海西蒙古族藏族自治州境内，大柴旦水上雅丹、茶卡天空一号、翡翠湖等景区方兴未艾。以点带面、辐射全州的全域旅游发展正顺势而起，成为经济发展新的增长点。但是问题也随之产生，即如何使经济效益与生态文明建设达到平衡？在与周边牧民的交谈中我们可以了解到，大部分游客为了体验草原民宿和观赏天空之境等自然景观前往海西蒙古族藏族自治州旅游。游客的不断增加，也给当地的游牧民带来烦恼，比如有些游客随意在湖边扔垃圾，有些游客随意破坏干净的水源等。因此，如何处理好旅游业发展与生态环境保护之间的关系，是海西州政府需要进一步认真思考和处理的问题。

（二）公众参与环境保护存在一定局限

促进公众参与是环境权保障的重要内容，也是有效保护生态环境不可缺少的力量。公众参与应当贯穿生态治理的全过程，包括预案阶段、过程阶段、末端阶段。从调研的结果来看，海西蒙古族藏族自治州公众对环境保护的参与主要集中于末端阶段，而对一些涉及自身利益的重大环境决策等参与程度不足，通常只是在产生一定的环境后果之后才开始主动参与，但经常无法弥补已经造成的损害。调研还发现，海西蒙古族藏族自治州公众参与环境保护活动以及获取环境信息的渠道更多集中于互联网。但由于该州是少数民族聚居地区，周边地区群众文化程度不高，大部分群众通过私人平台获取信息，而私人平台输出的信息存在一定程度的偏差，这会在一定程度上影响公众对于环境事务的认知、态度和参与方式。

（三）公众与政府之间在环境问题上的良性互动不够

保护环境和保障环境权不应是一出“独角戏”，需要政府与社会多方协作、共同推进。从调研的结果来看，政府虽然对相关政策作出了原则性的规定，却没有明确当公众的相关权益受到威胁和侵害时，公众拥有哪些权利，可以通过何种正规渠道去主张其权利。在环境知情权的保障方面，一些涉及生态环境项目的信息，公众是在网络披露后才得知的，政府信息发布的滞后性不利于政府与公众之间形成良性互动。

五　海西州环境权保障的措施及建议

为了使公众的环境权得到更充分的保障，需要进一步健全环境知情、表达、监督和争端处置机制。

（一）强化环境知情保障机制

环境知情权是保障环境权的一个基本前提。保障环境知情权有赖于相关信息发布机制的完善。第一，政府部门应该丰富环境信息发布内容，将环境法律法规和政策、公众参与环境治理的程序和方式、环境事件调查与通报、环境科学信息（如重大研究成果、科技发明、技术专利）等内容都包含在环境信息的发布范围内。第二，政府以及相关部门需要进一步细化有关环境信息的公开条目，保证公众能获得足够的环境数据及相关资料，并了解国家和地方层面的各种生态治理活动实施情况，以便公众及时了解和监督政府、企业在生态环境保护中的作为。第三，及时督促企业发布环境信息，特别是对那些与环境污染密切相关的企业，必须实施强制性的污染物排放登记制度，及时通过官方渠道发布企业在经营过程中的相关环境信息，如企业的污染物排放情况、环境事故的相关记录及处理情况等，以便公众及时了解情

况，并在必要时通过合法渠道干预企业的环境污染行为。第四，政府在规划涉及公众生态利益的重大项目时，要提前向公众发布项目的规划方案、环境影响评价报告等信息。在项目的建设过程中也要定期公布相关环境监测数据，使公众及时准确地了解项目的进展情况，使其环境知情权得到切实的保障。第五，完善对政府和企业环境信息发布的公众评价体系。当相关部门或者企业在环境信息公布方面存在不当行为，损害公众的环境权益时，公众可以向法院提起环境民事公益诉讼和环境行政公益诉讼，对不履行环境信息公开义务的环保部门和企业予以责任追究和法律责罚。

（二）完善环境保护的表达机制

由于受到地区差异、专业知识等方面因素的制约，海西蒙古族藏族自治州地区公民的个体表达效果受到一定限制。相对于个体表达，组织表达由于具有更广泛的代表性，能发挥更大的影响力。因此，海西蒙古族藏族自治州政府等相关部门应注意发挥环保组织在生态环境保护上的积极作用，使公众的声音能够得到更有效的表达。

（三）细化环境监督机制

环境权的有效保障不仅需要政府部门的努力，更离不开整个社会的参与。各级环保部门虽然是生态环境政策的制定者与执行者，但是在具体的政策实施过程中有可能会出现行政缺位、监管不力、责任不到位的情况。因此，加大公众对环境决策与执法的监督势在必行。政府应该健全环境方面的法律法规，细化公众监督的方式和程序，使公众能够针对企业以及环境职能部门的不当行为或不作为进行质询，提出异议，必要时可以通过诉讼的方式进行揭发、检举和控告。应当尽可能简化公众环境问责程序，减少公众在环境问责中所需付出的时间、金钱和精力，激发公众问责的积极性。

（四）健全环境争端处置机制

环境污染纠纷与环境污染防治以及生态文明建设密切相关。在生态救济

方面，当政府、企事业单位和个人的环境违法行为导致自身或公共环境权益受到侵害时，公众有权向法院提起公益诉讼（环境行政公益诉讼、环境民事公益诉讼）。海西蒙古族藏族自治州可以在偏远的县、乡以及镇级单位建立生态法庭，专门解决环境纠纷等问题。

参考文献

1. 丁彩霞：《参与式社会：环境共治中公众的核心行动》，《内蒙古师范大学学报》（哲学社会科学版）2017 年第 3 期。
2. 谭倩、戴芳：《公民环境权的宪法保障路径研究》，《云南行政学报》2018 年第 2 期。
3. 沙占华、牛文静：《公众参与生态文明建设的困境与出路》，《辽宁行政学院学报》2016 年第 6 期。
4. 邓翠华：《关于生态文明公众参与制度的思考》《毛泽东邓小平理论研究》2013 年第 10 期。
5. 史玉成：《环境公益诉讼制度构建若干问题探析》，《现代法学》2004 年第 3 期。
6. 侯国跃、刘玖林：《环境权的司法之维：理论证成与制度构建》，《兰州大学学报》2019 年第 6 期。
7. 吕忠梅：《论公民环境权》，《法学研究》1995 年第 6 期。
8. 陈海嵩：《宪法环境权的规范解释》，《河南大学学报》（社会科学版）2015 年第 3 期。
9. 蔡守秋：《从环境权到国家环境保护义务和环境公益诉讼》，《现代法学》2013 年第 6 期。
10. 王迪：《环境事务公众参与权探赜》，《北京行政学院学报》2020 年第 5 期。
11. 黄荷、侯可斌、邱大庆、李楠、赵志杰：《环境影响评价公众参与的居民认知度研究——以北京市为例》，《北京大学学报》（自然科学版）2017 年第 3 期。
12. 阎鲁宁：《浅论我国公民环境权的宪法化问题》，《山东环境》2002 年总第 112 期。
13. 陈海霞：《论我国少数民族环境权保护》，《青海民族研究》2008 年第 4 期。
14. 刘宜君：《生态文化建设社会参与机制分析》，《内蒙古农业大学学报》2012 年第 6 期。
15. 张晓辉：《民族自治地方的生态环境保护》，《西南民族大学学报》2002 年第 7 期。

16. 吕忠梅:《再论公民环境权》,《政法论坛》2000 年第 4 期。
17. 阳东辉:《环境权基本问题探讨》,《黑龙江省政法管理干部学院学报》2002 年第 1 期。
18. 尤春媛:《环境法治原理与实务》,科学出版社,2015。
19. 吕忠梅:《环境法新视野》,中国政法大学出版社,2000。
20. 史玉成:《环境法的法权结构理论》,商务印书馆,2018。
21. 何艳梅:《环境法的激励机制》,中国法制出版社,2014。
22. 李艳芳:《公众参与环境影响评价制度研究》,中国人民大学出版社,2004。
23. 常纪文、陈明剑:《环境法总论》,中国时代经济出版社,2003。

附　录

Appendices

B.27
中国人权大事记·2020

许　尧*

1月

3日　最高人民法院发布《关于在执行工作中进一步强化善意文明执行理念的意见》。强调在依法保障胜诉当事人合法权益的同时，最大限度减少对被执行人权益的影响。

7日　最高人民检察院、全国妇联联合发布《关于建立共同推动保护妇女儿童权益工作合作机制的通知》。要求加强侵害妇女儿童权益犯罪的惩治打击，推动未成年人司法保护社会支持体系建设，促进妇女儿童保护法律体系健全完善。

7日　国务院总理李克强日前签署国务院令，公布《保障农民工工资支

* 许尧，管理学博士，南开大学周恩来政府管理学院、南开大学人权研究中心（国家人权教育与培训基地）副研究员，主要研究方向为人权政治与政策、公共冲突管理。

付条例》。从落实主体责任、规范工资支付行为、明确工资清偿责任、细化重点领域治理措施、强化监管手段等方面对保障农民工工资支付作了规定。

8日 国务院办公厅印发《关于全面推进基层政务公开标准化规范化工作的指导意见》。

9日 中央全面依法治国委员会办公室联合最高人民法院、最高人民检察院、公安部、国家市场监督管理总局、国家药品监督管理局等部门，发布15件食药监管执法司法典型案例。

9日 退役军人事务部等20部门联合印发《关于加强军人军属、退役军人和其他优抚对象优待工作的意见》。

14日 最高人民法院发布第22～24批指导性案例。涉及知识产权、国家赔偿、执行和生态环境保护领域。

19日 全国检察机关未成年人检察工作会议召开。会议要求重点抓好"一号检察建议"监督落实，推动专门学校建设，做好法治副校长工作，研编涉未成年人保护案例，健全完善未成年人犯罪记录封存制度等。

20日 针对湖北省武汉市等多个地区发生新型冠状病毒感染的肺炎疫情，中共中央总书记、国家主席、中央军委主席习近平作出重要指示，强调要把人民群众生命安全和身体健康放在第一位，坚决遏制疫情蔓延势头。中共中央政治局常委、国务院总理李克强作出批示，强调各相关部门和地方要以对人民群众健康高度负责的态度，完善应对方案，全力以赴做好防控工作。

20日 国务院总理李克强主持召开国务院常务会议，部署新型冠状病毒感染的肺炎疫情防控工作。

20日 国务院联防联控机制召开电视电话会议，对新型冠状病毒感染的肺炎疫情防控工作进行全面部署。

20日 国家卫生健康委员会成立新型冠状病毒感染的肺炎应对处置工作领导小组，指导地方做好疫情应对处置工作

20日 为使社会公众及时、准确、全面掌握新型冠状病毒感染的肺炎疫情的信息，从1月20日起，国家卫生健康委员会每日汇总发布全国各省

份确诊病例和疑似病例数据。

23 日　武汉市新型冠状病毒感染的肺炎疫情防控指挥部发布 1 号通告：自上午 10 时起，全市城市公交、地铁、轮渡、长途客运暂停运营；机场、火车站离汉通道暂时关闭。

25 日　中共中央政治局常务委员会召开会议，专门听取新型冠状病毒感染的肺炎疫情防控工作汇报，对疫情防控特别是患者治疗工作进行再研究、再部署、再动员。会议决定，党中央成立应对疫情工作领导小组，在中央政治局常务委员会领导下开展工作。党中央向湖北等疫情严重地区派出指导组，推动有关地方全面加强防控一线工作。

25 日　国务院扶贫开发领导小组印发《关于开展挂牌督战工作的指导意见》，提出将对 2019 年底全国未摘帽的 52 个贫困县，以及贫困人口超过 1000 人和贫困发生率超过 10% 的共 1113 个贫困村进行挂牌督战。

2月

2 日　中共中央政治局常委、国务院总理、中央应对新型冠状病毒感染肺炎疫情工作领导小组组长李克强主持召开领导小组会议，部署部分省份因防控工作需要灵活安排工作、进一步做好疫情防控和市场保供，加大对湖北省特别是武汉市及周边重点地区医疗防控物资支持力度。

2 日　中共中央、国务院发布《关于抓好“三农”领域重点工作确保如期实现全面小康的意见》。主要包括：坚决打赢脱贫攻坚战；对标全面建成小康社会加快补上农村基础设施和公共服务短板；保障重要农产品有效供给和促进农民持续增收；加强农村基层治理；强化农村补短板保障措施等。

4 日　中共中央网络安全和信息化委员会办公室发布《关于做好个人信息保护利用大数据支撑联防联控工作的通知》，明确为疫情防控、疾病防治收集的个人信息，不得用于其他用途。

5 日　人力资源和社会保障部、教育部等五部门联合发布《关于做好疫情防控期间有关就业工作的通知》，要求有力确保重点企业用工，做好返岗复工企业和劳动者的疫情防控，关心关爱重点地区劳动者，支持中小微企业稳定就业，完善高校毕业生就业举措，推广优化线上招聘服务。

5日　国务院总理李克强主持召开国务院常务会议，要求切实做好疫情防控重点医疗物资和生活必需品保供工作，确定支持疫情防控和相关行业企业的财税金融政策。

17日　国务院扶贫开发领导小组办公室、中共中央网络安全和信息化委员会办公室、教育部、农业农村部、商务部、国务院国有资产监督管理委员会、中华全国工商业联合会等七部门联合发布通知明确，以消费扶贫行动为抓手，以拓展贫困户增收渠道、稳定脱贫成果为目的，以促进扶贫产品稳定销售为重点，实现城市“菜篮子”“米袋子”有效供给和促进贫困地区扶贫产业健康发展。

17日　国务院联防联控机制印发《关于科学防治精准施策分区分级做好新冠肺炎疫情防控工作的指导意见》。

19日　中共中央总书记习近平就关心爱护参与疫情防控工作的医务人员专门作出指示，强调医务人员是战胜疫情的中坚力量，务必高度重视对他们的保护、关心、爱护，从各个方面提供支持保障。

24日　十三届全国人大常委会第十六次会议表决通过了《关于全面禁止非法野生动物交易、革除滥食野生动物陋习、切实保障人民群众生命健康安全的决定》。

24日　在结束对中国为期9天的考察后，中国－世界卫生组织新冠肺炎联合专家考察组在北京举行新闻发布会。考察组认为，中国在减缓疫情扩散蔓延、阻断病毒的人际传播方面取得明显效果，已经避免或至少推迟了数十万新冠肺炎病例。中国也在保护国际社会方面发挥了至关重要的作用，为各国采取积极的防控措施争取了宝贵的时间，也提供了值得借鉴的经验。

25日　联合国人权理事会第43次会议举行纪念北京世界妇女大会通过《北京宣言》和《行动纲领》25周年高级别专题讨论会。来自100多个国家的高级别代表、驻日内瓦使节及国际组织代表等出席。

27日　在联合国人权理事会第43次会议期间，由中国人权研究会主办的“中国人权事业的发展进步”边会在日内瓦万国宫举行，五位从事涉疆和人权问题研究的中国学者，分别从新疆的反恐和文化及当下中国疫情防控等方面阐述中国人权事业发展的现状。

3月

2日 中国常驻日内瓦代表团、喀麦隆常驻日内瓦代表团和中国人权研究会在日内瓦万国宫共同举办“反恐和去极端化与人权保障”国际研讨会。来自中国、喀麦隆、乍得、尼日尔、斯里兰卡、塞尔维亚等国的10余位专家围绕西方在反恐问题上的双重标准、国际社会如何开展合作等问题阐述了看法。

2日 “家园——新疆多民族人民生活掠影”图片展在联合国日内瓦总部开展。图片展从安定祥和、文化繁荣、宗教和谐等视角出发，客观反映了新疆各族百姓共享发展成果、安居乐业的生活现状。

2日 中国常驻日内瓦代表团和委内瑞拉常驻日内瓦代表团在日内瓦万国宫共同举办移民儿童权利研讨会。与会专家聚焦美国严重侵犯移民儿童权利问题，呼吁国际社会敦促美国遵守国际人权法义务，切实保障移民儿童基本权利。

2日 中国民间组织国际交流促进会等中国社会组织在日内瓦万国宫共同举办“中国民间组织促进可持续发展目标的实现”主题边会。多个国家常驻日内瓦外交官、有关国际组织和非政府组织代表等参加。

3日 中共中央办公厅、国务院办公厅印发《关于构建现代环境治理体系的指导意见》。要求到2025年，建立健全环境治理的领导责任体系、企业责任体系、全民行动体系、监管体系、市场体系、信用体系、法律法规政策体系，落实各类主体责任。

3日 中央应对新冠肺炎疫情工作领导小组印发《关于全面落实疫情防控一线城乡社区工作者关心关爱措施的通知》。

5日 中共中央、国务院发布《关于深化医疗保障制度改革的意见》。

具体包括完善公平适度的待遇保障机制、健全稳健可持续的筹资运行机制、建立管用高效的医保支付机制、健全严密有力的基金监管机制、协同推进医药服务供给侧改革、优化医疗保障公共管理服务等。

6 日 中央应对新型冠状病毒感染肺炎疫情工作领导小组发布《关于进一步做好疫情防控期间困难群众兜底保障工作的通知》，着眼于更好解决疫情防控期间部分群众面临的突发性、紧迫性、临时性生活困难，以及保障特殊困难人员基本照料服务需求。

12 日 国务院应对新型冠状病毒感染肺炎疫情联防联控机制发布《关于聚焦一线贯彻落实保护关心爱护医务人员措施的通知》。

13 日 国务院新闻办公室发表《2019 年美国侵犯人权报告》。具体包括公民权利和政治权利有名无实、经济和社会权利缺乏基本保障、少数族裔饱受欺凌排斥、妇女面临严重歧视与暴力、弱势群体处境艰难、移民遭受非人道对待、肆意践踏他国人权等内容。

13 日 国家发展改革委印发《消费扶贫助力决战决胜脱贫攻坚 2020 年行动方案》，联合中央宣传部、农业农村部、商务部、文化旅游部、国务院扶贫办等 27 个部门和单位开展 30 项具体行动，整合资源形成合力，积极应对新冠肺炎疫情带来的不利影响，持续释放消费扶贫政策红利，助力决战决胜脱贫攻坚。

14 日 国务院联防联控机制印发《因新冠肺炎疫情影响造成监护缺失儿童救助保护工作方案》，要求各地分类施策，落实监护照顾措施，并加强对困难儿童及家庭救助帮扶。

20 日 国务院办公厅发布《关于应对新冠肺炎疫情影响强化稳就业举措的实施意见》，围绕应对疫情冲击全面强化就业提出一揽子相关政策。

23 日 全国检察机关办事服务综合门户“12309 中国检察网”在首页显著位置增设“律师执业权利保障专区”，在 12309 热线服务电话设置接听、分流和处置专席，专门受理律师提出执业权利受到侵犯的控告申诉案件。

24 日 民政部、中央政法委、公安部等 11 部门出台《关于开展生活无

着的流浪乞讨人员救助管理服务质量大提升专项行动的通知》。指出各地要围绕照料服务达标、救助寻亲、街面巡查和综合治理、落户安置、源头治理、救助管理干部队伍素质提升等六个方面开展专项行动，在关键环节上建机制、压责任、提质量、优服务，进一步完善救助管理工作体制机制，推动建立更加成熟、更加定型的新时代救助管理服务体系。

25 日　中央全面依法治国委员会印发《关于加强法治乡村建设的意见》。强调要完善涉农领域立法，规范涉农行政执法，强化乡村司法保障，加强乡村法治宣传教育，完善乡村公共法律服务，健全乡村矛盾纠纷化解和平安建设机制，推进乡村依法治理，加快“数字法治·智慧司法”建设，深化法治乡村示范建设。

26 日　国家主席习近平在北京出席二十国集团领导人应对新冠肺炎特别峰会并发表题为《携手抗疫　共克时艰》的重要讲话，倡议有效开展国际联防联控，坚决打好新冠肺炎疫情防控全球阻击战，呼吁加强宏观经济政策协调、防止世界经济陷入衰退。

28 日　南开大学人权研究中心等八家国家人权教育与培训基地联合举办“疫情防控中的人权保障”网上研讨会。30 多名专家围绕疫情防控中的生存权保障、知情权与表达权保障、弱势群体权利保障、人身自由与权利平等等相关议题发言。

30 日　民政部办公厅、教育部办公厅联合印发《关于统筹推进儿童福利领域疫情防控与复工复产复学相关工作的通知》，就儿童福利领域疫情防控与复工复产复学相关工作提出七项要求。

4月

2 日　国务院新闻办公室举行新闻发布会，来自外交部、教育部、民航局、国家卫生健康委员会的相关负责人分别就疫情期间全力维护中国海外留学人员安全和健康的情况作了介绍。

8 日　中国常驻联合国代表张军致函第 74 届联大主席穆罕默德 – 班迪、

联合国秘书长古特雷斯和各国常驻联合国代表，用事例和数据详细介绍中国抗击新冠肺炎疫情及同国际社会合作情况。

8 日 国务院应对新型冠状病毒感染肺炎疫情联防联控机制发布《关于进一步做好重点场所重点单位重点人群新冠肺炎疫情防控相关工作的通知》。

9 日 中央应对新型冠状病毒感染肺炎疫情工作领导小组发布《关于在有效防控疫情的同时积极有序推进复工复产的指导意见》。

21 日 国家卫生健康委员会等七部门联合印发《入境人员心理疏导和社会工作服务方案》，要求各地关注入境人员集中隔离期间情绪变化，做好心理疏导工作。

23 日 最高人民检察院、最高人民法院、司法部、公安部共同制定的《关于依法严惩利用未成年人实施黑恶势力犯罪的意见》发布。

30 日 最高人民检察院印发《关于加强新时代未成年人检察工作的意见》。要求全面推行侵害未成年人案件强制报告和入职查询制度，构筑未成年人健康成长的“防火墙”。

5月

7 日 中国残联公布助残日主题为“助残脱贫　决胜小康”。倡导各地各部门总结关于残疾人脱贫工作和助残扶贫的好经验好做法，推动各项精准扶贫政策落实到位。中国残联扶贫办主任解宏德介绍，实施精准扶贫战略后，中国贫困残疾人数量从 700 多万人下降到 2019 年底的近 50 万人。

8 日 国务院应对新型冠状病毒感染肺炎疫情联防联控机制发布《关于做好新冠肺炎疫情常态化防控工作的指导意见》。要求坚持预防为主，落实“及时发现、快速处置、精准管控、有效救治”的“四早”措施，突出重点场所、重点机构、重点人群的防控。

8 日 最高人民法院发布《中国环境资源审判（2019）》、《中国环境司法发展报告（2019）》及 2019 年度人民法院环境资源典型案例。

9 日 由中国人权研究会指导、西南政法大学人权研究院主办的“疫情防控中的生命权保障”国际研讨会采取实体会场和网络会场相结合的方式召开。来自中国、法国、荷兰等国家的40多位人权领域的专家学者，围绕“生命权的价值位阶与法律保护”“疫情下弱势群体的生命权保障”等议题进行了研讨交流。

13日 司法部部署在全国开展“法援惠民生 扶贫奔小康”活动，从助力复工复产、助推脱贫攻坚、增强群众获得感三大方面提出扩大法律援助范围、降低涉疫人员审查标准、开展法律援助专项行动、用心用情服务农民工、加强“智慧法援”建设等10项法律援助便民惠民措施。

18日 最高人民法院、最高人民检察院分别发布通知，公布国家赔偿新标准：侵犯公民人身自由每日赔偿346.75元。

18日 国家主席习近平在第73届世界卫生大会视频会议开幕式发表题为《团结合作战胜疫情 共同构建人类卫生健康共同体》的致辞。强调中国坚持以民为本、生命至上，始终秉持人类命运共同体理念，既对本国人民生命安全和身体健康负责，也对全球公共卫生事业尽责。

18日 由中国人权研究会指导、中国政法大学人权研究院主办的“构建人类命运共同体理念与疫情防控中的国际合作”国际视频研讨会在北京召开。来自中国、瑞典、法国、澳大利亚等国家以及相关国际组织近30位学者及官员参加。

21~27日 全国政协十三届三次会议在北京召开。大会紧扣全面建成小康社会目标任务，组织来自34个界别的2000多位全国政协委员积极履职尽责，汇聚决战决胜脱贫攻坚、全面建成小康社会的智慧和力量。

22~28日 十三届全国人大三次会议在北京举行，2800多名全国人大代表参加了会议。大会批准了政府工作报告、全国人大常委会工作报告等，通过了《中华人民共和国民法典》，通过了关于建立健全香港特别行政区维护国家安全的法律制度和执行机制的决定。

23日 由中国人权研究会指导，武汉大学人权研究院和奥斯陆城市大学社会工作系、日本立命馆大学生存学研究所、武汉东湖公益服务中心等机构合办的“疫情之下，没有孤岛——疫情防控中的特定群体权利保障”国际视频研讨会召开。来自中国、日本、英国、挪威、瑞典等国家的20余名专家参加了研讨。

24日 中共中央总书记习近平参加十三届全国人大三次会议湖北代表团审议，并强调要防范化解重大疫情和突发公共卫生风险，改革疾病预防控制体系，提升疫情监测预警和应急响应能力，健全重大疫情救治体系，完善公共卫生应急法律法规，从体制机制层面理顺关系、强化责任。

30日 由中国人权研究会指导、华中科技大学人权法律研究院主办的“疫情防控中的中西方人权观比较”视频研讨会召开。来自联合国人权高专办、奥地利、荷兰、英国、中国等国家和国际组织的40余名人权专家围绕“人权价值观与抗击新冠肺炎疫情”“人权文化多样性与团结合作抗击疫情”等议题展开讨论。

6月

1日 最高人民检察院发布《未成年人检察工作白皮书（2014—2019）》。从依法惩戒和精准帮教涉罪未成年人、打击侵害未成年人犯罪及保护救助未成年被害人、开展全面综合司法保护、参与未成年人保护社会治理、强化检察专业化规范化建设、推进检察社会化建设等方面，展示了具体做法和成效。

7日 国务院新闻办公室发布《抗击新冠肺炎疫情的中国行动》白皮书。从中国抗击疫情的艰辛历程、防控和救治两个战场协同作战、凝聚抗击疫情的强大力量、共同构建人类卫生健康共同体等方面进行了介绍。

8日 由中国人权研究会指导，吉林大学、俄罗斯圣彼得堡国立大学主办的“公共健康危机中人权维护的国家职责”国际研讨会在线举行，中俄两国40多位专家学者参加了线上研讨。

11日 中国人权研究会发表文章《新冠肺炎疫情凸显“美式人权”危机》，揭露美国政府应对疫情自利短见、任性低效和不负责任，使美国长期存在的社会撕裂、贫富分化、种族歧视、弱势群体权益保障不力等问题持续

恶化，导致美国民众陷入深重的人权灾难。

20 日　由中国人权研究会指导、中国人民大学人权研究中心主办的“比例原则在疫情防控中的人权保障作用”视频研讨会召开。来自中国、美国、英国、加拿大、澳大利亚、德国、意大利等国近 40 名专家分享各国防疫举措，围绕如何在人权保障和防控措施之间寻求合理平衡等议题进行了研讨。

22 日　联合国人权理事会通过中国提交的“在人权领域促进合作共赢”决议。决议倡导坚持多边主义，呼吁构建相互尊重、公平正义、合作共赢的新型国际关系，构建人类命运共同体，强调各国应开展真诚对话与合作，分享促进和保护人权的良好做法和经验，加强人权技术援助和能力建设，实现合作共赢。

23 日　《最高人民法院关于行政机关负责人出庭应诉若干问题的规定》发布。行政机关负责人出庭应诉司法解释是在我国全面建成小康社会、法治政府基本建成的收官之年，最高人民法院通过的一部重要的行政诉讼司法解释。这部司法解释的发布，将对推进严格规范文明执法、促进实质性化解行政争议、推进人民法院行政审判工作产生积极影响。

23 日　国务院办公厅印发《公共文化领域中央与地方财政事权和支出责任划分改革方案》。着力于健全公共文化服务财政保障机制，促进基本公共文化服务标准化、均等化，确保财政公共文化投入水平与国家经济社会发展阶段相适应。

24 日　国家医疗保障局公布《2019 年全国医疗保障事业发展统计公报》。公报显示，2019 年参加全国基本医疗保险人数达到 135407 万人，参保率稳定在 95% 以上；职工医保、城乡居民住院费用报销水平提高到 60% 以上；享受到跨省异地就医直接结算便利的人次增加。

28 日　教育部印发《关于加强残疾儿童少年义务教育阶段随班就读工作的指导意见》，着力破解限制残疾儿童少年随班就读发展的障碍，提升随班就读质量。

29 日　教育部等十部门联合印发《关于进一步加强控辍保学工作　健

全义务教育有保障长效机制的若干意见》。强调要确保除身体原因不具备学习条件外，贫困家庭义务教育阶段适龄儿童少年不失学辍学，确保2020年全国九年义务教育巩固率达到95%。

30日 十三届全国人大常委会第二十次会议在北京人民大会堂举行第二次全体会议。会议表决通过《中华人民共和国香港特别行政区维护国家安全法》。

7月

3日 由中国人权研究会指导，中南大学人权研究中心、阿姆斯特丹自由大学跨文化人权研究中心和武汉大学国际法研究所联合主办的“针对当代形式种族主义：疫情带来的挑战与各国应对”国际视频研讨会召开，来自中国、美国、荷兰、德国、南非等国家和联合国的近20名专家进行了研讨。

9日 中国人权研究会发表文章《严重歧视与残酷对待移民充分暴露“美式人权”的伪善》，揭露了美国政府针对移民的宗教偏见、文化歧视和种族排斥。

13日 作为联合国人权理事会第44届会议“云上边会”之一，“西藏社会发展与人权保障”国际研讨会在重庆举行。来自中国、巴基斯坦、尼泊尔等国家的专家就西藏的脱贫成就与展望、社会变迁与人权进步等主题进行了研讨。

15日 中国藏学研究中心、中国西藏文化保护与发展协会和中国人权研究会联合主办的“藏文化传承与宗教信仰”国际视频研讨会在北京举行。来自中外的近50位专家围绕藏文化的传承发展、共同繁荣促进民族关系和谐、佛教研究发展趋势等议题进行了讨论。

17日 联合国人权理事会第44届会议在瑞士日内瓦闭幕。中国人权研究会和其他中国社会组织参会，多位代表通过视频发言，就妇女儿童权利、极端贫困、麻风病歧视、流离失所、国际团结、工商业与人权、种族歧视等

问题发表看法。

20 日　国务院办公厅发布《关于全面推进城镇老旧小区改造工作的指导意见》。要求到2022 年，基本形成城镇老旧小区改造制度框架、政策体系和工作机制；到“十四五”期末，力争基本完成2000 年底前建成的需改造城镇老旧小区改造任务。

21 日　中央财政拨付94.5 亿元，落实对农村义务教育特岗教师工资性补助政策，比2019 年增加6.7 亿元，优先满足“三区三州”等深度贫困地区县，特别是52 个脱贫攻坚挂牌督战县，以及新冠肺炎疫情严重地区县的村小、教学点教师补充需求，并向湖北籍和湖北省高校毕业生倾斜。

23 日　国务院办公厅印发《深化医药卫生体制改革2020 年下半年重点工作任务》。强调要加强公共卫生体系建设，优化完善疾病预防控制机构职能设置，改善疾病预防控制基础条件，完善医防协同机制，强化各级医疗机构疾病预防控制职责，增强公立医院传染病救治能力，推动医防机构人员通、信息通、资源通。

28 日　财政部安排2020 年义务教育薄弱环节改善与能力提升补助资金293.5 亿元，继续支持地方基本消除城镇“大班额”，基本补齐乡村小规模学校和乡镇寄宿制学校短板，实现农村义务教育学校网络教学环境全覆盖。

30 日　“中国新疆人权事业发展进步图片展”在首尔中国文化中心开幕。这些图片展现了新疆风土人情和当地民众生活，介绍了新疆实行民族区域自治制度、基层民主选举等情况，也展示了少数民族文化特色。

31 日　国务院办公厅印发《关于支持多渠道灵活就业的意见》。强调把支持灵活就业作为重要举措，坚持市场引领和政府引导并重、放开搞活和规范有序并举，顺势而为、补齐短板，因地制宜、因城施策，清理取消对灵活就业的不合理限制，鼓励自谋职业、自主创业，稳定就业大局。

8月

5 日　联合国妇女署以“从应对到恢复：中国和全球合作伙伴的经验”

为主题举办“确保在2019冠状病毒疫情背景下取得可持续发展目标5之进展的部长级视频圆桌会议”，来自中国、埃及、缅甸等11个国家的代表发言。国务院妇女儿童工作委员会副主任黄晓薇介绍了中国统筹疫情防控和经济社会发展的情况。

6日 经国务院同意，人力资源和社会保障部、国家发展改革委等15部门印发《关于做好当前农民工就业创业工作的意见》。

11日 由中国人权研究会指导、复旦大学人权研究中心举办的“新冠肺炎疫情防控中的健康权实现”国际研讨会在上海召开。中国、荷兰两国人权领域学者和医疗专家围绕疫情防控中健康权实现的理念、实践、障碍及对策进行了讨论。

19日 中华全国总工会发布《关于2020年度中央财政专项帮扶资金分配使用有关事项的通知》，拨付专项帮扶资金5.54亿元用于支持在档深度困难职工解困脱困。

19日 庆祝2020年中国医师节座谈会在人民大会堂举行。中共中央政治局常委、国务院总理李克强作出重要批示，指出：白衣天使，大爱无疆。

25日 中共中央办公厅、国务院办公厅印发《关于改革完善社会救助制度的意见》。明确了建立健全分层分类的社会救助体系、夯实基本生活救助、健全专项社会救助、完善急难社会救助、促进社会力量参与、深化“放管服”改革等重点任务。

31日 教育部、国家发展改革委、财政部、国家市场监管总局、国家新闻出版署研究制定了《关于进一步加强和规范教育收费管理的意见》，要求各地按照规定的管理权限全面落实教育收费管理主体责任，正确处理好政府与社会、受教育者的关系，正确处理好教育收费与财政拨款、学生资助的关系，正确处理好简政放权和放管结合、优化服务的关系，进一步完善教育收费政策体系、制度体系、监管体系，提升教育收费治理能力。

31日 国务院应对新型冠状病毒感染肺炎疫情联防联控机制印发《进一步推进新冠病毒核酸检测能力建设工作方案》。要求到2020年底前，所有二级综合医院具备核酸采样和检测能力。

9月

8日　外交部国际司司长杨涛和德国联邦政府人权事务专员科夫勒共同主持中德第16次人权对话，中国最高人民法院、中央统战部、公安部、司法部以及德国外交部、经济部、内政部、司法部等部门代表参加。

14日　国家主席习近平在北京同欧盟轮值主席国德国总理默克尔、欧洲理事会主席米歇尔、欧盟委员会主席冯德莱恩共同举行视频会晤。关于人权问题，习近平强调，世界上没有放之四海而皆准的人权发展道路，人权保障没有最好，只有更好。中方不接受人权“教师爷”，反对搞“双重标准”。

16日　中央广播电视总台CGTN智库举办“联合国2030年可持续发展目标与中国减贫经验”线上研讨会。来自39个国家和地区的前政要、国际组织负责人、智库代表等约140人与会。

16日　全国妇联与联合国妇女署共同举办的“21世纪人类消除贫困事业与妇女的作用——纪念北京世界妇女大会25周年暨全球妇女峰会5周年”座谈会在北京举行。

17日　国务院新闻办公室发表《新疆的劳动就业保障》白皮书。分为新疆劳动就业的基本状况、大力实施积极的就业政策、充分尊重劳动者的就业意愿、依法保障劳动者的基本权利、劳动就业创造美好生活、积极践行国际劳工和人权标准等部分。

17日　中国常驻日内瓦代表团、喀麦隆常驻日内瓦代表团和中国人权研究会共同举办“反恐、去极端化和人权保障”在线国际研讨会。

21日　中国常驻日内瓦代表团、中国人权研究会共同主办“扶贫脱困与人权保障”线上边会。来自孟加拉国、马来西亚、伊朗、叙利亚、委内瑞拉等国常驻日内瓦代表团官员、人权高专办、非政府组织代表等参加。

21~25日　在联合国人权理事会第45次会议期间，中国国际交流协会、中国民间组织国际交流促进会的多位代表发言，阐释中国的全球治理观、文明观和人权理念，介绍中国社会组织开展的国际抗疫合作以及中国在少数民族地区脱贫等方面取得的成就。

22 日　中国常驻联合国日内瓦办事处和瑞士其他国际组织代表陈旭在联合国人权理事会第 45 届会议上，代表近 80 个亚非拉国家发表关于减贫促进人权的共同发言。他强调全球近 8 亿人生活在极端贫困之中，尤其是新冠肺炎疫情可能导致 7100 万人返贫，呼吁有效地减少和消除贫困，以更好地促进和保护人权。

22 日　在联合国人权理事会第 45 届会议期间，中国人权研究会同来自委内瑞拉、古巴、哥伦比亚等国的非政府组织共同主办题为“新冠肺炎疫情下单边强制措施对人权的负面影响”的视频会议。

24 日　中国常驻联合国日内瓦办事处和瑞士其他国际组织代表团、中国人权研究会共同主办“中国新疆人口发展与人权保障”视频边会，向世界介绍中国新疆人口发展与人权保障的状况。

29 日　国务院办公厅发布《关于加快推进政务服务“跨省通办”的指导意见》。围绕教育、就业、社保、医疗、养老、居住、婚育、出行等与群众生活密切相关的异地办事需求，推动社会保障卡申领、异地就医登记备案和结算、养老保险关系转移接续、户口迁移、住房公积金转移接续、就业创业、婚姻登记、生育登记等事项加快实现“跨省通办”。

30 日　在联合国人权理事会第 45 届会议期间，中国人权研究会通过提交书面发言、专家学者远程视频发言等形式参加会议，就疫情防控下中国减贫工作成就、饮用水和卫生设施问题、雇佣兵、老年人权利、国际秩序、新疆少数民族文化事业等一系列问题发表看法。

10月

5 日　在第 75 届联合国大会第三委员会一般性辩论中，中国常驻联合国代表张军代表安哥拉、安提瓜和巴布达、白俄罗斯、中国等 26 个国家发言，批评美西方国家侵犯人权，强调应立即彻底取消单边强制措施，并对系统性种族歧视表示严重关切。

6日 在第75届联合国大会第三委员会审议人权问题时，美国、德国、英国等少数国家恶意抹黑中国，干涉中国内政。中国常驻联合国代表张军当场驳斥，反对并拒绝不实指责。近70个国家呼应中方立场，其中巴基斯坦代表55国就涉港问题做共同发言支持中国，古巴代表45国就涉疆问题做共同发言支持中国，科威特代表3个阿拉伯国家做共同发言支持中国。

6日 中国常驻联合国代表张军在第75届联合国大会第三委员会发言，介绍中国人权事业的历史性成就。强调新中国成立71年来，中华民族实现了站起来、富起来、强起来的伟大飞跃，解决了14亿人的温饱问题，实现了8.5亿人脱离贫困。

8日 联合国人权理事会2020年社会论坛在瑞士日内瓦开幕。中国国务院扶贫办副主任陈志刚发表视频讲话，介绍中国减贫经验和成就。

10日 国务院办公厅印发《关于加强全面健身场地设施建设发展群众体育的意见》。提出争取到2025年有效解决制约健身设施规划建设的瓶颈问题，相关部门联动工作机制更加健全高效，健身设施配置更加合理，健身环境明显改善。

13日 中国在第75届联合国大会上再次成功当选联合国人权理事会成员，任期为2021年至2023年。

17日 十三届全国人大常委会第二十二次会议在北京人民大会堂闭幕。会议表决通过了新修订的未成年人保护法、关于修改全国人民代表大会和地方各级人民代表大会选举法的决定等。

18日 国家司法文明协同创新中心在北京举行《中国司法文明指数报告2019》新闻发布会。

28日 由联合国儿童基金会支持、北京师范大学中国公益研究院主办的“《消除对儿童的暴力工作手册》发布会暨首届儿童友好伙伴论坛”在北京举行。该手册介绍了针对儿童的暴力的形式、危害及性质，提高针对儿童的暴力的认识、应对和处理暴力的做法，以及如何支持儿童、家庭、学校、社区参与式预防和干预。

11月

2日 国务院办公厅印发《新能源汽车产业发展规划（2021－2035年）》。

3日 《中共中央关于制定国民经济和社会发展第十四个五年规划和二〇三五年远景目标的建议》公布。根据该建议，到2035年中国人均国内生产总值将达到中等发达国家水平，中等收入群体显著扩大，基本公共服务实现均等化，城乡区域发展差距和居民生活水平差距显著缩小。

4日 全国妇联在中国妇女儿童博物馆举办“团结抗疫 巾帼在行动”主题展览开幕暨主题画册和《疫线家书》发布活动。

9日 在联合国《消除对妇女一切形式歧视公约》第21届缔约国大会上，中国候选人、全国妇联副主席夏杰成功当选2021～2024年度消除对妇女歧视委员会委员。

11日 全国人大常委会会议表决通过《中华人民共和国退役军人保障法》。

13日 十三届全国政协第43次双周协商座谈会在北京召开。全国政协主席汪洋强调，要正确看待讲好中国故事方面取得的长足进步和存在的不足，不断提高讲好中国人权故事的有效性，增进国际社会对中国人权事业发展成就的认同。

16～17日 中央全面依法治国工作会议在北京召开。中共中央总书记习近平强调以解决法治领域突出问题为着力点，坚定不移走中国特色社会主义法治道路，在法治轨道上推进国家治理体系和治理能力现代化。

23日 贵州省人民政府宣布紫云县、纳雍县、威宁县、赫章县、沿河县、榕江县、从江县、晴隆县、望谟县退出贫困县序列。至此，中国832个贫困县全部脱贫。

24日 国务院办公厅印发《关于切实解决老年人运用智能技术困难的实施方案》，聚焦老年人日常生活涉及的出行、就医、消费、文娱、办事等7类高频事项和服务场景，提出了20条具体举措。

25 日　最高人民法院、全国妇联和中国女法官协会联合发布人身安全保护令十大典型案例，向社会表明联合治理家庭暴力的态度和决心。

27～28 日　以“回顾·反思·展望”为主题的第二届全球女性发展论坛暨纪念北京世妇会25周年学术研讨会在北京举行。来自联合国教科文组织、联合国妇女署、坦桑尼亚、巴基斯坦、阿富汗、喀麦隆、埃塞俄比亚、加拿大、韩国等国家或国际组织的专家学者探讨了妇女发展的成绩和经验，以及面临的机遇和挑战。

29 日　由中国残疾人联合会、残疾人事业发展研究会主办的第十四届中国残疾人事业发展论坛在北京举行。论坛围绕“新时代残疾人保障和发展”主题，具体讨论了“十四五”残疾人社会保障、心理健康服务、社会融合、就业支持与融合、无障碍发展与社会治理等议题。

12月

7 日　中共中央印发《法治社会建设实施纲要（2020—2025 年）》。

12 日　国家主席习近平在气候雄心峰会上通过视频发表题为《继往开来，开启全球应对气候变化新征程》的讲话，阐释应对气候变化的中国主张，宣布中国要采取的一系列新举措。

14～15 日　以“推进全球减贫事业　构建人类命运共同体”为主题的“人类减贫经验国际论坛”举行。论坛由中央宣传部、国务院扶贫办主办，中央广电总台、中国社科院、国家开发银行、中国国际扶贫中心承办，来自60多个国家和地区以及20多个国际组织的200余位代表参会。

19 日　由中国人权研究会和南开大学人权研究中心共同主办的“人权蓝皮书10周年暨中国人权理念、话语和理论”视频研讨会举行。50多位专家学者围绕中国人权理论、人权话语表达和人权发展道路等议题进行了研讨。

21 日　国务院办公厅发布《关于建立健全养老服务综合监管制度促进养老服务高质量发展的意见》，对明确监管重点、落实监管责任、创新监管方式等提出了具体要求。

27 日 《残疾人蓝皮书：中国残疾人事业发展报告（2020）》发布，从残疾人康复、教育、就业、社会保障、扶贫和文化体育等方面全面描述了中国残疾人事业总体发展状况。

28～29 日 中央农村工作会议在北京举行。中共中央总书记习近平强调，坚持把解决好“三农”问题作为全党工作重中之重，举全党全社会之力推动乡村振兴，促进农业高质高效、乡村宜居宜业、农民富裕富足。

29 日 生态环境部和国家市场监督管理总局联合发布《生态环境损害鉴定评估技术指南　总纲和关键环节　第 1 部分：总纲》等六项技术标准，明确损害鉴定评估的一般性原则、程序、内容、方法，并针对损害调查等重点环节和土壤、地下水、地表水、沉积物、大气等环境要素的特点，分别提出了规范性技术要求。

31 日 国务院办公厅发布《关于促进养老托育服务健康发展的意见》。要求健全老有所养、幼有所育的政策体系，扩大多方参与、多种方式的服务供给，打造创新融合、包容开放的发展环境，完善依法从严、便利高效的监管服务。

B.28
2020年制定、修订、修正或废止的与人权直接相关的法律和行政法规（数据库）

中国政法大学人权研究院　班文战　编辑

Abstract

This is the eleventh Blue Book on China's human rights, which focuses on the latest progress of China's human rights cause in 2020.

The book includes general reports, feature, special reports, research reports and case studies, and appendices.

Two general reports refer respectively to the human rights protection in China's fighting against COVID – 19, and overall planning of epidemic prevention and control and poverty alleviation in 2020. A feature article outlines the seminar on "the 10th anniversary of the Blue Book of Human Rights and the concept, discourse and theory of human rights in China" held by the China Society for human rights studies.

The 20 special reports focuse on the development of various fields of human rights in China in 2020.

The column of "Fighting against COVID – 19 and Human Rights Protection" includes 5 reports, refer respectively to the protection of the right to life and health, the disclosure of government information, medical workers, volunteer service and the protection of rights of disabled persons in the prevention and control of the new crown pneumonia. In the column of "The Right to Subsistence and the Right to Development", the two articles respectively deal with the ecological protection mechanism and the right to development of pure agricultural farmers. The column of "Economic, Social and Cultural Rights" include two reports, which involves the protection of citizens' employment rights under the new crown pneumonia epidemic and the new development of the protection of citizens' environmental rights. In the column of "Civil Rights and Political Rights", the two reports are respectively related to the protection of the citizen's rights in community correction and the rights of rural residents. In the column of "Rights of Specific Groups", there are three reports, which are respectively related to the protection of women's rights and interests, the protection of the rights of the elderly and the protection of the right to no-barrier facility. In the column "Big Data and Human Rights", there are two reports on utiliazation of big data in the prevention and control of the epidemic of COVID – 19 and the protection of citizens' privacy, and the research review on data rights in the past decade. There are three reports on human rights legislation and international cooperation, including the China's human rights legislation, the international cooperation and exchange in the field of human right in 2020, and summary of the series of international video seminars on "Human Rights Protection in Epidemic Prevention and Control".

There are three reports in the part of the research reports and case studies, which refer to the protection of economic and social rights in Tibet, the relocation of poverty-stricken areas in Liangshan Prefecture, and the protection of environmental rights in Haixi Mongolian and Tibetan Autonomous Prefecture of Qinghai Province.

Two appendices related respectively to the Chronicle of China's human rights in 2020 and the laws and regulations enacted, amended or modified in 2020 that directly related to human rights.

All the authors have written the above reports in a serious and scientific manner, describing the development of China's human rights cause in 2020 truthfully, summarizing the progress made and analyzing the existing problems. At the same time, on the basis of full study, they look forward to the future development of various human rights fields in China, and put forward suggestions to further promote human rights protection. The book follows the requirements of Blue Book on authority, cutting-edge, original, empirical, forward-looking and timeliness.

Contents

I General Reports

B.1 Human Rights Protection in China Novel Coronavirus Pneumonia Outbreak *Li Junru, Chang Jian* / 001

Abstract: The pandemic of COVID -19 in 2020 poses a general threat to human life safety and health. Chinese government insisted on putting the right to life and health of the people in the first place, giving full play to the institutional advantages of socialism, protecting the right to life and health of every member equally, reasonably coordinating the protection of the right to life and health and other human rights, and balancing the relationship between human rights protection and other public interests. It has been the first to restore normal economic and social life, maintain social harmony and stability, and strive to make China's contribution to building a global community of health for all. The successful practice of China's fight against the pandemic of COVID -19 has once again tested the correctness of a series of human rights concepts and principles put forward by China.

Keywords: The Pandemic of COVID -19; Human Rights; The Right to Life; The Right to Health

B.2 2020: Coordinating Epidemic Prevention and Control and Poverty Alleviation *Li Yunlong* / 022

Abstract: In 2020, the Chinese government has effectively overcome the impact of the epidemic, vigorously promoted the fight against poverty, and achieved the goal of comprehensive poverty alleviation as scheduled. The rural poor do not worry about food and clothing. Compulsory education, basic medical care, basic pension, housing and drinking water security are guaranteed. In poverty-stricken areas, the towns and villages with the necessary conditions have access to hardened roads, all poverty-stricken villages have access to power and electricity, and the minimum living standard has been guaranteed. The poverty-stricken people in rural areas have been lifted out of poverty, and all poverty-stricken counties have been lifted out of poverty.

Keywords: Epidemic Prevention and Control; Poverty Alleviation; Targeted Poverty Alleviation

Ⅱ Feature

B.3 The China Society of Human Rights Studies Held The Seminar on "The 10th Anniversary of Blue Book of Human Rights and the Concept, Discourse and Theory of Human Rights in China" *Chang Jian* / 039

Abstract: The China Society of Human Rights Studies and The Center for the Study of Human Rights at Nankai University jointly hosted the seminar on "the 10th Anniversary of the Blue Book of Human Rights and the Chinese Human Rights Concept, Discourse and Theory" on December 19, 2020. The experts at the meeting expressed their views on the organization, style and system of the Blue Book of Human Rights, the concept, expression and dissemination of Chinese human rights discourse, the paradigm, principle and structure of Chinese human rights theory, and the objectives, paths and development of China's human rights road, and held a heated discussion.

Keywords: Human Rights Blue Book; Human Rights Concept; Human Rights Discourse; Human Rights Theory

Ⅲ Special Reports

B.4 COVID -19's Prevention and Control and Protection of the Right to Life and Health *Yang Entai*, *Chen Yifei* / 064

Abstract: Facing the biggest public health emergencies since the founding of the People's Republic of China, China has achieved effective prevention and control of COVID - 19's "prevention and control of receivables, treatment, inspection, and Quarantine" through the construction of a rigorous system to block virus transmission, improve the diagnosis and treatment mechanism, optimize the production allocation of medical resources, publicize epidemic prevention information and strengthen publicity on epidemic prevention. The right to life and the right to health of the broad masses of the people have been protected. The protection of the right to life and health in China's epidemic prevention and control embodies unique Chinese experience: always adhere to the epidemic prevention and control policy of "life safety and health first", joint prevention and control and mass prevention and control provide power for the efficient protection of the right to life and health, comprehensively build legal support for the protection of the right to life and health in epidemic prevention and control, and actively promote the construction of human health system The community should attach importance to the equal and practical protection of the right to life and health of all kinds of groups. We should further improve the specific measures of epidemic prevention and control to protect the right to life and health, optimize the epidemic prevention and control system, and enhance the ability of rule of law in epidemic management.

Keywords: Epidemic Prevention and Control; Right to Life; Right to Health; Chinese Experience; Legal Guarantee

B.5 The Government Information Publicity and the Protection of the Right to Life and Health in the Prevention and Control of COVID －19 *Zhou Wei*, *An Maofeng* / 094

Abstract: Government information publicity is the requirement of protecting the right to life and health. The Chinese government has always attached great importance to information publicity, which provides a solid guarantee for the right to life and health. In the prevention and control of COVID －19 by 2020, China will be paid to the disclosure of information related to the epidemic, and measures will be taken to improve the procedures and mechanisms for the disclosure of information, strengthen the timely and comprehensive disclosure of information related to the epidemic, and expand the channels for disclosure, so as to timely safeguard the right to life and health. In the future, it is necessary to strengthen the balance of epidemic information released by some local governments, improve the legal system construction of epidemic information disclosure, and effectively balance citizens' right to know and privacy.

Keywords: The Prevention and Control of COVID －19; Government Information Publicity; Right to Life; Right to Health

B.6 The Contribution of "Heroes in the Harm's Way" in the Combat against the Epidemic *Man Hongjie*, *Guo Lulu* / 107

Abstract: With the spirit of life first, China has formed the Chinese experience of human rights protection in the combat against the epidemic. The majority of medical workers, known as " Heros in the Harm's Way ", have made outstanding contributions to the prevention and control of the epidemic. They are the main force of fighting against the epidemic in Hubei Province. They contained the spread of the epidemic in the community and actively carried out epidemiological investigation. They have made great achievements in the research of vaccines, safeguarded people's lives and health, and actively carried out international assistance to promote the construction of human destiny Community. By improving the occupational protection standards of medical workers and implementing work-related injury relief for medical workers, we will continuously improve my country's medical and health system and protect the legitimate rights and interests of medical workers.

Keywords: COVID -19; Medical Workers; Right to Life; Right to Health

B.7 Volunteering Services for Safeguarding the Rights to Life and Health during the Period of Epidemic Prevention and Control of COVID -19 *Zhang Lizhe*, *Ma Yanhui* / 128

Abstract: The volunteering services of volunteers and volunteer organisations provided a strong support for safeguarding the citizen rights to life and health during the period of epidemic prevention and control of COVID -19. Which plays an import role in carrying forward the spirit of public services, promoting social equity and justice. Volunteering services are the important sources of the modernization of country's system and capacity for governance of the socialism with Chinese characteristics. It's a result of multi-participation from the country, government and society. In the future, it should be continued for the healthy development of the volunteering services to strengthen the construction of volunteering services, to improve the operating and guarantee system, and mobilize more efforts to participate in the services.

Keywords: Volunteering Services; The Period of Epidemic Prevention and Control; Right to Life; Right to Health

B.8 The Rights Protection of Persons with Disabilities in Curbing the COVID −19 Pandemic

Zhang Wanhong, *Ding Peng* / 145

Abstract: The COVID −19 pandemic has highlighted the vulnerability of human being and exacerbated the disadvantages experienced by persons with disabilities. The measures taken to curb the pandemic and achieve economic and social recovery shall balance the public health interest and individual rights and pay special attention to the high risks of disability communities so as to realize substantive equal protection. China has gained experience in this area in terms of emphasizing and ensuring the right to life and health for persons with disabilities, providing accessible information and service, and enhancing public service in education and employment. During the post-Covid era, it should uphold the principle of equal protection and rights-based sustainable development for persons with disabilities, improve the accessibility and reasonable accommodation mechanisms for their comprehensive participation in social life, and recognized and promote the role of mass organizations and social organizations.

Keywords: Persons with Disability; Rights; Pandemic; Equality; Accessibility

B.9 The Realization and Protection of the Right to Development in Eco-compensation *Zhang Yan* / 161

Abstract: The establishment and improvement of eco-compensation system is the core content of ecological civilization construction and an important means to practice the idea of "lucid waters and lush mountains are invaluable assets". The core of eco-compensation mechanism is that ecological protectors enjoy the right to compensation while protecting the ecology, which can alleviate the internal tension between the right to survival, the right to development and the right to environment, and promote the protection of human rights. In China, remarkable achievements have been made in the construction of the eco-compensation system, the institutional framework has been basically established, and relevant practices have been increasingly extensive and in-depth. To solve the existing problems of eco-compensation such as unclear orientation, single source of funds, low compensation standard, insufficient compensation accuracy and the insufficient incentive, we should further promote the institutionalization and legalization of eco-compensation, and actively explore the market-based and diversified mechanisms. We also should standardize the compensation standards, enrich the compensation methods, improve the compensation accuracy and fairness, and form the impetus and effective incentive for ecological protection, so as to better protect human rights.

Keywords: Eco-compensation; Protection of Human Rights; Ecological Interests; Economic Interests

B.10 The Realization of the Right to Development of Pure Agricultural Farmers *Guo Liang* / 176

Abstract: For the time being, the farmer group have been divided into four groups, namely, the farmers of doing business, the farmers working with the whole family, the farmers working and farming part-time, and the pure agricultural farmers. Agricultural farmers are not only the low-income farmers, but also the main group of farmers with difficulties. In the protection of agricultural farmers, the Communist Party of China and the Chinese government have been playing a more active role. They not only help the poor farmers, but also benefit more pure agricultural farmers through the institutional changes and policies. In the next reform, how to find a balance between the economic and social benefits of land transfer, how to solve the problem of land fragmentation and how to improve the soft environment in rural areas will be the key to protect agricultural farmers.

Keywords: Pure Agricultural Farmers; The Rights to Development; New Urbanization

B. 11 Employment Priority Policy and Citizens' Employment Rights Protection in China under Covid-19 Epidemic

Liu Ruiyi / 188

Abstract: The Covid-19 pandemic has led to the imbalance of supply and demand, as well as structural problems in China's employment market. In the context of the Covid-19 pandemic, China's employment stabilization measures are of positive significance to the protection of people's livelihood, the realization of national development strategy, as well as improvement of China's employment structure, which fully reflects the great advantages of our socialist system in protecting citizen's employment rights. Putting employment as the priority of all its work, CCP and the central government has mobilized multiple tools to promote the recovery of economy and employment, including a full resumption of work and production, optimizing the entrepreneurial employment environment, increasing employment support for special groups, and providing vocational training and employment services. Benefited from the effective employment measure, China's employment situation has been elevated from the difficulties at the beginning of the pandemic and is slowly recovering. In the future, it is necessary to further improve the employment priority policy around high-quality employment, improve the employment service system, pay more attention to alleviating structural employment contradictions, improve the employment support system for key groups, and further give full play to the employment priority policy in ensuring people's livelihood, developing the economy, and achieving high-quality development basic role.

Keywords: Covid-19 Pandemic; Employment Priority Policy; Employment Rights

B.12 New Development of Citizens' Environmental Rights Protection in China *Zhao Mingxia*, *Zhang Xiaoling* / 207

Abstract: A good ecological environment is the fairest public product and the most inclusive well-being of people's livelihood. China has always attached great importance to prevent environmental pollution and keep ecological healthy, so as to protect the rights of citizens to live in a safe, healthy and good ecological environment. Based on the promotion of ecological civilization, 2020 is the key year of pollution prevention and control. The state has taken many new measures in the protection of citizens' environmental rights, including deepening the consensus on the value of rights, improving the legal system of ecological environment, enhancing the pertinence of environmental policies and promoting the participation of the whole people in environmental protection. Through the effective operation of the system, China's environmental quality has been comprehensively improved, the ecological security pattern has been formed, the environmental rule of law has achieved remarkable results, and the environmental facilities have been improved. The development plan of the 14th five year plan clearly aims to realize the modernization of harmonious coexistence between man and nature. The protection of citizens' environmental rights in China will achieve further development, and it needs to develop in the direction of standardization, system and refinement in the future.

Keywords: Environmental Rights; The Protection of Environmental Rights; Sustained Development

B.13 New Progress in Human Rights Protection for Community Correction Objects *Gong Tailei* / 224

Abstract: The community corrections law is an important symbol of the modernization of protection system and protection capability for the socialist human rights with Chinese characteristics in the new era. The practice of community corrections is compatible with the national level of human rights protection by law, the improvement of national legislation system for human rights protection and the improvement of the judicial quality of the human rights protection. The community corrections law was officially implemented On July 1st 2020, and the protection of the legal rights of community correction objects entered a new development stage. The personal rights and freedom, property and other rights must be executed to the letter. The right to commutation of sentences should be guaranteed according to law. The rights of education, social security and employment are more equally protected. The right interests of the community correction objects in Applying for social assistance, insurance and legal aid has been enriched. The right interests mechanism of Applying for skill training, employment guidance and completing their studies in school have been improved. The design and operation principle of the maximum guarantee, problem-oriented and non-discrimination for the protection of minors' learning and employment rights in community correction have been implemented. Human rights protection of community correction also faces some future challenges: the weakness of theoretical research, the cognitive state in the field of practice, and the difficulties in current practice. To improve the quality of judicial protection of human rights through the improvement of legal norms and practices of community correction, depends on the combination of the practice of governance, the implementation and improvement of relevant legal systems, and the long-term special human rights education and training in the community correction.

Keywords: Community Correction Objects; Human Rights Protection; Community Correction Law

B.14 Normative Construction of Local Rules of Village and Protection of Rural Residents' Rights

Bian Hui / 256

Abstract: Local rules of villages are villagers' autonomy rules, which involve all aspects of rural. Local rules of villages contain a lot of contents about rural residents' human rights. In rural governance, villager autonomy provides a solid foundation for the protection of rural residents' rights, self-discipline of villagers explores the Approach of Chinese characteristics for the protection of rural residents' rights, the spirit of rights protection is directly reflected in local rules of villages, and prohibitive norms create a good social environment for the protection of rural residents' rights. In order to make the local rules of villages truly reflect public opinion and serve the villagers, we should make the content and formulation procedure of the local rules being Legal. We should attach importance to the protection of rural residents' rights, improve the quality of local rules of villages, and enhance the villagers' recognition of local rules of villages.

Keywords: Local Rules of Villages; Rural Residents; Guarantee of Human Rights

B.15 View the New Progress of Women's Rights and Interests Protection from the Perspective of the Civil Code

Zhao Shukun, *Li Yong* / 284

Abstract: The Civil Code, adopted in 2020, strengthens the special protection of women's rights. The inclusion of the right of residence is of great significance to solve the difficult problem of living for vulnerable women. The improvement of anti-sexual harassment provisions responds to the reality of rampant sexual harassment. The refinement of the right of privacy helps to crack down on such illegal activities as peeping, patting and eavesdropping on women's privacy. The expansion of the scope of compensation for domestic work gives women the monetary value of unpaid domestic work. The improvement of the revocation system of coercive marriage optimizes the situation of women victims. On the one hand, the Civil Code promotes the protection of women's rights and interests from the institutional level; On the other hand, the perfection of the Civil Code reflects that the rule of law in China begins to explore the problem of realizing the equal protection of women from the level of cultural concept, which is the necessary stage to realize the emancipation of women.

Keywords: Civil Code; Right of Residence; Sexual Harassment; Right of Privacy; Domestic Work; Revocable Marriage

B.16 New Progress in the Protection of the Rights of the Elderly in China

Zhang Xiaoling, Zhao Mingxia and Zhang Huimin / 298

Abstract: To protect the legitimate rights and interests of the elderly is an important part of the development of human rights in China. In recent years, the concept, legal system and policy of protecting the rights of the elderly in China are constantly updated and improved, and great achievements have been made in many aspects. With the acceleration of aging, the protection of the rights of the elderly not only has great development potential, but also faces many problems and challenges. Therefore, based on the actual situation of China, this paper puts forward some countermeasures to strengthen the protection of the rights of the elderly from the aspects of legal policy, social practice and talent team construction.

Keywords: Rights of the Elderly; System for Protecting the Rights of the Elderly; Policy for Protecting the Rights of the Elderly

B. 17 New Progress in the Protection of Barrier-free Rights

Liu Ming, *Zhang Xiao* / 318

Abstract: 2020 is the eighth year of the implementation of the "Regulations on the Construction of Barrier free Environment" by the State Council, and also the year of acceptance of the construction of barrier free environment in 211 cities, counties and towns participating in the 13th five year plan. This year, the "Civil Code" stipulates the relevant contents of barrier free environment. From the central to local governments, policies related to barrier free environment construction are published intensively. In 2020, the country has made great breakthroughs in the construction of barrier free facilities in the traditional sense and the information barrier free construction in the information and digital era. In recent years, the state's attention and investment in the construction of barrier free environment has provided basic guarantee for the protection of the travel rights, information access and use rights of the disabled, the elderly and other related beneficiary groups, and created basic conditions for the protection of the equal participation of relevant group members in economic, social and political life.

Keywords: Barrier-free Environment; Right to Travel; Acquisition and Application of Information; Right to Equal Participation

B. 18 The Epidemic Prevention and Control with Big Data and Privacy Protection *Pan Jun* / 335

Abstract: In the battle against the COVID-19, the government and enterprise present series of big data production through the travel, medical and consume to realize all-around and precise of prediction, governing and treatment of the epidemic. During the process, the information such as names, address and family members are closely with citizens' privacy. We have issued normative documents, established joint prevention and control mechanism, emphasized importance of technology and punished illegal acts of leakage of privacy to balance interests between the public and privacy. As the prevention and control of epidemic becomes regular, we should enhance privacy safety consciousness, promote enforcement of privacy-related law, regulate the work of data including collecting, using and storage, and data interconnection to protect citizens' privacy better.

Keywords: Big Data; Epidemic Prevention and Control; The Right to Privacy; Personal Information

B.19　A Review of Date Rights in the Past Decade (2011 -2020)　*Hua Guoyu*, *Yang Chenshu* / 350

Abstract: "Data right" is a new type of right, which is a product of the information age and an important right of individual citizens. The protection of data rights is not only reasonable, but also has gradually become a worldwide trend of human rights protection. As a big data powerhouse, China has made a lot of research harvest in the protection of citizens' data rights. This paper takes 421 domestic data rights research literatures collected in the database of China National Knowledge Infrastructure (CNKI) from 2011 to 2020, and analyzes them by drawing knowledge map with NoteExpress and CiteSpace software. Based on these, we review the hot issues of existing research, put forward the main problems in current research and provide an outlook on future research directions

Keywords: Data Right; Data Ownership; Right to Be Forgotten; The Right to Data Portability

B.20　Analysis Report on China's Human Rights Related Legislation in 2020　*Ban Wenzhan* / 369

Abstract: In 2020, the NPC adopted the Civil Code providing overall protection to the civil rights of natural persons as well as the decision on safeguarding state security in HKSAR; the NPC' Standing Committee adopted the laws on supervising the public employees in performing duties, safeguarding bio-security, protecting the ex-servicemen's legitimate rights and benefits, safeguarding state security in KHSAR and the decision on protecting human life and health, and revised the laws on protecting the minor's rights, preventing minor from committing crimes, defining crimes and penalties, safeguarding the armed police force in performing duties, and protecting copyright, patent and right to vote; the State Council also adopted or nullified several administrative regulations in relation to human rights. As a result, the human rights protection under civil and criminal laws and the legislative protection on minor's rights as well as right to life, right to health and several other specific rights have been obviously strengthened.

Keywords: Human Rights; Legislation; Civil Code; Minor's (Children's) Rights

B.21 China's International Cooperation, Exchanges and Responses to Challenges Concerning Human Rights in 2020

Luo Yanhua / 390

Abstract: China made great progress in international human rights cooperation and cooperation in 2020. It is mainly divided into two levels: governmental and non-governmental. At the governmental level, because of the influence of COVID -19, with the continuation of regular multilateral and bilateral cooperation, international human rights cooperation and exchanges have also emerged new forms of cooperation and exchanges, online exchange and cooperation have become an important way to deal with the epidemic. At the non-governmental level, international cooperation and exchanges are mainly reflected in the participation of Chinese human rights organizations in international human rights affairs. During 2020, although affected by the *COVID - 19*, Chinese human rights organizations have been very active, participating in international human rights cooperation and exchanges in online and offline forms, rich contents and fruitful results. Meanwhile, the international human rights challenge facing China in 2020 is also very severe, to which China has adopted a multi-faceted response.

Keywords: International Human Rights Cooperation; International Human Rights Exchange; Human Rights Organizations

B. 22 Summary of the Series of International Webinars on Global Pandemic Prevention and Control and Human Rights Protection *Qi Mingjie* / 422

Abstract: Since the outbreak of the COVID-19, the China Society for Human Rights Studies guided the human rights research institutes of China to hold 8 international webinars on the theme of "Global Pandemic Protection and Control and Human Rights Protection" . The topics of each webinars involving right to life, right to health, rights of the specific groups in the pandemic, and comparison of the human rights value between China and the west, state responsibilities, proportionality principle, international cooperation, anti-racism, and so on. The webinars examined human rights problems under the pandemic from academic perspective, gave a push to the international cooperation against COVID-19 by academic hands. In the discussions, delegates from worldwide advocated the concept of community with a shared future for mankind, expressed oppositions to stigmatization, discrimination and the politicization towards the pandemic. Through warm and deep discussions, the series of international webinars reached many consensuses, gained substantial achievements, and also displayed their particular advantage.

Keywords: COVID-19; Cooperation of Pandemic Prevention and Control; Human Rights Protection; International Webinars

B.23 A Review of China's Covid-19 Study on Human Rights Protection in the New Crown Epidemic Situation

Tang Yingxia, Wang Tianxiang / 450

Abstract: The sudden outbreak of new pneumonia has posed challenges to people's rights to life, health and other human rights. The anti-epidemic measures taken by the Chinese government have demonstrated the protection of human rights. The 2020 academic year for the new crown epidemic in the protection of human rights research fruitful. In this paper, 85 domestic literatures on human rights protection in new crown epidemic were collected by CNKI and Beida magic treasure database in 2020, from the perspective of studying human rights as a whole, specific rights and the rights of specific groups, this paper analyzes the sources, contents and characteristics of the authors of the studies on human rights protection, summing up China's anti-epidemic experience, the restriction and derogation of rights, and the protection of the right to life, the right to privacy, and the right to social security in the protection of specific human rights, while commending the wide range of existing academic viewpoints, the depth of research and the wide range of fields, in the post-epidemic era, more in-depth study of human rights protection, interdisciplinary, practical objectives and the attention of human rights research journals are prospected.

Keywords: Human Rights; Epidemic Prevention and Control; Rights Protection

Ⅳ Research Reports and Case Studies

B.24 Investigation Report on the Protection of Economic and Social Rights in Tibet

Tan Chunxu, Mou Qian, Yuan Haoran and Wu Kelin / 471

Abstract: 2020 is the final year of China's decisive battle against poverty, a decisive year for building a moderately prosperous society in all respects, and the 55th anniversary of the founding of the Tibet Autonomous Region. In order to have a true and in-depth understanding of the protection of economic and social rights in the Tibet Autonomous Region, the research team of the Human Rights Institute of Southwest University of Political Science and Law went to the Tibet Autonomous Region to conduct research through visits, seminars, and interviews in May 2020. The survey shows that the Tibet Autonomous Region has achieved outstanding results in ecological poverty alleviation, the living environment has been improved, and ecological and environmental protection has reached a consensus in Tibet. Education assistance to Tibet is an important driving force for improving the level of protection of the right to education, and the "group" assistance to Tibet has an outstanding effect. With the help of "group" assistance of medical talents in Tibet, significant progress has been made in the construction of Tibet's health care infrastructure, maternal and child health care, and the prevention and treatment of endemic diseases. Women play an active role in the development of Tibetan society, and their rights in terms of education, social security, and political participation are fully guaranteed. However, there are still areas that need to be further improved in the process of development, such as how to deal with the conflict between economic and social development and environmental pressure. Teacher resources are structurally short, and some students have a solidified outlook on career choices. The allocation of medical and health resources is unbalanced, and the follow-up power of professional talents is still insufficient. The aging of women has become a new challenge and so on. In general, the economic and social rights of the Tibet Autonomous Region have been effectively guaranteed, decisive progress has been made in the battle against poverty, and the material life and spiritual culture of the people have undergone tremendous changes.

Keywords: Tibet Autonomous Region; Human Rights Protection; Environmental Protection; Right to Education; Women's Rights

B.25 Investigation Report on Poverty Alleviation and Anti-poverty in Inhospitable Areas of Ethnic Minority areas

Yang Yan, A Jia A Yi Mu / 541

Abstract: Liangshan Yi Autonomous Prefecture has successfully lifted seven impoverished counties out of poverty by carrying out relocation work for poverty alleviation and relocation. All displaced people have moved in, and the supporting infrastructure of the resettlement sites has been gradually completed. Faced with the new resettlement communities, Liangshan Yi Autonomous Prefecture, based on the specific situation of the resettlement community, protects the interests of the resettled people, adopts a governance model that meets the characteristics of the resettlement area, and promote the resettlement people to adapt to the new social environment, production and life style, and gradually realize the goal of "get rich" on the basis of realizing the goal of "Eliminate poverty" .

Keywords: Ethnic Minority Area; Relocation for Poverty Alleviation; Poverty Alleviation; Anti -poverty

B.26 Practice and Exploration of Environmental Rights Protection in Haixi Mongolian and Tibetan Autonomous Prefecture of Qinghai Province *Zhang Xingnian, Nakeya* / 555

Abstract: In order to protect the ecological environment and environmental right of the public, Haixi Mongol and Tibetan Autonomous Prefecture, Qinghai Province made relevant political documents, took a series of actions and acquired effect to a certain degree. Through questionnaire survey and interview, it was found that nationalities at Haixi Prefecture had knowledge about environmental right and policies and regulations relevant to environmental issues to some extent. They had relatively strong environmental awareness and mainly participated in the post stage of environmental protection. Furthermore, they gave positive evaluation to the status of environmental protection and guarantee of environmental right. In order to further protect the environmental right of the public, it is necessary to perfect the mechanisms of informed, expression, supervision and solving conflicts.

Keywords: Environmental Right; Haixi Mongol and Tibetan Autonomous Prefecture; Environmental Protection

V Appendices

B.27 Chronicle of Human Rights in China 2020 *Xu Yao* / 570

B.28 The Law and Regulations Enacted, Amended, Revised or Repealed in 2020 that Directly Related to Human Rights *Ban Wenzhan* / 590

皮 书

智库成果出版与传播平台

✧ 皮书定义 ✧

皮书是对中国与世界发展状况和热点问题进行年度监测，以专业的角度、专家的视野和实证研究方法，针对某一领域或区域现状与发展态势展开分析和预测，具备前沿性、原创性、实证性、连续性、时效性等特点的公开出版物，由一系列权威研究报告组成。

✧ 皮书作者 ✧

皮书系列报告作者以国内外一流研究机构、知名高校等重点智库的研究人员为主，多为相关领域一流专家学者，他们的观点代表了当下学界对中国与世界的现实和未来最高水平的解读与分析。截至 2021 年底，皮书研创机构逾千家，报告作者累计超过 10 万人。

✧ 皮书荣誉 ✧

皮书作为中国社会科学院基础理论研究与应用对策研究融合发展的代表性成果，不仅是哲学社会科学工作者服务中国特色社会主义现代化建设的重要成果，更是助力中国特色新型智库建设、构建中国特色哲学社会科学“三大体系”的重要平台。皮书系列先后被列入“十二五”“十三五”“十四五”国家重点出版规划项目；2013~2022 年，重点皮书列入中国社会科学院国家哲学社会科学创新工程项目。

中国社会发展数据库（下设 12 个专题子库）

紧扣人口、政治、外交、法律、教育、医疗卫生、资源环境等 12 个社会发展领域的前沿和热点，全面整合专业著作、智库报告、学术资讯、调研数据等类型资源，帮助用户追踪中国社会发展动态、研究社会发展战略与政策、了解社会热点问题、分析社会发展趋势。

中国经济发展数据库（下设 12 专题子库）

内容涵盖宏观经济、产业经济、工业经济、农业经济、财政金融、房地产经济、城市经济、商业贸易等12个重点经济领域，为把握经济运行态势、洞察经济发展规律、研判经济发展趋势、进行经济调控决策提供参考和依据。

中国行业发展数据库（下设 17 个专题子库）

以中国国民经济行业分类为依据，覆盖金融业、旅游业、交通运输业、能源矿产业、制造业等 100 多个行业，跟踪分析国民经济相关行业市场运行状况和政策导向，汇集行业发展前沿资讯，为投资、从业及各种经济决策提供理论支撑和实践指导。

中国区域发展数据库（下设 4 个专题子库）

对中国特定区域内的经济、社会、文化等领域现状与发展情况进行深度分析和预测，涉及省级行政区、城市群、城市、农村等不同维度，研究层级至县及县以下行政区，为学者研究地方经济社会宏观态势、经验模式、发展案例提供支撑，为地方政府决策提供参考。

中国文化传媒数据库（下设 18 个专题子库）

内容覆盖文化产业、新闻传播、电影娱乐、文学艺术、群众文化、图书情报等 18 个重点研究领域，聚焦文化传媒领域发展前沿、热点话题、行业实践，服务用户的教学科研、文化投资、企业规划等需要。

世界经济与国际关系数据库（下设 6 个专题子库）

整合世界经济、国际政治、世界文化与科技、全球性问题、国际组织与国际法、区域研究 6 大领域研究成果，对世界经济形势、国际形势进行连续性深度分析，对年度热点问题进行专题解读，为研判全球发展趋势提供事实和数据支持。

法律声明